통일신라의
사회변동과
종교사상

통일신라의 사회변동과 종교사상

김두진 지음

일조각

머리말

역사학도로 살아온 세월이 어언 60년에 이른다. 연륜만 오래되었지, 나도 역사 연구의 목적을 설명하기 쉽지 않다. 공자는 사회가 어지러울수록 백성이 정치 현실을 많이 이야기한다고 하였다. 요즈음 우리 사회가 이념 대립으로 극심한 혼란을 겪고 있어서인지 서민들이 역사에 큰 관심을 쏟는가 하면, 위정자도 국정 혼란의 어려운 국면 타개를 위해 흔히 역사적 사실을 언급한다. 괜스레 우리 역사에 대해 자주 질문하는데, 대부분은 객관적 사실을 알려 하기보다 원하는 대답만을 듣고 싶어 한다. 역사에서 얻으려는 교훈을 부정하지는 않지만 회의할 수밖에 없다.

역사학이 계감주의戒鑑主義에서 벗어나 문화 창조나 민족문화 창달創達이라는 목적을 지녀야 한다. 나는 역사학을 구조기능적構造機能的 방법으로 연구하여 개별 사실이 당대의 총체적 문화 역량 속에서 반드시 존재할 수밖에 없는 전후 사정을 제시하려 하였다. 총체적 문화 역량 속에 배태한 역사적 사실은 창조된 민족문화이며, 문화 역량이 이어져 민족문화가 창달된다. 구조기능적으로 추구한 한국고대 사회사상사는 사상이 성립하여 한국고대 사회에서 갖는 의미와 함께 민족문화 속에 전승된 양상을 밝히려는 것이다.

정년 후 세월에 찌든 짐 내려놓고 진정 자유인으로 돌아가고자 하였다. 발길 가는 대로 걸음을 옮기면서 쉬엄쉬엄 묵은 원고를 정리한 한국고대 사회사상사 연구가 『통일신라의 사회변동과 종교사상』과 『한국고대의 종교신앙과 국가체제 정비』이다. 전자가 통일신라의 사회사상사라면 후자는 삼국시대의 사회사상사이다. 전자도 통일신라의 사회를 신앙 자료로 추구한 지식사회학적知識社會學的 성과물이지만, 후자가 바로 지식사회학적 연구 업적이다. 이로써 나의 역사학 연구를 일단 마무리하고, 앞으로는 의무감에서 벗어나 한국근대 사학사에 관심을 두고자 한다.

이 책 『통일신라의 사회변동과 종교사상』은 서론, 결론과 세 부로 구성되었다. 제2부 「신라중대 전제정치와 원융적 이론불교의 성립」에서는 중앙집권적 전제정치가 행해지던 신라중대에 보편적 이론체계를 갖추면서 성립한 교학불교의 원융圓融사상을 밝혔다. 『삼국유사』의 도화녀비형랑조나 정공설화 및 현유가해화엄조 등 관념적 설화 자료의 분석을 통해 신라중대 전제정치의 구체적 모습이나 불교사상 전개의 대세를 지적하였다. 전제정치를 지향한 한화漢化정책은 보편주의에 바탕을 둔 때문인지, 신라중대 화엄종은 물론 법상종이나 밀교가 방계보다 정통 교리의 원융사상을 수용하였다. 제3부 「신라하대 지방호족과 융섭적 선종사상」과 제4부 「후삼국 사회의 신이적 융합사상 전개」에서는 신라하대 지방호족의 등장과 선종 산문의 성립, 후삼국시대의 융합 불교사상 및 풍수지리설 등을 다루었다. 『삼국유사』 원성대왕조의 해몽解夢 기사나 후백제 견훤조 등을 통해 지방호족의 등장이나 후삼국 사회의 구체적 모습을 끌어내었다. 교종과 선종의 각 교파가 논리체계를 완성하고는 상호 통합을 모색하면서 교선교섭 사상을 성립시켰는가 하면, 투박한 토착문화의 영향을 받아 미륵신앙이나 운문종사상 또는 풍수지리설 등이 신이한 융합사상으로 나타났다.

통일신라는 삼국을 통합하여 비로소 민족문화를 성립시켰으며, 그 총체적 문화 역량이 원융한 이론불교를 정립하면서 융섭적 민족문화를 창달하였다. 신라말 문화 역량의 확대로 인한 신이한 융합사상은 합리적 사고를 내포함으로써 고려 이후 교선융합사상 경향이 정착하였다. 선종을 중심으로 법상종이나 화엄종 사상을 융합하려는 가지산문이나 굴산문의 교선교섭사상은 조선시대에까지 영향력을 지니면서 유학은 물론 다른 종교사상까지 통합하려는 문화 전통을 이루었다. 문화 전통 연구에는 추체험적追體驗的 접근이 필요하다. 이 책은 문제가 된 역사적 사실을 오늘날 사회로 가져와 이해하기보다 해당 사회의 문화 풍토 속에서 해석하였다.

민족문화 풍토의 복원은 방대하여 쉽게 완성될 수 없지만, 꾸준한 실증 작업으로 추진해야 한다. 그 성과를 모아 이룬 당대 문화 역량은 보편성을 지님으로써 진실, 곧 진리를 추구하는 시대사조時代思潮를 형성한다. 이리하여 시계 위로 떠오른 이념은 진리를 지향指向하게 된다. 실증에 기반하면 어떤 역사학 경향도 서로를 보듬으며, 그 결과 문헌고증 위주의 실증사학 한계를 극복할 수 있다. 철저한 실증주의는 역사학이 종합 학문으로 나아가는 길이 된다. 역사학은 물론 이 시대의 모든 학문이 일단 실증주의로 정리되고, 그 위에 더 발전하여 소통함으로써 학계나 사회의 반목을 잠재우면서 화합을 모색해야 한다.

서울을 벗어나고자 한 삶이 고작 일산에 정착하였다. 대중교통을 이용해서 한 시간이면 서울의 중심에 이른다. 아직 세간을 벗어나지 못했다고 자책하면서도, 돌아보면 얽히며 지내 온 세월이 고맙기만 하다.

새벽 산책길 호수공원의 사계는 일상의 아름다움을 일깨워 준다. 뭇꽃이 만발한 가운데 길섶 이름 모를 조그만 봄꽃의 미소는 노년의 삶을 평온하게 한다. 두루 고전을 여행해야겠다면서도 버릇처럼 전공 서적을 뒤적인다. 학회 활동을 애써 접었으나 가끔 선후배나 제자들의 안부는 반갑다. 격의 없이 친구가 부르면 흘가분히 집을 나선다.

딸깍발이로 지내 온 한평생을 불평 없이 가족이 함께해 주어 큰 힘이 되었다. 그냥 편안하여 쉬면서 자유로울 수 있기 때문이다. 정년을 한참 지났지만 혼자 서재에 머물러도 조용히 지켜봐 주었다. 코로나가 종식되어 가니 이제라도 가족과 많은 시간을 보내야겠다. 경기 침체의 어려움 속에도 학술 서적이라 잘 팔릴 것 같지 않은, 이 책을 출간해 준 일조각의 김시연金時姸 사장에게 고마움을 전한다. 아울러 꼼꼼하게 교정하고 편집하여 아담한 단행본으로 꾸며 준 강영혜姜玲惠 선생에게도 감사한 마음을 표한다.

2024년 2월

일산에서 김두진

차례

제2부

신라중대 전제정치와 원융적 이론불교의 성립

제3부

신라하대 지방호족과 융섭적 선종사상

제1장 신라하대의 호족 세력

제2장 신라하대 교선교섭사상의 등장과 가지산문·굴산문

제4부

후삼국 사회의 신이적 융합사상 전개

제 1 부

서론

제1장

통일신라 사상사 연구의 성과와 과제

1. 화엄종과 법상종 사상

불교학자는 대체로 종파적 입장을 견지하고 있어서,[1] 교단을 초월하여 더 객관적으로 불교사상을 연구하기 어렵다. 가장 비근한 사례가 화엄종의 연구에서 왕왕 나타났다. 화엄종을 어떻게 이해하느냐에 따라 한국 불교사상사 체계를 정립하는 데 영향을 주기 때문이다. 화엄사상가로 원효元曉를 중시하는가 하면, 의상義湘을 중시하기도 한다. 물론 처음에는 화엄사상사에서 원효를 강조하였고, 권상로權相老·김잉석金芿石 등이 그러한 연구를 주도하였다.

원효를 중시하는 본격적인 논문은 장원규張元圭 「화엄교학華嚴教學 완성기의 사상연구」(『불교학보佛教學報』 11, 1974)이다. '방의傍依의 삼사三師를 중심으로'라는 부제에서 밝혔듯이, 중국 정통 5조 이외에 방계의 조

1 이기영, 「한국 불교연구의 현실과 과제」, 『한국학보』 1, 1975, p. 164.

사祖師인 의상과 원효 및 당나라 이통현李通玄 장자의 화엄교학을 추구하였다. 장원규는 원효의 화엄사상이 일승만교一乘滿敎라면 의상의 화엄사상이 일승원교一乘圓敎라고 특징지을 수 있다는 점, 원효의 화엄사상은 중국 화엄종의 3조 법장法藏이나 4조 청량淸凉 등에 영향을 줬지만 의상이 지은 「화엄일승법계도華嚴一乘法界圖」의 사상은 그의 스승인 지엄智儼의 사상과 같고 법장이나 청량의 사상과는 다른 점 등을 밝혔다.

한국 화엄종에서 의상은 정통의 조사이고, 원효는 방계의 조사라고 주장한 장원규는 중국 화엄종의 방계인 이통현李通玄의 화엄사상을 크게 부각하였다. 이통현을 내세움은 원효 사상에 비중을 둔 것이다. 그는 원효와 의상의 사상을 중국 정통 화엄사상가들과 연결해 이해하였다. 이러한 비교사상사적 연구는 높이 평가해야 한다. 다만 비교가 단순히 어떤 점은 같고 어떤 점은 다르다는 데 그친다면 한국과 중국 화엄사상의 동이同異를 더 철저하게 밝힐 수 없다. 적어도 두 사상의 차이는 그것을 배태시킨 사회구조와 연결하여 분석하는 것이 바람직하다.

명효明皛의 화엄사상은 원효의 화엄사상과 이어질 수 있다. 이기영李箕永은 명효가 원효의 별호라고 추측하였다.[2] 명효가 게송의 뜻을 구태여 길게 주석하지 않은 점이나, 『해인삼매론海印三昧論』에서 생사가 즉 열반涅槃이라는 점 등이 원효 사상과 방불하기 때문이다. 다년간 원효 사상을 연구해 온 이기영은 그 연장선 위에서 명효 사상을 추구하였다. 이 점은 결국 그가 종파적 입장을 배격하면서도[3] 그것에서의 완전한 탈피가 어려움을 알려 준다. 그의 명효 사상 연구도 피상적인 분석에 불과한 것이다. 원효와 명효를 동일인으로 보는 데 대해서는 동감하지만

---

2 이기영, 「명효의 해인삼매론에 대하여」, 『민족문화논총—노산이은상박사고희기념논문집—』, 삼중당, 1973, p. 115.

3 이기영, 「한국 불교연구의 현실과 과제」, 앞의 책, 1975, p. 164.

그러한 결론이 더 실증적으로 추구되었으면 한다.

의상을 강조한 화엄사상 연구는 김지견金知見의 「신라 화엄학의 계보와 사상」(『학술원논문집學術院論文集—인문·사회과학편—』 12, 1973)과 「신라 화엄학의 주류고主流考」(『숭산박길진박사화갑기념 한국불교사상사崇山朴吉眞博士華甲紀念 韓國佛敎思想史』, 1975)이다. 이 두 논문은 의상계 화엄종이 신라 화엄종의 주류를 이루었으며, 나말여초의 선종구산禪宗九山과 관계있다는 점을 밝혔다. 특히 의상의 화엄사상은 고려초 균여의 사상으로 이어지고, 그 뒤 조계종曹溪宗 성립에 영향을 주었다고 하였다.

김지견은 의상 사상이 우리에게 주는 현대적 의미를 추구하였기 때문에 의상이 처해 있었던 사회 상황을 깊이 이해할 수 없었다. 사실 의상 화엄사상의 위대함은 현대적 의미에서 찾기보다는 당대 사회에서 어떤 역할을 담당하였는가에 따라 판단해야 한다. 김지견은 의상 화엄사상을 밝히면서도 그의 저술을 철저하게 분석하지 않았다. 현전하는 의상의 전기를 착실하게 이용하지 않았던 점도 이 논문의 완성도를 떨어뜨렸다.

화쟁和諍사상을 주장한 원효는 한국불교사에서 대단히 중요한 위치에 있다. 원효에 대해서는 이기영이 많이 연구하였다. 원효의 『대승기신론소大乘起信論疏』를 의역하고 설명을 붙인 『원효사상元曉思想 1』(1967)은 본격적 연구서라기보다는 존경하는 인물의 사상을 해설하고 소개한 것이라는 인상을 준다. 이 책은 다음 연구를 위한 밑거름이 되었다. 이기영의 「원효의 보살계관菩薩戒觀」(『불교학보』 5, 1967)과 고익진高翊晋의 「원효의 기신론소起信論疏·별기別記를 통해 본 진속원융무애관眞俗圓融無碍觀과 그 성립이론」(『불교학보』 10, 1973)은 사실상 『대승기신론소』의 국역國譯 작업 위에서 이루어졌다.

이 논문들 중 전자는 원효의 대승보살도大乘菩薩道를 규명하였다. 곧 진속불이眞俗不二의 중도中道사상에 입각한 원효 사상의 실천 수행 면을 밝혔다. 후자는 원효의 『대승기신론소』와 그 별기를 분석하여 진속眞俗이 둘이 아님을 제시하였다. 두 논문은 비슷한 결론에 도달한 셈이다. 이기영은 불교와 사회의 관련성 문제에 관심을 두지 않았다. 고익진이 불교와 국가와의 관계를 분석하였으나 원효 사상을 사회사상으로 설득력 있게 전개하지 못하였다. 이를테면 별기는 '무사無私'와 '지공至公'을 표방하는데, 그것이 직결됨으로 원효 사상을 '무사봉공無私奉公'의 강한 사회참여 사상이라고 하였다. 원효 사상을 당시 사회구조 속에서 유기적으로 이해하지 않는 한 불교와 국가와의 관계가 구체적으로 밝혀질 수 없다.

고익진의 「원효사상의 실천 원리」(『숭산박길진박사화갑기념 한국불교사상사』, 1975)는 원효의 『금강삼매경론金剛三昧經論』을 분석한 논문이다. 고익진은 '일미관행一味觀行'의 교문을 밝히면서 『대승기신론』과 『금강삼매경론』의 관계를 추구하였다. 『금강삼매경론』에 인용된 『능가경楞伽經』·『기신론起信論』·『이장장二障章』·『기신론별소起信論別疏』 등의 경전 내용을 기신론 사상과 밀접하게 연관을 지어 밝혔는데, 더 나아가 이들을 더 가치 있게 비교 연구하였으면 한다.

원효의 저술에 인용된 경전을 분석하여 그의 사상적 특성을 밝히려는 연구가 이기영의 「경전經典 인용에 나타난 원효의 독창성」(『숭산박길진박사화갑기념 한국불교사상사』, 1975)이다. 이기영은 원효의 모든 저술에 나타난 인용 구절의 내용을 원전과 대조하고, 나아가 원전이 원효의 사상에 얼마나 큰 영향을 끼쳤는가를 이해하였다. 다만 이 논문은 내용 소개나 자료 정리에 그친 느낌을 준다. 특히 부록의 인용 구절은 자료적 가치가 있다. 이것은 다음 연구에 보탬이 되었다.

유식계唯識系의 법상종은 자은慈恩·혜소惠沼·지주智周 등으로 이어지는 중국 정통파와 원측圓測·도증道證·태현太賢으로 이어지는 신라 계통의 서명파西明派로 나뉘어 있었다.[4] 신라 법상종 연구는 일찍부터 원측을 주목하였다. 원측에 관한 최초의 본격적 연구 논문은 조명기趙明基의 「원측의 사상」(『진단학보震檀學報』 16, 1949)이다. 조명기는 원측의 사상이 중국 자은의 그것과 다르며, 자종自宗을 고집하거나 타파他派를 배척하지 않고 융합融合함으로써 원효의 사상과 유사하다고 하였다.

그 후 황성기黃晟基의 「원측의 유식학관唯識學觀에 관한 연구」(『불교학보』 9, 1972)나 원의범元義範의 「원측의 유식사상」(『숭산박길진박사화갑기념 한국불교사상사』, 1975)은 원측의 사상과 자은의 유식사상이 다르다고 결론을 내렸다. 방법론상 전자는 혜소가 지은 『요의등了義燈』 14권 중 원측에 대해 언급한 내용을 분석하였다. 『요의등』은 혜소가 그의 스승 자은을 옹호하기 위해 원측을 논박한 것이기 때문에 이를 분석하여 원측의 사상으로 규정하는 데 문제점이 있다. 후자는 이미 축적된 업적 위에서 원측 사상의 골격을 구성하거나, 또는 아직 다루지 않은 미개척 분야를 연구하였다. 이 논문은 가설만 설정하고 완성하지 못한 느낌을 준다.

미술사美術史 분야의 연구로 문명대文明大의 「태현과 용장사茸長寺의 불교조각」(『백산학보白山學報』 17, 1974)과 「신라 법상종(유가종)의 성립문제와 그 미술(상)·(하)」(『역사학보歷史學報』 62·63, 1974)이 있다. 문명대는 신라 법상종의 계보를 원측에서 태현으로 이어지는 일파와 원광圓光에서 진표眞表로 이어지는 또 한 파를 설정하였다.[5] 미술사적 측면에서 전자는 미륵·미타의 두 불상을 모셨고 후자는 미륵·지장의 두 불상을

4 황성기, 「원측의 유식학관에 관한 연구」, 『불교학보』 9, 1972, p. 19.
5 문명대, 「신라 법상종(유가종)의 성립문제와 그 미술—감산사 미륵보살상 및 아미타불상과 그 명문을 중심으로 (하)—」, 『역사학보』 63, 1974, p. 154.

모셨다는 점, 법상종의 신앙 담당자는 중류 계층의 지식인으로 대개 육두품 계층이라는 점 등을 밝혔다. 그는 미술사 연구에서 사상적 측면을 중시하였고, 특히 현재 전하는 유물을 문헌 기록과 연결하여 그것의 역사성 또는 시대상을 파악하려고 한 점 등은 높이 평가된다. 다만 다루려는 시대의 구체적 사회상에 대한 안목의 결여나 사료의 희소로 말미암아 추측의 범위를 넘어서지 못하는 논술 등은 재고되어야 할 것이다.

진표는 법상종과 관계가 없다는, 이른바 점찰교법占察敎法의 창시자라고 주장하는 논문이 김영태金煐泰의 「신라 점찰법회占察法會와 진표의 교법敎法 연구」(『불교학보』 9, 1972)와 「점찰법회와 진표의 교법사상」(『숭산박길진박사화갑기념 한국불교사상사』, 1975)이다. 김영태는 계법戒法의 내용, 곧 제8과 제9 간자簡子를 중시하는 점을 지적하였다. 그 결과 진표가 창시한 점찰교법은 이전의 점찰법회와 달리 계율을 중시한 참회교법懺悔敎法이라고 하였다.

김영태가 신라불교 교학의 새로운 일면을 밝힌 것은 중요한 성과이다. 설화의 분석을 통해 사상사에 접근한 방법론도 호감을 갖게 한다. 다만 설화를 사료로 분석 비판하는 미숙성이라든가, 그것이 알려 주는 당대 사회상에 대한 이해의 결여 등이 논지를 다소 흐리게 한다. 예를 들면 미륵을 지장의 『점찰경占察經』 전수를 위한 증명사證明師로만 파악하였는데,[6] 사실 설화의 내용은 지장보다 미륵을 더 수승殊勝하게 소개하였다. 오히려 지장은 점찰법과 연결하고 미륵은 보살계와 관련지어 분석하는 것이 바람직하다.

6 김영태, 「점찰법회와 진표의 교법사상」, 『숭산박길진박사화갑기념 한국불교사상사』, 원광대학교 출판국, 1975, p, 402.

2. 불교신앙과 대중화

불교신앙에 대해 밝히고자 할 때, 선행해야 할 분야가 대중화 과정에 관한 연구이다. 불교대중화는 의식儀式과 연결하여 추구되기도 하지만, 사상과 연관하여 파악되기도 하였다. 전자에 속한 것으로 김문경金文經의 일련의 연구가 있다.[7] 그는 적산赤山 법화원法華院의 불교 의식을 고찰함으로써 영성零星한 신라 교화승敎化僧의 역할을 밝히려고 하였다.

김문경은 불교 홍포 과정에서 가장 먼저 등장한 것이 강경講經 의식이며, 강사를 보조하기 위한 범패사梵唄師·논강자論講者·복강사覆講師 등이 등장한다는 점, 800년대에는 교리 습득보다는 시각적·청각적 방법인 '칭탄불명稱嘆佛名'에 치중한 점, 신앙 결사를 통해 무속과의 융합이 불교대중화에 박차를 가한 점 등을 밝혔다. 그는 불교신앙을 역사적 방법으로 연구하였다는 점에서 주목된다. 다만 주제를 너무 넓게 잡아 다소 산만하다는 인상을 준다. 또한 당唐과 신라의 불교신앙을 비교 연구하는 방법은 바람직하더라도 당의 불교신앙을 연구하는 데 치우친 느낌이다.

후자인 불교대중화 관계 논문이 김영태의 「신라 불교 대중화의 역사와 그 사상 연구」(『불교학보』 6, 1969)이다. 김영태는 불교 수용부터 혜숙惠宿·혜공惠空·대안大安·원효 등의 사상을 고찰하여 흥국이민興國利民이 초기 신라불교의 나아갈 방향이었고, 그것이 일관성 있게 지속되었기 때문에 결국 불교가 대중화되었다고 하였다. 신라불교는 왕실을 중심으로 한 귀족불교로 성립하였기 때문에 그 향해야 할 곳은 바로 일반 대중

---

7 김문경, 「적산법화원의 불교의식」, 『사학지』 1, 1967; 「의식을 통한 불교의 대중화 운동—당·신라 관계를 중심으로—」, 『사학지』 4, 1970.

일 수밖에 없다는 것이다. 일반 대중이 어떤 사회적 상황 속에서 무엇 때문에 요구하였느냐를 다루지 않은 채, 불교대중화를 오히려 왕실이나 귀족에게 초점을 맞추어 추구하면 그 논지를 흐릴 가능성이 있다.

정토淨土신앙의 연구에 대해서 안계현安啓賢의 몇 편의 논문이 있다.[8] 안계현은 원효·경흥憬興·의적義寂·법위法位·현일玄一 등의 정토교 관계 장소章疏를 분석하였다. 그런 연후에 이를 묶어 미타정토교를 중심으로 신라 정토교학의 계보를 정리한 논문이 「신라 정토 교학의 제문제」(『숭산박길진박사화갑기념 한국불교사상사』, 1975)이다. 그는 원효와 법위의 정토사상이 현일과 경흥으로 이어지는 과정에서 변화되었다고 보았다.

안계현이 일본 및 중국 승려들의 정토교 관계 장소를 널리 섭렵하여 거기에 인용된 신라 정토 관계 문헌을 수집·정리하여 복원하려는 노력이나 또는 신라 정토사상을 일본이나 중국의 정토사상과 비교 연구한 점 등은 높이 평가될 수 있다. 그렇지만 자료 정리와 사상의 계보를 찾기에 주력한 나머지, 사상이 뿌리박고 있는 신라 사회와의 연관성을 언급하지 않았을 뿐만 아니라 비교 연구를 피상적으로 접근한 데 그쳤다. 적어도 정토 관계 신앙을 신라불교사의 흐름 속에서 파악해야 한다. 난해한 불교 용어를 그대로 사용하고 있어 그 방면의 전문가가 아니면 접근하기 힘든 담을 쌓고 있는 점도 재고해야 할 것이다.

불교신앙을 추구한 논문이 김영태의 「신라 백월산白月山 이성二聖설화의 연구」(『효성조명기박사화갑기념 불교사학논총曉城趙明基博士華甲記念 佛敎史學論叢』, 1965)이다. 그 내용은 미타·미륵·관음신앙을 개략槪略한

---

8 안계현, 「원효의 미륵정토 왕생사상」, 『역사학보』 17·18 합집, 1962; 「원효의 미타정토 왕생사상 (상)·(하)」, 『역사학보』 16·21, 1961·1963; 「의적의 미타정토 왕생사상」, 『동국사학』 7, 1964; 「신라승 경흥의 미륵정토왕생사상」, 『진단학보』 25·26·27 합집, 1964; 「신라승 법위와 현일—특히 그들의 미타정토왕생사상—」, 『역사학보』 26, 1965.

것이다. 그중 미륵신앙에 관한 연구로 불교학적 측면에서 본 김영태의 「미륵선화고彌勒仙花攷」(『불교학보』 3·4 합집, 1966)와 서윤길徐潤吉의 「신라의 미륵사상」(『숭산박길진박사화갑기념 한국불교사상사』, 1975)이 있다.

전자는 미륵사상이 화랑도의 사상적 근원과 개창改創 배경으로 되었다는 취지에서 전륜성왕轉輪聖王의 치세治世에 미륵이 하생下生한다는 점을 강조하고, 국왕은 국선國仙(화랑)을 나라의 미륵으로 받들었기 때문에 스스로 전륜성왕이 된다고 하였다. 김영태가 미륵사상을 이해하여 신라 왕실의 진종설眞種說을 사상적 측면에서 실증적으로 밝힌 점은 공적이라 할 수 있다. 다만 미륵과 화랑의 관계를 너무 강조하다 보니 화랑이 미륵을 신앙대상으로 받들었다는 의미를 넘어 화랑과 미륵이 같다고 파악한 것은 선뜻 수긍되지 않는다.

후자는 현세 이익적 경향을 지닌 미륵신앙이 이상적 불국토佛國土를 건설하려는 신라인에게 잘 조화될 수 있어서 국가이념화國家理念化하였다고 하였다. 또한 신라에는 『미륵하생경彌勒下生經』 신앙만이 아니라 『미륵상생경』 신앙도 있음을 제시하였다. 서윤길은 이를 신라적 미륵신앙이라고 불렀는데, 이런 규정은 상당히 막연한 느낌을 준다. 두 논문이 모두 민족주의적 색채를 지녔는데, 전자는 비교적 쉬운 용어로 당시 사회 상황과 연결하여 분석하였으며 후자는 불교사상 내에서의 의미를 우선하여 파악하였다.

미륵신앙에 대한 역사학이나 미술사학 분야의 연구로 김상기金庠基의 「화랑과 미륵신앙에 대하여」(『이홍직박사회갑기념 한국사학논총李弘稙博士回甲紀念 韓國史學論叢』, 1969)와 황수영黃壽永의 「신라 남산南山 삼화령三花嶺 미륵세존彌勒世尊」(『김재원박사 회갑기념논총金載元博士 回甲紀念論叢』, 1969)이 있다. 전자는 경주 서쪽에 있는 세칭 상인암上人岩의 본명이 신선사神仙寺이며, 그 바위 면에 새겨진 3대 거상巨像이 미륵삼존임을 밝혀서 미륵신앙과 화랑이 연결된다고 하였다. 후자는 경주박물관 집고관集古館의 삼존석불三尊石佛이 기록으로 전하는 삼화령 미륵이라고 보고, 그것을 근방의 고분과 연결해 화랑도와 인연이 있는 것으로 추정하였다.

김상기와 황수영의 논문은 모두 현존하는 유물을 문헌 기록과 연결하여 사상적 배경까지 논하였다는 점에서 높이 평가될 수 있다. 특히 후자의 경우 유물의 양식을 고찰하는 데 그치지 않고 그 자체에 구현된 시대의 인심이나 믿음을 동시에 파악하려는 노력은 앞으로 미술사학의 정립을 위해 소망스럽다. 그러나 두 논문 모두 본격적 연구 논문이라기보다는 조사 보고의 성격을 크게 벗어나지 않았고, 고증에 치우친 나머지 정작 미륵신앙 자체에 대한 깊은 이해 부족이라는 점에서 성공적이라 할 수 없다.

미타신앙에 대한 연구 논문으로 김영태의 「신라의 미타사상—신앙사료를 중심으로—」(『불교학보』 12, 1975)가 있다. 김영태는 『삼국유사』 중 미타 관계의 기사를 정리하고, 그중 정토사상을 제외한 신앙을 고찰하였다. 미타신앙은 처음 귀로 듣고 눈으로 볼 수 있었으나 경덕왕대 이후에는 미타불이 직접 현신성도現身成道한다는 점, 그리하여 신라인의 불국토 사상과 연관된 점을 밝혔다. 이 논문도 사료를 시대순으로 나열하는 평면적인 분석에 머물면서 그 신앙이 뿌리박고 있는 사회나 신앙층信仰層에 관한 이해가 모자랐다.

미술사적 측면에서 미타신앙에 접근한 논문이 문명대의 「경덕왕대의 아미타 조상造像 문제」(『이홍직박사회갑기념 한국사논총』, 1969)이다. 문명대는 경덕왕 때의 미타불 조상과 그 성격을 문헌 사료와 연결하여 규명하고, 이를 통해 미타신앙과 신라 사회와의 상호 관계나 신라불교사 일반의 시대구분까지 추구하였다. 경덕왕 때에 미타신앙과 그 조상이 가장 활발하였던 이유는 중앙집권적 통일국가를 성취하기 위해 민중이 선호하는 미타신앙을 내세울 필요가 있었기 때문이라고 하였다.

문명대는 황수영과 더불어 현존 유물을 사상이나 사회상과 밀접하게 연결해 분석하려는 미술사학을 정립하고자 노력하였다. 이런 면은 높이 평가받지만, 직접적 사료가 적기 때문에 추측의 범위를 넘어서거나 시대 상황이나 역사적 배경에 대한 설명에 다소 설득력을 잃은 예도 있다. 경덕왕 때는 무열왕계가 이룩한 삼국통일 사업이나 왕권의 전제화가 한계점에 달한 시기인데, 오히려 반대로 서술하고 있는 것도 그 일례가 된다.

관음신앙에 대해서는 김동욱金東旭의 논문이 있지만,[9] 간략한 언급에 그쳤다. 김동욱은 신라 향가鄕歌 연구의 일환으로 천수대비가千手大悲歌를 분석하였고, 대체로 관음신앙을 민중과 연결해 파악하였다. 그는 관음신앙이 신라 사회와 어떤 관련이 있느냐에 대해서는 밝히지 못하였다. 이러한 목적을 달성하고자 한 연구가 홍승기洪承基의 「관음신앙과 신라사회」(『호남문화연구湖南文化研究』 8, 1976)이다. 관음신앙은 초기에 귀족과 연결되었으나 삼국통일 이후에는 대중과 연관된다는 점, 이때 왕실의 관음신앙에 대한 태도는 대체로 긍정적·호의적이었음을 밝혔다.

홍승기가 적은 사료를 분석하기 위해 유물 자료로 보충한 점이나 관음신앙의 신앙층을 밝힌 점은 좋게 평가될 수 있다. 다만 사료의 분석적 접근을 통해 신라 사회에서 미타신앙과 관음신앙이 혼효混淆되는 면을[10] 밝힌 것은 흥미 있는 사실이나 두 신앙의 구별을 뚜렷하게 제시하지 못하였다. 이 점은 관음신앙 자체를 깊이 이해함으로써 가능해질 것이다. 그 외에 용龍신앙에 대한 논문으로 김영태의 「신라불교에 있어서

9 김동욱, 「신라 관음신앙과 도천수대비가」, 『문리대학보』 6-2, 서울대학교, 1959.
10 문명대, 「포천산석굴고」, 『동국사학』 11, 1969, p. 123.

의 용신龍神사상—삼국유사를 중심으로—」(『불교학보』 11, 1974)가 있는데, 그 내용은 대체로 자료 정리의 성격을 벗어나지 못한 추론에 불과한 것이다. 김영태는 『삼국유사』에서 용에 관한 자료를 수집 정리하고, 그중 불교적 내용만을 분석하여 숭불호국崇佛護國이 신라 용신龍神사상이라고 하였다.

3. 구산선문의 성립과 선종사상

불교학보다 역사학에서 선종禪宗사상 연구의 중요성을 더 강조하였다. 불교학자는 신라시대의 교학불교사상이 쇠퇴함으로써 선종이 등장하였다고 보았으나,[11] 역사학자는 신라말 선종의 대두가 사회를 다음 단계로 변혁시키는 계기를 이루었다고 생각하기 때문이다. 우선 최병헌崔柄憲의 「신라하대 선종구산파禪宗九山派의 성립—최치원의 사산비명을 중심으로—」(『한국사연구韓國史硏究』 7, 1972)와 「나말여초 선종의 사회적 성격」(『사학연구史學硏究)』 25, 1975) 두 논문을 살펴보기로 하자.

최병헌은 선종이 들어오기 전의 신라불교와 선종이 처음 수입되어 구산선문이 성립하기까지의 경위를 고찰하고, 이어 선승禪僧들의 신분과 후원 세력을 밝혔다. 교학불교의 전통적 권위에 대하여 반성하고 반항하는 성격을 지닌 선종이 왕실의 전제주의가 무너진 신라하대에 수용되어 크게 번성하였던 점, 선승들이 육두품 이하의 신분으로 지방호족 세

11 김영태, 「신라 불교 대중화의 역사와 그 사상 연구」, 『불교학보』 6, 1969, p. 191; 김영태, 「신라불교에 있어서의 용신사상—삼국유사를 중심으로—」, 『불교학보』 11, 1974, p. 153; 서윤길, 「신라의 미륵사상」, 『숭산박길진박사화갑기념 한국불교사상사』, 원광대학교 출판국, 1975, p. 303.

력과 연결하였고 대개 사원을 중심으로 거대한 장원莊園을 이루고 있었던 점, 특히 나말여초의 선승들은 대부분 왕건에게 후삼국의 통일 이념을 제시하고 나아가 왕건과 지방호족을 연결하는 매개체 역할을 담당하였다는 점 등을 밝혔다. 그가 고대 불교문화 전반에 관심을 두거나 광범위한 사료를 대조하면서 선승들의 계보를 분명히 한 점 등을 좋게 평가할 수 있다.

최병헌이 선종을 유교나 풍수도참과의 관계로 시야를 확대하려 한 점은 환영해야 한다. 그러나 수많은 선승들의 인맥 관계를 지루하게 나열하거나 고려후기의 사료를 초기의 그것과 구별하지 않고 같이 취급함으로써 나말여초 선종의 일반적인 성격이 드러났지만, 선종산문 개개의 독자적 성격이 불분명하게 되는 결과를 가져왔다. 그가 주장하는 논지는 대체로 인정될 수 있어도 구체적으로 논증되기 위해서는 신라하대 선종사상 자체에 대한 검토가 뒤따라야 한다. 이에 덧붙여 선종사상과 화엄사상과의 연관성에 대한 파악도 필요하다. 화엄사상이 선종사상에 의해 극복 대치되는 것으로 생각하였기 때문에 그는 선승들이 화엄학을 공부하였다는 피상적인 이해를 넘어서지 못하였다.

비슷한 시기에 같은 입장의 연구로 김두진의 「낭혜朗慧와 그의 선사상禪思想」(『역사학보』 57, 1973)과 「요오선사了悟禪師 순지順之의 상론相論」(『한국사론韓國史論』 2, 1975)이 있다. 김두진은 낭혜화상탑비朗慧和尙塔碑와 『조당집祖堂集』에 각각 나타난 낭혜 무염無染과 순지의 선종사상을 분석하여 그것이 뿌리박고 있는 사회와의 관련을 추구하였다. 대체적인 결론은 앞에서 언급한 최병헌의 그것과 비슷하지만,[12] 방법론 면에

---

12 김두진, 「낭혜와 그의 선사상」(『역사학보』 57, 1973)과 최병헌, 「신라하대 선종구산파의 성립—최치원의 사산비명을 중심으로—」(『한국사연구』 7, 1972)의 결론은 비슷한 면이 많다. 다만 두 논문은 거의 같은 시기에 각각 독자적으로 연구되었다. 두 논문은 김두진,

서 선종사상 자체의 변화를 추구한 점은 다르다. 무엇보다도 개별 선종 산문 사이의 사상적 차이를 지적하려는 노력은 유념해야 한다.

그는 초기 선종사상이 개인주의적 경향을 지녔고 왕실과 지방호족 모두와 관계를 맺었지만 점차 지방호족과 결연하는 쪽으로 기울고 있었다는 점, 후삼국 정립기의 선종사상은 개인주의적 '내증內證'보다는 '외화外化'에 비중을 두었고 따라서 지방의 대호족이 주위의 군소 지방 세력을 포섭, 동화해 가는 것을 합리화한다는 점 등을 밝혔다. 개별 사례의 구체적 분석을 통해 당시 선종사상 전체를 관조觀照하려는 태도는 바람직하다. 다만 선종사상 자체에 대한 이해가 심화되지 못한 점이나 불교사상 전반이나 기타 사상과의 관련성에 대해 폭넓게 살피지 못함으로써 무염이나 순지의 선종사상이 한국불교사상사에서 어떤 위치를 차지하는지를 분명하게 제시하지 못하였다.

불교학 입장에서 선종에 관한 연구로는 한기두韓基斗의 「신라 선禪의 기초사상」(『논문집論文集』 8, 원광대학교, 1975)과 「신라의 선 사상」(『숭산박길진박사화갑기념 한국불교사상사』, 1975)이 있다. 한기두는 선종을 전입傳入할 수 있게 한 기초 사상을 신라의 교학불교사상에서 찾으려고 하였다. 신라의 선종사상은 설악산雪嶽山을 중심으로 하는 도의道義·범일梵日·도윤道允·무염無染 등 북산선北山禪과 지리산智異山을 중심으로 하는 홍척洪陟·현욱玄昱·지선智詵·혜철惠徹·이엄利嚴 등 남악선南岳禪으로 나뉘었다는 점, 북산선은 순선純禪이고 남악선은 교선융합의 성격을 가졌다는 점을 밝혔다.

한기두가 신라 선종사상과 중국 선종사상과의 관계를 유의한 점은 평

「낭혜의 성주산문에 대하여」(서울대학교 석사학위논문, 1970)와 최병헌, 「신라하대 선종 구산파 성립—최치원의 사산비의 일고—」(서울대학교 석사학위논문, 1971)라는 두 학위 논문을 학술지에 게재한 것이다.

가받을 수 있다. 다만 그가 신라 선종의 기초 사상을 『능가경楞伽經』과 『금강삼매경론金剛三昧經論』 및 무상無相의 선종사상 등으로 구분한 것은 중국 초기의 대표적 선종인 홍주종洪州宗과 우두종牛頭宗 및 보당종保唐宗 등의 구분을 그대로 적용한 느낌을 준다. 오히려 『능가경』의 사상을 『대승기신론』과 연결하고 그 뒤의 『금강삼매경론』과 함께 원효의 사상을 표면에 내세움으로써 신라 선종의 논지를 더 분명히 할 수 있다. 또한 지역으로 남악과 북산의 선풍을 구별하였지만 구체적인 논증은 없었다. 지역이 아닌 초기와 후기의 선종사상이 달라지는 양상을 깊이 이해해야 한다.

풍수도참風水圖讖 사상은 선종과 연관하여 연구되었다. 이에 관한 연구 논문이 최병헌의 「도선道詵의 생애와 나말여초의 풍수지리설風水地理說」(『한국사연구』 11, 1975)이다. 최병헌은 풍수지리가 인문지리적 지식이라고 하였다. 신라중대 이전의 풍수지리가 재래의 샤머니즘적 신성神聖 지역 관념을 중시하였다면, 신라하대의 풍수지리설은 산세山勢나 수세水勢 등의 지형 조건을 중시하였다. 풍수지리설에 근거하여 신라하대 지방호족들이 경주 중심이 아닌 자신들의 근거지를 새 역사의 중심 무대로 내세움으로써 그들의 세력 형성을 정당화하였다고 하였다.

최병헌이 구체적 도선 연구를 통해 선종과 풍수지리설과의 관련을 밝히고, 도선 관계의 자료를 착실하게 비판·대조한 점 등은 주목된다. 그러나 논지를 전개한 추론 과정이 박약하며, 풍수지리설의 개념 규정에 혼란이 야기될 수 있다. 신라말에 유행한 풍수지리와 고려시대에 정치적으로 이용되면서 성행한 도참은 구별되어야 한다. 아울러 풍수지리설 연구는 그 자체뿐만 아니라 선종이나 유식사상에 대한 깊은 이해를 곁들여야 성공적으로 수행될 수 있다.

풍수지리설은 선종과는 달리 배타적 성향을 지녔다. 고려초 개성開城

중심의 풍수지리설 외에 다른 지역 중심의 그것은 정리되어야 하였다. 그러므로 나말여초 개성 지역이 아닌 다른 지방 중심의 풍수지리설이 존재하지 않는다고 하여, 모든 풍수지리설이 왕건에게만 봉사하였다고 생각할 수는 없다. 나말여초 풍수지리설 연구의 이런 결론은 수정되는 것이 마땅하다. 앞으로 고려 왕건이 아닌, 다른 지방호족과 연관한 독자적 풍수지리설의 존재를 구체적으로 확인하려는 연구가 필요하다.

4. 유교정치이념의 성립

통일신라의 유교사상은 중요도에 비해 많이 연구되지 않았다. 유학자보다는 역사학자들이 이에 대해 관심을 가졌다. 신형식申瀅植의 「숙위학생고宿衛學生考—나말여초의 지식인의 동향에 대한 일척—」(『역사교육歷史敎育』 11·12 합집, 1969)은 부제에서 알 수 있듯이, 나말여초 도당유학생渡唐留學生의 동향에 대해 밝힌 논문이다. 신형식은 신라와 당의 외교사를 추구하였는데, 이 논문도 그러한 연구의 일환이다.

숙위학생이 주로 육두품 신분 출신이었고 반신라적 지식인으로 성장하였다는 점, 이들은 당에서 유학으로 무장된 바탕 위에 도교와 선종사상의 영향을 받아 3교를 융합하려는 사상 경향을 보였고, 이것은 사회가 새롭게 나아갈 수 있는 방향을 제시하였다는 점 등을 밝혔다. 이러한 결론은 대체로 통용되었으며, 신형식이 그런 문제를 정리해서 구체적인 실상을 드러낸 데 의미가 있다. 다만 확실한 논증으로 설득력 있게 결론을 끌어낸 것은 아니다. 적어도 당시 지식인의 동향을 밝히기 위해 그들이 표방한 유교정치이념이나 도교와 선종의 성격을 먼저 분명히 이해해야 한다.

유교에 관한 본격적 연구 논문은 이기백李基白의 「신라통일기 및 고려 초기의 유교적 정치이념」(『대동문화연구大東文化硏究』 6·7 합집, 1970)이며, 이를 다시 발전시킨 연구가 「신라통일기 유교사상의 성격」(『한국민족사상사대계韓國民族思想史大系 3—중세편—』, 1974)이다. 이기백은 현재 남아 있는 자료에 근거하여 통일신라시대는 한국 유교의 성립기에 해당한다고 하여, 성읍국가에서부터 유교가 전입할 수 있는 기반을 살핀 김철준金哲埈[13]과는 대조적 태도를 보였다.

이기백은 당시 유학자들이 주로 육두품귀족이었으며 처음 유교적 소양을 쌓아 골품제에 적응하였으나 신라하대에 이르러 이의 개혁을 주장한 점, 유교정치이념은 진골에 대한 반항적 성격을 가졌어도 신라하대 지방호족과는 달리 신라국가 안에서 중앙집권적 귀족 정치를 확립하려는 것이라는 점 등을 밝혔다. 유교의 발전을 사회 신분과 유기적으로 연관 지어 파악한 점이나, 사상을 알려 주기에 부족한 영세한 사료를 한국사 전개의 대세 속에서 분석함으로써 사회사상사에 접근한 점 등은 주목받을 수 있다. 앞으로 통일신라시대 유교사상의 내용을 더 풍부하게 제시함으로써 유교의 현실적 도덕성이 진골에 대한 반항적 성격으로 이어지는 면이나 유학자들의 불교 비판 성격 등을 보다 구체적으로 끌어내야 한다.

유학 또는 고대문화 전반을 다룬 김철준의 「한국고대정치의 성격과 중세정치사상의 성립과정」(『동방학지東方學志』 10, 1969)은 고대와 중세의 시대구분까지를 의도한 야심적 연구이다. 무열왕 이후 중국식 시호諡號 사용은 유교정치이념의 채용을 알려 주지만 진골 신분 지배를 합리화하는 데 그쳤다는 점, 신라하대에 골품제 지배체제를 부인하면서 당송唐

13 김철준, 「삼국시대의 예속과 유교사상」, 『대동문화연구』 6·7 합집, 1970.

宋의 관제를 모방한 중앙집권적 지배체제의 확립은 유교사상에 입각한 중세 정치사상의 성립이나 그로 인한 사회 구성의 전환이 있었기 때문에 가능하였다는 점 등을 밝혔다.

이 연구의 전편이 김철준의 「삼국시대의 예속禮俗과 유교사상」(『대동문화연구』 6·7 합집, 1970)이다. 김철준은 성읍국가부터 중앙집권적 귀족국가(고대국가)에 이르기까지의 유교를 논하였다. 중세의 유교 정치사상이 성립할 수 있게 된 한국고대 정치 사회의 발전 과정을 추적하는 폭넓은 시야나 이전과는 달리 유교 자체를 비판적으로 새롭게 이해하려는 태도 등은 바람직하다. 그러나 논술의 범위가 넓어 신석기시대부터 다루거나 구체적 논증이 없어 서술이 불명료한 점은 보강해야 한다. 그의 연구도 더 설득력을 얻으려면 유교사상에 대한 폭넓은 이해를 곁들여야 한다.

5. 민간신앙과 무격巫覡

불교나 유교와 비교하여 덜 중요하기 때문에 통일신라시대의 민간신앙은 비교적 연구가 소홀하였다. 처용處容 연구는 대체로 무속을 밝히려는 것이다. 이러한 입장에서 국문학자들의 상당한 연구가 있다.[14] 또는 처용을 동해 지역 지방호족의 자제라고 하여 처용설화는 기인제其人制를 반영해 주는 것으로 보는 이우성李佑成의 연구도 있다.[15] 이우성과

14 김동욱, 「처용가연구」, 『한국가요의 연구』, 을유문화사, 1961; 황패강, 「「처용가」고」, 『국어국문학』 26, 1963; 장주근, 「처용설화의 연구」, 『국어교육』 6, 1963; 김열규, 「처용전설시고」, 『낙산어문』 1, 1966; 현용준, 「처용설화고」, 『국어국문학』 39·40 합집, 1969.

15 이우성, 「삼국유사 소재 처용설화의 일분석—고려 기인제도의 기원과의 관련에서—」, 『김재원박사회갑기념논총』, 을유문화사, 1969.

같은 사회사적 처지에 있지만, 이용범은 처용설화를 이슬람 상인과 연결해 이해하였다.[16] 국문학자가 무속을 이해하기 위해 처용설화를 「군웅청배」·「뒷전」·「성주굿」·「황제푸리」 등의 무가巫歌와 비교 분석하였다.[17] 반면 역사학자들은 처용설화가 의미하는 사회상 파악에 힘을 쏟았다.

통일신라시대의 무속에 관한 직접적 연구는 아니지만, 임동권任東權의 「삼국시대의 무점속巫占俗」(『백산학보』 3, 1967)과 박계홍朴桂弘의 「무巫가 중세사회에 끼친 영향」(『한국민속학韓國民俗學』 1-1, 1969)은 참고할 만하다. 두 논문 모두 무속이나 점복속占卜俗의 종류를 나누어 문헌에서 그 사례를 찾아 연구한 것이다. 특히 임동권은 삼국시대와 고려시대의 점복속을 비교함으로써 사회 발달·분화와 더불어 점복속이 다양해짐을 밝혔다. 그러나 무속이 문화의 미분화未分化 현상이라거나 사회를 미혹하게 하여 백성을 무고하게 만든다는 관점의 연구는 시정해야 한다.

신라의 재래신앙을 정치 사회의 발전과 밀접하게 결합해 파악한 주목할 만한 연구 논문이 이기백의 「신라 오악五岳의 성립과 그 의의」(『진단학보』 33, 1972)이다. 이기백은 통일신라의 5악이 상징적 존재라는 관점에서 5악의 성립과 그 가운데 내포된 호국사상이 신라 사회에서 갖는 의미를 추구하였다. 5악은 원래 신라 본거지인 경주평야 주변에 설정되었으나, 팽창하는 과정에서 새로 편입하는 부족 세력의 대표를 상징하는 토함산吐含山·지리산智異山·계룡산鷄龍山·태백산太白山·부악父岳이라는 점, 5악에 대한 국가적 제사는 산신에 드린 것이지만 실제로는 5악으로 상징되는 지방 세력을 진압한다는 목적을 갖는다는 점, 5악은

16 이용범, 「처용설화의 일고찰—당대 이슬람상인과 신라—」, 『진단학보』 32, 1969.
17 서대석, 「처용가의 무속적 고찰」, 『한국학논집』 2, 1975.

화엄종과 깊은 관계를 지니고 관념상 통일신라의 전제왕권을 뒷받침하였으며 국방상 중시되었다는 점 등을 밝혔다.

이기백은 평소 소홀하게 취급된 사료를 구체적 사회 세력과 연결해 연구함으로써 고대사 연구의 시야를 넓혀 주었고, 사상사 연구에 많은 시사를 주었다. 이를테면 산악숭배山岳崇拜신앙을 구체적으로 논급하지 않았지만, 정치 사회와 연관 지어 추적함으로써 그 내용을 유추類推하였다. 5악 외에 중사中祀에 편입된 다른 산악신앙에 관한 연구도 행해졌으면 한다. 그렇게 되면 5악의 성격을 그것들과 연관하여 파악할 수 있기 때문이다. 특히 이 논문은 재래의 토착 무속과 불교와의 융합 관계를 주목하게 한다. 그러나 여기서는 그것을 본격적으로 취급하지는 않았다.

무불巫佛융합 관계에 관한 연구로 김택규金宅圭의 「신라 및 고대 일본의 신불습합神佛褶合에 대하여」(홍순창 외 편, 『한일고대문화교섭사연구韓日古代文化交涉史研究』, 을유문화사, 1974)가 있다. 김택규는 처음 전래될 때의 사회적 배경이나 토착신앙과 융합한 몇 개의 사례를 들어 신라불교와 고대 일본불교의 공통점과 차이점을 논하였다. 그가 현지 조사로 고로古老들의 전설담傳說談을 채취하여, 이를 문헌과 연결해 분석하거나 일본의 사례와 비교 연구한 점은 높이 평가된다. 기성문화에 외래문화가 수용되는 과정을 단계적으로 나누어 파악한 점도 바람직하다. 다만 불교사상 및 당대 사회상에 대한 이해 부족은 이 논문의 한계이다. 호족이나 초전初傳불교의 성격 자체를 설득력 있게 서술하지도 못하였다.

장주근張籌根의 「서사무가敍事巫歌의 시원始源과 민속학民俗學 상의 위치—한국적 강창문학講唱文學의 존재성 제창을 위하여—」(『한국문화인류학韓國文化人類學』 5, 1972)는 부제로 알 수 있듯이 국문학 분야에서 무불융합사상을 논한 것이다. 장주근은 불교 색채가 강한 서사무가가 적어도 통일신라시대에 싹이 텄으며, 불교를 보급하는 역할을 담당하였다고 하였다. 그가 중국이나 일본의 강창문학과 비교될 수 있는 한국의 문학 장르가 있음을 주장한 것은 공적이다. 강창문학 분야는 앞으로 계속해서 연구되어야 한다.

밀교密教 연구는 무불관계사에서 추구해야 하지만 현재 그런 방향에서 연구되지 못하고 있다. 밀교를 밝힌 논문으로 박태화朴泰華의 「신라시대의 밀교密教 전래고傳來考」(『효성조명기박사화갑기념 불교사학논총』, 1965)와 문명대의 「신라 신인종神印宗의 연구—신라밀교와 통일신라사회—」(『진단학보』 41, 1976)가 있다. 전자는 자료 정리의 성격에서 벗어나지 못한 초보적 연구에 불과하다. 후자는 삼국통일의 주역을 담당한 신인종이 신라 사회에서 어떻게 성립하여 전개하였느냐를 밝힌 주목할 만한 연구이다. 통일신라시대의 밀교를 구체적으로 밝힌 문명대의 공적은 충분히 인정받아야 한다. 다만 그는 신인종 자체보다는 그 미술품에 관심이 있으므로 신인종사상 자체를 심도 있게 규명하지는 않았다. 또한 밀교를 샤먼적 불교로 규정하였는데, 그것은 무불융합 면에서도 연구해야 함을 시사한 셈이다.

6. 통일신라 사상사 연구 방법론의 모색

통일신라 사상사 연구 업적을 정리하고 그것을 비판하여 문제점을 지적함으로써 다음 연구를 위한 조그마한 초석이 되기를 바라는 마음에서 이 글을 작성하였다. 우선 외국 학자를 제외한 주로 광복 이후 사상사 연구의 초석을 마련한 국내 학자의 업적을 나루었다. 다른 시대보다 통일신라의 사상사 연구가 비교적 활발하게 이루어졌다. 그 이유는 이 시대에 관한 사료가 신이한 신앙 내용을 많이 담고 있어서 사상사로 접근하기 그나마 쉽기 때문이다. 그러나 보다 근본적인 이유는 선종禪宗 성립 이전의 신라불교가 한국불교사에서 가장 전성기를 맞았다고 보아 불교학자들의 사상사 연구가 쏟아져 나왔기 때문이다.

다만 불교학자들의 많은 연구를 일일이 다 취급할 수 없어서 중요한 몇 편의 논문을 다루었다. 건설적으로 나아가기 위해 칭찬보다는 다소 비판적으로 작성하였다. 학문의 성과로 이전 연구에 대해 비판할 수 있지만, 선학들의 그러한 노고가 없었던들 현재의 엄청나게 축적된 연구 성과도 없었을 것이다. 그러나 더 확대하지 않고 광복 이후 초기의 연구 업적을 다룬 이 글의 원모습을 가능한 한 그대로 실었다. 당시가 학문의 초창기였기 때문에 한국고대 사상사의 올바른 정립을 바라는 마음에서이다. 이 시대의 사상사를 정리하는 데 있어 불교사상은 가장 중요하게 다루어야 한다.

국문학·민속학·종교학자들이 통일신라 사상사를 꾸준하게 연구하였지만, 그 연구의 주류는 역시 불교학자나 역사학자이다. 동국대학교 불교문화연구소가 『불교학보』를 창간한 이래 불교학자들의 연구는 다각도에서 상당히 활발하게 진행되었다. 그들은 불교 교리나 신앙사를 정리하는 데 비교적 유리한 입장을 가졌지만 불교가 뿌리박고 있는 사회에 대한 이해를 외면하였다. 사회사상으로서의 불교 연구를 거의 행하지 못하였다. 불교학자들은 대개 종파적 입장을 견지하고 있어서 불교사상 연구에 객관성이 부족한 경우가 많았다. 또한 그들은 호국 불교를 강조한 나머지 민족주의적 색채를 과도하게 노출하기도 하였다.

역사학자들은 사회의 이해를 통해 그 속에 수용된 불교사상을 밝히고자 하였다. 이를테면 불교사상을 사회와의 유기적 연관 속에서 분석하였다. 그들은 사회를 철저하게 분석하여 거기에 유용한 사상을 추출하고 그것이 당대 사회에 어떤 영향을 끼쳤는가를 생각하였다. 그러나 불교학자와는 달리 불교사상 자체를 깊이 알고 있지 못한 결함은 불교사상사를 충분히 성공적으로 진전시키지 못하였다. 불교사상은 사회 속에서 배태하지만 일단 형성되고 나면 다시 사회 구성인의 의식구조에 영향을 미치고 능동적으로 사회를 변화시키는 역할을 담당해 왔다.[18]

사회사상사로 정립시키기 위해서는 먼저 불교사상 자체에 대한 이해를 깊이 하면서 그것을 포용한 사회에 대해 접근할 수도 있다. 이러한 불교사상의 지식사회학적知識社會學的 접근은 바람직하며 앞으로 더 발전시켜야 할 것이다. 물론 이 경우에도 문제점이 없는 것은 아니다. 불교도가 아니면 감지할 수 없는 교리의 위대한 영역이 존재하며, 그것은 지금까지도 인류의 마음을 이끌어 왔고 결코 분석적 접근으로 해명할 수 없는 다른 차원에 속하기 때문이다. 역사학자들은 이러한 점을 유의하면서 연구 작업을 수행遂行해야 한다.

통일신라 사상사 연구에서 더 관심을 두어야 할 분야는 무불관계사와 같은 한 사상과 다른 사상과의 관계에 대한 분석이다. 사상은 그것을 배태시킨 사회구조와는 유기적인 관계에 있다. 한 사상과 다른 사상과의 대립과 절충 및 융합 과정을 밝히는 것은 곧 사상과 연결된 사회의 대립과 갈등 및 그 절충 과정을 규명하는 결과를 초래한다. 따라서 무불관계사나 유불관계사의 연구는 사회 발전과 변화를 밝히는 중요한 작업이 될 수 있다. 다만 이러한 관계사를 성공적으로 추구하기 위해서는 문화 변혁이나 사회 발전에 대한 전반적 안목을 갖추면서 관련된 두 사상을 깊이 이해해야 한다.

사상사 연구의 차원을 높이려는 방법으로 다음 두 가지를 제시하고자

18 이기영, 「한국 불교연구의 현실과 과제」, 앞의 책, 1975, p. 160.

한다. 첫째, 구조기능적構造機能的 연구 방법을 정착시켜야 한다. 구조기능적 연구는 사상 및 그것과 연관한 모든 사회적 사실과의 관계를 철저하게 분석하는 것이다. 그러고 나서 추출한 관계를 사회학적으로 해석한다. 말하자면 사상을 문화나 사회구조 속에서 파악하려는 방법이지만, 그 과정은 사상과 사회사실과의 구체적 관계를 하나씩 분석하여 정립시켜 가는 것이다. 심포지엄의 공동 주제에 관한 학제적 연구는 피상적 느낌을 주지만 구조기능적 연구와 비슷하다. 앞으로 구조기능적 연구는 개인의 단독 연구로 발전시켜야 한다.

둘째, 비교사상사 연구를 활성화해야 한다. 우리나라의 사상을 비슷한 시기의 일본이나 중국의 사상과 비교 연구하는 것은 중요하다. 그러나 비교가 단순히 같고 다른 것의 나열에 그쳐서는 안 된다. 사상이 뿌리박고 있는 사회에서 갖는 기능까지를 비교 연구해야 한다. 현재 국내에서 비교사상사 연구가 이루어지고 있지만 진정한 의미의 분석적 비교연구는 아직도 행해지지 않았다. 사상사의 폭을 확대하면서 그 특징을 더 분명히 제시해 줄 수 있는 것은 비교사상사 연구이기 때문에 앞으로 이 분야의 연구에 기대를 걸어 보고자 한다.

제2장

통일신라의 역사와 사상

1. 통일신라사의 전개

(1) 중앙집권적 전제왕권의 성립

중앙집권적 지배체제의 재편성

신라중대에 무열왕계가 전제정치를 강화하였다. 그것은 진덕여왕 이후 신문왕대에 이르는 제도 개혁을 통해 이루어졌다. 신라중대의 전제주의는 이미 진덕여왕 당시에 싹트고 있었다. 그런데 진덕여왕의 옹립에는 김춘추金春秋와 김유신金庾信의 연합 세력이 깊이 관여하였다. 진평왕이 돌아가고 난 뒤 성골 남자가 없어 진덕여왕이 즉위하였다. 현재 성골의 실체를 명확히 제시하기는 어렵지만, 성골 관념은 진흥왕의 태자인 동륜계銅輪系로 이어지는 폐쇄적 왕족 혈족의식血族意識에서 생성된 것이다.[1]

1 이기동, 「신라 내물왕계의 혈연의식」, 『역사학보』 53·54 합집, 1972; 『신라골품제사회와

불교를 공인한 23대 법흥왕부터 28대 진덕여왕까지는 불교식 왕명 시대이다.[2] 신라 왕실은 처음에 승려나 전륜성왕轉輪聖王을 뜻하는 왕명을 사용하다가 진평왕대에는 석가족釋迦族의 이름에서 따온 왕명을 사용하였다.[3] 전대와는 달리 석가족을 표방하는 왕족 의식이 선덕여왕을 즉위할 수 있게 하였다.[4] 진평왕은 독존적인 왕족 의식을 바탕으로 왕권을 강화해 가는 관제 정비를 단행하였고,[5] 그것은 어느 정도 성공적으로 추진되었으나 아직도 왕권의 전제화 기반을 완전히 갖추지는 못하였다. 그런 상황에 고구려와 백제가 연합하여 신라에 대해 무력 침공을 감행하였다.

선덕여왕 11년(642년) 8월에 백제 장군 윤충允忠이 대야성大耶城을 함락함으로써 군주軍主 품석品釋이 전사하였다. 합천은 청도를 거쳐 경주로 들어가는 요충지로, 이 지역이 백제의 수중으로 떨어지게 되면 신라에게 위기가 아닐 수 없었다. 이에 대처하기 위해 신라는 대당외교를 강화하였으나 오히려 당나라는 643년에 여왕 통치의 문제점을 지적하면서 당 왕실 중의 한 사람을 뽑아 신라왕으로 삼을 것을 제안하였다. 이로 말미암아 신라 정계가 분열하여 선덕여왕 16년(647년)에 상대등上

화랑도』, 한국연구원, 1980, pp. 86~89.

2 김철준, 「신라 상대사회의 Dual Organization(하)」, 『역사학보』 2, 1952, pp. 91~95.

3 眞平王의 이름은 釋迦의 아버지인 白淨이며 왕비의 이름은 석가의 어머니인 摩耶夫人이다. 진평왕의 두 동생인 眞安·眞正葛文王의 이름은 각각 國飯과 伯飯인데, 석가의 삼촌 이름과 같다. 곧 眞平王家는 釋迦族의 이름을 그대로 붙이고 있다.

4 이기백·이기동 공저, 『한국사강좌 Ⅰ—고대편—』, 일조각, 1982, p. 186.

5 眞平王代는 신라 관제조직 체계의 질적인 전환이 이루어지는 시기로 파악된다. 새로운 官府의 창설뿐만 아니라 관부 간의 분업 체제가 확립되었고, 소속 관원의 조직화 경향이 뚜렷이 나타났다. 다만 50년이 넘게 지속된 진평왕대 관제 정비의 성격을 일률적으로만 파악할 수는 없다. 진평왕대 초기에는 位和府·調府·禮部 등이 창설되었지만, 후기에는 內省私臣이 설치되고 兵部와 侍衛府에 대한 改革이 斷行되었다. 곧 진평왕대 초기와 후기 관제 정비의 성격은 달리 파악해야 할 것이다.

大等 비담毗曇이 염종廉宗과 더불어 난을 일으켰다.

물론 김춘추와 김유신의 연합 세력이 비담의 난을 곧 진압하였다. 난중에 선덕여왕이 죽자 진평왕의 조카인 진덕여왕을 옹립한 김춘추와 김유신이 정치·군사의 실권을 장악하였다. 비담과 염종의 난은 표면상 여왕 통치에 대한 불만의 표출이라고 하지만, 실제로는 귀족사회를 장악한 비담을 대표로 하는 보수적 정통 진골귀족 세력과 왕권을 중심으로 한 김춘추 일파의 대립 속에 일어났다. 진덕여왕은 즉위하면서 비담뿐만 아니라 이들과 연좌된 32명을 처형하였다.

처형된 32명은 정통 진골귀족 세력에 속한 인물들이었다. 일단 정통 진골귀족 세력을 축출한 김춘추 세력은 전제정치로의 제도 개혁을 단행하였다. 진덕여왕 5년(651년)에 국왕 직속의 최고 관부로서 집사부執事部를 다음과 같이 설치하였다.

> 품주稟主를 개편改編하여 집사부執事部를 삼고 이에 파진찬波珍飡 죽지竹旨를 집사중시執事中侍로 삼아 기밀사무機密事務를 관장하였다.
>
> —『삼국사기』 권5, 진덕왕 5년 2월조—

집사부는 품주稟主를 개편하여 만든 관부이다.[6] 진덕여왕 5년에 품주는 창부倉部의 기능을 독립시키면서 집사부로 개편되었다. 신문왕 5년(685년)에 사지舍知를 설치함으로써 집사부가 제도상으로 완성되었다.[7]

집사부는 본래 품주가 지닌 가신적家臣的 성격을 표면화하여 왕정의

6 이기백, 「품주고」, 『이상백박사회갑기념논총』, 을유문화사, 1964; 『신라정치사회사연구』, 일조각, 1974, pp. 139~142.

7 이기백, 「신라 집사부의 성립」, 『진단학보』 25·26·27 합집, 1964; 『신라정치사회사연구』, 일조각, 1974, pp. 151~154.

기밀機密을 맡음으로써 그 장관인 중시中侍는 국왕의 집사장執事長 역할을 감당하였다. 중시는 전제왕권의 수족과 같은 추요직樞要職이며, 위로는 왕명을 받들고 아래로는 관부를 통제하였다. 상징적 왕권을 배경으로 귀족가문이 아닌 행정기관을 통하여 정치적 관료 세력을 확보하려는 목적에서 집사부를 설치하였는데, 이러한 정치체제의 성립에 직접 관여한 세력은 바로 김춘추·김유신 일파였다.[8]

집사부를 장악한 김춘추는 귀족회의의 결의를 뒤집고 왕위에 오르는데 성공하였다. 집사부를 설치하여 그 제도가 완비되는 신문왕대에 이르면서 무열왕계의 전제정치가 뿌리를 내렸다. 그동안 전제정치를 위한 제도 정비가 차곡차곡 추진되었다. 집사부와 함께 정비한 전제왕권의 무력적 배경이 된 관부는 시위부侍衛府이다. 그것은 진평왕 46년에 대감大監 6원員을 두면서 설치되었다. 진덕여왕대에 체제를 강화하였고 신문왕 6년에는 감監을 장군將軍으로 바꾸어 설치하면서 시위부는 완비되었다.

진덕여왕대에 구체적으로 갖추어진 시위부는 삼도三徒로 나뉘어 대감 6인人, 대두隊頭 15인, 항項 36인, 졸卒 117인의 체제를 갖추었다. 졸이 17위 선저지先沮知에서 12위 대사大舍의 관위를 갖는 시위부는 분명 다른 관부와는 달리 무열왕계의 전제정치를 위한 무력 기구로 발족하였다.

행정을 분담하는 관부들이 세워지면서[9] 이들 관부에 속하는 관원의 수

---

8 이기백, 위의 논문, 1974, p. 153.

9 執事部의 改編과 함께 調府와 倉部가 새로 설치되었다. 조부와 창부는 본래 집사부 속에 포함되어 稟主로 불리다가 진평왕 6년에 조부가, 진덕여왕 5년에 창부가 分置되었다. 조부가 租稅를 거두어들였다면 창부는 그것을 귀족들에게 분배하는 기능을 가졌다. 그 외에도 禮部의 亞相인 卿이 설치되었으며 領客府가 개설되고 있음을 주목해야 한다. 진덕여왕 5년에 左理方府가 설치되었는가 하면 무열왕은 즉위하면서 바로 律令을 詳考하게 하여 理方府格 60餘條를 정하였다. 문무왕 7년(667년)에는 右理方府까지 설치되었다.

가 많이 증가하는 것도 당시 관제 정비의 한 특색이다.[10] 비록 신라중대에 설립하는 관부라 하더라도 그 말단의 실무를 담당하는 관직은 진덕여왕대부터 서서히 설치되었다.[11] 문무왕대에는 여러 관부의 2명으로 구성된 아상亞相인 경卿에 1인을 더 추가하였다.[12] 그러면서 관부의 하급 실무직을 보강하였다. 문무왕 11년(671년) 병부兵部에 사史 12인, 나당弩幢 1인을 보강하였는가 하면, 승부乘府에 사史 3인을 보충하였다. 이러한 하급 실무직의 보강은 대체로 신문왕대에 마무리된 셈이다.[13]

관부를 정비하고 그에 따른 관원의 수가 증가하면서, 관리를 규찰하는 사정부司正府가 문무왕 15년(675년)에 완비되었다. 이들 관원의 품급品級과 서훈敍勳을 관장하기 위해 문무왕 17년에는 좌사록관左司祿館, 문무왕 21년에는 우사록관右司祿館을 설치하였고, 관부의 정비로 말미암아 무열왕계는 전제왕권을 강화하였다. 이와는 반대로 화백회의和白會議 기능은 상대적으로 약화되어 갔다. 합좌기관合坐機關인 화백회의는 통일 이후에도 여전히 존속하였다. 그러나 그것은 이미 국가 정책을 결정하는 기관으로서의 중요성을 상실하였다.

전제정치기 행해지는 신라중대에 화백회의 관계 기록은 보이지 않을 뿐만 아니라 의장인 상대등의 활동이 극히 미약하게 나타났다. 곧 왕권의 전제화는 상대등의 지위에 변화를 가져왔다. 우선 신라중고기에 비

---

10 이기백·이기동 공저,『한국사강좌 Ⅰ —고대편—』, 일조각, 1982, p. 329.

11 國學은 신문왕 2년에 설치되지만, 진덕여왕 5년에 그 실무를 맡은 大舍를 두었다. 진덕여왕 5년에 설치되는 工匠府나 彩典의 主書나 典祀署의 大舍도 마찬가지로 이해될 수 있다.

12 문무왕 15년에 1인이 더 추가되어, 2인의 卿을 갖춘 관부는 調府·倉部·禮部·乘府·司正部·領客府 등이며, 左理方府卿은 문무왕 18년에 1인을 더 추가하여 2인이 되었다.

13 神文王 元年에는 船府가 정비되었고 신문왕 2년에는 位和府·工匠府·彩典 등이 實務職을 갖추었으며, 신문왕 5년에 執事部와 調府의 舍知가 설치되면서 관료 조직이 완비되어 갔다.

하여 상대등의 임면 절차가 지극히 불규칙하였다.[14] 한편 경덕왕 15년(756년) 2월에 상대등 김사인金思仁과 혜공왕 13년(777년) 4월에 상대등 김양상이 상소하여 시정時政의 득실을 극론極論하였다. 상대등이 당시 정치의 득실得失에 대해 비판을 가한 것이다. 이때의 상대등은 정치의 직접적 담당자였다기보다는 정치 일선에서 물러나 거리를 두고 관찰하는 위치에 있었다.

상대등 지위에 변화가 나타난 신라중대에 전제왕권이 확립하였는가 하면, 이전 귀족연합정권의 성격은 점점 소멸하여 갔다. 신라중고기의 왕실에 박씨는 왕비족으로 등장하였다. 왕실의 이러한 구성이 귀족연합정권을 지속할 수 있게 하였다. 다만 태종 무열왕비는 가야왕족 출신인 김유신의 누이이다. 정통 진골귀족 사회에서 왕실이 이질적인 가야왕족과 혼인을 맺는 것 자체가 귀족연합 체제를 무너뜨리는 결과를 초래하였다. 곧 무열왕계의 등장은 전제정치를 확립시켰다.

문무왕 이후 신라중대 왕실은 계속 김씨족 내에서 족내혼族內婚을 행하였다. 그리하여 김씨 왕족은 모든 정치권력을 배타적으로 독점하면서 전제권을 강화하였다. 국왕 자리는 장자상속 원칙에 의하여 계승되었다. 국왕은 재위 중에 태자를 책봉하였다. 신라중대에는 태자를 책봉한 기록이 연속적으로 나온다. 장자의 태자 책봉 원칙은 왕실의 전제권 확립을 위해 필요한 것이다.[15] 이를 위해 국왕은 반드시 아들을 낳아야 하였고, 아들을 낳지 못한 왕비는 출궁시키고 다른 왕비를 맞아들이기도 하였다.[16]

---

14 이기백, 「상대등고」, 『역사학보』 19, 1962; 『신라정치사회사연구』, 일조각, 1974, pp. 102~104.

15 이기백·이기동 공저, 앞의 책, 1982, pp. 311~312.

16 神文王 妃인 金欽突의 딸이 아들을 못 낳자 出宮되었고, 金欽運의 딸(神穆王后)이 새로 왕비가 되어 理洪(孝昭王)과 隆基(聖德王)를 낳았다. 또 景德王은 三毛夫人이 아들을 못

신라중대 정권의 담당자들은 친당親唐외교를 펴는 과정에서 중국 제도를 도입하여 전제주의 개혁정치를 단행하였다. 이미 선덕여왕 9년(640년)에 왕은 자제子弟들을 당에 보내어 국학國學에 입학시켰으며, 진덕여왕 2년(648년) 당에서 돌아온 김춘추는 중국 제도를 좇아 국내의 장복제章服制를 고치게끔 주청하였다. 그것은 바로 받아들여져 다음 해인 649년에 중국식 의관제衣冠制를 실시하였다. 왕실은 이러한 정책과 연관하여 중국식 시호諡號를 사용하였다.

신라중고기의 불교식 왕명과는 달리 신라중대에 사용한 무열武烈·문무文武·신문神文 등의 시호는 중국의 유교적 색채를 지닌 것이다. 곧 신라중대의 전제정치는 유교정치이념을 실현하려는 것으로, 중국의 제왕이 갖는 전제주의 성격을 도입하려는 의도를 깔고 있다. 중국식 체제나 제도의 도입은 혈연적 혹은 가문적家門的 배경을 많이 축소하면서 정통 진골귀족을 관료체제 속에서 통제하려는 목적을 가졌다.[17] 신문왕 6년(686년)에 사신을 당에 보내어 예기禮記와 문장文章에 관한 서적을 청하였을 뿐만 아니라 규잠規箴 관계 책 50권을 구해 오게 하였다. 이때 구한 규잠은 신하들이 지켜야 할 규율에 관한 것이다.

성덕왕 10년(711년)에 왕은 스스로 백관잠百官箴을 지었다. 규잠을 토대로 작성한 것이다. 신하들의 규율을 강조하면서 전제주의를 강화하려는 왕실은 중국식 제도를 도입하면서 한화정책漢化政策을 추진하였다. 한화정책은 정통 진골귀족이 고수하려는 신라의 토착적 전통과는 맞지 않는, 곧 신라의 고유한 전통이 아닌 보편성을 강조하려는 것이

낳자 출궁시키고 後妃인 滿月夫人을 맞았다.

17 무열왕 6년에 司正府가 설치되는 목적은 이러한 분위기 속에서 이해될 수 있다. 특히 문무왕대에는 司祿館이 설치되거나 또는 司正府·理方府에 卿이 더 추가되고 있다. 이것은 귀족인 신료들을 엄격하게 통제하려는 조치라 할 수 있다.

다.[18] 당시 정통 진골귀족은 신라 토착적 전통을 강조하고 있었다.[19] 왕실은 중국의 보편적 유교정치이념을 내세워 정통 진골귀족이 가진 신라적 전통을 배격함으로써 국내 정통 진골귀족의 세력 기반을 약화 또는 분쇄하고자 하였다.

중앙 진골귀족의 동태

신라중대 왕실이 전제주의를 강화해 감에 따라 진골귀족 세력의 변화가 나타났다. 우선 신라중고기 왕비족으로 등장한 박씨족 세력이 흔들리고 있었다. 일찍이 왕위는 물론 갈문왕葛文王에 올랐을 뿐만 아니라 각간角干이나 도독都督을 차지하기도 한 박씨족은 진골귀족으로서의 위치가 확고하였지만, 통일 이후 신라중대에 이르면 세력 기반을 잃어 갔다. 신라중대에는 단 한 명의 박씨 출신 왕비도 보이지 않는다. 김씨왕족 내에서의 족내혼族內婚이 행해지면서 결국 박씨족이 왕비족의 지위에서 물러나게 되었다. 그 외 박씨로 보이는 인물들의 관등이 낮아졌을 뿐만 아니라 그 관직은 행정 요직이라기보다는 대부분 학자나 기술직이

18 전제주의를 강화해 나가려는 데에는 그 사회의 토착적 전통을 강조하려는 경향 또는 이와는 반대로 도입된 보편적 이념을 표방하려는 경향이 있다. 신라중대 전제주의는 후자에 속한다고 할 수 있다. 두 유형의 전제주의 경향 중 일반적으로 전자는 기존 체제를 개혁하면서 새로운 질서를 수립하려는 성격을 지니면서 등장하고 있다. 반면 후자는 기존 체제 기반 위에 전제주의를 공고히 하는 성격을 지닌다. 그러나 신라중대 전제주의는 진덕여왕·진평왕대의 개혁 조치를 잇고 있기 때문에 기존 체제를 완전히 뒤엎는 것은 아니지만 그대로 인정하는 것도 아니다. 정통 진골귀족 세력이 신라 토착적 전통을 강하게 내세우고 있어서, 이들을 견제하기 위해 자연스럽게 중국문화를 배경으로 한 유교정치이념이 모색되었다. 그리하여 신라중대 전제주의는 漢化政策을 표방하였다.

19 이기백, 「김대문과 그의 사학」(『역사학보』 77, 1978; 『한국사학의 방향』, 일조각, 1978, pp. 13~15)에서 김대문은 전제주의와 결부되어 있던 유교사상을 배격하고 전통사상을 옹호하였다고 하였다. 그런데 전통사상은 신라 토착의 고유한 전통과 연결되며, 그것은 곧 진골귀족의 전통이라고 하였다.

었다.[20] 박씨족의 관직이나 관등은 통일 이전보다 격이 떨어진 셈이다.

신라중대 초기에 전제주의가 성립하면서 박씨 왕비족은 물론 정통 진골귀족 세력이 전제왕권에 의해 제약을 받고 있었다. 효소왕 즉위 후 바로 처형되는 정공鄭恭이 용을 물리치는 설화는 신라중대 전제주의의 향배를 짐작하게 한다. 정공은 신분이 낮았다기보다는 왕권에 도전할 수 있는 정통 진골귀족이거나 그들과 연루된 세력을 상징적으로 나타낸 설화 속 인물일 것으로 생각한다. 실제로 무열왕계의 전제왕권이 성립하면서 왕권에 도전할 수 있을 정도로 강력한 세력 기반을 가진 상당수의 정통 진골귀족이 거세되었다.

신문왕 원년(681년)에 김흠돌金欽突은 모반하다가 죽임을 당하였다. 파진찬波珍飡 흥원興元과 대아찬大阿飡 진공眞功 등 많은 진골세력이 이에 가담하였다. 김흠돌의 난이 평정되고 난 뒤 내려진 교서에는 "흉사凶邪를 불러들여서 근수近竪와 결탁함으로써 화가 내외를 통하고 동악同惡이 서로 도왔다(『삼국사기』 권8, 신문왕 원년조)"라고 하였다. 당시 병부령兵部令이던 군관軍官까지도 처형되었다. 신문왕은 김흠돌 반란의 모의 사실을 알고도 고발하지 않았다는 죄목으로 군관을 자진自盡하게 하였다.

신문왕은 김흠돌의 난을 계기로 정통 진골귀족 세력을 탄압하였다. 김흠돌의 난에 관계한 자는 지엽枝葉까지도 철저하게 가려내 모두 죽였다. 이렇게 신문왕대에 전제왕권을 확립하였지만 이후에도 모반 사건은 계속 일어났다.[21] 신라중대 전제주의를 강화하려는 왕실이 왕권에

20 이기백·이기동 공저, 앞의 책, 1982, pp. 314~315.

21 神文王 4년에 大文의 반란이나 孝昭王 9년(700년)에 慶永의 모반, 孝成王 4년(740년)에 永宗의 반란 등이 있었다. 이 사건들은 실패로 끝나면서 그때마다 정통 진골귀족 세력이 도태되어 갔다. 물론 이때의 모반사건이 金欽突의 亂과 같은 성격을 가졌던 것은 아니다. 가령 전제왕권을 확립시키는 데 공헌한 것이 김흠돌의 난이었다면, 그 후의 반란은 오히

도전하는 정통 진골귀족 세력을 거세시켰으며, 정공의 처형은 이러한 국면을 반영하는 것이다.

그러나 왕실은 정공의 배후 세력인 혜통을 처단하지 못하였다. 신라 중대 전제주의의 한계성을 드러낸 셈이다. 이와 연관하여 신문왕 9년(689년)에 달구벌達句伐로 천도하려다 실패한 사실은 유념된다. 전제주의를 강력히 추진하려는 과정에서 달구벌 천도는 수도(경주慶州)에 포진하고 있는 정통 진골귀족 세력의 기반을 약화하기 위한 계획이었다. 그러므로 천도 계획의 좌절은 왕실의 전제주의가 진골귀족 세력에 의해 제압되고 있음을 나타낸다.

신라가 연맹왕국을 거쳐 중앙집권적 귀족국가 체제를 갖추기까지 정통 진골귀족은 강인한 세력 기반을 갖고 있었다. 진골귀족 세력의 전통이 화백회의로 이어졌고, 신라중고기 귀족회의의 권능은 오히려 왕권을 능가하였다.[22] 통일 이후 전제왕권을 성립하면서 비록 정통 진골귀족이 타격을 받기는 하였어도 그들의 세력 기반이 해체되지는 않았다. 재상가인 정통 진골귀족은 바다 가운데 큰 섬을 점유하여 거기에 가축을 사육하였고, 3,000명에 이르는 노동奴僮이나 갑병甲兵을 거느리고 있었다.

정통 진골귀족은 필요에 따라 언제든지 무장한 군대, 곧 사병私兵을 동원할 수 있었다.[23] 신라하대 왕위쟁탈전에 동원한 군대는 대체로 사병이었다. 이렇듯 중앙의 정통 진골귀족은 물론 지방의 유력한 세력가

려 전제주의를 붕괴시키려는 방향으로 작용하였다.

22 眞智王은 뚜렷한 이유를 알 수 없으나 國人에 의해 폐위되었다. 그는 和白會議의 결의로 폐위되었음이 분명하다. 곧 貴族會議는 新羅中古期까지만 하더라도 왕을 임의로 폐위시킬 수 있을 정도로 강력한 권능을 가졌다.

23 이기백, 「신라사병고」, 『역사학보』 9, 1957; 『신라정치사회사연구』, 일조각, 1974, pp. 256~259.

들도 사병을 갖고 있었다.[24] 정통 진골귀족은 국가로부터 녹읍祿邑이나 식읍食邑을 받음으로써 막대한 토지에 딸린 전장田莊을 갖추고 있었다. 이곳에서 생산되는 농산물이 사병을 유지하는 경제적 기반이 되었다.

정통 진골귀족의 녹읍이나 식읍에 대한 경제적 지배는 수조권收租權뿐만 아니라 공부貢賦나 역역力役 수취收取를 포함한 광범한 것이었다. 녹읍이나 식읍은 정통 진골귀족의 사령지私領地와 다름없었다.[25] 정통 진골귀족 세력은 이미 신라중대부터 경제적·군사적 토대를 튼튼히 마련하고 있었다. 신라중대 왕실은 전제왕권을 강화하는 과정에서 정통 진골귀족의 세력 기반을 철저하게 해체하지 못한 한계성을 드러냈다.

신문왕대 이후 전제왕권은 오히려 정통 진골귀족 세력의 견제를 받기도 하였다. 또한 신라중대 전제주의를 성립시키는 데 공헌한 가야加耶의 김유신계金庾信系가 점점 세력 기반을 상실하였다. 성덕왕이 김유신의 적손인 윤중允中을 대아찬大阿湌으로 삼아 은총을 내리자 "지금 종척宗戚에서도 훌륭한 인물이 없지 않은데 어찌 소원한 신하를 불러 쓰느냐(『삼국사기』 권43, 김유신전 하)"라고 간언하는 사람도 있었다.

이때 간언한 자들은 정통 진골귀족이거나 종척이지만, 김유신계는 비록 왕실의 비호를 받고 있다 하더라도 소원한 신하로 대접받을 정도로 몰락하였다. 윤중의 서손庶孫인 김암金巖은 이미 정치권력의 핵심에서 물러나 음양가陰陽家로 활동하였다. 점점 사회적·정치적으로 몰락한 김유신계는 불만을 품고 반란에까지 가담하였다. 혜공왕대에 반란으로 인하여 죽임을 당한 김융金融은 이러한 가야계 인물이라고 생각한다.[26]

---

24 이기백, 위의 논문, 1974, pp. 261~266.

25 강진철, 「신라의 녹읍에 대하여」, 『이홍직박사회갑기념 한국사학논총』, 신구문화사, 1969, pp. 67~69.

26 이기백, 「신라 혜공왕대의 정치적 변혁」, 『사회과학』 2, 1958; 앞의 책, 1974, p. 232.

비록 설화 형태로 전하지만 김유신의 혼魂이 미추왕릉未鄒王陵에 가서 자기 자손이 죄 없이 억울한 죽임을 당한 데 대한 신원伸寃을 촉구하였다. 혜공왕 15년(779년)에 있었던 이러한 신원운동이 일시 성공하였을지라도 가야 김유신계는 점점 세력 기반을 잃어 갔다. 전제왕실에 의해서인지 아니면 다른 정통 진골귀족 세력에 의해서인지는 분명하지 않으나, 김유신계 세력이 쇠퇴하는 과정은 신라중대 전제주의가 기우는 것과 동시에 전개되었다. 신라중대 초에 김유신계는 전제왕권의 지지자로 등장하였기 때문이다. 김유신계 세력이 약화해 가는 신라중대 말에 이르면 왕실의 전제주의도 점차 빛을 잃어 갔다.

(2) 신라하대 골품제사회의 동요

신라하대 사회로의 전환

경덕왕대가 되면 전제주의도 석양의 노을처럼 기울어졌다. 그런 상황에서 경덕왕은 전제주의 복구를 위한 개혁에 안간힘을 쏟고 있었다. 그러한 노력은 결국 성공할 수 없었다. 표훈表訓의 천국왕래天國往來 설화는 경덕왕대와 혜공왕대의 정치·사회적 분위기를 짐작하게 한다. 경덕왕은 표훈더러 천제에게 청하여 후사를 구하였다. 마침 천제가 딸을 점지해 주자, 경덕왕은 다시 표훈을 보내어 딸을 아들로 바꾸게 하였다.

천제는 아들로 바꾸면 나라가 위태로워진다고 하였고, 이를 계기로 천기를 누설하지 못하게 하늘 문을 막아 버렸다. 그러므로 표훈 이후 신라에 성인이 출현하지 못하였다. 이때 태어난 아들이 혜공왕이다. 그는 본래 여자였으나 남자로 바뀌어 태어났으므로, 늘 여자들의 유희를 즐겼으며 몸에는 금낭錦囊을 찼다고 한다. 경덕왕이 아들 낳기를 원하였던 것은 전제주의 복구를 위한 강한 집념의 표현이다.

경덕왕 16년에 9주九州의 이름을 고치는 것을 비롯해 전국의 지명을 모두 한식漢式으로 바꾸었다. 그런가 하면 경덕왕 18년에는 관호官號를 다음과 같이 한식으로 변혁하였다.

① 병부兵部·창부倉部의 경卿·감監을 시랑侍郎으로, 대사大舍는 낭중郎中으로 고쳤으며 집사사지執事舍知는 집사원외랑執事員外郎으로, 집사사執事史는 집사랑執事郎으로 고쳤다. 조부調府·예부禮部·승부乘府·선부船府·영객부領客府·좌우의방부左右議方府·사정부司正府·위화부位和府·예작전例作典·대학감大學監·대도서大道署·영창궁永昌宮 등의 대사大舍를 주부主簿로, 상사서賞賜署·전사서典祀署·음성서音聲署·공장부工匠府·채전彩典 등의 대사大舍를 주서主書로 고쳤다.

—『삼국사기』 권9, 경덕왕 18년 정월조—

② 예부禮部 사지舍知를 사례司禮로, 조부調府 사지舍知를 사고司庫로, 영객부領客府 사지舍知를 사의司儀로, 승부乘府 사지舍知를 사목司牧으로, 선부船府 사지舍知를 사주司舟로, 예작부例作府 사지舍知를 사례司例로, 병부兵部 노사지弩舍知를 사병司兵으로, 창부倉部 조사지租舍知를 사창司倉으로 고쳤다.

—『삼국사기』 권9, 경덕왕 18년 2월조—

경덕왕은 거의 모든 관호를 고쳤는데, 순수 고유식固有式 명칭인 각 관부官府의 대사大舍나 사지舍知를 중국식 관호로 바꾸었다. 특히 하급 실무직인 사지는 직능의 성격을 나타내 주는 명칭으로 바뀌었다. 관호의 한화정책漢化政策은 단순히 명칭의 변경에만 그치지 않았다. 한화는 적어도 신라가 삼국을 통일한 이후 경덕왕 때까지 신라중대의 일관된

정책이었다.[27]

경덕왕대의 관제 개혁은 무열왕 이후 표방해 온 전제주의를 강하게 내세우려는 것이다. 9주 등 지명을 한식으로 바꾸는 정책 속에는 중앙 정부의 지방에 대한 통치체제를 강화하려는 뜻이 담겨 있었다. 다음 기록을 참고해 보기로 하자.

> 사벌주沙伐州를 상주尙州로 고쳐서 주州 1, 군郡 10, 현縣 30개를 거느리게 하였다.
>
> —『삼국사기』 권9, 경덕왕 16년 冬 12월조—

전국 지명을 한식으로 바꾼 조치는 상주尙州의 사례에서 보이듯이, 결과적으로 9주와 그 영속領屬 군현郡縣의 수를 명시한 셈이다. 물론 당시의 영속 관계는 9주가 군현을 거느린다는 형식적 의미가 있지만, 신라중대 전제주의를 내세우려는 경덕왕대의 정치 경향에서 볼 때 지방 통제를 보다 강화하려는 의도를 지닌 것으로 생각한다. 이와 곁들여 관제 개혁도 같은 성격으로 이해할 수 있다. 모든 관부의 실무를 담당하는 대사나 사지가 개혁의 주된 대상이었다. 전제왕실은 실무 기술관직에 관해 관심을 표명하였으며, 이러한 관부에 임명된 귀족들은 왕과 더 긴밀한 관료官僚로 등장하였다.[28]

경덕왕대 개혁정치는 전제주의에 대한 정통 진골귀족의 강한 반발이 만연한 분위기 속에 추진되었으므로 애초부터 성공적으로 수행하기 어려웠다. 전제주의 개혁정치를 행한 경덕왕 16년에 내외 군관群官의 월

---

27 이기백, 위의 논문, 1974, p. 246.

28 이기동, 「신라 중대의 관료제와 골품제」, 『진단학보』 50, 1980; 『신라골품제 사회와 화랑도』, 한국연구원, 1980, pp. 118~128.

봉月俸을 없애면서 다시 녹읍祿邑을 사賜하고 있다. 관리의 월봉은 관료전官僚田의 지급이었을 것이다. 신문왕 7년에 관료전을 설치하였고, 신문왕 9년에는 내외의 녹읍을 혁파하였다. 진골귀족의 사령지私領地와 같은 녹읍을 혁파하면서 관료전을 설치하는 것은 신문왕대 전제주의의 정착 과정과 연결하여 이해해야 한다. 그런데 경덕왕대 개혁정치는 전제주의로 강하게 복귀하려면서도 오히려 녹읍을 부활시켰다. 경덕왕대 개혁정치가 한계성을 내포하면서[29] 시행된 셈이다.

경덕왕이 아들 혜공왕을 점지하여 얻음으로써 나타난 사회 혼란은 바로 경덕왕대 전제주의가 실패로 기울면서 야기되었다. 당시 전제주의 개혁을 뒤에서 추진한 세력은 경덕왕 16년에 상대등으로 임명된 신충信忠과 왕의 총신寵臣인 이순李純으로 대표될 수 있다. 이들의 개혁정치를 반대한 자들은 경덕왕 16년에 상대등에서 물러난 김사인金思仁으로 대표되는 정통 진골귀족 세력이었다.[30] 김사인은 경덕왕 15년에 상소하여 시정時政의 득실을 극론極論하였다.

김사인이 비판한 상소 내용은 전제주의 개혁을 반대한 것이다. 경덕왕은 상소를 받아들이지 않았고 김사인이 상대등에서 물러났다.[31] 그러나 경덕왕 22년에는 왕당파로 알려진 상대등 신충과 시중侍中 김옹金邕이 면직免職되었으며, 속세를 떠난 이순은 지리산에 들어가 단속사斷俗

29 神文王 9년에 혁파된 祿邑이 약 70년을 경과한 景德王 16년에 왜 부활하는지는 정확하게 알려지지 않았다. 州郡縣을 改編하는 해에 부활하였다는 점에서 경덕왕대의 개혁과 녹읍의 설치는 불가분의 관계가 있을 것으로 추론된다. 즉 一村 혹은 一縣의 통일적 지배권을 관료에게 주기 위해 지방제도가 개편되었으며, 그 뒤에 바로 祿邑制가 성립되었다(旗田巍, 「新羅の村落」, 『歷史學硏究』 226·227, 1958·1959, 結論 참조). 다만 녹읍의 지급은 분명히 진골귀족들의 경제 기반을 튼튼히 하는 것이어서 專制主義가 나아가는 방향과는 대치될 수 있다. 그렇다면 경덕왕은 진골귀족들의 불만을 무마하면서 또 한편으로는 그들을 억압하는 전제주의를 강행하려는 이중적 성격의 개혁을 추진한 셈이다.

30 이기백, 「경덕왕과 단속사·원가」, 『한국사상』 5, 1962; 앞의 책, 1974, p. 218.

31 이기백, 위의 논문, 1974, pp. 218~219.

寺를 짓고 거기에 거주하였다. 신충의 원가怨歌는 이들의 전제주의 개혁 의지가 꺾이면서, 실제로는 정치 일선에서 물러난 심정을 토로한 것이다.[32]

남아로 바뀌어 태어나면 국가가 위태롭게 된다는 예언의 존재는 혜공왕의 즉위와 이를 반대하는 귀족들 사이에 물의가 일어났음을 생각하게 한다. 혜공왕이 즉위하자 전제주의를 반대하는 정통 진골귀족은 정국을 주도하지만 전제주의 지지자들을 완전히 거세하지는 못하였다. 따라서 이들 두 세력 사이의 암투가 진행될 수밖에 없었고, 신라 사회는 혼란에 빠졌다. 혜공왕대에 계속해서 일어나는 몇 차례에 걸친 반란이 이를 알려 준다.

혜공왕 4년 7월에 일길찬一吉飡 대공大恭이 동생인 아찬 대렴大廉과 함께 반란을 일으킨 것을 필두로 하여 혜공왕 6년 8월에 대아찬 김융金融이, 혜공왕 11년 6월과 8월에 각각 이찬 김은거金隱居와 이찬 염상廉相·시중侍中 정문正門이 모반謀叛을 꾀하다가 죽임을 당하였다. 혜공왕 16년 2월에는 이찬 길정吉貞이, 혜공왕 16년 4월에는 김양상金良相이 이찬 김경신金敬信과 더불어 병란을 일으키고 있다.

대공大恭의 난 이후 "왕도王都 및 오도五道 주군州郡의 96각간角干이 서로 더불어 싸워 크게 어지러워졌다(『삼국유사』 권2, 혜공왕조)"라고 하

32 『삼국유사』 권5, 신충괘관조에는 "孝成王潛邸時 與賢士信忠 圍碁於宮庭栢樹下 嘗謂曰 他日若忘卿 有如栢樹 信忠興拜 隔數月 王即位賞功臣 忘忠而不第之 忠怨而作歌 帖於栢樹 樹忽黃悴 王怪使審之 得歌獻之 大驚曰 萬機鞅掌 幾忘乎角弓 乃召之賜爵祿 栢樹乃蘇"라고 하였다. 그런데 노래 내용은 "무릇 갓[栢]이 가을에 안 이울[萎]에 떨어짐에 / '너를 어찌 잊어'라고 말씀하옵신 우러르던 날이 계시온데 / 달그림자가 옛 못에 가는[行] 물결을 원망하듯 / 모습을 바라오니 세상도 싫어지는구나(양주동, 『증정 고가연구』, 박문서관, 1960, p. 608)"이다. 이러한 내용의 노래는 孝成王代가 아니라 경덕왕 말년에 신충이 정치적 실의에 빠진 상황 속에서 읊은 것으로 추론된다(이기백, 위의 논문, 1974, pp. 223~224).

였다. 물론 이때의 96각간은 각 부족 집단의 대표자를 의미하겠지만,[33] 비록 과장되었더라도 그 수가 지나칠 만큼 많다. 96각간이 다투는 과정에서 대공각간의 집안이 망하였으며, 상을 받은 사람도 대단히 많았고, 죽임을 당한 사람도 무수히 많았다. 대공의 난 이후 혜공왕대에 계속해서 반란이 일어났다.[34]

혜공왕대의 반란이 반왕적反王的 성격의 것과 친왕적親王的 성격의 것이 골고루 일어났지만,[35] 혜공왕은 결국 그 난 중에 살해되었다. 혜공왕 16년에 지정志貞의 난을 김양상·김경신 등이 진압하는 과정에서 결국 왕은 난병亂兵에 의해 해害를 입었다. 김양상과 김경신은 신라하대를 연 인물로서 친왕적인 지정과 대립하였다. 지정의 난을 계기로 반왕파는 혜공왕까지 살해하여 축출함으로써 신라중대는 막을 내렸다.[36] 이후 김양상이 선덕왕宣德王으로 즉위하면서 신라하대를 열었다.

신라중대는 혜공왕 12년의 관호官號 복고復古 조치로 말미암아 실질적인 종말을 맞았다. 경덕왕 18년에 실시된 관제 개혁은 무열왕계 전제주의의 연장선 위에서 전제정치를 재확립하려는 것이었지만, 17년 이상의 생명력을 갖지 못하고 혜공왕대 이전 체제로 복구되었다. 혜공왕대의 관호 복고는 경덕왕의 정책에 대한 단순한 부정이 아니라 신라중대 체제, 곧 전제정치에 대한 부정을 표시하는 사건이었다. 이리하여 도래한 신라하대 사회의 창시자들은 신라상대(신라중고)로의 복귀를 원하였다.

---

33 김철준, 「신라 귀족세력의 기반」, 『인문과학』 7, 1962; 『한국고대사회연구』, 지식산업사, 1975, p. 246.

34 이기백, 「신라 혜공왕대의 정치적 변혁」, 앞의 책, 1974, p. 231.

35 이기백, 위의 논문(1974, pp. 229~237)에서 惠恭王 4년과 혜공왕 6년의 大恭이나 金融의 반란은 反王的 성격을, 혜공왕 11년과 혜공왕 16년에 일어난 金隱居·廉相·志貞의 난은 親王的 성격을 가졌다고 규정하였다.

36 이기백, 위의 논문, 1974, p. 237.

신라상대로 복귀하려는 하대 사회 주인공들은 단순한 관호 복고에 그쳤다기보다는 정치체제 전반에 걸친 귀족연합으로의 복고를 소망하였다.[37] 그러나 신라상대로의 복고는 그대로 실현될 수 없었다. 그들은 귀족연합을 모색하면서도 언제든지 그것에서 이탈할 수 있는 귀족연립을 이룩하였다.[38] 신라하대의 진골귀족은 연합과 동시에 다시 분열해 가는 양면성을 지니고 있었다.

지방호족 세력의 대두

신라하대가 열리면서 김양상金良相이 즉위하여 37대 선덕왕宣德王이 되었는데, 그는 중앙 진골귀족 사이의 왕위쟁탈전에서 실력으로 등극한 인물이다. 이후 왕위를 둘러싼 중앙 진골귀족 사이의 왕위쟁탈전이 계속되었다. 김양상은 내물왕의 10세손世孫임을 내세웠다. 내물왕계의 표방은 무열왕의 직계손直系孫이 아니라는 것이다. 그는 성덕왕의 외손으로 혜공왕과는 이종姨從형제이다. 김양상은 신라중대 왕실과 깊이 연결되어 있으면서도, 한편으로는 경덕왕대의 전제개혁정치를 반대한 인물이다.

즉위한 후에도 선덕왕은 독자 세력을 구축하지 못하고 김경신金敬信과 연합 체제를 이루었다. 선덕왕은 어용성御龍省을 개편하는 한편, 패강진浿江鎭 개척으로 왕권을 안정시키려 하였으나 개혁정치를 크게 성공시키지 못한 채 재위 6년 만에 돌아갔다. 선덕왕이 죽자 김경신과 무열왕 후손인 김주원金周元이 왕위를 다투었다. 김경신은 복두幞頭를 벗고 소립素笠을 썼으며 12현금絃琴을 들고 천관사天官寺 우물로 들어가는

37 이기백, 위의 논문, 1974, p. 247.
38 이기백, 위의 논문, 1974, pp. 253~254.

꿈을 꾸었다. 왕이 될 것이라고 해몽한 여삼餘三의 말을 듣고, 그는 비밀리에 북천신北川神에 제사를 지냈다.

김주원은 차재次宰인 김경신보다 서열이 더 높은 상재上宰였는데,[39] 그의 집은 왕경의 북쪽 20리에 있었다. 선덕왕이 돌아가자 마침 비가 와서 알천閼川이 불어났다. 그리하여 김주원이 건너오지 못하자, 신하들이 김경신을 세워 왕으로 모셨다. 김주원의 도중이 모두 내부來附하여 새로 등극한 원성왕을 축하하니, 김주원은 명주溟州로 퇴거하였다. 김주원은 무열왕의 자손이다.[40] 혜공왕의 피살로 신라중대 왕실의 직계 자손이 끊어진 뒤에 김주원은 무열왕계 친족집단을 이끄는 대표자 위치에 있었다.

반면 내물왕의 12세손임을 내세운 김경신은 신라중대 왕실과는 다른 친족의 소혈족집단小血族集團임을 내세우고 있었다. 서로 대립한 기반을 가진 소혈족집단의 두 세력이 충돌하는 과정에서도 귀족회의 결의는 김주원에게 유리하게 돌아갔다. 김경신은 이러한 정국을 무력으로 뒤엎고 왕위에 올랐으며, 승리한 후에는 김주원의 도당까지 그의 휘하로 흡수하였다.

왕위계승전에서 패배한 김주원은 자신의 세력 근거지인 명주溟州(강릉)로 퇴거退居할 수밖에 없었다. 중앙정계의 권력 다툼에서 이기지 못함으로써 그는 경주에 있지 못하고 지방으로 내려갔다. 김주원은 중앙

39 『삼국유사』 권2, 원성대왕조에 "王(元聖)日 上有周元 何居上位"라고 하여, 金敬信 자신도 위에 周元이 있어 上位(王位)에 오를 수 없음을 인정하고 있었다. 또 金周元은 上宰였고 王(敬信)은 次宰였다고 하였으나, 宣德王代의 上大等은 김경신이었고 侍中은 義恭이었기 때문에 上宰와 次宰를 상대등이나 시중과 같은 구체적인 관직에 보임된 것으로 볼 수도 없다. 宰相職은 왕위계승의 第一(上宰) 또는 第二(次宰) 후보라는 의미가 있다고 생각한다.

40 김시습, 『매월당집』, 「세계도」, 아세아문화사, 1973, p. 2.

귀족이지만 명주의 낙향호족落鄕豪族으로 변신하였고, 지방호족은 이렇게 하여 성립되었다. 지방호족 세력이 실질적으로 대두하게 된 것은 신라하대 중앙왕실이 추진한 전제개혁정치의 실패와도 깊이 연관되었다.

신라중대에서 하대로 넘어가는 시기에 수많은 반란과 왕의 피살 및 선덕왕 사후 왕위계승을 둘러싼 정국 혼란을 직접 경험하면서 등장한 원성왕은 진골귀족의 친족집단을 배경으로 성립한 정치 세력을 규제하려고 하였다. 그리하여 왕실의 권위를 새롭게 세우면서 중앙집권 체제를 성립시키기 위한 정치 개혁을 시도하였다. 원성왕 2년(786년) 병법兵法의 개발로 말미암은 병권兵權의 강화나 원성왕 4년 독서삼품과讀書三品科의 설치는 그 결과로 나타난 것이다.

원성왕대의 제도 정비는 진골귀족 중심의 골품제사회 체제를 개혁하면서 왕권을 강화하려는 것이다. 소성왕 원년(799년)에 청주菁州의 노거현老居縣을 학생녹읍學生祿邑으로 삼은 조처도 당시 개혁정치의 연장선 위에서 파악되는데, 크게는 삼국통일 이후 유교정치이념을 모색하면서 전제주의를 내세우려는 전통과 맥락이 닿을 수 있다. 애장왕 6년(805년)에는 공식公式 20여조二十餘條를 반포하였다. 애장왕 7년에는 교서를 내려 새로운 불교 사찰의 창건을 금지하고 오직 수리만 허락하였으며, 또한 금수錦繡로써 불사佛事하는 것과 금과 은으로 기물 만드는 것을 금지하였다.

막대한 토지와 재력을 가진 진골귀족은 대체로 원당을 지어 거기에 재산을 귀속시켜 관리하고 있었다. 진골귀족 세력에 대한 압력이 된 불사 금지나 공식 20여조의 반포는 왕권 강화에 따른 정치제도를 개혁하는 데 필요한 조치였다.[41] 애장왕 9년에는 사신을 12도道에 파견하여 모

41 같은 해에 位和府의 衿荷臣을 고쳐 令이라 하고 例作府에 省 2인을 두고 있다. 公式 20餘

든 군읍郡邑의 강역을 나누어 정하였다. 지방 군현이나 읍락 강역의 설정은 왕실 중심의 중앙집권적 정치체제를 강화하려는 것이다.

원성왕대부터 애장왕대까지 신라하대 왕실의 왕권 강화를 위한 개혁 조치는 이미 신라중대의 전제주의가 무너져, 진골귀족 세력이 난립하는 사회 풍조 속에서 많은 도전을 받아 성공할 수는 없었다. 진골귀족에게 불사를 금하면서도 왕실은 원당으로 해인사海印寺를 창건할 수밖에 없는 구조적 모순을 내포하고 있었다. 애장왕은 이러한 도전에 성공적으로 대처하지 못하고 왕위에서 쫓겨나기에 이르렀다.

애장왕대 관제 개혁의 방향이나 근본 취지는 신라중대, 특히 경덕왕 당시의 개혁정치와 마찬가지로 한화정책漢化政策을 견지함으로써 국왕 권력의 집중을 꾀한 것이다.[42] 그러나 개혁정치를 관장한 주체는 국왕이 아니라 상대등 김언승金彦昇과 시중侍中 김수종金秀宗이었다.[43] 애장왕대 개혁정치가 국왕 중심의 집권적 국가체제를 철저하게 수립할 수 없었던 이유이다.

애장왕 10년(809년) 7월에 왕의 숙부인 섭정攝政 김언승은 동생 이찬 제옹悌邕과 같이 반란을 일으켜 왕을 살해하고 즉위하였다. 그가 헌덕왕이다. 헌덕왕대에는 왕권에 도전하는 세력이 많이 거세되었으며, 마침 빈번한 기근으로 정치가 어지러웠다. 그리하여 헌덕왕 7년(815년)과 헌덕왕 11년 두 차례에 걸쳐, 초적草賊이 봉기하는 등 불안한 정국이 전

條를 頒布하기 전해인 哀莊王 5년에는 새로 東宮의 萬壽房을 만들었다. 이러한 제도의 개편도 왕권 강화와 연관 지어 이해해야 한다.

42 이기동, 「신라 하대의 왕위계승과 정치과정」, 『신라골품제사회와 화랑도』, 한국연구원, 1980, pp. 153~154.

43 김동수, 「신라 헌덕·흥덕왕대의 개혁정치—특히 흥덕왕 구년에 반포된 제규정의 정치적 배경에 대하여—」, 『한국사연구』 39, 1982, p. 33.

개되었다.[44] 정국 혼란을 더욱 가중시킨 것은 인사 원칙의 붕괴였다.[45]

불안한 정국을 틈타 대규모의 조직적 반란, 곧 두 차례에 걸친 김헌창金憲昌 부자의 난이 일어났다. 아버지 김주원이 왕위에 오르지 못한 데 대한 불만으로 일어난 김헌창의 난은 실패로 끝났지만, 지방호족의 할거割據 경향을 크게 촉진하였을 뿐만 아니라 왕위쟁탈전을 더욱 치열하게 만드는 계기가 되었다.[46] 흥덕왕 9년에 골품 체제에 대한 자세한 규정을 반포하였다. 그러나 흥덕왕대의 개혁정치는 일정한 한계를 지녔다. 골품제 규정은 김헌창의 난을 평정하는 데 협력한 귀족 세력을 상당히 대우해 줄 목적으로 제정되었다.[47]

흥덕왕 9년에 반포한 골품제 규정은 신분에 따라 사용하는 물품物品을 제시한 것이지만, 궁극적으로 육두품과 진골 신분의 차이를 뚜렷하게 부각하려는 목적을 가졌다.[48] 그것은 진골의 이익을 대변하였으며, 신라하대에도 진골귀족은 오히려 은부殷富한 생활을 누렸다.[49] 그리하여 원성왕계가 등장하여 추진한 개혁정치는 실패로 끝나면서 왕실은 원

44 興德王代(826~836년)에 災害가 들거나 草賊이 봉기한 해는 다음과 같다. 흥덕왕 6년에 홍수가 났으며, 흥덕왕 7년·8년·9년에는 각각 기근이 들어 도적이 일어나거나 求道하는 자나 굶어 죽는 자가 많았고 흥덕왕 11년에는 草賊이 일어났다. 흥덕왕 13년에는 백성들이 굶주림을 이기지 못하여 자손을 팔아 생활하였다.

45 『삼국사기』 권45, 녹진조에 "才巨者署之高位 小者授之薄任 內則六官 百執事 外則方伯 連率郡守縣令 朝無闕位 位無非人 上下定矣 賢不肖分矣 然後 王政成焉 今則不然 徇私而滅公 爲人而擇官 愛之則雖不材擬送於雲霄 憎之則雖有能圖陷於溝壑 取捨混其心 是非亂其志 則不獨國事溷濁 而爲之者亦勞且病矣"라고 하였다. 祿眞은 헌덕왕 당시에 인사 원칙이 무너지고 있어서 그런 사정을 上大等 忠恭角干에게 提言하고 있다.

46 이기동, 「신라 하대의 왕위계승과 정치과정」, 앞의 책, 1980, p. 157.

47 김동수, 「신라 헌덕·흥덕왕대의 개혁정치—특히 흥덕왕 구년에 반포된 제규정의 정치적 배경에 대하여—」, 앞의 책, 1982, p. 45.

48 이종욱, 「남산신성비를 통하여 본 신라의 지방통치체제」, 『역사학보』 64, 1974, p. 66.

49 이기동, 「신라 금입택고」, 『진단학보』 45, 1978; 『신라골품제사회와 화랑도』, 한국연구원, 1980, pp. 201~206.

성왕의 자손들을 각기 시조로 모신 소혈족집단인 독립 가계에 불과하게 되었다.[50] 왕권과 맞서는 소혈족집단이 저마다 정치적 지위를 이용한 세력 기반을 확보하고 있었는데, 지방호족 세력은 이러한 사회 분위기 속에 성장하였다.

신라하대의 지방호족은 세 부류가 있었다. 첫째, 중앙의 진골귀족이었으나 지방으로 간 낙향호족落鄕豪族 세력이다. 이들은 진골귀족으로서 왕위를 둘러싼 중앙정계의 왕위쟁탈전에서 패배하자 본래 가지고 있는 지방 연고지로 내려가 호족 세력이 되었다. 신라하대 초기에 원성왕계 소혈족집단이 서로 왕위쟁탈전을 치열하게 전개하는 동안 낙향호족 세력은 계속해서 등장할 수밖에 없었다. 특히 희강왕에서 신무왕의 반정反正에 이르는 기간 동안 서로 밀고 밀리는 왕위쟁탈전이 이어지는 과정에서 낙향호족 세력은 거의 전국에 걸쳐 산재하였다.

신무왕의 반정 당시 민애왕을 대신하여 대구大邱에서 청해진 군대와 싸우다 패배한 김흔金昕은 조상의 수봉지受封地인 임해군臨海郡으로 가 낙향호족이 되었다. 그는 문성왕 11년에 반란을 꾀하다 죽임을 당하는 대흔大昕과 동일인이다.[51] 김흔이 중앙정계에 다시 도전할 수 있었던 것으로 그의 지방호족 세력 기반이 어떠하였느냐를 짐작할 수 있다. 낙향호족은 중앙정계를 위협할 정도의 강력한 세력 기반을 가졌던 것이다.

신라하대 초기에는 낙향호족 세력이 실질적으로 강하였다. 그들이 지방 세력을 형성하였으면서도 아직 중앙정계와의 연결을 완전히 끊지 않

---

50 이기백, 「신라 하대의 집사성」, 앞의 책, 1974, p. 181.

51 『삼국사기』 권11, 문성왕 11년조에는 "秋九月 伊飡金式大昕等叛 伏誅"라고 기록되어 있다. 또한 『삼국사기』 권44, 김양전에는 金昕이 大邱 싸움에서 패배한 이후 小白山에 들어가 승려와 더불어 놀다가 文聖王 11년에 病死한 것으로 되어 있는데, 金昕과 大昕은 동일인으로 추론된다(이기동, 「신라 하대의 왕위계승과 정치과정」, 앞의 책, 1980, pp. 167~168).

았기 때문이다. 김주원의 아들 헌창은 반란을 일으키다가 거세되었지만, 또 다른 아들 종기宗基와 그 후손들은 중앙정계에 깊이 관여하였다.[52] 종기의 자손들이 중앙정계에서 고위 귀족으로 활동할 수 있었던 것은 강릉을 기반으로 형성한 강력한 지방호족 세력 기반과 연관하여 이해해야 한다.

그러나 낙향호족들의 정계 활동에는 제약이 따랐다. 그들 중에는 중앙 진골귀족과 비교하여 신분이 떨어진 강육두품降六頭品으로 행세한 자도 있었다. 무염無染의 부친 범청範清은 아버지 세대까지만 하더라도 진골 신분이었으나 강등되어 육두품으로 행세하였다.[53] 범청이 왜 육두품으로 떨어졌는지는 분명하지 않다. 중앙의 진골귀족에서 낙향하여 지방호족이 된 것과 깊은 연관이 있을 듯하다.[54]

둘째, 신라하대의 혼란기를 거치면서 지방 토호로 성장한 토착호족土着豪族 세력이다. 그들은 본래 지방의 말단 행정직인 촌주층村主層에서 성장하여[55] 당시에는 성주城主나 장군將軍으로 불렸다. 시대가 내려가면서 낙향호족보다는 토착호족이 더 강대해졌다. 특히 진성여왕대를

52 金憲昌은 반란을 일으키기 전인 哀莊王代에 侍中을 歷任하였거니와 특히 宗基는 아버지 周元과 대립하여 등극한 元聖王代에 시중을 지냈다. 김헌창의 난 후에도 종기의 아들인 璋如는 시중을 지냈고, 그의 손자 金昕이나 金陽은 憲德王 이후 신라 조정에서 오히려 중용되었다.

53 최치원, 「성주사낭혜화상 백월보광탑비」(『조선금석총람』 상, 조선총독부, 1919, p. 74)에 "大父周川 品眞骨位韓粲 高僧出入皆將相戶知之 父範淸 族降眞骨一等 曰得難"이라고 하였다.

54 範淸이 六頭品으로 떨어지는 이유를 신라시대 7세대 同一 親族集團의 傍系에 속하였기 때문이라고 설명한다(김철준, 「신라시대의 친족집단」, 『한국사연구』 1, 1968; 『한국고대사회연구』, 지식산업사, 1975, pp. 163~164). 이와는 달리 범청이 김헌창의 난에 가담하였기 때문에 반란이 진압된 후 그는 중앙정계에 있지 못하고 지방 세력으로 전락하면서 신분이 강등되었다고 주장한다(김두진, 「낭혜와 그의 선사상」, 『역사학보』 57, 1973, pp. 26~27).

55 江原正昭, 「新羅末高麗初期の豪族 ―学説史的検討―」, 『歷史學硏究』 287, 1964, p. 4.

전후하여 토착호족 세력은 급격히 부상하였다.

진성여왕 원년에 흉년이 들어 조정은 백성들에게 조세를 감면해 주었다. 그러나 계속되는 흉년과 사회 불안을 겪으면서, 진성여왕 3년에는 국내 주군州郡의 공부貢賦가 걷히지 않았다. 국고가 비자 조정은 사자를 지방으로 보내어 조세를 독촉하였다. 이를 계기로 사방에서 초적草賊이 벌떼같이 일어났다. 이후 신라 왕실은 사실상 경주를 중심으로 한 일부 지역을 통치하는 데 그쳤고, 지방호족들이 국토 대부분을 점거하였다.

촌주들은 신라중대까지 미약하였지만 대민 관계 업무를 장악하고 있어서 신라하대에는 대부분 군현郡縣 단위의 지역을 지배하는 세력으로 성장하였다. 그러나 개중에는 더 큰 세력을 형성한 자들도 있었다. 왕건王建의 선대先代 세력은 이러한 토착호족으로 이해된다. 왕건의 조부인 작제건作帝建이 서해의 용녀龍女를 취娶하여 돌아오자, 백주정조白州正朝 유상희劉相晞 등은 개성開城·정주貞州·염주鹽州(연안延安)·백주白州(백천白川)·강화江華·교동喬洞·하음河陰 등의 지방민을 동원하여 그에게 영안성永安城을 지어 주었다.

작제건은 여러 주군州郡의 백성을 동원할 수 있을 만큼 강력한 토착호족을 이루었는데,[56] 그 세력권은 황해도 남부에서 경기도 및 충청도 북부까지 이르는 연안 지역에 걸쳐 있었다. 왕건의 선조 호경虎景은 성골장군聖骨將軍이라 불렸으므로 지방 토착호족의 기반을 갖추고 있었다. 그 아들 강충康忠(왕건의 5대조)은 서강西江 영안촌永安村 부자의 딸 구치의具置義와 혼인하였는데, 이때부터 스스로 군의 위치를 옮기고 군 이

56 이우성, 「삼국유사 소재 처용설화의 일분석—고려 기인제도의 기원과의 관련에서—」, 『김재원박사회갑기념논총』, 을유문화사, 1969, p. 105.

름을 고칠 만큼 지방의 대호족 세력으로 성장하였다.[57] 이후 개경開京을 중심으로 왕건의 선대 세력은 삼한을 통합할 수 있는 지방호족으로 성장하였다.

셋째, 해상海上 활동을 통하여 부富를 축적한 지방의 군진軍鎭 세력이다. 청해진淸海鎭을 설치하여 서남 해안의 해상권을 장악한 장보고張保皐가 대표적 존재이다. 그는 신라 정부와는 반독립적 위치에서 중국 및 일본과 해상교역 활동을 전개하였다.[58] 특히 청해진 군대는 중앙정계의 왕위쟁탈전에 깊이 개입하여 민애왕을 몰아내고 신무왕을 옹립하는 데 절대적인 기여를 하였다. 말하자면 청해진 세력은 해상 활동을 통해 축적한 부를 기반으로 중앙정부를 전복시킬 정도의 무력 기반을 갖추고 있었다.

청해진 세력은 이후 중앙정계를 장악하려는 분쟁에 더 깊이 관련되면서 몰락하였지만, 해상 활동을 통한 군진 세력은 오히려 전국의 해안 지역에 광범하게 존재하였다. 신라말 김해金海 지역을 중심으로 세력을 떨친 왕봉규王逢規는 스스로 천주절도사泉州節度使라고 칭하면서 후당後唐에 조공朝貢을 보냈다. 그러자 후당 명종明宗은 권지강주사權知康州事 왕봉규를 회화대장군懷化大將軍으로 책봉하였다. 왕봉규는 중국 후당과 외교 사절을 주고받을 정도로 김해 지역에서 독자적 군진 세력을 형성하였다.[59]

신라말 해상 세력 중 하나로 주목되는 것은 예성강禮成江을 중심으로

---

57 이우성, 위의 논문, 1969, p. 105.

58 김상기, 「고대의 무역형태와 나말의 해상발전에 취하야 (一)·(二)—청해진대사 장보고를 주로 하야—」, 『진단학보』 1·2, 1934·1935; 『동방문화교류사논고』, 을유문화사, 1948, pp. 19~31.

59 김상기, 「신라말에 있어서의 지방군웅의 대중통교—특히 왕봉규를 주로—」, 『황의돈선생고희기념 사학논총』, 1960, p. 60.

성립한 군진 세력이다. 이들은 해주海州 등 황해도 일대까지 세력을 뻗치고 있었다. 왕건의 외가도 예성강 연안의 군진 세력과 연결되어 있었다. 왕건의 조모는 서해 용궁의 용녀로 나와 있지만, 이제현李齊賢이 인용한 『성원록成源錄』에는 평주平州 사람인 두은점豆恩坫 각간의 딸로 기록하였다. 곧 용녀 가문은 평주 지역의 지방호족이면서 서해를 활동 무대로 성장한 군진 세력을 이루었다.

왕건의 어머니 한씨韓氏의 가문도 예성강을 배경으로 활동한 해상의 군진 세력으로 생각한다.[60] 후삼국시대가 되면 지방호족 세력의 향배가 삼한 통합에 절대적 영향을 주었는데, 토착호족과 군진 세력이 제휴하면서 신라말의 혼란을 정리하고 새로운 사회를 건설하는 주인공으로 등장하였다. 말하자면, 왕건은 개성 지역의 토착호족 세력을 기반으로 예성강 유역의 군진 세력과 제휴하여 후삼국 사회를 정리하면서 고려 통일국가를 건설하였다.

2. 통일신라시대 사상의 흐름

(1) 신라중대 교학불교의 성행

화엄종사상의 유행

신라중대 이래 이론불교가 성숙하면서 처음에는 화엄종華嚴宗 사상이 불교계를 이끌어 갔다. 한국 화엄사상사의 체계는 신라중대의 화엄

---

60 김두진, 「요오선사 순지의 선사상—그의 삼편성불론을 중심으로—」, 『역사학보』 65, 1975, p. 10.

종을 어떻게 정리하느냐의 문제와 직결된다. 1970년 이전에 신라 화엄사상 연구는 대체로 원효元曉를 중시하려는 경향을 띠었으며, 권상로權相老·김잉석金芿石 등의 개설적 연구가 그런 부류에 속한다.[61] 그러다가 1970년대 초에 신라 화엄사상의 주류는 의상계義湘系였으며 원효는 방계에 불과하다는 연구가 나왔다.[62] 의상계 화엄사상은 나말여초에 성황을 이루었던 선종구산문과 연관되었고, 특히 고려초 균여均如의 성상융회性相融會사상으로 이어졌으며, 그 뒤 조계종曹溪宗의 성립에 영향을 주었다.

현재 남아 있는 자료 면에서 의상보다는 원효를 중시하는 것은 사실이다. 다만 신라 화엄학을 특징적으로 정립한 자는 의상이었고, 의상계가 당시 불교계를 주도해 갔다. 의상의 저술로 현존하는 것은『화엄일승법계도기華嚴一乘法界圖記』1권·「백화도량발원문白花道場發願文」이며, 전하지 않는 것은『대화엄십문간법관大華嚴十門看法觀』1권·『입법계품초기入法界品鈔記』1권·『소아미타의기小阿彌陀義記』1권·『대승장大乘章』10권 등이다.

의상은 진평왕 47년(625년)에 한신韓信의 아들로 태어나 선덕여왕 12년(643년)에 황복사皇福寺에 출가하였다. 문무왕 1년(661년)에 입당入唐하여 문무왕 11년에 귀국하기까지 그는 중국 지엄智儼의 문하에서 법장法藏과 함께 화엄 교리를 탐구하였다. 의상과 법장의 화엄사상에는 상당한 차이가 있다. 그러한 차이를 뚜렷하게 보여 주는 것은 그들이 가진 법계관法界觀이다. 의상이 횡진법계관橫盡法界觀을 가졌다면 법장은

---

61 권상로,『조선불교사고』(중앙불교전문학교, 등사본, 1940); 김잉석,『화엄학개론』(동국대학교출판사, 1960).

62 김지견,「신라 화엄학의 계보와 사상」,『학술원논문집—인문·사회과학편—』12, 1973; 김지견,「신라 화엄학의 주류고」,『숭산박길진박사화갑기념 한국불교사상사』, 원광대학교출판국, 1975.

수진법계관竪盡法界觀을 가졌다.[63]

횡진법계관과 수진법계관은 균여均如의 저술 속에 나타나는데 10층 10탑十層十塔의 비유로 설명되었다. 횡진법계관에서는 일명一名을 부를 때 일체一切는 모두 '일명구허一名口許'한다면, 수진법계관에서는 일명을 부를 때 일체는 각각 '자명구허自名口許'한다.[64] 일명구허는 일체를 모두 하나로 파악한다면, 자명구허는 일체의 각각을 독자적으로 파악하는 것을 뜻한다. 횡진법계관에서는 일체를 모두 같은 하나로 파악하므로 10층의 10탑 중 하나로 파악되어 주체가 된 초탑初塔의 초층初層이 가장 중요하다. 말하자면 초탑의 초층을 통하여 초탑의 10층은 물론 나머지 9탑九塔의 10층을 함께 이해하려는 것이다.

반면 수진법계관에서는 일체를 그 구성원 각각의 특성에 따라 다양하게 파악한다. 따라서 10층의 10탑을 이해하려 할 때 10개인 각 탑의 각 층을 각각 파악하는 것이다.[65] 횡진법계관을 가진 의상은 원칙적인 '하나[一]'를 중시하여 이것에 의해 사물을 전체적으로 이해하려는 데 비해 수진법계관을 가진 법장은 원칙적인 '하나[一]'보다는 만물의 구성 하나하나에 의미를 부여하려 한다.

법계관의 차이는 두 사람의 화엄사상을 구조적으로 다르게 체계화하였다. 그리하여 지엄은 법장을 '문지文持'라고 불렀으며, 의상을 '의지義持'라고 불렀다. 법장이 중국의 거의 모든 화엄경론에 대해 주소註疏를

---

63 김두진, 「균여의 법계관—화엄사상의 체계와 논리의 일단—」, 『역사학보』 77, 1978; 『균여화엄사상연구—성상융회사상—』, 일조각, 1983, pp. 296~302.

64 균여, 『법계도원통기』 권하(20엽좌~21엽우)에 "呼一時一切口許 有二義 一者藏師呼一名時 一切各各自名口許 二者相師呼一名時 一切共一名口許"라고 하였다.

65 균여, 『십구장원통기』 권상(15엽우~엽좌)에 "相德之義 如立十層十塔 呼初塔之第一層時 後九塔之第一層齊應云 吾亦第一層 吾亦第一層之義 故橫盡法界義也 藏師之義 如立十層十塔 呼第一層時 後九層之 吾是第二 吾是第三 乃至 吾是 第十之義 故竪盡法界義也"라고 하였다.

붙이면서 화엄 전적을 방대하게 정비하였음과 비교해, 의상은 간략한 저술을 기술하는 데 그쳤다. 의상의 저술에 대해 다음과 같이 기록하였다.

> 법계도서法界圖書와 아울러 약소畧疏를 저술하였는데 일승一乘의 추요樞要를 모두 모았다. (그 외에도) 귀경龜鏡과 진패珍佩가 가득하지만 나머지는 찬술하지 않으니, 솥의 국물 맛은 한 조각의 고기로써 족足하기 때문이다.
>
> —『삼국유사』 권4, 의상전교義湘傳敎조—

다 마셔서가 아니라 한 조각의 고기 맛으로 솥의 국물 맛을 알기에 족하다는 것은 법계도와 그 주석이 횡진법계관으로 저술되었음을 의미한다. 횡진법계관을 가졌기 때문에 의상은 『화엄경』에 대해 구차스러운 논소論疏를 붙이기보다 『화엄일승법계도기』를 저술하는 데 그쳤다.

법장의 화엄사상이 연기건립緣起建立에 뜻을 두고 과상현果上現의 입장에서 나타난 법상法相의 차별을 강조한다. 반면 의상의 화엄사상은 성기취입性起趣入에 뜻을 두고 근본根本으로 돌아간 법상의 차별이 없어져 평등해짐을 강조한다. 따라서 전자가 사사무애事事無碍를 주장하면서 전합후개적前合後開的 성격을 지닌다면, 후자는 이리무애理理無碍를 주장하면서 전개후합적前開後合的 성격을 지닌다.[66]

원칙적 하나로 돌아가야 함을 강조하는 의상의 화엄사상은 원교일승圓敎一乘의 특성을 지닌다. 의상은 원융圓融사상을 강하게 내세웠다. 다음 기록에서 이런 면을 살필 수 있다.

66 김두진, 「균여의 "성상융회"사상」, 『역사학보』 90, 1981; 『균여화엄사상연구—성상융회사상—』, 일조각, 1983, pp. 247~261.

삼승법三乘法은 머리와 다리가 각각 다르다. 왜냐하면 아자兒子의 연월年月이 같지 않기 때문이다. 무슨 까닭으로 이처럼 되는가? 상相으로 설說하여 신심信心을 일으켰기 때문이다. 원교일승법圓教一乘法은 머리와 다리가 총일總一하게 된다. 왜냐하면 아자兒子의 연월年月이 모두 같아 통일統一되었기 때문이다. 그 까닭은 무엇인가? 연緣으로 말미암아 이루어져서 도리道理로 설說한 때문이다.[67]

삼승법三乘法은 나타난 법상의 차별을 인식한다면, 원교일승은 그것을 생성시킨 인연과 도리를 따라 이해하려 한다. 따라서 원교일승은 머리와 다리가 하나를 이루는 '총일總一'을 내세운다.

의상은 '일즉다一即多'요 '다즉일多即一'의 원융사상을 강조하여 "하나 속에 일체가 있고 다多 속에 하나가 있으며, 하나는 즉 일체요 다는 즉 하나이다(一中一切多中一 一卽一切多卽一)"라고 하였다. 그러면서 그는 "하나의 조그만 티끌 속에 시방세계를 포함한다(一微塵中含十方)"라고 주장하였다.[68] 곧 의상의 원융사상은 근본적인 '하나[一]'를 가장 중시하여, 일신一心에 의하여 시방의 세계는 물론 모든 삼라만상을 총섭總攝하려는 것이다.

하나 속에 일체를 융섭하려는 의상의 화엄사상은 전제왕권을 중심으로 한 중앙집권적 지배체제에 부응하였으며, 무열왕계 왕실이 중심이 되어 중앙집권적 전제주의를 수립한 신라중대 사회에서 환영받았다.[69] 의상의 화엄사상을 신라중대의 전제주의와 연결해 이해하려는 데 대한

67 의상, 『화엄일승법계도기』에 "三乘法頭脚各別 何耶 兒子年月不同 何故如是 約相說故 生信心故 圓教一乘法者 頭脚總一 何耶 兒子年月 皆同總 何以故 由緣成故 約道理說故"라고 하였다.

68 의상, 위의 책.

69 이기백, 『한국사신론』, 일조각, 1967, p. 100.

반론도 없지 않다. 화엄사상의 특성이 연기緣起에 있고 무진無盡 연기에 의해 삼라만상이 생성되는 화엄세계는 전체적으로 중중무진重重無盡한 조화調化와 균형均衡을 이루기 때문에 전제왕권을 옹호하는 이론이 못 된다는 것이다.[70]

화엄사상은 연기, 곧 원칙적 '하나'가 인연에 따라 일으켜 둘이 되고 둘은 다시 연기에 의해 넷이 되고, 그리하여 삼라만상을 성립시킨다고 한다. 그러나 삼라만상은 본체요 진여眞如인 '하나'가 연기에 의해 나타난 가상假相, 곧 허상虛相에 불과한 것이다. 그러므로 삼라만상의 모든 법상은 본래의 원칙적인 '하나'로 돌아가야 한다. 이것을 성기性起라고 한다. 화엄사상의 근본정신은 이러한 연기와 성기에 의해 생성되면서 일방으로 소멸된 무진無盡한 법계와 법상의 조화와 균형을 실현하려는 것이다.

그러나 화엄사상가에 따라 연기된 법상에 대한 강조점이 다를 수 있다. 극단적인 성기의 측면을 강조할 때 연기된 법상의 실체를 인정할 수 없어 원칙적 하나로 귀결될 수밖에 없다. 삼라만상을 하나로 귀결시키려는 화엄사상은 왕실 중심의 전제주의에 어울릴 수 있다. 원융한 의상의 화엄사상은 신라중대의 전제주의에 부합될 수 있는 성격을 지닌 셈이며, 원효元曉의 화엄사상에서도 이런 면이 없는 것은 아니다.

사실 의상은 신라중대의 무열왕계 왕실과 밀접한 인물이다. 그는 문무왕이 경성을 새로 쌓으려는 데 대해 다음과 같이 왕정을 비판하고 있다.

> 비록 초야에 띠집[茅屋]을 지어도 정도正道를 행하면 복업福業이 길 것이나 그렇지 못한, 즉 비록 사람들로 하여금 번거롭게 장성長城을 쌓아도 역시 이익이

70 김상현, 「신라중대 전제왕권과 화엄종」, 『동방학지』 44, 1984, p. 64.

될 것이 없습니다.

—『삼국사기』 권7, 문무왕 21년조—

의상의 간언諫言으로 문무왕은 쌓으려던 경성 역사役事를 중단하였다. 이처럼 의상은 신라중대의 왕정에 깊이 관여하였다. 의상의 이런 면은 이미 당에서 귀국할 때부터 나타난다.

의상은 억류되어 있던 김흠순金欽純·김양도金良圖 등으로부터 전해 들은 당의 신라 침공 계획을 본국에 알리려고 급히 귀국하였다. 그런가 하면 당시 중요한 화엄 도량인 부석사浮石寺를 왕명으로 창건하였다. 이런 사실은 적어도 의상이 신라중대의 왕정에 깊이 관여하였으며, 따라서 그의 화엄사상도 왕실의 전제정치와 연관되었을 것으로 생각된다.

의상의 화엄사상은 관음신앙과 특별히 연결되어 있었다.[71] 「백화도량발원문」의 내용은 관음정토에 귀의하려는 것이다. 그는 낙산사洛山寺에 관음을 주존主尊으로 모셨다. 그리고 관음신앙과 깊이 연관된 미타정토彌陀淨土신앙을 배경으로 부석사를 창건하였다.[72] 의상 화엄사상의 이런 면은 원효의 불교사상과 비교될 수 있다.

원효는 관음 진신眞身을 친견親見하고자 낙산사로 가던 중 밭에서 나락을 베고 있는 여인과 월수백月水帛을 빨고 있는 여인을 만났다. 그는 관음이 화생化生한 진신인 이들을 알아보지 못하였다. 원효는 결국 아집我執을 가진 것으로 비쳐져 낙산사에 이르러서는 관음 진신을 맞이하

71 정병조, 「의상의 관음신앙」, 『동국사상』 10·11 합집, 1978, pp. 50~52.

72 浮石寺가 阿彌陀信仰을 배경으로 창건되었다는 것은 여러 면에서 나타난다. 우선 本殿이 無量壽殿인데 거기에 阿彌陀如來坐像을 앉혔으며, 본래 그 바닥을 綠釉塼으로 깔아 아미타불의 극락세계를 나타내려 하였다. 또 본전에 이르기까지 大石壇이 三段으로 조성되어 있고, 그 각 단은 다시 三壇으로 건조되어 있다. 이것은 極樂淨土의 九品蓮臺를 상징한다.

지 못하고 만다. 이 연기설화는 관음신앙 면에서 원효의 불교사상이 의상의 화엄사상에 미치지 못함을 나타내 준다.

관음신앙의 강조는 의상의 화엄사상이 당역唐譯 80권 『화엄경』에 기초하고 있음을 표방한 것이다. 관음신앙은 『화엄경』의 입법계품入法界品에 잘 나타나 있다. 이에 의하면 『화엄경』에 나오는 실천 수행 신앙의 귀의처歸依處가 바로 관음 정토이다.[73] 이전 진역晋譯 60권 『화엄경』에 비해 699년(당唐 측천무후則天武后 성정聖丁 2년)에 번역된 80권 『화엄경』에는 입법계품의 주소註疏가 훨씬 상세하게 붙어 있다.

의상은 당역 80권 『화엄경』에 접하였음을 강조하면서 구도행각求道行脚의 관음신앙을 크게 내세웠다. 그런데 진역 60권 『화엄경』에 기초한 원효의 화엄사상은 의상이나 그 문도들이 표방한 최신 경향의 80권 『화엄경』 사상 경향에 미치지 못하였다. 그러한 사정이 원효가 관음의 따돌림을 받아, 종국에는 그 진신을 친견하는 데 실패하는 연기설화를 만들게 하였을 것이다.

원효도 화엄사상에 대해 조예가 있었다. 그의 화엄사상은 만교일승滿敎一乘으로 불린다. 다만 만교는 원교와 크게 다른 것이 아니라 그것에 별교別敎를 첨가한 데 불과하다.[74] 원효의 화엄사상은 원교, 곧 원융圓融한 의미를 부정하는 것이 아니다. 그는 기본적으로 의상의 화엄사상과 비슷한 횡진법계관을 가졌다. 다음 기록을 참고하자.

분황사芬皇寺에 거주하여 화엄경소華嚴經疏를 찬纂할 때 제4第四 10회향품十廻向品에 이르러 절필絕筆하였다. 또 일찍이 공사公事로 인하여 몸을 백송百松

73 정병조, 「의상의 관음신앙」, 앞의 책, 1978, p. 52.
74 장원규, 「화엄교학 완성기의 사상연구—방의의 삼사를 중심으로—」, 『불교학보』 11, 1974, p. 16.

으로 나누었으나 모두 위계位階의 초지初地라 하였다.

—『삼국유사』 권4, 원효불기元曉不羈조—

원효는 몸을 백송百松으로 나누어도 그 위계位階가 모두 초지初地라고 파악하였다. 초지를 중시하고 그것에 비추어 전체를 이해하려고 하였다. 의상과 같은 횡진법계관을 가진 셈이다. 원효의 화엄사상 역시 원칙적인 하나를 강조하여 그 속에 삼라만상의 여러 법상을 융섭하려는 것이다. 그러므로 원효는 초지에 해당하는 부분의 해석만으로도 『화엄경』 전체를 충분히 설명할 수 있으므로 『화엄경소華嚴經疏』를 제4 10회향품 이상으로 주석註釋할 필요를 느끼지 않았을 것이다.

그러나 원효는 의상과 달리 원교 내에 별교別教로서의 차별적 요소를 부정하지 않아 융섭된 여러 법상의 의미를 추구하였다. 이런 면이 의상의 화엄사상과는 달리 원효의 불교사상을 더 독특하게 만개滿開시켰다. 원효는 화엄종뿐만 아니라 거의 모든 불교 경전에 대해 주석을 붙였다.[75] 곧 원효의 불교사상은 신라불교가 교장教藏의 모든 경전을 이해할 수 있는 단계에 이르게 하였다. 이러한 기반 위에서 신라중대 불교의 교학 논리가 발전하였다.

한편 원효는 관음신앙을 크게 내세우지 않았지만 미타정토를 미륵정토彌勒淨土보다 더 수승殊勝하다고 주장하였다.[76] 의상의 관음신앙도 정토신앙으로 연결된다. 정토신앙과 연결되는 화엄사상은 신라중대의 전

75 元曉가 찬술한 경전으로 비교적 중요한 것은 『法華經宗要』·『涅槃經宗要』·『無量壽經宗要』·『彌勒上生經宗要』·『瓔珞本業經疏』·『華嚴經疏』·『金剛三昧經論』·『阿彌陀經疏』·『菩薩戒本持犯要記』·『梵網菩薩戒本私記』·『大乘起信論疏』·『大乘起信論別記』·『中邊分別論疏』·『判比量論』·『遊心安樂道』·『大乘六情懺悔法』·『二障義』·『十門和諍論』 등이다.

76 고익진, 「통일당시 승려들의 국가적 기여」, 『논문집』 12—불교사상이 삼국통일에 미친 영향—』, 동국대학교, 1973, pp. 80~81.

제정치를 성립시키는 데 도움을 주었다. 정토신앙은 신라불교의 대중화를 도왔는데, 전제왕실은 왕권에 도전할 수 있는 진골귀족 세력을 억압하려 할 때 그 명분을 대중 속에서 찾으려 하기 때문이다. 의상의 화엄사상은 최신의 세련된 수행 논리를 내세우면서도 대중 속으로 파고드는 투박한 신앙을 표방하였다.

의상의 문하에 10대덕大德으로 오진悟眞·지통智通·표훈表訓·진정眞定·진장眞藏·도융道融·양원良圓·상원相源·능인能仁·의적義寂이 있다. 10대덕에 속하지 않은 제자들도 많았는데, 그중 신림神琳이나 도신道身 등은 저명하다. 이들은 각각 전국에 흩어져 불문佛門을 형성하였다. 신라하대에는 의상이 창건하지는 않았다고 하더라도 의상계에 속하는 화엄십산華嚴十山이 성립되어 있었다.[77]

신라말 가야산伽倻山 해인사海印寺에 화엄의 사종司宗으로 두 사람이 있었다. 한 사람은 관혜觀惠로 후백제 견훤甄萱의 복전福田이 되었고, 또 한 사람은 희랑希朗인데 고려 왕건의 복전이 되었다. 세상 사람들이 관혜의 법문을 남악南岳, 희랑의 법문을 북악北岳이라고 불렀다.[78] 이러한 남악파와 북악파의 대립은 의상의 문도들이 서로 다른 법통으로 갈라졌기 때문에 나타났으며, 고려초 북악의 법손法孫인 균여均如에 의해 통합되었다.[79]

신라하대 화엄종파의 이러한 양상을 다양하게 해석하기도 한다. 1977년 신라『화엄경』사경寫經인 두루마리가 학계에 알려지면서 화엄종의 연기조사緣起祖師가 실제 인물임이 밝혀졌다. 이 두루마리는 당역

77 최치원, 「당대천복사고사주번경대덕 법장화상전」(『고운선생속집』)에 十山의 名稱이 나타나 있는데, 이들이 모두 갖추어지는 시기는 義湘 당시가 아니라 신라하대라고 생각된다.

78 赫連挺, 「大華嚴首座圓通兩重大師均如傳」, 『敎分記圓通鈔』 권10, 제4, 立義定宗分者.

79 赫連挺, 위의 글.

80권『화엄경』을 사경한 것인데, 경덕왕 14년(755년)에 완성되었다.[80] 이로 말미암아 의상과 연기조사의 화엄사상이 어떤 관계였느냐에 당시 학계의 관심이 쏠렸다.

신라 화엄종의 주류가 의상계였다면 비주류는 연기계로, 북악파는 태백산太白山의 부석사浮石寺를 근거로 한 의상계였다면 남악파는 지리산智異山의 화엄사를 근거로 한 연기계였다고 한다.[81] 그런가 하면 이보다 한 걸음 더 나아가 북악파가 의상계라면 남악파는 법장계法藏系라는 결론을 유도하였다.[82] 이러한 지적은 화엄종이 의상계 외에 비의상계가 다수 존재하였다[83]는 점을 다시 강조한 셈이다.

신라 화엄학에 관한 중요한 논소論疏로 명효明皛나 견등지見登之의 저술이 알려져 있다. 이 중 명효는 원효계 화엄종에 속한 인물로 파악되기도 한다.[84] 다만 신라 화엄종의 비의상계를 연기계나 법장계라 하여 이들을 남악파와 연결하려는 경향은 신중히 재고해야 한다. 현재까지 알려진 자료의 분위기로 이러한 결론을 내리기에는 실증적 측면이 약할 수밖에 없다. 오히려 사료의 기록대로 남악파와 북악파를 의상계 내의 분회로 이해하면서 그 사상적 차이를 부각하려는 작업이 중요하다. 북악파의 화엄사상이 융섭적 성격을 띤다면 남악파의 그것은 연기와 성기를 내세우는 수전법數錢法 사상을 수용하였다.[85]

---

80 문명대, 「신라 화엄경사경과 그 변상도의 연구—사경변상도의 연구(1)—」, 『한국학보』 5-1, 1979, p. 53.

81 최병헌, 「고려시대 화엄학의 변천—균여파와 의천파의 대립을 중심으로—」, 『한국사연구』 30, 1980, p. 66.

82 김상현, 「신라 화엄학승의 계보와 그 활동」, 『신라문화』 1, 동국대 신라문화연구소, 1984, pp. 78~86.

83 김상현, 위의 논문, 1984, pp. 70~74.

84 이기영, 「명효의 해인삼매론에 대하여」, 『민족문화논총—노산이은상박사고희기념논문집—』, 삼중당, 1973, p. 115.

85 김두진, 「균여의 생애와 저술」, 『역사학보』 75·76 합집, 1977; 『균여화엄사상연구—성상

비의상계 화엄종 승려로 원효계 외에 자장계慈藏系를 들기도 한다. 자장은 신라중고 왕실의 진종설화眞種說話를 형성시키는 데 깊이 관여한 인물이다.[86] 그는 선덕여왕 5년(636년)에 중국으로 유학하여 오대산五臺山의 문수로부터 불발佛鉢이나 불두골佛頭骨 및 사리舍利 등을 전해 받았으며, 귀국해서는 강원도 오대산에서 문수의 감응을 받고자 하였다. 문수와 특별한 인연을 맺고자 한 자장은 분명히 화엄종 승려이다.

그러나 자장은 끝내 문수진신을 접하지 못하고 쓸쓸히 죽었다.[87] 이런 면은 그가 정통 화엄종단에서 용납받지 못하였음을 추측하게 한다. 그는 당나라에서 귀국한 후 국통國統의 대임을 맡아 계율로써 전국 사찰의 승려를 통할하였다. 계율을 강조하는 자장계의 화엄사상은 관음신앙을 포용한 의상계 화엄종으로부터 배척을 받았지만, 신라중대 말에 성행한 오대산신앙을 이루는 밑바탕이 되었다.

법상종 교단의 성립과 그 사상

신라 법상종法相宗은 진표眞表에 의해 성립되었다고 하는데, 이는 학계 정설로 받아들여졌다.[88] 근래에 불교학자들은 신라불교를 통불교通佛教로 보아 종파로 나누어져 있지 않았다고 한다. 그리하여 진표는 법상종을 개창開創한 것이 아니라 오히려 철저한 점찰참회법占察懺悔法의

융회사상—』, 일조각, 1983, pp. 54~55.

86 『삼국유사』 권3, 황룡사구층석탑조에 "新羅第二十七善德王卽位五年 貞觀十年丙申 慈藏法師西學 乃於五臺感文殊授法 文殊又云 汝國王是天竺刹利種王 預受佛記 故別有因緣 不同東夷共工之族"이라고 하였다. 곧 신라 왕족은 印度의 釋迦族이 輪廻轉生한 것으로 설명하였다.

87 『삼국유사』 권4, 자장정률조에 "居士曰 歸歟歸歟 有我相者焉得見我 乃倒簣拂之 狗變爲師子寶座 陞坐放光而去 藏聞之 方具威儀 尋光而趨登南嶺 己杳然不及 遂殞身而卒"이라고 하였다.

88 김영수, 「오교양종에 대하야」, 『진단학보』 8, 1937, pp. 92~93.

실천자요 신봉자였다고 주장한다.[89] 이러한 견해는 지장地藏을 주존으로 삼는 점찰법회를 새롭게 설정한 데 의미를 둘 수 있겠지만 정곡을 잃은 것이다. 왜냐하면 『삼국유사』 진표전간眞表傳簡조의 분위기는 지장보다 미륵彌勒이 더 수승殊勝하게 나와 있기 때문이다.

통불교설과는 달리 신라시대에 일찍부터 법상종 등 불교 종파가 성립하여 있었다고 한다. 유식唯識사상은 꾸준히 전래되었다. 문무왕 6년(666년)에 순경順憬은 현장玄奘의 『유식비량唯識比量』과 대비하여 『결정상위부정량決定相違不定量』을 저술하여 입당하는 사신 편에 부쳐 중국으로 보냈다. 곧 당唐의 유식학에 대항할 정도로 신라 유식학이 발달하였다. 성덕왕 4년(705년)에는 도륜(道倫, 또는 둔륜遁倫)이 『유가론기瑜伽論記』를 찬술하였으며, 효성왕 4년(740년)에 혜초慧超는 당나라 장안長安 천복사薦福寺에서 금강지金剛智가 번역한 『대승유가금강성해만수실리천비천발대교왕경大乘瑜伽金剛性海曼殊室利千臂千鉢大敎王經』의 서序를 지었다.[90] 이런 면은 이미 신라 유식학의 수준이 경전의 논소論疏나 서문을 지을 수 있을 정도로 높았음을 알려 준다.

경덕왕 12년(753년)에는 대현太賢이 내전內殿에서 『금광경金光經』을 강설하면서 비가 내리기를 빌었다. 그런데 다음 해에는 화엄종의 법해法海가 황룡사皇龍寺에서 기우제를 주관하였다. 당시 법상종의 태현은 화엄종의 법해와 경쟁하고 있었다. 태현이 단지 궁정 우물을 솟아오르게 하

89 김영태, 「신라 점찰법회와 진표의 교법 연구」, 『불교학보』 9, 1972, p. 99.

90 이 외에 神文王 1년(692년)에 道登이 唐으로부터 돌아와 天文圖를 바쳤다. 또 현재 전하는 唯識 관계의 論疏로 圓測의 『佛說般若波羅密多心經贊』 1권과 『解深密經疏』 10권, 憬興의 『三彌勒經疏』 1권, 太賢의 『成唯識論學記』 등이 있다. 신라승이지만 聖德王 2년(703년)에 日本으로 간 智鳳은 唯識學僧이다. 그는 일본 元興寺에 거주하다가 唐으로 건너가 智周大師에게 法相을 배웠고, 다시 일본에 들어가 그곳의 唯識學을 일으키는 장본인이 되었다.

였음에 비하여 법해는 바닷물을 기울여 동악東岳을 잠기게 하였다. 이로 보면 경덕왕 당시에 법상종이 화엄종을 능가할 정도의 세력을 가졌던 것은 아니다. 그러나 궁정에서 기우제를 주관할 정도로 법상종 세력은 신장해 있었다. 그렇게 되기까지 유식학唯識學이 꾸준히 발달하였다.

법상종 교단은 성격을 달리하는 두 교파로 분화할 만큼 성장하였다. 법상종은 미륵을 주존불로 모시는데, 그 옆에 부존으로 미타를 모시는 교파와 지장을 모시는 교파로 나누어져 있었다. 미륵과 미타의 양존을 모시는 법상종 교파는 원측圓測·도증道證·태현 등으로 이어져 내려왔다. 이들은 자은慈恩·혜소惠沼·지주智周로 이어지는 중국 법상종의 정통파와 대립하고 있던 서명파西明派로서[91] 실천적이고 학파적學派的 사상 경향을 보였다. 미륵과 지장의 양존을 모시는 법상종 교파에는 원광圓光·진표眞表 등이 속해 있었다. 이들의 법상종은 학파적이라기보다는 전수적傳修的 성격을 가졌다.[92]

경덕왕대를 전후한 시기에 미륵과 미타를 모시는 법상종 교파는 상당히 번성하였다. 김지성金志誠은 성덕왕 18년(719년)에 감산사甘山寺의 미륵과 미타 양존을 조상하였다. 경덕왕대에 미륵을 희구한 노힐부득努肹夫得과 미타를 희구한 달달박박怛怛朴朴도 법상종 승려이다. 이들은 관음보살의 도움으로 각각 미륵과 미타로 성도成道하여 백월산白月山 남사南寺의 양존으로 모셔졌다. 그 외 신라말 궁예도 미륵과 미타를 모시는 법상종 교파에 속한 인물이다.[93]

미륵과 지장의 양존을 모시는 법상종 교파는 진표가 중심이 되어 크

---

91 황성기, 「원측의 유식학관에 관한 연구」, 『불교학보』 9, 1972, p. 19.

92 문명대, 「신라 법상종(유가종)의 성립문제와 그 미술—감산사 미륵보살상 및 아미타불상과 그 명문을 중심으로 (하)—」, 『역사학보』 63, 1974, p. 155.

93 김두진, 「고려초기의 법상종과 그 사상」, 『한우근박사정년기념 사학논총』, 지식산업사, 1981, pp. 220~221.

게 번창하였는데, 주로 금산사金山寺 계통으로 계속 이어져 내려갔다. 진표의 제자로 영심永深 외에 보종寶宗·신방信芳·체진體珍 등이 있으며, 영심의 법사는 헌덕왕의 아들인 심지心地이다. 후삼국의 혼란 속에 없어졌던 진표의 간자簡子를 다시 얻어 왕건에게 바친 석충釋冲도 금산사 계통의 법상종 교파에 속한 인물이다.

특히 진표 문하의 법맥法脈이 고려초기까지 이어지고 있음은 중요하다. 고려 현종대를 전후로 활동한 혜덕왕사慧德王師 소현韶顯은 금산사에 주석하면서 법상종의 해동 6조海東六祖를 정하였다. 그는 6조 속에 신라 법상종 교단에서 뺄 수 없는 인물인 원효와 태현을 포함하였으며, 그 외 진표부터 소현까지 이어지는 금산사 계통의 법상종 교파에 속한 인물을 설정하였을 법하다.[94]

유식사상은 현상계를 그대로 인식하려는 것이다. 색계色界의 차별은 물론 인간 근기根機의 이둔利鈍을 그대로 인정한다. 법상종은 사람에 따라 문의하고 뜻에 따라 설법하게 한다. 개인 사이의 차이를 그대로 인정하고 열등한 근기를 가진 인간이라도 자기 내의 존재 가치를 발견하게 한다.[95] 법상종사상은 보편적 원리를 제시하여 거기에 귀일하도록 강요하지 않고 개인이나 개체의 현재 상태를 인정하여 그것의 새로운 가치관을 찾게 한다. 법상종사상의 이런 점이 바로 화엄종사상과는 근본적으로 다른 면이다.

법상종사상에서는 열등한 근기의 인간이 자기에게 맞는 설법이나 수행을 통하여 바로 성불할 수 있다. 삼승인三乘人에게도 자기에 맞는 설법과 수행 방법이 있다. 열등한 근기의 인간은 꼭 우등한 근기를 회복

94 김두진, 위의 논문, 1981, p. 219.
95 김두진, 위의 논문, 1981, pp. 231~232.

하고 난 다음에 깨닫는 것이 아니라, 자기 근기에 맞는 수행을 통해 바로 성불한다. 법상종이 신라 사회에서 비교적 중류 이하의 육두품이나 중간계층 지식인 중심으로 수용되는 원인을 바로 이러한 데에서 찾을 수 있다.[96] 법상종사상을 통해 그들은 중류, 곧 중간계층 이하로서의 신분적 한계를 극복하면서 그 당위성을 인정받기 때문이다.

법상종 승려나 유식사상을 수용한 지식인은 중간계층이라는 신분적 특성을 가졌다. 신라시대에 법상종 승려로 비교적 신분을 알 수 있는 자는 원광·원측·경흥憬興·진표·심지·노힐부득·달달박박 등이다. 또한 법상종의 신봉자로 김지성이 알려져 있다. 이들 중 헌덕왕의 아들인 심지를 제외한 나머지 인물은 진골 신분이 아니다. 왕실로부터 존신尊信을 받은 자는 원광과 경흥이다. 원광은 『당고승전唐高僧傳』이나 『속고승전續高僧傳』에는 박씨朴氏였으나, 고본古本 『수이전殊異傳』에 설씨薛氏로 나와 있어서 육두품 출신이었을 것이다.

웅천주熊川州 출신의 수씨水氏인 경흥은 백제 귀족의 후예이다.[97] 진표 역시 완산주完山州 출신의 정씨井氏이므로 진골귀족이 아님은 분명하다. 노힐부득이나 달달박박도 가향家鄕이 구사군仇史郡(의안군義安郡)의 선천촌仙川村이라 한 것으로 보아 육두품 이하의 신분 출신이다. 원측은 모량리牟梁里 사람이어서 승직僧職을 받지 못한 것으로 보아 몰락 귀족이다. 중아찬重阿湌 이상으로 승진할 수 없는 김지성은 육두품귀족이다. 심지의 경우를 제외하면 대체로 법상종의 신앙 계층은 김지성과 유사한 신분 출신이든지, 당시 중류층 이하의 지식인 집단이라고 생각한다.[98]

96 문명대, 「신라 법상종(유가종)의 성립문제와 그 미술—감산사 미륵보살상 및 아미타불상과 그 명문을 중심으로 (하)—」, 앞의 책, 1972, p. 160.

97 문명대, 위의 논문, 1972, p. 160.

98 김두진, 「고려초기의 법상종과 그 사상」, 앞의 책, 1981, p. 228.

법상종사상은 계율을 강조하는 특성을 가졌다. 진표계, 곧 미륵과 지장의 양존을 모시는 법상종 교파는 특히 계율을 중시하였다. 효성왕 4년(740년)에 선계산仙溪山 불사의암不思議庵에서 지장으로부터 정계淨戒를 받았으나, 진표는 거기에 만족하지 않고 참회법懺悔法을 더 닦은 결과 미륵으로부터 『점찰경占察經』 두 권과 함께 189개의 간자簡子를 전해 받았다.

진표가 미륵에게서 받은 『점찰경』과 189개의 간자는 마치 수건·총채·비·칼·송곳·도끼 등으로 비유되었다. 그런데 이것들은 이진離塵의 법상이며 할불割拂하는 물건이므로, 『점찰경』에서 윤輪을 던져 얻는 상相과 다름이 없다고 하였다(『삼국유사』 권4, 진표전간조). 『점찰경』은 간자를 던져 상을 얻게 한다. 말하자면 일연一然은 『점찰경』과 189개의 간자를 사용하는 교의가 크게는 법상종 교법에 속해 있음을 분명히 한 셈이다.[99]

진표 교학에서 오히려 강조한 것은 189개의 간자 중 제8과 제9 두 간자이다.[100] 189개의 간자는 선악과보상善惡果報相을 나타낸 것인데,[101] 그중 제8은 '소욕수득묘계所欲受得妙戒'이고 제9는 '소증수득구계所增受得具戒'이다. 제9 간자가 이미 얻은 모든 계율로서 '법이法爾'로 표현되었다면, 제8 간자는 앞으로 얻을 모든 계율로서 '성불종자成佛種子'로 표현되었다. 진표는 미륵에게서 전수한 계율을 특별히 강조하였다.

진표뿐만 아니라 법상종 승려들은 대체로 계율을 강조하였는데, 그 이

99 一然은 眞表의 敎學 및 懺法을 "雖外乎性宗 其相敎大乘 殆亦優矣(『삼국유사』 권4, 진표전간조)"라고 하였다. 곧 그것은 相宗으로서는 우수한 것에 속한다고 하였다.

100 187개의 簡子가 沈壇木으로 만들어졌음에 비해 제8과 제9 두 간자는 미륵의 손가락뼈로 만들었다고 설명되어 있다. 곧 미륵은 189개 간자 중 제8과 제9 두 간자를 중시하고 있던 셈이다.

101 김영태, 「신라 점찰법회와 진표의 교법연구」, 『불교학보』 9, p. 11.

유는 미륵사상 내에 계율을 강조할 소지가 있기 때문이다. 일반적 불교 계율은 『범망경梵網經』 속에 집약되어 있다. 『범망경』은 재가신자를 포함해서 일반 불자佛子들을 위한 계율을 설한 경전이다. 가장 엄격한 계율은 보살에게 내린 유가보살계瑜伽菩薩戒이다. 『유가보살계』의 설주說主가 미륵이다.

육두품 이하의 중간계층에게 수용되었을 뿐만 아니라 계율을 특히 강조하는 법상종사상은 중앙왕실과도 밀착할 소지를 가졌다. 전제왕권의 계율적戒律的 통치에 그것은 유용할 수 있다. 신라중대의 전제 왕실에 제동을 가할 수 있는 세력은 정통 진골귀족이었고 육두품 이하의 중간계층은 아니었다. 왕실이 정통 진골귀족을 견제하려 할 때, 오히려 이들과 이해를 달리하는 육두품 이하 중간계층의 협조를 구하고자 하였다.

법상종사상 내에 관음신앙 등 정토淨土신앙을 포용한 측면도 이와 연관 지어 이해해야 한다. 미륵과 미타의 양존을 모시는 법상종 교파는 특히 관음신앙을 중시하였다. 신라중대의 화엄종에서와 마찬가지로 법상종에서 포용한 관음신앙은 정토신앙을 내세움으로써 서민 속으로 광범하게 파고들었다. 이처럼 서민의 호응을 얻었던 관음신앙이 전제 왕실의 호감도 살 수 있었다.

신라중대의 교학불교는 화엄종이나 법상종이거나를 막론하고 모두 전제왕권에 유용한 경향을 지닌 셈이다. 그러나 전제주의와 부합하는 양상에는 다소 차이가 있다. 화엄종은 사상 자체가 전제주의에 유용하였다면, 법상종은 다소 외형적인 측면에서 전제왕실에 부응하였다. 화엄종사상은 전제주의가 비교적 자신감에 젖어 있을 때인 신라중대 초에 성행하였다면, 법상종사상은 진골귀족의 압력을 받아 전제주의가 점차 실패로 기울고 있던 신라중대 말에 유행하였다.

(2) 통일신라 유교사상의 전개

우리나라에 유교儒教는 일찍 들어와 있었다. 한자 전래로 자연스럽게 유교가 알려졌을 것이다. 유교의 전래 시기에 대해서는 여러 학설이 있으나 대체로 삼국시대 이전에 수용되었다고 본다.[102] 그렇지만 신라통일 이전 삼국시대에 유교는 크게 인식되지 못한 채 내려왔다. 당시 유교는 아마 화랑도의 세속오계世俗五戒에 나타난 덕목을 강조할 정도로 수용되었으며, 그중에서도 특히 충忠과 신信을 중시하였다.

충은 왕권을 중심으로 한 중앙집권적 귀족국가 체제 형성에 부응하여 상층과 하층을 묶는 역할을 담당하였다. 신은 화랑도와 같은 청소년들의 집단생활에서 횡적인 유대를 강화하는 데 기여하였다.[103] 신을 통한 동료들 간의 횡적인 유대가 강화되고, 그런 바탕에 다시 충을 내세움으로써 아래위가 굳건하게 연결되었다. 이러한 국가적 단결은 당시 중앙집권적 귀족국가를 성립해 가는 과정에서 국가 전체의 융화를 이루게 하였다.

신라중대 이후 유교는 특정한 사회 세력의 관심 대상이 되었다. 신라중대에 대표적인 유학자로 강수强首와 설총薛聰이 있다. 신라하대에는 도당유학생渡唐留學生이 중심이 되어 유학자 계층을 형성하였다. 최치원崔致遠은 그 대표적 인물이며, 그 외에 최언위[崔彦撝]나 최승우崔承祐는 각각 고려와 후백제 사회에서 활동하였지만 모두 고려 이후의 유교 진흥에 크게 이바지하였다.

그런데 이들은 육두품 출신이다. 설총의 신분이 육두품이고 최치원

102 이기백, 「유교수용의 초기형태」, 『한국민족사상사대계 2—고대편—』, 아세아학술연구회, 형설출판사, 1973; 『신라시대의 국가불교와 유교』, 한국연구원, 1978, p. 124.
103 이기백, 위의 논문, 1978, p. 131~132.

등 신라하대 최씨 가문의 인물이 모두 육두품 출신이었음은 이미 알려진 사실이지만, 강수 역시 육두품에 속한 인물로 파악된다.[104] 신라에 정복된 이후 대가야大加耶 귀족이었던 그의 선조는 육두품귀족으로 편입되었다. 또한 신라통일 이후 문무왕대에 사찬沙湌 관등을 받는 것으로 보아 강수는 애초에 대아찬大阿湌 이상으로 올라갈 자격이 없었던 것임이 분명하다.

신라중대에 육두품 출신 유학자들이 등장할 수 있었던 이유는 왕실의 전제주의 강화에 따른 새로운 관료층을 요구하였기 때문이다. 왕권과 밀착한 집사부執事部 시랑侍郎은 주로 육두품 출신으로 임명되었으며, 이들이 관료층으로 성장하는 주역이 되었다. 강수나 설총도 역시 전제왕실의 관료로 등장하였다. 강수는 문장가文章家로서 출세하였는데, 당나라 황제의 조서에 회사回謝하는 표문表文을 지었다. 그의 글은 잘 짜여 뜻이 극진하였다. 신라통일 이후 논공행상論功行賞에서 서한書翰으로 중국에 통하였던 강수의 공훈이 크게 인정을 받았다. 당나라에 청병하여 고구려와 백제를 평정한 것이 그의 문장 때문이라고 하였다.

설총도 관료로 등장하였다. 그는 원효元曉의 아들이지만, 어머니는 요석궁의 홀로된 공주로 왕족인 진골이다. 그러나 부계가 육두품이기 때문에 설총은 정치적 활동에 정통 진골귀족과는 달리 상당한 제약을 받았다. 이 때문에 그는 관료로 등장하는 길을 모색하였다. 설총은 정치에 대한 뚜렷한 견해를 갖고 있었다. 「풍왕서諷王書」에 그의 생각이 드러난다. 다음은 그 대략적 내용이다.

---

104 이기백, 「강수와 그의 사상」, 『문화비평』 1의 3, 1969; 『신라시대의 국가불교와 유교』, 한국연구원, 1978, pp. 142~143.

화왕花王(모란)이 처음으로 오자 가인佳人인 장미薔薇가 아첨으로 모시기를 청하였으나, 노신老臣인 백두옹白頭翁(할미꽃)이 기운을 보補할 양약良藥과 독毒을 제거할 극약劇藥을 권하였다. 화왕花王이 어느 사람의 청을 따를까 하고 결정하지 못한 채 망설이자, 장부丈夫가 나와 "나는 왕이 총명하여 사리를 아시는 줄로 알고 왔더니 지금 보니 내 생각과는 다릅니다. 무릇 임금이 된 사람은 간사하여 아첨하는 자를 가까이하고, 정직한 자를 멀리하지 않음이 드뭅니다"라고 말하였다. 화왕이 이를 듣고 내가 잘못하였다고 하였다.

—『삼국사기』 권46, 설총薛聰전—

설총은 신문왕에게 「풍왕서」를 올려서 왕의 계감戒鑑으로 삼게 하였다. 이로 말미암아 신문왕은 그를 높은 관직에 발탁하였다. 이 우화의 내용은 국왕이 아첨하는 신하보다 정직한 신하를 가까이해야 한다고 권한 것이다.

「풍왕서」에 나타난, 정치에 물질적 욕망보다는 도덕적 규범이 필요하다는 것은 바로 유교적 덕목이라 할 수 있다.[105] 이러한 유교 이념은 도덕적 합리주의로 이어지며[106] 이미 강수에서부터 나타난 것이다. 다만 유교는 국왕도 도덕률道德律의 지배권 밖에서 초연할 수 없는 존재라고 생각하였기 때문에 왕권에 대해서조차 권력의 절대적 행사를 제약하는 요소를 가졌다.[107]

연맹왕국에서 중앙집권적 귀족국가로 발전하는 과정에서 왕실은 전제왕권을 강화하였다. 왕권 강화를 가능하게 하는 보다 확대된 정치 기

105 이기백, 「신라통일기 및 고려초기의 유교적 정치이념」, 『대동문화연구』 6·7 합집, 1969; 「신라 골품체제하의 유교적 정치이념」, 『신라시대의 국가불교와 유교』, 한국연구원, 1978, p. 159.

106 이기백, 「강수와 그의 사상」, 앞의 책, 1978, p. 147.

107 이기백, 「신라 골품체제하의 유교적 정치이념」, 앞의 책, 1978, p. 159.

준의 수립이 유교의 본격적인 수용을 가능하게 하였다. 그리하여 유교 정치사상을 빌어다가 왕자王者의 권위를 합리화하였다.[108] 왕도정치王道政治를 요구하던 고대의 유교사상이 절대적 전제왕권을 성립시키는데 결정적인 역할을 하지는 않았을 것이다. 그래도 신라중대 중국식 시호諡號를 사용할 정도로 정치이념을 모색하는 과정에서[109] 유교는 왕권과 친밀하였다.

관료층이 형성되어 가는 과정은 왕권 강화와 표리관계에 있었지만 유교의 수용과 짝하여 이루어졌다. 신문왕대의 국학國學 및 원성왕대의 독서삼품과讀書三品科는 바로 이와 연관하여 성립되었다. 국학의 교수과목은 다음과 같다.

- 『예기禮記』·『주역周易』·『논어論語』·『효경孝經』
- 『춘추좌씨전春秋左氏傳』·『모시毛詩』·『논어』·『효경』
- 『상서尙書』·『문선文選』·『논어』·『효경』

국학에서의 필수과목은 『논어』와 『효경』이며 거기에 『문선』이 부수되어 있다. 그리고 독서삼품과의 시험 과목은 다음과 같다.

- 하품下品: 『곡례曲禮』·『효경』
- 중품中品: 『곡례』·『논어』·『효경』
- 상품上品: 『춘추좌씨전』·『문선』·『논어』·『효경』

108 김철준, 「삼국시대의 예속과 유교사상」, 『대동문화연구』 6·7 합집, 1969; 『한국고대사회연구』, 지식산업사, 1975, pp. 195~197.

109 김철준, 「한국고대정치의 성격과 중세정치사상의 성립과정」, 『동방학지』 10, 1969; 『한국고대사회연구』, 지식산업사, 1975, pp. 306~307.

• 특품特品: 오경五經·삼사三史·제자백가諸子百家

삼품에 공통으로 들어가 있는 것은 유교 실천도덕의 근본인 효도와 의례에 관한 『효경』이며, 『곡례』를 중시하였다. 곧 신라중대 유교사상에서는 실천적 도덕률을 강조하였고, 이에 곁들여 경학經學과 문장을 익히는 수학修學 방향이 모색되었다. 그래서인지 강수가 유학에 뜻을 두고 『효경』·『곡례』·『이아爾雅』·『문선』 등을 배웠다고 한다. 그는 유교적 실천도덕과 문학 분야에 관심을 두었다. 이러한 유교사상의 형성은 왕권 강화에 따른 관료층의 성립을 순조롭게 하였다.

신라 사회에서 본래 유교는 불교와 크게 구별되는 것은 아니었다. 신라중고기에 승려들이 유교사상을 이해하는 데 선구적 역할을 담당하였다.[110] 원광圓光의 세속오계와 걸사표乞師表 등의 내용이 이를 알려준다. 유교사상이 실천적 측면을 강조하기 때문인지 불교의 실천적 신앙생활과 모순되지 않고 조화를 이루면서 효선쌍미孝善雙美신앙을 성립하였다.[111] 효선孝善은 유교의 효와 불교의 선을 가리킨다. 효孝는 부모에 대한 효도, 곧 현실의 가정생활에 충실한 것이지만 선善은 부처에 대한 선행인 수행 신앙을 닦는 것이다. 그러므로 진정眞定의 출가뿐만 아니라 전세와 현세의 부모에게 행한 대성大成의 효도나 향득向得·손순孫順 등의 효도가 모두 유교나 불교의 신앙 면에서 모순되지 않았다.[112]

강수나 설총 등 전문적 유학자들이 등장하면서 불교와 유교는 서서히

---

110 김철준, 「삼국시대의 예속과 유교사상」, 앞의 책, 1975, pp. 218~219.

111 이기백, 「신라 불교에서의 효관념—삼국유사 효선편을 중심으로—」, 『동아연구』 2, 서강대학교 동아연구소, 1983, p. 38.

112 이기백, 위의 논문, 1983, pp. 30~36.

구별되었다. 석체昔諦가 아들 강수에게 유도儒道와 불도佛道 중 어느 것을 배우겠는가라고 묻자, 그는 다음과 같이 대답하였다.

제가 듣기로 불도佛道는 세외世外의 교敎라 합니다. 저는 세간인世間人이오니 어찌 불도를 배우겠습니까? 유자儒者의 도道를 배우기 원합니다.

—『삼국사기』 권46, 강수强首전—

이미 강수는 불교와 유교를 각각 세상 밖과 세상 안의 가르침이라고 뚜렷하게 구별하였다. 당시 유학 지식인들이 굳이 유교와 불교를 가르려는 의도는 육두품 신분의 한계를 극복하려는 노력과 연관될 수 있다. 처음 그들은 육두품귀족으로 출세의 길을 모색하면서 유교를 받아들이고, 그것을 통해 관료의 길을 걸어갔다. 그들은 중앙집권적 귀족국가의 협조자로서 출발하였다.

그러나 신라중대 말에 이르러 유학자들의 광범한 진출로 상당수의 관료군이 형성되었으나 그들은 대아찬 이상으로 승진하지 못하는 육두품 신분의 한계를 차츰 인식하였다. 이러한 과정에서 유학자들은 골품제의 모순을 생각하였고, 특히 진골귀족을 비판하는 태도를 보였다. 불교는 왕실 및 진골귀족 중심으로 수용되어 크게 성행하였다. 신라중대에 대중화되었지만 불교는 여전히 진골귀족과 친밀하였다. 그러므로 진골귀족을 비판하려는 입장에 선 유학자들이 불교를 유교와 구별하여 세상 밖의 가르침이라고 비난하였다.

당나라에 유학하고 돌아온 후 새로운 지식인으로 등장한 유학자들은 골품제의 모순을 극복하려는 방도를 모색하였다. 숙위학생宿衛學生 출신인 그들은 당문화를 흡수·전래하여 신라문화를 선도하였고, 나아가 양국 간의 정치나 외교 활동을 담당하면서 드디어는 반신라적인 성격을 견지하였다.[113] 다만 신라하대의 유학자들이 골품제를 비판하려는 태도를 보이지만, 그것이 꼭 반신라적 성격을 가졌다고 생각하지는 않는다.

신라하대의 유학자로 박인범朴仁範·김운경金雲卿 등이 있으나 그들의 생애를 자세하게 알 수 없다. 신라말에 최치원崔致遠 등 최씨 유학자들을 중심으로 당시 유교사상의 특성을 일면이나마 이해할 수 있다. 최치원도 도당유학생이다. 헌덕왕 11년(885년)에 당나라에 들어간 그는 빈공과賓貢科에 합격하였으며, 황소黃巢의 난亂이 일어나자 고병高騈의 휘하에서 「토황소격문討黃巢檄文」을 지었다.

30세를 넘지 않은 젊은 나이에 황소를 칠 의용군을 모으는 격문을 지은 최치원의 문명文名은 이미 중국 전체에 알려졌다. 귀국한 후 최치원은 조정에 10여 조의 시무책時務策을 올렸는데, 이에 대한 사정은 대략 다음 내용으로 알 수 있다.

> ① 최치원崔致遠이 시무십여조時務十餘條를 바쳤는데, 왕이 이를 가납嘉納하고 치원致遠을 아찬阿湌으로 삼았다.
>
> —『삼국사기』 권11, 진성왕眞聖王 8년 2월조—
>
> ② 당唐으로부터 돌아와서 자기의 뜻을 실현하려고 하였으나, 말세末世를 당하여 의심과 시기를 많이 받아 용납되지 못하였다.
>
> —『삼국사기』 권46, 최치원崔致遠전—

최치원이 귀국한 후 자기의 뜻을 실현하려 한 것은 바로 시무책을 올

113 신형식, 「숙위학생고—나말여초의 지식인의 동향에 대한 일척—」, 『역사교육』 11·12 합집, 1969, pp. 69~77; 「나말여초의 숙위학생」, 『한국고대사의 신연구』, 일조각, 1984, pp. 441~453.

린 사실을 가리킨다. 그런데 그가 올린 시무책은 진성여왕이 기쁘게 받아들였지만, 결국 의심하거나 시기하는 무리로 인하여 시행되지 못하고 실패로 끝났던 것이 분명하다.

최치원의 시무책에 반대하던 자들은 진골귀족이었다고 생각한다. 곧 그의 시무책은 육두품귀족 중심의 개혁을 시도하였으므로 진골귀족의 입장과 반대되는 성격을 지녔다.[114] 그렇지만 그가 신라 국가체제를 부인하였다고 생각하지는 않는다. 오히려 왕권을 옹호하는 성격을 지녔으며, 육두품 외의 다른 하급 귀족에 대해서 관용적인 것 같지도 않다. 다음 내용이 이를 알려 준다.

> 사·오품四·五品은 족足히 말할 만하지 못하다.[115]

육두품은 귀하기 때문에 득난得難이라 호칭하면서도, 그는 사·오두품에 대해서 대단하게 생각하지 않았다. 반진골적이면서도 사두품이나 오두품 등 하급 귀족에 대해 개방적이지 못한 최치원의 유학은 신라 국가의 테두리를 크게 벗어나 고대 국가체제의 모순을 전면적으로 극복하는 사상으로 나타나지 못하였다.

후삼국이 정립하면서 유교사상은 오히려 새로운 국면으로 나아갔다. 최승우崔承祐나 최언위[崔彦撝] 등이 등장하여 그들의 유교사상은 각각 후백제 견훤이나 고려 왕건과 연결되었다. 그런가 하면 유학자들이 지방호족과 연결된 선종과 상당한 관련을 맺었다. 최언위나 최승우가 신라국가에 봉사하지는 않았다. 당시 견훤이나 왕건 등은 후삼국의 지배

114 이기백, 「신라 골품체제하의 유교적 정치이념」, 앞의 책, 1978, p. 164.

115 최치원, 「성주사낭혜화상 백월보광탑비」(『조선금석총람』 권상, 조선총독부, 1919, p. 74)에 "其四五品不足言"이라고 하였다.

자로서 단순한 지방호족 세력과 동일시할 수 없으므로, 이때의 유교가 신라국가의 체제 속에서 벗어나기는 하지만 그것을 붕괴시키는 데 주동적 역할을 한 지방호족과 연관시키는 문제는 더 신중하게 다뤄야 할 것이다.

(3) 신라하대 선종의 등장

신라하대에 지방호족이 대두하면서 선종禪宗이 크게 유행하였다. 교종과는 달리 선종은 '불입문자不立文字'와 '견성오도見性悟道'를 내세움으로써 경전이나 불타佛陀의 보편적 권위를 부정하고 중생이 각자가 가진 마음속에서 부처를 찾게 한다. 부처가 되는 길은 각자가 지닌 불성佛性을 깨치는 것이다. 그러므로 선종은 '외식제연外息諸緣', 곧 밖으로부터의 모든 인연을 끊는 좌선坐禪을 강조한다. 이러한 성격의 선종은 개인주의적 성격을 띠어,[116] 지방에서 성장한 호족이 중앙정부의 거추장스러운 간섭을 뿌리치면서 독자 세력을 형성하는 데 이바지할 수 있었다. 그리하여 선종은 지방호족의 비호를 받으면서 유행하였다.

선사들은 중앙의 지배층에서 몰락한 육두품 이하의 귀족이거나 중앙 진출이 불가능한 지방호족 출신이다.[117] 나말여초의 선사 약 30명 정도의 행적을 알 수 있는데, 그중 절반가량이 김씨이다. 김씨가 아닌 나머지는 육두품 이하 신분이거나 대체로 지방 세력가 출신이다. 또 김씨라 하더라도 왕경王京 출신이 아닌 선사들은 육두품 이하의 신분에 속해 있었다. 그러나 일부 예외도 있다. 굴산사崛山寺 범일梵日의 조부 술

116 김두진, 「낭혜와 그의 선사상」, 『역사학보』 57, 1973, p. 45.

117 최병헌, 「신라하대 선종구산파의 성립—최치원의 사산비명을 중심으로—」, 『한국사연구』 7, 1972, pp. 103~104.

원述元은 명주도독溟州都督을 지냈으며, 실상사實相寺 수철秀澈의 증조부는 소판蘇判 관등을 가졌다. 또한 낭혜朗慧 무염無染은 아버지 범청範淸 때부터 진골에서 떨어진 강육두품降六頭品 신분이다. 선사들은 대부분 지방호족과 연결되어 있었고, 선종산문 자체가 지방호족의 세력 기반을 배경으로 성립되었다.

지방호족 세력이 사재를 기울여 경영하는 선종산문의 규모는 대단히 컸다. 신라하대 초기 실상산문實相山門이나 가지산문迦智山門의 건립에 선강태자宣康太子나 김언경金彦卿 등이 관여하였다. 그러나 후기에는 토착호족이 선종산문의 건립에 적극적으로 가담하였고, 희양산문曦陽山門은 심충沈忠과 가은현加恩縣 장군 희필熙弼에 의해 건립되었다. 봉림산문鳳林山門의 건립에는 진례성군사進禮城軍師인 김율희金律熙와 김해부金海府 진례성군사인 명의明義장군 김인국金仁國 등 가야계加耶系 김씨 세력이 관여하였으며, 왕건과 그의 외척인 황보씨皇甫氏 세력은 수미산문須彌山門을 건립하여 후원하였다.

또한 사자산문獅子山門의 절중折中 징효대사탑비澄曉大師塔碑 건립에는 강릉江陵·원주原州·죽산竹山·공주公州·제천堤川·진천鎭川·예천酒泉 등의 지방 세력가인 촌주村主가 동원되었다.[118] 곧 사자산문 세력은 강원도 일대는 물론 멀리 충청도 지역에까지 영향력을 미치고 있었다. 가지산문의 후원자인 김언경은 사재로 시철市鐵 2,500근斤을 내어 비로자나불 1구軀를 주조하고, 망수댁[望水宅, 수망댁水望宅]과 이남댁[里南宅]으로부터 금 160분分과 조租 2,000곡斛을 공출하여 그것을 장식하였다.[119]

---

118 정영호, 「신라 사자산 흥녕사지 연구」, 『백산학보』 7, 1969, p. 56; 「사자산 흥녕사지 석조부도」, 『신라 석조부도 연구』, 신흥사, 1974, p. 228.

119 김영, 「무주가지산보림사 익보조선사영탑비」, 『조선금석총람』 상, 조선총독부, 1919, p. 63.

선종산문은 막대한 토지를 가지고 있었다. 경문왕 당시 태안사泰安寺는 물론 희양산문도 500결 이상의 토지를 가졌다. 성주산문이나 다른 산문의 토지도 이와 비슷하거나 더 많아 광대한 장원을 형성하였다. 당시 사원에 딸린 장원은 여러 개의 장사莊舍로 분산되어 있었다. 산문은 소속 승려를 장원에 지장知莊으로 파견하여 장사를 관리하였는데, 토지의 경작에는 문도들이 참여하였다. 선종산문의 사원에는 대체로 500명에서 많게는 2,000명에 이르는 문도가 거주하였다. 문도에 상인商人이나 유망 농민은 물론 심지어 군적群賊까지 포용하였다.[120]

나말여초의 선종이 구산문으로 성립되어 있었다는,[121] 선종구산문설이 학계의 정설이다. 그러나 선종구산문설은 고려후기의 선종계를 반영하여 정해진 것이라는 주장이 나왔다.[122] 곧 나말여초에 선종구산문이 성립되어 있었다는 데 이의를 제기하였다. 이러한 견해는 구산문이 나말여초의 선종산문을 망라한 것으로 볼 수 없다는 데에 일단 수긍이 간다. 그러나 선종이 여러 산문으로 분립分立하지 않고 모두 조계종曹溪宗으로 통합되어 있었던 것 같지는 않다. 선종구산문 문도들의 사자상승嗣資相承 관계가 이를 알려 준다.

구산문 외에도 상당한 세력을 가졌을 것으로 보이는 선종산문들이 존재하였다. 진감眞鑑 혜소慧昭는 도의道義나 홍척과 비슷한 시기에 하동

---

120 신라하대의 동란기에는 곳곳에 群賊의 무리가 산재해 있었고, 이들은 당시 비교적 부유한 사원을 약탈하였다. 朗慧나 玄暉·道憲·折中·允多의 碑文에는 이들이 거주한 山門에 군적이 침입하였음을 알려 주는 기록이 전한다. 특히 그중 藍浦의 군적이 聖住山門에 쳐들어왔으나 낭혜無染의 설법으로 100여 인이 출가 得道하였다고 한다. 군적의 무리가 산문으로 흡수되는 것은 산문 자체가 무력을 갖추었기 때문에 가능하였다.

121 김영수, 「조계선종에 취하여—오교양종의 일파, 조선불교의 근원—」, 『진단학보』 9, 1938, p. 171.

122 허흥식, 「선종구산문과 선문예참문의 문제점」, 『역사교육논집』 5, 경북대학교 사범대학 역사교육과, 1983, pp. 116~124.

河東 쌍계사雙谿寺에서 산문을 성립시켰다. 그는 애장왕 5년(804년)에 입당入唐하여 신감神鑒의 법인法印을 받아 흥덕왕 5년(830년)에 귀국하였으며, 어산魚山의 범패梵唄를 전하였다.[123] 특히 쌍계사에는 육조 혜능慧能의 영당影堂이 있다. 그것의 조성은 신라 김대비金大妃가 6조의 머리를 취하여 오는 연기설화와 연관된다.

고려 왕건의 선대先代 세력과 연결된 순지順之는 오관산五冠山 서운사瑞雲寺에서 위앙선풍潙仰禪風을 펼쳤다. 왕건과 연결된 보양寶壤은 청도淸道의 운문사雲門寺에서 산문을 이루고 있었는데, 그의 선풍은 중국 운문종雲門宗 계통에 속하였을 것이다. 그 외에 보요普耀의 해룡선문海龍禪門이 존재하였다.[124] 순지나 보양은 물론 보요의 선종사상은 교학불교를 이해하려는 경향을 보였다.

나말여초의 선종사상 경향은 진성여왕대를 전후하여 크게 변하고 있다. 남종선 선종사상을 처음으로 전한 자는 헌덕왕 때의 도의이다. 이전에 신행神行이나 법랑法朗 등이 선종을 전하였지만 거의 유행하지 못하였다. 도의도 중국에 들어가 마조馬祖 도일道一의 법사인 서당西堂 지장智藏의 법인을 받아 헌덕왕 13년(821년)에 귀국하지만 대중의 귀의를 받지 못하였다.

당시에는 교학불교가 성하여 세태가 경전의 가르침에 젖어 있었으므로 도의가 전한 선종을 허탄虛誕하다 하여 받아들이지 못하였다. 그는 결국 산림에 은거하였다. 도의는 화엄의 4종 법계와 55선지식善知識의 행포법문行布法門 외에 다음과 같은 조사선도祖師禪道를 말하였다.

---

123 최치원, 「하동쌍계사 진감선사대공탑비」, 『조선금석총람』 상, 조선총독부, 1919, p. 70.

124 普耀는 吳越國으로부터 대장경을 가지고 왔으며, 나말여초 海龍禪門의 開山祖가 되었다. 그런데 金나라 大定연간(1161~1189년)에 彭祖逖이 海龍王寺에 대한 詩를 남기고 있는 것으로 보아, 아마 해룡선문은 武人執權 초기까지 유지되었던 듯하다(『삼국유사』 권3, 전후소장사리조).

지원승통知遠僧統이 들은 사종四種 법계法界는 조사문하祖師門下에서 바로 정당한 이체理體를 드는 것 같으나, 일체의 정리正理는 얼음 녹듯하여 그중의 법계상法界相은 들어도 얻을 수 없다. 본래 행지行智가 없어서 선사禪師의 심선心禪 중에 문수文殊와 보현普賢의 상相은 오히려 보일 수 없으므로 55지식五十五知識의 행포법문行布法門은 수중水中의 물거품과 같다. … 무념무수無念無修로 이성신해理性信解는 수증修證하는 것이니, 조사祖師가 보인 법法을 불중생佛衆生이 얻을 수 없고 도성道性은 바로 나타난다. 고故로 오교五敎 이외에 별도로 조사심인법祖師心印法을 전하였다.[125]

도의는 화엄의 4종 법계가 바른 이치를 드러내 주지 않아 마치 얼음이 녹는 것과 같고 55선지식의 행포법문도 물거품과 같다고 하여 교학의 권위를 부정하였다. 그리하여 교외별전敎外別傳인 조사선도를 주장하였다.

도의의 조사선은 무념무수無念無修이면서도 이치나 믿음에 수행으로 증득證得하는 면을 완전히 부정하지 않았다. 이런 점은 비슷한 시기에 가장 먼저 산문을 개창한 실상사 홍척洪陟의 사상에도 나타나 있다. 그는 실상산문의 종취宗趣에 대해 다음과 같이 말하였다.

수행修行함에 있어서 몰수沒修로 수행하고 증득證得함에 있어서 몰증沒證으로 증득한다. 그것이 정靜함에는 산이 서고 동動함에는 골짜기가 응應한다. 무위無爲한 이익利益은 다투지 않고 승리한다.[126]

---

125 천책, 『선문보장록』 권상에 "義義答曰 如僧統所擧四種法界 則於祖師門下 直擧正當理體 永消一切之正理 擧中法界之相 尙不可得 於本無行智 祖師心禪中 文殊普賢之相 尙不可見 五十五知識 行布法門 正如水中泡耳 … 道義答曰 無念無修 理性信解 修證耳 祖宗示法 衆生不可得 道性直現耳 故五敎以外 別傳祖師心印法耳"라고 하였다.

126 최치원, 「문경봉암사 지증대사적조탑비」(『조선금석총람』 상, 조선총독부, 1919, p. 90)에

홍척도 몰수沒修로 수행하고 몰증沒證으로 증득證得한다고 함으로써 수행과 증득을 부정하지 않았다. 그러므로 실상산문의 선풍은 정靜함에 산이 우뚝 서고 동動함에 골짜기가 응할 정도라고 하였다.

진성여왕 이전 초기 선종산문은 조사선을 내세우면서도 교학의 권위를 단호하게 거부하지 않았다. 수행과 증득을 함께 강조하는 면이 이를 알려 준다. 다만 이러한 성격의 선종사상은 선사들이 왕실의 요구를 냉정하게 뿌리치지 못하게 하였다. 초기 선종사상은 지방호족 중심으로 수용되었지만, 아직 정치 정세의 실질적 권위를 가지고 있는 왕실과도 결별한 것은 아니었다. 진성여왕대를 전후하여 왕실의 권위가 실추하면서 선종산문은 지방호족과 더 공고하게 결연하는 쪽으로 기울었다.[127]

진성여왕을 전후한 시기의 선종사상에는 조사선을 보다 강하게 내세우는 경향이 있다. 범일의 다음과 같은 진귀조사설眞歸祖師說에서 이를 알 수 있다.

명주溟州 굴산崛山의 범일국사梵日國師가 신라 진성대왕眞聖大王이 선禪·교敎 양종兩宗의 뜻을 묻는 데 대해 답하기를 "우리의 본사本師인 석가釋迦가 출태出胎하면서 설법하려고 칠보七步를 걸어가면서 오직 내가 독존獨尊이라 말한 이후, 성城을 넘어 설산雪山으로 들어가 이로 인因해 도道를 깨치지만 이미 이 법法은 지극하지 않은 것이다. 수십數十 개월을 여행旅行하던 (석가는) 조사祖師인 진귀대사眞歸大師를 심방尋訪하여 비로소 현극玄極한 뜻을 전수하니 이것이 바로 교외별전敎外別傳이다"라고 하였다.[128]

"則修乎修沒修 證乎證沒證 其靜也山立 其動也谷應 無爲之益 不爭而勝"이라고 하였다.

127 김두진, 「낭혜와 그의 선사상」, 『역사학보』 57, 1973, pp. 53~54.

128 천책, 『선문보장록』 권상에 "溟州崛山梵日國師 答羅代眞聖大王 宣問禪敎兩義云 我本

석가가 출생하여 보리수菩提樹 아래에서 정각正覺하기까지의 깨달음은 지극하지 않으며, 그 뒤 진귀조사를 만나 마음으로 깨친 바가 현극玄極한 경지의 것이라고 하였다. 그리하여 범일은 진성여왕에게 교종보다는 선종의 우위를 논설하였다.

중국 혜가慧可가 주장하였다는[129] 진귀조사설은 달마達磨가 전한 선종이 중국에 뿌리를 내리려는 시점에서 석가로 대표되는 교종 권위를 부정함으로써 교외별전을 뚜렷하게 부각하려는 것이다. 범일이 진귀조사설을 내세우는 진성여왕대를 전후한 신라의 불교계도 달마 선종이 중국에 정착할 때의 분위기와 비슷하였음을 유념할 필요가 있다. 같은 시기의 무염도 무설토론無舌土論을 주장하여, 여래보다는 선종 조사가 우월하다는 논리를 끌어내는 조사선祖師禪을 강하게 주장하였다.[130]

무염은 선의 경지로 유설토有舌土와 무설토가 있으며, 전자가 불토佛土인 응기문應機門이라면 후자는 조토祖土인 정전문正傳門으로 후자의 경지가 월등한 것이라고 하였다.[131] 이러한 선종사상은 중생의 각자에 내재한 실아實我를 강하게 인식하려는 것으로 개인주의적 성격을 띠었다. 선종사상의 개인주의적 경향은 결국 선종산문이 중앙왕실보다는 지방호족과 결연하는 방향으로 기울게 하는 데 작용하였다.

후삼국이 정립하는 시기가 되면서 선종사상은 다시 변하였다. 개인주의적 사상 경향으로 이어질 수 있는 '내증內證' 외에 수행을 강조하는 '외화外化'가 중시되었다. 순지順之의 돈증실제론頓證實際論의 다음 내용은 참고가 된다.

師釋迦 出胎說法 各行七步云 唯我獨尊 後踰城往雪山中 因星悟道 旣知是法 未臻極 遊行數十月 尋訪祖師 眞歸大師始傳得玄極之旨 是乃敎外別傳也"라고 하였다.

129 천책, 『선문보장록』 권상.

130 김두진, 「낭혜와 그의 선사상」, 앞의 책, 1973, pp. 41~43.

131 천책, 『선문보장록』 권상.

처음 돈증실제頓證實際 때는 문수文殊요, 지금 인연因緣에 따라 행행行行할 때는 보현普賢이므로 일인一人이라 부른다. 이를 내증외화內證外化로 통관해서 부른다.[132]

여기의 문수는 돈오頓悟, 보현普賢은 중행衆行을 은유적으로 나타내 준다. 문수와 보현을 일인一人으로 보려는 내증외화內證外化는 돈오 후의 중행 과정을 설정한 것이다.

순지가 내증을 주체로 하여 외화를 주장하고 있음은 유념해야 한다. 그는 양대사상兩對四相·사대팔상四對八相 등 상론相論과 삼편성불론三遍成佛論 및 삼편실제론三遍實際論을 내세웠으며, 그것은 모두 선종사상을 주체로 하여 교종사상을 포용하려는 사상 경향을 보였다.

삼편실제론 중의 돈증실제론頓證實際論은 선종사상과 화엄사상을 포용하려는 것이지만, 회점증실제론廻漸證實際論은 선종사상과 법화사상을 융합하려는 것이다.[133] 실제로 점증실제론漸證實際論에서 순지는 선종사상과 교종사상을 융합하려는 경향을 논리적으로 주장하였다.[134] 순지로 대표되는 이러한 선종사상은 지방의 대호족이 주위의 군소 지방 세력을 흡수 동화하여 통합된 세력권을 형성하는 데 유용한 것이었다.[135]

왕건이 고려를 건국하여 후삼국을 통일하는 과정에서 선종사상은 점차 교선융합敎禪融合 경향을 띠었다. 고려초 교선융합사상으로 선종의

---

132 『祖堂集』 卷20, 順之전에 "初頓證實際之時 卽文殊 今隨緣行行之時 卽普賢 故名爲一人 也 此是通取內證外化也"라고 하였다.

133 김두진, 「요오선사 순지의 선사상—그의 삼편성불론을 중심으로—」, 앞의 책, 1975, p. 34.

134 김두진, 위의 논문, 1975, pp. 35~42.

135 김두진, 위의 논문, 1975, p. 51.

입장에서 교종을 통합하려는 경향과 교종의 입장에서 선종을 통합하려는 경향이 있었다.[136] 전자에 속한 자로 현휘玄暉를 들 수 있다. 그와 더불어 여엄麗嚴·경유慶猷·형미迥微 등 4명은 해동海東 사무외사四無畏士라 불렸다. 이들의 선종사상은 물론 광종대의 법안종法眼宗 사상은 전자의 경향과 맥이 닿는다. 후자에 속한 자로 탄문坦文을 들 수 있다. 고려중기 의천義天의 천태사상은 이러한 경향과 연결될 수 있다.

신라말의 풍수지리설風水地理說은 선종과 밀접한 연관을 가졌다. 동리산문桐裏山門의 개조자 혜철慧徹의 법사인 도선이 풍수지리에 정통하였다. 동리산문은 유식사상을 포용하려는 선종사상 경향을 보였다. 도선의 행적이 신비에 싸여 있는 면이 많아 그대로 믿기는 어렵다. 풍수지리설은 경험 과학에 근거한 인문지리적人文地理的 지식으로, 경주 중심의 국토관國土觀을 부정하고 새로운 지방 중심의 국토재구성안國土再構成案으로 발전하였다. 곧 한 지방을 명당으로 생각하여 그곳을 중심으로 전국의 국토를 재편성하려는 것이다.

도선은 개성開城 중심의 풍수지리설을 제창함으로써 왕건이 고려를 건설하여 후삼국의 혼란을 수습하는 데 이념을 제공하였다고 한다.[137] 그런데 도선의 법사인 동진洞眞 경보慶甫는 진성여왕 6년(892년)에 입당하여 동산洞山의 법사인 광인匡仁의 법인을 전수하였다. 경명왕 5년(921년)에 견훤甄萱의 도움을 받아 귀국한 경보는 전주全州 남복선원南福禪院에 머물렀다. 다시 그는 견훤의 명령으로 백계산白鷄山 옥룡사玉龍寺

---

136 김두진, 「현휘(879~941)와 탄문(900~975)의 불교사상—고려초의 교선융합사상과 관련하여—」, 『역사와 인간의 대응—고병익선생회갑기념사학논총—』, 한울, 1984, pp. 394~406.

137 최병헌, 「도선의 생애와 나말여초의 풍수지리설—선종과 풍수지리설의 관계를 중심으로 하여—」, 『한국사연구』 11, 1975, pp. 121~125.

에 주석하였다.[138] 이때 그는 분명히 견훤에 유리한 풍수지리설을 주장하였을 것이다.

도선 계통의 풍수지리설이 일찍부터 개성 중심의 국토재구성안으로 작성되었는지는 의문이다. 936년에 경보는 왕건과 직접 만나고 있다. 이로 보면 왕건과 연결되는 시기는 아마 그가 다시 옥룡사로 이주하고 난 뒤였다. 견훤이 고려로 귀순하기 전까지 경보는 왕건과 연결되지 않았을 수도 있다. 지금 남아 있는 나말여초의 풍수지리설은 사실 개성 중심으로 편성되어 있으나, 당시 모든 풍수지리설이 개성 중심으로 구축된 것만은 아니었다. 오히려 그것은 한 지방을 명당이라 함으로써 그곳에 거주하는 지방호족 세력을 옹호하려는 경향을 보였다. 그러므로 유력한 지방호족은 저마다의 풍수지리설을 수용하였을 가능성이 있다.

지방호족 세력을 정당화하는 면에서 풍수지리설은 선종과 통하는 점을 가졌을는지 모르지만 결국 선종과는 달리 배타적 성향을 지녔다. 곧 한 지방이 명당인 국토의 중심이 되면 다른 지방은 국토의 중심부가 될 수 없다. 왕건이 후삼국을 통일한 후 개성 중심의 풍수지리설만 남을 수밖에 없는 이유가 바로 여기에 있다. 고려 통일 이후 풍수지리설이 사상적 발전을 계속하지 못하고 미신적 도참圖讖으로 전락하는 이유도 이런 면에서 찾아야 할 것이다.

138 김정언, 「광양옥룡사 통진대사보운탑비」, 『조선금석총람』 상, 조선총독부, 1919, p. 191.

제2부

신라중대 전제정치와 원융적 이론불교의 성립

제1장

신라중대의 중앙집권적 전제정치

1. 신라상대 말 진평왕의 정치 개혁

—『삼국유사』 도화녀비형랑조의 분석을 중심으로—

(1) 『삼국유사』 도화녀비형랑조의 내용

진흥왕대에는 신라가 대외적으로 비약적인 발전을 이루었다. 이차돈異次頓의 순교殉敎로 공인된 불교를 크게 일으킨 진흥왕은 무엇보다도 척경사업拓境事業에 힘썼다. 한강漢江 유역을 확보하여 중국과 직접 교섭할 수 있는 교두보를 마련하였고 대가야大伽倻를 평정함으로써 낙동강洛東江 유역을 점유하였다. 그런가 하면 화랑도花郎徒를 개창改創하여 문호門戶별로 흩어진 미성년집단未成年集團을 군사동원 체제 속에 흡수함으로써[1] 신라가 좁게는 고구려와 백제, 넓게는 이들과 제휴한 돌궐

1 三品彰英, 『新羅花郎の研究』, 東京: 三省堂, 1943, pp. 11~12; 이기동, 「신라 화랑도

突厥과 왜倭로 이어진 연합 세력에 능동적으로 대처하면서 국난을 극복해 갔다.

정복사업의 진척과 함께 칭원稱元하거나 국사國史를 편찬하면서 비교적 왕권을 안정시킨[2] 진흥왕대에도 왕실 내부의 정권 쟁탈 조짐이 서서히 싹트고 있었다. 진흥왕대 이후 중앙왕실의 권력 다툼을 이해하는 데 〈표 1〉은 참고가 된다.

〈표 1〉 진평왕대를 중심으로 한 왕실 가계家系

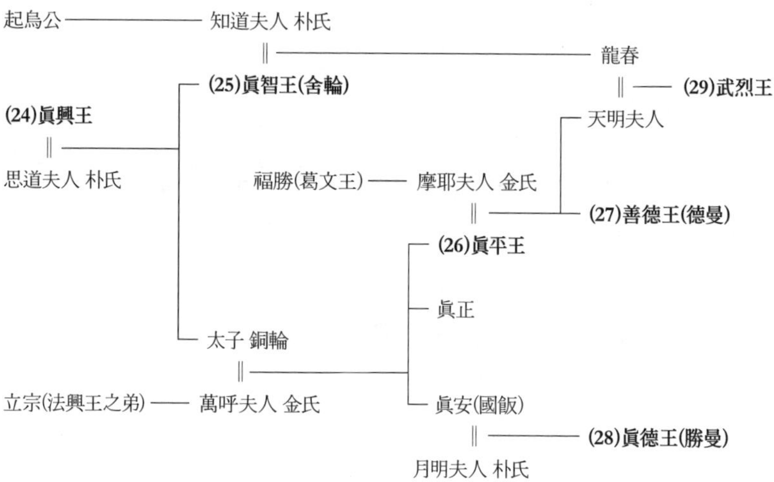

※ ——:부모·자식 관계, ‖: 혼인 관계

의 기원에 대한 일고찰」, 『역사학보』 69, 1976; 『신라골품제사회와 화랑도』, 한국연구원, 1980, pp. 310~326. 花郎徒의 전신은 각 門戶別로 존재하였던 未成年集團이다. 화랑도는 그러한 집단을 改創하여 중앙에 花主를 두고 그 밑에 화랑과 郎徒를 묶어 전국을 일원적 조직으로 성립시킨 것이다. 화랑도는 종전의 宗敎的이고 遊娛的 성격에서 오히려 敎育的 기능을 더 강화하였고, 有事時에 군사적 동원 체제로 활용되었다. 실제로 신라 사회에 화랑이 戰功을 수립한 경우가 허다하게 나타나 있다.

2 眞興王 19년(558년)에 貴戚子弟 및 六部豪民을 國原, 곧 변방으로 移徙시키고 있다. 이러한 조치는 연맹왕국 내의 邑落共同體的 紐帶를 끊으면서 왕권을 강화하려는 것으로 이해될 수 있다.

진흥왕은 두 아들을 두었다. 장자는 동륜銅輪인데 진흥왕 27년(566년)에 태자로 책봉되었다. 그는 진흥왕 33년에 이유는 알 수 없으나 죽었기 때문에 뒤에 차자인 사륜舍輪이 왕위를 이어받아 진지왕이 되었다. 물론 이러한 기록만으로 동륜계와 사륜계 사이의 정치적 대립을 추측하기는 힘들다.

도화녀비형랑桃花女鼻荊郎조는 설화이지만 진지왕대와 진평왕대의 정치 상황을 알려 준다. 그 내용은 대략 다음과 같다.

① 제25대 사륜왕舍輪王의 시호諡號는 진지대왕眞智大王이며 성은 김씨金氏이다. 왕비는 기오공起烏公의 딸인 지도부인知刀夫人이다. 대건大建 8년(576년) 병신丙申(고본古本에 11년 기해己亥라 함은 잘못이다)에 즉위하여 어국御國 4년 만에 정사政事가 어지럽고 황음荒婬함으로 하여 국인國人들이 그를 폐위시켰다. 이전에 사량부沙梁部의 서녀庶女가 자용姿容이 뛰어나 예뻤으므로 당시 도화랑桃花娘이라 불렸다. 왕이 듣고 궁중으로 불러들여 사랑하려 하니, 도화녀桃花女가 말하기를 "여자가 지키는 바는 두 남편을 섬기지 못하는 것이니 남편이 있음에도 다른 데로 가게 한다면, 이는 비록 만승萬乘의 위엄으로도 빼앗을(강요할) 수 없는 것입니다"라고 하였다. 왕이 이르기를 "너를 죽이겠다면 어떻게 하겠느냐"고 하니, 여자가 다시 말하기를 "차라리 거리에서 죽임을 당할지언정 먹은 마음을 달리할 수가 없습니다"라고 하였다. 왕이 희롱하여 말하기를 "남편이 없으면 가능하겠느냐"라고 하니, "되겠습니다"라고 대답하였다. 왕이 (도화녀를) 돌려보내 주었다.

이해에 왕이 폐위되어 죽고, 그 후 3년 만에 도화녀의 남편이 죽었다. 10여 일 후 밤중에 홀연히 왕이 평상시와 같이 그 여자의 방에 이르러 말하기를 "네가 옛날에 허락許諾하였으니, 이제 너의 남편이 없으므로 되겠냐"라고 하였다. 여자가 경솔히 허락할 수 없어서 부모에게 고하였더니, 부모는 "군왕君王의 교敎를 어찌 피할 수 있겠느냐"라고 하면서 방으로 들여보냈다. 왕이 7일七日을 머무르는데 항상 오색五色구름이 집을 덮고 향기가 방에 가득하였다. 7일 후에 홀연히 종적이 사라졌고, 그 여자는 이로 인因하여 태기가 있었다. 만삭이 되어 해산하려 할 때 천지가 진동하였는데, 사내아이를 낳으니 이름을 비형鼻荊이라고 하였다.

② 진평대왕眞平大王이 수이殊異함을 듣고 비형을 거두어 궁중에서 길렀다. 15세가 되어 집사執事를 시켰는데, 매일 밤만 되면 멀리 달아나 놀므로 왕이 용사 50명을 시켜 그를 지키게 하였다. (그는) 매번 월성月城을 넘어 서쪽의 황천안상荒川岸上(경성 서쪽에 있다)에 가서 귀신 무리[鬼衆]를 이끌고 놀았다. 용사들이 임중林中에 엎드려 살펴보았는데, 귀신 무리가 여러 절의 새벽을 알리는 종소리를 듣고 각자 흩어지니 비형랑鼻荊郎도 역시 돌아갔다. 군사들이 이러한 사실을 아뢰니 왕이 비형을 불러 "네가 귀신을 데리고 논다고 하니 참말이냐"라고 묻자, 비형랑이 "네, 그렇습니다"라고 하였다. 그렇다면 네가 귀신 무리를 부려 신원사神元寺 북쪽 개천(혹은 신중사神衆寺라 하나 잘못이다. 또는 황천荒川 동쪽의 깊은 개천이라 한다)에 다리를 놓아라"라고 하였다. 비형이 조칙朝勅을 만들어 귀신 무리를 이끌고 돌을 갈아서 하룻밤만에 다리를 놓았다. 그러므로 귀교鬼橋라 이름을 붙였다.

③ 왕이 또 묻기를 "귀신 무리에 인간으로 출현出現하여 조정朝政을 도울 만한 자가 있느냐"라고 하니, 말하기를 "길달吉達이 있는데 가히 국정을 도울 만합니다"라고 하였다. 왕이 "데려와라"고 하였다. 다음 날 비형과 같이 와서 뵈므로 집사 벼슬을 시켰더니, (그는) 과연 충직하기가 둘도 없었다. 이때 각간角干 임종林宗이 아들이 없자, 왕이 조칙으로 (길달을) 그의 아들로 삼게 하였다. 임종이 그에게 명하여 흥륜사興輪寺 남쪽의 누문樓門을 짓게 하였다. 그리하여 매일 밤 길달이 그 문 위에서 숙거宿居함으로 길달문吉達門이라 하였다. 하루는 길달이 여우로 변하여 도망가므로 비형이 귀신을 시켜 그를 잡

아 죽였다. 고로 귀신 무리가 비형의 이름만 들어도 두려워하여 달아났다.

—『삼국유사』 권1, 도화녀비형랑조—

이 설화는 크게 두 부분으로 나뉜다. ①은 진지왕과 얽힌 사건을 설명하고 있다면 ②와 ③은 진평왕대에 관한 기사이다. 우선 ①은 사량부沙梁部의 서녀庶女 도화녀桃花女와 진지왕의 혼魂 사이에서 비형랑鼻荊郞이 태어나기까지의 사실을 기록한 것이다. 진지왕은 통치한 4년간의 정치가 문란하고 어지러워 국인國人에 의해 폐위되었다.

『삼국사기』에는 진지왕이 즉위한 지 4년 만에 특별한 이유 없이 승하하였다고 하였으나, 『삼국유사』에는 국인에 의해 폐위되어 돌아간 것으로 나와 있다. 두 기록 중 진실을 알려 주는 것은 후자이다. 문란한 정치로 말미암아 진지왕이 폐위되었다고 하지만, 사실 폐위를 주도한 국인은 진지왕에 반대하는 위치에 서 있었다. 그렇다면 그들은 진평왕을 옹립한 세력이다. 진평왕은 동륜태자銅輪太子의 아들이며, 그의 즉위는 동륜계 혈족집단의 도움을 받아 이루어졌다. 진평왕이 즉위하는 이러한 사정은 왕위를 둘러싼 사륜계와 동륜계 사이의 암투가 있었을 것으로 추정할 수 있다.

지증왕 이후 신라중고기 왕실은 박씨를 왕비족으로 맞이하면서[3] 귀족연합貴族聯合 정권을 성립시켰다.[4] 그렇지만 신라중고기 왕실 내에도 왕비족까지 김씨로 맞는, 이른바 내물마립간부터 소지마립간까지의 폐쇄적인 왕족 혈족의식이 형성되어 있었다. 이러한 폐쇄적 혈족의식은

3 이기동, 「신라 중고시대 혈족집단의 특질에 관한 제문제」, 『진단학보』 40, 1975; 『신라골품제사회와 화랑도』, 한국연구원, 1980, pp. 94~98.

4 이기백, 「신라시대의 갈문왕」, 『역사학보』 58, 1973; 『신라정치사회사연구』, 일조각, 1974, p. 28.

신라중고기 말에도 나타났다. 진지왕 비는 박씨 지도부인知道夫人인데, 동륜의 부인은 김씨 만호부인萬呼夫人이며 지증왕의 아들인 입종立宗 갈문왕葛文王의 딸이다. 진평왕 비도 김씨 마야부인麻耶夫人이며 복승福勝 갈문왕의 딸이다.[5] 신라중고기 왕실 내에는 혈족의식을 달리하는 동륜계와 사륜계가 존재하였다. 그들 사이의 대립으로 태자 동륜이 죽은 다음에 진지왕이 서고, 그 또한 국인에 의해 폐위당하였다.

②와 ③은 진지왕의 아들인 비형랑이 궁중에서 양육되어 진평왕의 정치에 참여하는 내용으로 구성되어 있다. 집사執事가 된 비형랑은 왕정을 보필할 만한 자로서 귀류鬼類 중의 길달吉達을 천거하였다. 곧 그는 진평왕대의 왕정에 깊이 관여하였다. 궁중에서 자라 15세에 집사가 되었으므로 그가 활동할 때는 진평왕 15년에서 별로 벗어나지 않는 시기였다. 그러나 비형랑설화는 적어도 진평왕대 초기의 정치·사회적 상황을 보여 준다.[6]

비형랑설화는 진평왕대 후기의 사실을 직접적으로 알려 주는 것은 아니다. 진평왕대는 많은 제도를 정비하면서 점점 왕권을 강화해 가는 시기이지만 초기와 후기의 왕권에 상당한 차이가 있었다. 후기로 가면서 왕권이 훨씬 전제주의로 기울었다. 그러나 아직도 왕권은 전제화의 기반을 완전히 갖추지 못하였다.[7] 전제주의의 핵심 기구인 집사부執事部

---

5 眞平王의 妃는 두 명이었으며, 先妃는 摩耶夫人 김씨이다. 진평왕의 後妃는 僧滿夫人 孫氏이다. 六頭品귀족으로 알려진 손씨를 王妃族으로 등장시킨 셈이다(이기백, 「신라 육두품 연구」, 『성곡논총』 2, 1971; 『신라정치사회사연구』, 일조각, 1974, p. 55). 그러한 왕실의 의도는 이전 眞智王에 이르기까지 朴氏族을 왕비족으로 등장시켜 貴族聯合을 시도함으로써 안정을 꾀해 왔던 中古 王室을 제어하려는 것으로 생각한다.

6 비록 정치 활동을 하는 시기는 15세 이후라고 기록되어 있을지라도, 鼻荊郎은 태어나면서부터 궁중에서 길러졌다. 이러한 사실은 비형랑설화를 진평왕대 초기의 정치·사회적 상황과 연결하여 이해해야 할 것이다.

7 이기백·이기동 공저, 『한국사강좌 Ⅰ—고대편—』, 일조각, 1982, pp. 185~186 참조. 그렇지만 이정숙, 「신라 진평왕대의 정치적 성격—소위 전제왕권의 성립과 관련하여—」

의 개편이 이루어지고 있지 않음이 이를 알려 준다. 집사부 시중侍中은 진덕여왕대에 설치되었다.

진평왕대의 왕권이 꾸준히 강화되어 나가는 과정에서 독존적 왕족 의식이 싹트고 있었다.[8] 이러한 왕족 의식은 곧 성골聖骨 관념인데, 진평왕계가 자신을 석가족釋迦族과 연결하려는 석종의식釋宗意識과 연관된다.[9] 진평왕대의 석종의식은 석가불신앙을 깔면서 전개되었다. 말하자면 왕실의 석종의식은 석가불신앙의 유행과 밀접한 관련이 있다. 그런데 석가불신앙은 진평왕대 초기에 유행하였고, 진평왕대 말기부터 선덕여왕대까지는 오히려 제석신앙帝釋信仰이 크게 대두하였다.

제석신앙은 석가불신앙과 밀착되어 있었지만, 엄격히 말해 그보다는 수승殊勝한 것이 아니다. 석종의식 성립에 영향을 끼쳤던 석가불신앙이 진평왕대 말기에 계속해서 강조되지 못하였다. 이렇듯 사상사적 측면에서 진평왕대는 초기와 후기의 사회 체제에도 무언가 변화가 있었을 것으로 유추하게 한다.[10] 그렇게 되면 진평왕대의 제도 정비 과정은 일단 초기와 후기로 갈라서 생각해야 할 것이다. 진평왕대를 크게 초기와 후기로 구별해야 할 필요를 느꼈는데, 비형랑이 등장하는 분위기는 진평왕대의 초기 정세를 이해하는 실마리를 제공해 준다.

(『한국사연구』 52, 1986, pp. 15~26)에서는 진평왕대에 專制王權이 성립된 것으로 이해하였다. 다만 이정숙은 전제왕권의 성립으로 진평왕 44년(622년)의 內省 설치를 주목하고 있는데, 이때 내성을 장악한 세력은 진평왕의 親衛 집단인 銅輪系라기보다는 龍春, 곧 舍輪系였다. 사륜계의 權力 장악이 동륜계의 의사와는 상관없이 추진되었다면 당시의 왕권 專制化에 보탬이 될 수는 없었다.

8 이기동, 「신라 내물왕계의 혈연의식」, 『역사학보』 53·54 합집, 1972; 『신라골품제사회와 화랑도』, 한국연구원, 1980, pp. 86~89.

9 김두진, 「신라 진평왕대의 석가불신앙」, 『한국학논총』 10, 1988, pp. 33~36.

10 김두진, 위의 논문, 1988, pp. 15~23.

(2) 비형랑의 정치적 성향

진평왕대 초기의 신라 사회를 이해하면서 진흥왕의 태자인 동륜계 세력의 등장을 주목할 수밖에 없다. 진평왕 옹립 사정을 선명하게 부각하면 진평왕대 초기의 정치사회 상황이 더 분명히 드러날 것이다. 비형랑 설화가 진지왕과 진평왕의 교체를 배경으로 성립되었기 때문에 그에 대한 분석은 진평왕대 초기의 정치권력이 형성되는 모습을 추정하는 데 밑거름이 될 것이다.

비형랑은 설화 속의 인물로 실존하지는 않았다. 그래서 비형랑의 활동을 추적하여 당시의 정치 상황을 이해하는 데 한계성이 없지 않다. 다만 설화는 전부 가공한 것은 아니어서 일정한 사회적 사실을 은유적으로 설명해 주기 때문에 오히려 그 내용이 정사正史에서 다루지 못한 투박한 역사적 사실을 담았을 수 있다. 이런 면에서 비형랑설화는 『삼국사기』와 같은 사서에서 밝히기 어려운 내용을 간직하고 있어서 역사적 진실을 이야기해 줄 것으로 기대한다.

비형랑은 진지왕의 아들인 셈인데, 궁중에서 길러져 진평왕의 사랑을 받고 있다. 그런데 진지왕의 아들로서 역사적 실제 인물은 용춘龍春이다. 용춘은 진평왕대 이후 역사적 주도 세력으로 등장한 김춘추金春秋의 부친인데, 진평왕대 초기의 행적은 잘 알려지지 않는다. 같은 진지왕의 아들이라는 점에서 비형랑과 용춘은 무언가 연관될 수 있을 법하다. 적어도 비형랑이나 용춘의 행적은 진평왕대 초기 사륜계 세력의 동향을 이해하는 데 도움을 줄 것으로 생각한다.

비형랑은 진평왕대 초기에 왕실과 어느 정도 밀착해 있었던 듯한 인상을 준다. 그가 집사執事에 보임되었음이 이를 알려 준다. 집사 직책이 어떤 임무를 수행하였는지는 명확하지 않지만, 왕의 가신적家臣的

성격을 띠고 있었으며[11] 궁중 업무를 담당하는 근시직近侍職으로 파악된다.[12] 그렇다면 비형랑이 왕의 근시직에 임명되는 설화가 과연 형성될 수 있었을까? 현실적으로 왕위를 장악한 동륜계와 대립한 사륜계가 왕의 근시직에 보임되었는지가 의심스럽기 때문이다. 이런 문제와 연관 지어 용춘이 진평왕의 딸인 천명부인天明夫人과 혼인하였던 것은 시사점을 준다.

비형랑이 궁중에서 길러지는 사정과 용춘이 천명부인과 결혼하는 사실은 무언가 통하는 것처럼 보인다. 이 점은 비형랑이 뒷날 용춘의 존재를 상징적으로 나타내기 위해 꾸민 인물일 것으로 생각된다. 물론 비형랑과 용춘의 행적 사이에는 반드시 일치하지 않은 부분도 적지 않다. 그리하여 이러한 추론이 혹시 잘못된 것이라 하더라도 비형랑설화를 통해 용춘 등 당시 사륜계 세력의 정치적 입장을 추론해 보는 것은 타당하리라고 본다.

비형랑과 용춘을 근접시킬 수 있는 소지는 더 찾을 수 있다. 비형랑은 사량부沙梁部와 연관되어 있다. 그의 어머니 도화녀는 사량부인이었으며, 그 집안은 사량부 내에서 상당한 세력 기반을 가진듯이 보인다. 도화녀가 부모의 허락을 받고 진지왕의 혼魂과 인연을 맺고 있다. 부모의 등장은 이 설화가 도화녀 개인 중심으로 형성된 것이 아닌, 말하자면 그 가문을 배경으로 이루어졌음을 시사해 준다. 진지왕이 남편을 가진 도화녀를 궁중으로 불러들여 사랑하려 하자, 도화녀는 "만승萬乘의 위엄으로도 빼앗을 수 없다"라고 거절하였다. 도화녀가 진지왕에게 순종

11 이기백, 「신라 집사부의 성립」, 『진단학보』 25·26·27 합집, 1964; 『신라정치사회사연구』, 일조각, 1974, pp. 15~52.

12 이문기, 「신라 중고의 국왕근시집단」, 『역사교육논집』 5, 경북대학교 사범대학 역사교육과, 1983, p. 81.

하지 않음은 왕실의 위엄이 굴절되는 것으로 이해할 수 있다. 물론 만승의 위엄이 굽히는 이유는 윤리적 문제였겠지만, 사량부 내의 도화녀 가문이 가졌던 세력 기반과도 연관이 있을 것이라고 생각한다.

신라중고기에 6부 중 사량부와 모량부牟梁部 세력이 가장 우세하였다. 집사부 이외 중요한 관부의 장長은 2명인데, 이들을 각각 사량부와 모량부 출신 인물로 등용하였다.[13] 그런데 진평왕대 이후 사량부가 김춘추 세력과 결연하고 있음이 흥미롭다. 춘추의 부인은 김유신金庾信의 누이인 문명왕후文明王后인데, 언니가 꾼 다음과 같은 내용의 꿈을 비단으로 샀다.

> 꿈에 서악西岳에 올라 소변을 누니 수도에 가득 찼다.
>
> —『삼국유사』 권1, 태종춘추공太宗春秋公조—

서악西岳은 형산兄山이다. 같은 내용에 대해 "서쪽 형산의 정상에 올라 소변을 누니 그것이 나라 안에 가득 찼다(『삼국사기』 권6, 문무왕文武王 즉위년조)"라고 하였다. 형산은 경주慶州의 서쪽 명산으로 사량부의 성산聖山이다. 형산에 올라 눈 소변이 수도나 국내에 가득 찼다는 표현은 무열왕계가 신라중대를 장악해 감을 상징적으로 나타낸 것이다.[14]

---

13 이기백, 「품주고」, 『이상백박사회갑기념논총』, 을유문화사, 1964; 『신라정치사회사연구』, 일조각, 1974, pp. 145~147. 「眞興王巡狩碑」의 隨駕人名 중 동일 관직에 2명의 신하가 기록되어 있는 경우가 많은데, 그들은 반드시 喙部(곧 牟梁部)와 沙梁部 출신이다. 이것은 당시 六部 중에서도 사량부와 모량부가 가장 有力하였기 때문에 나타난 결과일 수 있다.

14 『삼국유사』 권1, 태종춘추공조에 "王與庾信 神謀戮力 一統三韓 有大功於社稷 故廟號太宗 太子法敏 角干仁問 角干文王 角干老且 角干智鏡 角干愷元等 皆文姬之所出也 當時買夢之徵 現於此矣"라고 하였다. 文明王后가 언니로부터 꿈을 산 징조는 武烈王과 그녀의 소생인 法敏·仁問·文王·老且·智鏡·愷元 등이 新羅中代를 지배함으로써 현실적으로 나타났다고 하였다. 그러나 문명왕후의 소생이 신라중대 사회를 지배하고 있었기 때문에 이러한 설화가 뒤에 만들어졌다고 본다.

문명왕후가 꿈을 사는 설화는 무열왕계, 곧 사륜계가 사량부에 굳건한 세력 기반을 가졌으며 용춘 역시 사량부를 근거로 활동한 사정을 짐작하게 한다. 사륜계가 사량부와 연결되어 있었다면 동륜계는 모량부와 연관되어 있지 않았을까 추측한다. 진평왕의 후비后妃 승만부인僧滿夫人은 손씨孫氏라는 사실이 이러한 추측을 가능하게 한다. 손씨는 모량부로 개편된 무산대수촌茂山大樹村 촌장인 구례마俱禮馬의 후손後孫에게 내린 성씨지만, 사실 손씨로 활약한 인물이 잘 알려져 있지 않다.[15]

효소왕대에 모량리牟梁里 사람들을 관직에서 축출하는 사례는 사륜계와 동륜계 세력이 각각 사량부 및 모량부와 연결되면서, 신라중대의 지배자인 사륜계 세력이 모량리 사람들을 거세하였던 사정을 반영해 준다.[16] 진평왕계와는 달리 비형랑의 어머니가 사량부 출신임과 용춘이 사량부와 연관됨은 서로 연결 지을 수 있으며, 일정한 역사적 의미를 지닌다고 생각한다.

용춘은 무열왕계 세력을 일으키는 장본인이다. 다만 무열왕계의 정치성향은 용춘의 이미지와 근접한 비형랑의 행적과는 다소 맞지 않는다. 진덕여왕 이후 김춘추와 김유신이 주도한 전제주의 개혁정치는 크게 보아 중국 제도를 도입하는 한화정책漢化政策이었다. 말하자면 당唐의 제도를 모방하면서 신라의 토착적土着的 전통을 억제하려는 것이다. 그들은 정통 진골귀족 세력을 억압함으로써 왕권을 강화하여 전제주의를 성립시켰는데, 그러기 위해 정통 진골귀족이 걸머지고 있던 신라의 고유

---

15 孫氏로 알려진 인물은 興德王代에 어머니를 지극히 봉양하는 牟梁里 사람 孫順이 있다. 그 외『삼국사기』권8, 신문왕 3년 5월 7일조에 孫文이 나오고 있으나, 손문이 孫氏인지는 분명하지 않다(이기백,「신라 육두품 연구」, 앞의 책, 1971; 앞의 책, 1974, p. 55).

16 이종욱,「삼국유사 죽지랑조에 대한 일고찰」,『한국전통문화연구』2, 효성여자대학교 한국전통문화연구소, 1986, pp. 221~222.

한 토착 전통을[17] 개혁하고 중국의 보편적普遍的 제도를 도입하였다.

그러나 비형랑은 집사에 임명되고 난 뒤에도 매일 밤 귀신 무리를 거느리고 놀았으며, 그들 중에 국정을 보임할 수 있는 자로 길달吉達을 조정에 천거하였다. 그런가 하면 그는 귀신 무리를 부려 신원사神元寺 북쪽 개천의 다리를 놓았다. 이처럼 귀신 무리와 교류하고 그들을 사역使役할 수 있는 능력을 갖춘 비형랑은 신라 토착 전통을 중시한 인물로 보인다. 이런 점을 생각한다면 비형랑은 분명 뒤의 김춘추 일파와는 정치적 성향을 달리하는 것으로 파악될 수 있지만, 한편으로 그들과 부합하는 면을 지녔음도 유념해야 한다.

비형랑은 귀신 무리에서 스스로 천거한 길달을 처형하였다. 길달이 여우로 변하여 도망가자, 비형랑은 귀신 무리를 시켜 그를 잡아 죽였다. 이 사건으로 인해 귀신 무리가 비형의 이름만 들어도 무서워 달아났다고 한다. 비형랑은 결국 귀신 무리를 쫓는 능력을 갖췄으며 오히려 귀신 무리가 무서워하는 존재가 되었다. 바로 이 점을 비형랑의 성격으로 강조한 셈이다. 비형랑설화가 귀신 무리를 쫓는 대목으로 끝맺고 있음은 주목할 만하다. 비형랑은 귀신 무리를 부리고 있었지만, 결국에는 그들과 맞지 않게 되었다.

비형랑은 신라 토착 전통과 연관한 인물이었다기보다는 오히려 그것과 배치되는 성격의 일면을 지녔다고 생각한다. 사실 길달과 비형랑은 이해가 엇갈렸고, 그러한 대립의 결과 길달이 죽임을 당하였다. 비형랑과 대립한 길달은 바로 귀신 무리에 속하였던 인물이며, 특별히 흥륜사興輪寺의 남쪽 문루門樓인 길달문吉達門을 세웠다. 이러한 사정은 길달

17 이기백, 「김대문과 그의 사학」, 『역사학보』 77, 1978 ; 『한국사학의 방향』, 일조각, 1979, p. 15.

이 오히려 신라 토착 전통과 더 연루된 인물일 것으로 추정된다.[18] 비형랑은 뒷날 김춘추의 정치 성향과 완전히 배치하였다기보다는 동조하거나 타협할 수 있는 성격을 지녔다. 이렇게 되면 비형랑은 용춘과 근접할 수 없는 성격을 지닌다는 생각은 기우이다.

용춘과 춘추는 부자 사이지만, 진평왕대 초기에 용춘의 정치적 입장이 진평왕대 후기 내지 진덕여왕대 춘추의 정치 성향과 반드시 일치해야 할 까닭은 없다. 그만큼 용춘과 춘추의 세대가 각각 처한 정치사회 현실은 달랐다. 그런데 진평왕대 초기 용춘의 정치 행적이 소상하게 알려지지 않은 실정이다. 설화 속 비형랑의 행적은 자세한 기록으로 남겨지지 않은 용춘의 정치 성향을 이해할 수 있는 실마리를 제공해 준다. 그것은 반드시 용춘에 관한 기사가 아닐 수 있을지라도 진평왕대 초기 사륜계의 정치 활동을 이해하는 데 도움이 됨은 물론이다.

진지왕이 폐위되고 진평왕이 즉위하는 과정은 분명 동륜계와 사륜계의 대립을 생각하게 한다. 다만 현재 전하는 사료상으로 그것은 극히 미약하게 나타나 있다.[19] 왜 그렇게 기록하였는지를 여러 가지 측면에

---

18 和白會議의 구성원인 林宗의 養子로 들어간 자가 바로 吉達이다. 곧 그는 신라 진골귀족과 연결되었으며, 鬼類 중에서 政朝를 도울 자로서 補任되었다. 이 점 역시 鼻荊郎보다는 훨씬 더 신라 土着 傳統을 고수하는 정통 진골귀족과 밀착되었을 것으로 추측하게 한다. 길달이 거세되는 이유는 비형랑과의 사이에 틈이 생겼기 때문이다. 그런데 길달은 여우로 변하여 도망갔기 때문에 죽임을 당한 것으로 기록되었다. 그렇다면 여우로 변하여 도망하는 길달의 모습이 비형랑과 맞지 않을 수 있다. 길달의 그런 부분은 신라 토착 전통을 더 강조하는 성향일 것으로 생각한다. 吉達門은 興輪寺에 속한 門樓인데, 흥륜사는 主尊을 彌勒으로 모신 신라 公認佛教의 전통과 연결된 사찰이며, 왕실은 물론 진골귀족의 입장에서도 불교가 용납될 수 있는 사회 분위기 속에서 건립되었다. 이런 성격의 흥륜사는 진평왕대에 오히려 진골귀족과 밀착되는 면을 많이 지녔다. 왜냐하면 미륵신앙이 주로 진골귀족에게 포용되었다면, 진평왕대의 왕실에서 특히 관심을 기울인 불교신앙은 釋迦佛 및 帝釋信仰이기 때문이다(김두진, 「신라 진평왕대의 석가불신앙」, 앞의 책, 1988, pp. 17~24).

19 銅輪系와 舍輪系의 血族意識 사이에 서로 배타성이 존재하였던 것은 대체로 인정되고 있

서 해명해야 하지만, 진평왕대 초기에 동륜계와 사륜계는 상대방에게 결정적인 타격을 가하면서 군림할 수 없었던 것이 아닌가 생각한다.[20] 말하자면 두 세력이 비슷하여 진평왕이 즉위하였을지라도 사륜계 세력을 완전히 제어할 수 없었을 것이다. 그리하여 진평왕은 즉위하고 난 뒤 왕권의 안정을 꾀하면서, 당연히 왕실과 은근히 대립 관계에 있던 사륜계의 협조를 구하고자 하였을 것이다.

진평왕대 초기의 이러한 정치 상황 속에서 용춘은 진평왕의 사위로서 근시직을 맡았다. 그렇지만 왕권의 안정을 위해 진평왕은 한편으로는 사륜계를 제어하려는 노력을 게을리하지 않았다. 비형랑은 집사가 되고 난 후 왕이 보낸 용사 50명에게 감시당하고 있었다. 그 이유는 매일 밤이 되면 비형랑이 멀리 달아나 놀기 때문이었다. 사륜계가 왕권에서 벗어나 독자적 세력을 키워가려는 노력이 어쩌면 "멀리 달아나 노는" 것으로 표현되었을 법하다.

비형랑은 용춘을 상징적으로 나타낸 설화 속의 인물이며, 진평왕대 초기에 사륜계의 정치적 처지를 대변해 준다. 즉위하면서 진평왕은 사륜계와의 협조를 통해 왕권을 안정시키려 하였다. 그런 면에서 사륜계 또는 그들을 대표하는 용춘은 왕실과 연결함으로써 진평왕대 초기의 정치에 깊이 관여하였으면서도, 한편으로 왕권에 의해 상당한 견제를 받고 있었다.

다(이기동, 「신라 내물왕계의 혈연의식」, 앞의 책, 1972; 앞의 책, 1980, p. 88).

20 진흥왕대부터 무열왕대까지 동륜계와 사륜계는 서로 엎치락뒤치락하는 모습을 보여 준다. 진흥왕 당시 太子인 銅輪이 죽었고, 그 뒤 舍輪인 진지왕이 섰으나 國人들에 의해 廢位되는 사실, 다시 동륜의 아들 眞平王이 卽位하였으나 결국 眞智王의 손자인 春秋가 즉위하는 사실 등이 바로 그런 것이다. 이로 보아 이들 두 세력이 한동안 서로 자웅을 가리기 어려울 정도로 비슷하였다고 생각한다.

(3) 진평왕 즉위 초의 왕실 지지 세력

진평왕은 동륜계의 도움으로 즉위하지만, 사실 동륜계에 속하였던 구체적 인물을 찾아내기는 어렵다. 진평왕의 즉위가 사륜계와의 유대로 이루어져서 용춘 등 사륜계 인물도 왕정에 깊이 참여하였다. 이들 역시 진평왕대 초기에 왕권의 안정에 기여하였으나 결국에는 동륜계와 이해를 달리하였다. 당시 정치 세력은 동륜계와 사륜계가 갖는 정치 역학 속에서 이해해야 하므로 왕실 지지 세력을 구체적으로 끄집어내어 그 성격을 규명하기 어려운 점이 있다. 가능한 대로 진평왕대에 활동한 인물들이 처한 정치적 입장을 제시하고자 한다.

우선 진지왕의 폐위와 진평왕의 즉위에 직접으로 관여한 세력을 들 수 있다. 이들은 '국인國人'으로 표현되었지만, 그 주축을 이룬 것은 동륜계이다. 그런 인물로 김후직金后稷을 들 수 있다.[21] 진평왕을 섬겨 이찬伊飡이 된 김후직은 진평왕이 즉위한 다음 해에 병부령兵部令으로 보임補任되었다.[22] 그가 진평왕대 초기에 병권兵權을 장악한 이유는 동륜계 세력의 핵심 인물로서 실제 진평왕의 즉위에 주동적 역할을 담당하였기 때문이다. 그러나 그가 동륜계 혈족집단에 속하였는지는 분명하지 않다. 지증왕의 증손이므로 김후직은 동륜이나 사륜과는 4촌 또는 6촌 이내의 가까운 친족이었을 것이다.

진평왕 즉위에 관여한 김후직과 같은 부류는 진평왕대 초기의 정치사

---

21 신형식, 「무열왕권의 성립과 활동」, 『한국사논총』 2, 1977, p. 6.

22 『삼국사기』 권4, 진평왕 2년 春 2월조에 "以伊飡后稷爲兵部令"으로만 되어 있으나, 『삼국사기』 권45, 김후직전에는 "事眞平大王爲伊飡 轉兵部令"으로 기록되었다. 진지왕대에 이미 김후직은 왕의 경생사였던 白淨과 밀착된 인물이었다. 진평왕이 즉위한 다음 해에 兵權을 장악하고 있는 점에서 그는 眞平王系(동륜계) 세력의 핵심 인물이었으며, 진지왕의 폐위에 직접 관여하였을 법하다.

회를 이끌어 나가는 데에 상당한 어려움을 겪었던 듯하다. 김후직은 사냥을 좋아하는 진평왕에게 충간忠諫을 드렸다.

> 옛적에 왕은 하루 동안에 만기萬機를 심사숙고深思熟考하여 좌우에 바른 선비를 두고 직간直諫을 수용하였으며 부지런히 힘써서 안일에 빠지지 않음으로써, 그런 연후에 정사가 아름다워지고 국가가 가히 보전되는 것입니다. 지금 전하는 날마다 광부狂夫 엽사獵士와 더불어 매나 개를 놓아 꿩이나 토끼를 쫓고 산야山野를 달려 그칠 줄 모르시니 … 이로 말미암아 내적으로 마음이 방탕하고 외적으로는 나라를 망치는 것이 된, 즉 조심하지 않을 수 없습니다.
>
> —『삼국사기』 권45, 김후직전—

진평왕은 그의 간언에 귀를 기울이지 않았다. 간언이 받아들여지지 않자, 병들어 죽은 김후직은 자기의 무덤을 왕의 사냥길에 만들게 함으로써 왕의 방탕을 막았다. 진평왕은 "그가 죽어서도 충간을 잊지 않으니 나를 사랑함이 깊었다(『삼국사기』 권45, 김후직전)"라고 하면서, 다시는 사냥하지 않았다.

김후직이 편 정책도 진평왕대의 통치체제를 위한 것이다. 그는 진평왕을 위시한 동륜계의 처지를 대변하면서 왕권 강화책을 표명하였다. 사냥을 금하는 김후직의 간언이 언제 행해졌는지는 확언할 수 없다. 다만 그의 간언이 받아들여지지 못한 것은 진평왕대 초기의 정세 속에서 이해해야 한다. 당시 왕실의 왕권 강화책이 견제 세력에 의해 쉽게 펼쳐지지 못하였다. 김후직의 충간이나 왕권 강화책은 온존溫存해 있던 사륜계 세력의 제재를 받음으로써 왕실에서 적극적으로 수용되지 못하였다.[23] 진평

---

23 金后稷의 忠諫은 비록 처음에 받아들여지지 않지만 그의 死後 受容되었다. 이 점은 그의

왕대 초기에 왕실의 핵심 인물들이 확고한 정책을 과감하게 밀고 나가지 못한 점은 왕권 강화에 오히려 역기능逆機能으로 작용하였다.

다음으로 근시직에 보임補任된 인물 역시 진평왕의 지지 세력이다. 우선 근시직인 사인舍人을 맡은 자들이 있다.[24] 이들은 진평왕 즉위에 직접 관여한 인물들과 이해가 완전히 일치하지는 않았다. 진평왕대에는 왕의 근시 집단이 확장되었으며, 그들은 수적으로 증가하면서 국왕의 가신적 존재에서 벗어나 왕권을 강화하기 위한 무력 기반을 구축하였다.[25] 그러나 진평왕대에 실제로 사인에 임명되었던 자는 거의 알려지지 않는다.

사인이 아닌 자로서 근시직에 임명되었던 자들은 왕실을 시위侍衛하는 무력을 담당하였다. 왕의 사냥에 직접 동원된 자들은 대체로 여기에 속해 있었고, 해론奚論은 그러한 인물인데 진평왕 40년(618년) 금산金山 당주幢主에 임명되었다. 아마 왕실을 시위한 경력 때문에 그는 군당軍幢의 장관이 되었을 것이다. 해론이 지방관으로 나아간 것은 시위직侍衛職에 있었던 공적 때문이라고 생각한다. 왕실의 직접적 무력 기반을 형성한 시위관侍衛官들은 일정한 경력을 쌓고 대체로 지방관으로 나아갔다.[26] 진평왕 46년에 지방관이면서 백제군을 맞아 끝까지 싸우다 전

諫言 또는 政策이 王政에 협조적이었으며, 왕실에 의해 거부되기보다는 적극적으로 수용될 수 없었던 것임을 알려 준다.

24 이기동, 「나말여초 근시기구와 문한기구의 확장—중세적 측근정치의 지향—」, 『역사학보』 77, 1978; 앞의 책, 1980, pp. 238~239; 이문기, 「신라 진흥왕대 신료조직에 대한 일고찰」, 『대구사학』 20·21 합집, 1982, p. 173.

25 이문기, 「신라 중고의 국왕근시집단」, 앞의 책, 1983, pp. 81~82; 이정숙, 「신라 진평왕대의 정치적 성격—소위 전제왕권의 성립과 관련하여—」, 『한국사연구』 52, 1986, pp. 19~20.

26 新羅中古期 지방 州縣의 정비는 軍事 조직이 정비되는 과정과 짝하여 이루어졌다. 智證王 6년에 州의 장관으로 군사적 의미가 있는 軍主가 임명되었다. 州의 설치는 眞興王代까지 계속 증가하고 있었다. 그런데 法興王 25년에 外官携家를 허락하였다. 이러한 조처는

사한 눌최訥催도 처음에는 시위직을 맡지 않았나 추측한다.

진평왕대 초기 왕권 신장에 힘을 보탰던 사인舍人에 임명된 인물들이 진평왕대 후기에 서로 분열하고 있음이 흥미롭다. 진평왕 49년에 검군劍君이 사인으로 봉직하고 있었다. 검군은 궁중의 다른 여러 사인과 의견이 맞지 않아 결국 그들에 의해 피살되었다. 여러 사인이 창예창唱翳倉의 곡식을 도둑질하려 하자 검군은 이에 반대하였다. 검군이 곡식 도둑 모의에 참여하지 않은 이유는 풍월도風月徒에서 행실을 닦았기 때문이다. 이찬 대일大日의 아들인 근랑近郎이 화랑이었는데, 검군은 근랑의 문도였다. 궁중의 여러 사인과 검군이 불화不和한 데에는 근랑의 문도였던 사정이 작용하였다.

검군은 진골귀족인 대일의 문중과 교류하였던 것으로 생각되지만, 이때 사인들 사이의 대립은 당시의 정치 양상과 연결하여 전개되었던 듯하다. 이런 문제에 대해서는 실혜實兮를 통하여 조금 더 분명하게 접근하고자 한다. 상사인上舍人인 실혜는 왕에게 아첨하는 아래 사인인 진제珍堤와 대립하였다. 그러한 대립에서 진제는 다음과 같이 참소하였다.

> 실혜實兮가 지혜는 없고 담기膽氣만 있어서 희노喜怒가 무상합니다. 비록 대왕大王의 말씀이라도 자기 뜻에 맞지 않으면 분憤을 참지 못하니, 만약에 그 버릇을 고쳐놓지 않으면 장차 난亂을 일으킬까 염려됩니다. 그러한즉 우선 내쫓았다가 그가 굴복한 후에 다시 등용하는 것도 늦지 않을 듯합니다.
>
> —『삼국사기』 권48, 실혜전—

외관의 군사적 업무가 상당히 줄어들었기 때문에 취해졌지만, 오히려 외관이 바로 행정 및 군사상의 책임자임을 여실히 알려 준다.

이에 진평왕이 실혜를 영림泠林으로 좌천시켰다. 실혜가 상사인으로 봉직하고 있었던 시기를 분명하게 제시할 수 없으므로, 진제와 언제 대립하고 있었는지는 불분명하다.

적어도 진평왕대 후기에는 실혜와 진제가 대립하였을 것이며, 비슷한 시기에 검군은 다른 여러 사인과 불화하였다. 실혜와 진제의 대립은 사인들 사이의 분열로 나타났으며, 그중 진제가 더 왕권에 밀착한 인물이다. 사료에 진제가 왕에게 아부한 것으로 기록되었기 때문이다. 곧 진평왕대 후기에는 왕권의 확실한 지지자였던 근시직 또는 시위직에 임명되었던 자들이 서로 분열하였다. 그리하여 이들이 왕권을 뒷받침하는 역할을 충실히 이행하지 못하였다.

근시직을 받았던 자들의 세력이 점차 약해질 수밖에 없었다. 그들은 진평왕의 즉위에 직접 관여한 세력으로부터 환영받지 못하였다. 김후직은 왕의 사냥에 수행한 자들을 광부狂夫로 표현하였다. 그들과 함께 함으로써 왕의 마음이 내적으로 방탕해져서 결국 나라를 망친다고 지적하였다. 시위직 종사자들은 뒤에 상당수가 지방관으로 나아갔는데, 당시 고구려 및 백제와의 빈번한 전쟁은[27] 실제로 지방 성읍을 지키고 있었던 많은 지방관을 희생시켰다.[28] 이리하여 진평왕대 초기 왕실의 지지자로서 근시직에 임면되었던 자들의 세력은 진평왕대 후기까지 계속해서 왕권을 뒷받침할 수는 없었다.

27 이정숙,「신라 진평왕대의 정치적 성격」, 앞의 책, 1986, pp. 23~26.

28 이정숙, 위의 논문, 1986, pp. 24~25. 빈번한 전쟁의 와중에서 築城·設柵 등에 막대한 인원을 동원하여 國力을 집중함으로써 眞平王代의 왕실은 오히려 왕권의 신장을 꾀하였다고 한다. 그러나 전쟁을 통해 奚論이나 訥催 등 본래 왕실의 무력을 뒷받침하였던 자들이 거세되어 갔으며, 또한 전쟁을 승리로 이끈 새로운 영웅이 탄생하였다. 娘臂城 전투 이후 金春秋 세력이 역사의 표면으로 등장한 것은 이런 면에서 이해될 수 있다. 그러므로 당시 삼국의 빈번한 전쟁으로 왕권이 전제화되었다고 생각할 수는 없다.

마지막으로 많지는 않았으나 정통 진골귀족 중 왕실에 협조한 자들이다. 물론 이들은 사륜계와도 일정한 관계를 유지하였다. 이러한 세력에 속한 자로 임종林宗이 있다. 진평왕은 비형랑鼻荊郎이 추천한 길달吉達을 임종의 양자로 삼게끔 주선하였다. 임종은 길달을 시켜 흥륜사 남쪽의 누문을 짓게 하였다. 흥륜사가 전륜성왕轉輪聖王신앙의 상징으로 창건되었고, 진평왕대의 왕실은 석가족을 표방하는 석종의식釋宗意識을 가졌다. 석종의식은 엄밀히 말한다면 전륜성왕신앙 바탕 위에 권위를 더 붙인 것이다.[29]

전륜성왕의 상징으로 흥륜사의 누문을 건립하게 한 임종은 화백회의의 구성원인 정통 진골귀족이다. 다음 기록에서 이를 확인할 수 있다.

> 왕의 대(진덕여왕대)에 알천공閼川公·임종공林宗公·술종공述宗公·호림공虎林公·염장공廉長公·유신공庾信公이 남산南山의 우지암亏知岩에서 국사國事를 의논하였다. 이때 큰 호랑이가 좌석 사이로 뛰어드니 제공諸公이 놀라 일어났으나, 알천공이 태연하여 움직이지 않고 담소談笑 자약自若하면서 호랑이 꼬리를 잡아 땅에 처박아 죽였다. 알천공의 비력臂力이 이와 같아서 수석首席에 앉았다. 그러나 제공은 모두 유신공의 위세威勢에 복종하였다.
>
> —『삼국유사』 권1, 진덕왕조—

임종뿐만 아니라 알천·술종·무림(호림虎林)·염장·유신 등은 정사를 처리하면서 전원 일치의 원칙을 고수하였지만, 그들의 이해가 항상 일치하였던 것은 아니다.

화백회의를 이끌어가던 위치에 있던 알천과 구성원인 유신의 권위가

29 김두진, 「신라 진평왕대의 석가불신앙」, 앞의 책, 1988, pp. 18~19.

서로 대등하다는 듯이 기록하였다. 이 점은 두 사람이 처한 미묘한 입장의 차이에서 오는 것으로 생각한다. 진덕여왕대에는 이미 김춘추와 김유신이 정치 실력자여서 신라 정계를 움직여 갔다. 그런 점을 생각할 때 알천의 권위는 김춘추로 대표되는 새로운 정치권력과 연결되었다기보다는 오히려 화백회의 전통을 고수하려는 데서 오는 것이다. 김유신을 제외한 임종 등 다른 화백회의 구성원들도 대체로 알천과 입장을 같이하였다고 생각한다.[30]

임종 등 정통 진골귀족들 중 상당수가 소극적이지만 진평왕대 왕권의 지지자로 활동하였을 것이다. 다만 그들은 정치적으로 확고한 소신을 못 가졌고, 진평왕대 후기를 지나 정세가 변화되는 속에 계속해서 왕권의 지지자로 남아 있지는 않았다. 임종과 왕실의 관계를 더 자세하게 추구하기는 어렵다. 다만 비형랑이 그의 양자인 길달을 처단한 점은 임종이 사륜계, 곧 뒷날 김춘추계 세력과 맞지 않음을 시사한다. 진평왕대에 진골귀족 세력은 분열하고 있어서 정치권력에서 소외되었던 자들도 없지 않았다.[31]

---

30 물론 金庾信 외에 화백회의의 다른 구성원이 모두 林宗과 같이 왕실을 지지하는 입장으로 기울고 있었던 것은 아니다. 그중 述宗公은 竹旨의 父親으로 진덕왕대까지 행적이 나타나 있다. 그런데 죽지가 진덕여왕 5년에 설치되는 執事府의 侍中에 임명되고 있다. 곧 그는 金春秋와 김유신 일파의 협조자임이 틀림없다. 그렇다면 술종공은 김유신과 대척하는 인물은 아니었을 것이다.

31 진평왕 9년에 奈勿王의 七世孫인 伊湌 冬臺의 아들 大世와 그의 친구 仇柒이 南海에서 배를 타고 멀리 떠나 은둔하였다. 이러한 모습은 당시 왕정에 소외되어 있었던 진골귀족 세력이 상당히 존재하였음을 뜻한다. 또 『삼국사기』 권47, 설계두전에서 설계두는 "新羅用人論骨品 苟非其族 雖有鴻才傑功 不能踰越 我願西遊中華國 奮不世之略 立非常之功 自致榮路 備簪紳劒佩 出入 天子之側足矣"라고 하면서, 진평왕 43년(621년)에 入唐하여 遼東戰役에서 큰 공을 세우고 전사하였다. 곧 설계두는 六頭品 출신으로 골품제에 대해 비판하고 있었다. 이 점은 진평왕대 귀족 세력의 분열과 함께 정치권력에서 소외되었던 자가 다소 있었음을 상정해 준다. 다만 그가 중국의 체제를 긍정적으로 보는 입장에서 골품제를 비판하고 있음은 뒷날 金春秋 세력의 등장과 연관되었을 듯하다. 진평왕대의 인

임종의 정치적 입장은 화백회의에 참석한 진골귀족, 특히 알천의 그것과도 일맥상통한 면을 지녔다. 뒷날 진덕여왕이 죽자 군신들이 알천에게 섭정하도록 청하였다. 당시 그가 말한 다음 내용은 참고가 된다.

> 신臣은 늙었고 가히 칭할 만한 덕행德行도 없습니다. 지금 덕망이 숭중崇重한 자는 춘추공春秋公 만한 이가 없으니, 실로 세상을 바로 잡을 영걸英傑이라 할 수 있습니다.
>
> —『삼국사기』 권5, 태종무열왕太宗武烈王 즉위년卽位年조—

알천이 섭정을 사양함으로써 드디어 김춘추가 무열왕으로 즉위하였다. 진덕여왕 사후에 비록 정치 실권은 김춘추가 쥐고 있다 하더라도 화백회의의 결정은 알천의 섭정을 요구한 것이었다. 알천의 섭정 지목은 진평왕대 왕실 지지 세력 속에 임종 등과 같은 진골귀족이 참가하였기 때문에 가능한 것이다. 그러나 알천은 화백회의의 결의를 따르지 못하고 스스로 김춘추에게 왕위를 넘기고 있다. 말하자면 임종 등 정통 진골귀족이 진평왕대 초기에 왕실의 지지 세력으로 존재하였지만, 그들은 확고한 신념으로 왕실을 뒷받침하기보다는 시세에 따라 처신을 달리하였다.

진평왕대 초기에 왕실은 왕권을 안정시키면서 권력을 집중하려고 시도하였다. 왕실이 사륜계의 협조를 얻으려는 것도 그러한 노력의 일환이다. 당시 왕실의 지지 세력으로 동륜계를 위시하여 진평왕을 옹립하는 데 직접 참여한 인물들을 비롯하여 왕권을 강화하는 데 깊이 관여한 근

물로 金令胤의 祖父인 欽春이나 진평왕대 초기에 上大等이었던 弩里夫와 首乙夫 등은 모두 진골귀족이지만 현재 그 정치적 입장을 분명히 밝히기는 어렵다. 다만 그들은 林宗 등과 비슷한 정치적 입장을 견지한 듯하다. 진평왕 53년에 반란을 일으켰다가 거세되는 柒宿과 石品 등도 진골귀족이며, 이들은 金春秋 세력에 의해 처단되지 않았을까 추측된다. 그렇다면 이들도 임종 등과 같이 진평왕의 상당한 지지 세력이었을 것이다.

시직이나 시위직에 보임補任된 자들이 있다. 이 두 세력이 왕권을 지탱하는 핵심을 이루었다. 그 외 정통 진골귀족 중에도 왕실의 지지 세력이 다소 존재하였다. 그러나 이들은 확고한 정책과 신념으로 진평왕대의 왕권 신장을 위해 노력하지 못하였고, 특히 왕실의 무력 기반을 이룬 측근 세력들이 분열하였다. 진평왕대의 왕권 강화 정책은 스스로 한계를 가졌으며, 진평왕대 후기로 접어들면서 실패하는 쪽으로 기울고 있었다.

(4) 진평왕대의 제도 정비

진평왕대는 많은 관제를 정비하였다. 당시 어떤 관제를 갖추었는지에 대한 이해는 진평왕대 정치의 성격을 밝히는 길잡이가 될 수 있다. 진평왕대의 관제 정비 과정에 관한 연구는 비교적 많이 이루어졌다. 그중에는 진평왕대에 전제정치를 성립하였다는 주장이 있는가 하면,[32] 이런 결론에 회의적인 견해도 있다.[33] 제도의 정비 과정을 통해 진평왕대의 정치적 성격을 부각하려는 노력은 중요하면서도 그 연구가 피상적인 접근에 그쳐서 당대의 정치 현상을 보는 시각에 상당한 차이가 존재한다.

진평왕대를 통해 가장 많이 정비된 것은 병제兵制이다. 다음과 같이 병제가 정비되었다.

① 진평왕 5년(583년)에 서당誓幢을 비로소 설치하였다. 진평왕 35년에 녹금서당綠衿誓幢으로 고쳤다.

---

32 이정숙, 「신라 진평왕대의 정치적 성격」, 앞의 책, 1986, pp. 15~22.

33 그런 주장이 나오게 된 이유는 禀主에 대한 개혁이 철저하지 못하기 때문이다. 機密 사무를 관장하는 執事部의 설치나 거두어들인 貢賦를 귀족에게 분배하는 관부인 倉部의 설치가 진덕여왕대에 이루어졌다.

② 진평왕 11년(589년)에 병부兵部의 제감弟監 2인을 두었다.

③ 진평왕 13년(591년)에 사천당四千幢을 두었다.

④ 진평왕 26년(604년)에 군사당軍師幢을 두었다.

⑤ 진평왕 27년(605년)에 급당急幢을 두었다.

⑥ 진평왕 45년(623년)에 병부兵部의 대감大監 2인을 두었다.

⑦ 진평왕 47년(625년)에 낭당郎幢을 비로소 설치하였다. 문무왕 17년에 자금서당紫衿誓幢으로 고쳤다.

진평왕대는 하급 관원을 두면서 병부 자체를 정비하는 한편, 많은 특수 부대를 창설하고 있다. 이 점은 진평왕대의 왕권이 강화해 가는 모습을 반영하는 것으로 생각한다.

다만 병제 정비는 신라중고기를 통하여 일관되게 추진한 정책이다. 신라는 중앙집권적 귀족국가 체제를 정비한 법흥왕대에 중앙 부서로는 병부를 처음 설치하였다. 법흥왕 4년(517년)에 병부를 설치하였다고 하나, 이미 법흥왕 3년에 장관인 병부령兵部令 1인을 두었다. 진흥왕 5년(544년)에 병부령 1인을 추가하였으며, 무열왕 6년(659년)에 또 1인을 추가해 병부령은 도합 3인이 되었다. 아울러 법흥왕 10년(523년)에 감사지監舍知, 법흥왕 11년에는 군사당주軍師幢主을 두었다. 진흥왕대에도 병제 정비는 계속되었다. 진흥왕 10년(549년)에 대관대감大官大監, 진흥왕 23년(562년)에 제감弟監과 소감少監을 두었다. 또 진흥왕 12년에는 국통國統이 무관武官의 정비와 연관하여 설치되었다.

법흥왕 7년에 율령律令을 반포하였다. 일단 법흥왕대에 신라의 전반적인 국가체제 정비가 마무리된 셈이다.[34] 연맹왕국에서 중앙집권적 귀

---

34 김용선, 「신라 법흥왕대의 율령반포를 둘러싼 몇 가지 문제」, 『가라문화』 1, 1982, pp.

족국가로의 체제 정비를 단행하면서 신라는 중앙 행정구획의 정리와 함께 지방 주현州縣을 정비하였다. 이러한 과정에서 중앙과 지방의 행정구역을 군사조직과 짝하여 정비하였다. 그리하여 주州의 장관에 군주軍主를 임명하였다. 말하자면 군사조직이 갖추어진 바탕 위에 지방제도를 위시하여 국가체제를 정비하였다. 이렇듯 군사조직과 함께 국가체제를 정비하는 분위기 속에서 법흥왕대의 율령 반포가 이루어졌다.[35]

친위부대와 같은 특수한 성격을 갖는 서당誓幢은 진평왕대에 설치되었지만, 뒤에도 계속 증설하여 신문왕 때에 구서당九誓幢으로 완성되었다. 진평왕대의 병제 정비는 법흥왕대와 진흥왕대의 체제 정비와 궤도를 같이하면서 중앙집권적 귀족국가 체제를 완성하려는 것으로 생각한다. 진평왕대 이후에도 병제 정비는 계속 이어졌고 전제주의를 마무리 짓는 신라중대 초기까지 지속되었다.[36] 그러므로 병제 정비를 들어서 진평왕대에 특별히 전제왕권이 성립한 것으로 이해할 수는 없다.

병제 외에도 진평왕대에는 비교적 많은 관제를 정비하였다. 진평왕대 관제 정비를 제시하면 〈표 2〉와 같다.

중앙 행정관서는 진평왕 13년 이전에 집중적으로 설치되었다. 그리고 말기인 진평왕 43년에 가서 다시 관제 정비가 두드러지게 나타나고 있다.[37] 진평왕 13년 이후 30여 년이 지난 다음에 다시 갖추는 관제는

126~128.

35 김두진, 「신라 공인불교의 사상과 그 정치사적 의미」, 『두계이병도박사구순기념 한국사학논총』, 지식산업사, 1987, pp. 94~96.

36 무열왕대에 兵部의 令이나 大監 2인에 다시 1인을 추가하여 3인으로 만들거나 弟監을 고쳐 大舍를 두었다. 또 문무왕 11년에는 병부의 史 12인과 弩幢 1인을 두었으며, 九誓幢이 계속해서 설치되어 가는 외에도 仲幢이나 仇七幢 등이 설치되었다. 이러한 특수 부대의 설치는 신문왕대에도 계속되어 皆知戟幢과 三邊守幢 등이 두어졌다.

37 이정숙, 「신라 진평왕대의 정치적 성격」, 앞의 책, 1986, p. 14; 이문기, 「신라 중고의 국왕근시집단」, 앞의 책, 1983, p. 79.

〈표 2〉 진평왕대의 관제 정비

시기	내용
진평왕 3년(581년)	위화부位和府(이부吏部) 설치
〃 5년(583년)	선부서船府署 대감大監 1인, 제감弟監 1인을 둠
〃 6년(584년)	조부령調府令 1인(掌貢賦)을 둠
〃 〃	승부령乘府令 1인(掌車乘)을* 둠
〃 7년(585년)	삼궁三宮에 사신私臣을 각각 둠
〃 8년(586년)	예부령禮部令 2인을 둠
〃 11년(589년)	품주稟主 대사大舍 2인을 둠
〃 13년(591년)	영객부령領客府令 2인을** 둠
〃 43년(621년)	왜전倭典을 영객전領客典으로 고침
〃 44년(622년)	내성사신內省私臣 1인을 두고 삼궁三宮을 관장하게 함
〃 46년(624년)	상사서賞賜署 대정大正 1인을 둠
〃	대도서大道署 대정大正 1인을 둠
〃	시위부侍衛府 대감大監 6인을 둠

※ * 『삼국사기』 본기本紀에 의함.
** 『삼국사기』 본기本紀에 의함.

〈표 3〉 진덕여왕대의 관제 정비

시기	내용
진덕여왕 5년(651년)	품주稟主를 집사부執事部로 고치고 중시中侍 1인을 둠
〃	시위부侍衛府 장군將軍 6인을 둠
〃	조부령調府令 2인을 둠
(진덕여왕대)	조부調府 대사大舍 2인을 둠
진덕여왕 5년(651년)	품주에서 분리해 창부倉部를 설치하고 영令 2인, 경卿 2인, 사史 8인을 둠
〃	예부禮部 경卿 2인을 둠*
〃	예부禮部 대사大舍 2인, 사史 8인을 둠
〃	영객부령領客府令 2인을 둠**
〃	상사서賞賜署 대사大舍 2인을 둠
〃	공장부工匠府 주서主書 2인을 둠
〃	채전彩典 주서主書 2인을 둠
〃	전사서典祀署 대사大舍 2인을 둠
〃	국학國學 대사大舍 2인을 둠
진덕여왕 6년(652년)	좌리방부左理方府 영令 2인, 경卿 2인, 좌佐 2인을 둠

※ * 진덕여왕 2년이라고도 함.
** 『삼국사기』 직관지職官志에 의함.

초기에 정비한 그것의 성격과 구별할 수 있다. 진평왕대의 관제 정비는 각종 관부를 다양하게 설치하여 일종의 분업을 이루었고,[38] 실무 담당의 하급 관직을 설치함으로써 더 조직화하는 경향이 뚜렷하게 나타났다.[39] 이러한 특징 때문에 진평왕대의 관제 정비는 이전과 비교하여 상당한 변화가 있었던 것이 분명하다.[40]

진평왕대의 관제 정비는 정치적 목적에서 장기간에 걸쳐 이루어졌다. 이런 면에서 그것은 진덕여왕대의 관제 정비와 비교 고찰할 필요가 있다. 진덕여왕대의 관제 정비 모습은 〈표 3〉으로 정리할 수 있다.

진덕여왕대의 관제는 진덕여왕 5년(651년)에 집중적으로 설치되었다. 진평왕대 초기(진평왕 13년까지)에 설치되는 관제와 진덕여왕 5년에 설치되는 그것은 매우 흡사한 점이 있다. 진평왕대 초기에 설치되는 관부는 공부貢賦를 거둬들여 관장하는 품주稟主와 조부調府·선부船府·승부乘府 등이다. 이들 관부를 더 잘 정비하는 시기는 진덕여왕대이다. 그 외 영객부領客府가 진평왕대에 설치되는 것으로 나타나 있으며,[41] 위화부位和府는 진덕여왕대에 좌리방부左理方府의 설치로 더 조직화하였다.

진평왕 8년(586년)에 예부령禮部令 2인을 두었는데, 진덕여왕대에는 그 밑에 다시 경卿 2인, 대사大舍 2인, 사史 8인을 설치하는 것도 같은 맥락으로 이해할 수 있다. 말하자면 진덕여왕대의 관제 정비는 진평왕대 초기에 설치한 관부를 보다 확고하게 갖추면서, 그 외 공장부工

---

38 木村誠, 「6世紀新羅における骨品制の成立」, 『歷史學硏究』 428, 1976, pp. 22~26.

39 三池賢一, 「新羅官制と社會身分」, 『日本史硏究』 150·151 合輯, 1975, pp. 83~85.

40 이문기, 「신라 중고의 국왕근시집단」, 앞의 책, 1983, p. 80; 이정숙, 「신라 진평왕대의 정치적 성격」, 앞의 책, 1986, p. 15.

41 領客府의 설치 연대는 많이 혼동되어 있다(이문기, 「신라 중고의 국왕근시집단」, 앞의 책, 1983, p. 79). 『삼국사기』 권4, 진평왕 13년조에는 "置領客府令二員"이라고 하였는데, 『삼국사기』 권38, 직관지 상의 영객부조에는 "本名倭典 眞平王四十三年 改爲領客典 … 令二人 眞德王五年置 位自大阿飡 至角干爲之"라고 하였다.

匠府·채전彩典·전사서典祀署 등 세분화된 관부를 설치하는 것이다. 그러한 구체적 관부의 정비나 이미 설치한 관부의 하급 관직체제를 더 조직화함으로써 관제 정비를 일단락하여 마무리하는 시기는 신문왕 때이다.[42] 즉 진평왕대에 정비되기 시작한 중앙 관서官署는 집중적으로 또는 완만하게 정비하는 차이는 있지만 신문왕대에 완비되어 신라중대의 전제주의를 성립시켰다.

진평왕대부터 신문왕대까지의 줄기찬 관제 정비가 신라중대 전제주의를 여는 것임은 분명하다. 그런데 그중 전제왕권을 강화하는 결정적인 조치는 진덕여왕 5년에 실시된 일련의 개혁이다. 그 개혁의 핵심을 이루는 것은 집사부執事部 설치와 시위부侍衛府 개편 작업이다. 집사부는 왕정의 기밀機密 사무를 관장함으로써 전제왕권의 성립에 직접 관여하였으며, 그 장관인 중시中侍는 귀족 전체의 통솔자라기보다는 국왕의 행정적 대변자로서 전제왕권의 수족과 같은 존재였다.[43] 시위부는 궁성을 숙위하고 왕실을 호종하는 국왕 직속의 군사조직으로 전제왕권의 무력을 뒷받침하였다.

진덕여왕 5년에 집중해서 관제 정비가 이뤄졌다는 점에서도 당시 개혁정치는 전제주의를 지향하였음을 알 수 있다. 창부倉部와 예부禮部가 설치되어 장관부터 하급 관원인 사史에 이르기까지 그 조직을 완비하였다. 조공朝貢이나 전쟁으로 획득한 산물의 분배를 담당하는 창부의 설

---

42 무열왕대부터 신문왕대까지에도 많은 관제가 정비되었다. 무열왕 6년 司正部가 설치되었다. 문무왕 7년에 右理方府가 설치되었으며, 문무왕 17년에 左司祿館, 문무왕 18년에 船府, 문무왕 21년에 右司祿館이 설치되었다. 또한 문무왕대에는 이미 설치된 官署의 실무下給 官員이 많이 두어졌다. 곧 문무왕 15년에는 調府·倉部·禮部·乘府·領客府·司正部 등의 하급 관원이 설치되었다. 이러한 추세는 신문왕대에 가서 관제가 완비되는 느낌을 준다. 신문왕 6년에 例作府가 설치되고, 그 외 신문왕대에 執事部·調府·船府·位和府·工匠府·彩典 등의 하급 관원이 설치되었다.

43 이기백, 「신라 집사부의 성립」, 앞의 책, 1974, pp. 151~159.

치로[44] 왕실은 그러한 물품에 대한 욕구를 갈망하던 귀족들을 효과적으로 제어할 수 있었다. 경卿이나 대사大舍·사史 등을 두어 하부조직을 정비한 예부는 왕의 명령에 수족처럼 움직이는 관료군의 규율을 담당함으로써 그들을 통어하는 효과를 가졌다. 진덕여왕 6년에 좌리방부는 바로 이러한 연장선상에서 설치되었다.

진덕여왕 5년의 관제 정비는 전제왕권의 성립에 결정적 계기를 마련한 셈인데, 실제로 당시 개혁을 주도한 세력은 진덕여왕이라기보다는 사륜계, 곧 김춘추와 김유신 일파였다.[45] 그들은 전제주의 지향의 제도적 장치를 마련함으로써 화백회의의 결정을 뒤엎으면서 왕위를 차지할 수 있었다.[46] 다만 진평왕대의 관제 정비는 진덕여왕대의 그것과 비교해 전제주의적 성격을 강하게 내포하는 것은 아니지만 그러한 방향으로 개혁의 발걸음을 내딛고 있었다. 그런데 진평왕대 말기의 관제 정비는 진덕여왕대의 개혁과 상당히 비슷하다. 진평왕 43년의 영객전領客典 설치 기사는 혼동되어 있어서 고려의 대상에서 제외한다면, 진평왕대 말기 관제 개혁의 핵심은 내성사신內省私臣 한 명을 두어 그가 삼궁三宮을 장악하게 한 것이다.

내성內省 설치는 근시 집단을 하나의 체계로 통합하여 조직화한 것인데,[47] 당시 사신私臣으로 임명된 자는 용춘龍春이다. 왕권 강화와 직결되면서 왕의 직속 신료를 통할할 수 있는 사신에 사륜계인 용춘이 임명되었다. 내성사신 임명은 용춘이 정치 실력자로 등장하는 사실과 바로

44 이기백, 「품주고」, 앞의 책, 1974, p. 143.

45 이기백, 「상대등고」, 『역사학보』 19, 1962; 『신라정치사회사연구』, 일조각, 1974, p.101; 井上秀雄, 「新羅政治體制の變遷過程一門閥貴族の集団支配と專制王権一」(石母田正 等編, 『古代史講座 4一古代国家の構造(上)一』, 東京: 學生社, 1962), pp. 207~208.

46 이기백, 「신라 집사부의 성립」, 앞의 책, 1974, p. 153.

47 이정숙, 「신라 진평왕대의 정치적 성격」, 앞의 책, 1986, p. 20.

연결되었다.[48] 이후 용춘은 병부령을 겸함으로써 병권을 잡았으며,[49] 진평왕 51년 낭비성娘臂城 전투를 계기로 동륜계 세력을 제어하면서 실제로 신라 사회를 이끌어갔다. 진덕여왕 5년의 개혁정치는 이러한 배경 속에서 실시되었다.

용춘, 곧 사륜계 세력이 진평왕대 말기의 관제 개혁을 주도하였는데, 그것은 전제주의 성향을 강하게 지니면서 진덕여왕 5년의 개혁정치를 가능하게 하였다. 진평왕 46년(624년)에 설치된 시위부는 진덕여왕 5년에 조직을 강화하였다. 같은 시기에 설치된 상사서賞賜署와 대도서大道署는 명칭으로 보아 관리의 서훈을 담당한 것으로 생각되며,[50] 전제주의를 지향한 관청이다. 진덕여왕 5년에 상사서의 하급 관직이 설치된 것도 우연이 아니라고 본다. 곧 진덕여왕대에 상사서나 대도서의 조직을 완비하였다.

진평왕대 말기의 관제 개혁은 진덕여왕대의 전제주의 개혁과 맥락이 닿을 수 있다. 그런 점에서 진평왕대 초기의 개혁은 진평왕대 말기의 그것과는 달리 파악될 수밖에 없다. 진평왕대 초기의 관제 정비가 전대와는 달리 전제주의를 달성시키면서 왕권을 강화한 것인지에 대해서는 다음과 같은 몇 가지 점에서 회의적이다.

첫째, 진평왕 3년에 설치한 위화부가 이부吏部와 같은 성격을 지닌 관청이지만, 관료를 통어하는 기능을 갖추고 있었는지는 의문이다. 진덕여왕대 이후에 좌리방부와 우리방부右理方府를 설치하고 있음은 이러한 추측을 가능하게 한다.[51] 비록 예부가 진평왕 8년에 설치되었어도 그 기

48 이정숙, 위의 논문, 1986, pp. 20~22.

49 신형식, 「신라 병부령고」, 『역사학보』 61, 1974, p. 75; 「신라의 국가적 성장과 병부령」, 『한국고대사의 신연구』, 일조각, 1974, pp. 157~158.

50 이기백, 「품주고」, 앞의 책, 1974, pp. 142~143.

51 물론 진평왕 3년에 설치된 位和府는 뒷날 左理方府와 右理方府로 분화되기 전까지는 관

능이 정상적으로 가동될 때는 하급 관원을 두는 진덕여왕 5년부터였을 것이다. 그러므로 진평왕대 초기에 설치하였지만, 이때의 위화부는 관료적이라기보다는 오히려 진골귀족의 전유물로 운영되었다.

둘째, 위화부 기능이 귀족 위주로 운영되었기 때문에 품주稟主에 대한 개혁은 철저하게 이루어지지 못하였다. 진평왕 11년에는 품주 대사大舍 2인을 두었다. 이때의 품주 대사는 진덕여왕대 집사부의 성립과는 관계가 없으며, 왕권 강화를 위한 기밀 사무를 관장하는 독특한 기능을 갖지도 않았다. 왕실이 측근 세력이나 무력 기반인 사인舍人 또는 시위군을 확보하는 제도 개편을 성사하지 못하였다. 곧 왕권을 전제화하는 제도 개혁이 이루어지지 않았다. 그러므로 진평왕 7년 당시 삼궁三宮은 각각 사신을 두었다. 적어도 왕의 근시 집단은 대궁大宮·양궁梁宮·사궁沙宮 등 삼궁으로 분산되어 있던 셈이다.

셋째, 품주 개편과 함께 전제왕권 성립에 한계를 드러내는 것은 조부調府의 설치이다. 조부는 공부를 관장하기 때문에 본래 그 기능이 품주 속에 포함되어 있었으나,[52] 진평왕 6년에 분리하여 독립 관부로 설치되었다. 다만 공부를 거두어들이는 기능보다는 분배하는 기능이 더 중요하므로 진덕여왕대에 공부의 분배 기능을 갖는 창부를 설치하였다. 공부의 관할과 함께 생각할 수 있는 것은 승부乘府 및 선부서船府署의 정비이다. 진평왕 5년에는 장관뿐만 아니라 하급 관원까지 둘 정도로 선부서를 정비하였다. 교역이나 공부의 수송에 관한 기능을 가졌던 선부서나 승부를 더 잘 정비하는 것은 조부의 설치와 맥락을 같이한다. 귀족들은 걷은 공부의 분배에 더 관심을 가졌으므로 왕실이 공부를 걷는

료를 규찰하는 기능이 있었다. 그러나 그러한 기능은 未分化된 채 비록 위화부에 포함되어 있었다 하더라도 미약하게 나타났거나 유명무실하였을지도 모른다.

52 이기백, 「품주고」, 앞의 책, 1974, pp. 142~143.

데 치우친 조부의 설치만으로 귀족들을 전제왕권 속에 쉽게 묶어 둘 수는 없었다.

넷째, 진평왕대 초기에 설치한 관부들이 하부조직을 갖추지 못해서인지 그 독특한 기능을 행사한 것 같지 않았다. 그래서 관부의 설치 기사가 다소 혼동되어 있다. 영객부나 영객전의 설치 기사가 대표적이다. 그 외 승부령乘府令과 조부령調府令 기사도 마찬가지이다. 승부령의 경우 신라본기에는 1인을 두었다고 되어 있으나 직관지에는 2인을 두었다고 나와 있다. 또한 비교적 중요한 관직인 조부령도 『삼국사기』 신라본기 진평왕 6년조에 1인을 두었다고 나와 있으나 직관지에는 진덕여왕 5년에 2인을 둔 것으로 기록하였다. 이러한 엇갈린 기록은 조부가 적어도 진평왕대 초기에 설치되지 않았거나 아니면 설치되었다 하더라도 그 기능을 확실히 수행하는 때는 진평왕대 초기가 아니라 진덕여왕대였을 것으로 생각하게 한다.

진평왕대 초기에 설치한 관제는 진덕여왕 5년에 개혁되거나 더 조직화하는 관제 속에 모두 포함되어 있다. 진평왕대 초기의 관제 설치는 관부의 독특한 기능을 행사하지 못하였다는 점에서 전제왕권을 확실하게 성립시키는 정치 개혁은 아니었다. 오히려 진평왕대 말기에 단행된 관제 개혁이 훨씬 전제주의를 성립시키는 데 유용하지만 진평왕의 주도로 이루어지지는 않았다. 그런 면에서 진평왕대의 관제 정비는 왕권 강화를 의도한 개혁임은 틀림없으나 당대 왕실의 전제주의를 성립시킨 것은 아니었다.

2. 신라중대의 전제정치와 그 한계성

—『삼국유사』 소재 정공설화의 정치사적 의미—

(1) 정공설화의 내용과 사회상

정공鄭恭은 생몰生沒 연대나 집안의 내력에 대해 알려지지 않은 인물이다. 그의 활동 단면을 보여 주는 내용은 『삼국유사』 혜통항룡惠通降龍조에 기록되어 있다. 이 외에 『삼국사기』나 다른 서적에서는 그에 관한 기사를 전혀 찾아볼 수 없다. 이 때문에 정공은 실존하였다기보다는 설화 속의 가공인물이 아니었을까 생각한다. 『삼국유사』에 실린 그에 대한 기록은 믿기지 않은 설화로 구성되어 있다. 그럼에도 불구하고 그의 삶과 죽음을 통해 신라중대 정치사 전개의 대세를 이해할 수 있다.

정공설화를 통해 신라중대 전제정치의 면모를 구체적으로 끌어내고자 한다. 설령 그가 회자膾炙된 설화 속 인물이 아니라 하더라도 신문왕대를 살아간 그의 행적을 당대의 정치사회 현실과 연결해 분석할 수 있기 때문이다. 정공설화의 내용은 대략 다음과 같다.

① 그때 당나라 황실의 공주가 병이 나자 고종高宗은 삼장三藏에게 주제主祭해 주기를 청하니, (삼장은) 자기 대신 혜통惠通을 천거하였다. 혜통이 전교傳敎를 받고 별처別處에서 지내면서 흰콩 한 말을 은그릇 속에 넣고 주문을 외자, (그 콩이) 흰 갑옷 입은 신병神兵으로 변하여 병마를 쫓으려 하였으나 이기지 못하였다. 그러자 다시 검정콩 한 말을 금그릇에 넣고 주문을 외우니 (검정콩이) 검은 갑옷을 입은 신병으로 변하였다. 검은색과 흰색의 신병이 합하여 병마를 쫓으니 교룡蛟龍이 달아나고 병이 마침내 나았다. 혜통이 자기를 쫓아 낸 것을 원망한 교룡은 본국의 문잉림文仍林으로 들어왔는데, 거

기서 인명을 해치는 것이 더욱더 심하였다.

② 이때 정공이 당나라에 사신으로 갔다. 마침 혜통을 만난 그는 "스님이 쫓아낸 독룡毒龍이 본국으로 돌아와서 해를 심하게 끼치니, 속히 가서 독룡을 제거해 주시오"라고 말하였다. 이에 (혜통은) 정공과 함께 인덕麟德 2년 을축乙丑(문무왕 5년, 665년)에 본국으로 돌아와서 용을 쫓아 버렸다. 용은 또 정공을 원망하여 이번에는 버드나무에 가탁假托하여 정공의 집 문밖에 나서 자랐다. 정공은 이런 사정을 알지 못하고 다만 무성한 것만 좋아하여 (버드나무를) 무척 사랑하였다.

③ 신문왕神文王이 세상을 뜨자 효소왕孝昭王이 즉위하여 산릉山陵(임금의 무덤)을 조성하고자 장례 길을 닦는데, 정공 집 앞의 버드나무가 길을 가로막고 서 있으므로 관리가 이를 베려고 하였다. 정공이 노하여 말하기를 "차라리 내 머리를 벨지언정 이 나무는 베지 못한다"라고 하였다. 관리가 (이 말을) 보고하니, 왕은 크게 노하여 법관[司寇]에게 명령하기를 "정공이 왕화상王和尙의 신술神術을 믿어 장차 불손한 일을 도모하고 왕명을 무시하여 거스르면서 제 머리를 베라고 말하였으니, 마땅히 제가 좋아하는 바를 따르게 해 주리라"고 하고, 이에 그를 베어 죽이고 그의 집을 적몰籍沒하였다.

④ 조정이 의논하기를 "왕화상이 정공과 (친분이) 매우 두터워 반드시 꺼리고 싫어함이 있을 것이니 마땅히 그를 먼저 도모함이 좋겠다"라고 하여, 이에 갑옷 입은 병사를 징집하여 그를 찾아 잡게 하였다. 혜통은 왕망사王望寺에 있다가 갑옷 입은 병사가 도착한 것을 보고 지붕 위로 올라가, 사기병과 붉은 칠을 한 붓을 가지고 "내가 하는 것을 보라"고 외쳤다. 병목에다 한 획을 그으면서 말하기를 "너희들은 마땅히 각자의 목을 보아라"고 하였다. (병사들이 자신들의) 목을 보니 모두 붉은 획이 그어져 있었으므로 서로 쳐다보며 놀랐다. (혜통이) 또 외치기를 "만약 내가 이 병의 목을 자르면 반드시 너희들 목도 잘릴 것인데 어떻게 하겠느냐?"라고 하였다. 그 무리가 도망가 붉은

획이 그어진 목으로 왕에게 나아갔더니, 왕이 말하기를 "화상의 신통력을 어떻게 사람의 힘으로 도모할 수 있겠느냐?"하고 그대로 내버려 두었다.

⑤ 왕녀王女가 갑자기 병이 들므로 혜통을 불러 치료하게 하였더니 병이 나아 왕이 크게 기뻐하였다. 이로 인해 혜통이 말하기를 "정공은 독룡의 해를 입어 억울하게 나라의 형벌을 받았습니다"라고 하였다. 왕은 이 말을 듣고 마음으로 뉘우쳐서 정공의 처자에게는 죄를 면해 주고 혜통을 국사로 삼았다. 용은 이미 정공에게 원수를 갚고 나자 기장산機張山으로 갔다. (거기서) 웅신熊神이 되어 해독을 더 심하게 끼치니 백성들이 몹시 괴로워하였다. 혜통은 그 산속에 이르러 용을 달래어 불살계不殺戒를 주니 웅신의 해가 그제야 그쳤다.

—『삼국유사』 권5, 혜통항룡조—

밀교密教 승려인 혜통의 행적과 연결해 정공의 활동을 언급하였다. 혜통은 문두루비법文豆婁秘法으로 독룡을 물리쳤다. 그가 언제 당나라에 들어가 구법求法하였는지는 정확하게 알 수 없지만, 문무왕 5년(665년)에는 당시 입당사入唐使로 갔던 정공과 함께 귀국하였다. 그렇다면 귀국하기 3년 전인 문무왕 2년(662년)까지는 중국에 있었다고 생각한다. 왜냐하면 혜통은 당시 장안長安에 와 있던 밀교의 초조初祖 무외無畏 삼장三藏의 문하에서 3년간 수학하였기 때문이다. 귀국한 정공은 효소왕 1년(692년)에 처형되었다. 혜통은 물론 정공은 신라중대 초기에 활동하였다.

그러나 정공이 활동한 실제 연대는 무의미하다. 이와 연관한 전후 사정은 혜통의 활동 연대를 의심스럽게 한다. 혜통이 배움을 청한 무외삼장은 동인도로부터 신라 성덕왕 15년(716년)에 장안으로 왔는데, 『대일경大日經』을 번역하여 밀교의 시조가 되었다. 그는 당나라 원종元宗

의 후의로 흥복사興福寺와 서명사西明寺 등에 주석하였으며, 신라 성덕왕 34년(735년)에 99세의 나이로 입적하였다. 이로 보면 혜통은 신라중대 말에 활동하였던 것이 분명하므로 정공이 신라중대 초기에 활동하였다는 것은 사리에 맞지 않는다. 그런데도 죽임을 당하는 이유와 시기를 너무도 뚜렷하게 기록하였다. 그러므로 역설적이기는 하지만 혜통과는 달리 오히려 정공은 실존 인물이 아닐 것으로 생각하게 한다.

신라가 당과 힘을 합쳐서 백제를 평정한 이후 고구려 원정을 진행하고 있던 시기에 혜통과 정공이 입당하였다. 먼저 당에 들어간 혜통은 황실의 공주가 앓던 병을 치료하였다. 마침 당 고종이 삼장에게 공주의 병을 치료해 달라고 부탁하였는데, 그가 대신 혜통을 천거하였다. 궁궐에 들어간 혜통은 별처別處에 거주하면서 주문을 외워 흰콩과 검정콩으로 각각 흰 갑옷과 검은 갑옷 입은 신병神兵을 만들었다. 이들이 병마를 쫓으니 갑자기 교룡蛟龍이 도망가면서 공주의 병이 나았다. 이에 앙심을 품은 교룡이 신라의 문잉림으로 들어와 더 심하게 해독을 끼쳤다고 한다.

다만 신라중대 초기에 파견한 입당사는 대부분 왕족이거나 혹은 김씨로 신라 조정의 유력 인사였다.[53] 고구려 원정이 한창 계속되는 상황에 군대를 파견한 당과 신라의 외교 문제는 서로 중대 관심사가 될 수밖에 없었다. 중국 제도를 도입하여 왕권을 전제화하려는 신라 조정은 입당사를 정선精選하여 보냈다. 전제주의 개혁정치를 단행한 진덕여왕 때에 김춘추金春秋와 그의 아들 문왕文王이 입당사로 파견되었고 문왕은 당의 조정에 남아 숙위宿衛하였다. 처음에는 주로 왕자들을 당 조정에 머무르게 한 숙위 외교는 신라로서 원병을 확약確約받으려는 목적을 가졌다.[54] 이

53 신형식, 「신라의 숙위외교」, 『한국고대사의 신연구』, 일조각, 1984, pp. 330~333.
54 신형식, 위의 논문, 1984, pp. 353~354.

후에도 법민法敏(뒤의 문무왕)을 위시하여 김인문金仁問·김흠순金欽純·김양도金良圖 등이 반복해서 입당사로 나아갔다.[55]

문무왕 5년(665년)경 입당사로 들어간 정공은 신라 조정에서 중요한 위치에 있어야 한다. 수도의 문잉림에서 심각하게 해독을 끼치고 있던 교룡의 퇴치 방도를 구하는 임무까지 부여받았다면, 정공은 신라사에서 결코 가볍게 취급할 인물이 아니어서 높은 신분을 가졌을 것이다. 그런데 『삼국사기』 등 다른 사서에 당시 입당사의 정사는 물론 수행한 인물로 정공이 나오지는 않는다. 혹은 정공이 사로 6촌 중 돌산고허촌장突山高墟村長의 후손인 정씨鄭氏여서 육두품에 속하였다고 생각하기 쉽다. 그러나 실제로 신라 사회에서 육두품 신분인 정씨의 구체적 인물을 찾기 어렵다.[56] 정공을 반드시 정씨로 단정할 수도 없다.

정공은 거세될 당시의 분위기로 보아 신라중대 전제정치에 협조하지 않았으며, 조정의 명령에 거역할 정도의 세력 기반을 가졌다. 혜통에 의해 문잉림에서 쫓겨 난 교룡은 복수하기 위해 정공 집 앞의 버드나무로 가탁하여 무성하게 자랐다. 이런 사실을 몰랐던 정공은 그 무성한 것만을 너무 좋아하고 사랑하였다. 마침 죽은 신문왕의 장례 길에 방해되자 왕실은 버드나무를 베고자 하였다. 이에 정공은 자기 목을 벨지언정 나무를 못 베도록 항거하였다. 왕실은 결국 정공을 처형하고 그의 집을 적몰하였다. 그리고 나서 정공과 연결된 혜통까지 거세하려고 하였다.

---

55 이들 외에 입당사로 汁恒世(문무왕 7년, 667년), 元器와 淵淨土(문무왕 8년, 668년), 祇珍山(문무왕 9년, 669년) 등을 파견하였다. 그 전인 무열왕 7년(660년)에는 天福을 당에 보내어 백제의 항복 소식을 알렸다. 이들의 신분이 어떠하였는지를 정확하게 제시하기는 쉽지 않다. 다만 문무왕 때로 내려가면서 전대와 비교하여 입당사의 정치적 비중이 더 가벼워진 느낌을 준다.

56 이기백, 「신라 육두품 연구」, 앞의 책, 1971; 앞의 책, 1974, p. 56.

왕의 군사들이 혜통을 잡고자 왕망사로 몰려갔다. 그러나 그들은 신술神術을 가진 혜통을 죽이는 데에 실패하였다. 왕실도 어쩔 수 없어 그를 그대로 내버려 두었다. 그 뒤 왕녀의 병을 고치는 것을 계기로 혜통은 왕실과 친밀하게 되어 국사國師의 봉임을 받았다. 그로 인해 왕실은 정공을 신원伸寃하고 그의 처자에게도 죄를 면해 주었다. 원수를 갚고는 기장산機張山으로 가서 웅신熊神이 되었던 교룡은 혜통으로부터 불살계不殺戒를 받아 해악을 그쳤다고 한다. 이러한 일련의 사건 전개는 정공과 혜통의 개인적 행적을 넘어서서 신라중대 정치사의 큰 흐름을 암시해 주는 것이어서 흥미를 끈다.

신라사에서 전제주의가 가장 강화된 시기는 무열왕 이후 신라중대이다. 신라중고기의 귀족연합 정치는 왕실에 대항할 수 있는 유력한 정통 진골귀족을 존속하게 하였다. 무열왕 이후 신라중대의 전제주의 개혁정치는 이러한 정통 진골귀족 세력을 억압하면서 왕권을 강화하려는 것이다. 왕실은 서민을 등에 업고 현실적으로 육두품세력을 앞세워 전제주의 개혁정치를 강행하였다. 그리하여 왕실에 대항할 수 있는 유력한 정통 진골귀족 세력을 도태시켰다. 특히 신문왕대를 거치면서 왕실은 정통 진골귀족 세력을 과감하게 숙청하였는데, 정공의 처형은 바로 이런 모습을 상징적으로 보여 주는 것이다.

신라 정통 진골귀족은 중앙정계는 물론 지방에까지 강력한 근거지를 구축하고 있어서, 전제주의 개혁정치 속에서도 뿌리 깊은 세력 기반을 온존溫存시킬 수 있었다. 실제로 신라중대 전제정치는 경덕왕을 전후하여 기울고 있었으며, 혜공왕대에는 왕실에 대한 진골귀족의 반란이 무수하게 일어났다. 96각간이 서로 다투는 모습이 이를 알려 주기에 충분하다. 그런 와중에 혜공왕이 살해되고 김양상金良相이 등극하여 선덕왕宣德王이 되었다.

신라중대가 끝나면서 진골귀족들이 서로 왕위 다툼을 벌여 승리한 자가 왕위를 이어 가는 혼란한 하대 사회가 도래하였다. 신라중대의 전제주의 개혁정치는 정통 진골귀족들의 반발을 받아 실패로 끝난 셈이다. 정공이 뒤에 신원되거나 혜통을 제거하지 못하는 모습은 신라중대 전제주의 개혁정치의 한계성과 연결해 이해할 수 있다. 이렇듯 정공설화가 신라중대 정치사 전개의 대세를 시사해 주지만, 밀교 승려인 혜통이나 정공의 행적이 상징해 주는 세미細微한 정치적 성격에 대해서는 더 천착해서 부각해야 한다.

(2) 정공으로 상징되는 정치 세력

신라중대 전제왕실에 의해 처형되었다는 점에서 정공은 유력한 정통 진골귀족을 상징하여 설정된 인물이다. 적어도 그는 신라중대 왕실의 전제정치에 저항할 수 있는 세력 기반을 가졌다. 다만 정사正史인 『삼국사기』에는 신문왕대 말이나 효소왕대 초에 진골귀족이 도태되는 반란 기록이 나오지 않는다. 그러므로 정공의 처형을 신라중대 전제정치에 항거한 진골귀족 세력 일반으로 넓혀 이해해야 한다. 무열왕과 문무왕을 지나 신문왕대는 신라중대의 전제정치가 가장 강화된 시기이다. 신문왕대 초에 일어난 김흠돌金欽突의 난은 신라중대 사회를 요동치게 하였다.

신문왕 원년(681년)에 소판蘇判 김흠돌과 파진찬波珍湌 흥원興元 및 대아찬大阿湌 진공眞功 등이 반란을 꾀하다가 죽임을 당하였다. 김흠돌은 신문왕의 장인으로 이 사건에 연루되어 왕비는 궁중에서 쫓겨났다. 신문왕은 김흠돌의 모반 사건을 사전에 알고 있으면서도 고발하지 않았다는 죄목으로 김군관金軍官을 처형하였다. 군관을 죽이면서 내린 교서에는 다음과 같은 내용이 나온다.

> 병부령兵部令 이찬伊湌 군관은 반서班序에 인연因緣해서 드디어 상위上位에까지 올랐으나, 능히 임금을 도와 조정에 절개를 드러내거나 제 몸을 희생하여 사직社稷에 충성하지 않았다. 이에 적신賊臣 흠돌欽突 등과 사귀면서 그 반역 사실을 알고서도 일찍이 알리지 않았다. 이는 이미 우국憂國하는 마음이 없을 뿐만 아니라 공사公事를 위해 몸 바칠 뜻도 없는 것이니, 어찌 중요한 재보宰輔의 자리에 두어 헌장憲章을 함부로 흐리게 하리라.
>
> —『삼국사기』 권8, 신문왕 원년 8월 8일조—

8월 8일에 김흠돌 등이 처형되고 정확하게 20일이 지나 김군관이 죽임을 당하였다. 군관의 죄목은 모반 사건을 사전에 알고 있으면서도 고발하지 않았다는 것으로 과연 사형에 해당하는지 의심을 일으키게 하는 대목이다.

모반이 진압되자 바로 보덕왕報德王 안승安勝이 수덕개首德皆를 사신으로 파견하여 역적의 평정을 축하하였다. 김흠돌의 모반 사건은 이미 완전하게 마무리되었던 셈이다. 그들을 처형하고 8일이 지난 8월 16일에 내린 교서에는 "병사들을 동원하여 무도한 자를 제거除去하였는데, 산골짜기로 도망간 자를 찾아내고 가지나 잎사귀 같은 잔당들을 모두 죽여 없앴으며 사나흘 동안에 괴수를 소탕하였다. 지금은 이미 요망한 무리를 말끔히 숙청하였으므로 멀고 가까운 곳에 우려할 것이 전혀 없다(『삼국사기』 권8, 신문왕 원년조)"라고 하였다.

모반의 주동자뿐만 아니라 그 세력 기반을 철저하게 해체한 것이다. 그런데도 이후 12일이 지난 28일에 신문왕은 군관의 처형을 강행하였다. 그는 김흠돌 모반에 참여한 것 같지는 않다. 오히려 방관자여서 모반의 지지자도 반대자도 아니었다. 모반 사건과 군관 처형과의 사이에 20일이란 간격이 있었던 사실도 그가 전제주의에 옭매여 제거되었을 것으로 생각한다.[57] 이 때문에 그는 신라 정통 진골귀족이라는 정치적 이유에서 처형되었고, 그의 처형은 전제왕권과 귀족 세력 전체에 대한 문제에서 이해해야 한다.

군관이 이찬으로 병부령이었는데 반서班序, 곧 반열의 서열로 따져 상위上位에 올랐다는 사실은 충분히 시선을 끌게 한다. 그는 상위인 상대등上大等에 있었는데, 신문왕 원년(681년) 8월에 교체되어 진복眞福이 상대등이 되었다.[58] 군관은 개인적 이유에서가 아니라 병부령이면서 특히 상대등이라는 정치적 지위 때문에 거세되었다.[59] 신라중고기에서부터 상대등은 화백 등 귀족회의의 주재자主宰者로 진골귀족을 대표하는 존재였다. 최고 관등인 이찬 중에서 임명하는 상대등은 문벌에 근거를 둔 서열에 따라 귀족회의에서 선출되었다.[60]

군관 등 반열의 서열로 고위 관직에 오른 자들은 신라 정통 진골귀족이다. 그런데 신라중대에는 왕실의 측근으로 고관에 임명된 자들도 등장하였다. 김흠돌이 모반을 진압하고 내린 교서의 내용을 참고해 보자.

① (신문왕은) 고굉股肱의 신하와 더불어 나라를 편안케 하려고 하였는데, 상중喪中에 모반이 일어났다.

② 흠돌欽突·흥원興元·진공眞功 등은 벼슬이나 관직이 재능에 의해서가 아니라 은전恩典에 의해 오른 것인 데에도, 흉악하고 간사한 자나 궁중의 근시近

57 이기백, 「상대등고」, 앞의 책, 1962; 앞의 책, 1974, pp. 106~107.

58 이기백, 위의 논문, 1974, p. 106.

59 이기백, 위의 논문, 1974, p. 107.

60 이기백, 위의 논문, 1974, pp. 96~99.

侍와 결탁하여 화가 안팎으로 통하였다.

—『삼국사기』 권8, 신문왕 원년 8월 16일조—

재능에 의해서가 아니라 은전에 의해 벼슬이나 관직이 오른 김흠돌은 물론 흥원·진공 등도 신문왕이 즉위하기까지 군관과 같은 신라 정통 진골귀족 세력이었다. 그들은 골품제 신분 질서에 의존해서 고위 관직을 역임하였고 군사적軍事的으로 크게 활동하고 있었다.[61]

반면 정통 진골귀족 세력을 제거하는 데 앞장선 자들은 이른바 신문왕의 '고굉股肱', 곧 팔과 다리가 된 신료들이다. 그들은 무열왕계와 김유신계의 신진 진골귀족 세력이며, 그 속에는 문무왕대 이후 계속해서 성장하였던 육두품귀족 세력이 포함되어 있었다.[62] 이들은 화백회의 전통을 이은 귀족회의에 의해 유지된 신라 골품제 사회체제를 개혁하면서 전제왕권을 수립하고자 하였다. 김흠돌 등 정통 진골귀족이 상대등을 역임하면서 이찬인 고위 관등을 가졌다면, 전제주의 개혁정치를 담당한 자들은 최고위의 관등이 아닌 파진찬波珍飡으로 집사부의 중시中侍에 임명되었다.[63]

선덕여왕 14년(645년)에 김춘추와 김유신은 무력으로 골품제 사회의 전통을 강하게 유지하려던 정통 진골귀족 세력인 상대등 비담毗曇과 염종廉宗 등을 제거하였다. 이미 그들은 전제정치를 추진하였다. 진덕여왕 5년(651년)에 품주稟主를 고쳐 국가 기밀機密 사무를 관장하는 집사부執事部를 설치하였다. 이리하여 전제정치의 제도적 장치를 마련하였는

61 김수태, 「신라 신문왕대 전제왕권의 확립과 김흠돌난」, 『신라문화』 9, 1992; 「전제왕권의 확립과 김흠돌난」, 『신라중대 정치사연구』, 일조각, 1996, p. 13.

62 김수태, 위의 논문, 1996, pp. 24~26.

63 이기백, 「신라 집사부의 성립」, 『진단학보』 25·26·27 합집, 1964; 『신라정치사회사연구』, 일조각, 1974, p. 157.

데, 이러한 개혁을 주도한 자들이 김춘추와 김유신 일파였다.[64] 집사부 중시를 중심으로 김춘추 후손과 김유신계 인물이 전제왕실의 확고한 지지자로 등장하면서, 정통 진골귀족 세력과는 달리 왕권에 기생하는 신진 진골귀족 세력으로 성장하였다.[65]

신진 진골귀족 세력은 전제주의 개혁정치를 주도하면서 우선 정통 진골귀족 세력의 군사 기반을 박탈하고, 다음으로 관료 질서를 확립시키려고 하였다.[66] 삼국통일 전쟁을 마무리하는 과정에서 김춘추와 김유신계 세력이 굳건한 군사 기반을 마련하였다. 상대적으로 정통 진골귀족 세력의 군사 기반은 약해질 수밖에 없었다. 그뿐만 아니라 골품제적 신분의 한계를 느끼고 있던 육두품 출신들이 대거 관료로 진출하였다.

신진 진골귀족 세력은 육두품 출신 인물을 집사부 시랑侍郞에 임명함으로써 그들 세력의 성장을 도와주었고, 한편으로 골품제 사회를 고수하면서 최고 관등을 장악하고 있던 정통 진골귀족 세력을 거세하려 하였다. 그런 과정에서 정공설화는 정통 진골귀족이 거세당하는 양상을 보여 준다. 처형된 정공은 김흠돌의 모반으로 거세된 인물뿐만 아니라 그 이전의 비담이나 또는 신라중대 말의 무수한 모반 사건으로 죽임을 당하는 영종永宗이나 대공大恭 등을 상징하는 설화 속 인물이다.

(3) 신라중대 한화정책의 강행

정공이 처형된 사실은 신라중대의 전제정치가 일단 성공적으로 추진되었음을 알려 준다. 전제정치에서 거세된 정통 진골귀족 세력은 골품

64 이기백, 위의 논문, 1974, p. 153.
65 이기백, 위의 논문, 1974, pp. 163~167.
66 김수태, 「전제왕권의 확립과 김흠돌난」, 앞의 책, 1996, p. 16.

제사회를 강하게 견지하였을 뿐만 아니라 불교계와 깊이 연결되어 있었다. 신라상대 말에 불교는 진골귀족 중심으로 수용되었으며, 특히 골품제 사회를 유지하려는 데에는 신라적 전통을 고수하려는 경향이 유용하였다. 정통 진골귀족 세력은 신라적 전통을 표방함으로써 그들의 사회적 지위를 공고하게 하였다. 이렇게 되자 신진 진골귀족 세력은 오히려 신라적 전통을 개혁함으로써 전제왕권을 강화하였다.

신라적 전통은 신라의 고유한 토착 문화로 이어지는 것이다. 김춘추계와 김유신계의 신진 진골귀족 세력은 정통 진골귀족과 친밀한 불교는 물론 신라의 고유한 토착문화를 억제하였다. 신라중대 전제정치는 신라의 전통 토착문화를 억제하기 위해 중국문화와 제도를 도입하였고, 골품제 귀족을 대신할 관료층을 확보함으로써 왕권을 강화하였다. 그리하여 합리적 정치이념을 내세움으로써 유교가 성행하였는가 하면, 계율 위주의 귀족불교를 대신하여 보편적 이론불교가 서서히 정착하는 속에 불교신앙의 대중화가 가속加速되었다.

당의 문화나 제도를 도입하여 신라의 고유한 토착문화를 억제하려는 것이 한화漢化정책으로 나타났다. 비담 및 그와 연루된 30여 명의 정통 진골귀족을 처형하는 진덕여왕대 초기까지도 신라는 태화太和라는 고유 연호를 사용하였다. 당시 실질적으로 권력을 장악한 김춘추는 당에 사신으로 다녀와서 중국의 장복제章服制를 따르도록 청하였다. 그가 귀국한 다음 해인 진덕여왕 3년(649년)에 신라는 비로소 중국의 의관을 사용하였다.[67]

문무왕 4년(664년)에는 교서를 내려 부인들도 중국의 의복을 입도록

67 『삼국유사』 권4, 자장정률조에 "嘗以邦國服章不同諸夏 擧議於朝 簽允曰藏 乃以眞德王三年己酉 始服中朝衣冠"이라고 하였다.

하였을 뿐만 아니라 성천星川과 구일丘日 등 28인을 웅진부성熊津府城에 보내어 당나라 음악을 배우게 하였다. 당시 웅진도독부에는 당 문화가 풍성하게 이식되어 있었다. 문무왕 14년(674년)에는 당나라에서 숙위宿衛하던 덕복德福이 역술曆術을 배워 돌아오니, 신라 조정도 새 역법인 인덕력麟德曆을 사용하였다.[68] 신문왕 2년(682년)에는 국학國學을 설치하여 중국식 유교 교육을 강화하였다. 신문왕 6년에는 당에 사신을 파견하여 예기禮記와 문장文章을 청하니, 측천무후則天武后는 길흉요례吉凶要禮에 관한 책 50권을 편집하게 하여 보내 주었다.

진덕여왕대 이후 한화정책의 일환으로 당의 국자감을 본떠서 도입한 국학은 신문왕 때에 왕권 강화를 목적으로 관료 체제의 확립을 위해 완비되었다.[69] 국학 설치는 왕권을 지탱해 주는 세력을 양성하려는 것이다. 국학을 통해 충효忠孝 교육을 받아 유교적 소양을 가진 인재들이 왕실의 지지 기반이 되었다.[70] 그들은 『논어論語』와 『효경孝經』을 필수 과목으로 하여 등급별로 『예기禮記』·『주역周易』·『춘추좌전春秋左傳』·『모시毛詩』·『상서尙書』 등의 경전과 『문선文選』을 배웠다. 그리하여 설총薛聰이나 강수强首 등 육두품 출신의 유학 지식인이 관료로 등장하였으며, 원성왕 4년(788년)에는 오경과 삼사三史 및 제자백가諸子百家의 글에 능통한 자를 관리로 등용하는 독서삼품과讀書三品科가 설치되었다.

한화정책과 병행하여 신라중대의 전제주의 제도 개혁을 단행하였다. 왕권을 강화하려는 체제 정비는 이미 진평왕대 후기의 김춘추와 김유

---

68 唐의 李淳風이 隋의 皇極曆을 수정하여 새로운 달력인 麟德曆을 만들었다. 인덕력은 당 玄宗 16년(728년, 성덕왕 27년)까지 사용되었다.

69 이병도, 『국역 삼국사기』, 을유문화사, 1983; 『국역 삼국사기』(두계 이병도전집 11), 한국학술정보, 2012, p. 637.

70 박해현, 「중대 왕권의 성립과 신문왕의 왕권강화」, 『신라중대 정치사연구』, 국학자료원, 2003, p. 49.

신 일파에 의해 서서히 이루어졌고[71] 진덕여왕대의 집사부 설치를 통해 본격적으로 추진되었다. 그들은 궁극적으로 당의 육전 체제를 참고하여 그 기능을 실질적으로 가지면서 신라 현실에 맞는 관부 개편을 서둘렀다.[72] 당의 제도나 당률唐律을 토대로 신라의 중앙 관부를 정비하였다.[73] 무열왕은 즉위한 원년(654년)에 이방부령 양수良首 등에게 율령을 살펴 이방부격理方府格 60여조를 정하게 하였다.

진덕여왕 5년에 집사부와 함께 설치한 이방부는 형률刑律과 법률法律의 제정을 담당하였다. 무열왕 때에 제정한 이방부격 60여조는 백관百官과 유사有司가 담당하는 업무에 관한 내용을 담았다. 이방부 설치 및 이방부격의 제정은 관료적 성격을 강화함으로써 궁극적으로 신라중대의 왕권 강화책으로 이어졌다. 문무왕 7년(667년)에 우리방부右理方府 설치는 관료 체제를 보다 강화하려는 의도를 지녔다. 이 외에도 문무왕 때에는 외사정外司正(문무왕 13년, 673년)과 좌사록관左司祿館(677년)·우사록관右司祿館(681년)을 설치하였다.

무열왕 6년(659년)에 설치한 사정부는 형률刑律과 중앙 관리들의 탄핵을 맡았다면 외사정부는 지방관의 사정을 담당하였다.[74] 사록관은 관리들의 서훈과 녹봉을 관장하였는데, 이방부와 마찬가지로 좌와 우의 두 기관으로 나뉘어 설치되었다. 그만큼 더 사록관의 중요성이 커진 셈이다. 위화부령을 두는 한편, 관료군 형성을 위한 국학을 설치함으로써

---

71 김두진, 「신라 진평왕대 초기의 정치개혁—삼국유사 소재 「도화녀 비형랑」조의 분석을 중심으로—」, 『진단학보』 69, 1990, pp. 35~37.

72 이기동, 「신라 중대의 관료제와 골품제」, 『진단학보』 50, 1980; 『신라골품제사회와 화랑도』, 일조각, 1984, p. 123.

73 한준수, 「무열·문무왕대 당제의 수용과정」, 『신라중대 율령정치사 연구』, 서경문화사, 2012, pp. 62~65.

74 박해현, 「중대 왕권의 성립과 신문왕의 왕권강화」, 앞의 책, 2003, p. 39.

유교적 통치 질서를 확립하려고 노력한 신문왕은 당대에 9주를 완비하였다. 신문왕 5년(685년)에는 전주全州와 거열주居列州에 완산주完山州와 청주菁州를 설치함으로써 9주를 완비하였고, 서원西原(청주)이나 남원南原에 소경小京을 두었다.

신문왕대의 9주 완비는 군권軍權을 분리하여 중앙으로 흡수함으로써 지방관의 행정적 성격을 강화하려는 것이다.[75] 이러한 지방 통치체제는 중앙집권적 관료 질서와 맞물려 정비되었다. 신문왕대에 절정을 이룬 신라중대의 전제정치는 정통 진골귀족 세력의 저항을 받기에 이르렀다. 효소왕대 이후 경덕왕대에 이르기까지도 왕실은 계속해서 전제 개혁정치를 추진하였고, 그에 대해 반발하던 정통 진골귀족 세력이 표면적이기는 하나 거세되어 갔다. 효소왕 9년(700년)에는 경영慶永이 모반을 일으키다가 죽임을 당하였다.

다만 신문왕대 김흠돌의 난과는 달리 당시의 중시中侍 김순원金順元이 경영의 모반에 연좌되어 파면되었다. 그러나 김순원은 뒤에 복권되었다. 그의 딸 중 한 명이 성덕왕의 후비인 소덕炤德왕후이고 다른 딸 혜명惠明은 효성왕의 왕비이다. 이렇듯 정통 진골귀족 세력인 김순원은 왕실과 이중으로 인척 관계를 맺어 신라중대에 굳건한 정치적 기반을 마련하였다. 김순원이 외척 세력으로 등장한 성덕왕과 효성왕 때에도 전제주의 개혁정치는 계속되었으며, 오히려 당시가 신라 전제정치의 극성기로 정치적 안정을 이루었다.[76] 일시나마 정치적 안정을 이룬 뒤에는 정통 진골귀족 세력이 버티고 있었다.

신문왕대 이후 신진 진골귀족 세력을 다시 등용함으로써 성덕왕이나

---

75 한준수, 「신문왕대 지방제도와 군제의 정비」, 앞의 책, 2012, pp. 102~103.

76 김수태, 「효성왕대 박씨왕비의 재등장」, 『신라중대 정치사연구』, 일조각, 1996, pp. 84~85.

효성왕은 왕권을 강화하려는 전제 개혁정치를 추진하였지만, 당시 조정에 영향력을 가졌던 김순원은 물론 이와 대립한 박씨 왕비족을 포함한 영종永宗 등도 모두 정통 진골귀족 세력이었다.[77] 효성왕에 이어서 김순원 세력의 후원을 받아 경덕왕이 즉위하였다.[78] 성덕왕은 재위 10년(711년)에 백관잠百官箴을 지어 신하에게 보였으며, 2년 뒤에는 전사서典祀署를 설치하였다. 성덕왕 16년(717년)에는 국학에 공자와 그의 문하인 10철哲 및 72제자弟子의 초상화를 안치하였다.

성덕왕의 개혁정치는 한화정책을 펴면서도 왕권을 강화하려는 목적을 가졌지만, 정통 진골귀족 세력의 도움을 받았기 때문에 일정한 한계를 지녔다.[79] 신라중대의 한화정책을 표방하면서 보다 강한 전제 개혁정치를 추진한 자는 경덕왕이었다. 경덕왕 16년(757년)에는 구주九州를 비롯한 지방 군현의 명칭을, 경덕왕 18년에는 중앙관부의 명칭을 모두 한식漢式으로 고쳤다. 곧 신라의 고유한 지명이나 관호官號를 뜻이 통하는 중국식 이름으로 바꾸었다.

경덕왕대의 한화정책은 단순한 명칭의 변경이라고만은 할 수 없고, 질서가 정연한 중국 제도를 모범으로 하는 전제주의 정치체제를 이룩하려는 의도에서 나온 것이다.[80] 한화정책은 신라가 삼국을 통일한 후 경

---

77 『삼국사기』 권9, 효성왕 2년 2월조에는 "당나라가 사신을 보내어 조칙으로 王妃 朴氏를 책봉하였다"라고 하였고, 효성왕 3년 3월조에는 "이찬 順元의 딸 惠明을 왕비로 삼았다"라고 하였다. 또한 효성왕 4년 8월조에는 "파진찬 永宗이 반역을 꾀하다가 죽임을 당하였다"라고 하였다. 영종의 딸이 후궁이 되어 왕의 은총을 받자, 왕비가 이를 질투하여 죽이고자 하였다. 이 때문에 영종이 반역을 일으켰다. 다만 외척인 김순원과 거세된 박씨 왕비족이나 영종 등을 왕당파인 신귀족이나 정통 진골귀족으로 구분하는 것은 무의미할 수 있다.

78 김수태, 「효성왕대 박씨왕비의 재등장」, 앞의 책, 1996, pp. 96~98.

79 박해현, 「성덕·효성왕대 귀족세력의 추이」, 『신라중대 정치사연구』, 국학자료원, 2003, p. 90.

80 이기백, 「경덕왕과 단속사·원가」, 『한국사상』 5, 1962; 『신라정치사회사연구』, 일조각,

덕왕에 이르기까지 신라중대의 일관된 정책이었다. 그것은 과거의 귀족연합 정책을 부정하고 왕권을 강화하기 위해 정통 진골귀족 세력을 억압하려는 성격을 지녔다.[81] 그러한 한화정책은 일조일석에 이루어지지 않았고 경덕왕이 단독으로 추진한 것도 아니다. 경덕왕의 한화정책은 무열왕 이후 전제주의 개혁정치를 보다 강하게 표출한 것에 지나지 않는다.

(4) 신라중대 전제정치의 한계성

경덕왕의 한화정책은 중앙 관부를 체계적으로 갖추는 한편, 지방 통치체제를 정비함으로써 왕권을 강화하려는 목적을 지녔다. 다만 이러한 전제주의 개혁은 강력한 왕권이 성립해야 성공적으로 이루어질 수 있다. 경덕왕은 이순李純이나 신충信忠 및 신진 진골귀족 세력 등 왕당파의 도움을 받아 한화정책을 추진하였다. 그러나 경덕왕은 김순원으로 대표된 정통 진골귀족 세력의 협조를 얻어 즉위하였으며, 당시 조정에는 이들 외에도 영종 등 다른 정통 진골귀족 세력이 외척으로 등장하여 권력 다툼이 격해지고 있었다. 중앙정계의 이러한 역학 관계에서 오히려 경덕왕은 정통 진골귀족 세력을 확실하게 장악하지 못하였다.

경덕왕 16년에 지방 군현을 정비함으로써 강화한 한화 개혁정치는 왕당파인 신충 등이 주도한 것이다. 신충이 상대등에 임명되면서 한화정책을 강행하였다. 그런데 한화정책을 제도적으로 정비한 이후 경덕왕 22년(763년)에는 신충이 상대등에서 물러났는가 하면, 왕의 총신寵臣인

1974, pp. 217~218.

81 이기백, 「신라 혜공왕대의 정치적 변혁」, 『신라정치사회사연구』, 일조각, 1974, pp. 246~247.

이순李純(또는 이준李俊) 등이 면직되었다. 그들은 지리산에 단속사斷俗寺를 창건하고 거기에 은거하였다. 혹은 경덕왕 22년에 신충이 벼슬을 그만두고 지리산으로 들어가 중이 되자, 왕이 단속사를 세우고 그를 거주하게 하였다고 한다(『삼국유사』 권5, 신충괘관信忠掛冠조).

경덕왕의 전제주의 개혁정치가 한창 진행되고 있던 시기에 신충이나 이순 등 왕당파가 물러난 대신, 신라중대를 종결시키면서 하대 사회를 여는 데 이바지한 김양상金良相 등이 실권을 장악하였다. 이 때문에 원가怨歌는 신충이 등용되기 전에 지었다기보다는 경덕왕 때에 면직되어 지리산으로 은거한 후 왕에 대한 그리움을 나타낸 것으로 이해하기도 한다.[82] 경덕왕 16년에 추진된 전제주의 개혁정치는 신충 등 왕당파 세력이 신라 조정을 장악하지 못한 채 강행되었다. 이와 연관하여 개혁정치를 담당할 신충을 상대등으로 임명함과 동시에 관리들에게 매달 주던 녹봉祿俸을 없애면서 다시 녹읍祿邑을 지급하고 있는 사실은 유념된다.

경덕왕 16년에는 왕권을 강화하려는 개혁정치를 실시하는 동시에 정통 진골귀족의 경제적 기반을 이루는 녹읍제를 부활하였다. 이 점은 경덕왕의 한화정책에 정통 진골귀족 세력이 끈질기게 저항하였던 것을 충분히 예상하게 한다. 경덕왕의 옹립에는 정통 진골귀족 세력이 깊이 간여하였고, 전제주의 개혁정치를 단행할 당시에 그들은 오히려 왕당파인 신진 진골귀족 세력을 충분히 견제할 정도로 굳건한 토대를 구축하였다. 신충 등 왕당파들은 이들에 의해 거세된 셈이다. 이렇듯 전후의 사정은 경덕왕이 왕권을 능가해 가는 정통 진골귀족 세력을 제거하기 위한 목적에서 한화정책을 무리하게 단행한 느낌을 준다.

신라 정통 진골귀족은 지방에 막대한 토지를 소유하며 거대한 세력

82 이기백, 「경덕왕과 단속사·원가」, 앞의 책, 1974, pp. 224~225.

기반을 구축하였다. 그들은 지방의 일정한 지역이나 바다 가운데 섬 전체를 사사로이 점유하였으며, 그곳에 딸린 3,000명에 이르는 노동奴僮이나 갑병甲兵을 소유하였다. 그들이 사병私兵을 거느린 사실은 중국까지 알려졌던 것이 분명하다.[83] 정통 진골귀족들의 세력 기반은 이미 신라중대 사회에서부터 굳건하게 갖추어졌다. 그들이 거느린 노동이나 갑병은 본디 그 지역에 거주한 백성이었다. 그러므로 녹읍은 신라 정통 진골귀족의 실질적 세력 기반을 형성시키는 데 기여하였다.

통일전쟁을 수행하는 과정에서 정통 진골귀족들도 전공을 세웠으며, 그에 따른 서훈敍勳과 포상을 받았다. 그들에 대한 경제적 특혜가 바로 녹읍의 지급으로 나타났다. 신라중대의 전제주의 개혁정치를 주도한 신진 진골귀족들도 통일전쟁에 참여한 전공으로 녹읍을 받았다. 김인문金仁問이 수봉한 토지가 보령에 있었는데, 그것은 본래 받은 300호戶에 다시 500호를 추가로 받은 봉호封戶였다. 김유신이 받은 500호도 같은 성격으로 이해할 수 있다. 그러나 녹읍은 본래 정통 진골귀족들의 경제적 기반으로 주어진 것이다.

사로국 중심의 신라가 영역을 확대하여 중앙집권적 귀족국가 체제로 팽창하면서 편입해 들어온 읍락의 족장이나 성읍국가의 지배자에게 본래 가진 현실적 세력 기반을 녹읍이나 식읍으로 내렸다.[84] 삼국통일 과정에서 정통 진골귀족들이 오히려 더 많은 녹읍을 받는 혜택을 누렸다. 신라중대에 신진 진골귀족들도 정통 진골귀족과 진배없는 세력 기반을 확충해 갔다. 신라 정통 진골귀족들은 지역 단위로 녹읍을 받음으로써

83 이기백, 「신라사병고」, 『역사학보』 9, 1957; 『신라정치사회사연구』, 일조각, 1974, pp. 256~266.

84 강진철, 「신라의 녹읍에 대하여」, 『이홍직박사회갑기념 한국사학논총』, 신구문화사, 1969, p. 87.

단순히 수조권收租權만을 가졌던 것이 아니라 공부貢賦와 역역力役까지 차출하면서 주변 지역에까지 영향력을 확대하였다.[85]

신라중대에 전제주의 개혁정치는 녹읍을 혁파함으로써 성공적으로 추진되어 실제로 왕권을 강화할 수 있었다. 신문왕은 문무 관료들에게 관료전官僚田을 지급하였고(신문왕 7년, 687년), 2년 후에는 중앙과 지방의 녹읍을 폐지하였다. 성덕왕 21년(722년)에는 처음으로 백성들에게 정전丁田을 지급하였다. 관료나 일반 백성을 위한 토지 지급은 분명 전제왕권을 강화하려는 조치이다. 그런데 경덕왕은 지방제도와 중앙 관부의 개혁을 시도하는 동시에 관료전 성격을 가진 녹봉祿俸을 없애면서 녹읍을 부활시켰다. 녹읍의 부활은 경덕왕의 전제주의 개혁정치에 저항하는 정통 진골귀족 세력이 왕권을 제약할 정도로 성장해 있었음을 알려 준다.

전제주의 개혁정치가 한창 진행되고 있던 신라중대에도 정통 진골귀족 세력은 오히려 온존溫存하였다. 이런 면에 대해서는 신라중대 전제정치를 열어 가는 핵심 세력이라 할 수 있는 신진 진골귀족 세력, 특히 김유신계가 신라 조정에서 어떤 위치에 있었는가를 살핌으로써 짐작하고자 한다. 우선 유신의 둘째 아들 원술元述은 전장에서 목숨을 구한 죄로 말미암아 인정을 받지 못하고 숨어 살았다. 적손인 윤중允中은 성덕왕이 은총을 내려 벼슬이 대아찬에 이르지만,[86] 정통 진골귀족들로부터 집중적 견제를 받았다.

성덕왕이 윤중을 가까운 자리에 앉혀 중히 쓰고자 한 것은 왕실의 전제주의 개혁정치의 한 단면으로 생각된다. 이러한 성덕왕의 조치에 대

85 강진철, 위의 논문, 1969, pp. 88~89.

86 이기백, 「신라 집사부의 성립」, 앞의 책, 1974, pp. 163~164. 允中은 성덕왕 24년(725년)에 中侍가 되는 允忠과 동일인이라고 하였다.

해 정통 진골귀족들은 "종실의 외척 중에서도 마땅한 인물을 추천할 수 있는데, 애써 소원한 신하를 부릅니까?"라고 비판하고 있다(『삼국사기』 권43, 김유신전 하). 물론 이러한 비판은 정통 진골귀족이 신진 진골귀족 세력을 등용하는 데 대한 불만과 연결된 것이다. 성덕왕 때가 되면 정통 진골귀족들이 김유신계나 신진 진골귀족 세력을 공공연하게 비판하는 분위기가 팽배하였다. 그만큼 이들 세력이 성장해 있었던 것이다.

윤중의 서손庶孫 김암金巖은 경덕왕대 말부터 혜공왕대 초에 활동하였는데, 중국에 숙위하여 음양가陰陽家의 술법術法을 배워 돌아왔다. 그는 중국에 있을 당시에 『둔갑입성법遁甲立城法』을 저술하였으며, 귀국해서는 사천대박사司天大博士를 맡았다. 당에 숙위하여 음양가로 활동하는 김암은 어쩐지 중앙 정치권력의 핵심에서 멀어진 것이 아닌가 하는 의심을 불러일으킨다. 그 외에도 김유신의 혼이 미추왕릉에 가서 자기 자손이 죄 없이 죽임을 당하였다고 탄원하고 있다.

김유신 자손이 죽임을 당하였다는 것은 혜공왕 6년(770년)에 김융金融이 반란을 일으키다가 사살된 사실을 말한다.[87] 김유신의 현손玄孫인 김장청金長淸은 몰락하고 있던 김유신계의 복권을 위해 『김유신행록金庾信行錄』 10권을 서술하였다고 한다.[88] 이렇듯 신라중대 전제정치의 한 중심축을 이룬 김유신계 세력이 위축하는 것과 정통 진골귀족 세력이 신장하는 것은 서로 표리관계를 이루고 있었다. 성덕왕대를 거치면서 정통 진골귀족 세력은 외척으로 등장하거나 고위 관직에 임명됨으로써 전제왕권을 압도하고 있었다.

경덕왕은 문무왕이나 신문왕 때와는 달리 충분한 지지 세력을 확보하

87 이기백, 「신라 혜공왕대의 정치적 변혁」, 『사회과학』 2, 1958; 앞의 책, 1974, p. 232.
88 이기백, 「김대문과 김장청」, 『한국사시민강좌』 1집, 1987; 『한국사상의 재구성』, 일조각, 1991, pp. 244~245.

지 못한 채 오히려 왕권을 압도하려는 정통 진골귀족 세력을 거세시키기 위한 전제주의 개혁정치를 단행하였다. 그의 개혁정치가 성공적으로 정착하였다면 신라중대의 전제주의는 계속될 수 있었을 것이다. 경덕왕은 석양과 같이 기우는 전제주의를 부둥켜안고 안간힘을 다해 한화정책을 강하게 펴려는 개혁을 시도하였다. 그러나 그의 전제 개혁정치는 성공하지 못하였다.

경덕왕의 한화정책으로 개편한 지방 군현이나 중앙 관부의 이름은 혜공왕 12년(776년)에 모두 이전 이름으로 복구되었다. 경덕왕이 개혁하기 이전의 체제로 완전히 돌아간 셈이다. 관호 복고는 직접적으로 김양상이나 김경신金敬信 등이 권력을 장악한 데에서 가능하였다. 이전에도 이미 정통 진골귀족이 뿌리 깊은 세력 기반을 통해 신라중대 사회에 영향력을 행사하였다. 정통 진골귀족의 세력 기반을 철저하게 해체하지 못한 것이 신라중대 전제정치의 한계로 작용하였다.

정공설화는 신라중대의 전제정치가 전개되는 대세를 알려 준다. 정공의 처형이 신문왕대를 전후한 정통 진골귀족 세력을 도태시키는 모습을 보여 주지만 결국 왕실은 정공과 친밀하였던 혜통을 거세시키지 못하였다. 후에 정공을 신원하였고 그의 처자도 죄에서 속량贖良되었다. 바로 이런 면은 신라중대의 전제주의 개혁정치가 철저하게 행해지지 못하였음을 알려 준다. 신라중대의 전제정치가 실패로 끝나면서 진골귀족 사이에 왕위를 둘러싼 정권쟁탈전이 전개되는 하대 사회가 도래하였다.

제2장

신라중대 원융불교와 밀교사상

1. 신라중대 화엄종의 위상과 교학불교

—『삼국유사』 현유가해화엄조의 불교사적 의미—

(1)『삼국유사』 현유가해화엄조 내용

한국고대의 불교사를 성립하는 데 『삼국유사三國遺事』는 기본이 되는 가장 중요한 자료이다. 송宋 오극기吳克己의 『석문정통釋門正統』이나 지반志磐의 『불조통기佛祖統記』 등 천태종 계통 승전류의 체제를 참고하여, 일연은 역사·승전류歷史·僧傳類의 체제로 『삼국유사』를 편찬하였다.[1] 『삼국유사』는 한국고대의 역사는 물론 불교사 관계의 귀중한 자료를 싣고 있다. 『삼국유사』의 9개 편명篇名 중 제5 의해편義解篇은 고승전과 같아, 특별히 불교사상사를 정립하는 데 매우 유익한 자료이다.

1 김두진, 「삼국유사의 체제와 내용」, 『한국학논총』 23, 2001, pp. 11~16.

일연은 선종 승려지만 교학불교 중심으로『삼국유사』를 편찬하였다.『삼국유사』 의해편에는 교학불교사상의 선양에 앞장섰던 원광圓光을 비롯한 신라 고승들의 전기가 실려 있는데, 현유가해화엄賢瑜珈海華嚴조가 그 말미를 장식하였다. 그것은 의해편을 마무리하는 목적을 가졌는데, 실질적으로 법상종(유가瑜伽) 승려인 태현太賢과 화엄종 승려인 법해法海의 전기이다. 의해편의 결론 부분에 해당하는 현유가해화엄조를 통해 신라중대 교학불교의 양상을 이해해 보고자 한다. 그 내용은 대략 다음과 같이 요약된다.

① 유가종瑜珈宗의 조사祖師인 대덕大德 태현太賢은 남산南山 용장사茸長寺에 살고 있었다. 그 절에는 미륵彌勒 장륙석상丈六石像이 있었다. 태현은 항상 그 주위를 돌았는데, 불상도 역시 태현을 따라서 얼굴을 돌렸다. 태현은 지혜롭고 분명하며 정밀하고 민첩해서 판단하고 분별함이 명백하였다. 대개 법상종의 전양銓量은 그 뜻과 이치가 그윽하고 깊으므로 해석이 매우 어렵다.

중국 명사名士 백거이白居易도 일찍이 이것을 궁구窮究하다가 능히 통하지 못하고 말하기를 "유식唯識은 그윽하여 헤아리기 어렵고 인명因明은 분석해도 열리지 않는다"라고 하였다. 이 때문에 학자들이 배워 이어 가기가 어려운 것은 당연하였다. 태현은 혼자서 잘못된 것을 바로잡고 짧은 시일에 그윽하고 깊은 뜻을 터득하여 쉽게 이치를 분석하였다. 동국의 후진들이 모두 그의 가르침을 준수하였고, 중국의 학사學士들도 종종 이를 얻어 안목眼目으로 삼았다.

② 경덕왕 때인 천보天寶 12년 계사癸巳(753년, 경덕왕 12년) 여름에 가뭄이 심하였다. 이에 (태현을) 내전으로 불러들여『금광경金光經』을 강講하여 단비를 빌게 하였다. 하루는 재齋를 드리는데, 바리때를 펼쳐 놓고 한참 동안 있었으나 정수淨水를 올리는 것이 늦었다. 이에 감독하는 관원이 힐책하자

공양하는 자가 말하기를 "대궐 안의 우물이 말라 버렸기 때문에 멀리서 떠오느라고 늦었습니다"라고 하였다.

태현이 그 말을 듣고 말하기를 "왜 진작 말하지 않았는가?"라고 하였다. 낮에 경을 강연할 때 (태현이) 향로를 받들고 묵묵히 있었는데, 잠깐 사이에 우물물이 솟아올라 높이가 일곱 길이나 되어서 찰당刹幢과 가지런하게 되니 궁중이 모두 놀랐다. 이로 인해 그 우물을 금광정金光井이라 불렀다. 태현은 일찍이 자신을 스스로 청구사문青丘沙門이라고 하였다.

③ 이듬해 갑오甲午(754년, 경덕왕 13년) 여름에 왕은 또 대덕 법해法海를 황룡사皇龍寺로 초청하여 『화엄경』을 강연하게 하고, 친히 나아가 행향行香하면서 조용히 말하기를 "지난 여름에 태현법사가 『금광경』을 강연하여 우물물이 일곱 길이나 솟구치게 하였소. 이 분의 법도가 어떠하오?"라고 하였다. 법해가 말하기를 "(그것은) 극히 작은 일인데 무엇을 그렇게 칭찬하십니까? 곧바로 창해滄海를 기울여서 동악東岳을 잠기게 하고, 서울을 물에 떠내려가게 하는 것도 어렵지 않습니다"라고 하였다. 왕은 이 말을 믿지 않고 농담으로만 여겼다.

오시午時에 강론하면서 향로를 당겨 잡고 잠잠히 있자, 잠시 후에 궁중에서 갑자기 우는 소리가 나고 궁리宮吏가 달려와서 보고하기를 "동쪽 연못이 이미 넘쳐서 내전內殿 50여 칸이 떠내려갔습니다"라고 하였다. 왕이 망연자실茫然自失하자, 법해가 웃으면서 말하기를 "동해東海를 기울이고자 먼저 수맥水脈을 불린 것뿐입니다"라고 하였다. 왕은 자기도 모르는 사이에 일어나 절을 하였다. 이튿날 감은사에서 아뢰기를 "어제 오시午時에 바닷물이 넘쳐서 불전의 계단 앞까지 밀려왔다가 저녁 때 물러갔습니다"라고 하니, 왕은 더욱 법해를 믿고 공경하였다.

현유가해화엄조는 크게 세 부분으로 서술되었다. 첫 부분은 태현이 정립한 유식학에 대한 언급이고, 두 번째와 세 번째 부분은 각각 태현과 법해가 행한 기우제에 대한 설명이다. 첫 부분과 두 번째 부분이 모두 태현 전기에 들어갈 내용이다. 특히 첫 부분은 태현이 알기 어려운 인명론因明論과 유식학을 터득하여 능란하게 분석함으로써 신라 법상종을 정립시킨 사실을 천명한 내용이다.

태현이 용장사茸長寺에 주석하면서 미륵석상을 돌자 불상도 그를 따라 얼굴을 돌렸다고 한다. 이 설화는 현유가해화엄조의 서두에서 태현이 유가종조瑜伽宗祖라는 사실을 상징적으로 표현한 것이다. 사실 태현은 신라 법상종을 정립한 인물로서 많은 저술을 남겼는데, "동국의 후진들이 모두 그의 가르침을 준수하고 중국의 학자들도 왕왕 그것을 얻어 안목으로 삼았다"라고 하였다. 원측圓測·도증道證·태현으로 계승된 서명파西明派 유식학은 신라 법상종을 성립시키는 데 능동적으로 작용하였고, 이와 대립한 중국 자은파慈恩派 유식학 승려에게도 영향을 주었다.[2]

경덕왕 때에 기우제를 주제主祭한 태현과 법해에 대해서는 대조적으로 기록하였다. 경덕왕 12년(753년) 여름에 가뭄이 심하므로 왕실은 태현을 궁중으로 불러 기우제를 주제하게 하였다. 그다음 해인 경덕왕 13년에는 법해를 황룡사로 초청하여 역시 기우제를 드렸다. 먼저 태현은 호국 경전인 『금광경金光經』을 강연하면서 제를 올리니 궁중 금광정金光井의 우물이 일곱 길이나 높이 솟아올라 법당 앞의 당간幢竿과 가지런해졌다. 이에 비해 법해가 『화엄경』을 강연하면서 제를 드렸는데 궁궐 동쪽의 못이 넘쳐 내전 50여 칸이 떠내려 갔을 뿐만 아니라 동해 바닷물이 넘쳐 감은사 불전의 계단 밑에까지 찼다.

2 황성기, 「원측의 유식학관에 관한 연구」, 『불교학보』 9, 1972, pp. 63~64.

경덕왕 때에 드린 기우제의 효과를 단순하게 비교한다면, 태현보다는 법해의 불교 신행信行이 분명히 수승殊勝하게 나타났다. 일연은 태현에 대해 "청구靑丘의 불일佛日이 다시 중천에 걸렸네, 궁중의 우물에 맑은 물결이 솟구친다"라고 노래하였다면, 법해에 대해 "사해를 늘리고 줄이는 것도 어렵지 않네, 백억의 수미산須彌山도 크다고 하지 말라"고 찬미하였다. 현유가해화엄조는 태현 중심의 법상종 교의를 드러내려는 의도를 가졌으면서도, 종국적으로는 법상종보다는 화엄종의 교의나 신행에 더 가치를 두었다.

『삼국유사』 의해편 자체도 법상종 교학을 부연하여 드러내려고 하면서 화엄종사상을 보다 중시하려는 면에서는 현유가해화엄조의 전개와 맥락을 같이한다고 생각한다. 이런 면은 가지산문도인 일연의 입장이 의해편을 편찬하는 데에 반영되었기 때문에 나타난 것이기도 하다. 일연은 심존선관心存禪觀을 가져 선관은 물론 화엄이나 유식 등 교학사상을 폭넓게 이해하였다.[3]

현유가해화엄조는 태현보다 법해의 교학이나 신행을 훨씬 우월하게 기술하였다. 태현은 중국에까지 명성을 떨친 신라의 법상종 고승이다. 반면 법해는 화엄종 승려지만 그의 법맥을 전혀 알 수 없다. 현유가해화엄조 외의 다른 기록에서 법해를 찾을 수도 없다. 신라중대에 성행한 화엄종은 경덕왕 때에 국가적 기우제를 주관하였으므로 화엄종 승려로 법해의 명성이 알려져 있어야 마땅하다. 법해가 태현을 능가하였는데도 명성은 전혀 알려져 있지 않다. 그러므로 태현과 달리 법해는 현유가해화엄조에 단순히 상징적 의미로 등장한 인물이라고 생각한다.

경덕왕 때에 유가종조 태현의 존재는 법상종 교단의 왕성한 양상을

3 김두진, 「일연의 심존선관사상과 그 불교사적 위치」, 『한국학논총』 25, 2003, p. 13.

보여 준다. 이에 비해 법해로 상정된 화엄종단은 태현계의 명성에 가려져 있지 않았을까 생각한다. 기우제를 지내려는 법해에게 경덕왕은 "지난 여름에 태현법사가 『금광경金光經』을 강연하여 우물물이 일곱 길이나 솟구치게 하였소. 이 분의 법도가 어떠하오?"라고 가만히 묻는 모습이 그러한 분위기를 상기시킨다. 현유가해화엄조를 통해 경덕왕 당시 화엄종단과 법상종단의 상관관계를 이해할 수 있다.

신라중대 이래 유식학의 발달은 경덕왕을 전후하여 법상종을 정립시켰다. 그리하여 태현을 비롯한 법상종 승려들의 교학사상이 만개하였다. 반면 경덕왕 당시 화엄종 승려들의 교학 활동은 신라중대 초기에 비해 다소 위축되었다. 의상의 화엄종이 신라불교계를 주도하였고, 그 문도는 물론 원효계 등 방계의 화엄종도 신라불교계에 지대한 영향력을 행사하였다. 이렇듯 왕성한 화엄종 승려들의 교학 활동이 신라중대 말에는 크게 부각하여 나타난 것 같지 않다. 곧 경덕왕 때에는 신라중대 초기와 비교해 화엄종 승려들의 활동이 위축하였고, 법해는 다소 기운 화엄종단의 모습을 상징적으로 대변한 셈이다.

태현과 법해는 전제정치를 수립하기 위한 체제 개혁을 한창 설계하고 있던 경덕왕의 부름을 받아 기우제를 주제하였다. 경덕왕의 한화정책漢化政策은 신라 정통 진골귀족 세력을 억압하면서 왕권을 강화하려는 것이다. 그러기 위해 정통 진골귀족 세력과 연관된 신라적 전통, 곧 토착신앙을 배제하고 중국 제도를 도입하여 국가체제를 개편하고자 하였다. 이러한 한화정책은 무열왕대 이후 종래의 귀족연합 체제를 부정하고 왕권의 전제화를 촉진하려는 것이다.[4]

---

4 이기백, 「신라 혜공왕대의 정치적 변혁」, 『사회과학』 2, 1958 ; 『신라정치사회사연구』, 일조각, 1974, pp. 246~247.

경덕왕의 전제주의 개혁정치는 정통 진골귀족 세력의 반발로 실제로 성공할 수 없었다. 신라 사회에는 정통 진골귀족이 굳건한 세력 기반을 갖추고 있었기 때문이다. 경덕왕은 왕당파인 신충信忠을 상대등으로 기용하여 실제로 전국 주현州縣이나 관직의 이름을 한식漢式으로 바꾸었는데, 혜공왕 12년(776년)에는 그 이전의 체제로 관제가 복고復古되었다.[5] 그러나 전제주의가 성립되기 이전의 귀족연합 체제로 돌아간 것이 아니라 정치적 이해에 따라 정통 진골귀족들이 언제라도 등을 돌릴 수 있는 귀족연립 체제를 이루었다.

경덕왕은 왕권을 전제화하고자 하였는데 실상은 정통 진골귀족 세력이 왕실을 능가하고 있었다. 한화정책을 강화한 경덕왕대에 법상종이 성행하였다. 그러나 신라중대 초기에 성행한 화엄종은 점점 쇠퇴하였을지라도 법상종보다 더 큰 영향력을 가졌다. 온존한 정통 진골귀족의 존재는 법상종이 성행하는 속에도 강세를 유지한 화엄종을 떠올리게 한다. 경덕왕대 전제정치의 반발로 이루어진 신라하대에는 선종이 유행하였다. 혜공왕대 이후에는 지방호족이 등장하여 실질적으로 그 사회에 영향력을 행사하였다. 신라하대에 법상종 승려의 교학 활동이 위축되었지만 화엄종사상은 계속해서 선종 승려들의 관심 대상이 되었다.

(2) 신라중대 화엄종의 위상

의상의 출가와 구법 활동

의상은 진평왕 47년(625년)에 태어나서 성덕왕 1년(702년)에 78세로 입적하였다. 그의 부친은 한신韓信이고 속성은 김씨이다. 19세 때인 선덕

5 이기백, 위의 논문, 1974, pp. 238~239.

여왕 12년(643년)을 전후한 시기에 서울의 황복사皇福寺에 출가하였다. 중국에 유학을 시도하기 전에 의상은 원효와 더불어 보덕普德에게 나아가 『열반경涅槃經』과 『유마경維摩經』 등을 전수하였는데, 그것은 그의 사상 형성에 영향을 주었다. 당시 신라와 고구려의 정세를 참작한다면 의상과 원효가 보덕으로부터 경전을 전해 받기는 쉽지 않았다고 생각한다. 의상은 보덕을 직접 만나지는 않았더라도 그의 사상을 흠모하여 영향을 받았음 직하다.

『유마경』은 실천행에 부합되며, 『열반경』도 엄격히 말해 열반방등교涅槃方等教를 표방하여 화엄관행華嚴觀行과 연관되는 것이다. 입당하기 전 의상은 원효와 함께 수도의 길을 걸었고, 보덕뿐만 아니라 낭지朗智로부터 사상적 영향을 받았다. 낭지의 교학이 보현행普賢行을 강조한 것은 흥미롭다. 낭지의 문하에 든 지통智通은 보현대사普賢大士가 내린 정계正戒를 받았다. 화엄과 연관된 보현행원普賢行願은 실천적 화엄관행을 주장하는 의상의 사상을 형성시키는 데 작용하였다. 의상은 입당하기 전 수도 행각을 통해 그의 사상적 특성을 대체로 갖추었다.

의상의 입당 연대 역시 많이 혼동되어 있다. 『송고승전宋高僧傳』 의상전을 비롯한 중국 승전에는 의상이 총장總章 2년(문무왕 9년, 669년)에 입당하였다고 하는데, 이 기록은 믿을 수 없다. 의상전교義湘傳教조에는 "영휘(永徽, 650~655년) 초에 마침 당나라 사신의 배가 돌아가자 편승하여 중국으로 갔다"라고 하였다. 그렇지만 「부석본비浮石本碑」에는 "(의상이) 영휘 원년(진덕여왕 4년, 650년)에 원효와 동반하여 서쪽으로 당에 들어가려 하였으나 고구려에 이르러 난을 만나 돌아왔고, 용삭龍朔 원년(문무왕 1년, 661년)에 입당하여 지엄智儼 문하에 수학하였다(『삼국유사』 권3, 전후소장사리前後所將舍利조)"라고 하였다.

의상은 원효와 같이 650년에 입당하려 하였으나 뜻을 이루지 못하였고, 그 뒤 661년에 귀국하는 당의 사신을 따라 입당하여 지엄 문하에서 수학하였다. 처음 중국으로 들어가다가 중도에 비를 만나 무덤 속에서 지낸 일화는 의상과 원효의 사상을 극명하게 대조시켜 보여 준다. 전날 밤에는 편안하게 잤는데, 무덤 속인 것을 안 뒤에는 무서웠고 귀신이 나타났다. 이로써 원효는 모든 것을 마음 작용으로 보아, 법 자체를 마음속에서 구하였다. 반면 의상은 보편적 불법을 구하고자 죽음을 무릅쓰고 바다를 건너갔다.

마음 밖에서 보편적인 법을 구하려거나 혹은 마음속에서 법을 구하려는, 사상 경향의 차이로 말미암아 원효는 입당 유학을 포기하였고 의상은 끝내 뜻을 굽히지 않았다. 그러나 이 설화는 뒷날 원효가 신라불교 사상사에서 중요한 위치를 차지하게 되면서 만들어졌을 것이다. 그들은 사사로이 입당하려다가 난을 만나 실패하였거나, 또는 국경 근처에서 변방의 나졸에게 첩자로 오인을 받아 붙잡힘으로써 뜻을 이루지 못하였다는 것이 더 실상에 가깝다. 의상은 원효와 같이 고구려와 요동遼東을 거쳐 입당하려 하였으나, 그것은 일단 실패로 끝났다.[6]

661년에 중국 사신을 따라 입당한 의상은 양주揚州에 이르러 주장州將 유지인劉至仁의 존대를 받아 아문衙門 내에 머물렀다. 당시 양주는 등주登州와 함께 우리나라에서 중국으로 들어가는 관문이다. 유지인은 양주 지역의 유력자였으며 당나라의 중앙정계에도 깊이 관여하였던 인물이다. 의상은 곧 양주를 떠나 지엄 문하로 나아갔는데, 이때에도 유지인의 도움을 받았다. 지엄은 두순杜順의 법인을 받은 제자로서 중국 화엄종의 제2조였고 지상사至相寺에 주석하였다. 그의 제자가 법장法藏이다.

6 김두진, 「의상의 생애와 정치적 입장」, 『의상—그의 생애와 화엄사상—』, 민음사, 1995, pp. 58~59; 고익진, 『한국고대 불교사상사』, 동국대학교 출판부, 1988, p. 277.

법장은 중국 화엄교학을 방대하게 정리하는 데 크게 이바지하였다. 법장과 동학인 의상은 법장과는 대조적인 화엄학의 논리를 구축하였다. 의상이 지엄의 문하로 나아간 시기는 입당한 다음 해인 662년이다. 이때 지엄의 꿈에 의상이 해동의 큰 나무로 비유되어 그 가지가 중국을 덮었으며, 또는 봉황의 집 속에 있는 마니보주摩尼寶珠로 비유되어 그 빛이 멀리 미쳤다고 한다. 그것은 그가 법장에 버금간 독특한 화엄사상 체계를 수립함으로써 신라뿐만 아니라 중국에까지 끼친 큰 영향력을 은유적으로 나타내 준다.

의상이 화엄의 오묘한 뜻을 심도 있게 분석하니, 지엄은 영특한 재질을 만났다고 기뻐하였다. 새로운 뜻을 펴서 깊은 것을 끌어내고 숨은 것을 찾아냄으로써 의상은 스승보다 낫다는 평을 받았다. 문무왕 8년(668년)에 지엄이 돌아갔다. 그해에 청선사淸禪寺의 반야원般若院에 주석하고 있던 스승에게서 법인을 전수한 의상은 「화엄일승법계도華嚴一乘法界圖」를 작성하였다. 「화엄일승법계도」는 『화엄경』의 십지론十地論에 의거하여 원교圓敎의 종요를 나타내려는 것이다.

원래 지엄의 73인印을 하나의 근본인根本印으로 작성한 것이 의상의 「화엄일승법계도」이다.[7] 따라서 법계도인의 완성에 지엄이 상당한 영향을 주었다고 할 수 있다. 다만 법계도는 지엄이 저술한 것은 아니라고 하더라도 73인의 존재는 지엄과의 일정한 관계를 생각하게 한다. 혹은 의상이 법계도를 짓기 이전에 이미 지엄이 지은 도인이 있었다고도 한다. 방산석경房山石經 속에 포함된 화엄 전적 중 「일승법계도합시일인一乘法界圖合詩一印」이 그것이다.

「일승법계도합시일인」에는 '엄법사조儼法師造'라고 기록하였으므로

7 김두진, 위의 논문, 1995, pp. 86~87.

「화엄일승법계도」는 지엄이 작성하고 의상이 주석을 붙인 것이라고 한다. 물론 의상이 법계도를 작성할 당시에 지엄이 지은 73인이 있었던 것은 분명하다. 중국 화엄 전적 중 「일승법계도합시일인」은 73인이 전해진 것인지 불분명하다. 다만 『원상록元常錄』에서는 지엄이 73인을 지었다고 하였지만, 의상이 이와는 다른 법계도를 작성한 것으로 분명하게 기록되어 있다. 그렇다면 지엄이 지은 73인이 남겨져 전할 가능성은 충분히 있다.

균여는 지엄의 73인과 의상의 법계도가 각각 별상과 총상에 속할 정도로 많은 차이가 있음을 지적하였다. 그런데 「일승법계도합시일인」은 의상의 법계도와 비교하여 크게 차이가 나지 않는다. 전자가 제18구를 '십불보현대지경十佛普賢大智境'이라고 하였음에 대해 후자는 '십불보현대인경十佛普賢大人境'이라고 하였다. 곧 '대지경'과 '대인경'의 차이가 있을 뿐이다. 그 외 전자의 인문印文은 시종이 분명하지 않으나 후자의 인문은 '법法' 자로 시작해서 '불佛' 자로 끝맺고 있다.

비록 이러한 미세한 차이가 있지만, 그것이 별상과 총상으로 가를 수 있을 정도로 뚜렷하게 구분되지는 않는다.[8] 따라서 방산석경의 화엄 전적 중에 전하는 「일승법계도합시일인」은 지엄의 73인이 전해진 것으로 생각되지 않으며, 「화엄일승법계도」의 내용과 너무 비슷하므로 오히려 사료적 가치를 의심하지 않을 수 없다. 적어도 「일승법계도합시일인」은 이전 문헌에 언급한 지엄의 73인과는 달랐을 것으로 생각한다.

고려초기까지 법계도를 지엄이 지었고, 의상이 주석하였다는 주장도 있었다. 그러나 최치원은 법계도의 작자가 의상임을 분명히 기록하였

8 다만 '大智鏡'이나 印文의 시종이 분명하지 않은 「一乘法界圖合詩一印」과 비교하여 '大人鏡'이나 인문이 '佛' 자로 시작해서 '佛' 자로 끝맺는 「화엄일승법계도」가 총상에 더 가깝다고 생각하지만 이런 차이로 별상과 총상을 분명하게 가를 수는 없다.

으며, 고려초의 균여도 그것을 의상의 찬술로 단정하였다. 지엄 문하에서 화엄을 수학할 당시 의상은 『대승장大乘章』 10권을 저술하였고, 이것을 스승이 지은 『수현기搜玄記』의 내용과 상통하게 고쳐서 『입의숭현立義崇玄』이라고 하였는데 그중 210자를 뽑아서 법계도를 작성하였다.[9]

10권으로 된 『대승장』의 방대한 내용 중 번거로운 부분을 삭제하여 뜻이 사방으로 통하게 한 다음, 의상은 다시 지엄과 함께 불전에서 서원을 세우고는 그것을 태웠다. 이때 타지 않고 남은 210자를 얻어 7언言 30구句의 게송偈頌을 만들었다고 한다. 법계도를 제작한 지 약 3개월 후에 지엄은 입적하였다. 의상은 법계도에서 10종의 총總과 별別을 나누고, 그것의 근본인 중도실상中道實相을 중시하는 화엄법계관華嚴法界觀을 성립시켰다. 그 후에도 의상은 2~3년 더 당나라에 머물면서 화엄학 연구에 매진하였다.

지엄 교학은 의상의 화엄사상을 성립시키는 데 영향을 주었다. 입적하기 수일 전에 지엄은 제자들에게 '일미진중함십방一微塵中含十方'의 의미를 물었다고 하는데, 그것은 그의 별상인別相印과는 다른 의상의 총상인으로서 「화엄일승법계도」의 중요한 사상적 기반을 이루었다. 왜냐하면 하나 속에 일체의 법상이나 시방세계를 융섭하는 강한 성기론적性起論的 사상 경향을 보여 주기 때문이다.

의상은 지엄의 화엄교학을 전수하였을 뿐만 아니라 같은 종남산終南山에 거주하면서 계율사상을 선양하던 남산南山 율종律宗의 초조初祖인 도선율사道宣律師와 깊이 교류하였다. 도선은 항상 하늘로부터 공양을 받았다. 매번 재齋를 올릴 때 하늘로부터 음식을 받았는데 하루는 도선

9 김두진, 「균여의 법계관—화엄사상의 체계와 논리의 일단—」, 『역사학보』 77, 1978; 「균여 화엄사상의 체계와 논리」, 『균여화엄사상연구—성상융회사상—』, 일조각, 1983, p. 284.

이 제의에 의상을 청하였다. 의상이 이른 지 오래되었으나 하늘에서 공양이 이르지 않았다. 이에 의상이 공복으로 돌아가니 바로 천사가 이르렀다. 도선이 오늘은 왜 늦었느냐고 묻자 천사가 말하기를 "구내에 신병神兵이 가득 차서 가로막았기 때문에 능히 들어오지 못하였다"라고 하였다. 이로써 그는 의상에게 신의 호위가 있음을 알았다.

도선은 지엄과 깊이 교류하였던 광통光統율사 혜광慧光의 손제자孫弟子이며, 667년에 영감계단靈感戒壇을 건립하고 입적하였다. 의상은 그와 약 7년간 사귀면서 계율에 관해 많은 영향을 받았다.[10] 입당하기 전 의상은 신라불교의 분위기 속에서도 이미 계율을 체득하였다. 신라사회에는 고골관枯骨觀과 같은 엄격한 수련을 요구하는 수도자의 계율이 있었으며, 자장이 보살계와 범망계를 아우르면서 계율을 일반인들에게 전파해 생활화시켰다. 의상은 대중화된 신라불교의 계율에 대해 상당한 조예를 가지고 입당하였다.

의상이 도선에게서 영향을 받은 계율은 엄격한 보살계행이 아니라 수행자 일반을 위한 대승계행大乘戒行이었다. 의상은 도선을 강당으로 청하기도 하였으며, 그의 계행을 통해 정근 수련하는 데 힘썼다. 애초부터 그는 엄격한 계율의 전수가 아닌 대승계행에 관심을 가졌으며, 정근 수련하려는 계행을 중요하게 생각하였다. 의상이 계행을 익혔던 것은 실천 수행을 강조하는 그의 사상적 특성과 연관된다. 의상은 도선의 저술에 따라 율학의 연구에 힘썼던 의정義淨과도 사귀었으며[11] 항상 세예법洗濊法을 즐겨 행하였다. 의상이 귀국한 671년에 의정은 인도로 구법 여행을 떠났다.

---

10 채택수, 「의상의 화엄사상」, 『철학사상의 제문제』 2, 한국정신문화연구원, 1984; 『한국화엄사상사연구』, 민족사, 1988, pp. 265~266.

11 채택수, 위의 논문, 1988, p. 266.

의상의 세예법은 이름 그대로 세간에서 묻은 때를 깨끗이 씻는 계행이다. 곧 몸을 깨끗하게 씻지만 세간의 물건이 모두 더러워 수건이나 종이로도 몸을 닦지 않고 마르기를 기다렸다는 것이다. 의상은 3종의 법의法衣와 병甁과 발우鉢盂 이외에는 소유한 물건이 없을 정도로 물욕을 떠난 깨끗한 실천 수행을 생활화하였다. 의상은 법장과는 달리 실천 수행을 중시하였는데, 입당 유학 생활을 통해 지엄뿐만 아니라 도선 등 여러 승려와 교류하는 가운데 그러한 화엄사상 경향을 형성하였다.

의상 교학의 형성과 특성

화엄사상의 습득에 정진하고 있던 의상이 갑자기 귀국한 이유는 국제 정세의 변화에 따라 당이 신라 침공 계획을 세우고 있었기 때문이다. 의상이 당의 신라 정벌 사실을 알리자, 조정은 명랑明朗에게 밀단법密壇法을 설치하여 국난을 물리치게 하였다. 의상의 귀국 연대에 대해서는 의상전교조에 함형咸亨 원년(문무왕 10년, 670년)으로 기록되었으나, 「부석본비」에는 671년으로 나와 있기 때문에 약간의 혼동이 있다. 의상은 당의 신라 침입과 연관하여 귀국하였으므로 신라와 당과의 긴장이 가장 고조되는 시기인 670년에 귀국하였다는 의상전교조의 기록이 옳다.[12]

귀국 후 의상은 산천을 두루 돌아다니면서 명산을 구하여 도량을 건립하였다. 낙산사洛山寺를 창건한 후에도 의상은 주로 서울의 황복사皇福寺에 주석하면서 불교 행사를 주관하였다. 특히 문무왕 14년(674년)에 의상은 황복사에서 표훈表訓·진정眞定 등에게 「화엄일승법계도」를 가르쳤다. 『화엄일승법계도기華嚴一乘法界圖記』는 이때 의상이 제자들에게

---

12 고익진, 앞의 책, 1988, p. 276.

가르친 내용을 중심으로 기록한 저술이다.[13]

의상은 화엄종의 주된 도량으로 부석사浮石寺를 창건하였다. 부석사는 문무왕 16년(676년)에 왕명에 의해 창건한 절이다. 의상이 거기에 주석하여 『화엄경』을 강의하였다. 겨울에는 양지바른 곳에서, 여름에는 그늘에서 강론하였으며 40일간 법회를 열고 제자들과 일승십지一乘十地에 대해 문답하였다. 그런가 하면 의상은 소백산小白山의 추동錐洞에 도량을 열었다. 이때 무리가 3,000여 명에 이르고 90일 동안 『화엄경』을 강론하였다.

만년에 의상은 많은 제자를 거느리고 있었다. 이들은 주로 신문왕 때에 활동하였다. 신문왕대 말에 당나라에서 수학을 마치고 귀국하는 승전勝詮을 통해 법장은 자기의 저술과 편지를 의상에게 전하였다. 승전이 가져온 법장의 저술은 『화엄탐현기華嚴探玄記』 20권(당시 두 권은 완성되지 못하였음)·『일승교분기一乘教分記』 3권·『현의장잡의玄義章雜義』 1권·『화엄범어華嚴梵語』 1권·『기신소起信疏』 2권·『십이문소十二門疏』 1권·『법계무차별론소法界無差別論疏』 1권이다. 법장은 자기의 저술을 의상에게 전하면서 잘 검토해 줄 것을 청하였다. 법장의 서신과 저술을 받은 의상은 제자들에게 일단 그 내용을 분석하게 하였다.

그 결과 의상은 10문으로 된 교분기의 체제를 바꾸어 놓았다. 법장이 처음 의상에게 전한 교분기는 제9문 소전차별所詮差別, 제10문 의리분제義理分齊로 구조되었다. 그것을 검토한 의상은 순서를 바꾸어 제9문에 의리분제, 제10문에 소전차별을 설정하였다. 법장이 서술한 원본을 연본鍊本이라 하고 의상의 교정본을 초본草本이라 한다.[14] 교분기 10문

---

13 김두진, 「의상의 생애와 저술」, 『의상—그의 생애와 화엄사상—』, 민음사, 1995, p. 67 주 33 참조.

14 김두진, 「균여의 생애와 저술」, 『역사학보』 75·76 합집, 1977; 『균여화엄사상연구—성상

가운데 제9문과 제10문의 차례를 달리한 이유는 의상과 법장의 화엄교학에 관한 입각점이 달랐기 때문이다.

법장의 화엄교학은 연기건립緣起建立에 의미를 두고 있어서 연기된 법상法相의 실체를 인정하여 그 차별을 드러낸다. 반면 의상의 화엄교학은 성기취입적性起趣入的이어서 연기된 법상은 본래의 원칙적 '하나' 속으로 돌아가 융섭融攝함을 강조한다. 곧 융합된 법상의 차별을 인정하지 않는다. 법장의 교학은 여러 법상의 차이에 집착해 그 하나하나를 설명하려 한다. 차별을 인정하지 않은 의상의 교학은 근본적 '하나'의 이해로써 전체를 관조觀照하려 한다.[15] 의상이 근본적 하나를 중시하기 때문에 의리분제를 제9문에 두었다. 제9문에서 원리를 설명한 의리분제를 이해한다면, 제10문인 소전차별까지를 모두 답습할 수 있다. 이 점은 법장이 소전차별을 강조해서 여러 법상이 차별되는 원리를 부각하려는 것과 대조된다.

법장은 중국 화엄사상을 총정리하면서 화엄종을 크게 일으킨 장본인이다. 당시 중국에서 천태종이나 법상종 세력과 비교해 상대적으로 열세였던 화엄종은 지엄 때에 상당히 발전하였는데, 『일승교분기』는 중국 화엄종의 교본에 해당할 수 있는 저술이다. 의상이 그러한 책의 편목編目을 바꾸어 교정하고 있음은 화엄사상사에서의 위치를 가히 짐작하게 한다. 의상은 당대에 중국의 법장과 쌍벽을 이룰 정도로 독특한 화엄사상을 성립시켰다.

의상은 귀국하여 바로 낙산사를 창건하였고, 뒤에 화엄도량으로 부석사를 조성하였다. 그는 백화도량白花道場을 개설하기 위해 낙산사에 관

융회사상—』, 일조각, 1983, pp. 35~37.

15 김두진, 「균여의 법계관」; 「균여 화엄사상의 체계와 논리」, 위의 책, 1983, pp. 297~302.

음을 모셨으며, 정토신앙을 곁들인 화엄관법을 펴려는 의도로 부석사에 아미타불(무량수불無量壽佛)을 주조하였다. 부석사의 아미타불은 낙산사의 주존으로 모신 관음과의 연결이 가능하다. 관음은 중생을 정토로 이끄는 데 중요한 역할을 담당한다. 의상은 화엄사상에 미타와 관음신앙을 중시함으로써 실천적 화엄관행華嚴觀行을 펴려 하였다.

의상은 관음의 정토로서 낙산사를 창건하였으며, 보타낙가산寶陀洛迦山의 관음은 『화엄경』 입법계품入法界品의 선재동자善財童子가 여러 선지식善知識을 찾아 수행하는 과정을 주관한다. 화엄의 실천 수행을 내세움은 의상 자신의 사상 경향과 부합한다.[16] 의상은 『화엄경』의 입법계품을 중시하여 『입법계품초기入法界品鈔記』를 저술하였고 그것과 함께 관음신앙을 강조하였다. 관음이 설주說主인 『화엄경』 입법계품의 내용은 60권 『화엄경』보다 80권 『화엄경』에서 새롭게 보강되었다. 신역 『화엄경』의 완역본을 못 보았다 하더라도 의상은 그것을 주석하는 화엄사상 경향에 대해서는 이미 당唐에 유학할 당시 습득하여 알고 있었다. 관음의 강조는 의상이 최신 유행의 화엄사상 조류에 접하였음을 나타낸다.[17]

의상의 관음신앙은 정토신앙을 포용하였다. 대체로 정토신앙은 하층 귀족이나 서민 중심으로 수용되었으며, 특히 일반 서민들의 신앙적 특성은 산몸으로 정토에 왕생하려는 것이었다.[18] 의상의 관음신앙은 산몸으로 백화도량에 왕생함으로써 서민 중심의 정토신앙을 포용하려 하였다. 국제적인 최신 경향의 세련된 사상을 표방하면서도 의상의 관음신앙은 일반 서민들의 투박한 정토신앙으로 눈을 돌리고 있다. 의상의 관

16 고익진, 앞의 책, 1988, p. 283.

17 심두신, 「의상의 관음신앙과 정토」, 『진단학보』 71·72 합집, 1991; 『이상—그의 생애와 화엄사상—』, 민음사, 1995, p. 237.

18 이기백, 「정토신앙과 신라사회」, 『신라사상사연구』, 일조각, 1986, pp. 184~186.

음신앙 내에는 토착신앙이 흡수되었으며, 낙산사의 관음은 지모신地母神의 변신인 것처럼 나타나기도 하였다.[19]

연기된 법상은 실체를 갖지 않으며 언제 없어질지도 모르기 때문에 의상의 화엄사상은 강한 성기론적 경향을 보였다.[20] 성기는 연기된 여러 법상이 자성自性을 고수하지 않아서 논리적으로 가능한 것이다. 법상이 자성을 갖지 않으므로 자신의 위치를 고집하지 않고 원칙적 하나 속에 모여 융섭된다. 그것이 중도실상의 설정으로 나타났다. 법계도가 여러 법상을 나타내는 '법法' 자로 시작하여 귀의해야 할 '불佛' 자로 끝맺는 것이라든지, 법계원문法界遠門이요 외화外化인 중문中門을 먼저 설정하고 다음으로 법계근문法界近門이요 내증內證인 즉문卽門을 둔 것은 그의 사상이 성기론적 입장을 강하게 견지하고 있음을 나타낸다.

의상의 화엄법계관은 불교사에서 후대의 화엄사상가들에게 지대한 영향을 주었을 뿐만 아니라 신라중대의 정치 상황과도 밀접한 관련이 있었다. 화엄사상가들은 연기된 여러 법상을 가상假相으로 보려는가 하면, 거꾸로 그 실체를 극도로 인정하여 차별상을 내세우기도 한다. 이러한 두 경향은 각각 의상과 법장에 의해 대조적 논리로 정립되었으며, 이후의 화엄사상가는 누구라 하더라도 이 두 입장을 조화하는 면에서 자기 논리를 세웠다.

후대의 어떠한 화엄사상도 의상의 횡진법계관橫盡法界觀과 법장의 수진법계관竪盡法界觀을 절충한 논리로 체계화한 것에 불과하다. 그런 면에서 의상의 횡진법계관은 후대의 화엄사상에 큰 영향을 주었다. 특히

---

19 김철준, 「동명왕편에 보이는 신모의 성격」, 혜암유홍렬박사화갑기념사업위원회, 『유홍렬박사화갑기념논총』, 탐구당, 1971 ; 『한국고대사회연구』, 지식산업사, 1975, p. 42.

20 김두진, 「의상의 횡진법계관」, 『택와허선도선생정년기념 한국사학논총』, 일조각, 1992 ; 『의상—그의 생애와 화엄사상—』, 민음사, 1995, pp. 191~198.

의상의 교학은 중국 화엄종의 방계인 이통현李通玄 장자의 화엄사상에 지대한 영향을 주었다. 뒷날 이통현의 『화엄론절요華嚴論節要』는 지눌知訥에 의해 중시되었고[21] 조계종의 선종사상이 성립되는 데 의상계 화엄사상이 중요한 역할을 담당하였다.

신라중대 화엄종 교단의 모습

횡진법계관을 갖고 성기취입性起趣入을 주장하는 의상의 화엄사상이 신라중대의 전제주의와 연관된 것임은 재론할 여지가 없다. 실제로 그는 문무왕대부터 신문왕대까지 왕실과 깊이 연결되어 있었다. 신라중대에는 유식이나 유학사상도 성립되어 있었다. 물론 이들도 당대의 전제주의와 일정한 관련이 있었음은 분명하다. 그런데 화엄사상보다는 유식이나 유학사상이 전제주의에 더 유용하다거나 혹은 의상의 화엄사상보다는 법장法藏의 화엄사상이 전제정치에 더 깊이 연관되었다고 한다. 이러한 주장은 모두 정곡을 잃은 것이다. 원칙적 '하나' 속에 전체를 융합하려는 화엄사상이 왕실을 중심으로 모든 국가체제를 통합하려는 전제주의와 사상 면에서 통할 수 있는 것이다.[22]

법상의 화엄사상은 중국 무주조武周朝 측천무후則天武后의 전제정치와 깊이 연관되었다는 주장은 이미 통설로 받아들여진다.[23] 그리하여 법장의 화엄사상은 신라중대 전제정치 성립에 이바지한 것으로 이해하

---

21 김두진, 「의상 화엄사상의 역사적 의의」, 위의 책, 1995, pp. 350~358.

22 유학사상의 '禮'와 유식사상에서 강조하는 '戒'는 전제정치에 유용한 것이다. 유학사상이 6두품 지식인 중심으로 받아들여졌거나 유식사상이 중간 귀족 중심으로 수용된 사실도 왕실이 이들 계층을 포용함으로써 진골귀족을 억압하려는 전제정치에 도움을 준다. 그러나 이런 면은 유학이나 유식의 사상 자체라기보다는 외형적인 특성이라 할 수 있다. 오히려 국왕이라 하여도 '예'나 '계'의 지배 질서 속에 포함될 수밖에 없다. 그러므로 사상 면에서 선세성지에 유용한 것은 화엄사상이다.

23 鎌田茂雄, 『中國華嚴思想史の研究』, 東京: 東京大學 東洋文化研究所, 1965, p. 127.

였다. 다만 법장의 화엄사상과 비교해 의상의 화엄사상이 훨씬 더 전제정치의 성립을 능동적으로 도울 수 있었다. 성기를 강조하는 의상의 화엄사상이 연기를 내세우는 법장의 화엄사상보다 더 강한 융섭적 성격을 갖기 때문이다.

의상은 법장과 쌍벽을 이룰 정도로 대조적인 화엄학의 논리 체계를 수립하였다. 그런가 하면 의상은 '입법계품入法界品'을 강조하면서 실천 수행과 함께 관음신앙을 크게 내세웠다. 곧 80권『화엄경』에 의한 당대 최신의 화엄사상 경향을 강조하는 한편, 서민과 친근한 정토신앙을 아울러 포용하였다.[24] 이리하여 성립된 의상계 화엄종은 왕실은 물론 서민에게까지 다가가는 성격을 지녀 불교계를 확고하게 장악하고 있었다.

신라중대에 의상계 화엄종이 가장 번성하였다. 의상은 많은 문하 제자를 두었다. 그의 10대 제자로 오진悟眞·지통智通·표훈表訓·진정眞定·진장眞藏·도융道融·양원良圓·상원相源·능인能仁·의적義寂 등이 있다(『삼국유사』 권4, 의상전교조). 이들 속에 포함되지 않은 제자도 다소 발견되며, 그들의 사상이 10대 제자보다 못한 것 같지 않다. 우선 10대 제자에 포함되지 않은 인물로 범체梵體와 도신道身이 있다(『송고승전』, 의상전). 도신은『도신장道身章』을 저술하였다. 그 외 신림神琳이 있다.

도신과 신림은 실제로 10대 제자보다도 사상이나 활동이 출중하게 뛰어났다. 신림은 부석浮石 적손嫡孫으로서 뒷날 의상계 화엄종을 주도하였다. 그는 부석사 외에도 월유사月瑜寺와 세달사世達寺에 주석하였고, 회양淮陽의 신림사神琳寺를 창건하였다. 신림의 문하에 법융法融·숭업崇業·융수融秀·질응質應·대운大雲·순응順應 등의 제자가 있다. 도신은『삼국유사』에는 나오지 않지만 고려시대 균여의 저술이나『법계도기총

24 김두진,「의상의 관음신앙과 정토」, 앞의 책, 1995, pp. 237~248.

수록法界圖記叢髓錄』 등에는 그의 논소가 많이 인용되어 있다. 그는 의상의 성기론적 교학을 강하게 이어받았다.[25]

표훈은 의상의 제자 중 가장 뛰어났으며 황복사皇福寺에서 법계도를 전수하였고 의상계 화엄종의 교학을 정립하는 데 기여하였다. 그는 진정·양원·상원과 함께 의상의 제자 4영四英으로 불렸으며, 흥륜사興輪寺 금당金堂의 10성 중에 봉안되었다. 경덕왕 10년(751년)에 김대성이 불국사를 창건하자 표훈은 거기에 주석하였다. 『지통기智通記』를 저술한 지통은 처음 영취산 낭지朗智의 문하에 출가하여 법화도량에 참가하였다가 뒤에 의상의 제자가 되었다. 그는 태백산의 미리암彌理岩 굴에서 화엄관을 닦았으며, 삼세의 전후가 없어져 일문 속에 융합할 수 있는 삼세일제법문三世一際法門을 주장하였다.[26]

의상의 제자로서 표훈·신림·지통·도신 외에 행적이나 사상 경향을 다소 끄집어낼 수 있는 자는 진정眞定이다. 그 외에 양원이나 상원·오진 등에 관한 기록이 산견散見된다. 진정은 『추동기錐洞記』를 저술하였고, 의상계 화엄종의 실천수행원實踐修行願으로 강조된 효선쌍미孝善雙美신앙을 성립시킨 장본인이다. 이렇듯 의상계 화엄종은 10대 제자 등 번성하였던 문도와 함께 그들이 거주한 많은 사찰을 거느리고 있었다. 그리하여 신라하대에는 의상계 화엄종의 소속 사찰로 화엄십찰華嚴十刹이 알려져 있다.

『삼국유사』는 의상이 전교할 것을 명한 화엄 10찰을 기록하고 있지만, 실제로는 10개가 아닌 부석사·비마라사毗摩羅寺·해인사·옥천사玉泉寺·범어사梵魚寺·화엄사 등을 드는 데 그쳤다. 신라말 최치원이 해

25 김두진, 「의상의 문도」, 『한국학논총』 16, 1994; 『의상—그의 생애와 화엄사상—』, 민음사, 1995, p. 301.

26 김두진, 위의 논문, 1995, p. 298.

동 화엄대학華嚴大學의 장소로서 10산十山을 들었다. 10산은 의상이 전교할 것을 말한 10찰로 이해된다. 곧 중악中岳인 공산公山의 미리사美理寺·남악인 지리산의 화엄사·북악의 부석사·가야산의 해인사海印寺 및 보광사普光寺·웅주熊州 가야협迦耶峽의 보원사普願寺·계룡산의 갑사岬寺·삭주朔州의 화산사華山寺·금정산金井山의 범어사·비슬산琵瑟山의 옥천사·전주 무산毋山의 국신사國神寺·한주漢州 부아산負兒山의 청담사靑潭寺이다.[27]

의상계 화엄 10찰은 10개의 사찰을 가리킨 것은 아니다. 실제로 11개 사찰이 나와 있다. 10대 제자나 10찰은 의상계 문도가 번창하였다는 사정을 알려 준다. 의상계 화엄종단은 신라중대에 불교계를 주도하였고, 신라하대에 다소 위축되었을지라도 여전히 번성하였다. 신라중대 화엄종단의 주류는 의상계이다.[28] 다만 방계인 비의상계 화엄종파도 있었는데, 원효계나 혹은 자장계 화엄종파가 그들이라고 이해하기도 한다. 신라중대의 비의상계 화엄종파가 꼭 원효계나 자장계 화엄종파였다고 단정할 수는 없으나, 신라 화엄종 교학의 형성에 원효나 자장이 크게 기여한 것은 분명하다.

신라불교계를 먼저 장악한 자는 자장이다. 그는 선덕왕과 친밀하였으며 화백회의의 구성원인 무림茂林의 아들이어서 가문으로 보면 재상에 오를 수 있는 인물이었다. 당에 구법求法하여 청량산淸凉山을 찾은 자장은 귀국할 때 석가의 가사와 사리 등과 함께 대장경 1부를 가져왔다. 처음 그는 분황사나 황룡사 등에 주석하다가 통도사를 창건하고 계단을

27 최치원, 「당대천복사고사주번경대덕법장화상전」, 『고운선생속집』; 『최문창후전집』, 성균관대학교 대동문화연구원, 1972, p. 275.

28 김지견, 「신라 화엄학의 주류고」, 『숭산박길진박사화갑기념 한국불교사상사』, 원광대학교 출판국, 1975, pp. 265~267.

쌓아 사람들을 제도하였다. 자장은 승관제僧官制를 정비하고 대국통大國統이 되어 승니僧尼들의 규율을 관장하였다. 아울러 그는 조정에 건의하여 진덕여왕 3년(649년)에 중국식 의관제衣冠制를 도입하였고, 이듬해에는 정삭正朔을 받들어 중국의 연호를 사용하게 하였다.

자장은 문수신앙을 내세워 계율을 생활화하였지만 실제로는 화엄사상가였다. 그의 계율사상은 범망梵網보살계에 속해서 화엄사상과 연관된 것으로 이해한다.[29] 그가 창도한 문수신앙도 화엄사상과 연결된다. 자장은 태어나 살던 집을 희사하여 원녕사元寧寺를 창건하고 낙성법회를 베풀면서 『화엄경』을 강의하였을 뿐만 아니라 문인들의 숫자대로 나무를 심어 지식수知識樹라고 불렀다. 만년에 그는 강릉으로 물러나 수다사水多寺를 세웠고 다시 태백산에 석남원石南院(지금의 정암사淨岩寺)을 창건하여 문수진신을 만나고자 하였다.

그런데 자장은 석남원에서 문수로부터 외면당하고 쓸쓸하게 생을 마쳤다. 그는 남루한 차림으로 들른 문수진신을 알아보지 못하고 보냈는데 급히 뒤쫓아 남쪽 고개에 올라 찾았으나 미치지 못하고 죽었다. 장년의 화려하였던 승려 생활과 대비하여 자장이 문수로부터 외면당하고 죽는 사실은 그와 대립한 다른 신앙 집단의 존재를 생각하게 한다. 곧 그들로부터 배척당하였던 것 같기 때문이다. 이와 연관하여 소백산이나 강릉 일대까지 의상계 화엄종이 등장한 것으로 보인다. 자장의 화엄사상과는 달리 정토나 관음신앙을 강하게 내세우는 의상계 화엄종이 성행하였다.[30] 아울러 정암사 중심의 자장계 문수신앙이 월정사 중심의

29 蔡印幻, 『新羅佛敎戒律思想硏究』, 東京: 國書刊行會, 1977, pp. 258~259.

30 김두진, 「신라 하대의 오대산신앙과 화엄결사」, 『한국불교문화사상사 상—가산이지관스님화갑기념논총 —』, 가산문고, 1992; 「오대산신앙과 화엄결사」, 『신라화엄사상사연구』, 서울대학교 출판부, 2002, pp. 239~243.

오대산신앙으로 대치되어 갔다.

원효는 의상과 함께 한국불교의 철학 체계를 구축하는 데 절대적으로 이바지하였다. 그는 방계의 화엄종 승려이지만 유식사상에도 밝았다. 그가 지은 『금강삼매경론金剛三昧經論』은 중관과 유식은 물론 관법觀法까지를 통합하려는 성격을 가졌다. 아울러 원효는 불교 대중화에도 앞장을 섰다. 요석궁瑤石宮의 홀로된 공주와 결혼하여 설총을 낳은 이후에 그는 스스로 소성거사小姓居士라 불렀으며, 박으로 도구를 만들고 광대의 모습으로 「무애가無碍歌」를 부르면서 전국의 촌락을 춤추면서 다녔다. 이로 말미암아 몽매한 백성들까지도 부처를 알았다고 한다.

원효가 지은 「무애가」는 『화엄경』의 '일체무애인一切無碍人'에서 따서 이름을 붙인 것이다. 원효는 화엄사상을 근간으로 대중화를 이루었다. 일찍이 그는 분황사에 거주하면서 『화엄소華嚴疏』를 찬술하였으나 제4 십회향품十廻向品에 이르러 절필絕筆하였다. 그는 의상과 같이 횡진법계관을 가졌기 때문에 『화엄경』을 주석하면서 제4 십회향품 이상으로 찬술할 필요를 느끼지 않았다. 곧 근본적인 하나의 이해로써 전체를 관조할 수 있다는 것이다. 원효의 화엄사상은 기본적으로 융섭적 의상 교학을 수용하였지만, 그 안에 법장의 화엄사상 논리를 아울러 포용하였다.[31]

원효는 낙산사의 관음을 뵙기 위해 가던 중 관음의 화신인 여인을 만났다. 그런데 월수백月水帛을 빨고 있던 여인으로부터 아집我執을 가진 자라고 비난을 받은 후 끝내 낙산사에서 관음 진신을 만나는 데 실패하였다. 이러한 연기설화는 화엄사상 면에서 원효의 경지가 낮았다는 인상을 준다. 그러나 원효의 화엄사상은 유심론적 원융사상이어서 화엄

31 김두진, 「원효의 교학과 화엄사상」, 『신라화엄사상사연구』, 서울대학교 출판부, 2002, pp. 47~48.

사상 외에 모든 불교 교학에 대해 관심을 가진 것이다. 수행과 함께 관음신앙을 강조하여, 정토를 내세우는 의상계 화엄사상에는 정통하지 못하였을지라도 원효는 당시 불교의 모든 경전에 대해 이해하고 있었다.[32] 그리하여 원효 교학은 신라불교의 전반적 수준을 끌어올리는 계기를 마련해 주었다.

신라중대 화엄종단의 성립에 자장과 원효의 교학이 크게 영향을 주었지만, 자장계와 원효계의 화엄종파로 이해할 수 있는 인물을 구체적으로 찾기는 어렵다. 다만 신라중대 이래 화엄종 내에 비의상계 승려들이 활동하고 있었다. 명효明晶나 견등지見登之·표원表員 등이 그들이다. 명효는 『해인삼매론海印三昧論』의 저자이다. 『해인삼매론』은 화엄종계통의 저술인데 삼매관행 사상을 담고 있다. 그의 문장 형식은 원효의 문체를 방불케 할 정도이다. 명효는 원효의 별명이거나 적어도 원효계 화엄종파에 속한 인물이라고 생각한다.[33]

견등지는 『화엄일승성불묘의華嚴一乘成佛妙義』와 『대승기신론동이략집大乘起信論同異略集』을 저술하였는데, 그 내용은 일승성불一乘成佛과 건립동이建立同異 사상을 설명하였다. 견등지의 화엄사상은 성기취입을 주장하는 의상계 화엄사상과는 다르며, 원효나 법장의 화엄사상과 비슷한 면을 많이 지녔다.[34] 표원은 『화엄경문의요결문답華嚴經文義要決問答』을 저술하여 연집법계緣集法界와 삼매관행 사상을 표방하였다. 현실 사회 속에서 정토를 구하고 삼매관행을 추구하는 표원은 원효 교학의 충실한 계승자였다.[35]

---

32 김두진, 위의 논문, 2002, pp. 53~54.

33 김두진, 「명효의 화엄삼매사상」, 『신라화엄사상사연구』, 서울대학교 출판부, 2002, pp. 116~127.

34 김두진, 「견등지의 화엄성불사상」, 위의 책, 2002, p. 160.

35 김두진, 「표원의 연집법계사상과 관행」, 위의 책, 2002, p. 192.

가귀可歸는 『심원장心源章』을 저술하였으나 현전하지 않아 그 내용을 정확히 알 수 없다. 그는 법장의 서신과 저술을 의상에게 전한 승전勝詮의 사적을 기록하였다. 승전은 돌 무리에게 불경을 강론한 것으로 유명하다. 또한 범수梵修는 소성왕 원년(799년)에 당으로부터 40권 『화엄경』과 징관澄觀의 논소를 구해 돌아왔다. 신라중대에 의상계를 포함한 화엄종 승려들이 상당수 활동하였지만 그들은 많은 저술을 남기지는 않았다. 횡진법계관을 가진 의상계 승려들이 번다煩多하게 저술할 필요를 느끼지 않았을 수도 있다. 그렇다고 하더라도 신라중대 말에 화엄종 승려들의 활동은 법상종 승려들과 비교해 상대적으로 위축되어 있었다.

(3) 신라중대 태현계 법상종 교단

신라중대에는 유식학승들이 비교적 교학 활동을 활발하게 전개하여 경덕왕대에 법상종 교단을 성립시켰다. 당시 태현계나 진표계로 나뉠 정도로 법상종 교단의 활동은 왕성하였다. 물론 신라중대 초, 곧 경덕왕 이전에도 법상종 교단의 활동이 보인다. 법상종의 두 교단 중 신라중대에 실제로 왕성하였던 것은 태현계 법상종이다. 진표계 법상종은 오히려 신라하대를 거쳐 고려초기 현종대 이후에 인주仁州 이씨李氏들의 후원을 받으면서 크게 일어났다.

고려 성종 때에 혜덕왕사慧德王師 소현韶顯은 왕실의 원찰願刹인 현화사玄化寺에 주석하고는 전국의 법상종 사찰을 통어하기 위해 선리궁繕理宮을 설치하였으며, 석가여래와 현장玄奘·규기窺基 및 해동 6조상을 각 사찰에 보내어 안치하게 하였다.

소현이 설정한 법상종의 해동 6조는 분명하게 나와 있지 않지만 상징적인 원효와 태현을 비롯해서 3조로 진표를, 6조로 그의 스승 지광국사

智光國師 해린海麟을 포함한 주로 진표계 법맥으로 채워졌다.[36]

태현계 법상종의 성립에서 가장 중요하게 고려할 인물은 원측圓測이다. 그는 당시 신라의 정치 정세에서 비록 귀국할 수 없는 처지였지만, 이미 중국에서 법상종의 정통파인 자은파慈恩派와 대조되는 서명파西明派 유식학을 성립시켰다. 원측은 진평왕 35년(613년)에 모량부牟梁部에서 태어나 15세 때에 입당구법入唐求法하였다. 선덕여왕 14년(645년)경에 그는 법상法常과 승변僧辯의 강론을 들은 후 화엄을 익히면서도 구사론俱舍論·지론종地論宗·섭론종攝論宗 등의 구유식을 습득하였다. 또한 645년에 천축으로부터 귀국한 현장玄奘 밑에서 『유가론瑜伽論』·『성유식론成唯識論』을 비롯한 신역 경론을 접함으로써 신구新舊 유식을 함께 이해하였다.[37]

자은파와는 달리 원측은 융섭적 유식학을 성립시켰다. 원측은 호법護法 계열뿐만 아니라 안혜安慧와 난타難陀 등을 계승한 보제유지菩提流支나 진체삼장眞諦三藏의 학설을 공부함으로써 10대논사十大論師의 유식학을 모두 수용하였다.[38] 그는 원래 불법佛法이 일미一味였으나 불멸佛滅 후 천년이 지나면서 공空과 유有로 나뉜 논쟁이 일어났다고 하였다. 곧 청변淸辯과 호법에 의해 불교는 공종空宗과 유종有宗으로 나뉘었다. 그런데 자은파는 호법을 위주로 삼았던 반면 원측은 이를 회통하려고 하였다.

태현계 법상종사상 경향은 서명파 유식사상, 특히 원측의 사상이나 신라중대의 교학 풍토와 연결해 이해해야 한다. 신라 법상종 교단 중

---

36 김두진, 「'성상융회'사상 성립의 사상적 배경—고려초의 법상종과 그 사상」, 『균여화엄사상연구—성상융회사상—』, 일조각, 1983, pp. 113~115.

37 남무희, 「원측의 생애와 중국에서의 활동」, 『신라 원측의 유식사상 연구』, 민족사, 2009, pp. 80~82.

38 오형근, 「신라 원측법사의 유식사상 연구」, 『불교학보』 25, 1988, p. 72.

진표계와는 달리 태현계가 화엄종사상을 상당히 수용하였던 것은 주목된다. 불법이 일미임을 강조한 원측은 중관과 유식의 대립뿐만 아니라 소승까지 포용하려는 융섭적 사상 경향을 가졌다.[39] 그가 청변의 공종을 포용하였던 것은 주목된다.

658년(무열왕 5년)에 서명사로 옮겨 대덕이 된 원측은 『성유식론成唯識論』을 비롯한 많은 저술을 남겼다. 그러다가 산수를 찾아 수행하던 중 종남산終南山 실제사實際寺에 거주하였는데, 이때 그는 화엄사상을 깊이 이해하였다. 화엄사상에 대한 갈구 때문에 실제사로 나아갔던 듯하다. 뒤에 측천무후則天武后의 귀의를 받은 원측은 동도東都 낙양洛陽에서 『신화엄경新華嚴經』을 강의하였고 그 번역에 참여하였다.

측천무후는 690년(신문왕 10년)에 모셔온 우전국于闐國 출신 실차난타實叉難陀에게 80권 『화엄경』을 번역하도록 하였다. 이 사업에 의정義淨과 원측 및 홍경弘景 등이 참가하였다.[40] 원측은 『신화엄경』(80권)을 번역하다가 끝내 소임을 마치지 못하고 불수기사佛授記寺에서 입적하였다. 화엄사상에 대한 이해가 깊었던 원측은 융섭적 유식사상에 그치지 않고 중관과 유식 사이의 대립을 극복하고자 하였다.[41] 원측의 서명파는 신구 유식을 융섭하면서 화엄사상에 대해서도 관심을 두는 사상 경향을 표방하였다.

태현이 화엄과 유식을 아울러 탐구하였던 것은 원측으로부터 비롯된 서명파 유식사상과 연관 지어 이해해야 한다. 신라중대 태현계 법상종 교단의 성립에 화엄종사상이 관련되어 있다. 태현은 화엄사상을 심층

39 남무희, 「자은학파와의 대립과 서명학파의 형성」, 『신라 원측의 유식사상 연구』, 민족사, 2009, pp. 209~210.

40 최치원, 「당대천복사고사주번경대덕법장화상전」, 『최문창후전집』, p. 252.

41 남무희, 「화쟁적 유식사상의 확립」, 『신라 원측의 유식사상 연구』, 민족사, 2009, pp. 161~170.

적으로 이해하였다. 그는 원측 문도인 도증의 제자인데, 처음에는 화엄의 원융한 이치를 추구하였으나 후에 법상(유식唯識)의 깊은 뜻을 연구하였다.[42] 화엄사상에서 출발해서인지 태현은 서명파 유식사상보다 더 융섭적 사상 경향을 표방하였다. 태현의 저술은 이런 면을 이해하기에 충분하다. 태현은 많은 저술을 남겼는데, 현전하는 것은 『성유식론학기成唯識論學記』와 『기신론내의약탐기起信論內義略探記』·『보살계본종요菩薩戒本宗要』·『범망경고적기』·『약사경고적기』 등 5부에 불과하다.[43]

태현의 저술을 크게 세 부분으로 나누어 제시하면 다음과 같다.

① 『대승경大乘經』: 『화엄경고적華嚴經古迹』 5권·『법화경고적法華經古迹』 4권·『범방경고적梵網經古迹』 2권·『범망경종요梵網經宗要』 1권·『금강반야경고적金剛般若經古迹』(舊譯) 1권·『금강반야경고적』(당唐 삼장三藏 역譯) 1권·『반야리취분고적般若理趣分古迹』 2권·『반야심경고적般若心經古迹』 1권·『인왕경고적仁王經古迹』 1권·『금광명경술기金光明經述記』 4권·『금광면경료간金光明經料簡』 1권·『열반경고적涅槃經古迹』 8권·『열반경료간涅槃經料簡』 1권·『약사경고적藥師經古迹』 1권·『무량수경고적無量壽經古迹』 1권·『관무량수경고적觀無量壽經古迹』 1권·『소아미타경고적小阿彌陀經古迹』 1권·『칭찬정토경고적稱讚淨土經古迹』 1권·『미륵상생경고적彌勒上生經古

42 宗覺正直, 「太賢法師義記序」(『菩薩戒本宗要纂註』 卷上; 『日本大藏經』 卷21, 大乘律章疏之與, p. 7 下)에 "西明圓測之徒 有道證法師 太賢也者道證之高弟 又云 初搜華嚴之融致 後究法相之淵旨"이라고 하였다.

43 조명기, 『신라불교의 이념과 역사』, 신태양사, 1962, pp, 182~183. 태현의 저술 목록은 조명기의 이 책(1962, pp. 191~194)에 정리되어 있다. 다만 ①~③의 저술 목록은 일본의 淸算이 태현의 『梵網經古迹記』를 찬술한 내용 속에 나오는 것이다. 경전과 논소로 나누어 제시한 저술 목록은 설명의 편리함을 갖추고 있다고 생각한다. 다만 상기 인용한 외에도 조명기가 제시한 목록 속에는 『般若心經注』·『大無量壽古迹記』·『淨土總料簡』·『梵網經戒本宗要』·『起信論內義略探記』·『成唯識論開發章』·『對法論古迹記』·『釋名章』 등이 더 나와 있다.

迹』 1권·『미륵하생경고적彌勒下生經古迹』 1권·『미륵성불경고적彌勒成佛經古迹』 1권

② 『대승론大乘論』: 『백법론고적百法論古迹』 1권·『잡집론고적雜集論古迹』 4권·『유식론학기唯識論學記』 4권·『유가론고적瑜伽論古迹』 4권·『인명론고적因明論古迹』 1권·『이문론고적理門論古迹』 1권·『관소연론고적觀所緣論古迹』 1권·『이십유식론고적二十唯識論古迹』 1권·『성업론고적成業論古迹』 1권·『오온론고적五蘊論古迹』 1권·『장진론고적掌珍論古迹』 1권·『광백론고적廣百論古迹』 1권·『변중변론고적辨中邊論古迹』 1권·『현양론고적顯揚論古迹』 1권·『불지론고적佛地論古迹』 1권·『무성섭론고적無性攝論古迹』 1권·『세친섭론고적世親攝論古迹』 1권

③ 기타: 『유가찬요瑜伽纂要』 3권·『유식결택唯識決擇』 1권·『기신론고적起信論古迹』 1권·『본모송本母頌』 1권·『본모송석本母頌釋』 3권·『대승일미장大乘一味章』 1권·『대승심로장大乘心路章』[44]

이 중 논소(②)에 속한 저술은 대체로 유식에 관한 것이다. ①의 경전들에는 『금강반야경』 계통 외에 당대의 호국불교를 대변하는 『인왕경』이나 『금광경』이 들어 있다. 특히 『법화경』이나 『범망경』과 함께 『화엄경』 등이 포함되어 있는 것은 매우 중요하다. 나머지의 가장 많은 분량을 차지하는 것은 『무량수경』이나 미륵 3부경 및 『열반경』의 정토 관계 경전이다. 『칭찬정토경고적』이 수록되어 있는 것도 태현의 교학이 정토신앙을 중시하였던 사실을 알려 준다.

기타 저술(③)에 『기신론고적』과 『대승일미장』이 들어 있다. 기신론 계통, 특히 『금강삼매경金剛三昧經』은 중관과 유식은 물론 관법까지도 융

44 淸算, 『梵網經』 卷上 古迹綱義 第一, 疏題號之下.

섭하려는 성격을 지녔다. 『대승일미장』은 현전하지 않지만, 명칭으로 보아 화엄교학에 근거한 강한 융섭적 성격을 가졌다고 생각한다. 단편적으로 인용한 『대승일미장』의 내용은 사선근四善根의 하나인 세제일법世第一法이 비록 일찰나一刹那이지만 사체四諦로 연기緣起한다는 것이다.[45] 일찰나는 사체와 구별되지 않아 서로 융섭한다. 태현은 화엄교학이나 혹은 원효의 화쟁和諍사상에서 영향을 받았다.[46]

무위無爲와 유위有爲, 곧 성性과 상相은 서로 분리될 수가 없다고 함으로써[47] 태현의 사상은 오히려 성상융회를 주장하는 화엄사상에 근접하였다는 인상을 준다. 아울러 그는 정토신앙, 특히 미타정토신앙을 표방하였다.[48] 신라중대에 성립한 법상종사상 경향은 화엄종사상을 염두에 두면서 미타정토신앙을 내세우는 특성을 가졌다. 그리하여 신라 유식학승들이 중국 자은파와 대립하여 독자의 법상종사상을 성립시켰다. 도증이나 또는 인명학에 밝아 『송고승전』에 전기가 실린 순경順憬은 모두 화엄사상에 관심을 가지면서 융섭적 사상 경향을 지녔다.

문무왕 6년(666년)에 순경은 현장玄奘의 『진유식량眞唯識量』을 보고 그 내용과 대조되는 『결정상위부정량決定相違不定量』을 지어 입당하는 사신 편에 부쳐 보냈다. 그의 학문은 대소승은 물론 가섭으로부터 이어지는 두타행頭陀行까지 융섭하려는 것이다. 순경은 일찍이 화엄사상에 접하였는데, 『화엄경』의 '초발심初發心에서 문득 성불한다'라는 내용을

---

45 이만, 「일본 법상관계 제소에 인용된 태현법사의 유식사상」, 『불교학보』 23, 1986, p. 200. 또한 『成唯識論本文抄』(『新修大正藏』 65, p. 755, 中)에 "太賢古迹一味云 世第一法雖一刹那緣四諦 眞名緣四諦 云云"이라 하였다.

46 조명기, 앞의 책, 1962, pp, 194~195.

47 이만, 「일본 법상관계 제소에 인용된 태현법사의 유식사상」, 앞의 책, 1986, p. 199.

48 김남윤, 「신라중대 법상종의 성립과 신앙」, 『한국사론』 11, 1984, pp. 124~129.

믿지 않고 비방하다가 생신生身으로 지옥에 떨어졌다고 한다.[49] 이러한 순경날락가順憬捺落伽 연기설화는 법해와 대립하는 태현의 기우제 설화와 함께 태현계 법상종 교단과 화엄종사상과의 연관성을 시사해 준다.

신문왕 때에 국로國老로서 삼랑사三郎寺에 주석한 경흥憬興은 태현계 법상종파에 속한 인물이며 많은 저술을 남겼고 특히 정토신앙을 가졌다.[50] 현전하는 그의 저술인『삼미륵경소三彌勒經疏』1권과『무량수경연의술문찬無量壽經連義述文贊』16권 외에 전하지 않는『관무량수경소觀無量壽經疏』및『아미타경약소阿彌陀經略疏』등은 미륵이나 미타정토신앙을 표방하는 내용을 가졌다. 경흥은『열반경』이나『법화경』의 논소를 저술하였지만『화엄경』의 논소를 남기지는 않았다. 그러나 그는 화엄사상에 대해서도 관심을 가졌던 듯하다.

경흥은 병이 들어 한 달이나 고생하였다. 그의 병을 고치는 과정에 관음이 깊이 관여하였는가 하면, 화엄사상을 중시하는 흔적이 나타나 있다. 경흥의 병은 근심으로 말미암아 생긴 것이다. 관음이 여승으로 현신하여『화엄경』의 교설을 인용하고 우스꽝스러운 춤을 추었다. 이를 본 경흥이 크게 웃으니 병은 절로 나았다. 경흥은 거사로 현신한 문수보살로부터 승마乘馬를 경계하는 말을 듣고 나서 평생 말을 타지 않았다고 한다.『화엄경』과 문수보살의 등장은 경흥의 화엄사상에 대한 관심을 나타낸다.

신라중대의 태현계 법상종 교단은 융섭적 사상 경향을 지녀 화엄사상에 관심을 보이면서 정토, 특히 미타정토신앙을 표방하고 그 왕생을 돕

---

49 贊寧,『宋高僧傳』卷4, 義解篇 제2의 2, 唐新羅國順憬傳.

50 조명기, 앞의 책(1962, pp, 213~216)에 憬興의 저술 목록이 나와 있다. 그중 유식 관계 저술이『成唯識論貶量』30권 외에『成唯識記』4권·『成唯識樞要記』2권·『瑜伽師地論記』36권·『瑜伽師地論疏』10권 등이다.

는 관음을 중시하였다. 성덕왕 때에 중아찬 김지성金志誠은 돌아가신 아버지와 어머니 등 가족을 위한 정토왕생 신앙을 가졌다. 비슷한 시기에 노힐부득努肹夫得과 달달박박怛怛朴朴은 백월산白月山의 선천촌仙川村에 숨어 각각 미륵불과 미타불로 성도成道하기 바랐다. 이들이 성불하는 데 관음보살이 도움을 주었다. 경덕왕 때의 백월산 남사는 태현계 법상종 교단에 속한 사찰이다.

(4) 신라하대 교학불교의 전개

신라하대 지방호족이 대두된 사회 분위기 속에서 선종禪宗이 크게 유행하자 교종敎宗은 상대적으로 위축되었다. 경덕왕대에 표훈表訓은 천국과 지상을 오르내리면서 천기를 누설하였으므로 천제가 하늘의 문을 막아 이후 신라에서는 성인이 나오지 못하였다고 한다. 교종불교가 떨치지 못함으로써 표훈 이후에 유명한 승려가 나오지 못하였음을 간접적으로 알리는 연기緣起설화이다.

'묵수默守'를 내세우는 선종 수행은 교종의 논리를 초월하려는 것이다. 곧 논리를 부정하려는 것이 아니어서 공관空觀의 이해와 실천 수행實踐修行을 함께 수학하려는 화엄사상을 전적으로 부인하지는 않았다. 대체로 초기의 선사禪師들은 화엄사상에 심취하였다가 논리의 한계를 깨닫고 선종 수행으로 나아갔다. 그래서인지 신라하대에는 화엄종 승려, 특히 의상계 문도들이 계속 활동하고 있었다. 의상은 10찰十刹에 전교傳敎할 것을 명하였다. 부석사浮石寺나 해인사海印寺 및 화엄사華嚴寺 등의 10찰은 신라하대에 화엄종단의 세력이 계속 유지되었음을 알려준다.

10찰을 중심으로 화엄종 승려들이 많이 활동하였지만, 해인사에서 활동한 승려들이 주로 알려져 있다. 최치원崔致遠은 해인사와 깊은 인연을 맺으면서 거기에 주석한 승려들의 행적을 기록으로 남겼다. 신라하대에 화엄종 승려들의 활동은 계속 이어졌다. 원성왕대에는 화엄종 승려로 생각되는 지해智海 및 묘정妙正과 연회緣會 등이 활동하였다. 지해는 황룡사皇龍寺에서 『화엄경』을 5순旬 동안 강론하였다. 지해의 법회에 참가한 묘정은 신라 왕실과 친밀하였다. 그는 사신의 일원으로 당에 파견되어 황제를 알현하였다.

연회는 『승전僧傳』에 헌안왕대의 인물이라는 이설이 있기도 하지만, 원성왕대에 「양지전朗智傳」을 찬술하였다. 연회는 이름으로 보아 화엄종 승려임을 알려 주지만, 중국 청량산淸凉山과 얽힌 연기설화를 지닌 영취사靈鷲寺에 주석하였다. 그곳을 『화엄경』의 10지十地 중 법운지法雲地로 자처한 점 등으로 미루어 그는 화엄종 승려임이 분명하다. 연회는 원성왕이 국사國師로 봉할 것이라는 소식을 듣고 멀리 떠나 숨으려 하였다. 그러던 중에 문수와 변재천녀辨才天女의 깨우침으로 말미암아 다시 돌아온 그는 국사의 봉임을 받았다.

연회뿐만 아니라 애장왕대에는 정수正秀가 왕사王師에 봉해졌다가 이어 국사로 책봉을 받았다. 정수는 걸식乞食하는 한 여인이 아이를 낳으면서 얼어 죽어 가자 자기의 옷을 벗어 덮어 줌으로써 그들을 소생시켰다. 물론 정수가 어느 종파에 소속된 승려였는지는 분명하지 않지만 황룡사 사문沙門으로 기록하고 있어서 화엄종 승려일 가능성이 가장 크다. 그렇지 않다고 하더라도 그가 교종 승려였음은 분명하다.

신라하대에 화엄종 승려나 교종 승려가 여전히 국사에 봉해지고 있었던 것은 화엄종 또는 교종 세력이 강잉强仍하게 온존溫存하였음을 알려준다. 신라하대의 선사들은 화엄사상에 대해 많은 관심을 표명하였다. 희양산문曦陽山門의 개조자開祖者인 지증智證 도헌道憲은 처음 의상계 화엄종의 문도였던 범체梵體 대덕에게 출가하였다. 이후 그는 경의瓊儀 율사로부터 구족계를 받았으며, 부석산浮石山으로 들어가 교의를 익혔다.

해인사를 창건한 자는 순응順應인데, 그 불사佛事를 이정利貞이 완성하였다. 비슷한 시기인 900년경에 현준賢俊과 정현定玄이 해인사에 주석하고 있었다. 9세기 후반 결언決言은 경문왕의 청에 의해 주석한 곡사鵠寺를 중창하여 원성대왕의 명복을 빌기 위한 대숭복사大崇福寺로 창건하였다. 결언이 해인사에 거주하였는지는 분명하지 않다. 신라말에 해인사에는 화엄종의 두 사종司宗으로 관혜觀惠와 희랑希朗이 있었다.

두 사람은 신심信心을 받으면서 향화원香火願을 서로 달리 청하였으므로 이미 마음이 같을 수 없었다. 그 후 문도에 이르러서는 점차 물과 불이 되어 법미法味가 각각 달리 전해졌으니 그 폐단을 없애기 어려웠다. 세상 사람들이 관혜의 법문을 남악南岳으로, 희랑의 법문을 북악北岳으로 불렀다. 적어도 신라말에는 화엄종이 남악파와 북악파로 나뉘어 교리 논쟁을 할 정도로 번성하였던 것이다.

1977년에 통일신라시대 『화엄경』을 사경寫經한 두루마리가 학계에 알려졌다. 그것을 분석하여 신라말 화엄종 내의 대립 양상을 보다 구체적으로 끌어내었다. 이 두루마리는 당역唐譯 80권 『화엄경』을 사경한 것인데, 경덕왕 14년(755년)에 완성되었다.[51] 이로 말미암아 화엄종의 연기조사緣起祖師가 실존 인물임이 밝혀짐으로써 의상의 화엄사상과 대립한 연기의 화엄사상을 설정하였다. 그 결과 신라 화엄종의 주류가 의상계였다면 비주류는 연기계였고, 북악파는 태백산 부석사를 근거로 한 의상계였다면 남악파는 지리산 화엄사를 근거로 한 연기계의 화엄종이었

51 문명대, 「신라 화엄경사경과 그 변상도의 연구—사경변상도의 연구(1)—」, 『한국학보』 14, 1979, 봄, p. 53.

다고 한다.

상기한 결론과는 달리 북악파가 의상계라면 남악파는 법장계法藏系라는 주장도 있다. 900년을 전후한 시기에 결언決言·현준賢俊·최치원 등이 법장의 화엄학을 강조하였던 것을 들면서 남악파와 북악파의 대립은 법장계와 의상계의 오랜 갈등으로 말미암아 나타났다고 한다. 그리하여 북악파와 남악파 화엄교학의 차이에 대해 의상과 법장의 화엄사상을 비교 검토하여,[52] 전자가 실천적인 데 비해 후자는 현학적衒學的이라 하였다. 이러한 주장은 화엄종의 주류인 의상계 외에 비의상계가 있었다는[53] 사실을 확인시켜 주지만, 그러한 주류와 비주류의 대립이 신라말까지 존재하였다는 결론에 이르게 한다.

신라 화엄종의 비의상계를 연기계나 법장계라 하여 남악파와 연결하려는 경향은 더 철저한 사료 검증을 거쳐 이루어져야 한다. 사실 남악과 북악의 분열을 알려 주는 「균여전均如傳」의 분위기는 의상계 화엄종단 내에서 계파로 나뉜 것이라는 인상을 준다. 신라말에 의상계 문도가 해인사를 창건하였는데, 해인사에 거주하는 문도들의 대립은 의상계 문도들 내의 사상 경향 차이에서 고려되어야 한다. 이러한 사료의 분위기가 잘못되었다고 생각하였다면 자료 검토를 선행하여 왜 그렇게 기록하였는지를 충분히 밝혀야 할 것이다.

신라중대 초기에 성립한 화엄종 교단 내의 주류와 비주류의 대립은 신라말까지 계속해서 그대로 유지되었는지는 의문이다. 물론 의상계 문도 중에 법장의 화엄사상 경향을 받아들인 승려가 충분히 나올 수 있

52 김상현, 「신라 화엄학승의 계보와 그 활동」, 『신라문화』 1, 동국대학교 신라문화연구소, 1984, pp. 81~82.

53 김지견, 「신라 화엄학의 계보와 사상」, 『학술원논문집—인문·사회과학편—』 12, 1973; 「신라 화엄학의 주류고」, 『숭산박길진박사화갑기념 한국불교사상사』, 원광대학교 출판국, 1975.

다. 다만 그것을 법장계 화엄종파의 존속으로 상정하여 의상계 화엄종파와의 끈질긴 대립으로 파악하려는 문제의식은 잘못된 것이다. 최치원이 「의상전」과 아울러 「법장전法藏傳」을 찬술하고 있는 태도는 그 두 사상 경향의 융합과 절충을 이미 정리한 결과로 나타난 것이다.

신라말의 오대산 화엄결사에는 오히려 화엄종단 내의 주류와 비주류가 함께 참가하고 있는 듯한 인상을 준다. 본래 오대산신앙은 자장의 문수신앙을 배경으로 형성되었는데, 그가 말년에 문수진신을 기다렸던 정암사淨岩寺는 지금의 정선군에 있다. 그 뒤 오대산신앙은 월정사를 중심으로 하는 오대산의 다섯 봉우리에 각각 결사가 이루어짐으로써 성립되었다. 오대산 결사가 성립된 시기는 성덕왕 4년(705년)이라고 하였다(『삼국유사』 권3, 대산오만진신臺山五萬眞身조). 그러나 이때의 결사는 오대 가운데 중대中臺에 진여원眞如院을 개창하는 사실을 가리켰을 법하다.

문수의 상주처常住處였던 오대산은 뒤에 오대의 각 대臺에 진신眞身이 상주하는 곳으로 되었다. 곧 동대東臺에 관음, 남대南臺에 지장, 서대西臺에 무량수, 북대北臺에 석가, 중대中臺에 문수가 거주하였다. 오대가 각각 5여래五如來의 상주처라고 비로소 기록한 자는 당나라의 징관澄觀이다. 그것이 여래의 주처지住處地로 되는 과정에서 밀교密敎의 영향을 받았는데, 오대산신앙을 밀교 도량으로 성립시킨 자는 당의 불공不空이다.[54] 징관과 불공이 살았던 시기는 8세기 중엽이므로 신라 오대산 사적이 확립되는 시기는 신라하대여야 한다.

특히 월정사 내지 오대산 사적과 깊이 연관된 신의信義나 유연有緣·

---

54 박노준, 「당대 오대산신앙과 불공삼장」, 『영동문화』 3, 관동대학교 영동문화연구소, 1988, pp. 34~35.

신효信孝 등은 신라말에 활동하였던 인물이다. 오대의 결사는 한꺼번에 행해졌다기보다는 시대를 달리하여 각각 이루어졌다. 고려 건국 후 왕건이 그 결사를 완전히 갖춰 마무리하였다. 고려말 민지閔漬가 찬술한 「오대산불궁산중명당기五臺山佛宮山中明堂記」에는 월정사로 법등法燈이 전해진 오대산의 각 대에 왕건이 특별히 공양하고 그것을 항규恒規로 삼는 내용이 전한다.[55]

오대산신앙 속에는 자장의 사상 전통이 강하게 반영되어 있다. 자장이 말년에 은거하여 문수의 진신을 뵙고자 하였던 정암사는 오대산신앙의 중심 도량인 월정사가 아니며, 또한 그는 문수로부터 외면 당하고 운명하였다. 자장은 처음 오대산신앙과 반드시 밀착되어 있던 것은 아니지만, 뒤에 월정사 중심의 오대산신앙을 결성할 때 자장계 불교신앙이 중요하게 고려되었다.

오대산신앙의 형성에 중요한 역할을 담당한 것은 의상계 화엄종이다. 동대에 관음을 모신 점이나 오대의 각각에 원통圓通의 부처상을 조성한 점 등은 의상계 화엄사상의 특성으로 이해할 수 있다. 오대산사적의 성립에 실제로 깊이 관여한 자는 신효인데, 그는 의상계 화엄종에 속한 인물이다. 그 뒤 월정사에 거주하는 유연有緣이나 신의信義 등도 의상계 화엄종에 속한 인물이다. 자장은 말년에 의상계 화엄종으로부터 배척을 받았는데,[56] 오대산사적에는 자장계와 다른 불교 종파의 반목을 찾아볼 수 없다. 오대산사적이 형성될 당시에 자장과 의상계 화엄종 사이의 갈등은 정리되었던 셈이다.

---

55 이능화, 「오대산불궁산중명당기」(『조선불교통사』 권하, 신문관, 1918, p. 138)에 "細記云 五臺山者 佛聖眞身 常住之所 月精寺者 五類大聖 現迹之地 況是寺亦名 是山之喉吻 故 我太祖 肇開王業 依古聖訓 每歲春秋 各納白米二百石 鹽五十石 別修供養用資福利 遂以 爲歷代之恒規"라고 하였다.

56 김두진, 「자장의 문수신앙과 계율」, 『한국학논총』 12, 1990, p. 28.

통일 이후 신라 사회에서는 화엄종과 더불어 법상종도 크게 유행하고 있었다. 그렇지만 법상종 세력은 화엄종 세력을 능가하지 못하였을 뿐만 아니라 신라하대 선종이 성행하는 분위기 속에서 더 위축될 수밖에 없었다. 색계色界의 차별을 그대로 인식하려는 법상종 교리는 선종과 맞지 않는다. 그렇지만 신라하대에 법상종 승려들도 계속해서 활동하고 있었으며, 특히 풍수지리를 수용한 동리산문桐裏山門의 선사들은 유식唯識사상을 정통으로 이해하였다. 또한 원랑圓朗선사 대통大通은 법상종 학승이었던 도증道證이 창건한 충주 월광사月光寺에 주석하였다.

신라중대 이래에 법상종 교단에는 태현계와 진표계의 두 교단이 성립되어 있었다. 법상종의 두 교단은 신라말까지 이어져 내려갔다. 다만 신라말에 전자에 속한 인물을 구체적으로 찾기 어렵다. 법상종 계통의 조상造像 양식이 미륵·미타의 양존에서 미륵·지장의 양존 형식으로 바뀌었으므로[57] 그에 따른 법상종의 교단 세력이 교체된 것으로 이해하기도 한다.

신라말에 궁예弓裔가 소속되어 있었기 때문에 미륵과 미타의 양존을 모시는 법상종 교단은 고려 동일 후 위축될 수밖에 없었다. 궁예는 왕이 되기 이전에 세달사世達寺의 중이 되어 선종善宗이라는 법호를 받았다. 법호를 지닌 궁예는 불교사상에 대해 상당한 조예를 가졌다. 그렇지만 궁예의 불교관은 심히 왜곡되어 전하고 있다. 궁예는 후삼국시대 한반도의 삼분의 일을 지배한 지도자로서의 역량力量을 가진 인물로 그

---

57 문명대, 「신라 법상종(유가종)의 성립문제와 그 미술—감산사 미륵보살상 및 아미타불상과 그 명문을 중심으로 (하)—」, 『역사학보』 63, 1974, p. 160. 나말여초에 太賢系 법상종 세력은 약해졌으며 진표계 법상종 세력이 흥하였음은 김남윤, 「신라중대 법상종의 성립과 신앙」(앞의 책, 1984, p. 146)에서도 지적되었다.

의 불교신앙도 그런 면에서 재평가해야 한다. 궁예는 법상종 중 미륵과 미타를 모시는 교단에 속해 있었는데, 이 교단은 관음을 중요하게 받들면서[58] 정토淨土를 희구하는 경향을 보였다.

미륵과 지장의 양존을 모시는 법상종 교단도 금산사金山寺를 중심으로 계속 이어져 내려왔다. 견훤甄萱은 신검神劍의 난亂 이후 금산사에 유폐되었다. 금산사는 후백제의 정변에 깊이 연관된 것으로 보아 적어도 후백제 왕실과 어느 정도 밀접하게 연결되었을 것이다. 그 외에도 고성군高城郡의 발연사鉢淵寺나 속리산俗離山의 길상사吉祥寺 및 공산公山의 동화사桐華寺도 법상종 사찰로서 신라말까지 그 법맥을 계승하였다. 진표의 제자로 영심永深·보종寶宗·신방信芳·체진體珍·진해珍海·진선眞善·석충釋忠 등이 있었는데, 모두 산문의 개산조가 되었다. 신라말에 진표계의 법상종 사찰은 상당수 존재하였다.

진표가 미륵으로부터 받은 간자는 영심을 거쳐 심지心地에게 전해졌다. 그러나 간자가 심지로 전해지는 과정이 순조로웠던 것은 아니다. 공산에 거주하던 심지가 속리산에서 영심이 개설한 증과證果 법회法會에 참석하려 하였으나 도량 안으로 들어가는 것을 허락받지 못하고 정원에서 참례參禮하였다. 그뿐만 아니라 공산으로 돌아가는 도중에 호주머니 속에 들어 있는 간자를 발견한 심지는 두 번이나 되돌아와 영심에게 간자를 돌려주었다. 그런데도 간자는 여전히 심지의 호주머니 속에 들어 있었다. 부처의 뜻이라고 판단한 영심이 결국 간자를 심지에게 공식적으로 전하였다.

진표의 간자는 공산의 동화사에 보관되었다. 심지는 헌덕왕의 왕자였

---

58 김두진, 「고려초기의 법상종과 그 사상」, 『한우근박사정년기념 사학논총』, 지식산업사, 1981; 「'성상융회'사상 성립의 사상적 배경—고려초의 법상종과 그 사상—」, 앞의 책, 1983, p. 117.

으며, 동화사는 신라말에 왕실의 원찰이었다. 그리하여 심지의 동화사가 후백제의 수중에 있던 금산사와는 같은 교단에 소속되었으면서도, 서로 추구하는 방향을 달리하였다. 진표계의 간자가 후삼국의 혼란 속에서 없어졌다가 다시 나타나는 과정은 왕건이 삼한을 통합하는 연기설화로 형성되었다. 고려말 김관의金寬毅가 찬술한『왕대종록王代宗錄』권2에는 다음 내용이 있다.

나말羅末에 신라 대덕大德 석충釋冲이 진표율사眞表律師의 가사袈裟 일령一領과 계간戒簡 189매枚를 태조에게 바쳤다. 지금 동화사桐華寺에 전하는 간자와 같은 것인지 또는 다른 것인지 알 수 없다.

—『삼국유사』권4, 심지계조心地繼祖조—

석충釋冲은 분명 진표계 법상종에 속하였던 승려인데, 궁예에게 죽임을 당하는 석총釋聰과 같은 인물인 듯하다.

궁예가 지은 불교 경론經論은 20여 권이나 되는 방대한 것이어서 간단히 요망한 사설邪說이며 괴담怪談으로 치부될 수는 없다. 그 경전은 궁예 불교사상의 성이를 알려 주는데, 미륵과 미타를 모시는 법상종 교단의 입장에서 저술된 것이다. 그렇다면 그것을 비판한 석총은 화엄종을 비롯한 다른 종단에 속하였거나 아니면 진표계 법상종 교단의 승려였음이 분명하다. 혹은 석총이 진표계 법상종 교단에 속한 석충釋冲이라면 궁예의 불교신앙은 진표계 법상종의 반발을 받고 있었던 셈이다. 신라말에 법상종의 두 교단 세력이 각각 법맥을 계승시키면서 독자적으로 활동하였으며, 그 사이에 은근한 대립과 갈등이 존재하였다.

다만 미륵과 미타를 모시는 교단은 고려초에 그 법맥을 전승하지 못하고 단절되지만, 미륵과 지장을 모시는 교단은 인주仁州 이씨李氏들의 후원을 받으면서 현종 이후 크게 번창하였다.[59] 고려초기에 활동한 관웅寬雄이나 융철融哲 등은 모두 진표계 법상종에 속한 승려였다. 융철의 제자인 정현鼎賢이 고려초에 법상종 승려로서 국사國師에 봉해졌으며 관웅의 제자인 해린海麟이 그 뒤를 이어 지광智光국사로 봉해졌다. 궁예와 연결되었기 때문에 고려초에 미륵과 미타를 모시는 태현계 법상종 교단이 위축되었다. 반대로 진표계의 법상종 교단은 금산사를 중심으로 크게 떨쳤다.

2. 신라중대 진표의 법상종사상과 그 의의

(1) 신라 유식불교의 유입

불교 논리는 크게 공관空觀과 유식唯識으로 나뉘어 발전하였다. 공관이 중관中觀으로 나아갔다면, 색계色界를 인식하려는 유식은 마음을 중시하여 설명하는 학설을 성립시켰다. 곧 '일체유심조一切唯心造'이며 '만법유식萬法唯識'이라 한다. 인도의 유식학은 무착無着(Asanga)과 세친世親(Vasubandhu) 형제가 많은 저술을 남기면서 체계화되었다. 그중 무착의 『섭대승론攝大乘論』이 유식학의 기초 이론을 제공하였다. 특히 십대론사十大論師들이 세친의 『유식삼십론唯識三十論』을 자세하게 주석하면서 인도 유식학을 집대성하였다.

중국에 유식학은 인도로부터 3차에 걸쳐 도입되었다. 첫째는 보리유지菩堤流支가 508년(영평永平 원년)에 북위北魏로 와서 세친의 『십지경론

59 김두진, 위의 논문, 1983, pp. 113~115.

十地經論』을 번역하였고 이를 바탕으로 지론종地論宗 유식학파가 성립되었다. 다음으로 진제眞諦가 563년(천가天嘉 4년)에 진陳의 수도 건업建業에서 『섭대승론』을 번역함으로써 섭론종攝論宗 유식학파가 대두하였다. 그 뒤에 현장玄奘은 인도에 17년간 유학하고 645년에 『유식삼십송唯識三十頌』의 주석서 100권을 가지고 귀국하여, 『성유식론成唯識論』 10권을 번역함으로써 법상종法相宗 유식학파를 성립시켰다.

구역舊譯에 바탕을 둔 지론종 및 섭론종과 신역, 곧 『성유식론』에 의한 법상종 유식학파는 '오성각별설五性各別說'과 '일천제성불설一闡提成佛說'에 대해 서로 달리 해석하는 성불론을 가졌고, 그 사이에 논쟁이 일어나 점차 확대되어 갔다. 종파로서의 법상종은 현장의 제자인 자은사慈恩寺의 규기窺基에 의해 수립되었고 제2조 혜소惠沼와 제3조 지주智周에게로 계승되었다. 이들이 중국 정통 법상종인 자은파를 성립시켰다. 반면 현장의 문하로 규기와 동학인 서명사西明寺의 원측圓測은 '오성각별설'을 비판하면서 오성 중 어느 것을 택하여 수행하더라도 성불할 수 있다고 하였다.

신라로 귀국하지는 않았지만 원측은 구역과 신역에 의거한 유식학파를 종합하면서 융섭적인 법상종사상을 표방하였다.[60] 반면 현장과 규기는 이미 격렬하게 전개된 청변清辯과 호법護法 사이의 공유空有 논쟁에서 유종유식계有宗唯識系인 호법의 사상을 따름으로써 회통會通을 도외시하였다. 원측의 문하에 도증道證이 있고 그의 제자가 태현太賢이다. 이들은 자은학파와 다른 서명파의 유식사상을 형성하였다. 신라에는 서명파 유식사상이 영향을 주었지만, 그 이전 지론종이나 섭론종 계통의 구유식사상도 전해져 있었다.

60 남무희, 「자은학파와의 대립과 서명학파의 성립」, 앞의 책, 2009, p. 201.

고구려 승려 의연義淵은 『십지론十地論』이나 『금강반야경론金剛般若經論』과 함께 『지지론地持論』·『지도론智度論』 등의 유식 계통 경론을 이해하고 있었다. 고구려불교는 일찍 신라에 전해졌을 뿐만 아니라 신라 승려 각덕覺德이나 명관明觀이 양梁나라나 진陳나라로부터 사리와 경전을 가지고 돌아왔다.[61] 또한 안홍安弘이나 지명智明 등은 수나라나 진나라에 들어가 경론을 구해 오면서 구유식을 접하였다. 진평왕 때에 원광圓光은 진나라에 유학하여 성실학成實學의 대가인 장엄사莊嚴寺 승민僧旻 계통의 유식을 배웠으며, 귀국해서는 『성실론』과 『열반경涅槃經』 등의 유식경론을 연구하여 섭론종에 관심을 표명하였다.

현장의 문하에서 정통 법상종인 자은파와 대별大別되는 신라 계통의 서명파를 성립시킨 원측은 귀국하지 못하였다. 신라중대 초의 정치 정세가 그의 귀국을 허용하지 않았던 듯하다.[62] 현장은 자은과 함께 중국 법상종의 성립에 크게 공헌한 『성유식론』의 찬술 작업에 원측을 배제하고 참가시키지 않았다. 원측이 숨어서 현장의 강의를 듣고 나서 규기보다 먼저 『유식소초唯識疏鈔』를 저술하였다고 한다. 『송고승전』에는 이렇듯 도청설盜聽說이나 혹은 여러 사람의 마음을 사로잡았다(빼앗았다)는 식의 표현이 나오는 것으로 보아 원측이 자은보다 우월하였다고 생각한다.[63]

---

61 김두진, 「신라 공인불교의 사상과 그 정치사적 의미」, 『두계이병도박사구순기념 한국사학논총』, 지식산업사, 1987, p. 86.

62 『삼국유사』 권2, 효소왕대 죽지랑조에 "時园(圓)測法師 是海東高德 以牟梁里人 故不授僧職"이라고 하였다, 신문왕이 則天武后에게 원측의 귀국을 요청하였다고 하지만, 실제로는 국내 정세가 귀국할 수 없는 사정으로 돌아간 듯하다. 효소왕 때가 되면 모량부 사람들이 관직에서 쫓겨났을 뿐만 아니라 출가할 수 없었고, 이미 출가한 모량부 출신 승려는 큰 절에 들어가지 못하였다. 그러므로 모량부 출신이어서 승직을 받을 수 없는 사정은 원측이 바로 귀국하지 못하는 결과를 초래하였다.

63 황성기, 「원측의 유식학관에 관한 연구」, 『불교학보』 9, 1972, p. 18.

원측의 『성유식론소』가 『성유식론』은 물론 자은의 『성유식론술기成唯識論述記』와 대조적으로 기술되었으나 현재 전하지 않는다. 다만 자은의 제자인 혜소惠沼가 『성유식론요의등成唯識論了義燈』을 저술하였는데, 그 속에 무려 200여 개나 되는 원측의 논설을 인용하였다. 혜소는 원측의 주장을 논박하여 스승인 자은의 학설이 옳다는 것을 주장하였다. 이 때문에 『성유식론요의등』에 실린 원측의 논설은 혜소가 비판적으로 인용한 것이어서 사료로서는 다소 한계성을 가졌다. 그렇더라도 그것은 자은파와 극명하게 대조되는 서명파 유식사상을 이해하는 데 도움을 줄 뿐만 아니라 당시 신라인 유식학파가 중국 정통학파와 쌍벽을 이루고 있었음을 확인시켜 준다.[64]

원측의 씨족은 알려지지 않았다. 신라 국왕의 후손이라거나 연국왕燕國王의 후손이라고도 한다.[65] 이런 사정은 원측이 신라 박씨 왕족의 후예이거나 아니라 하더라도 육두품 이하의 귀족 출신이었을 것으로 생각하게 한다. 진평왕 35년(613년)에 태어난 그는 15세가 되던 진평왕 49년(627년)에 중국에 유학하여 법상法常과 승변僧辯의 강론을 들었다. 이어 당 태종의 주선으로 원법사元法寺에 주석하면서 원측은 『성실론成實論』·『구사론俱舍論』·『비담론毘曇論』·『파사론婆娑論』 등을 열람하였다(「원측법사사리탑명」).

법상은 지론종地論宗 담천曇遷의 제자로 성실·비담·화엄·십지론十地論 등에 밝았다. 승변은 『섭대승론攝大乘論』·『중변분별론中邊分別論』·『유식론』·『불성론』·『삼무성론三無性論』·『구사론』 등의 장소章疏를 찬술

64 황성기, 위의 논문, 1972, pp. 18~19.

65 宋復, 「大唐西明寺故大德圓測法師佛舍利塔銘并序」(이후 「圓測法師舍利塔銘」이라고 통일함)에는 원측이 '新羅國王의 後孫'이라고 하였는데, 최치원, 「고번경증의대덕원측화상휘일문」에는 '燕國王의 後孫'이라고 하였다.

하였다. 이들을 통해 원측은 지론종과 섭론종 등 구유식에 대한 안목을 가졌고 고금의 장소를 깊이 이해하였다.[66] 현장의 문하에 들어 서명사에 머물면서 그는 신구 유식을 모두 수학하였을 뿐만 아니라 종남산終南山 운제사雲際寺로 나아가 화엄에 대한 식견을 길렀다.

원측은 뒤에 측천무후則天武后의 귀의를 받아 실차난타實叉難陀가 주관하는 80권『화엄경』의 번역 사업에 참여하였으며,『신화엄경新華嚴經』을 강의하였다. 그는 696년(효소왕 5년)에 불수기사佛授記寺에서 입적하였다. 원측은 원래 일미一味였던 불법이 불멸佛滅 천 년 이후부터 청변과 호법에 의해 논쟁이 일어나 공종空宗과 유종有宗으로 나뉘었다고 하였다(원측,『반야심경찬般若心經贊』). 유식학승이지만 일미를 강조한 원측의 사상은 중관뿐만 아니라 소승까지 융섭하려는 경향을 보여 다른 종파의 학설을 포용하고자 하였다.[67] 이러한 서명파 유식사상은 그의 제자들에게 계승되었다.

「원측법사사리탑명」에는 그의 제자로 서명사의 자선慈善과 대천복사大薦福寺 대덕 승장勝莊이 나온다. 승장은 신라 사람으로 현장에게 사사하였다가 원측의 문하가 되었으며,『금광명최승왕경金光明最勝王經』등 많은 경론을 찬술할 정도로 유식에 밝았지만[68] 신라로 돌아오지는 않았다. 원측의 문인인 도증道證은 출신을 잘 알 수 없지만 692년(효소왕 원년)에 중국으로부터 돌아와 조정에 천문도天文圖를 바쳤다. 그는 현전하지 않지만 많은 저술을 남겼고,[69] 유식사상을 근본으로 반야나 인명

66 남무희,「원측의 생애와 중국에서의 활동」, 앞의 책, 2009, pp. 80~81.

67 남무희,「자은학파의 대립과 서명학파의 형성」, 앞의 책, 2009, p. 210.

68 안계현,「승장찬 금광명최승왕경소(집일)」,『불교학보』2, 1964;『불교학보』3·4 합집, 1966, 부록.

69 道證은 현존하지는 않지만 13종의 저술을 남겼다.『般若理趣分經疏』1권·『大般若經籍目』2권·『金剛般若經疏』1권·『西方極樂要讚』1권·『成唯識論要集』14권·『成唯識論綱

학 등에 밝아 신라 법상종 성립에 크게 공헌하였다.

태현太賢은 주로 경덕왕대에 활동하였으며 유식학승이지만 화엄이나 율학律學 등 여러 경론에 밝아 많은 저술을 남겼다.[70] 그는 남산 용장사茸長寺에 주석하면서 미륵을 모셨다. 항상 태현은 돌미륵상의 주위를 돌았는데, 이때 불상도 역시 그를 따라서 얼굴을 돌렸다고 한다. 경덕왕 12년(753년)에 태현은 궁중으로 들어가 『금광경金光經』을 강론하면서 기우제祈雨祭를 주관하였다. 그는 왕실과 돈독하여 국사에 봉해졌다(『불국사고금역대기佛國寺古今歷代記』).

태현이 성립한 법상종은 교파를 달리하는 교단으로 나뉠 정도로 신라 사회에 유식사상을 성행하게 하였다. 곧 진표계眞表系 법상종 교단이 그것이다. 신라중대에 법상종이 성행하는 데에는 서명파 유식사상이 영향을 주었다. 그 외에도 순경順憬은 귀국하지 않았으나 신방神昉 등의 활동은 신라 유식사상의 수준이 높았을 것으로 생각하게 한다. 신방은 현장 문하의 사대고족四大高足에 포함되며 역경에 참여하였다.

신방은 다수의 저술을 남겼는데, 그중 『대승대집지장십륜경大乘大集地藏十輪經』 10권을 번역할 때 지은 「대승대집지장십륜경서大乘大集地藏十輪經序」만이 현전할 뿐이다.[71] 『십륜경』 계통의 경론을 많이 저술하였으므로 신방은 삼계교三階敎에 밝았다. 『대승대집지장십륜경』은 실차난타가 번역한 『지장보살본원경地藏菩薩本願經』과 함께 지장신앙을 널리

要』 13권·『攝大乘論世親釋論疏』 16권·『辨中邊論疏』 3권·『因明入正理論疏』 2권·『大因明論鈔』 2권·『大因明論疏』 2권·『聖敎略述章』 1권·『天台山智者大師別傳』 1권 등이다.

70 太賢의 저서는 50여 부 110여 권에 달하는데, 현재 전하는 것은 『成唯識論學記』 8권·『菩薩戒本宗要』 1권·『梵網經古迹記』 2권(혹 3권)·『藥師經古迹記』 2권·『起信論內義略探記』 1권 등 5부에 불과하다. 이 외에 전하지 않는 그의 저술 목록이 조명기, 앞의 책(1962, pp. 181~183)에 나와 있다.

71 그 밖의 저술인 『十輪經抄』 3권·『十輪經疏』 8권·『十輪經音義』 1권·『順正理論述文記序』 1편·『成唯識論要集』 13권·『顯唯識論集記』 1권·『種性差別集』 3권 등은 전하지 않는다.

유행하게 하였다.[72] 「대승대집지장십륜경서」를 지은 신방의 유식사상은 신라 진표계의 법상종 성립에 영향을 주었다.

순경은 인명학에도 밝았으며 신라에 있으면서 많은 저술을 남겨 중국에까지 알려졌다. 그는 현장의 『유식비량唯識比量』을 비판하기 위해 저술한 『결정상위부정량決定相違不定量』을 문무왕 6년(666년)경, 입당入唐하는 사신使臣 편에 부쳐 당나라에 전하였다. 이미 현장은 2년 전(664년)에 입적하였으므로 이를 보지 못하였다. 그러나 『결정상위부정량』은 자은파 유식사상의 결함을 보충하는 것이었고, 실제로 그는 대승과 소승의 모든 경론을 학습하여 포용하였으며 가섭迦葉의 선종을 숭상하면서 두타행頭陀行을 닦았다.

신방은 물론 순경의 활동은 신라 국내 유식사상의 수준이 높았을 것으로 생각하게 한다. 원효는 유식뿐만 아니라 화엄이나 관법觀法에까지 밝아 신라불교의 수준을 전반적으로 끌어올리는 견인차 구실을 담당하였다. 뒤에 도륜은 원효가 『결정상위부정량』을 지었다고 하였다. 현장은 『유식비량』에서 '자허自許'라고 한정함으로써 다시 비교 헤아리게 하는 비량比量을 불러일으켜 차별을 갖게 하였다. 이러한 차별의 잘못을 지적한 융섭적인 『결정상위부정량』은 순경이 지었다고 하더라도 바로 원효의 교학과 연결할 수 있는 것이다.

원효 이후 신라 유식학은 7세기 중반부터 8세기 중반까지 약 100년 동안 융성하였다. 당시에 경흥憬興·법위法位·현일玄一·영인靈因·현범玄範·의영義榮·행달行達·의빈義賓·혜경慧景·도륜道倫 등 많은 학승이 유식사상을 활발하게 연구하였다. 특히 도륜은 일명 둔륜遁倫이라고도 하는데 미륵도량인 흥륜사에 머물고 있었다. 그는 성덕왕 4년(705년)에

---

72 김남윤, 「신라중대 법상종의 성립과 신앙」, 앞의 책, 1984, p, 107.

『유가론기瑜伽論記』를 비롯한 많은 저술을 남겼고, 그중 『유가사지론瑜伽師地論』 24권·『보살계본기菩薩戒本記』 1권·『보살계갈마기菩薩戒羯磨記』 1권 등이 현전한다.

경흥은 신문왕 때에 국사와 같은 국로國老로 추앙을 받았다. 그는 병을 얻어 한 달여 동안 고생하였는데 관음의 도움으로 낫는가 하면, 문수로부터 훈계를 받고 나서 평생 말을 타지 않았다고 한다. 경흥도 태현계 유식학승이지만 정토교는 물론 화엄이나 여러 교학에 밝아 많은 경론을 찬술하였다. 그중 『무량수경연의술문찬無量壽經連義述文贊』 외에 미륵삼부경에 대한 논소論疏인 『미륵상생경료간기彌勒上生經料簡記』·『미륵하생경소彌勒下生經疏』·『불설미륵성불경소佛說彌勒成佛經疏』가 현전한다.[73] 그의 이런 면은 마치 원교圓敎 교학을 떠올리게 한다. 이렇듯 융성하였던 신라 유식사상은 일본에까지 영향을 주었다. 성덕왕 4년에 신라 승려 지봉智鳳은 일본으로 건너가 원흥사元興寺에 주석하면서 유식학을 발전시키는 데에 공헌하였다.

(2) 신라중대 진표의 교학사상

진표 교학의 형성

진표는 주로 신라 경덕왕대에 활동하였는데, 그의 행적을 알려 주는 자료로 『삼국유사』 권4의 진표전간眞表傳簡조와 관동풍악발연수석기關東楓岳鉢淵藪石記조가 있다. 국외 자료로 『송고승전』의 진표전(권14, 명률편明律篇 제4의 1)이 있으며, 이 외에 『신승전神僧傳』(권7)과 담강曇畺이

73 조명기, 앞의 책, 1962, pp. 202~212. 또한 이 책(1962, pp. 213~216)에는 현재 전하지 않는 憬興의 저술 목록이 나와 있다.

찬술한 『신수과분육학승전新修科分六學僧傳』(정학증어과定學證語科)의 진표전이 전하는데 그 내용은 『송고승전』의 그것과 대동소이하다. 진표에 대한 기록은 『송고승전』을 위시한 중국 승전과 국내 문헌에 다소 다르게 나타나 있다.

『삼국유사』 권4에 실린 진표전간조와 관동풍악발연수석기조는 그의 활동에 관해 연대뿐만 아니라 내용에도 상당한 차이가 있다. 관동풍악발연수석기조는 「발연석기鉢淵石記」와 내용이 매우 다르다. 영잠瑩岑이 발연사비석(「발연석기」)을 보고 줄여서 관동풍악발연수석기조를 기록하였다. 「발연석기」는 현재 전하지 않지만 진표전간조와는 많이 달랐던 것이 분명하다. 진표전간조와 관동풍악발연수석기조 및 『송고승전』 진표전의 내용을 종합하여 진표의 행적을 밝히고자 한다.

진표전간조에는 그가 완산주完山州 만경현萬頃縣 사람으로, 아버지는 진내말眞乃末이고 어머니는 길보랑吉寶郎이며 성은 정씨井氏라고 하였다. 만경현의 옛 이름은 두내산현豆乃山縣 혹은 도나산현都那山縣이다. 관동풍악발연수석기조에는 그가 전주全州 벽골군碧骨郡 도나산촌都那山村 대정리大井里 사람이라고 하였다. 이를 종합해 보면 진표는 완산주 만경현 대정리 사람이다. 그의 성인 정씨는 대정리라는 지명에서 연유한 것으로 생각한다.[74]

진표는 12세에 금산사金山寺의 숭제崇濟(혹은 순제順濟)법사에게 출가하였다. 출가 동기는 그의 출신을 이해하는 데 도움을 준다. 『송고승전』에는 진표의 출가 동기가 비교적 자상하게 나와 있는데 다음과 같다.

석진표釋眞表는 백제인百濟人이다. 집이 금산金山에 있었는데, 대대로 사냥을

74 이기백, 「진표의 미륵신앙」, 『신라사상사연구』, 일조각, 1986, p. 266.

하였다. 진표는 대단히 날쌔고 민첩하였으며, 활쏘기를 가장 잘하였다. 개원開元(713~741년) 연간에 짐승을 쫓다가 잠시 논두렁에서 쉬었다. 그 사이에 버들가지를 꺾어서 개구리(가재)를 꿰어 한 꿰미를 만들었는데 물속에 두었다가 장차 반찬을 만들려고 생각하였다. 그러고 나서 산으로 들어가 사냥을 하고 바로 사슴을 쫓는 바람에 (그는) 산의 북쪽 길을 따라 집으로 돌아갔으며 꿰어 둔 개구리를 갖고 가는 것을 까마득히 잊어버렸다.

다음 해 봄이 되어 사냥하러 나갔다가 개구리의 울음소리를 듣고 물에 가서 보니, 지난해에 꿰어 둔 30마리가량의 개구리가 아직 살아 있었다. 진표는 이를 보고 탄식하면서 스스로 책망하여 말하기를 "괴롭도다. 어찌 입과 배가 저같이 꿰어 해를 넘기며 고통을 받았는가!"라고 하였다. 이에 버들가지를 끊어 모두 놓아주고 인因하여 뜻을 세워 출가하였다.

—『송고승전』 권14, 진표전—

『삼국유사』에는 진표의 출생이나 입적 연대가 정확하게 기록되어 있지 않다. 『송고승전』은 그가 713년(성덕왕 12년)에서 742년(경덕왕 1년) 사이에 출가한 것으로 기록하였다. 금산사의 숭제법사나 혹은 순제법사의 문하로 나아갔다는 차이는 있지만, 진표전간조와 관동풍악발연수석기조는 공히 진표가 12살 때에 출가한 것으로 기록하였다.

숭제와 순제는 같은 인물임으로,[75] 진표가 12살 때에 출가한 것은 역사적 사실이라고 생각한다. 출가하였을 때를 중심으로 우선 진표의 출생 연대를 밝히고자 한다. 진표전간조는 진표가 23세 때인 효성왕 4년(740년)에 지장보살地藏菩薩로부터 정계淨戒를 받았다고 기록하였다. 그렇다면 진표는 성덕왕 17년(718년)에 출생하였다. 반면 관동풍악발연수석기

75 김영태, 「신라 점찰법회와 진표의 교법 연구」, 『불교학보』 9, 1972, p. 123.

조에는 27세 때인 경덕왕 19년(760년)에 변산邊山의 불사의방不思議房으로 들어갔다고 한다. 곧 진표는 성덕왕 33년(734년)에 출생한 것이 된다.

진표전간조와 관동풍악발연수석기조에서 진표의 출생 연대는 각각 성덕왕 17년과 성덕왕 33년이 되므로, 무려 16년이라는 햇수의 차이가 난다. 성덕왕 17년(718년) 출생설이 옳다고 생각한다. 『송고승전』에 의하면 진표가 늦어도 742년(경덕왕 1년)까지는 출가해야 한다. 만약 성덕왕 33년(734년) 출생설을 따른다면, 출가할 당시 진표의 나이는 10살을 넘을 수 없다. 그러므로 진표는 일단 성덕왕 17년에 출생하였고, 성덕왕 28년(729년)에 금산사의 숭제법사 문하로 출가하였다.

다만 『송고승전』에 진표는 백제 사람이라고 하였다. 백제 유민인 그의 출신은 출가 동기와 결부하여 시사성을 준다. 작년에 잡아 버들가지에 꿰어 둔 개구리(가재)가 아직도 물가에서 살아 꿈틀거리는 모습을 본 진표는 충격을 받아 출가하였다. 그에게 버드나무 가지에 꿰인 개구리는 백제 사람을 상징하는 것으로 느껴졌다고 한다. 이미 멸망한 백제의 유민들에게 아직도 백제에 대한 의식이 살아 있다는 것을 상징적으로 나타낸 셈이다. 개구리를 다 놓아준 것은 백제인들을 다시 살려야겠다는 각오를 드러냈다고 생각한다.[76]

진표는 신라중대에 종교적 신앙을 통해 백제인의 부활운동을 도왔다. 그는 백제 귀족의 후예여서 백제 유민을 이끄는 위치에 있었다. 사냥을 가업으로 삼았으므로 그는 본래 무인武人 집안 출신이었을 것이다. 진표의 아버지는 진내말眞乃末이다. 내말乃末은 신라 골품제의 관등인 내마柰麻로 오두품에 해당한다. 정씨라는 성씨는 진표가 중앙귀족 출신이 아니라는 것을 분명하게 알려 준다. 진표 집안은 신라중대에 중앙귀족

76 이기백, 「진표의 미륵신앙」, 앞의 책, 1986, pp. 269~270.

은 아니었으나, 대정리를 중심으로 한 만경현 지역에서 토호세력을 이루고 있었다.

백제인의 부활운동과도 연관될 수 있는 참회계법懺悔戒法이나 미륵 신앙은 진표가 금산사에 출가하여 숭제법사로부터 전수한 것이다. 특히 그는 숭제에게서 계법을 받고자 하였다. 숭제는 일찍이 당에 들어가 선도先導 삼장三藏 밑에서 배운 후, 오대산五臺山으로 가서 감응한 문수 현신에게서 5계를 받았다. 장안長安의 자은사에 주석한 삼장은 유식뿐만 아니라 정토를 닦아 정토종의 고조高祖로 추앙을 받았다. 진표는 숭제가 주석한 금산사에서 유식은 물론 정토나 화엄사상까지 비교적 폭넓은 교학을 접하였다.

금산사에서 1년 가까이 수학하고 숭제의 주선으로 진표는 선계산仙溪山 불사의암不思議庵으로 나아가 망신참회계亡身懺悔戒를 얻었다. 망신참회계를 얻는 과정은 시일을 두고 전개되었다. 우선 지장보살로부터 정계淨戒를 받았다. 이때가 진표전간조에는 효성왕 4년(740년)이라 하였다. 이와는 달리 관동풍악발연수석기조에는 진표가 변산의 불사의방으로 나아가는 시기를 경덕왕 19년(760년)이라 하였다. 출생 연대와 마찬가지로 진표가 정계를 받는 시기도 진표전간조와 관동풍악발연수석기조 사이에는 20년이라는 차이가 있다.

진표가 불사의방에 들리는 시기를 경덕왕 19년으로 기록한 관동풍악발연수석기조의 기록은 아무래도 신빙성이 없다. 망신참회계를 얻는 과정은 적어도 2년여의 수학修學 기간이 소요되었다. 지장과 미륵의 두 보살로부터 모두 증과證果를 얻는 때가 경덕왕 21년(762년)이라면, 이후 2년도 못사는 경덕왕과 진표의 만남은 가능할 수 없다. 그러나 진표는 뒤에 경덕왕의 귀의를 받았다. 다만 지장으로부터 정계를 받거나 불사의방으로 나아가는 시기를 각각 진표가 23세나 27세 때라고 한 것은 그렇게 크게 차이가 나는 기간이라고 생각하지 않는다.

진표는 27세를 전후한 때인 경덕왕 3년(744년)경에 지장으로부터 정계를 받았던 듯하다. 이후 변산의 영산사靈山寺로 나아가 더욱 수행한 결과 미륵으로부터 『점찰경占察經』 2권과 189개의 간자簡子를 받았을 때는 경덕왕 5년경으로 생각한다. 미륵의 증과를 받은 진표는 바로 돌아와 금산사에 거주하였다. 진표전간조와는 달리 관동풍악발연수석기조에는 진표가 금산사에 출가하였지만, 두 보살로부터 증과를 받은 후에는 금산사를 창건하였다고 기록하였다.

금산사의 창건 기사는 『송고승전』에 더 분명하게 나온다. 증과를 얻고 산에서 내려오자 촌락과 취읍聚邑의 남녀 백성들이 정성을 다해 진표를 환영하였다. 이후 항상 두 마리의 호랑이가 그의 좌우를 따라다녔다. 진표는 호랑이에게 수행할 장소를 찾게 하였다. 호랑이가 찾은 곳에 절을 창건하여 금산사라고 하니, 사방에서 많은 신사가 모여들었다. 이미 이전에 건립되어 있었을지라도 진표가 금산사를 새로 창건하였거나 개창改創하였다고 생각한다.

금산사에 거주하다가 경덕왕 11년(752년) 이후, 곧 경덕왕대 중기에 그는 여러 지방을 교화하며 강릉(아슬라주阿瑟羅州)에 이르렀다. 강릉 지역에서 진표는 용궁에 들려 물고기와 자라에게까지 계를 내렸다. 이러한 명성으로 말미암아 진표는 경덕왕의 초청으로 궁중에 나아갔다. 보살계를 받은 경덕왕은 그에게 조租 77,000석을 내렸으며, 계품戒品을 받은 왕비와 친척들도 모두 비단과 황금을 시주하였다. 진표가 경덕왕의 초청을 받을 수 있었던 이유는 그의 교화가 널리 알려졌기 때문이다. 그는 경덕왕대 초기부터 이미 명성을 떨쳤음이 분명하다.

진표는 다시 고성군高城郡 금강산으로 들어가 발연사[鉢淵藪]를 창건하고, 점찰법회를 열면서 거기에 7년을 거주하였다. 그의 사리를 모신

발연사는 어족魚族을 위해 계법을 강연한 곳에 세운 절이다. 마침 강릉의 주변 지역에 흉년이 들어 사람들이 굶주렸다. 진표는 사람들에게 계법을 설하여 삼보를 공경하게 하는 대신 바닷가에 무수한 물고기가 저절로 죽어 나오게 함으로써 식량을 마련해 주었다.

발연사를 나와 다시 불사의방에 이른 진표는 고향으로 가서 아버지를 뵙고 효도에 힘썼다. 이때 영심永深이 융종融宗·불타佛陀 등과 함께 진표의 문하에서 법문을 들었다. 그의 법맥은 영심에게 정통으로 계승되었다. 영심은 진표의 가사와 바리때·『공양차제비법供養次第秘法』 1권·『점찰선악업보경占察善惡業報經』·간자 189매를 전수하였다. 진표의 간자는 영심의 제자인 심지心地에 전해져 동화사桐華寺의 첨당籤堂에 모셔졌다.

진표는 영심 등이 속리산俗離山의 길상사吉祥寺를 창건하는 데 도움을 주었다. 진표는 금산사에서 강릉 지역으로 떠나기 직전 속리산에 들렀을 때 길상초가 핀 곳을 표시해 두었고, 그곳에 길상사를 창건하였다. 진표는 아버지를 모시고 발연사로 가서, 도업道業을 닦고 효도를 다 하다가 입적하였다. 영심 외에 법을 얻은 그의 제자로 보종寶宗·신방信芳·체진體珍·진해珍海·진선眞善·석충釋忠 등이 있는데, 모두 산문의 개조자가 되었나.

진표의 법상종사상

진표의 교학에 대해서는 비교적 다양한 견해가 있다. 그 이유는 그의 행적에 관한 기록이 많이 혼재되어 있기 때문이다. 태현이 신라 법상종을 성립시켰지만 우리나라 법상종의 개조자를 진표로 생각하기도 한다.[77] 이와는 달리 진표는 신라 법상종과 관계가 없으며, 점찰교법占察

77 김영수, 「오교양종에 대하야」, 『진단학보』 8, 1937, p. 92.

教法을 확립하여 집대성한 참회懺悔 불교의 개조자라고 한다.[78] 진표가 점찰교법을 주창하였을지라도 법상종과 관련이 없다는 주장은 정곡을 잃은 것이다. 신라중대 초기에는 태현과 진표로 대표되는 두 교단으로 나뉠 정도로 법상종이 성장하였다.[79]

진표 교학을 점찰교법 또는 법상종으로 파악해야 하는지의 문제에 대해서는 일연이 『삼국유사』 진표전간조를 찬술하면서 이미 결론을 내렸다. 다음 내용이 참고된다.

① (『점찰경』은) 개원開元과 정원貞元 연간에 나온 두 석교록釋教錄에는 정장正藏으로 편입되었으니, 비록 성종性宗에서 벗어나 있었지만 상교대승相教大乘으로는 자못 우수한 것이라 하겠다. 어찌 탑참搭懺과 박참撲懺의 두 참법과 같이 말할 수 있겠는가?

② 『점찰경』에서 윤輪을 던져 상相을 얻는 일과 무엇이 다르겠는가? 이에 진표공이 참懺을 들어 간자簡子를 얻고 법을 듣고 부처를 본 것이 가히 허망하지 않다고 할 수 있다.

—『삼국유사』 권4, 진표전간조—

수나라 때에 탑참법搭懺法과 박참법撲懺法이 유행하였다. 그 내용은 『점찰경』에 근거하였을지라도 경전의 뜻과 달랐으므로 당시 이를 금지하였다. 선악을 점치고 죄를 멸하는 것과 같은 요망한 신앙을 가졌기 때문이다.

일연은 탑참법과 박참법을 『점찰경』과 같이 이해할 수 없다고 분명하

78 김영태, 「신라 점찰법회와 진표의 교법 연구」, 앞의 책, 1972, p. 128.

79 문명대, 「신라 법상종(유가종)의 성립문제와 그 미술—감산사 미륵보살상 및 아미타불상과 그 명문을 중심으로 (하)—」, 앞의 책, 1974, p. 160.

게 언급하였다. 반면『점찰경』이 비록 성종의 교리에서는 다소 벗어나 있으나 상교대승相教大乘, 곧 법상종 교학으로서는 우수하다고 결론을 내렸다. 목륜木輪을 던져 인과응보의 현상(법상)을 얻는『점찰경』의 교의는 법상종에 속한 것이다. 진표가 참계懺戒를 닦으면서 얻은 간자로써 행한 교화는 법을 듣고 부처를 보는 것과 다르지 않다. 일연은 진표 교학이 후대에 점찰법으로만 이해되는 오해를 미리 불식시킨 셈이다.

점찰법을 강조하다 보면 진표 교학의 특성으로 지장을 내세우는 경향이 있다.『점찰경』에서 지장보살은 3종의 윤상輪相으로 여러 가지의 점찰 방법과 참회懺悔 수행을 설명하고, 끝으로 189종의 선악과보상善惡果報相을 제시한다. 진표 교학을 점찰교법으로 이해하면 당연히 지장신앙이 중시될 수밖에 없다.[80] 다만 진표 교학을 법상종사상으로 이해할 때도 역시 지장신앙을 내세웠다.[81] 지장보살은 목륜상법木輪相法의 점찰법을 주관하였을 뿐만 아니라 무불無佛시대의 인간을 구제한다. 이와는 달리 진표 교학은 미륵신앙을 강조하였다.

지장과 함께 법상종 교단이 받드는 주존불인 미륵은 말법시대의 인간을 제도한다. 진표계 법상종 교단에서는 부존인 지장신앙이 드러났을지라도 주존인 미륵신앙을 더 중시하였다. 백제의 부흥을 꿈꾸었던 진표는 미륵신앙을 통해 이곳 지상에 이상국가理想國家를 건설하려고 하였으며, 그 방법으로 점찰법에 따른 참회를 통해 계율을 강조하였다. 그러므로 진표는 스스로 미륵의 대행자로서 후에 대국왕大國王의 몸을 받으려 하였다.[82]

진표 교학에는 지장은 물론 미륵신앙과 망신참회계법亡身懺悔戒法 및

80 김영태,「신라 점찰법회와 진표의 교법 연구」, 앞의 책, 1972, pp. 105~106.
81 김남윤,「신라중대 법상종의 성립과 신앙」, 앞의 책, 1984, pp. 137~140.
82 이기백,「진표의 미륵신앙」, 앞의 책, 1986, pp. 271~273.

점찰법이 모두 포함되어 있다. 그렇지만 강조점은 달랐으므로 그 차이를 확인하는 것이 그의 교학에 바르게 접근하는 길이다. 다음 내용은 도움이 된다.

① (진표는) 선계산仙溪山 불사의암不思議庵에 머물면서 삼업三業을 연마하고 망신참회亡身懺悔를 닦았다. 처음 7일을 기약하여 오체를 돌에 두드려서 무릎과 팔이 부서지고 피가 바위 절벽에 비 오듯 쏟아졌다. 그러나 성현聖賢의 감응이 없자 몸을 버리기로 결심하고 다시 7일을 기약하여 14일을 채우자, 지장보살을 만나 뵙고 정계淨戒를 받았다.

② 그러나 (진표는) 뜻을 미륵에 두었으므로 감히 중지하지 않고, 이에 영산사靈山寺로 옮겨 다시 처음과 같이 부지런하고 과감하게 수행하였다. 과연 미륵보살이 감응하여 나타나 『점찰경占察經』 2권과 함께 증과證果 간자簡子 189개를 주면서 이르기를 "그 가운데 제8 간자는 새로 얻는 묘계[新得妙戒]를 비유하고 제9 간자는 더 얻는 구계[增得具戒]를 말한다. 이 두 간자는 나의 손가락뼈인데, 나머지는 모두 침단목沈檀木으로 만들어 여러 번뇌를 이른 것이다. 너는 이것으로써 세상에 법을 전하여 사람을 구제하는 나루와 뗏목을 만들어라"라고 하였다.

—『삼국유사』 권4, 진표전간조—

진표의 수행 과정은 망신참회법을 닦기 때문에 오체를 돌에 두드려서 팔다리 살이 떨어져 나가거나 종국에는 몸을 버리는 바와 같은 대단히 가혹한 것이다. 이미 그는 수행에서부터 엄격한 계율을 지닌 셈이다. 망신참회법을 통해 그는 성현에 감응하여 증과證果를 얻고자 하였다.

진표는 먼저 지장으로부터 정계를 받았다. 이에 만족하지 않고 더 정진 수행한 것은 그가 뜻을 지장보다는 미륵에 두었던 사실을 알려 준다. 이후 미륵이 감응하여 그에게 『점찰경』 2권과 189개의 간자를 내렸다. 바로 이 점은 진표가 종국적으로 『점찰경』을 받는 데 뜻을 두었다는 오해를 불러일으킨다. 증과證果 간자 189개를 같이 받았던 사실도 이러한 오해를 더 정당화시킨다. 189개의 증과 간자는 『점찰경』에 전하는 189종의 '선악과보상'을 가리키기 때문이다.

지장보다는 미륵의 감응에 더 뜻을 두었다면, 과연 진표가 미륵을 통해 최종적으로 추구하려던 것이 무엇인지가 궁금하다. 미륵이 내린 『점찰경』과 189개의 간자는 분명 점찰법을 떠올리게 한다. 189개의 간자는 인간이 처할 수 있는 189종의 '선악과보상'을 가리킴으로써 던졌을 때 얻어진 법상으로 운세를 정하는 바의 점찰법에 사용한 것이다. 그런데 미륵은 189개의 간자 중에 제8 간자와 제9 간자를 자기의 손가락뼈라고 하여 강조하였고, 나머지 간자는 침단목으로 만들어서 번뇌를 이르는 것이라고 하였다.

진표는 189개의 증과 간자를 받았지만, 그중 특별히 강조한 것은 제8 간자인 새로 얻는 묘계[新得妙戒]와 제9 간자인 더 얻는 구계[增得具戒]이다. 『점찰경』의 189종 '선악과보상' 중에 제8은 '얻으려 하는 바의 묘계[所欲受得妙戒]'이고 제9는 '이미 얻은 모든 계[所曾受得具戒]'이다. 두 간자는 인과응보의 전체 '선악과보상' 중 앞으로 얻고자 하는 계율과 이미 얻은 계율, 곧 계율을 총칭하여 나타낸 것이다. 인간이 처할 수 있는 전체 선악과보상 중 계율에 관한 것을 제8과 제9의 두 종류로 묶은 셈이다.

진표는 189개의 간자 중 계율을 특별히 강조하여 내세웠다. 이미 진표의 계율은 미륵신앙과 깊이 연관된 것이다. 지장과 미륵 두 보살로부터 교법을 받은 후 진표는 금산사를 다시 창건하였다. 8만 권속과 사부대중의 도움으로 절이 완성되자, 미륵이 새로 감응하여 진표에게 계법을 내렸다. 이에 진표는 주존으로 미륵장륙상을 조상하고 금당의 남쪽 벽면에는 미륵이 하강하여 계를 주는 위엄 있는 모습을 그려 부쳤다. 이렇듯 진표 교학에서는 계율이 가장 중요한 위치를 차지하였는데, 곧 미륵이 내린 계법이다.

진표 교학은 시종 망신참회를 닦는 엄격한 계율을 강조하면서 미륵을 크게 내세웠다. 그는 점찰법을 시행하였지만, 『점찰경』을 미륵으로부터 전수하였다. 이 점은 그의 교학이 점찰법회가 아님을 분명히 한 셈이다. 관동풍악발연수석기조에는 진표가 지장으로부터 계본戒本을 받았으며, 미륵으로부터는 189개의 간자를 받았다기보다 손가락뼈인 두 간자를 받았다고 하였다.[83] 나머지 간자에 대한 언급이 없는 셈이다. 반면 두 간자는 시각始覺과 본각本覺을 의미하는데, 제9 간자는 '법이法爾'이고 제8 간자는 '신훈성불종자新熏成佛種子'라고 하였다.

진표전간조와는 달리 관동풍악발연수석기조는 시종 계율을 강조하였다. 오히려 관동풍악발연수석기조에는 점찰법에 대한 언급이 없을 뿐만 아니라[84] 진표 교학을 유식 논리로 파악할 소지가 나타나 있다. 제8과 제9 두 간자는 교학 논리의 기본을 이루는 시각과 본각에 비유되었다. 또한 '법이'와 '신훈성불종자'는 과보와 관련하여 언급되었지만 불법의 깨달음과 성불을 유식 논리로 이해하려는 것이다. '법이'와 '신훈성불종자'는 각각 유식의 아뢰야식阿賴耶識에서 '본유종자本有種子'와 '신훈종

83 『宋高僧傳』 眞表傳에는 진표가 미륵으로부터 108籤을 받았는데, '籤上署百八煩惱名目'이라고 하여 108첨은 108번뇌를 가리킨다고 하였다. 곧 189종 선악과보상과 관련이 없는 것이다. 그런데 108첨 중 제9와 제8을 각각 '本有'와 '新熏'이라고 하였다. 이는 관동풍악발연수석기조에서 '法爾'와 '新熏成佛種子'라고 한 것과 일치하는 내용이다.

84 『삼국유사』 권4, 관동풍악발연수석기조에는 진표가 처음 출가한 금산사의 順濟법사로부터 沙彌戒法을 받고, 아울러 『供養次第秘法』 1권과 『占察善惡業報經』 2권을 전해 받았다고 나온다. 곧 그는 미륵에게서 『점찰경』을 받지 않았다. 다만 처음 출가하면서부터 계율을 강하게 수행하였던 것은 분명하다.

자'를 가리킨다.

법상종사상은 심식心識에 의해 만물이 구조되었다고 설명한다. 유식의 심식 작용은 일정한 업력業力이 되어 제8 식인 아뢰야식에 저장되는데 그것이 종자이다. 아뢰야식 속에는 본래 가진 본유종자와 새로 만들어진 신훈종자가 있다. 종자가 원인이 되어서 아뢰야식의 심식 작용을 통하여 현행의 법상을 생성한다.[85] 종자로 말미암아 일체의 모든 현상은 물론 본각이나 시각을 포함한 진여의 원리를 설명할 수 있다. 그러므로 유식의 심식과 종자는 서로 인과가 되기도 하지만 둘이면서 하나가 된다.

진표 교학은 현상계의 차별을 설정하려는 의도를 가졌다. 그는 사람들에게 미륵으로부터 받은 제9와 제8의 두 첨籤(간자)을 포함한 108첨을 불전에서 던지게 하고, 그 모양을 관찰하여 상상품계上上品戒와 중품계中品戒 및 하품계下品戒를 내렸다(『송고승전』, 진표전). 단순히 제9와 제8 두 첨을 나머지 106첨과 상관된 모양으로 정하였다고 하지만, 진표는 멸죄滅罪를 위한 참회 수행 과정에서 근기의 차이를 설정하였다. 미륵에게서 전수할 때 제9인 '법이(본유)'를 먼저 들고 제8인 '신훈종자'를 뒤에 언급한 것도 차별의 법상을 설정하여 근기의 차이를 강조하려는 의도를 나타낸 셈이다.[86]

아뢰야식에서 본래 청정한 무루종자無漏種子는 현행現行하지 않기 때문에 방편으로 유류종자가 작용하여 분별의 법상을 생성한다. 애초에 차별상을 가져오게 하는 종자를 설명하면서 먼저 본각에 해당하는 본유

---

85 종자에서 현상이 생기는 과정을 種子生現行이라 하고, 그것이 다시 종자를 심는 과정을 現行熏種子라고 한다. 阿賴耶識 속에서 종자가 生長하는 것을 種子生種子라고 한다. 종자는 종자생현행·현행훈종자·종자생종자의 세 가지 방식으로 현상계를 구조한다.

86 중요한 두 간자의 순서는 진표전간조에 제8과 제9로 나와 있으나 관동풍악발연수석기조나『송고승전』에는 제9와 제8로 바뀌어 기록되었다.

종자를 들고 이를 통해 종국에는 수많은 법상을 낳는, 곧 시각에 해당하는 신훈종자를 배정하였다. 이러한 종자의 설정은 마치 화엄사상에서 연기건립緣起建立된 법상을 떠올리게 한다. 진표의 저술이 현전하지 않아 그의 교학을 더 심층적으로 밝히기는 어렵다. 진표의 교학은 오히려 성실론적 유식사상에 가까웠다고 생각한다. 이 부분은 융섭적 유식사상을 성립시킨 태현계 법상종 교단과 대조하여 파악해야 하겠지만 앞으로 더 추구해야 할 분야이기도 하다.

진표의 법상종사상은 지장이 아닌 미륵으로부터 『점찰경』과 189개의 간자를 전수하는 과정과도 연관을 지어 이해해야 한다. 지장에게서 받지 않았기 때문에 점찰법회로서의 의미를 축소할 수밖에 없다. 진표계 법상종 교단에서 부존으로 받드는 지장신앙의 중요성도 상대적으로 감소하게 된다. 진표 교학은 미륵신앙을 매우 중시하였고 시종 엄격한 망신참회계를 지니도록 요구하였다. 그러면서 미륵이 주제하는 점찰법을 도입하였다. 반면 진표 교학에서 상당한 비중을 가진 지장신앙은 점찰법회보다는 참회법을 시행하는 데 일정한 역할을 담당하였다.

(3) 진표계 법상종의 역사적 의의

법상종은 원측에서 도증을 거쳐 경덕왕대 태현에 이르러 융성하였지만 이전에도 교단이 마련되어 있었던 듯하다. 진표계 법상종 교단은 원광에서부터 진표 때에 이르러 뚜렷하게 성립하였다. 다만 태현계와는 달리 진표계 법상종 교단에 원광 이후 진표까지의 구체적 법맥이 알려지지 않았다. 신라 사회에 일찍 성립되어 있던 서명파인 태현계 법상종 교단이 융섭적 사상 경향을 내세워 실천적·교리적 성격을 가졌다면, 진표계 법상종 교단은 법상의 차별을 강조하여 전수적·신앙적 성격을

지녔다.[87]

태현계 법상종 교단은 미륵을 주존으로 미타를 부존으로 모셨으나, 진표계 법상종 교단은 주존인 미륵 옆에 부존으로 지장을 모셨다. 법상종 교단은 주존인 미륵신앙을 중시하였지만 미타나 지장신앙도 부차적으로 수용하였다. 특히 태현계 법상종 교단은 미타와 연관하여 정토신앙을 선호하였고 극락왕생을 이끄는 관음신앙을 내세웠다. 이와는 달리 진표계 법상종 교단은 지장신앙을 수용하면서 참회법을 닦기 위한 계율을 강조하였다. 그런데 진표계 법상종 교단의 망신참회계법은 지장보다 미륵신앙과 연관되어 있었다.

일찍이 신라 사회에는 참회법과 같은 엄격한 계율이 강조되면서 점찰법도 비교적 널리 행해졌다. 진평왕 때에 비구니 지혜智惠는 안흥사安興寺에 주석하면서 선도산신모仙桃山神母의 도움을 받아 불전과 불상을 꾸몄으며 벽에는 53불과 6류 성중聖衆이나 천신天神·5악 신군神君 등을 그려 모셨다. 그러면서 중생들을 위해 점찰법회를 개설하는 것으로 상규를 삼았다. 다만 지혜는 점찰법회를 열었지만 토착신앙을 포용하는 경향을 지녔고, 특별히 지장신앙이나 미륵신앙과 연결한 모습을 보여주지는 않았다.

신라중대 이후에 점찰법회는 지장신앙과 연결하여 성행하였던 듯하다. 오대산신앙에서 이런 모습을 발견할 수 있다. 오대산의 남대南臺에는 지장방地藏房을 두어 지장을 모셨으며, 낮에는 『지장경』과 『금강반야경金剛般若經』을 읽었고 밤에는 점찰예참占察禮懺을 시행하여 금강사金剛社라고 칭하였다(『삼국유사』 권3, 대산오만진신조). 이로 보면 신라 사회

87 문명대, 「신라 법상종(유가종)의 성립문제와 그 미술—감산사 미륵보살상 및 아미타불상과 그 명문을 중심으로 (하)—」, 앞의 책, 1974, p. 155.

에 점찰법회는 다소 참회법을 곁들이기는 하더라도 미륵이 아니라 지장 신앙과 연결하여 행해졌던 것이 분명하다.

진표 교학은 참회법과 점찰법을 아울러 강조하였다. 원광 교학에도 이런 면이 비교적 뚜렷하게 나타나 있다. 원광은 황룡사에서 백좌도량百座道場을 주관할 때 우매한 중생을 마땅히 귀계멸참법歸戒滅懺法으로 깨우쳤으며, 가서갑嘉栖岬에 주석하면서 점찰보占察寶를 두었다. 또한 문인인 원안圓安이 원광의 전기를 작성하면서 특별히 계참회법戒懺悔法을 언급하였다. 원광은 국왕에게 계를 내리고 참회하게 하여 질병을 고쳤다. 이러한 원광 교학은 진표에게로 이어지는 것이 분명하다.

원광의 계참회법이나 점찰법에서 지장은 물론 미륵신앙과의 연관을 찾기는 어렵다. 본래 엄격한 유가보살계는 미륵신앙과 연관된 것이지만 참회법이나 점찰법까지도 미륵신앙과 우선하여 연결하는 데에서 진표 교학의 특성을 지적할 수 있다. 미륵은 유식을 수행한 인물로 나오기도 하지만, 현실을 이상사회로 만들게 하는 신앙의 대상인 부처이기도 하다. 미륵이 성불하여 상생上生하거나 하생下生하면서 이상사회를 이루기까지는 매우 복잡하면서도 다양한 과정을 거치기 마련이다. 그러므로 일찍이 삼국 사회에는 미륵신앙이 유행하였을지라도 그 복잡한 양상 중 구체적으로 나타난 신앙의 모습은 나라마다 달랐다.

신라중고대에 미륵신앙은 화랑도와 연관하여 전개되었으며, 하생한 미륵선화彌勒仙花가 전륜성왕轉輪聖王 통치를 돕는 성격을 가졌다. 반면 백제 미륵신앙은 계율을 강조하는 성격을 보였다. 전륜성왕 통치가 혼란으로 치닫자 미륵이 하생하여 엄격한 계율로 교화함으로써 현실사회에 이상세계를 도래시킨다. 백제 미륵신앙은 현실사회의 혼란이나 개혁 의지를 강하게 노출하지 않으면서 이상사회로의 염원을 수면 밑에 깔고 형식에 흐를 정도의 가혹한 계율을 강요하였다. 이러한 백제 미륵

신앙의 전통이 진표에게로 이어지고 있음은 흥미롭다.[88]

백제 미륵신앙에서 나타난 계율은 유가보살계라고 생각한다.[89] 진표의 망신참회계는 백제 미륵신앙의 계율과 맥이 닿을 수 있는 것이다. 진표가 사회 혼란을 직접으로 거론하지는 않았지만, 그의 교학에는 이상세계를 염원한 신앙의 흔적이 보인다. 바로 미륵이 진표에게 간자를 내린 후에 "너는 (현세의) 몸을 버리고 대국왕의 몸을 받아 후세의 도솔천에 태어날 것이다"라고 하였다(『삼국유사』 권4, 관동풍악발연수석기조). 그러나 이상세계 도래를 위한 사회 개혁 의지를 내세우지는 않았다.

이상세계를 구현한다는 데에서 진표 교학의 점찰법이 의미가 있다. 대왕의 몸을 받거나 도솔천에 태어나기 위해서도 점찰법이나 참회법이 유용하다. 특히 점찰법은 서민에게 친숙한 것이다. 그의 교화에 8만 권속을 포함한 서민이 대거 참가하고 있다. 진표는 고성의 발연사에서 점찰법회를 열었으며, 계법을 설하여 해변에 무수한 물고기가 죽어 나오게 하였다. 죽은 물고기를 팔아서 식량을 마련하는 모습은 주술을 행하는 극히 서민적 정취를 보여 준다.

진표 교학은 서민의 구제에 초점을 두었는데, 이때 행한 계법은 점찰 참회계법이라고 생각한다. 점찰법은 삼세의 과보果報를 점치는 과정에서 토착신앙과 결합함으로써 서민과 친숙할 수 있다. 진표 교학에서 점찰법이 지장신앙 위주로 행해졌는지를 분명하게 제시하기는 어렵지만, 지장보살은 서민의 생활과 직접으로 연관을 맺고 있었다. 지장은 석가 입적 후 미륵이 출현하기까지 말법시대의 모든 중생, 더욱이 지옥까지 구제한다.[90] 이러한 망자亡者 구제신앙은 서민에게 바로 다

---

88 김두진, 「백제의 미륵신앙과 계율」, 『백제연구총서』 3, 1993, pp. 172~173.

89 김두진, 위의 논문, 1993, p. 174.

90 지장은 無佛세계에 몸을 나타내고, 천상에서 지옥까지 모든 중생을 구원하여 해탈시키겠

가서게 한다.

진표의 전교 과정에 등장하는 자라와 물고기는 물론 호랑이 등도 상징적이기는 하지만 서민이나 지방 토호와의 연관성을 보여 준다. 화엄종과는 달리 법상종 승려들은 중앙의 진골귀족이 아닌 대체로 중류층 지식인이었다.[91] 진표 역시 중류층 출신이었다. 지방 토호나 중류층 이하 서민이 진표계 법상종 교단의 지지 기반을 이루었다. 그는 금산사나 변산 또는 속리산 지역에서 망신참회계법을 정립하고, 강릉이나 고성 지역으로 옮겨 점찰법회를 열었다. 이후에도 진표의 전교는 주로 이 두 지역을 중심으로 이루어져 지방민이 전교의 중심 대상이 되었다.[92]

진표는 옛 백제나 신라의 변방 지역에서 교화 활동을 활발하게 전개하였으며, 애써 중앙귀족에게 교법을 전하였던 것은 아니다. 그의 제자들도 사원을 개창開創하여 개조자가 되었지만 속리산이나 설악산 지역 혹은 동화사 등에서 활동하였다. 강릉 지역에서 성공적으로 점찰법회를 열자 그는 경덕왕과 왕비 및 외척들의 귀의를 받았다. 이 외에 진표가 중앙귀족에게 전교한 사실은 전하지 않는다. 왕비와 외척들의 수계는 경덕왕의 부름에 응하여 진표가 궁중으로 들어간 사실에 부차적으로 기록되었으며 크게 의미가 있는 것은 아니다.

진표는 경덕왕 11년(752년)에 궁중으로 들어갔지만, 이 기록은 그대로 믿을 수 있는 것은 아니다. 지장과 미륵으로부터 증과를 받은 나이가

다는 大悲大願의 보살이다. 대비대원을 세웠기 때문에 지장은 최후의 중생이 모두 구제되기까지 성불하지 않는다. 특히 지옥에서 극심하게 고통받는 중생까지 모두 구제하려 한다. 고통받는 모든 중생이 지옥이나 축생·餓鬼 등에서 벗어나게 한 뒤에야 지장은 정각을 이루려 한다. 그리하여 대중의 업을 소멸시키고 근기에 따라 성불을 도우는 지장은 亡者救濟 신앙을 가진 것으로 이해되었다.

91 김두진, 「고려초기의 법상종과 그 사상」, 앞의 책, 1981; 「'성상융회'사상 성립의 사상적 배경—고려초의 법상종과 그 사상—」, 앞의 책, 1983, p. 128.

92 김남윤, 「신라중대 법상종의 성립과 사상」, 앞의 책, 1984, p. 144.

23세가 아니라 27세라고 가정한다면, 그는 경덕왕 15년(756년) 이후 어느 시기에 궁중으로 나아간 것이 된다. 그렇다면 진표는 경덕왕의 전제주의 개혁정치가 한창 진행되던 시기에 왕실과 연결한 셈이다. 신라중대에 성행한 법상종사상도 전제정치와 연결될 수 있는 소지를 가졌다. 하나 속에 일체를 융섭하려는 화엄종과는 달리 사상 자체라기보다는 다소 외형적인 요소에서 그 이유를 찾을 수 있다.

진표 교학은 엄격한 계율인 망신참회계법을 내세우면서 법상은 물론 근기의 차별을 설정함으로써 중류 이하의 신분 계층으로부터 환영을 받았다. 낮은 근기를 가진 자라도 자신에게 맞는 수행을 닦으면 바로 성불하게 된다고 하였다.[93] 엄격한 계율을 강조하면서 중류층 이하의 신분 계층에게 수용되었던 진표 교학은 경덕왕대의 전제주의에 유용한 것이다. 경덕왕대의 전제주의는 왕권에 도전할 수 있는 정통 진골귀족 세력을 억압하면서 이들과 이해를 달리하는 육두품 이하의 중류층 출신을 우대하였기 때문이다.

신라중대의 전제정치는 정통 진골귀족을 억압하는 명분을 서민에게서 찾았다. 그러나 신라 사회에 정통 진골귀족의 세력 기반이 확고하여 경덕왕대의 한화정책은 반발을 받아 어려움에 봉착하였다. 실제로 경덕왕의 한화정책은 실패로 기울었고, 혜공왕 때에는 경덕왕대 이전의 정치체제로 복구하였다.[94] 경덕왕이 망신참회계법과 같은 엄격한 계율을 수용하려는 의도는 당시 안간힘으로 추진하던 전제주의의 전개 과정과 연관 지어 이해할 수 있다. 반면 계율의 강조는 정통 진골귀족 세력을 제어하는 데 유용하지만 왕권도 이러한 계율의 질서 속에 포함될 수

93 김누진, 「'성상융회'사상 성립의 사상적 배경—고려초의 법상종과 그 사상—」, 앞의 책, 1983, pp. 132~133.

94 이기백, 「신라 혜공왕대의 정치적 변혁」, 앞의 책, 1974, pp. 238~246.

밖에 없는 것이다.

신라하대에 선종이 크게 일어난 분위기 속에 법상종 교학은 위축되어 갔다. 묵수墨守를 주장하면서 자기 내에 존재하는 불성을 깨치려는 선종은 공관을 펴려는 화엄종사상과는 통하는 면을 지녔지만 현상계의 차별을 인식하려는 법상종사상과는 잘 맞지 않는다. 경덕왕대의 전제주의 개혁정치가 반동을 받으면서 지방호족 중심으로 영위되는 신라하대 사회의 분위기도 법상종사상의 위축을 돕는 결과를 가져왔다.[95] 이 때문에 초기 선종산문은 화엄종사상에 대해서는 관심을 보였지만 자진해서 법상종사상을 포용하지는 않았다.

신라하대에 진표의 문하가 제법 알려져 있었다. 그러나 그 법맥이 계승되는 분명한 모습을 찾기는 어렵다. 태현계 법상종 문도들도 다소 활동하였으나 나말여초에 법맥을 계속해서 이어 가지 못하였다. 반면 진표계 법상종은 고려초기에도 법맥을 계승하면서 고려 현종 이후에 크게 유행하였고 인주仁州 이씨李氏의 귀의를 받아 번창하였다.

3. 신라중대 밀교사상의 유행과 그 의미

(1) 중국 전래 밀교의 본질

불교를 크게 현교顯敎와 밀교密敎로 나눈다. 현교가 교의를 드러냈다면 밀교는 비밀秘密, 곧 교의를 감춘 것이라고 할 수 있다. 현교는 다시

95 김두진, 「'성상융회'사상 성립의 사상적 배경—고려초의 법상종과 그 사상—」, 앞의 책, 1983, pp. 115~116.

논리를 내세우는 교종과 논리를 초월하는 선종으로 나뉜다. 교종은 보이는 색色, 즉 상相과 보이지 않는 공空, 즉 성性에 대한 논리를 세우는 것이다. 전자가 유식唯識사상으로 체계화되었다면 후자는 화엄 등 중관中觀사상으로 갖추어졌다. 선종禪宗이 일어나기까지 교종은 유식과 중관을 절충하려는 논리 체계를 완비하여 갔다. 밀교는 현교 이론이 정립되는 초기에 인도의 토착신앙을 흡수하면서 일찍부터 성립되었다.

엄격히 말해 교와 선은 나뉠 수 있는 것은 아니다. 다만 교종의 논리 체계가 확립되면서 이를 초월하려는 선종은 달마達磨 이후 비교적 늦게 중국에 정착하였다. 중국에 전해진 초기 불교를 현교와 밀교 외에 심교心教로 나누기도 한다. 현교는 제승諸乘의 경經·율律·논論을 총칭하는 것이며, 밀교는 유가의 관정灌頂과 오부五部의 호마護摩 및 삼밀三密의 만다라법曼茶羅法을 말하는 것이고, 심교는 직지인심直旨人心과 견성성불見性成佛을 추구하는 선법禪法이다. 그리고 그 각각의 법을 전하는 방도가 법륜法輪과 교령륜教令輪 및 심륜心輪이다.

법륜인 현교는 마등摩騰을 시조로 삼는데, 법음法音에서 법음으로 전하는 것이다. 교령륜인 밀교는 금강지金剛智를 시조로 삼으며, 비밀에서 비밀로 전하는 것이다. 반면 심륜인 심교는 보리달마菩提達磨를 시조로 삼는데, 마음에서 마음으로 전하는 것이다.[96] 엄밀히 말해 현교 속에 포함하는 선종을 심교로 독립시켜 이해하려는 것은 중국문화 풍토 속에 성립된 불교사상의 모습을 특별히 부각하려는 성격을 지녔다. 초

96 贊寧, 『宋高僧傳』 卷3, 譯經 1의 3, 唐京師滿月傳에 "夫教者不倫 有三疇類 一顯教者 諸乘經律論也 二密教者 瑜伽灌頂 五部護摩 三密曼拏羅法也 三心教者 直指人心 見性成佛禪法也 次一法輪者 即顯教也 以摩騰為始祖焉 次二教令輪者 即密教也 以金剛智為始祖焉 次三心輪者 〈義加此輪〉 即禪法也 以菩提達磨為始祖焉 是故傳法輪者 以法音傳法音 傳教令輪者 以祕密傳祕密 傳心輪者 以心傳心(『新修大正藏』 卷50, p. 724, 中; 中國佛教典籍選刊, 1987, p. 56)"이라고 하였다.

기 인도 불교의 교파 중 현교와 아울러 밀교가 경쟁적으로 성립되었고, 선종은 중국으로 전해지면서 꽃을 피웠다.

인도의 초기밀교는 유가와 깊이 연관하여 은밀교隱密教로 이해되었다. 유가은밀교는 현료교顯了教와 대조하여 구인명론舊因明論에서부터 갖추어졌으며 토착신앙을 흡수한 주술적 신앙을 포용하였다. 그러나 유가현료교가 현교를 의미하는 것은 아니다.[97] 적어도 현교는 유가 논리를 넘어 공관을 포함하기 때문이다. 인도의 초기밀교는 이미 관정과 호마 및 만다라를 구현하고 있었다. 밀교의 수행자임을 인정해 주는 관정 의식이나 기도祈禱의 성격이 강한 호마행법, 또는 대일여래를 중심으로 여러 부처의 집회를 도식적으로 제시한 만다라 등은 비법秘法으로 여길 소지를 가졌다.

호마와 관정으로 말미암아 밀교는 주술적 불교로 인식되었다. 4세기 전반 굽타Gupta왕조 때에 브라만교가 인도의 여러 토착신이나 민간 신앙을 받아들여 힌두교로 재편되자, 불교도 전통 신神을 포용하고 기도와 주술까지 수용하였다. 그리하여 치병治病이나 제액除厄 및 장수長壽 등 현실적인 기도와 주술까지를 포용하는 불교신앙이 유행하였다. 초기에 성립한 대승불교 경전, 특히 유가 경전에는 기도의 대상이 된 관음觀音 및 정토淨土에 대한 신앙과 함께 주술적 다라니陀羅尼(신주神呪)가 많이 나타나 있다.[98]

초기 대승경전이나 구인명론의 주술적 성격은 대승불교가 애초에 재가인在家人을 폭넓게 포용하는 과정에서 그들의 세속적인 욕구를 충족

---

97 贊寧, 『宋高僧傳』 卷3, 譯經 1의 3, 唐京師滿月傳에 顯教를 "不同瑜伽論中顯了教 是多分大乘藏教"라고 하였지만, 密教에 대해서는 "瑜伽隱密教 是多分聲聞藏教"라고 하였다.

98 고익진, 「신라밀교의 사상내용과 전개양상」, 불교문화연구원 편, 『한국밀교사상연구』, 동국대학교 출판부, 1986, pp. 127~128.

시키기 위해 나타난 것이다. 한편으로 힌두교의 영향을 받아 베다Veda 시대부터 유행한 주술적 진언眞言이 원시불교 경전 속에 흡수되었다. 대승불교는 새로운 논리나 실천 면에서 그것을 채용하고, 전통 신이나 의식까지도 포용하였다.[99] 기도나 주술적 경향은 시대가 흐를수록 더 강하게 나타났다. 특히 주술적 불교신앙은 서민에게 급속도로 수용되었고, 이러한 분위기에 편승하여 여러 다라니경전이 계속해서 출현하였다.

다라니는 진언眞言(mantra)이나 주呪(vidya)와 같은 의미가 있으며, 총지總持로 한역漢譯하였다. 엄밀히 말해 진언은 베다 경전 속의 신들을 찬송하는 일종의 게송偈頌인데, 불가사의한 성격을 지녀 주문과 같은 용도로 사용하였다. 주vidya는 본래 지혜·학문이라는 어원적 의미가 있으므로 명주明呪로 한역하였다.[100] 진언과 명주를 동일시하여 신비성을 더하면서 불교 경전 속에 도입하여 밀교 경전을 형성시켰다. 주술적 의식이나 비법은 방편에 불과하며 밀교는 이를 통해 정각正覺을 추구한다. 초기의 주술적 불교는 입으로 진언을 외우고 읽는 데 치우쳤다면, 뒤에 성립한 밀교는 마음으로 정관靜觀하는 유가관행瑜伽觀行을 추구하며 '범아일여梵我一如'의 경지에 들어가는 것을 중시하였다.[101]

『화엄경』과 『반야경』에 의한 화엄사상이나 특히 유식사상을 근간으로 치병治病과 초복招福을 위한 다라니를 흡수하면서 밀교는 7세기 중엽에 선무외善無畏와 금강지金剛智가 번역한 『대일경大日經』과 『금강정경金剛頂經』을 근본 경전으로 삼고 정식 교파로 성립되었다. 물론 이들 경전에 의한 정식 교파로 성립한 밀교뿐만 아니라 초기의 주술적 불교까지

---

99 이종익 등, 『한국불교 유가밀교』, 천화불교포교원, 1968, pp. 21~22.

100 松長有慶 저, 장익 역, 『밀교경전 성립사론』, 불광출판사, 1993, pp. 101~103.

101 이종익 등, 앞의 책, 1968, p. 22.

도 모두 밀교의 범주 속에 포함해 이해하지만, 엄격히 구별하여 전자는 순밀純密(순수밀교) 또는 중기밀교로, 후자는 잡밀雜密(잡부雜部밀교) 또는 초기밀교로 나누기도 한다.[102] 『대일경』 및 『금강정경』을 바탕으로 성립한 중기밀교는 초기밀교와 비교해 분명하게 구별되는 몇 가지 특색을 지녔다.

첫째, 초기밀교가 주로 현세 이익적 제액除厄을 추구하였다면, 중기밀교는 궁극 목적을 성불에 두었다. 둘째, 초기밀교에서는 주로 다라니를 외우는 구밀口密이 중심을 이루었다면 중기밀교에서는 신身·구口·의意 삼밀三密을 일체화한 조직적 관법觀法이 등장하였다. 셋째, 초기밀교 경전은 석존釋尊의 교설이라 하지만 중기밀교 경전의 설법주說法主는 대일여래大日如來이다. 넷째, 초기밀교 경전은 '불설佛說'이라고 하였을지라도 내용상 불교 교리와 관계가 없는 제재除災에 대해 기록하였다. 그러나 중기밀교 경전은 중관中觀·유식·여래장如來藏이라는 대승불교의 기본 교설을 밀교 의례나 관법 속에 적극적으로 도입하였다. 다섯째, 초기밀교와는 달리 중기밀교에서는 경전을 도상화圖像畵한 만다라曼荼羅가 성립되어 있다.[103]

중기밀교는 사상적으로 중관과 유식의 두 대립적인 대승사상을 하나로 종합하여 진언문眞言門과 금강승金剛乘이라는 새로운 성불의 철학 체계를 수립하고 그것을 다시 만다라인 구체적 도상圖像에 구현시켰다. 그에 따라 다라니를 염송하는 체계적 주술 의례가 조직되었으며, 그 목적 또한 단순한 제액이나 초복招福 등에서 심오한 성불이나 이타적 제

102 고익진, 「신라밀교의 사상내용과 전개양상」, 앞의 책, 1986, p. 128. 그 뒤에 左道的 경향의 밀교를 후기밀교로 구별하기도 한다.

103 김수연, 「고려시대 밀교사 연구」, 이화여자대학교 박사학위논문, 2012, pp. 14~15.

중제중濟衆, 곧 중생을 구하는 것으로 바뀌었다.[104] 초기밀교 교학은 발전하면서 7세기 중반에는 밀교 승려 지통智通이 변상관음과 관련한 밀교 경전을 번역하면서, 다라니를 통한 성불을 강조하였다. 현세 이익적 성격의 기존 초기밀교가 점차 성불을 추구하는 방향으로 나아갔다.[105]

중기밀교의 근본 경전은 『대일경』과 『금강정경』이다. 중인도 출신의 선무외 삼장善無畏 三藏이 이러한 새로운 밀교 경전을 중국으로 전하여 번역하였다. 그는 716년(당 현종 개원開元 4년, 성덕왕 15년)에 80세의 고령으로 장안長安에 이르렀고, 입적할 때(732년)까지 『대일경』을 비롯한 밀교 경전의 번역과 전파에 힘썼다. 선무외는 724년(성덕왕 23년) 낙양의 복선사福先寺에서 『대일경』을 번역한 뒤, 그 경지經旨를 일행一行에게 부연하였다. 일행은 그것을 엮어 『대일경의석大日經義釋』을 저술하였고, 이를 손질한 것이 『대일경소大日經疏』이다.

720년(성덕왕 19년)에 중국 낙양으로 들어온 금강지金剛智 및 그 제자인 불공不空이 『금강정경』을 번역하였다. 남인도의 마뢰야국摩賴耶國 출신인 금강지는 선무외와는 달리 남방 해로를 따라 입국하였고, 723년에는 자성사資聖寺에서 『금강정유가중략출염송경金剛頂瑜伽中略出念誦經』을 번역하였다. 중국에 중기밀교를 정착시키고 교단의 융성을 주도한 인물은 금강지의 제자인 불공이다. 그는 스승이 입적한 후 다시 인도에 들어가 사자국師子國(스리랑카)까지 경유하여 746년(경덕왕 5년)에 다수의 범본梵本 경전을 가지고 돌아왔다.

755년에 안사安史의 난이 발발한 이후 왕실과 밀착한 불공은 현종을 이어 즉위한 숙종肅宗과 대종代宗의 절대적 신임을 받았다. 그는 호국

104 고익진, 「신라밀교의 사상내용과 전개양상」, 앞의 책, 1986, p. 128.
105 松長有慶 저, 장익 역, 앞의 책, 1993, pp. 130~131.

신앙을 강조함으로써 왕실과 친밀하게 지냈고 왕실을 움직여 오대산에 밀교 도량인 금각사金閣寺를 건립하였으며 대종으로부터 '대광지삼장大廣智三藏'의 칭호를 받았다. 『금강정경』의 범본은 10만 송頌 18회會로 체계화된 방대한 저술이다. 그중 4품으로 구성된 제1회만을 간략하게 번역한 것이 금강지의 『금강정유가중략출염송경』이며, 불공은 제1회의 4품 중 제1품인 「금강계품金剛界品」만을 따로 번역하여 『금강정경金剛頂經』(3권)이라 하였다.[106] 『금강정경』의 내용은 완역이 아니어서 극히 소략하지만 이로써 불공이 부흥시킨 중국 밀교 교단은 절정을 맞았다.

774년(혜공왕 10년)에 불공의 입적과 함께 밀교는 쇠퇴의 길로 들어섰다. 그의 제자로 혜과惠果가 있다. 밀교 교법은 이理와 지智 양문兩門을 설정하고, 이理에 속하는 태장계胎藏界와 지智에 속하는 금강계金剛界로 나뉘었다. 당시 중기밀교는 선무외에서 일행으로 이어지는 태장계와 금강지에서 불공으로 이어지는 금강계로 양립되어 있었다. 태장계는 『대일경』을 소의所依로 이론적인 면을 발전시켰다면, 금강계는 『금강정경』을 소의로 실천적인 면을 더 중시하였다.[107] 그런데 혜과는 태장계와 금강계 밀교를 융섭하였으며, 실제로 그의 문하에서 양계의 밀교 승려들이 융성하게 활동하였다.[108]

태장계와 금강계의 만다라曼茶羅는 상이한 성격을 갖는다.[109] 만다라

---

106 고익진, 「신라밀교의 사상내용과 전개양상」, 앞의 책, 1986, p. 177. 원래 『金剛頂經』은 단일 경전이 아닌 금강정경계 경전들을 집합한 것이다. 모두 18회로 편성되어 있는데, 그중 제1회를 따로 『眞實攝經』이라 부르며 ① 金剛界品, ② 降三世品, ③ 遍調伏品, ④ 一切義成就品의 4품으로 구성되어 있다.

107 박태화, 「신라시대의 밀교 전래고」, 효성조명기박사화갑기념불교사학논총간행위원회, 『효성조명기박사화갑기념 불교사학논총』, 1965, p. 91.

108 고익진, 「신라밀교의 사상내용과 전개양상」, 앞의 책, 1986, p. 202.

109 고익진, 위의 논문(1986, pp. 178~188)에서 "태장계 만다라가 中觀의 平等智로 일체중생을 제도하려는 大日如來의 활동상을 방편으로 表象하였다면, 금강계 만다라는 唯識的 瑜伽行으로 실현되는 궁극적 成佛의 경계인 金剛界를 표상하였다"고 한다. 태장계 만다

는 우주 만법의 체體·상相·용用의 덕德을 표현하며 '윤원구족輪圓具足'이라고 번역한다. 만다라에는 4종이 있는데, 대大·삼매야三昧耶·법法·갈마羯磨만다라가 그것이다. 대만다라가 총체總體이고 나머지 세 만다라가 별상이며, 별상은 총체 속에 구현한다. 만다라는 법계연기의 실상을 총망라함으로써 그 안에 연기한 만법이 갖추어지지 않은 것이 없다.[110] 총체인 대만다라는 지地·수水·화火·풍風·공空·식識의 6대六大를 가리키는데, 식대識大는 심법心法이며 금강계 만다라에 속한다면 앞의 5대五大는 각각 이理인 실체를 갖춘 색법色法이며 태장계 만다라에 속하는 것이다. 그러나 대大와 소小는 물론 색과 심이 서로 융회融會하는 까닭에 6대六大에 걸림이 없으며, 태장계와 금강계 만다라는 둘이면서 둘이 아니게 된다.[111]

다라니인 총지總持는 만다라를 구현하므로 그 속에 모든 법계의 법상이 갖추어져 있다. 다라니의 수행 방법은 신밀身密(진언眞言 또는 명주明呪)·구밀口密(인계印契)·의밀意密(법계관법法界觀法)의 삼밀三密로 체계화되었다. 삼밀의 겸수兼修를 통해 즉신성불卽身成佛을 추구하는 것이 밀교신앙의 요체라 할 수 있다.[112] 즉신성불은 오로지 진언문을 통해서 달

라의 5부처가 大日(中)·寶幢(東)·開敷華王(南)·無量壽(西)·天鼓雷音(不動, 北)으로 되어 있으나 금강계 만다라의 5부처는 大日·阿閦·寶生·觀自在王(無量壽)·不空成就로 되어 있다. 금강계 만다라가 유가행의 실천적 성격을 띤 것이어서 『금강정경』은 대만다라 외에 많은 만다라를 說하였다.

110 이종익 등, 앞의 책, 1968, pp. 115~118.

111 이종익 등, 앞의 책, 1968, pp. 116~117.

112 불교의 각 교파가 주장하는 성불론에 차이를 설정할 수 있는데, 卽身成佛은 밀교사상의 특징을 나타낸 것이다. 이에 비해 小乘敎에서는 번뇌를 끊으려 하므로 斷惑成佛을 주장하며, 大乘의 顯敎에서는 수행을 강조하여 萬行成佛 또는 卽心成佛을 내세운다. 禪宗에서는 自性을 보아 부처가 된다는 見性成佛을 표방한다면 淨土宗에서는 극락왕생을 원하는 往生成佛을 강조한다.

성된다.[113] 대일여래와 인계印契를 맺고(신밀), 그 진언을 외우고(구밀), 대일여래의 마음을 관觀하는(의밀) 바의 삼밀법을 통해 중생은 대일여래와 서로 교감하여 둘이 아닌 경지에 들어간다.

대일여래의 묘력妙力이 중생에게 가피加被되어 중생의 마음에 대일여래의 진상眞相이 그대로 드러나는 것이 삼밀 상응相應한 즉신성불의 교의라고 한다.[114] 밀교는 이 몸이 그대로 부처가 된다는 즉신성불의 비법을 주장한다. 중생의 몸이 바로 대일여래의 법신이라는 것이 본래성불本來成佛 또는 이구성불理具成佛이다. 그러나 본래불을 지녔을지라도 무명과 번뇌에 둘러싸여 있으므로 삼밀 수행으로 자신불自身佛을 되찾는 것이 가지성불加持成佛이다. 그 결과 중생의 몸이 대일여래와 둘이 아니라는 실상의 구현이 현덕성불顯得成佛이다.

즉신성불의 요지는 가지력加持力에 있고 그것은 삼밀 수행에 의한 비밀 방편법이어서 질병은 물론 재앙과 죄악을 소멸시켜 준다.[115] 당나라 때에 성행한 밀교는 즉신성불 사상과 함께 일문즉보문一門卽普門의 논리를 내세워 일문 속에 보문총덕普門總德을 갖추었다. 만다라는 법계의 법상을 모두 포함함으로써 유식이나 공관은 물론 불교 교파의 교리를 모두 융섭하였다. 이리하여 성립된 밀교는 인도 토착신앙의 성격을 초월하여 여러 부처의 세계, 곧 만다라에 이르기 위한 보편성을 강조하였다.

113 박태화, 「신라시대의 밀교 전래고」, 앞의 책, 1965, pp. 88~90.
114 이종익 등, 앞의 책, 1968, pp. 126~127.
115 이종익 등, 앞의 책, 1968, pp. 127~131.

(2) 신라중대 밀교사상의 유행

신라상대 말 주술불교의 등장

초기밀교는 불교가 인도의 토착신앙을 흡수함으로써 이루어진 것이다. 초기밀교라 할 수 있는 주술적 불교에 대한 접근은 토착신앙과의 교섭 문제로 귀결된다. 전래 과정에서 불교는 자연스럽게 토착신앙과 교섭하면서 수용되었다. 초기밀교가 신라 사회에 꼭 전래된 것 같지는 않지만, 신라상대 말에 불교는 정착되면서 고유의 토착신앙을 대체하거나 혹은 그것과 융섭하였다. 그러므로 불교 수용 이후의 무불교섭사巫佛交涉史에 관한 연구는 앞으로 비중을 두어야 할 분야이다. 신라상대 말의 주술불교는 초기밀교의 영역이라기보다는 넓게 보아 무불교섭사의 견지에서 밝혀야 할 것이다.[116]

왕실 중심으로 수용된 불교는 공인 과정을 통해 국가불교로 성립하였다. 공인불교는 이전 조상숭배 등 토착신앙을 대체하려는 성격을 가졌지만, 바로 이런 점으로 말미암아 역설적이지만 토착신앙의 방식으로 교리나 신앙을 수용하였다. 공인불교의 상징으로 창건한 흥륜사興輪寺 승려 진자眞慈가 미륵선화彌勒仙花를 화랑으로 받드는 모습은 이를 알려 주기에 충분하다. 미륵선화를 신선神仙이라 하였으며, 화랑으로 받든 미시未尸는 신선과 인간을 매개해 주는 중계자였다. 그뿐만 아니라 미시를 발견한 곳의 노방수路傍樹를 사여수似如樹라고 하였다. 사여수는 신령이 강림하는 수목이어서 무격巫覡의 손대로 이어진다.[117]

신선이 미시를 통해 인간과 연결하는 미륵신앙은 토착의 무교巫敎신

---

116 村山修一,『神佛習合思潮』, 京都: 平樂寺書店, 1957, pp. 34~43.

117 김두진,「불교의 수용과 고대사회의 변화」,『한국고대사론』, 한길사, 1988, p. 185.

앙 형태를 그대로 따른 것이다. 이미 전래한 불교는 토착신앙과 교섭하는 과정을 겪는데 종국에는 서로 융섭融攝하면서 정착하였다.[118] 우선 신라의 초전初傳불교가 왕실 중심으로 수용되는 양상은 시사성을 준다. 미추니사금 3년에 성국成國공주가 병이 들었는데, 무의巫醫가 이를 치료하지 못하였다. 대신 아도我道(阿道)가 대궐에 들어가 불법佛法으로 공주의 병을 고쳤다. 이런 아도의 치병 행위는 토착신앙의 제의를 떠올리게 한다.

삼국에 처음으로 불교를 전래한 묵호자墨胡子를 비롯해 아도나 마라난타摩羅難陀 또는 백족白足화상으로 불린 담시曇始 등은 모두 신이한 불교신앙을 가졌다. 눌지마립간 때에 묵호자는 고구려에서 일선군一善郡으로 들어와 모례毛禮의 집 안에 굴을 파고 거주하고 있었다. 마침 양梁나라가 사신을 보내어 의복과 함께 향香을 전하였는데, 신라 조정은 그 용도를 몰라 국내를 돌며 자문하였다. 묵호자가 보고 말하기를 "이것은 향香이라 합니다. 이를 태우면 향기가 아름다워 정성이 신성神聖에 통하는 것입니다. 신성이란 삼보三寶에 불과한 것입니다. 만약 향을 태우면서 발원하면 반드시 영험이 있을 것입니다"라고 하였다.

토착신앙을 대체하고자 하였지만 교리 자체에 대한 이해를 갖추지 못한 초전불교는 토착신앙의 제의 방식을 그대로 받아들였다. 향을 피워 신성, 곧 삼보에 통하도록 발원함으로써 영험을 얻고자 하였다. 영험을 얻으려는 것은 토착신앙에서 행한 제의의 효험을 바로 수용한 셈이다. 불교가 처음 전래한 이후 왕실은 일찍부터 궁궐 내에 분수승焚修僧을 두고 있었다. 소지마립간 때에 궁주宮主와 사통私通하여 죽임을 당하는 분수승은 궁궐 내 왕실의 불교 행사에서 제의를 주관하였다고 생

118 村山修一, 앞의 책, 1957, pp. 18~26.

각한다. 한편 이 사건은 공인 이전에 수용된 왕실불교가 폐단을 일으킬 정도로 번성하였던 사정을 알려 준다.

아도가 성국공주의 병을 낫게 함으로써 초전불교는 왕실 중심으로 수용되었다. 아도는 천경림天鏡林에 절을 세우고 크게 불교를 일으켜 국가의 복을 빌고자 하였다. 초전불교에서 성국공주의 치병과 천경림에 절을 창건하는 사실은 퍽 중요하게 여겨진다. 천경림은 신라 경도京都 내의 전불前佛시대 7가람터 중 하나이다. 천경림을 포함한 삼천기三川岐·용궁남龍宮南·용궁북龍宮北·사천미沙川尾·신유림神遊林·서청전婿請田 등의 7가람터는 본래 토착신앙의 제의를 지내던 곳이었는데, 거기에 모두 절이 창건되었다. 신라불교는 토착신앙과 더 강하게 융섭하였던 것이 분명하다.

아도의 불교신앙은 성국공주의 병을 고치는 면에서 주술적 성격을 가졌을 것이다. 성국공주의 치병을 기록한 내용에서 이런 면을 분명하게 끌어낼 수 없지만, 같은 사실을 언급한 묵호자의 전교傳教 내용에는 "왕이 묵호자를 불러 향을 피우고 축원하게 하였더니 공주의 병이 점점 나았다"라고 하였다. 성국공주의 병을 치유하기 위한 아도의 주술 행위를 짐작할 수 있는 부분이다.[119] 초전불교는 공인되면서 국가불교로 성립하였고, 이와 부응하여 중앙집권적 귀족국가 체제가 정비되어 갔다.

국가체제를 정비하는 과정에서 국가불교는 귀족 중심으로 수용되었고, 『인왕경』을 강조하고 팔관회를 개최하는 등 호국신앙을 표방하였다. 이후 귀족불교는 대중화의 길로 나아가면서 독자의 이론 체계를 성

---

119 『삼국유사』 권3, 금관성 파사석탑조는 가야에 전해진 초전불교의 주술적 성격을 알려 준다. 首露王妃 許黃玉은 阿踰陁國의 공주였는데, 派神의 노여움을 사서 동쪽으로 航海해 올 수 없었다. 이에 父王의 도움으로 파사석탑을 싣고 옴으로써 편안하게 바다를 건넜다. 이로 보면 파사석탑은 波神의 노여움을 달래는 주술적 성격을 가졌다.

숙시키는 한편, 호국신앙의 표방과 함께 토착신앙을 융섭하면서 주술적 성격을 아울러 가졌다.[120] 이런 모습은 현세 이익을 추구하는 성향을 띠면서 미륵신앙은 물론 서민 생활과 밀착한 관음신앙에 더 뚜렷하게 나타나 있다.[121] 신라 사회에도 관음영험신앙이 광범하게 퍼져 있었다. 중생사衆生寺·백률사栢栗寺·민장사敏藏寺·남백월사南白月寺·분황사芬皇寺·낙산사洛山寺의 관음이 모두 영험신앙을 가졌다.

서민의 사소한 서원을 모두 들어주기 때문에 대중과 가장 가까웠던 관음영험신앙은 불교 대중화가 진척된 신라중대 이후의 모습으로 기록되었다. 자식을 점지하거나 맹인의 눈을 뜨게 하였으며, 집 나간 아들이나 피랍된 국선國仙을 돌아오게 하였다. 그런 영험신앙은 신라상대 말에 이미 뿌리를 내렸다. 다소 시기가 내려간 문무왕대 초지만, 낙산사의 관음신앙이 이를 짐작하게 한다. 문무왕 10년(670년)에 당나라에서 귀국한 의상이 처음 백화白花정토로 낙산사를 창건하였는데, 원효가 관음진신을 친견親見하고자 그곳으로 나아갔다. 이때 나타난 관음의 화신化身은 마치 토착신앙 속 지모신地母神 모습을 연상하게 하는 신이신앙을 보인다.[122]

지모신앙이 관음신앙 내에 융섭되었다. 나락을 베거나 여자의 생리와 연관한 개짐(월수백月水帛)을 빨래하는 여인으로 현신한 관음은 만물의 생육을 돕는 지모신을 연상시킨다. 진평왕 때에 안흥사安興寺의 비구니 지혜智惠는 실제로 지모신인 선도산신모仙桃山神母로부터 황금을 시주받아 불전을 수리하였다. 만물의 생육 능력이 불사佛事를 베푸는 것으

120 村山修一, 앞의 책, 1957, pp. 34~35.

121 村山修一, 앞의 책, 1957, pp. 25~26.

122 김철준, 「동명왕편에 보이는 신모의 성격」, 혜암유홍렬박사화갑기념사업위원회, 『유홍렬박사화갑기념논총』, 탐구당, 1971; 『한국고대사회연구』, 지식산업사, 1975, pp. 41~43.

로 나타난 셈이다. 신사神祠 곧 선도산신모의 자리 밑에서 꺼낸 황금으로 지혜는 주존主尊 삼상三像을 안치하고, 아울러 벽에는 53불과 육류성중六類聖衆이나 천신天神 및 오악신군五岳神君 등의 그림을 장식으로 조성하였다.

귀족불교가 대중화하는 과정에서 철학 체계를 모색하는 이론불교가 등장하였다. 그런데 초기 이론불교가 성립하면서도 불교신앙은 여전히 신이神異한 주술적 성격을 지녔다. 자장이나 원광 등은 신라상대 말에서 중대 초기에 이론불교를 정립하는 데 공헌하였다. 그들의 불교신앙이 신이한 성격을 가졌다. 신라 이론불교의 철학 체계를 정립한 원효나 의상도 다소 신이한 신앙을 표출하였다. 대중화로 나아가면서 성속聖俗을 구별하지 않고 현실사회 속에서 교화를 펴려던 원효는 물론 이전의 혜숙惠宿이나 혜공惠空 모두 신이한 행적을 가진 것으로 유명하다.

신라상대 말에 신이한 불교신앙이 널리 유포되고 있었다. 특히 신이한 행적을 많이 지녔던 원광의 전교 활동 속에서 주술적 불교신앙을 찾아낼 수 있다. 원광의 행적은 신라의 고본古本 『수이전殊異傳』과 당의 『속고승전續高僧傳』에 각각 실렸는데, 두 사서의 내용이 너무나 달랐다.[123] 고본 『수이전』이 원광의 신비한 행적을 더 많이 기록하였다면, 『속고승전』은 비교적 그의 교학을 알려 주는 내용을 실었다. 그런데 『속고승전』에서도 그의 신이한 주술적 불교신앙을 분명하게 찾을 수 있다.

중국 진陳나라에 유학한 원광은 『열반경涅槃經』과 『성실론成實論』·『반

123 원광은 古本 『殊異傳』에는 薛氏이며 국내에서 출가한 후 중국으로 유학하였다고 하였으나, 『續高僧傳』에는 朴氏이며 중국에 유학한 후 거기서 출가하였다고 하였다. 그 외 활동 연대나 入寂 시기는 물론 행직에 대해서도 대부분의 기록이 다르다. 이렇듯 혼동된 원광의 활동과 그 연대에 대해서는 김두진, 「원광의 계참회신앙과 그 의미」(『신라사학보』 2, 2004, p. 57)에서 정리한 바가 있다.

야경般若經』·『아함경阿含經』 등을 연구하였고, 다시 수나라 장안長安에서 『섭대승론攝大乘論』을 배워 귀국하였다. 이후 그는 운문산雲門山 가서사嘉栖寺에서 점찰법회占察法會를 개최하였는가 하면, 황룡사皇龍寺에서 백고좌도량百高座道場을 개설하여 『인왕경仁王經』을 강설하였다. 신라 유식불교의 이론적 토대를 마련한 원광의 전교 활동에 보이는 다음과 같은 주술적 신앙은 관심을 끈다.

> ① 수나라 대장은 절의 탑이 불타는 것을 바라보고 달려가서 불을 끄려 하니 불길은 전혀 없고, 다만 원광이 탑 앞에 결박되어 곧 죽임을 당하게 되었다. (대장은) 이것을 괴이하게 여겨 곧 그를 풀어 놓아주었다.
>
> ② 태사胎死한 아이를 낳은 속인俗人이 있었는데, 속설俗說에 유복한 사람의 무덤에 묻으면 자손이 끊어지지 않는다고 하였다. 남몰래 원광의 무덤 옆에 그것을 묻었더니, 당일에 벼락이 죽은 태를 쳐서 무덤 밖으로 내쳤다.
>
> ③ 본국 왕이 병에 걸렸는데 의원의 치료로 차도가 없자, 원광을 궁정으로 청하여 머물게 하였다. 밤이면 두 시간이나 심오한 법을 설하며 계戒를 주고 참회懺悔하게 하였더니 … 오래지 않아 마침내 병이 나았다.
>
> —『삼국유사』 권4, 원광서학圓光西學조—

원광의 무덤에 몰래 묻은 태사胎死한 아이의 시체를 벼락으로 내치는 모습은 단순히 토착의 신이신앙과 연관되었다고 생각한다. 그러나 그 내용은 기원祈願보다 금기禁忌에 속하기 때문에 주술적 신앙과 연결하여 이해해야 한다. 진나라에 유학한 원광이 양도揚都에까지 쳐들어온 수나라 군사에게 붙잡혀 죽임을 당하게 되었을 때 풀려나는 모습이나 본국 왕의 병을 낫게 하는 행적 등은 원광의 불교신앙이 주술적 성향을 지닌 것으로 이해하게 한다. 다만 원광의 주술적 불교신앙은 탑의 영험이나 심오한 불교 교리는 물론 계참회법戒懺悔法을 매개로 이루어지고 있다.

원광의 주술적 불교신앙은 초전불교에서 묵호자나 아도가 토착신앙의 방식으로 공주의 병을 고치는 모습과는 구별되며, 뒤에 유행하는 밀교와 연결할 수 있는 것도 아니다. 불탑 신앙은 물론 교리나 설법을 통해 재난에서 벗어나고 질병을 치유하였지만, 원광은 밀교 경전이라 할 수 있는 『약사경藥師經』이나 신인神印비법을 사용하지는 않았다. 다만 원광의 부도浮圖가 삼기산三岐山 금곡사金谷寺에 세워졌으며, 처음으로 그가 수행한 곳이 또한 삼기산이었다. 금곡사는 밀교 승려인 밀본密本이 주석한 절이기 때문에 원광 교학은 초기밀교와 이어진다고 추측한다.[124]

그러나 초기밀교와 원광의 교학이 연결되는지는 잘 알 수 없다. 인도의 초기밀교가 토착신앙과의 교섭으로 나타났기 때문에 신라상대 말의 신이한 불교신앙은 초기밀교의 성립 시와 비슷한 풍토에서 나타난 것이다. 초기밀교 이후 보편적 교리를 수립하면서 중기밀교가 정립되었다. 원광은 비록 주술적 신앙을 지녔을지라도 정법正法의 교리를 정립시킨 장본인으로 추앙을 받았다.[125] 유식의 정법 교리를 펴면서 주술적 신앙을 수용한 원광의 교학은 인도의 인명론因明論이 신이신앙을 흡수하면서 초기밀교의 형성에 영향을 주는 사정을 떠올리게 한다.

신라중대의 밀교사상

『삼국유사』의 기이편紀異篇은 신이를 기록한다는 것이고, 그 뒤의 편목도 그러한 성격을 지녔다. 탑상塔像 편 이후의 불교 관계 기사는 전체

124 고익진, 「신라밀교의 사상내용과 전개양상」, 앞의 책, 1986, p. 132.

125 『삼국유사』 권4, 원광서학조에는 원광이 辰韓과 馬韓에 正法을 널리 펴고, 해마다 두 번씩 강론하여 후학을 양성하였다고 한다.

가 토착신앙과 융섭한 내용을 기록한 셈이다. 이러한 무불교섭적인 초기불교는 물론 토착신앙의 불교의례화佛教儀禮化에 앞장섰던 『인왕경』이나 『점찰경』에 의한 법회는 밀교적 성향을 지녔고, 원광이나 특히 안함安含을 선험적先驗的 밀교사상가로 이해하기도 한다.[126] 그런데 일연一然은 굳이 신주神呪 편을 따로 설정하여 거기서 밀교 승려로 밀본密本과 혜통惠通 및 명랑明朗만을 다루었다.

『삼국유사』의 독립된 편명으로 신주 편을 설정한 일연의 의도를 밀본이나 혜통 및 명랑의 사상이 갖는 공통적 특성에서 찾을 수 있다. 일연은 그들의 사상을 다음과 같이 지적하였다.

> 이에 앞서 밀본密本의 뒤에 고승高僧 명랑明朗이 있다. 그가 용궁龍宮에 들어가 신인神印(범서梵書에는 문두루文豆婁라 하는데 여기서는 신인이라 하였다)을 얻어 처음으로 신유림神遊林에 (지금의 천왕사天王寺를) 세워 이웃 나라의 침입을 여러 번 기도로 물리쳤다. 지금 혜통惠通이 무외無畏의 정수를 전하여 속세를 두루 다니면서 사람을 구제하고 만물을 감화시켰다. 아울러 숙명宿命의 밝은 지혜로써 절을 세워 원한을 풀어 주니, 밀교의 교풍이 여기에서 크게 떨쳤다. 천마산天磨山의 총지암總持嵓과 무악毋岳의 주석원呪錫院 등이 모두 그 유파의 후예들이다.
>
> —『삼국유사』 권4, 혜통항룡조—

일연은 신인神印, 곧 문두루비법文豆婁秘法의 도입으로 밀교 교풍이 떨쳤음을 분명하게 지적하였고, 천마산의 총지암總持嵓이나 무악의 주석원呪錫院 등이 모두 밀교 교단에 속한 사원이라고 하였다. 그 때문에

126 고익진, 「신라밀교의 사상내용과 전개양상」, 앞의 책, 1986, pp. 130~139.

단순히 치병이나 제액除厄에 치우친 주술불교의 범위를 넘어서 정통 밀교 교학의 성립에 초점을 맞추어『삼국유사』신주 편을 설정하였다.[127]

혜통이 중국에 유학하여 중기밀교를 정립한 장본인인 선무외善無畏의 법인을 전수한 사실은 정통 밀교의 성립을 분명하게 드러낸 것이다. 총지암이나 주석원은 밀교 교단의 존재를 넘어서서 그 교학이 폭넓게 수용되었음을 짐작하게 한다. 진언이나 다라니를 총지로 표현하는데, 그것은 만다라를 상정한다. 크게 떨친 밀교의 교풍이 사람은 물론 물건의 구제와 교화에 초점을 맞추고, 나아가 원한을 풀어 주는 데에까지 의미를 넓혀 갔다. 원한을 풀어서 사람을 구제하려는 성불 원리나 그것을 물건에까지 융섭하려는 교리의 강조는 정법 밀교의 성립을 내세우는 의도를 가졌다.

『삼국유사』신주편의 설정은 보편적 밀교를 중시한 것이지만, 실제로 거기에 중기밀교의 교리가 충분히 나타나 있지는 않았다. 오히려 주술불교의 요소를 많이 간직하여 치병이나 재난을 물리치려는 의도를 더 드러냄으로써 신주편은 밀교의 범위를 좁혔다는 인상을 준다.[128] 이렇듯 자료상의 한계를 지녔을지라도 신주 편을 통해 정법 밀교의 보편적 교리를 가능한 지적하는 것이 중요하다. 우선 밀본은 치병 주술을 통해『약사경』의 대원大願을 이루려는 밀교신앙을 피력하였다.[129] 그가 선덕여왕의 병을 고치는 다음 내용은 참고가 된다.

선덕왕善德王 덕만德曼이 병이 들어 오랫동안 낫지 않자, 흥륜사興輪寺 승려 법척法惕이 왕명을 받아 병을 치료하였으나 아무런 효험이 없었다. 이때 밀본법

127 김연민,「신라 문무왕대 명랑의 밀교사상과 그 의미」,『한국학논총』30, 2008, p. 34.
128 고익신,「신라밀교의 사상내용과 전개양상」, 앞의 책, 1986, p. 131.
129 김연민,「밀본의『약사경』신앙과 그 의미」,『한국고대사연구』65, 2012, pp. 216~224.

사密本法師가 덕행으로 나라 안에 알려져 좌우 신하들이 그를 대신하라고 청하였다. 이에 왕이 궁중으로 불러들였다. 밀본은 왕의 침실 밖에서 『약사경藥師經』의 두루마리를 거의 다 읽자 갖고 있던 육환六環이 침실 안으로 날아 들어가 늙은 여우 한 마리와 법척을 찔러 뜰 아래로 거꾸러뜨리니 왕의 병이 나았다. 이때 밀본의 이마 위에 오색의 신광神光이 발하니, 보는 사람이 모두 놀랐다.

—『삼국유사』 권5, 밀본최사密本摧邪조—

선덕여왕의 치병에 흥륜사 승려 법척法惕이 효험을 주지 못하였는데, 밀본은 『약사경』을 낭독함으로써 병을 고쳤다. 『약사경』을 다 읽기도 전에 갖고 있던 육환장六環杖이 선덕여왕의 침실 안으로 들어가 늙은 여우 한 마리와 법척을 찔러 거꾸러뜨림으로써 병을 낫게 하였다. 아울러 밀본은 김양도金良圖의 병을 고치고 있다. 선덕여왕 때와는 달리 김양도의 치병에는 『약사경』 주술의 구체적인 모습이 보인다. 김양도는 입과 몸이 굳어 말을 못 하고 움직일 수가 없었다. 귀신의 무리가 그렇게 만들었지만 이를 알릴 수가 없었다.

김양도의 병에도 무당이나 법류사法流寺 승려를 초청하였으나, 그들은 아무런 소용이 없었다. 오히려 귀신들이 그들을 능멸하고 철 몽둥이로 때려죽였다. 반면 밀본은 『약사경』을 펴기도 전에 그의 병을 치료하였다. 곧 사방의 대력신大力神이 귀신들을 묶어 잡아갔다. 천신天神이 도운 것이다. 대력신과 천신의 도움으로 귀신을 쫓는 밀본의 주술은 관정법灌頂法으로 이해된다. 그는 선덕여왕의 병을 고치는 데에 관정법을 사용하였다. 병을 낫게 한 그의 이마에 신광이 비치고 있었다는 것은 이를 시사한다.

중국에서 『약사경』은 ① 혜간慧簡(유송劉宋 457년) 『약사유리광경藥師琉璃光經』, ② 달마급다達摩及多(수隋 615년) 『약사여래본원경藥師如來本願

經』, ③ 현장玄奘(당唐 650년) 『약사유리광여래본원공덕경藥師琉璃光如來本願功德經』, ④ 의정義淨(당 707년) 『약사유리광칠불여래본원공덕경藥師琉璃光七佛如來本願功德經』으로 4차에 걸쳐 한역漢譯되었다. 그중 밀본 등 신라밀교 승려들이 주로 참고한 것은 혜간이나 달마급다 및 현장의 번역본이며 그 내용이 거의 비슷하다. 이에 비해 의정역본은 약사여래를 포함한 동방 7불의 청정세계淸淨世界 본원과 주문 등을 설함으로써 밀교신앙의 범위를 넓혔다. 이상의 4역譯 『약사경』은 『관정경灌頂經』 중 마지막 권12의 『발제과죄생사득도경拔除過罪生死得度經』 속에 편입되어 있다.[130]

서역 승려 백시리밀다라帛尸梨蜜多羅가 12경으로 번역한 『관정경』은 구집舊集 9경과 후집後集 3경으로 나뉘며, 그중 특히 권12는 위경僞經이라는 설도 있다.[131] 구집 『관정경』이 악신惡神이나 마귀 및 독룡毒龍 등으로부터 사람들을 지켜줄 무수한 천신天神이나 명왕明王을 설하였다. 이들 신왕神王의 이름을 부르면 모든 악신이 범하지 못함으로써 질병이나 재액災厄은 저절로 낫거나 제거된다.[132] 이러한 신주는 후집 3경에도 나오지만, 이에 더해 권12 『약사경』은 약사여래가 서원한 12대원을 이루려는 것이다. 구집 『관정경』과 비교하여 『약사경』은 치병 외에도 부처의 위신력威神力과 속명법續命法을 설하면서 호국신앙을 강하게 내세우는가 하면 정토신앙과 성불 사상을 포용하였다.[133]

---

130 고익진, 「신라밀교의 사상내용과 전개양상」, 앞의 책, 1986, pp. 141~142.

131 『灌頂經』 12권 중 권1~11까지의 飜譯者를 알 수 없으며, 권12는 僞經이라 한다. 또한 권1~9까지의 9경을 舊集 『관정경』이라 하여 大灌頂으로 부르고, 권10~12까지의 3경을 後人이 모은 것이라 한다. 곧 帛尸梨蜜多羅가 번역한 것을 부정하며, 구집 9경과 후집 3경의 번역자를 알 수 없다고 하였다.

132 고익진, 「신라밀교의 사상내용과 전개양상」, 앞의 책, 1986, pp. 144~145.

133 김연민, 「밀본의 『약사경』 신앙과 그 의미」, 앞의 책, 2012, pp. 221~222.

치병 주술에서 신인(문두루文豆婁)비법을 도입한 자는 혜통惠通이다. 그는 당에 유학하여 무외無畏 삼장三藏으로부터 인결印訣을 전수하였다. 처음 삼장 밑에서 부지런히 수업하였으나 비법을 가르쳐 주지 않자, 불 동이를 머리에 이고 수행하였다. 얼마 후 그의 정수리가 터지자 삼장은 신주를 외어 상처를 아물게 하고 나서 인결을 전해 주었다고 한다. 혜통이 전수한 신인비법은 아지구다阿地瞿多가 번역한『다라니집경陀羅尼集經』에 근간을 두었다.『다라니집경』은 반야般若사상에 입각한 보살도菩薩道(삼승三乘)를 금강승金剛乘(일승一乘)으로 지양하여 즉신성불卽身成佛과 인천제도人天濟度를 목적으로 대승 밀교를 전개하려는 것이다.[134]

혜통은 삼장을 대신하여 당나라 공주의 병을 치료하면서 신인비법을 사용하였다. 흰콩 한 말과 검정콩 한 말로 각각 만든 흰 갑옷과 검은 갑옷 입은 신병神兵이 병마를 쫓았다. 그리하여 독룡이 갑자기 나와 달아나고 이내 공주의 병이 나았다. 귀국한 혜통은 본국 공주의 병은 물론 신문왕의 등창을 고치면서 신인밀단법을 사용하였던 것이 분명하다. 본디 명랑明朗이 신인밀단법을 개설하였다. 명랑은 당나라에 유학하고 돌아올 때 용궁에 들려 비법을 전수하였다고 한다. 그의 밀단법은 치병에 그치지 않고 적군을 물리치는 호국적 밀교법회로 발전하였다.

문무왕 8년(668년)에 당나라 장수 이적李勣은 신라와 합세하여 고구려를 멸망시킨 후, 백제 지역에 군사를 주둔시키면서 신라를 침공하려고 하였다. 신라가 이를 알고 군사를 내어 막으니 당 고종高宗이 크게 노하여 설방薛邦에게 군사 50만 명을 거느리고 가서 신라를 치게 하였다. 문무왕은 명랑을 청하여 비법으로써 이를 물리쳤다. 명랑이 밀단

134 고익진, 「신라밀교의 사상내용과 전개양상」, 앞의 책, 1986, pp. 163~166.

密壇을 세웠던 곳에 고쳐 세운 절이 사천왕사인데 고려시대까지도 거기에 밀단법이 이어졌다고 한다.[135] 이로 말미암아 명랑은 신인종의 시조가 되었다.

명랑은 『관정경』에 근거를 두었지만, 『금광명경金光明經』 등에서 사상적 영향을 받아 치병이나 제액을 포용한 신인비법을 설치하였다. 그가 용궁으로부터 비법을 전수하고 바로 세운 절인 금광사金光寺는 『금광명경』과의 연관성을 추측하게 한다. 호국사상을 직접으로 설하는 대표적 경전이 『금광명경』과 『인왕경』 등이다. 『금광명경』의 사천왕품에는 사천왕과 28부 신장이 국왕과 인민을 원적怨敵이나 재난 및 질병 등으로부터 수호하는 신앙이 나온다. 명랑의 밀단법은 바로 『금광명경』에 의거해 설치되었으며 당시 신라 사회에는 『인왕경』의 백고좌법회가 광범하게 개설되어 있었다.[136]

밀본이나 혜통 및 명랑은 신라밀교사상을 정립시킨 주인공들이다. 그들의 교학은 『다라니집경』이나 『금광명경』 등에 근거하였을 뿐만 아니

135 『삼국유사』 권2, 문호왕법민조. 처음 명랑은 狼山 남쪽의 神遊林에 四天王寺를 세워 노량을 개설함으로써 唐軍의 침입에 대비하려고 하였다. 그러나 薛邦의 군사가 더 일찍 貞州 해변에 이르러 일이 급하게 되자, 명랑은 彩帛으로 임시 절을 세우고 풀로 五方神을 만든 후에 文豆婁 秘法을 설치하였다. 당시 당나라 군사가 신라 군사와 싸우기도 전에 풍랑이 크게 일어났으며, 당나라 배는 모두 물에 빠졌다고 한다. 문무왕 11년(671년)에 다시 당나라 장수 趙憲이 5만의 군사로 침입하였으나 신라는 같은 문두루비법으로 이를 물리쳤다.

136 고익진, 「신라밀교의 사상내용과 전개양상」, 앞의 책, 1986, pp. 146~149. 金光寺 외에 명랑은 金剛寺를 창건하였다(『삼국유사』 권4, 이혜동진조). 金剛寺는 『大方廣十輪經』의 호국사상을 생각하게 한다. 金剛藏보살에게 三乘, 곧 聲聞·辟支佛·菩薩의 성불이 가능하다는 것을 설하는 『대방광십륜경』은 『금광명경』보다 더 대승의 영향을 짙게 받은 호국경전이다. 거기에는 地藏보살을 대상으로 灌頂刹帝利王이 능히 외적을 멸하여 국토를 수호하는 내용이 들어 있다. 특히 『仁王經』은 심오한 대승의 空觀사상에 근거하여 호국사상을 전개하는데, 그중 제5 護國品에 나오는 百高座法會의 呪術法은 怨賊이나 재난을 물리치는 것이다.

라『인왕경』의 호국사상에서도 광범하게 영향을 받아 성립하였다. 그런데 현실적으로 대승의 성불사상이 강하게 나타나 있지 않기 때문에 신라밀교는 중기밀교사상을 완전하게 받아들이지 못한 것으로 이해하기도 한다. 다만 신라 오대산신앙 속에서 밀교사상을 찾을 수 있다.[137] 치병이나 제액은 물론 해원解寃 주술 등은 신라밀교의 성불신앙을 유추할 수 있게 한다.

혜통은 신문왕의 등창을 주문으로 낫게 하였다. 신문왕의 등창은 신충信忠의 원한으로 말미암아 생긴 것이다. 곧 전생에 재상이었던 신문왕이 양민 신충을 잘못 판결하여 종으로 삼았기 때문에 원한을 품은 신충이 환생할 때마다 등창이 나도록 보복하였다고 한다. 이에 그를 위해 신충봉성사信忠奉聖寺와 절원당折怨堂을 세웠다. 이렇듯 병마나 재앙의 근원을 치유하려는 해원 주술은 중생과 대일여래가 다르지 않다는 즉신성불 사상에 근접하게 한다. 즉신성불은 삼밀三密의 추구로 이루어지겠지만, 해원 주술을 통해 정화된 중생은 바로 여래가 되기 때문이다. 실제로 약사의 12대원은 중생과 여래가 다르지 않다고 함으로써 치병으로, 또는 사마邪魔에서 벗어나게 하여 정법을 얻게 하려는 것이다.[138]

신인법을 사용하는 혜통은 독룡을 쫓아냄으로써 중국 황실 공주의 병을 고쳤다. 원한을 품은 독룡은 신라로 들어가 문잉림에서 심하게 사람들을 해쳤다. 거기서 다시 혜통에게 쫓겨난 독룡은 그와 친근한 정공鄭恭이 왕실에 항명한 죄로 죽게 만듦으로써 복수하였는가 하면, 기장산機張山에 들어가 웅신熊神이 되어 더 많은 해독을 끼쳤다. 뒤에 혜통은 왕실의 오해를 풀어서 정공의 죄를 씻어 주었을 뿐만 아니라 웅신이 된

137 서윤길, 「신라의 밀교사상」, 『한국철학연구』 9, 1977; 『한국밀교학논문집』, 대한불교진각종, 1986, pp. 62~63.

138 김연민, 「밀본의 『약사경』 신앙과 그 의미」, 앞의 책, 2012, p. 222.

독룡에게 불살계不殺戒를 내려 구제해 주었다. 혜통을 위시한 신라의 밀교사상이 독룡을 교화하는 등 대승 교학에 입각한 성불사상으로 나아갔다.

(3) 밀교와 다른 교학의 관계

중국에서 중기밀교는 선무외善無畏의 태장계胎藏界와 금강지金剛智의 금강계金剛界로 나뉘어 발전하였다. 선무외 아래에 의림義林·현초玄超·불가사의不可思議 등의 신라밀교 승려가 활동하였고, 금강계의 신라 승려로 혜초慧超와 혜일惠日·오진悟眞·균량均亮(均諒) 등이 있었다. 혜초는 금강지의 제자였고, 금강지의 법손이요 불공不空의 제자인 혜과惠果의 문하에 혜일·오진·균량이 있었다. 신라에 혜일이 금강계 밀교를 전하였다면, 의림과 불가사의는 태장계 밀교를 전하였다.[139] 중국 중기밀교의 성립에 신라계 밀교 승려들이 중요하게 이바지하였을 뿐만 아니라 태장계와 금강계 밀교가 신라에 전해진 것으로 미루어 신주편의 밀교사상이 신인비법의 주술적 응용에만 치우친 것이라고는 생각할 수 없다.

태장계와 금강계 밀교의 전래는 신라 사회에 만다라가 성립되어 있었을 것으로 생각하게 한다. 성불사상과 함께 신라밀교에서 만다라를 끌어내는 것은 중요하다. 만불산萬佛山을 조성하는 다음 내용은 신라 밀교의 만다라를 짐작하게 한다.

경덕왕景德王은 장공匠工에게 명하여 5색 담요를 만들고, 또한 그 위에 침단

139 박태화, 「신라시대의 밀교 전래고」, 앞의 책, 1965, pp. 80~92.

목沈檀木을 조각하여 구슬과 아름다운 옥으로 꾸며서 높이 한 장丈이 조금 넘는 가산假山을 만들어 놓았다. 가산은 뾰족한 바위와 괴석恠石 및 간혈澗穴을 두어 구역으로 나누었는데, 각 구역은 가무歌舞와 기악伎樂을 거느렸고 열국列國 산천山川의 형상을 갖추었다. 미풍이 조금만 불어도 벌과 나비가 훨훨 날고 제비와 참새가 춤을 추니 얼핏 보아 그 모습의 진위를 분간할 수가 없다. 그 속에 만 개의 부처를 안치하였는데, 큰 것은 방촌方寸이 넘고 작은 것은 8·9분分쯤 되었다. 부처의 머리는 혹은 큰 기장만 하고 혹은 콩 반쪽만 하다. 나계螺髻와 백호白毫 및 미목眉目이 또렷하며 모든 형상이 다 구비되었으니, (가산을) 그저 비슷하게 비유할 수는 있어도 자세히 설명할 수는 없다. 이런 까닭에 이 산을 만불산萬佛山이라 하였다.

—『삼국유사』 권3, 사불산 굴불산 만불산四佛山 掘佛山 萬佛山조—

만불산이 완성되자 경덕왕은 사신을 파견하여, 그것을 당나라에 보냈다. 당의 대종은 받은 만불산 내 바위 사이에 광선光扇을 놓고 불광佛光이라 불렀다. 그뿐만 아니라 내도량內道場에 삼장三藏 불공不空을 청하여 밀부密部의 진언眞言을 1,000번 외우게 함으로써 만불산을 경축慶祝하였다. 당의 내도량에서 밀교의 진언법회로 경축한 만불산은 애초에 밀교와 연관하여 제작되었던 것이 분명하다.

밀교사상과 연관된 만불산은 만다라를 상징적으로 나타내 준다고 생각한다. 만불산에는 만 개의 부처를 배치하였지만, 사실은 다 셀 수 없는 중중무진重重無盡한 수많은 부처의 세계가 나타나 있다. 구역으로 나뉜 부처의 세계에는 기암과 절벽으로 이루어진 계곡으로 맑은 물이 흐르는가 하면 벌과 나비나 뭇 새가 노닌다. 열방列邦을 이룬 산천에는 가무하고 기악伎樂을 연주하는 인간의 삶이 어우러진다. 나계螺髻나 백호·미목眉目이 뚜렷한 여러 부처도 금과 옥으로 대좌나 화개花蓋를 갖추고 있다. 누각이나 대전臺殿·당사堂舍 사이로 돌아다니는 승려가 1,000여 명이며, 3개의 자금종紫金鐘과 종각이 있다. 바람이 불어 종이 울면 돌아다니던 승려들이 모두 엎드려 절하는데, 은은한 염불 소리가 종으로부터 울려 나온다.

만불산 경축 진언법회를 주관한 불공은 금강지의 제자로 금강계 만다라를 성립시킨 장본인이다. 유식과 공관의 대립을 지양한 여래장如來藏 사상을 발전시킨 만다라는 태장계와 금강계로 달리 나타났다. 태장계 만다라인 중대팔엽원中臺八葉院은 중심에 대일여래를, 사방에 4불과 그 간방間方에 4보살을 배치한다. 태장계의 단출한 배치와는 달리 금강계 만다라는 오상성신五相成身의 성불 경계[金剛界]를 중첩된 모습으로 제시한 것이다. 금강계 구회九會만다라의 근본은 중앙에 배치한 성신회成身會이며 그 바깥을 8회가 감싸고 있다. 성신회는 나머지 8회의 총상總相인데, 그 자체도 중첩한 성불 경계로 설정되었다.[140]

원과 네모로 형상화한 성신회는 대원륜大圓輪 속에 5원륜과 그 사이에 4원륜을 배치하고 원륜의 바깥을 네모로 도형화하였다. 대원륜을 둘러싼 네모의 4우隅와 그 사이에 각각 공양供養을 앉히고 그 바깥에 16대보살을 안치하였다. 대원륜 내의 5원륜을 둘러싼 형세나 5원륜 각각의 형세는 중첩된 성불 경계를 떠올리게 한다.[141] 만불산 내 중첩된 여러 구역이 성불 경계를 나타내려는 의도를 가졌는지는 단정할 수 없으나, 셀 수 없는 중중무진한 불계佛界를 표현한 것임은 분명하다. 그러므로 그것은 불공의 금강계 만다라에 더 근접한 모습을 보여 준다.

만불산신앙은 신라중대 밀교의 만다라, 특히 금강계 만다라의 존재

140 이종익 등, 앞의 책, 1968, pp. 119~122.
141 이종익 등, 앞의 책, 1968, p. 124.

를 짐작하게 한다. 이를 통해 비록 신라중대의 밀교 승려들에게서 뚜렷하게 나타나지는 않았다고 해도 만다라를 끌어내려는 의도는 중요하게 생각한다. 이와 연결해 왕망사王望寺에 주석한 혜통이 자신을 잡으려고 온 군사들을 비법으로 물리치는 모습은 시사성을 준다. 그가 왕망사의 지붕 위에 올라 병에 붉은 획을 긋자 군사들의 목에 일제히 붉은 금이 그어졌다고 한다. 이때 사용한 혜통의 신인비법 속에는 일문즉보문一門卽普門의 논리가 들어 있는 셈이다.

근본적인 하나의 획이 군사들에게, 곧 일체의 획으로 나타났다. 일문 속에 보문총덕普門總德을 갖춘 만다라를 생각하게 하는 대목이다. 그러나 혜통의 신인비법을 반드시 만다라로 규정할 수 있는 것은 아니다. 오히려 오대산신앙은 신라밀교와 연관된 것이어서 만다라에 대해 이해할 수 있는 면을 지녔다.[142] 보천이 남긴 「후래산중소행後來山中所行 보익방가지사補益邦家之事」는 중앙의 문수부동불文殊不動佛을 중심으로 사방에 각각 관음·지장·무량수불無量壽佛·석가불을 모신 도량을 결성하고, 그 안에 여러 복전福田을 두었으며 많은 경전을 읽고 예참禮懺을 행하게 하였다.

오대산신앙은 모신 부처가 일치하지는 않지만 만다라, 곧 태장계 만다라를 떠올리게 한다. 이에 그치지 않고 5도량 외에 다시 비로자나불毘盧遮那佛을 우두머리로 문수보살을 강조하는 화엄사와 문수갑사의 도량을 추가하는 등 불성 경계를 중첩해서 개설하였다.[143] 또한 보천은 항상 영동靈洞의 물을 길어다가 마셨으므로 만년에는 공중을 날아, 유사

142 박노준, 「당대 오대산신앙과 불공삼장」, 『영동문화』 3, 1988, pp. 32~33.

143 박노준, 위의 논문, 1988, pp. 34~35. 이런 면을 金剛系 曼茶羅로 연결할 수 있는지는 분명하지 않다. 다만 신라 오대산신앙의 성립과 깊이 연관된 중국 澄觀의 오대산신앙은 金剛智의 제자인 不空의 밀교사상에서 영향을 받아 성립되었다. 곧 징관이 제시한 5여래는 금강계의 5부처이다.

강流沙江 밖의 울진국蔚珍國 장천굴掌天窟에 이르러 쉬면서 『수구다라니경隨求陁羅尼經』을 외우는 것으로 과업을 삼았다. 보천은 밀교 승려 혹은 수행자였고, 오대산의 각 도량에서는 국왕의 축수와 백성의 평안이나 문무의 화평은 물론 백곡百穀이 풍성할 것을 비는 등 밀교적 주술법회가 열렸다.

문수 정토로 출발한 오대산신앙은 화엄결사로 이루어져서[144] 이와 연관된 밀교사상은 화엄사상과 친숙한 면을 가졌다. 애초에 자장이 신라 오대산신앙을 창도하였다. 그는 계율을 강조한 율종의 창시자라고 알려졌지만 실제로는 화엄종 승려였다. 자장이 문수진신을 친견하기 위해 창건하여 주석한 절이 석남원石南院(정암사淨岩寺)이다. 그가 잠시 쉬어간 곳에 결성한 암자는 뒷날 월정사가 되었다. 두 절은 모두 화엄종에 속하였으며, 특히 월정사에는 범일梵日의 문인인 두타頭陀 신의信義와 수다사水多寺의 장로長老 유연有緣 및 신효信孝 등이 주석하였는데 그들은 의상계 화엄종의 문인이다.[145]

신라 신인종을 성립시킨 명랑의 외숙이 자장이다. 곧 명랑의 어머니 법승랑法乘娘은 자장의 누이이다. 명랑은 의상계 화엄종의 비호를 받아 신인도량을 개설하였다. 당나라에 갇힌 김흠순金欽純은 의상을 급히 귀국시켜 당 고종의 신라 침공 사실을 조정에 알렸다. 이에 명랑이 신인비법으로 당의 군사를 물리쳤다. 명랑의 신인도량 개설에 의상이 관여하였을 것이다. 오대산신앙이나 자장은 물론 의상계 화엄종과 깊이 연관하여 개설된 밀교도량은 화엄사상을 포용하면서 거기에 흡수되기 어려운 의례를 종합적으로 체계화하였다.

---

144 김두진, 「자장의 문수신앙과 계율」, 『한국학논총』 12, 1990, pp. 14~17; 김두진, 「오대산신앙과 화엄결사」, 『신라화엄사상사연구』, 서울대학교출판부, 2002, pp. 228~230.

145 김두진, 위의 논문, 2002, pp. 240~242.

밀교사상은 화엄 교리와 친숙한 면을 많이 지녔지만, 원래 유식 논리를 성립시킨 인명론因明論에서 출발하여 공관과 유식의 대립을 극복하려는 당대 불교계의 현안을 해결하려는 의도로 성립되었다. 중기밀교사상을 정립시키는 데 기여한 선무외가 다라니를 총섭總攝으로 이해한 다음 내용은 참고가 된다.

> 다라니陀羅尼는 도道(보리菩提)를 빨리 깨치게 하는 수레이며 해탈解脫에 이르는 길상吉祥의 바다이다. 삼세三世의 제불諸佛이 이 문門에서 생겨나 그 지혜智慧가 두루 비쳐 전하는 바이지만 오직 한 등불일 뿐이다. 그 근根과 성性이 특별하고 다를지라도 등불은 역시 무변無邊한 것이다. 이로 말미암아 백억百億의 석가釋迦와 미진微塵의 삼매三昧가 있게 되니, 보살菩薩이 제정諸定에서 그물망같이 총섭總攝하여 계위階位에 갑자기 올라 큰 깨달음으로 나아가는 것이 그 종지宗旨이다.[146]

성불을 강조하면서 중기밀교를 성립시킨 선무외는 다라니를 통해 깨달음과 수행을 함께 강조하였다. 보리를 얻기 위한 돈오頓悟와 해탈에 이르기 위한 긴 수행 과정을 아울러 제시하였다. 보리가 바로 얻어진다면 해탈은 길상의 넓은 바다를 거치면서 이르게 된다고 하였다.

돈오와 이른바 점수를 아우르는 다라니는 총지總持인 만다라를 나타내려는 것이다. 다라니문에서 3세의 여러 부처가 생겨나서 지혜의 광명을 두루 비춘다. 그러나 그 원천은 오직 하나의 등불, 곧 다라니문이다. 등불이 가가 없어 무한히 비추듯이 다라니문의 근성 또한 다양하게

146 贊寧, 『宋高僧傳』(中國佛敎典籍選刊, 1987, p. 18)에 “陀羅尼者 是菩提疾速之輪 解脫吉祥之海 三世諸佛生於此門 慧照所傳 一燈而已 根殊性異 燈亦無邊 由是有百億釋迦微塵三昧 菩薩以網總攝於諸定 頓升階位 鄰於大覺 此其旨也”라고 하였다.

나타난다. 이리하여 다라니는 일문즉보문인 밀교의 교리 체계를 성립시켰다. 다라니 일문 속에 백억의 석가와 무수한 삼매가 존재하며, 한편으로 그물망같이 중중무진하게 존재하는 불계는 선정禪定 속에 총섭總攝된다는 것이다.

밀교의 일문즉보문은 우선 화엄사상의 법계연기法界緣起와 상통한 면을 지녔다. 다라니 일문을 통해 많은 불계는 물론 수없이 존재하는 법상을 설정하였다. 화엄사상도 '일즉일체다즉일一卽一切多卽一'이나 '일중일체다중일一中一切多中一'을 표방하여, 원칙적 하나 속에 일체의 법상이 상즉상입相卽相入하는 중즉中卽의 원리를 내세운다. 화엄의 법계연기는 근본적인 불성이나 법계라 할 수 있는 하나가 연기하여 일체의 법계와 법상을 만들고, 그것은 다시 연기하거나 혹은 성기性起하는 과정에서 중중무진한 삼라만상을 형성시킨다. 다라니문에서 파생한 수많은 부처나 불계를 다시 통섭하려는 밀교의 논리 체계는 화엄 교리와 상호영향을 주고받은 것이다.

일문 속에 보문총덕普門總德을 갖추면서 성립한 만다라는 일반적으로 화엄사상과 연결이 가능하다. 대일여래를 중심으로 주위에 8불보살을 배치하고 있는 태장계 만다라는 중관적中觀的 평등지平等智로 일체중생을 제도하려는 것이다. 이러한 태장계 만다라는 바로 화엄사상과 연결할 수 있다. 이와 비교하여 금강계 만다라는 그 내에 포함된 수많은 불계가 다시 각각의 만다라를 형성하고 있다. 금강계 만다라는 유식唯識의 유가행瑜伽行(오상성신五相成身)으로 실현되는 궁극적 성불 경계를 나타내려는 것이다.[147] 만다라 내의 수많은 불계나 법상에 대한 인식은 유식사상과 연결해 이해할 수 있다.

---

147 고익진, 「신라밀교의 사상내용과 전개양상」, 앞의 책, 1986, p. 188.

오대산신앙은 물론 만불산 내에 설정한 무수한 불계나 법상은 신라밀교가 유식사상과 연관되었을 것으로 생각하게 한다. 명랑은 당나라 군사의 침입을 막기 위해 비단으로 절을 세우고 풀로 오방신五方神의 모양을 만든 후에, 신인비법을 펴면서 12명의 이름난 유가 승려로 돕게 하였다(『삼국유사』 권2, 문호왕법민文虎王法敏조). 신라밀교 도량에 유가 승려들이 주도적으로 참여한 셈이다. 초기밀교는 화엄보다 유식사상과 더 밀접한 관계를 맺었다. 중기밀교를 정립시키는 바탕이 된 『금광명경』이나 『약사경』 등은 유식사상을 대거 포용하였을 뿐만 아니라 특히 『금광명경』은 만다라를 성립시키는 데 깊이 개입하였다.[148]

중기밀교가 교리 체계를 갖추면서 공관과 유식의 대립을 절충하려는 의도를 가지면서, 한편으로 선정禪定 속에 무수한 불계와 법상을 통섭統攝하였다. 당대까지 불교계의 여러 교리를 융섭하려는 중기밀교사상은 신라중대 불교계와 통할 수 있는 면을 지녔다. 이미 원효 교학은 일심一心 속에 공관과 유식을 묶으려는 의도를 가짐으로써 당시 불교계의 현안인 성상의 문제를 선정 속에 통합하려는 경향을 나타내었다. 『금강삼매경론金剛三昧經論』은 바로 그런 내용을 지녔으며, 원효 교학은 신라불교계가 중기밀교사상을 수용하는 데 능동적으로 작용하였다.

신라하대의 선종은 교학 논리를 부정하면서 성립하였지만, 공관인 화엄보다는 법상의 인식을 강조하는 유식사상과는 대립하는 면을 지녔다. 그러나 밀교는 선정 속의 통합 논리를 내세우고 있어서 선종과도 서로 양해되는 성격을 가졌다. 사실 선종의 홍주종洪州宗은 화엄사상과 근본 원리를 공유하고 있어서 밀교사상과 융합하는 것이 가능하다.

---

148 고익진, 위의 논문, 1986, pp. 155~158.

신라하대 동리산문桐裏山門은 유심론적唯心論的 선관禪觀을 표방함으로써[149] 도선의 풍수지리설은 선종 속에 유식사상을 더 광범하게 포용하였으며 밀교사상과도 상통한 것이다.[150]

신라중대에 밀교는 유식이나 화엄은 물론 선종까지를 교섭한 통합사상으로 성립하였을지라도 체계적인 융합 원리를 제시하지는 못하였다. 오히려 신라중대의 교학불교가 논리 체계를 수립하였고, 밀교는 신앙 의례를 담당하면서 상호 세련된 방향으로 나아갔다. 다라니문 속에는 수많은 불계佛界는 물론 법상이 각각의 존재 의미를 갖고 통합되어 있지만 그것들이 전체적으로 혼연일체를 이루지는 않았다. 일문 속에 보문이나 총덕總德을 갖춘 밀교는 성기취입적性起趣入的 성격을 지녀 혼연일체를 이루려는 의상의 화엄사상과 구별된다. 일문 속에 통섭된 보문은 법장의 연기건립적緣起建立的 화엄 교리와 가까워 유식과 더 밀접한 것이다.

(4) 신라중대 밀교 유행의 역사적 의미

빌본이나 혜통 및 명랑 등이 신라 사회에 밀교를 정착시켰다. 신라중대의 밀교는 근본 일문인 다라니문에 당대의 여러 교학을 통섭하려는 성격을 가졌을지라도 통합의 융섭 논리를 세련되게 체계화하지 못하였다. 반면 각 불교 교단의 제의祭儀를 능동적으로 흡수하면서, 거기에 주술 의례를 첨가하여 각종의 법석을 개설하고 나서 예참禮懺을 시행하였다. 그런가 하면 화엄종을 위시한 교학불교도 밀교 의례에 가까운 백

149 김두진, 「동리산문의 성립과 그 사상—풍수지리사상에 대한 재검토—」, 『신라하대 선종사상사 연구』, 일조각, 2007, pp. 325~330.

150 서윤길, 「도선과 그의 비보사상」, 『한국불교학』 1, 1975, pp. 66~67.

고좌 등의 도량을 개설하였다.

신라중대에 대중화하면서 교학의 논리 체계를 갖춘 이론불교가 수립하였다면, 여전히 토착신앙은 물론 그것과 교섭 과정을 거친 주술불교가 성행하였다. 이러한 신라중대 불교계의 풍토 속에 밀교가 유행하였다. 김유신은 토착신앙과 친밀하였는데 밀교 승려와도 교류하였다. 다음 내용을 참고해 보자.

> 일찍이 김유신金庾信은 한 늙은 거사居士와 교분이 두터웠다. 그때 유신의 친척인 수천秀天이 오랫동안 병을 앓자, 거사를 초청하여 병을 다스리게 하였다. 마침 중악中岳에 거주하는 수천의 친구 인혜사因惠師가 와서, 거사를 업신여기고 신통력神通力을 과시하였다. 인혜가 향을 피우고 주문을 외우니, 이윽고 오색구름이 이마 위를 두르고 천화天花가 흩어져 떨어졌다. 이를 본 거사도 변변치 못하지만 자신의 재주를 시험하겠다고 하면서 인혜를 앞에 서게 하였다. 이에 거사가 손가락 하나를 튕기니 인혜는 한 길이나 공중에 거꾸로 올라갔다가 서서히 내려와 머리가 땅에 박혀 말뚝처럼 우뚝 섰다. 이튿날 김유신이 거사를 다시 보내어 인혜를 풀어 주었다. 이로 인해 인혜는 다시 재주를 자랑하지 못하였다.
>
> —『삼국유사』 권5, 밀본최사조—

인혜는 중악中岳에 거주하였으며 주술을 사용하는 승려였다. 김유신과 교분이 두터운 거사가 신통력으로 인혜의 재주를 꺾고 있다. 거사는 수천의 병을 치료하는 데에 신주神呪를 사용하였던 것이 분명하다. 김유신과 절친하였던 거사는 밀교 승려라고 생각한다. 밀본의 전기라 할 수 있는 밀본최사조에 실린 사실이 이런 추측을 가능하게 한다.

실제로 김유신은 밀교 승려인 안혜安惠나 낭융朗融 등과 교류하면서 밀교가 유행하는 데 영향력을 끼쳤다. 안혜 등은 김유신과 김의원金義

元 및 김술종金述宗의 도움을 받아 원원사遠源寺를 창건하여 밀교의 근본 사찰로 삼았다. 이들의 후예인 광학廣學과 대연大緣 등은 태조 왕건을 수종隨從하여 비법으로써 적병을 물리치는 공을 세웠다. 왕건은 그들을 위해 신인종의 근본 도량인 현성사現聖寺를 세우고, 거기에 용수부터 명랑까지로 이어지는 신인종의 9조九祖를 정하여 모시게 하였다.

원원사나 현성사 외에 돌백사堗白寺도 밀교 계통의 사찰이었다. 돌백사 내에는 광학과 대연의 부모기일보父母忌日寶가 설치되어 있었다. 밀교는 신라중대에 유행하여 신라하대에는 신인종의 9조를 따로 정해 모실 정도로 번성하였다. 김유신과 친분이 두터웠던 거사는 안혜나 혹은 낭융 중 한 사람이었다고 생각한다. 거사는 밀본이 아니었겠지만, 그와 밀접하게 교류하였을 것이다. 밀본의 행적을 언급한 내용에 부착하여 기록된 모습이 이런 추측을 가능하게 한다.

수천의 병을 치료하는 과정에서 거사의 권능이 주술불교신앙을 가진 인혜의 신통력을 능가하였다. 치병이나 제액을 위한 밀교의 신인비법은 주술불교를 철저하게 배격하였다. 유독 주술불교 경향을 배척한 밀교 승려들은 오히려 신라 토착신앙 자체에 대해서는 관대하였을 뿐만 아니라 화엄사상이나 유식 등 이론불교와도 친숙하였다.

신라중대에 강잉한 모습으로 존속한 토착신앙과 밀교는 서로 친밀하였던 것으로 보인다. 다음 내용을 참고해 보자.

> 어느 날 장천굴掌天窟의 신神이 나타나 보천寶川에게 말하기를 "내가 이 굴의 신이 된 지 이미 2,000년이나 되었지만, 오늘에야 비로소 수구다라니경隨求陁羅尼經의 참 이치를 들었습니다"라 하고 보살계菩薩戒를 받기 청하였다. 신이 계를 받고 나니, 이튿날에 굴도 형체가 없어져 버렸다.
>
> —『삼국유사』 권3, 대산오만진신조—

보천이 만년에 장천굴에 쉬면서 수구다라니를 외우자, 장천굴신이 나타나 칭송하고 그로부터 구족계를 받았다.

장천굴신은 신라 토착신앙에서 분명히 받들어졌는데, 밀교 수행자인 보천을 칭송하였다. 또한 장천굴신은 보천으로부터 보살계를 받고 다음 날 장천굴이 흔적도 없이 사라졌다. 이런 모습의 토착신앙은 신라중대의 불교계와 연관을 지어 잘 이해되지 않는다. 이에 대해서는 원광의 수행과정을 통해 더 천착해서 살펴보기로 하자. 원광이 삼기산三岐山에서 수행하는 내용은 비교적 장황하게 기술되어 있는데, 요약해서 제시하면 다음과 같다.

① 원광이 삼기산三岐山에서 홀로 수행하며 4년을 보냈다. 마침 한 비구比丘가 멀지 않는 곳에 와서 2년 동안 함께 거주하였는데 주술 닦기를 좋아하였다. 원광이 밤에 홀로 불경을 외우는데, 갑자기 신神이 나타나 그의 이름을 부르면서 말하기를 "장하도다. 그대의 수행이여! 무릇 수행하는 자는 비록 많아도 법도대로 행하는 자는 매우 드물다. 이제 이웃에 있는 비구를 보니, 주술呪術을 급히 닦으려고 하지만 얻는 것이 없고 시끄러운 소리가 남의 정념靜念을 괴롭힐 뿐이다"라고 하였다.

② 신神이 밤중에 벼락을 쳐서 산을 무너뜨리고 비구가 있던 절을 묻어 버렸다. 신이 또 와서 말하기를 "내 나이 거의 3,000세가 되고 신술神術도 가장 뛰어나니, 이번 사건은 조그만 일에 불과한데 어찌 놀랄 것이 있겠는가? 나는 장래의 일도 모르는 것이 없고 천하의 일도 통通하지 않는 것이 없다. 지금 생각하니 법사가 오직 여기에만 살고 있으면 비록 자기 몸을 이롭게는 할 수 있어도 남을 이롭게 하는 공功은 없을 것이다. 지금 높은 이름을 드날리지 않으면 미래의 승과勝果를 취하지 못하니, 어찌 불법佛法을 중국에서 취해다가 해동海東의 어리석은 무리를 이끌지 않겠는가?"라고 하였다. … 이

에 신이 중국에 가는 방법을 자세히 가르쳐 주니, 원광은 그 말을 좇아 중국에 들어가 11년 동안 머물면서 삼장三藏에 널리 통하였고 유교儒敎의 학술까지 겸해서 배웠다.

③ 진평왕 22년(600년)에 중국에서 돌아온 원광은 신神에게 감사를 드리고자 전에 거주한 삼기산의 절에 갔다. 그날 밤에 신이 왔다. 원광은 "신神의 큰 은혜를 입어 편히 다녀왔습니다"라고 하자, 신이 말하기를 "나도 역시 계를 받아 생생상제生生相濟의 약속을 맺고자 한다"라고 하였다. … 신이 말하기를 "비록 이 몸이 있다고 해도 무상無常의 해害는 면할 수 없을 것이니 나는 얼마 가지 않아서 어느 고개에 몸을 버릴 것이다. 법사는 와서 길이 떠나는 (나의) 혼을 전송해 달라"고 하였다. 약속한 날을 기다려 원광이 가 보니 옻을 칠한 듯이 검은 늙은 여우 한 마리가 헐떡이며 숨을 쉬지 못하다가 곧 죽었다.

—『삼국유사』 권4, 원광서학조—

보천에게 나타난 장천굴신은 삼기산에 머무른 신神과 닮은 성격을 가졌다고 생각한다. 신라 고유의 토착신앙에서 받들어진 삼기산신은 일명 비장산신臂長山神이라고도 하는데, 신통력을 갖고 권능權能을 행사하였다. 장천굴신이 보천으로부터 구족계를 받고 난 다음 날 굴이 형체도 없이 사라진 것은 삼기산신이 무상의 해를 이기지 못하고 늙은 여우의 모습으로 죽는 사실과 서로 연관된다. 삼기산신이 3,000세에 이르러 신술이 뛰어났듯이 장천굴신도 2,000세를 지나면서 신통력을 행사하였다.

장천굴신이 밀교와 친숙하였는데, 삼기산신도 그런 면을 지닌 것으로 생각하게 한다. 삼기산신은 원광의 교학을 칭송하였지만, 그의 이웃에 거주하는 주술불교 비구를 혐오하면서 결국은 벼락을 쳐서 그를 제거하였다. 원광의 교학도 신이 경향을 보여서 엄격히 말해 주술불교적 요소를 지닌 셈이다. 따라서 삼기산신은 원광의 교학을 단순히 주술불교와 구별해서 이해하였던 것이 분명하다. 원광의 유식학이 초기 인명론의 신이적 성격을 지니면서 뒤에는 밀교와의 연결을 가능하게 하였던 점은 시사성을 준다.

불교와 토착신앙의 교섭이라는 면에서 주술불교와 밀교는 비슷한 성격을 지녔을지라도 상호 대척적 입장을 견지하였다. 신라 토착신앙은 밀교를 용납하였지만 주술불교와는 대립하는 경향을 지녔다. 신라중대의 이론불교와 주술불교도 서로를 배척하였던 듯하다. 그런데 밀교는 이론불교가 성립하는 신라중대에 유행하였다. 이 때문에 화엄종을 위시한 이론불교가 신라중대의 전제주의와 연결된 것으로 이해하기도 하는데, 밀교도 역시 국가 통일이나 중앙집권 체제의 유지 발전에 이바지하였다고 한다.[151]

밀교 승려인 거사가 김유신과 연결되거나 밀본이 김양도나 선덕여왕의 병을 치료하였는가 하면, 혜통이나 명랑 또한 신라중대 문무왕대부터 효소왕대까지 주로 활동하였다, 선덕여왕 이후 신라중대 초기의 밀교 승려, 특히 밀본 등은 사륜계舍輪系 세력과 친밀하였다고 한다.[152] 신라중대에 유행한 밀교는 당대의 전제주의를 추진시킨 한화정책漢化政策과는 어떤 형태로든지 연관을 가졌다. 신라중대를 연 김춘추나 김유신 등은 중국의 제도를 도입함으로써 신라 토착적 전통을 고수하는 정통 진골귀족 세력을 누르면서 전제주의를 강화하였다. 명랑의 밀단법도 651년(진덕왕 5년)에 당 왕실의 지원을 받은 아지구다阿地瞿多가 설치

---

151 문명대, 「신라 신인종의 연구—신라밀교와 통일신라사회—」, 『진단학보』 41, 1976, p. 211.

152 김연민, 「밀본의 『약사경』 신앙과 그 의미」, 앞의 책, 2012, pp. 226~227.

한 혜일사慧日寺의 보집회단普集會壇을 본받아 개설한 것이다.[153]

한화정책과 관련해서 신라중대에 귀족불교를 대신한 보편적 이론불교가 정립하였는가 하면 불교대중화가 이루어져 갔다. 당시 신인종 등의 밀교는 중기밀교로 이어질 수 있는 과도기적 성격을 가졌으며 보편적 교리를 정립함으로써 대승불교 체계 내에서 이해되었다.[154] 한화정책을 추진한 신라중대 왕실은 신라의 토착적 전통이 강한 귀족불교를 대신하여 보편적 교리로 체계화한 이론불교에 관심을 보였다. 밀본 이후 신라밀교는 성불 관념을 곁들인 정법 불교의 보편적 교리 체계를 세웠다.[155] 그러므로 그것은 한화정책과는 통하는 성격을 가졌으며 의상 등의 보편적 교리를 가진 이론불교와도 어울릴 수 있었다.

반면 밀교는 비슷한 성격을 가졌을지라도 주술불교와는 대척적인 관계에 있었다. 공인되면서 귀족 중심으로 수용된 불교는 신라 토착적 전통을 견지하려는 정통 진골귀족의 기호에 합당한 주술적 성격을 띠었다. 신라중대 왕실이 한화정책을 펴면서 전제주의를 강행하려는 과정에서 이러한 주술불교를 배척하였을 것이다. 원광과 이웃하여 거주한 주술 승려나 법척 등이 거세되는 모습은 이와 연관하여 이해해야 한다.

장천굴신이나 삼기산신은 정법 불교에 접하도록 원광 등의 유학을 도와주지만, 주술불교를 배격하였고 오히려 밀교의 다라니를 적극적으로 옹호하였다. 토착신앙은 신라적 전통과 연결되는 것이어서 정통 진골귀족들에게 호감을 줄 지라도 신라중대의 서민에게 광범하게 수용되어 있었다. 이 점은 토착신앙이 한화정책에 꼭 유용한 것은 아니라 하더라도 신라중대의 전제주의에 어울릴 수 있었다.

---

153 김연민, 「신라 문무왕대 명랑의 밀교사상과 그 의미」, 앞의 책, 2008, pp. 13~14.
154 문명대, 「신라 신인종의 연구」, 앞의 책, 1976, pp. 209~211.
155 김연민, 「밀본의 『약사경』 신앙과 그 의미」, 앞의 책, 2012, pp. 228~233.

전제정치를 성립시키는 데 주도적으로 참여한 김유신이 밀교 승려와 친밀하게 교류하면서도 정작 자신은 신비적 토착신앙을 견지하였던 것은 시사성을 준다. 그는 17세에 중악中岳의 석굴石窟에서 제계齊戒하면서 방술方術을 구하니 산신으로 생각되는 노인으로부터 비법을 전해 받았다. 이후 전장에서 그러한 방술을 자주 사용하였다.[156] 고구려나 말갈과의 전쟁에서 형세가 불리해지면, 김유신은 자주 제단을 설치하고 신술神術의 도움을 받았다. 이러한 그의 방술은 밀교적 비법으로 해석하기도 하지만, 분명 신라 토착신앙의 전통과 연결된 것이다.

이론불교는 물론 밀교와도 가까웠던 신라 토착신앙의 전통은 한화정책을 강행하는 신라중대에 계속해서 환영받았던 것 같지는 않다. 그래서인지 의상이 신이한 행적으로써 후학을 가르칠 수 없다고 하였으며, 신술이 뛰어나 3,000년을 산 삼기산신이 세월의 무상을 어쩔 수 없어 늙은 여우의 모습으로 생을 마감하였다. 마치 한화정책이 진척되는 속에 토착신앙의 운명을 보여 주는 것 같다. 삼기산신이나 장천굴신이 원광이나 보천으로부터 생생상제生生相濟하는 구족계를 받는 점도 이 같은 맥락에서 파악할 수 있다. 정통 교리를 갖춘 교학불교나 밀교와는 달리 보편적 신앙 체계를 수립하지 못하였을 경우에 신라 토착신앙의 입지는 좁아질 수밖에 없었다.

156 『삼국사기』 권41~43, 김유신전(상~하)에는 전장에서 김유신이 비법을 사용하여 승리하는 내용이 많이 나온다. 다음 예를 들 수 있다. 毗曇 등이 반란을 일으켜 月城을 포위한 지 열흘째에 큰 별이 떨어졌다. 이는 반드시 선덕여왕이 죽음으로써 패할 징조라고 하여 軍心이 동요하였다. 그러자 김유신은 허수아비를 만들어 불을 붙인 다음 연에 달아 하늘로 올라가게 하였다. 다음 날 어젯밤에 떨어진 별이 다시 하늘로 올라갔다고 함으로써 병사들의 동요를 막고 비담의 반란을 진압하였다. 그러면서 김유신은 별이 떨어진 곳에 흰 말을 잡아 제사를 지냈다.

제3부

신라하대 지방호족과 융섭적 선종사상

제1장
신라하대의 호족 세력

1. 원성왕의 즉위와 낙향호족 세력의 등장

(1) 『삼국유사』 원성대왕조의 해몽 기사

신라중대의 전제정치는 경덕왕대를 지나면서 실패로 기울었다. 경덕왕은 한화정책漢化政策을 표방하면서 보다 강한 전제주의 개혁정치를 단행하였다. 경덕왕 16년(757년)과 경덕왕 18년에 각각 구주九州를 비롯한 지방 군현과 중앙 관부를 정비하고 나서 그 명칭을 모두 한식漢式으로 고쳤다. 이러한 개혁정치는 정통 진골귀족의 반발을 받아 실패로 기울었다. 한식으로 개편한 지방 군현이나 중앙 관부의 이름은 혜공왕 12년(776년)에 모두 이전 이름으로 복구되었다. 경덕왕이 개혁하기 이전의 체제로 완전히 돌아간 셈이다.

경덕왕의 개혁정치가 실패하면서 사실상 신라중대의 전제정치는 막을 내렸다. 혜공왕대에는 96각간角干이 서로 다투는 수많은 반란이 일어나 왕도 난리 중에 시해됨으로써, 신라하대를 여는 인물인 김양상金良相이나 겸경신金敬信 등이 권력을 장악하였다. 김양상이 즉위하여 선덕왕宣德王이 되었다. 선덕왕 사후에 김경신이 즉위하여 원성왕이 되면서 실질적인 신라하대를 열었다. 『삼국유사』 원성대왕元聖大王조에는 원성왕의 즉위 과정에 대한 다음과 같은 해몽解夢 설화가 나온다.

이찬伊飡(伊湌) 김주원金周元이 처음에 상재上宰가 되고, 왕(김경신金敬信)은 각간角干으로서 이재二宰의 지위에 있었다. 꿈속에서 (왕은) 머리에 쓴 두건[幞頭]을 벗고 흰 갓을 썼으며, 열두 줄 가야금(12현금絃琴)을 들고 천관사天官寺 우물 속으로 들어갔다. 꿈을 깬 후 사람을 시켜 점을 쳤더니, "두건을 벗은 것은 관직을 잃을 징조요, 가야금을 든 것은 칼을 쓸 징조이며, 우물 속으로 들어간 것은 옥에 갇힐 징조입니다"라고 하였다. 왕은 이 말을 듣고 매우 근심하여 문을 잠그고 밖으로 나오지 않았다.

그때 아찬阿飡(阿湌) 여삼餘三(어떤 책에는 여산餘山이라 하였다)이 와서 뵙기를 청하였으나, 왕은 병을 핑계로 사양하고 나오지 않았다. (아찬이) 다시 연락하여 말하기를 "꼭 한 번 뵙기를 원합니다"라고 하므로 왕이 이를 허락하였다. 아찬이 묻기를 "공公께서 꺼리는 것은 무엇입니까?"라고 하니, 왕이 꿈을 점쳤던 사유를 자세히 말하였다.

아찬은 일어나서 절하고 말하기를 "이는 매우 좋은 꿈입니다. 공이 만일 큰 자리[대위大位]에 올라서 저를 버리지 않으신다면 공을 위해서 꿈을 풀어 보겠습니다"라고 하였다. 왕이 이에 좌우 사람들을 물리치고 해몽하기를 청하였다. (아찬이) 말하기를 "두건을 벗은 것은 위에 앉는 이가 없다는 것이고, 흰 갓을 쓴 것은 면류관을 쓸 징조요, 12현금을 든 것은 12대 자손에게 왕위를 전한다는 조짐이며, 천관사 우물에 들어간 것은 궁궐[宮禁]로 들어갈 상서입니다"라고 하였다.

왕이 말하기를 "위에 주원周元이 있는데 내가 어떻게 왕위에 오를 수가 있단

말이오?"라고 하였다. 아찬은 "비밀리에 북천北川의 신에게 제사 지내면 가능할 것입니다"라고 말하였다. (왕은) 그대로 따랐다. 얼마 안 되어 선덕왕宣德王이 세상을 떠나자 나라 사람들은 김주원을 받들어 왕으로 삼아 장차 궁으로 맞아들이려 하였다. 그의 집이 북천의 북쪽에 있었는데 갑자기 냇물이 불어 건널 수가 없었다. 이에 왕이 먼저 궁宮에 들어가 왕위에 오르자, 상재上宰의 무리가 모두 와서 따르고 새 임금에게 축하를 드리니 이가 원성대왕元聖大王이다.

김경신은 머리에 쓴 두건을 벗고 흰 갓을 썼으며, 12줄의 가야금을 들고 천관사의 우물로 들어가는 꿈을 꾸었다. 점쟁이[占卜者]와 여삼餘三이 각각 달리 그의 꿈을 해석하였다. 점쟁이는 삭탈관직되어 옥에 갇힐 흉몽凶夢이라 하였지만, 여삼은 등극할 길몽이라고 하였다. 점쟁이는 두건을 벗는 것이 관직을 잃을 징조라고 해석하였지만, 여삼은 흰 갓을 쓴 것이 면류관을 쓸 징조로 이해하였다. 마찬가지로 단순히 가야금을 든 것이 칼을 쓸 징조라면 12줄의 가야금은 12대 자손의 왕위계승을 상징한다고 하였다. 또한 우물로 들어간 것을 점쟁이는 옥에 갇힐 징조라 한 반면, 여삼은 천관사天官寺 우물을 궁궐로 비유하였다.

김경신의 꿈에 대한 해석은 이렇듯 상반된 두 모습으로 나타나 있었다. 그중 흉몽으로 해석하는 것이 일반적인 분위기였다. 반면 길몽이라는 해석은 다소 특별한 경우를 가정한 듯한 인상을 준다. 꿈꾼 내용은 김경신이 왕위에 오르는 것인데, 당시 신라 정계의 분위기는 그의 등극을 용인하지 않았던 듯하다. 흉몽이라는 점괘로 두문불출하고 있던 김경신은 여삼의 해몽을 듣고 반기면서도, "위에 주원이 있는데 내가 어떻게 왕위에 오를 수가 있겠는가?"라고 반문하였다. 적어도 김경신은 왕위계승 서열에서 김주원보다 아래에 있었던 것이 분명하다.

김경신은 해몽을 듣고도, 자기 위에 김주원이 있음을 염려하였다. 이찬 김주원이 상재上宰였고, 김경신은 각간으로서 이재二宰였다는 기록은 바로 왕위계승 서열의 분위기를 알려 주는 것이다. 상재나 이재는 『삼국유사』 외에 정사인 『삼국사기』에는 나오지 않는다.[1] 혹은 상대등이나 시중을 가리킨다고 하지만 정확한 것은 아니다. 다만 『삼국사기』에는 재상宰相이 나오므로 통일신라기에 국가 기구를 초월하는 특수한 재상제도宰相制度가 있었다고 추측하기도 한다.[2] 상재와 이재는 재상이며, 각각 왕위계승 서열 1번과 2번 후보를 가리킨다고 생각한다.

후사가 없었던 선덕왕 사후의 왕위계승자로 명망이 있던 자는 김주원이었다. 그는 적어도 화백, 곧 귀족회의가 결정한 정당한 왕위계승자였다. 그러나 이러한 화백회의의 결정은 지켜지지 못하였다. 다음 내용은 선덕왕 사후 왕위계승 사정을 알려 준다.

> 선덕왕이 죽자 아들이 없으므로 여러 신하가 의논한 후 왕의 조카뻘[族子]인 주원周元을 왕으로 세우려 하였다. 이때 주원은 도읍[京]의 북쪽 20리 되는 곳에 살았다. 마침 큰비가 내려 알천閼川의 물이 붇자 주원이 건널 수가 없었다. 누가 말하기를 "임금의 대위大位는 분명 사람이 모의할 수 있는 것이 아니다. 오늘의 폭우는 혹시 하늘이 주원을 왕으로 세우려 하지 않으려는 것이 아닌가 한다. 지금 상대등上大等 경신敬信은 전왕前王의 동생[弟]으로 덕망이 높고 인군人君의 체모를 가졌다"라고 하였다. 이에 중의衆議가 단번에 일치하여 그를 세워 왕위를 계승하게 하였다. 얼마 후 비가 그치니 국인國人이 모두 만세를 불렀다.
>
> —『삼국사기』 권10, 원성왕 즉위년조—

1 金周元(『삼국유사』 권2, 원성대왕조) 외에 上宰의 직함을 가졌던 자는 金順貞과 憲安王 때의 金林甫 등이다. 이들이 소유한 상재가 왕위계승권을 가졌는지는 분명하지 않다.

2 木村誠, 「新羅の宰相制度」, 『人文學報』 118, 東京都立大學, 1977, pp. 34~38.

선덕왕 사후에 김주원의 왕위계승은 분명 신하들의 의논, 곧 화백회의로 결정된 사항이다. 그러나 폭우로 말미암아 도성의 북쪽 지역에 거주하였던 김주원이 못 들어오게 되자, 누구인지는 분명하지 않으나 하늘의 뜻이 주원에게 있지 않음을 말하였다. 이로 말미암아 다시 여러 신하의 의논을 하나로 모음으로써, 말하자면 귀족회의의 동의를 얻은 김경신이 즉위하여 원성왕이 되었다고 한다. 폭우로 알천閼川이 불어난 사건은 하늘의 뜻[天意]을 보여 주었고, 그 결과 원성왕의 즉위는 다시 소집된 귀족회의에서 정통성을 가진 것으로 서술하였다.

반면 『삼국유사』는 알천[北川]의 물이 붇는 사실이 천의의 반영이라기보다는 술책의 결과임을 시사해 준다. 여삼은 비밀리에 북천 신에게 제사를 지내게 함으로써 김주원 대신에 김경신이 왕위에 오르게 하였다. 왕위계승 서열 1번이었던 김주원을 제치면서 김경신이 등극하게 되는 것은 해몽을 담당한 여삼의 도움으로 이루어졌다. 북천 신에 대한 제사는 선덕왕 사후 화백회의의 왕위계승 합의를 인위적으로 뒤엎는 시도가 있었던 사실을 짐작하게 한다. 원성왕이 즉위하게 되는 진실을 보여 주는 대목이다.

『삼국사기』와는 달리 김경신은 화백회의의 동의를 얻었던 것이 아니었다. 오히려 그는 정치적 실력이나 무력으로 화백회의의 결의를 뒤엎고 왕위를 획득하였다. 원성왕의 즉위 과정에 대해서는 『삼국유사』가 역사적 진실을 더 알려 준다. 김주원이 북천을 건너지 못하자 김경신이 먼저 궁에 나아가 왕위에 올랐으며, 원성왕이 즉위하자 김주원의 무리가 모두 와서 따르면서 새 임금을 축하하였다고 한다. 곧 김경신이 무력으로 왕위에 오르고 나서 김주원의 무리를 제압하는 듯한 인상을 준다.

원성왕의 즉위를 도운 여삼은 『삼국사기』 등 다른 사서에 전혀 보이지 않는 인물이다. 단순히 아찬이었기 때문에 그는 육두품 출신으로 생각한다.[3] 김경신이 왕위에 올랐을 때는 여삼이 이미 죽었으므로 원성왕은 그의 자손을 불러 벼슬을 주었다고 한다. 아찬 관등을 가졌을 때의 여삼은 노년기에 접어들었을 것이다. 여삼은 아찬 이상으로 더 올라갈 수 없었던 육두품 출신이었음이 분명하다. 왕위 다툼에서 김경신이 김주원을 물리칠 수 있었던 이유는 여삼과 같은 육두품귀족들의 도움을 받았기 때문이다.

김경신은 평소 여삼과 친밀하게 지냈을 것으로 생각한다. 옥에 갇힐 징조라는 해몽을 들은 김경신은 근심하여 문을 잠그고 병을 핑계로 밖에 나가지 않았다. 그러자 여삼은 그를 방문해 해몽을 통해서이기는 하지만 등극할 방도를 알려 주었다. 이렇듯 은밀하게 병문안을 드리는 여삼과 김경신은 신의信義로 결속된, 마치 낭도와 화랑과 같은 관계를 맺은 느낌이다. 화백회의의 정당한 왕위계승자였던 김주원이 정통 진골귀족의 지지를 얻었다면, 김경신은 여삼과 같은 육두품귀족의 후원을 받았다. 이런 사실은 중요하다.

여삼처럼 협조자로 분명하게 나오지는 않지만『삼국사기』도 김경신을 지지하였던 정치 세력의 존재를 추측하게 한다. 폭우로 말미암아 김주원은 물이 불어난 알천을 건널 수 없었다. 그러자 신하 중 누군가가 하늘이 김주원을 왕으로 세우지 않으려는 뜻을 나타낸 것이라고 하였다. 다만 그런 주장을 편 이가 누구라고 구체적으로 나타나 있지는 않다. 그 이유는 그가 정통 진골귀족이 아닌, 곧 육두품 이하인 낮은 신분을 가졌기 때문이었을 것이다. 그렇다면 그는 여삼과 통할 수 있는 인물이다. 김경신은 여삼 등 육두품이나 하급 귀족 세력과 결속하여 정통 진

3 이기백,「신라 육두품 연구」,『성곡논총』2, 1971;『신라정치사회사연구』, 일조각, 1974, pp. 53~54.

골귀족 세력의 지원을 받았던 김주원을 제압하였다.

『삼국유사』 원성대왕조의 해몽 기사에는 중앙정계의 진골귀족 세력이 무력에 기초한 정치적 실권을 장악함으로써 왕위를 획득해 가는 양상이 나타나 있다. 중앙정계의 왕위쟁탈전은 다른 한편으로 낙향호족落鄕豪族이 등장하는 모습을 보여 준다. 왕위쟁탈전에 승리한 세력이 왕실을 장악하였다면, 패퇴한 세력은 중앙정계에 계속해서 머물지 못하고 지방의 연고지로 은거하여 지방호족이 되었다. 이들이 낙향호족이다. 김경신에게 패퇴한 김주원은 연고지인 명주溟州(지금의 강릉)로 물러나 거주하였다.

(2) 원성왕의 즉위와 왕위쟁탈전

경덕왕의 후사後嗣를 얻게 도운 표훈의 천국 왕래 설화는 신라 사회가 위태롭게 된다는 사실을 암시해 준다. 이런 탄생설화를 가진 혜공왕은 어린 나이에 등극하였을 뿐만 아니라 여자로서 남자가 되었다는 등의 이유로 정사를 잘 다스리지 못하였다. 실제로 혜공왕대에는 무수한 반란이 일어났다. 혜공왕 4년(768년) 7월 3일에는 일길찬一吉湌 대공이 아우 대렴大廉과 함께 반란을 일으켰는데, 왕의 군사에게 패하여 구족九族이 죽임을 당하였다. 혜공왕은 그들의 재산과 보물 등을 모두 빼앗아 궁으로 옮겼다.

혜공왕 6년(770년)에는 대아찬大阿湌 김융金融이 반란을 일으키다가 죽임을 당하였으며, 혜공왕 11년 6월에는 이찬 김은거金隱居가 반란을 일으켜 살해되었고, 두 달 후에는 이찬 염상廉相이 시중侍中 정문正門과 함께 모반하다가 처형되었다. 그러나 정작 김경신은 혜공왕 16년(780년)에 일어난 김지정金志貞의 반란을 진압하면서 중앙의 정치 무대에 등장하였다. 지정 등이 궁궐을 포위하여 범하자, 상대등 김양상과 이찬 김경신이 병사를 일으켜 지정 등을 죽였다. 지정의 반란이 진압되는 과정에서 혜공왕과 왕비가 살해되었다.

경덕왕의 전제주의 개혁정치는 실패로 돌아가 개혁을 주도한 왕당파들이 지리산에 은거하였다. 그들 세력은 혜공왕대 초기까지 온존하였다. 혜공왕대의 여러 반란은 경덕왕대 개혁정치의 지지자인 신진 진골귀족 세력과 이에 반대한 정통 진골귀족 세력의 다툼으로 이해할 수 있다. 이를 친혜공왕파와 반혜공왕파의 대립으로 파악하기도 한다.[4] 혜공왕 즉위는 경덕왕의 개혁정치를 밀고 나가는 친혜공왕파가 아직도 권력의 우이牛耳를 잡고 있었음을 생각하게 한다. 이에 반대하여 대공이나 김융 등의 반란이 일어났다. 그들은 혜공왕을 축출하려는 반혜공왕파였다.[5]

대공과 김융 등의 난은 실패하였지만, 반란을 진압하는 과정에서 반혜공왕파, 곧 정통 진골귀족들이 왕권을 제압해 갔다. 반혜공왕파가 실제로 정치권력을 주도한 것은 혜공왕 12년(776년)의 관호복고 정책이었다. 김융의 난을 진압한 후 반혜공왕파가 득세하는 분위기 속에 혜공왕의 지위를 튼튼하게 하려는 목적에서 김은거와 염상 등이 반란을 일으켰다.[6] 이들을 거세시키기는 하였지만, 정통 진골귀족들은 자신들의 기반을 더 확고하게 유지하기 위해 관직의 이름을 경덕왕 이전으로 복구하였다. 이후 정통 진골귀족인 반혜공왕파를 직접적으로 거세시키려는 시도가 지정 등의 반란으로 나타났다.[7]

---

4 이기백, 「신라 혜공왕대의 정치적 변혁」, 『사회과학』 2, 1958; 『신라정치사회사연구』, 일조각, 1974, pp. 231~237.

5 이기백, 위의 논문, 1974, PP. 231~232.

6 이기백, 위의 논문, 1974, PP. 235~236.

7 이기백, 위의 논문, 1974, P. 237.

김양상과 김경신은 분명 반혜공왕파였다. 혜공왕 12년 이후 비교적 확실하게 친혜공왕파를 제압하였지만, 정통 진골귀족들의 기반을 공고하게 유지하는 길은 그들이 스스로 왕위에 오르는 것이었다. 이리하여 중앙의 정통 진골귀족 사이에 왕위쟁탈전의 서막이 시작된 셈이다. 다만 김양상은 왕위를 획득하기 위해 반란을 주도한 것은 아니었다. 명분상 그는 지정의 반란을 진압하였고 그 와중에 시해된 혜공왕을 이어 왕위에 올랐다. 적어도 왕위계승에 실질적으로는 무력이 개입되었지만, 골품제에 의한 화백회의의 질서도 상당히 유지되었다.

선덕왕 즉위 이후에도 왕위계승에는 회백회의 결정이 유리하게 작용하였다. 선덕왕을 옹립한 김경신은 당시 정치권력의 실권자였지만, 왕위계승 서열이 앞섰던 자는 김주원이었다. 김주원과 김경신은 선덕왕인 김양상과 힘을 합쳐 신라하대를 여는 데 적극적으로 가담하였고, 그 과정에서 김양상과 돈독하게 결합하였다. 김양상이 혜공왕 10년(774년)에 상대등으로 임명된 사실은 주목된다. 혜공왕대 초기 정통 진골귀족인 반혜공왕파의 공세는 실패를 거듭하였다. 그런 상황에서도 정국의 주도권은 서서히 정통 진골귀족들에게 넘어갔다.

혜공왕 6년에 일어난 김융의 반란이 비록 실패로 끝났지만 그 진압을 주도한 친혜공왕파의 김은거가 시중에서 물러났다. 이후 정통 진골귀족이 정치권력의 표면으로 부상하였고 그 중심에 김양상이 있었다. 그는 상대등에 임명됨으로써 중앙정계를 확실하게 장악하기 위해 나머지 친혜공왕파인 김은거나 염상 등의 반란을 진압하고, 이듬해인 혜공왕 12년에 관호복고 정책을 강행하였다. 김양상의 개혁정치는 경덕왕대의 전제주의 개혁과는 성격을 달리하였다. 적어도 정통 진골귀족의 경제적 기반을 보장하였다.

관호 복구와 함께 창부倉部에 실무를 담당하는 사史 8인을 더 두어 그 기능을 강화하였다. 창부 기능의 강화는 진골귀족들의 경제 기반 확충과 연관을 가진 것으로 생각한다. 다만 이러한 조처만으로 개혁정치의 성격을 분명히 설명할 수는 없다. 혜공왕 13년에는 김양상이 왕에게 글을 올려 시국을 극론極論하였고 이어 김주원을 시중으로 삼았다. 관호 복구와 창부 개혁 및 시무책時務策으로 이어지는 김양상의 개혁정치는 경덕왕대 전제주의 개혁의 실패와 함께 실질적으로 신라중대를 마무리하는 혜공왕대의 종말을 가속하였다.

김양상의 개혁정치에 김순金順과 김주원, 김경신 등의 정통 진골귀족들이 참가하였다. 그중 김양상의 개혁정치를 능동적으로 추진하는 데 앞장선 자는 김주원이었다. 시무책을 올릴 당시의 김주원은 적어도 김경신보다 중앙정계에서 더 탄탄한 세력 기반을 가졌다. 이러한 분위기가 김주원을 상재로 설정하면서 왕위계승의 우선권을 가진 것으로 묘사하였다. 김주원과 김경신의 세력 기반을 뒤바꾼 사건이 혜공왕 16년(780년) 김지정의 반란이었다. 김지정은 친혜공왕파로 오히려 김양상 등을 거세시키면서 혜공왕의 통치체제를 강화하고자 하였다.[8]

선덕왕이 등극하는 데 절대적인 공을 세운 자가 바로 김경신이었다. 반란군을 진압하기 위해 일으킨 김양상의 군대에 김경신의 무력이 적극적으로 가담하였다. 그 결과 선덕왕은 즉위하면서 김경신을 상대등으로 임명하였다. 선덕왕이 상대등으로서 등극하였기 때문에 당시 상대등은 실제로 왕위를 계승하는 데 도움이 되었다.[9] 그리하여 김경신은 김주원과의 왕위 다툼에서 불리한 입장을 만회하여 갔다. 상대등 김경

8 이 점은 혜공왕과 왕비가 반란군인 김지정이 아닌 반혜공파인 김양상에 의해 살해된 것으로 생각하게 한다. 곧 김양상은 김지정의 반란을 진압하면서 혜공왕과 왕비를 함께 살해한 후 선덕왕으로 등극하였다. 그리하여 친혜공파가 발붙일 수 있는 근거를 아예 삭제하였다.

9 이기백, 「상대등고」, 『역사학보』 19, 1962; 『신라정치사회사연구』, 일조각, 1974, p. 118.

신은 진골귀족 세력의 대표로서 김주원보다 광범위한 지지 세력을 확보할 수 있었다.[10]

김경신은 선덕왕 때에 김주원 세력을 누르면서 왕위에 오를 수 있는 발판을 마련하였다.[11] 그가 여삼餘三 등 육두품귀족과 결속하고 있었던 점은 시사적이다. 원성왕은 육두품귀족을 중용하였다. 선덕왕 원년(780년)에 김경신이 상대등이 되는 것과 동시에 아찬阿飡 의공義恭이 시중에 임명되었다. 김주원을 대신해서 시중이 된 의공은 김경신과 친밀한 인물이었다. 이후 김주원 세력은 상대적으로 약해지기 마련이었다. 의공은 이 외에 달리 나오지 않아 더 자세한 행적을 알 수 없다.

시중에는 대아찬 이상의 진골 신분만이 임명되었다. 그런데 의공이 아찬이었던 것은 기록의 착오로 이해하기도 하지만,[12] 당시의 정치 정세와 연관하여 생각할 수 있다. 아찬인 여삼이 김경신에게 등극할 방도를 제시한 것과 아찬 의공이 김주원을 대신하여 시중이 된 사실은 다소 막연하지만 연결이 가능할 듯하다. 육두품귀족 외에도 김경신은 왕비족이었던 박씨 세력은 물론 가야계 신김씨新金氏 세력의 협조를 얻었다.[13] 김경신은 어머니가 박씨였을 뿐만 아니라 혜공왕 15년(779년)에

10 김수태, 「전제왕권의 붕괴와 진골귀족의 권력투쟁」, 『신라중대 정치사연구』, 일조각, 1996, p. 144.

11 『삼국사기』 선덕왕대의 사료가 알려 주는 분위기는 김주원보다 김경신이 유력한 정치적 기반을 가진 듯한 인상을 준다. 이 점은 『삼국유사』 원성왕 꿈의 해몽 설화와 분명히 달리 기록되었다. 그러므로 애초에 세력 기반이 약한 김주원이 무리하게 정치 정세를 만회하려고 시도하다가 실패한 것으로도 해석한다. 곧 김경신이 화백회의의 결정을 무력으로 뒤엎고 등극하였다는 학계 정설과는 배치되는 것이다. 다만 원성왕 꿈의 해몽 설화를 반드시 등극하기 직전의 상황으로 설정하여 해석할 필요는 없다. 적어도 혜공왕 때까지 김주원은 김경신보다 강한 세력 기반을 가졌는데, 김지정의 반란 이후 선덕왕이 즉위하면서 오히려 김경신이 정계의 주도권을 장악해 갔다고 한다. 김경신이 중앙정계의 실력자로 나타나는 모습이 원성왕 꿈의 해몽 설화로 기록된 셈이다.

12 정구복 등, 『역주 삼국사기』 권3, 한국정신문화연구원, 1997, p. 299.

13 김수태, 앞의 논문, 앞의 책, 1996, pp. 144~145.

김유신 후손 신원 운동의 사죄사謝罪使로 활동하였다.

김경신은 김주원보다 왕실 혈통상으로 선덕왕과 더 가까웠기 때문에 왕위계승에는 오히려 유리한 상황에 있었다고도 한다.[14] 김경신이 선덕왕의 동생이었지만, 김주원은 선덕왕의 족자族子로 나와 있다. 족자란 조카뻘의 친척 정도로 이해된다. 선덕왕은 내물왕의 10세손이고 원성왕은 내물왕의 12세손이다. 곧 두 사람은 친형제가 될 수 없다. 『구당서』 신라전에는 김경신이 선덕왕의 종형제從兄弟라고 하였다. 조손祖孫 관계가 아니라 실제로 두 사람은 종형제와 다름없다고 생각한다.[15] 종형제라고 하더라도 김경신은 족자로 알려진 김주원보다 선덕왕과는 혈연적으로 가까웠던 것이 분명하다.

김주원은 태종 무열왕의 6세손으로 태종의 둘째 아들인 김인문金仁問의 5세손이라고 통용되지만 셋째 아들 문왕文王의 5세손이라는 주장도 있다.[16] 신라중대에는 무열왕계 후손이 왕위를 계승하였는데, 범왕족인 내물왕계 후손은 왕위계승 서열이 낮았던 것이 분명하다. 다만 같은 내물왕계 후손이라도 김경신과는 달리 선덕왕은 경덕왕의 조카가 된다. 곧 선덕왕의 어머니 사소四炤부인은 성덕왕의 딸로서 경덕왕의 동생이다. 김주원은 선덕왕이나 무열왕계 친족에 함께 속하였던 셈이다.

경덕왕대의 전제주의 개혁이 실패로 돌아갔다고는 하지만 혜공왕은 신라중대의 전제정치를 지향하였다. 적어도 혜공왕대의 왕위계승 서열

---

14 김수태, 앞의 논문, 앞의 책, 1996, p. 114.

15 박해현, 「혜공왕대 귀족세력과 중대 왕권」, 『신라중대 정치사연구』, 국학자료원, 2003, p. 167.

16 김정숙, 「김주원 세계의 성립과 그 변천」(『백산학보』 28, 1984, p. 156)에는 태종·文王·大莊·思仁·惟正·周元으로 이어지는 가계를 제시하였다. 江陵 金氏 족보를 주로 참조하여 김주원의 세계를 복원하였는데, 실제로 그가 문왕의 자손인지는 확실하지 않다. 반면 朗慧和尙 無染의 塔碑에는 金周元의 증손자인 金昕이 金仁問의 후손이라고 분명하게 기록되었다.

은 무열왕계로 내려가는 것이 원칙이었다. 비록 김양상은 무력에 의해 왕위를 획득하였지만, 경덕왕과는 가까운 인척이었다. 선덕왕과는 달리 김경신은 내물왕계로서 등극하였고 무열왕계와 인척 관계인지는 분명하지 않다.[17] 김경신 가문은 신라중대 정국에서 크게 성장하여 두각을 나타내지 못하였다.[18] 그의 아버지 효양孝讓이 일길찬 관등에 머물렀던 것은 이런 추측을 가능하게 한다.

신라중대에는 무열왕계가 왕위를 계승하는 원칙이 성립되어 있었다. 이러한 왕위계승 원칙은 이미 화백회의에서 묵인된 것이었다. 다만 무열왕계가 왕권을 강화하고자 전제주의 개혁정치를 단행하였고, 그런 개혁에 대해 정통 진골귀족들이 계속해서 반발하였다. 경덕왕의 한화정책이 실패로 기울면서 혜공왕대에는 대체로 정통 진골귀족들이 정국을 주도하였다. 그런데도 혜공왕 때까지 비록 차자次子나 친동생이 왕위를 이은 경우가 있다 하더라도 무열왕계의 왕위계승 원칙을 고수하였다.

선덕왕은 신라중대에 무력으로 왕위에 오른 첫 임금이다. 말하자면 왕위쟁탈전은 김양상에 의해 시작되었고, 그런 의미에서 그는 신라하대를 연 인물이다. 김양상은 내물왕계에 속하지만 외가로는 무열왕계에서 벗어나 있지 않았다. 반면 김경신은 무열왕계로 이어지는 왕위계승 원칙을 무시하면서까지 무력으로 왕위를 획득하였다. 처음 김양상이 왕위에 오르는 데에 김주원이나 김경신 등의 도움을 받았다. 이런 면은 선덕왕 사후의 왕위쟁탈전을 상정하게 한다.

혜공왕대에는 김경신과 비교해 김주원이 더 유력한 세력 기반을 가졌

17 『삼국사기』 권10, 원성왕 즉위년조에 祖先을 追封하는 내용이 나온다. 곧 고조부 대아찬 法宣을 玄聖大王, 증조부 이찬 義寬을 神英大王, 조부 이찬 魏文을 興平大王, 아버지 일길찬 孝讓을 明德大王으로 추봉하였다. 법선이나 의관·위문·효양 등이 무열왕계와 연관되지 않을 뿐만 아니라 신라중대에 그들의 행적이 뚜렷하게 나와 있지 않다.

18 박해현, 「혜공왕대 귀족세력과 중대 왕권」, 앞의 책, 2003, pp. 167~168.

을 뿐만 아니라 왕위계승 서열에서도 앞섰던 것이 분명하다. 그런데 실제로 선덕왕을 등극시키는 데에는 김경신의 무력 기반이 작용하였고, 이후 그는 정계의 주도권을 장악해 갔다. 김경신은 김주원보다 선덕왕과 가까운 혈연관계였다고 하더라도 무열왕계라는 왕위계승 원칙을 완전히 무시하면서 왕위에 올랐다. 선덕왕이 즉위하자 김주원은 시중에서 물러났다. 이후 그는 김경신과의 왕위쟁탈전에서 패배하였다고 생각한다. 원성왕은 왕위쟁탈전에서 승리하여 왕위를 획득하였다.

(3) 김주원계와 낙향호족의 등장

원성왕 꿈의 해몽 설화에서는 12현금을 든 것이 12대 자손에게 왕위를 전할 징조로 해석하였다. 원성왕은 내물왕의 12세손이다. 이러한 12현금 설화는 춘추의 부인 문희文姬의 매몽買夢 설화와 연관하여 관심을 끈다. 언니인 보희寶熙가 서악西岳에 올라 오줌을 누었더니 수도에 가득 차는 꿈을 꾸었는데, 이 꿈을 동생인 문희가 샀다. 이 꿈은 문희와 무열왕 부부의 자손이 신라를 다스린다는 징조였던 셈이다. 『삼국유사』에는 “태자 법민法敏과 각간 인문仁問·각간 문왕文王·각간 노차老且·각간 지경智鏡·각간 개원愷元 등은 모두 문희의 소생임으로, 당시 꿈을 산 징조가 여기에 나타났다”라고 하였다(권1, 태종춘추공조).

진흥왕 이후 방계로 넓혀진 왕실이 진골의 왕위계승을 합리화하면서 동륜계銅輪系를 벗어나 범왕족인 사륜계舍輪系 중심의 왕위계승 원칙을 표방하였다. 문희의 매몽 설화는 전제주의를 구축하는 신라중대에 무열왕계 후손이 왕위를 계승하는 정당성을 부여한 셈이다. 원성왕의 12현금 설화도 복내물왕계復奈勿王系로의 왕위계승 정당성을 내세운 것이다. 혜공왕 때까지는 무열왕계 후손의 왕위계승 원칙이 유지되었다. 그런데 이러한 원칙은 선덕왕대에 흔들릴 수밖에 없었고, 원성왕대에는 아예 무시되기에 이르렀다.

복내물왕계의 왕위계승은 무열왕계를 포함한 범내물왕계의 왕위계승을 의미한다. 신라하대에 왕위쟁탈전이 가열되는 원인을 바로 이런 면에서 찾을 수 있다. 왕위를 계승할 수 있는 왕실 혈족집단의 범위는 넓어졌는데, 그들을 통제하는 초월적인 강력한 왕권을 가진 왕실이 현실적으로 존재하기 어려워졌기 때문이다. 비록 원성왕이 등극하는 데에는 성공하였으나 김주원계가 견제 세력으로 존속하였다. 더욱이 원성왕계 왕실 내에 소혈족집단小血族集團의 분기화分岐化 현상이 계속해서 나타났다.

신라하대 김주원계 세력이나 분기화된 원성왕계 세력이 서로 연합하거나 다투면서 왕위쟁탈전을 치열하게 전개하였다. 김주원계는 왕위쟁탈전에서 실패하더라도 중앙정계는 물론 지방 연고지에 독자의 굳건한 세력 기반을 갖고 있었다. 중앙에서의 김주원계는 본래 알천의 북쪽, 곧 지금의 안강安康을 중심으로 한 넓은 들을 근거지로 가졌다.[19] 당시 안강 지역은 중앙정계에 직접으로 영향력을 행사하면서도 지정학적으로는 독립된 세력을 형성할 수 있었다. 그러므로 김주원의 무리가 원성왕에게 귀부하면서도 안강 지역을 중심으로 다소 독립적 형세를 유지하였던 듯하다.

김주원은 명주에 퇴거하여 중앙정계와는 반독립적인 낙향호족 세력을 형성하였다. 그의 세력 기반을 이해하는 데 『삼국사기』의 내용과는 다른, 다음 기록은 다소 도움이 된다.

---

19 이 지역은 들이 넓고, 그 주위를 남쪽으로 형상강(兄山江)과 산악이 둘러싸고 있다. 경제적 또는 정략적 요충지인 셈이다. 그래서인지 조선시대에도 안강 들을 경제 기반으로 한 동족 부락이 양동은 물론 옥산 지역에 형성되어 있었다.

① 처음에 선덕왕宣德王이 죽고 후사後嗣가 없으므로 군신群臣이 정의태후貞懿太后의 교지敎旨를 받들어 주원周元을 왕으로 세우려 하였다. 그러나 족자族子인 상대장등上大長等 경신敬信이 중인衆人을 위협하고 자립自立하여 먼저 궁宮에 들어가 왕이 되었다. 주원은 화禍를 두려워하여 명주溟州로 퇴거退居하고는 조정에 나아가지 않았다. 2년 후에 주원을 명주군왕溟州郡王으로 봉封하여 명주를 떼어 주고, 속현으로 삼척三陟과 근을어斤乙於 및 울진蔚珍 등等을 거느리게 하여 식읍食邑으로 삼게 하였다. 이로 인하여 자손들이 명주부를 향鄕으로 삼았다.[20]

② (무염無染이) 만난 왕자王子 흔昕은 벼슬을 그만두고 산중재상山中宰相처럼 지내고 있었다. 우연히 해후邂逅하였는데 서로 바라는 바가 같았다. (왕자 흔이) 말하기를 "대사와 나는 같이 용수龍樹 을찬乙粲을 조상으로 합니다. 그런즉 대사는 내외內外로 용수龍樹의 영손令孫이 되니 참으로 놀랍습니다. 또한 바다를 건넜던 소상蕭湘의 고사故事로 인하여 신구新舊의 인연이 진실로 얕지 않습니다. 웅천熊川의 곤우坤隅에 한 절이 있는데, 이는 나의 선조이신 임해공臨海公께서 봉지封地로 받은 곳입니다"라고 하였다.[21]

『신증동국여지승람新增東國輿地勝覽』에는 김경신이 무력으로 왕위에 오르는 모습이 분명하게 나와 있다. 선덕왕이 돌아가자 여러 신하는 왕의 어머니인 정의태후貞懿太后(사소부인四炤夫人, 성덕왕聖德王의 딸)의 교

---

20 『신증동국여지승람』 권44, 강원도, 강릉대도호부, 인물, 신라, 김주원조에 "初宣德王薨無嗣 群臣奉貞懿太后之敎 立周元爲王 族子上大長等敬信 劫衆自立 先入宮稱制 周元懼禍退居溟州 遂不朝請 後二年 封周元爲溟州郡王 割溟州 翼領三陟斤乙於蔚珍等 官爲食邑子孫因以府爲鄕"이라고 하였다.

21 최치원, 「남포성주사 낭혜화상백월보광탑비」(『조선금석총람』 상, 조선총독부, 1919, pp. 76~77)에 "會王子昕 懸車爲山中宰相 邂逅適願 謂曰 師與吾俱祖龍樹乙粲 則師內外爲龍樹令孫 眞瞠 若不可及者 而滄海外躡蕭湘故事 則新舊緣固不淺 有一寺在熊川坤隅 是吾祖臨海公(祖諱仁間 唐酬伐濊貊功 封爲臨海公) 受封之所"라고 하였다.

지를 받들어 김주원을 왕으로 세우고자 하였다. 이에 김경신이 여러 신하를 협박하고는 자립自立하여 먼저 궁궐로 들어가 왕이 되었다고 한다. 원성왕이 즉위하는 역사적 진실을 바로 알려 준다. 그러자 화를 두려워한 김주원은 명주로 퇴거하였다. 원성왕은 2년 후에 김주원을 명주군왕溟州郡王에 봉하고는 명주와 그 속현屬縣인 삼척三陟과 근을어斤乙於 및 울진蔚珍 등을 식읍食邑으로 삼게 하였다.

김주원은 명주에 퇴거해 있으면서 삼척에서 울진에 이르는 영동 지역을 실질적으로 지배하였으며, 자신을 스스로 북왕北王으로 부를 정도로 독립적 세력을 마련하였다. 원성왕은 김주원을 명주군왕으로 봉하였다고는 하지만, 명주 등 영동 지역은 이미 이전부터 그의 세력권 속에 들어 있었다고 생각한다. 경주의 북쪽 안강 지역을 기반으로 가진 김주원은 동해안을 따라 영동 지역 진출로를 이미 확보하였다. 강릉에 이르기까지 영동 지역의 지배권을 장악하였기 때문에 그곳의 어떠한 세력도 김주원계와 연결하지 않는 한 중앙정계에서 활동할 수 없었다.

신라는 비교적 일찍부터 강릉 등 영동 지역으로 뻗어 나갔다.[22] 다만 영동 지역은 서쪽이 험준한 태백산맥으로 가로막혀 있어서 중앙 조정과의 소통이 끊길 수 있는 지정학적 조건을 가졌다.[23] 신라 영토가 되었지만 강릉 지역에는 중앙 진골귀족이 이식하여 독자 세력으로 존속하였다. 김주원계는 명주의 토호인 박씨朴氏와 혼인하는 등[24] 호족 세력과

22 신라는 婆娑尼師今 22년(101년)에 音汁伐國과 悉直國 및 押督國을 복속시켰다. 그리하여 지금의 경산과 안강 지역을 확보하면서 울진과 삼척 지역으로 진출하였다. 이후 신라는 강릉 지역까지 비교적 확실하게 확보하였다. 다만 南解次次雄 16년(19년)에 北溟 사람들이 濊王의 도장을 바치거나 儒理尼師今 19년(42년)에 貊國의 왕이 사냥한 새와 짐승을 바쳤다고 한다. 이런 기사는 강릉 지역이 일찍 신라에 복속된 사실을 상징적으로 알려 준다.

23 奈勿尼師今 40년(395년)에 靺鞨이 悉直, 곧 삼척 지역까지 진출하였다. 말갈로 표현된 고구려 군사가 태백산맥을 따라 삼척 지역으로 침입하였음을 짐작하게 한다.

24 문무왕은 고구려 평정에 크게 공을 세운 金仁問에게 大角干 朴紐의 食邑 500戶를 내렸

연합함으로써 강릉 지역에 독자의 세력 기반을 마련하였다고도 한다.[25] 무열왕의 차자次子인 김인문은 대당 외교뿐만 아니라 백제와 고구려 평정에 공을 세웠기 때문에 임해공臨海公으로 봉작을 받았고 2,000여 호戶를 능가하는 식읍을 가졌다.

2,000여 호의 식읍은 각지에 흩어져 있었다. 김인문은 박뉴朴紐의 식읍 500호 외에 경산 지역에 식읍 300호를 받았다. 그가 압독주押督州 총관摠管이 되어 장산성獐山城을 쌓음으로써 받은 식읍은 경산 지역에 있었다. 경산 지역의 식읍은 김인문의 후손들이 안강에 터를 잡게 하였다. 안강 들을 장악함으로써 김주원은 포항에 진출하여 강릉 등 영동 지역을 독자적 세력 기반으로 확보하였다. 그 외 공주를 비롯한 서해안 지역에도 김인문의 수봉지受封地가 있었다. 김주원의 증손인 김흔金昕이 무염을 성주사에 주지하도록 권하였는데, 그곳은 김인문이 봉지로 받은 땅이다.

강릉이나 공주 등 전국에 산재한 김인문의 수봉지는 김주원계의 세력 기반이 되었다. 비록 왕위쟁탈전에서 패하였어도 김주원계 세력은 왕실을 능가하고 있었다. 그러므로 원성왕계도 김주원계와 타협함으로써 정국의 안정을 꾀하였다. 원성왕 6년(790년)에 김주원의 아들 종기宗基가 시중에 임명되는 것이 이런 사정을 알려 준다. 김주원계는 왕실에 협조하여 중앙정계에 참여하였으나 한편으로는 반발하는 이중적 면모를 가졌다. 헌덕왕 14년(822년)에 일어난 김헌창金憲昌의 난은 원성왕대 이후 귀족연립으로 유지되던 신라 중앙정계의 모순이 거침없이 나타난

다. 박뉴에 관해서는 더 자세하게 알 수 없다. 고구려 평정과 연관하여 내린 식읍이기 때문에 박뉴와 김인문 후손은 서로 연관되었을 것으로 생각한다. 다만 박뉴의 식읍이 강릉 지역에 있었는지는 분명하지 않다.

25 김정숙, 「김주원 세계의 성립과 그 변천」, 앞의 책, 1984, pp. 157~158.

것이다.

웅천주도독 김헌창은 아버지 김주원이 왕이 되지 못한 것을 이유로 반란을 일으켜 나라 이름을 장안長安이라 하고 연호를 경운慶雲이라고 하였다. 무진주武珍州·완산주完山州·청주菁州·사벌주沙伐州 등 4주 도독과 국원경國原京·서원경西原京·금관경金官京의 사신仕臣 및 여러 군현의 수령이 반란에 가담하였다. 김헌창의 난이 진압되면서 그의 종족과 함께 무려 230여 명이 처형되었다. 이후 헌덕왕 17년(825년)에는 헌창의 아들 범문梵文이 고달산高達山의 도적 수신壽神 등 100여 명과 함께 반란을 일으켰으나 곧 평정되어 모두 죽임을 당하였다.

김주원의 아들로 종기와 헌창, 신身이 있다. 신은 『삼국사기』 등 사서에 나오지 않고 강릉 김씨 족보에 나타나는 인물이다. 고려 이후 강릉 김씨들은 신의 후손이다. 종기와 헌창은 모두 중앙정계에 중용되었지만 화합하기보다는 다소 서로를 견제하였기 때문에 정치적 입장을 달리하였다. 종기계가 중앙정계에 더 깊이 관여하였다면, 헌창계는 반기를 들 수밖에 없을 정도로 중앙에서의 세력 기반을 상실해 갔다.[26] 헌덕왕 5년(813년)에 무진주도독에 임명된 헌창은 다음 해에 시중이 되었으나, 헌덕왕 8년에는 종기의 아들인 장여璋如가 대신하여 시중에 임명되었다. 헌창계와 종기계가 서로 견제하였던 사정을 짐작하게 한다. 이후 김헌창은 청주 등 지방의 도독으로 전전하였다.

종기계와 헌창계가 연고권을 갖고 세력 기반을 형성한 지역도 각각 달랐을 듯하다. 종기계는 김주원이 퇴각한 이래 명주 지역에서 굳건한

26 金憲昌은 哀莊王 8년(807년)에 시중으로 임명되었다. 2년 뒤인 809년에 金彦昇이 난을 일으켜 조카인 애장왕을 살해하고 등극하여 憲德王이 되었다. 헌덕왕 2년(810년)에 亮宗이 시중에 임명되었기 때문에 이때에는 김헌창이 시중에서 물러났던 것이 분명하다. 이런 사정은 김헌창이 애장왕대의 정치에 깊이 관여하였으며, 그 결과 헌덕왕 즉위 이후에는 중앙정계에서의 기반을 상실해 갔을 것으로 생각하게 한다.

기반을 성립하였다. 김주원의 증손인 김양金陽이 신무왕의 즉위에 공을 세웠기 때문에 명원군왕溟源郡王으로 추봉追封되었다.[27] 곧 종기계가 강릉을 관향貫鄕으로 확실하게 장악하고 있었다. 그러나 웅천주도독으로서 반란을 일으킨 김헌창은 속리산 전투에서 크게 패하자, 마지막에는 웅진으로 피해 굳게 지키다가 결국 자진하였다. 김헌창의 근거지는 웅진이었다고 생각한다.

김헌창 몰락 후에도 웅진 지역에는 김인문의 수봉지가 있었고 그곳을 관할한 인물은 김주원의 증손인 김흔金昕이다. 김헌창의 난이 실패하였지만, 그 근거지가 되었던 웅진 지역 김인문의 수봉지는 해체되지 않았고 오히려 종기계로 보존된 셈이다. 낙향호족들의 근거지가 존속한 모습을 상정하게 한다. 김양과 김흔은 종형제 사이로 김주원의 아들 종기의 손자이다. 이들이 중앙정계에서 대립하는 모습은 김주원계의 위상과 낙향호족 세력의 양태를 직접 보여 준다.

종기는 두 아들을 두었는데 정여貞茹와 장여璋如이다. 정여의 아들이 양이고 장여의 아들이 흔이다. 김양과 김흔은 사촌 형제이지만 정치적 입장이 매우 달랐다. 민애왕 김명金明과 김양은 원수 사이였다.[28] 김양은 민애왕을 몰아내고 신무왕을 세우기 위해 청해진 군대를 이끌고 수도로 진격하였다. 김흔은 민애왕을 대신하여 대구에서 김양의 청해진 군대를 맞아 싸웠으나 이기지 못하였다. 이 싸움에 이김으로써 김우징金祐徵이 신무왕으로 등극하였고 김양은 중앙정계에서 중요한 위치를

27 『신증동국여지승람』 권44, 강원도, 강릉대도호부, 인물, 신라, 김양조에 "貞茹之子 金明之亂 佐神武王定社稷 官至侍中兼兵部令 追封爲溟源郡王"이라고 하였다.

28 興德王이 後嗣가 없이 죽자 均貞과 悌隆이 서로 왕위를 다투었는데, 김양은 禮徵·祐徵 등과 함께 균정을 도왔고, 김명은 利弘·裴萱伯 등과 함께 제륭을 도왔다. 왕위쟁탈전에서 패한 김양은 청해진으로 피신하였다. 이어 제륭(희강왕僖康王)이 즉위하였으나, 김명은 다시 희강왕을 몰아내고 자립하여 왕이 되었다.

차지하였다. 반면 왕위쟁탈전에서 패배한 김흔은 은거하여 낙향호족이 되었다.[29]

무염에게 성주사 주지를 권할 때의 김흔은 청해진 군대와의 싸움에서 패한 이래로 "능히 편안하게 죽을 수도 없고 또한 다시 관직에 나아갈 수도 없어서, 소백산에 들어가 갈의葛衣를 입고 푸성귀를 먹으면서 부도와 더불어 교류하였다"라고 한다(『삼국사기』 권44, 김흔전). 그러나 그는 스스로 산중재상山中宰相으로 칭하면서 성주산문을 일으키는 경제적 기반을 가졌다.[30] 『삼국사기』 열전에는 김흔이 문성왕 11년(849년)에 병들어 산골 집[山齋]에서 세상을 떠났다고 하였으나, 본기에는 그가 반란을 꾀하다가 죽임을 당하였다고 하였다(『삼국사기』 권11, 문성왕 11년 秋 9월조). 『삼국사기』 본기의 내용이 더 진실에 가깝다.

대구 싸움에서 패하였지만, 김흔은 낙향호족으로서의 탄탄한 세력 기반을 가졌다. 그가 관할한 지역은 공주는 물론 강릉까지 산재하였던 듯하다. 이런 세력 기반은 다시 그가 왕위쟁탈전에 도전하게 하였다. 김주원계는 여러 혈족집단으로 나뉘어 중앙정계에서 영향력을 끼쳤는가 하면 일부는 왕위쟁탈전에서 패하여 낙향호족으로 돌아가기도 하였다. 김주원계와 마찬가지로 원성왕계도 비록 왕위를 획득하였지만 소혈족집단小血族集團으로 나뉘어 서로 왕위쟁탈전을 감행하였다. 원성왕의 두 아들인 인겸仁謙과 예영禮英의 경쟁은 물론 인겸의 아들인 준옹俊邕(소성왕)·언승彦昇(헌덕왕)·제옹悌邕·수종秀宗(흥덕왕)·충공忠恭과 예영의 아들인 헌정憲貞·균정均貞 및 그 자손들 사이에 왕위쟁탈전이 치열하게 전개되었다.

---

29 김두진, 「낭혜와 그의 선사상」, 『역사학보』 57, 1973; 「낭혜 무염과 그의 선종사상」, 『신라하대 선종사상사 연구』, 일조각, 2007, pp. 211~212.

30 김두진, 위의 논문, 2007, pp. 212~219.

소혈족집단으로 나뉜 원성왕계도 왕위쟁탈전에서 실패하였을 경우 낙향호족으로 물러날 수밖에 없었다. 원성왕계의 소혈족집단도 김주원계의 소혈족집단과 마찬가지로 낙향호족으로서의 기반을 가졌기 때문에 신라하대의 왕위쟁탈전은 더 복잡하게 전개되었다. 왕위를 얻기 위해 같은 원성왕계 내 소혈족집단은 상호 연합하면서, 또는 김주원계의 소혈족집단과 결합하거나 심지어 지방호족, 특히 왕실과는 거리가 있는 토착호족이나 군진 세력까지 동원하였다. 그리하여 왕위계승에 왕실의 혈연의식보다는 무력을 앞세우기에 이르렀다. 이러한 왕위쟁탈전의 혼란으로 신라말에 박씨 왕실이 등장할 수 있었고 후삼국을 정립시키는 결과를 초래하였다.

2. 신무왕대의 정치 개혁과 장보고

(1) 신라하대 왕위계승전과 호족의 대두

장보고張保皐와 청해진淸海鎭 세력에 관한 연구는 애초에 동양사학 분야에서 관심을 가지고 주도적으로 행해졌다. 고대의 해상무역에 초점을 맞춘 김상기[31]와 신앙의례를 통해 적산赤山의 신라촌 사회를 밝힌 김문경[32]의 연구가 효시이다. 1999년에 '해상왕장보고 기념사업회'가 결성되면서 보다 촉진된 장보고 연구는 공동연구 형식의 단행본으로 출간

31 김상기, 「고대의 무역형태와 나말의 해상발전에 취하야 (1)·(2)—청해진대사 장보고를 주로 하야—」, 『진단학보』 1·2, 1934·1935.

32 김문경, 「적산 법화원의 불교의식—불교 대중화 과정의 일척—」, 『사학지』 1-1, 1967; 「재당신라인의 집락과 그 구조」, 『이홍직박사회갑기념 한국사학논총』, 신구문화사, 1969.

되었는가 하면,[33] 이에 참가하여 업적을 쌓은 연구자들이 수준 높은 연구서를 출간하였다.[34] 그리하여 장보고에 관한 연구 성과는 제법 축적된 셈이다.

그동안 청해진 세력과 신라 조정과의 관계에 관한 연구는 꾸준히 진행되었고,[35] 대체로 장보고를 신무왕이나 문성왕과 연결한 피상적인 결론을 끌어냈다. 여기서는 바로 이런 문제를 정치하게 규명함으로써 청해진 세력이 몰락하는 원인에 접근하고자 한다. 그리하여 청해진 세력을 충공계忠恭系 세력과 대조하여 파악하였다. 그런 바탕 위에 청해진 세력에 포함된 정치 세력을 구체적으로 지적하면서 그들의 향배를 추적하고자 한다. 아울러 군진 세력으로 출발한 청해진이 신라 서남해안 지역의 토착호족 세력을 흡수하는 양상은 후삼국에서 고려 통일로 이어지는 사회 편제 방향에서 이해할 것이다.

신라 진골귀족들은 대체로 지방에 거대한 경제적 기반을 가졌다. 중앙정계에서 진골귀족들은 왕위를 획득하기 위한 싸움을 계속하고 있었다. 지방에 구축한 경제적 기반은 왕위쟁탈전을 더욱 격화시키는 요인으로 작용하였다. 혜공왕 때에는 진골귀족들의 무수한 반란이 일어났나. 혜공왕이 마침내 난중亂中에 살해됨으로써 신라하대가 시작되었다. 신라하대 사회의 혼란은 왕위쟁탈전으로 비롯되었다. 왕위계승 서열상 우선권을 가진 김주원은 김경신과의 왕위쟁탈전에서 패퇴敗退하였다. 그 결과 김경신이 등극하여 원성왕元聖王이 되었다. 이후 원성왕계 후

33 완도문화원 편, 『장보고의 신연구—청해진 활동을 중심으로—』, 1985; 중앙대학교 동북아연구소·전라남도, 『청해진 장보고대사 해양경영사연구』, 1992.

34 권덕영, 『재당 신라인사회 연구』, 일조각, 2005.

35 김광수, 「장보고의 정치사적 위치」, 『장보고의 신연구』, 완도문화원 편, 1985; 이기동, 「장보고와 그의 해상왕국」, 『장보고의 신연구』, 완도문화원 편, 1985; 서륜희, 「청해진대사 장보고에 관한 연구—신라왕실과의 관계를 중심으로—」, 『진단학보』 92, 2001.

손들이 각기 소혈족집단을 구성하여 왕위를 차지하기 위한 싸움을 계속하였다.

왕위쟁탈전에서 패퇴한 진골귀족은 중앙정계에 있지 못하고 연고지로 가 지방호족이 되었다. 김주원은 강릉 지역으로 퇴거退去하여 굴지의 지방호족이 되었다. 원성왕이 중앙왕실을 장악한 이후 소혈족집단으로 나뉜 후손들도 왕위계승을 위한 싸움에 참여하였고, 이겼을 경우 왕위를 얻었지만 졌을 경우 지방의 연고지로 내려가 거주할 수밖에 없었다. 김주원계는 물론이거니와 원성왕계 왕실의 소혈족집단들도 왕실을 구성한 진골귀족이었으나 언제든지 연고지로 내려가 지방호족으로 전락할 수도 있었다. 그런 의미에서 중앙왕실의 소혈족집단이나 지방의 낙향호족은 같은 성격의 사회·경제적 기반을 가진 셈이다.

김주원계 후손들의 활동은 당시 지방호족 세력의 양상을 알려 준다. 강릉 지역으로 퇴거한 김주원계 세력은 중앙정부의 시책에 대해 호의적이지는 않았다. 그러나 김주원계 후손들이 모두 신라 왕실에 대해 적대적이지만은 않았다. 김주원의 아들 김헌창이 모반으로 거세된 것과는 달리 또 다른 아들 종기와 그의 아들 정여와 장여는 신라 중앙정계에 깊이 관여하였다.

중앙의 진골귀족으로 정권쟁탈전에서 패퇴하여 지방으로 내려간 낙향호족들은 중앙과 지방사회에 모두 세력 기반을 가졌기 때문에 하대 초기의 신라 사회를 실질적으로 움직여 갔다. 시대가 내려가면서 낙향호족보다는 지방사회에 뿌리를 둔 토착호족 세력이 더 커졌다. 이들은 본래 촌주村主 출신으로 지방민과 잦은 접촉을 통해 점차 세력을 키워서 신라하대에는 성주城主나 장군將軍으로 불린 자들이다.

군사郡司 등 지방행정 체계에 소속된 촌주들은 지방민을 통제하는 역할을 담당하였는데, 하대사회의 혼란을 틈타 주위의 여러 지역을 지배하여 세력을 확장하였다. 그들은 지방 촌락의 경제적 지배권을 가졌으며 농경 기술을 개발하여 농업생산력을 증가시키고 촌락의 백성들에게 일정한 조세와 역역力役을 부가하였다. 그리하여 대를 이어 지방에 대한 지배권을 행사하면서 성城을 쌓아 주인으로 자처하고 성내에 조직한 사병의 지도자로 행세하였다.

신라하대에 토착호족들은 성을 중심으로 하나의 군현을 다스렸지만, 그중에는 여러 개의 군현을 통합하여 넓은 지역을 통치하기도 하였다. 안동安東·영천永川 지방의 금강산金剛山장군으로 불리는 황보능장皇甫能長은 골화현骨火縣·고야화현苦也火縣·도동현道同縣·사정화현史丁火縣 등을 지배하고 있었으며 이들이 합쳐져 영천이 되었다.[36] 고려 성종 2년(983년)에 주부군현州府郡縣의 이직吏職을 개편하기까지 토착호족은 병부兵部나 창부倉部·호부戸部 등의 중요 관부를 두었다.[37] 이로 보면 그들은 지방민을 다스리는 독자적 통치조직을 가졌으며, 군사적으로뿐만 아니라 정치적·경제적으로도 독립을 보장받고 있었다.[38]

신라하대에 낙향호족과 토착호족 외에 해상활동을 통해 부富를 축적한 세력이 존재하였다. 이들이 군진軍鎭 세력이다. 일찍이 한반도의 서남해안을 중심으로 해상 교류가 활발하게 전개되었다. 군진 세력은 신라하대의 해상 요충지에 설치된 군진을 무대로 활동하였는데, 당唐나라는 물론 일본과도 교역하였다. 당시 일본은 대마도에 통역을 맡은 신라역어新羅譯語를 증설할 정도로 신라와의 교역을 절실히 원하고 있었다.

---

36 『경상도지리지』, 안동영천조에 "在三國時 稱臨皐郡 本切也火懸 在高麗太祖 統合之時 以郡人 金剛山將軍 皇甫能長 補佐之功 合骨火縣 苦也火縣 道同縣 史丁火縣 爲永川"이라 하였다.

37 이기백, 「신라사병고」, 『역사학보』 9, 1957; 『신라정치사회사연구』, 일조각, 1974, pp. 266~267.

38 김두진, 「고려 광종대의 전제왕권과 호족」, 『한국학보』 15, 1979. pp. 45~46.

신라하대에 북방의 변경 지역과 해상이나 육상 교통의 요충지에 설치된 군진으로 패강진浿江鎭·청해진淸海鎭·당성진唐城鎭·혈구진血口鎭·장구진長口鎭·시미지진施彌知鎭·사화진沙火鎭 등이 있다.

군진은 군현과 같은 일반 지방행정 조직과는 다른 특수한 성격을 가졌다. 패강진의 크기는 예성강禮成江 이북의 모든 군현을 합친 것과 대체로 일치하였다.[39] 군진은 『삼국사기』 지리지에 기록되지 않았다. 패강진에 이주한 백성들은 군호적軍戶的 성격을 가짐으로써 둔전병屯田兵인 지방군이 되었다.[40] 패강진에는 두상대감頭上大監 1인·대감大監 7인·두상제감頭上弟監 1인·제감弟監 1인·보감步監 1인·소감少監 6인이 배속되어 있었다(『삼국사기』 권40, 패강진전浿江鎭典조). 패강진을 비롯한 군진은 신라통일기의 9서당九誓幢이나 6정六停과 버금가는 군관軍官 조직을 가졌다.[41]

군진은 군사 기지 또는 군영軍營으로서 지역 내의 군정軍政을 담당하였으나 도독 등의 지방관이나 중앙정부의 직접적 통제와 감독을 받지 않았다. 군진의 장관은 중앙정계에 막강한 실력자로 부상하였을 뿐만 아니라 강력한 지방호족 세력으로 성장할 수 있었다.[42] 지방호족으로 성장한 군진 세력은 관할 지역의 군사권만을 고수하지는 않았다. 특히 해안에 설치된 군진 세력은 해상무역을 통해서 보다 강력한 지방호족으로 성장하였다. 왕건의 선대先代인 작제건作帝建이나 진성여왕 때에 활

---

39 이기동, 「신라 하대의 패강진—고려왕조의 성립과 관련하여—」, 『한국학보』 5, 1976; 『신라골품제사회와 화랑도』, 한국연구원, 1980, pp. 214~219.

40 이기백, 「고려 경군고」, 『이병도박사화갑기념논총』, 1956; 『고려병제사연구』, 일조각, 1968, p. 47; 「고려 태조시의 진에 대하여」, 『역사학보』 10, 1958; 「고려 태조시의 진」, 『고려병제사연구』, 1968, p. 232.

41 이기동, 「신라 하대의 패강진—고려왕조의 성립과 관련하여—」, 앞의 책, 1980, p. 217.

42 전덕재, 「신라 하대 진의 설치와 성격」, 『군사』 35, 1997, pp. 61~62.

동한 거타지居陁知는 동일인同一人이겠지만, 중국을 왕래하면서 해상무역을 관장하였다. 거타지는 당나라에서 금과 비단을 후하게 받았으며, 작제건도 용녀龍女를 아내로 맞고는 서해 용왕으로부터 칠보七寶와 버드나무 지팡이나 돼지를 받아 돌아왔다.

백주정조白州正朝 유상희劉相晞 등이 개주開州(개성)·정주貞州(예성강 하류)·염주鹽州(연안延安)·백주白州(백천白川)·강화·교동喬桐·하음河陰 등 서해안 일대 지방의 백성을 동원하여 돌아온 작제건을 위해 영안성永安城을 쌓았다. 작제건은 여러 주군의 백성을 동원할 수 있을 만큼 강력한 호족 세력을 형성하였으며, 개성 및 경기·서해안 일대에 걸쳐 세력 기반을 구축하였다고 생각한다.[43] 이렇듯 군진 세력이 연안 지역을 통해 세력을 확대하는 과정에서 토착호족 세력을 흡수하고 있음은 흥미로운 일이다.

장보고의 청해진이 해체된 이후지만 진주나 김해 지역의 군진 세력은 해상무역을 통해 기반을 마련한 후 내륙으로 진출하면서 토착 세력과의 연결을 기도하였다. 경명왕 4년(920년, 태조 3년)에는 강주장군康州將軍 윤웅閏雄이 아들 일강一康을 보내어 왕건에게 항복해 왔다. 당시 진주 지역의 토착호족 세력인 윤웅은 해상활동으로 부를 축적한 군진 세력이었다. 내륙으로까지 진출한 군진 세력은 신라 조정과는 상관없이 독자의 외교 활동을 전개할 정도로 강력한 호족 세력으로 성장하였다.

김해 지역의 군진 세력인 왕봉규王逢規는 스스로 천주절도사泉州節度使를 칭하고 신라 정부와 어깨를 겨누면서 후당後唐에 사신을 파견하는 외교를 펴고 있었다.[44] 왕봉규는 후당의 명종으로부터 권지강주사權知

43 김두진, 「요오선사 순지의 선사상—그의 삼편성불론을 중심으로—」, 『역사학보』 65, 1975, pp. 10~11.
44 김상기, 「신라말에 있어서의 지방군웅의 대중통교—특히 왕봉규를 주로—」, 『황의돈선생

康州事라는 직함을 받았다. 이에 그는 부하인 임언林彦을 후당에 사신으로 보냈다. 명종明宗은 임언에게 방물方物을 후하게 내렸다. 흥미롭게도 임언은 뒤에 광주廣州 지역의 토착호족으로 성장하였다. 그의 딸이 왕건의 부인인 천안부원부인天安府院夫人 임씨林氏이다.[45] 임언은 왕봉규의 군진 세력을 기반으로 광주 지역 토착호족 세력으로 진출하였지만, 본래 광주 지역에도 미약하나마 토착적 기반을 가졌던 것이 분명하다.

이처럼 토착호족과 군진 세력이 제휴하면서 후삼국 사회의 혼란을 정리하고 새로운 사회를 건설하는 주역이 되었다. 왕건이 바로 그런 세력이었다. 왕건의 외가外家나 처가妻家는 예성강 유역의 해상을 기반으로 한 군진 세력이었으며, 친가親家는 개성 지역의 토착호족 세력이었다. 905년을 전후하여 수군水軍으로 나주를 점령한 이후 왕건은 920년경에 진주와 김해 지역을 확보하였다. 이후 왕건은 고창군 등 내륙에서의 전투를 승리로 이끌었을 뿐만 아니라 중국에 유학한 지식인들의 귀국을 도우면서 삼한 통합의 여론을 주도하였다.

(2) 청해진대사 장보고 세력의 등장

당唐 두목杜牧은 『번천문집樊川文集』 권6에서 장보고와 동료인 정년鄭年의 전기를 작성하였는데, 『당서唐書』 신라전과 『삼국사기』의 열전은 그것을 그대로 전제하였다. 다만 장보고는 『삼국사기』 신라본기에는 청해진 대사 궁복弓福으로, 『삼국유사』에는 궁파弓巴로 기록되었다. 일반

고희기념 사학논총』, 1960, p. 60.

45 『고려사』 권88, 열전 제1, 후비1, 천안부원부인전.

적으로 신라 측 자료에는 궁복이라고 기록하였음이 분명하다.[46] 이 외에도 그의 이름은 『속일본기續日本紀』 및 원인圓仁의 『입당구법순례행기入唐求法巡禮行記』 등 일본 측 자료에는 장보고張保高라고 표기되어 있다.

궁복은 성이 장씨張氏이고 일명이 보고保皐라고 하였다.[47] 실제로 그가 성을 사용하였는지는 의문이다. 궁복의 '궁弓'을 '장張' 씨로 '복福'을 음절音節에 따라 2음音인 '보고保皐'의 두 자로 나눈 것이라고 한다.[48] 『삼국사기』 권44의 장보고전에는 "향읍鄕邑과 조부祖父를 잘 알 수 없다"라고 기록하였기 때문에 그의 가문은 미미하여 귀족이 아니었을 것으로 생각한다. 문성왕 7년(845년)에 조정의 신료들은 장보고가 '해도인海島人'이기 때문에 그의 딸을 왕의 차비次妃로 맞아들이는 데 반대하였다. '해도인'은 청해진淸海鎭 세력임을 나타낸 것이지만, 장보고가 본래 섬사람 출신임을 생각하게 한다.

향읍과 조부를 몰랐다고 하지만, 장보고는 어려서 정년과 같이 자랐다고 한다. 정년은 잠수하여 50리里를 수영하였으며, 청해진의 장보고에게 의탁하면서 '고향에 가서 죽겠다'라고 하였다. 그러므로 두 사람은 같이 청해(완도) 출신인 듯하다.[49] 후대의 자료인 『인동장씨대동보仁同張氏大同譜』의 구보서문舊譜序文이나 『장씨연원보감張氏淵源寶鑑』에는 원래 중국 절강성浙江省 소주부蘇州府 용흥龍興 사람인 백익伯翼이 신라로 귀화하여 장씨의 중시조가 되었으며, 애장왕 2년(801년)에 완도읍莞島

46 『삼국사기』 권44, 장보고전에는 '羅紀作弓福'이라고 註記하였다. 장보고는 신라사에서 궁복으로 기록되었다.

47 『삼국사기』 권10, 신라 홍덕왕 3년 夏 4월조.

48 今西龍, 「慈覺大師入唐求法巡禮行記を讀みて」, 『新羅史研究』, 近澤書店, 1933. pp. 304~305.

49 김상기, 「고대의 무역형태와 나말의 해상발전에 취하야 (1)—청해진대사 장보고를 주로 하야—」, 『진단학보』 1, 1934, p. 110.

邑 장좌리長佐里에서 장보고를 낳았다고 한다. 곧 장보고의 집안은 몰락하였을지라도 백제 이래 완도 지역의 토호로서 선대가 중국과의 교역에 참여하였던 것으로 보인다.[50]

장보고는 중국에 들어가 무령군武寧軍 소장小將이 되었고, 이를 계기로 해상무역을 통해 군진 세력 기반을 갖추어 갔다. 중앙정부의 통치 기반이 흔들리는 810년대 중반부터는 홍수와 기근으로 식량을 구하기 위해 유망민流亡民들이 중국 절동浙東 지역으로 나아갔다. 이런 분위기에 편승하여 장보고는 중국으로 건너가 서주徐州(강소성江蘇省 금산현錦山縣)에 정착하였는데, 당시 고구려 유민 출신인 이정기李正己 일가一家가 그곳에 인접한 산동山東반도 일대를 장악하고 있었다.

이정기는 765년(혜공왕 1년)에 평로군平盧軍의 상관인 후희일候希逸을 몰아내고 산동반도 전역을 통치하는 평로치청절도관찰사平盧淄靑節度觀察使가 되어 자립하였다. 아들 납納과 손자인 사고師古·사도師道 형제에게로 세습되어 819년(헌덕왕 11년)에 이사도가 몰락할 때까지 55년 동안 당 왕실에 가장 반항적인 이씨 일가의 번진藩鎭은 거의 소왕국으로 군림하였다.[51] 서주에 치소治所를 둔 번진이 무령군절도사로 개칭되는 시기는 805년(애장왕 6년)이며, 이후 862년(경문왕 2년)까지 그 명칭을 사용하였다. 이로 보아 장보고는 20대 초반에 중국에 들어가 30세를 전후한 시기인 805년 이후에 무령군의 소장이 되었다.[52]

810년대 헌종憲宗의 번진토벌책에 이사도는 적극적으로 반항하였다. 814년(헌덕왕 6년) 회서절도사淮西節度使 오소양吳少陽이 죽었는데, 헌종은 그의 지위를 계승하지 못하게 하였다. 이에 오소양의 아들인 원제

---

50 김광수, 「장보고의 정치사적 위치」, 『장보고의 신연구』, 완도문화원 편, 1985, p. 66.
51 이기동, 「장보고와 그의 해상왕국」, 앞의 책, 1985, p. 94~95.
52 김문경, 『장보고연구』, 연경문화사, 1997, p. 24.

元濟가 반발하였다. 관군이 토벌군을 일으키자 이사도가 출병하여 오원제를 돕는 한편, 수도 장안에 자객을 보내어 재상宰相 무원형武元衡을 암살하는 등 후방 교란을 시도하였다. 그러나 817년(헌덕왕 9년) 오원제가 붙잡힌 뒤로 이사도는 위기를 맞았다. 819년(헌덕왕 11년)에 부하인 도지병마사都知兵馬使 유오劉悟가 이사도를 죽이고 관군에 투항하였다.[53]

장보고가 소속된 무령군은 이사도를 공격하는 주력 부대의 하나로 최선봉을 맡았다. 815년에 무령군절도사 이소李愬가 왕지흥王智興을 파견하여 이사도의 군대 9,000명을 격파하고 우마牛馬 4만 두를 포획捕獲하였다. 유오는 이 사건을 계기로 투항하였다.[54] 이때 장보고는 무령군의 예하에서 출병하여 승전하였을 것으로 생각한다.[55] 그런데 이정기의 번진과 불편한 관계에 있었기 때문에 신라 조정은 당과 통교하는 데 실제로 어려움을 겪었으며, 이사도 일가도 신라인 노예의 매매에 관여하였다.[56]

당 왕실이 이사도를 토벌하기 위해 신라에 원정군을 요청하자, 순천군장군順天軍將軍 김웅원金雄元은 갑병 3만 명을 이끌고 떠날 채비를 갖추고 있었다(『삼국사기』 권10, 헌덕왕 11년 7월조). 그러나 이미 이사도가 몰락하였기 때문에 실제로 신라군이 파병되지는 않았다. 신라 숙위 왕자 김장렴金長廉이 당 조정에 신라인 매매 행위를 단속하게끔 요청하자, 816년(헌덕왕 8년)에 당은 신라인을 노예로 삼지 못하도록 금령禁令을 내렸다. 821년(헌덕왕 13년)에는 평로군절도사 설평薛苹이 상주하여

53 김문경, 위의 책, 1997, p. 34.
54 김문경, 위의 책, 1997, p. 34.
55 이기동, 「장보고와 그의 해상왕국」, 앞의 책, 1985, p. 96.
56 김문경, 앞의 책, 1997, p. 36~37.

신라 양인을 약탈하여 노비로 팔지 못하도록 조치하였다.

무령군 소장으로 출병하여 군공軍功을 세우고 귀국한 장보고가 신라 양민의 약탈 행위를 금하기 위해 청해진을 세우려는 포부는 신라 조정에서 바로 환영을 받았다. 장보고는 828년(흥덕왕 3년)경에 귀국하였는데, 흥덕왕은 그에게 군사 1만 명으로 청해를 지키게 하였다. 이때 그가 거느린 1만 명의 군사가 청해진의 세력 기반이 되었다. 『삼국사기』 신라본기의 기사와는 달리 『번천문집樊川文集』의 내용을 그대로 실은 『삼국사기』 열전의 장보고전은 흥덕왕이 그에게 1만의 군사를 주었다고 기록하였다.

장보고가 신라 왕실로부터 1만의 군사를 받았다는 것에 대해서는 대체로 회의적인 견해가 많다. 청해진 군사는 왕의 양해 아래 변방 백성을 규합한 일종의 민군民軍 조직이거나[57] 또는 조정에서 동원이 가능한 군정軍丁이다. 청해진은 저변에 일반 군현郡縣과 마찬가지로 촌주층村主層을 중심으로 한 군사 조직을 갖추고 있었다. 장보고가 거느린 1만 명의 군사는 지방군과 같은 정규군의 일부였고 나머지를 군정軍丁에서 차출한 모병으로 충당하였다.[58]

이미 해상무역을 장악하면서 중국 연안에 세운 신라촌新羅村을 기반으로 장보고는 청해진을 설치하였다. 산동山東 신라소新羅所의 통치자인 압위押衛는 무관武官 직함인데, 관할 촌락에는 신라인 촌장이 장악한 민병 조직이 있었다.[59] 바로 이런 점이 청해진의 군사 조직을 이해하는 데 도움을 준다. 곧 청해진은 유사시에 해상과 육지에서 스스로를

57 김상기, 「고대의 무역형태와 나말의 해상발전에 취하야 (1)—청해진대사 장보고를 주로 하야—」, 앞의 책, 1934, p. 108.

58 고경석, 「장보고 세력의 경제적 기반과 신라 서남해 지역」, 『한국고대사연구』 39, 2005. p. 228.

59 김광수, 「장보고의 정치사적 위치」, 앞의 책, 1985, p. 78~79.

보호하기 위해 일부 군현의 정규군을 관장하면서도 촌락 단위로 존재한 군정을 통어하는 군사 조직을 흡수하였다.

장보고는 신라촌을 중심으로 해상무역을 장악하면서 재력을 축적하고는 무장을 갖추었다. 신라인들은 대운하大運河를 따라 중국의 연해안 지역에 모여 살았다. 초주楚州(강소성江蘇省 회안현淮安縣)와 연수향漣水鄉(강소성江蘇省) 또는 등주登州 문등현文登縣 적산촌赤山村이나 등주 모평현牟平縣의 유산포乳山浦·소산촌邵山村 등에는 신라인의 집단 거류지인 신라방新羅坊이 있었다. 그 안에 신라인의 사무를 관장하는 구당신라소勾當新羅所가 설치되어 압위(혹은 총관總管)가 행정을 담당하였으며, 그 아래에 전지관專知官과 역어譯語(통역관) 등의 관리가 실무를 담당하였다. 적산 지방에 산재한 신라촌에는 신라인 촌장村長이 있었으며, 신라소의 책임자는 대사大使이다.

등주 적산촌을 중심으로 교역 활동을 전개한 장보고는 신라인들을 규합하기 위해 거기에 적산법화원赤山法華院을 건립하였다. 다음 내용을 참고해 보자.

적산赤山은 순전히 바위로 이루어졌는데 매우 높고 수려한 곳에 있으니, 곧 문등현文登縣 청녕향淸寧鄉 적산촌赤山村이다. 산록에 사원이 있는데 적산법화원赤山法華院이라 부르며 본래 장보고가 처음 세운 절이다. 그는 이곳에 장전莊田을 두어 양식을 충당하였는데, 1년에 500석石의 쌀이 생산되었다. 겨울과 여름에 강설講說하며, 겨울에는 『법화경』을 강설하고 여름에는 8권의 『금광명경金光明經』을 강설하였다.[60]

60 圓仁, 『入唐求法巡禮行記』 卷2, 開成 4년(839년) 6월 7일조.

적산촌은 산동반도의 심장부에 해당하며, 당 내륙이나 연해안으로 이르는 교통과 나羅·당唐·일日 삼국을 잇는 교역의 중심지였다. 장보고는 이곳을 중심으로 초주·연수·양주揚州 등 지역에 분산되어 있던 신라의 무역상들을 하나의 교역망交易網 속에 편제하여 실질적으로 그들을 지배하였다.[61]

중국 교역의 요충지인 적산 지방에 장보고는 일찍부터 적산법화원을 창건하여, 이곳 신라인들을 경제적으로 뿐만 아니라 정신적으로도 결집하였다. 1년에 500석의 쌀을 생산하는 전장田莊은 적산법화원의 경제적 기반이 되었다. 구당신라소의 압위 장영張泳을 비롯한 3명의 신라인이 관리하는 이 절에는 사미沙彌 담표曇表·양현諒賢·성림聖琳·지진智眞 등 24명과 승니僧尼 3명 및 노파 2명이 상주하였다. 승려와 남녀 속인俗人이 절에 모여 낮에는『법화경』강의를 듣고 밤에는 예불禮佛과 참회법회懺悔法會를 드렸다. 참가한 승려들은 40여 명이었고[62] 매년 법화회를 11월 16일부터 다음 해 1월 15일까지 개최하여 끝날 즈음에는 200~250명의 신도가 보살계를 받았다.[63] 이렇듯 적산법화원은 많은 신라인의 종교적 안식처였을 뿐만 아니라 교역 관계 종사자들의 숙박소였다.

적산을 중심으로 서해의 교역망을 장악하는 한편, 언제 창건하였는지 정확히 알 수는 없지만[64] 적산법화원을 중심으로 해상 세력의 거점을 마련한 경험이 청해진 설치를 가능하게 하였다. 다만 청해진이 번창하게 되는 것은 신라 서남해안을 중심으로 한 군진 세력의 성장과 연결

---

61 이기동,「장보고와 그의 해상왕국」, 앞의 책, 1985, p. 107.

62 圓仁,『入唐求法巡禮行記』卷2, 開成 4년 11월 16일조.

63 圓仁,『入唐求法巡禮行記』卷2, 開成 5년 정월 15일조.

64 적산법화원의 창건 시기에 대하여 이영택,「장보고 해상세력에 관한 고찰」(『한국해양대학 논문집』14, 1979, p. 76)에는 청해진 설치 이전이라 하였다. 또한 김문경,『장보고연구』(1997, p. 53)에는 820년대 초반에 적산법화원이 창건되었다고 하였다.

해서 파악해야 한다. 이미 이 지역에는 신라 중앙귀족들이 지닌 거대한 장원이 있었다. 황룡사皇龍寺의 장원이 안도鴈嶋의 동쪽에 있었으며,[65] 금입댁에 속한 망수댁[望水宅]과 이남댁[里南宅]의 전장이 장흥 지역에 있었다.[66]

김흔은 조상인 김인문의 수봉지를 성주산문에 기탁寄託하였다. 그것은 물론 거대한 장원으로 성주산문을 이루는 기반이 되었다. 서남 지역에 유독 많이 성립된 선종산문은 귀족이나 지방호족이 맡긴 방대한 토지를 소유하였다. 중앙의 재상가들이 가졌던 장원은 가축을 방목하였기 때문에 목장을 겸하였을 것으로 생각한다. 안도에는 신라 내가內家의 목장이 있었으며,[67] 신라 제3 재상의 방마처放馬處가 전남 진도 부근의 구초도丘草嶋에 존재하였다.[68] 구초도의 목장은 백제 때부터 존재하였던 것으로 파악된다. 그 외 절영도絕影島에도 목장이 있었다.[69]

서남해안 지역에 산재한 장원과 목장은 청해진을 크게 일으키는 데 이바지하였다. 전장田莊에서 생산하는 농업 생산물은 신라 귀족들의 경제생활을 운영하는 바탕이 되었다. 그런데 세곡稅穀을 실어 나르는 선박을 소유한 장보고는 바닷길을 통한 신라 정부의 물자 유통을 장악하였다. 중서부해안 지역의 세곡선이 경주로 향해 가는 과정에서 청해진은 반드시 통과해야 할 경유지였다.[70] 그런가 하면 서남해안에 산재한 진골귀족의 농장에서 생산한 곡물의 상당량이 그들의 사치품 구입 대금

65 圓仁, 『入唐求法巡禮行記』 卷4, 會昌 7년(847년) 9월 8일조.
66 서영교, 「장보고의 기병과 서남해안의 목장」, 『진단학보』 94, 2002, p. 70.
67 圓仁, 『入唐求法巡禮行記』 卷4, 會昌 7년 9월 8일조.
68 圓仁, 『入唐求法巡禮行記』 卷4, 會昌 7년 9월 6일조.
69 고경석, 「장보고 세력의 경제적 기반과 신라 서남해 지역」, 앞의 책, 2005, pp. 215~217.
70 고경석, 위의 논문, 2005, pp. 214~215.

으로 사용되면서 자연스럽게 청해진으로 유입하였다.[71]

장보고는 중국, 일본과의 교역에서 확보한 사치품을 신라 귀족들에게 조달함으로써 그들의 전장이나 목장의 생산품을 교환 형태로 넘겨받았다. 그리하여 확보한 물자로 그가 거느린 병사를 효과적으로 부양하였다. 서남해안 지역의 목장은 장보고가 병마를 확보하는 데 유용하였다. 그는 해상의 군진 세력으로 성장하였지만, 휘하에 상당한 기병騎兵을 거느렸다. 달구벌達句伐 전투를 승리로 이끌면서 민애왕 정권을 붕괴시킬 수 있었던 것도 기병 때문에 가능하였다.[72] 장보고는 연안 지역에서 군진 세력으로 거점을 마련한 후 대륙으로 진출하고자 하였다.

(3) 신무왕의 즉위와 정치 세력

청해진 세력이 중앙정계에 등장하는 계기는 뒤에 신무왕으로 등극하는 김우징金祐徵이 왕위계승전에서 패하여 의탁해 옴으로써 마련되었다. 김우징은 장보고가 청해진을 설치하는 데 도움을 준 인물이라고 생각한다. 실제로 흥덕왕 3년(828년) 4월에 청해진을 설치하는데, 3개월 전에 김우징을 시중에 임명하였다. 이 점은 장보고가 흥덕왕은 물론 김우징의 도움으로 1만의 군사를 거느린 청해진 세력을 구축하였을 것으로 추측하게 한다.

흥덕왕이 죽자 희강왕이 섰지만, 왕실 내에는 격심한 왕위 다툼이 일어났다. 신라하대를 연 원성왕의 두 아들인 인겸仁謙계와 예영禮英계 사이에는 끊임없는 왕위쟁탈전이 전개되었다. 장자인 인겸계가 왕위를

---

71 서영교, 「장보고의 기병과 서남해안의 목장」, 앞의 책, 2002, p. 71.
72 서영교, 위의 논문, 2002, pp. 59~63.

이어갔지만 흥덕왕 말년에는 예영의 두 아들인 균정均貞계와 헌정憲貞계 사이에서도 왕위 다툼이 일어났다. 곧이어 흥덕왕의 사촌 동생인 균정과 또 다른 사촌 동생인 헌정의 아들 제륭悌隆이 서로 왕이 되려고 다투었다. 이때 시중 김명金明과 아찬 이홍利弘·배훤백裵萱伯 등은 제륭을 받들었으며, 아찬 우징은 조카 예징禮徵 및 김양金陽과 함께 아버지 균정을 받들고 궁으로 들어가 서로 싸웠다.

이 싸움에서 균정이 살해되고 김양은 화살을 맞았으나 우징 등과 함께 도망하였다. 그리하여 제륭이 등극하여 희강왕이 되었다. 김우징은 처자식과 함께 황산진黃山津으로 도망하였고 거기서 배를 타고 청해진의 장보고에게 가서 의탁하였다. 또한 균정의 매부인 예징도 김양순金良順과 함께 우징에게 의지하였고, 김양도 군사를 모아 청해진으로 들어갔다. 이렇듯 청해진에는 중앙왕실의 왕위 다툼에서 패배한 자들이 속속 몰려들고 있었다.

중앙귀족의 왕위쟁탈전은 여기에 그치지 않고 더욱 과격한 양상으로 전개되었다. 희강왕은 즉위하자 자기를 도운 김명을 상대등, 이홍을 시중으로 삼았다. 그러나 희강왕 3년(838년)에 상대등 김명은 시중 이홍 등과 함께 군사를 일으켜 희강왕과 좌우 측근을 죽이고 왕위에 올라 민애왕이 되었다. 마침 김양이 군사를 거느리고 청해진으로 들어오는 것을 계기로 김우징은 민애왕을 몰아내기 위해 장보고에게 군사적 도움을 요청하였다. 장보고는 그의 친구인 정년에게 군사 5,000명을 이끌게 하여 김우징을 도왔다.

평동장군平東將軍 김양은 염장閻長·장변張弁·정년·낙금駱金·장건영張建榮·이순행李順行 등과 김우징을 받들고 청해진 군사를 거느렸는데, 무주武州 철야현鐵冶縣에 도착하여 김민주金敏周가 거느린 왕의 군대와 맞부딪혔다. 김양은 낙금과 이순행을 보내 기병 2,000명으로 왕의 군대를 크게 쳐부수었다. 민애왕 2년(839년)에 김양이 이끄는 청해진 군사는 달벌達伐 언덕에 이르러 이찬 대흔大昕과 대아찬 윤린允璘·억훈嶷勛이 거느린 왕의 군대를 격파하였다. 왕의 군대는 죽은 자가 절반이 넘었다. 이때 민애왕은 월유댁[月遊宅]으로 숨었다가 군사들에게 살해당하고, 김우징이 신무왕으로 즉위하였다.

흥덕왕 이후 희강왕에서 민애왕을 거쳐 신무왕까지의 왕위 다툼은 흔히 예영계 내부의 헌정계와 균정계의 대립으로 단순화시켜 파악할 소지가 크지만, 실제로는 인겸계와 예영계로 이어지는 원성왕계 왕위쟁탈전의 큰 구도와 맞물려 있다. 우선 문제가 되는 것은 균정과 제륭의 왕위 다툼이다. 제륭이 균정의 동생인 헌정의 아들이기 때문에 그것을 바로 예영계 내부의 왕위 다툼으로 이해할 수 있다. 그러나 제륭과 연결된 정치 세력은 매우 다양하다. 앞에 나온 제륭 및 균정과 각각 결합한 인물을 제시하면 다음과 같다.

① 제륭(희강왕): 김명金明·이홍利弘·배훤백裵萱伯
　김명(민애왕): 김민주金敏周·대흔大昕·윤린允璘·억훈嶷勛
② 균정: 우징·예징禮徵·김양金陽·양순良順

제륭과 김명이 제휴한 연합 세력은 균정을 제거하면서 왕위를 획득하는 데 성공하였다. 두 세력의 왕위 다툼은 이미 흥덕왕 때부터 전개되었다. 원성왕이 돌아가고 난 뒤 흥덕왕에 이르기까지 왕위를 순조롭게 계승한 것은 아니었다. 원성왕은 태자 인겸이 일찍 돌아가자, 그의 아들인 준옹俊邕·언승彦昇·수종秀宗·충공忠恭 등을 궁에서 길렀다. 원성왕이 죽자 인겸의 장자 준옹이 즉위하여 소성왕昭聖王이 되었고, 그가 돌아가자 태자 청명淸明이 애장왕이 되었다. 애장왕은 13세의 어린 나

이에 등극하였기 때문에 삼촌인 언승이 동생인 제옹悌邕과 함께 애장왕과 왕의 동생인 체명體明을 죽이고 등극하여 헌덕왕이 되었다.

헌덕왕의 즉위에 대해 그의 동생들의 태도는 서로 다르게 나타났다. 우선 제옹은 애장왕의 제거에 같이 동참하였지만, 뒤에 흥덕왕이 되는 수종은 헌덕왕의 왕위 찬탈을 반대하였을 것이다.[73] 흥덕왕 비인 정목왕후定穆王后는 장화章和부인으로 애장왕의 누이였던 점이 이러한 추측을 가능하게 한다. 장화부인은 흥덕왕 원년(826년)에 죽었다. 이때 신하들이 새로 왕비를 맞아들일 것을 권하자 왕이 다음과 같이 말하였다.

> 외짝 새도 제 짝을 잃은 슬픔을 가지거늘, 하물며 훌륭한 배필을 잃었는데 무정하게도 어떻게 금방 다시 장가를 든단 말인가.
>
> —『삼국사기』 권10, 흥덕왕 원년조—

그러고는 시녀까지도 가까이하지 않고 좌우의 심부름꾼으로 오직 환관만을 두었다. 이러한 사정은 흥덕왕과 장화부인이 인위적으로 헤어진 것이 아닌가 하는 의심을 낳게 한다. 흥덕왕이 지었다는 앵무가鸚鵡歌에는 장화부인에 대한 애절함이 깃들어 있다.

장화부인의 죽음이 흥덕왕 원년이 아니라 헌덕왕 때에 일어난 일인지는 잘 알 수 없으나 민애왕의 피살과 깊이 연관된 것으로 보인다. 이러한 사정으로 미루어 보건대 흥덕왕은 헌덕왕대의 정치에 협조하

73 이기동, 「신라 하대의 왕위계승과 정치과정」(『역사학보』 85, 1980; 『신라골품제사회와 화랑도』, 일조각, 1984, p. 155)에서 悌邕은 金秀宗의 처음 이름인 것으로 추측하였다. 그러나 수종이 헌덕왕의 왕위 찬탈에 대해 못마땅하게 생각하였다면, 제옹과는 형제간으로 보는 것이 타당하다.

지 않았다고 생각한다. 그러나 충공은 헌덕왕의 등극에 호의적이었을 것이다. 헌덕왕의 태자비인 정교貞嬌는 충공의 딸이며 또한 헌덕왕 비는 예영의 딸인 귀승貴勝부인이라고 한 『삼국사기』의 기록과는 달리 『삼국유사』에 나오는 황아皇娥왕후는 충공의 딸인 귀승랑貴勝娘이기 때문이다.

헌덕왕에서 흥덕왕으로 왕위가 이어지는 데에도 무력 항쟁이 개입하였을 것으로 생각한다.[74] 헌덕왕에게는 헌장憲章·장렴張廉 등의 왕자가 있었을 뿐만 아니라 무엇보다도 태자가 있었다. 헌덕왕이 죽자 태자가 아닌 동생 수종이 왕위를 잇는 것은 아무래도 자연스럽지 못하다. 원성왕의 즉위부터 흥덕왕의 등극까지 계속되는 왕위 다툼은 진골귀족 내의 분열과 불만을 함께 표출하였다. 인겸계 내의 잦은 왕위 다툼은 자연스럽게 인겸계 소혈족집단의 몰락을 초래하였다. 흥덕왕 때의 왕실 내에는 충공忠恭계가 온존溫存하였으며, 왕위쟁탈전의 와중에서 한 걸음 물러서 있었던 예영禮英계가 번성하였다.

충공계는 앞서 헌덕왕과 그 태자와 이중으로 혼인을 맺었을 뿐만 아니라 예영계와도 혼맥을 갖고 있었음은 주목된다. 희강왕 비, 곧 문목文穆부인과 균정의 부인인 조명照明부인은 충공의 딸이다. 또한 헌덕왕 14년(822년)에 김헌창의 난을 토벌하는 데 크게 공을 세운 인물은 일길찬 장웅張雄·잡찬 위공衛恭·파진찬 제릉悌凌·이찬 균정均貞·잡찬 웅원雄元·대아찬 우징祐徵·각간 충공忠恭·잡찬 윤응允膺이다. 제릉悌凌이 제륭悌隆인지는 분명하지 않다. 균정과 아들 우징 및 충공이 모두 참여하여 군공을 세웠다. 김헌창의 난을 진압하는 과정에서 충공계는 물론

74 井上秀雄, 「三國史記にあらわれに新羅の中央行政官制について」, 『朝鮮學報』 51, 1969; 『新羅史基礎硏究』, 1974, p. 246; 이기동, 「신라 흥덕왕대의 정치와 사회」, 『국사관논총』 21, 국사편찬위원회, 1991, p. 115.

특히 균정계가 세력 기반을 확대하였다.

헌덕왕 14년에 수종秀宗은 부군副君이 되었고, 바로 일어난 김헌창의 난과 범문의 난을 진압하는 데 깊이 관여함으로써 얼마 되지 않아 흥덕왕으로 등극하였다. 흥덕왕은 충공계의 도움을 받고 충공계와의 연합 정권을 형성한 것으로 이해하기도 한다.[75] 그러나 수종이 부군으로 임명되는 것은 헌덕왕의 태자를 사위로 둔 충공계의 반발로 이어졌음이 분명하다. 흥덕왕 때에 충공이 살아 있었는지는 분명하지 않으나 그의 통치에 충공계가 도움을 주었던 것 같지는 않다. 오히려 충공계는 그 반대 입장에 서 있었다.

균정과 제륭의 왕위 다툼에 충공계가 분명한 태도를 보이기는 어려웠다. 균정의 부인 조명왕후와 제륭의 부인 문목부인은 모두 충공의 딸이기 때문이다. 충공계가 균정의 아들 김우징과 정치적 성향이 같지는 않았다. 균정과 제륭의 왕위 다툼에서 충공계의 김명은 희강왕으로 등극하는 제륭을 도왔다. 그러나 그들의 결합이 공고하였던 것은 아니었다. 균정을 죽이고 먼저 왕위를 차지한 제륭과 김명이 서로 갈라서면서 다시 왕위 다툼을 벌였다. 이는 인겸계와 예영계로 나뉜 원성왕대 이후 왕위쟁탈전의 구도와 연결된다. 이 싸움에서 충공계가 승리하여 김명은 민애왕이 되었다.

민애왕이 등극하면서 충공계에 대항하는 연합 전선이 김우징을 중심으로 이루어졌다. 이런 연합 전선 속에 청해진 세력이 포진하고 있었다. 청해진 세력의 핵심 인물은 장보고·정년·염장·장변·낙금·장건영·이순행이다. 이들은 민애왕을 몰아내기 위해 청해진의 5,000 군사를 이끌었다. 김양과 양순은 우징에게 의지하기 위해 청해진으로 들어

75 이기동, 위의 논문, 1991, p. 121.

온 자들이다. 장보고의 청해진은 서남해안 지역의 해상권을 기반으로 내륙에까지 세력을 확대하면서 토착호족과 자연스럽게 연결하였다. 특히 중앙귀족들은 서남해안 지역에 장원과 목장을 갖고 있어서 그들의 의탁으로 청해진은 점차 이 지역에 세력 기반을 부식하였다.

청해진 세력은 서남해안 지역의 거점이라 할 수 있는 무주武州를 확보하였다.[76] 김양과 양순은 모두 무주 지역에 세력 기반을 갖추고 있었다. 우선 김양은 무주도독武州都督을 지냈으며 청해진 군사를 이끌고 출정할 때 김양순金亮詢은 무주의 군사를 거느리고 그를 도왔다. 김양순은 양순良順과 동일인이라고 생각한다. 김양순이 이끈 군사는 무주 지역에 청해진 세력의 거점이 마련되었음을 유추하게 한다. 염장은 무주 지역의 토착호족임이 분명하다. 그가 장보고의 휘하에 들어옴으로써 청해진의 기반이 무주를 비롯한 신라의 서남 지역으로 확대하였다.

정년 역시 완도나 인근 지역의 토호였을 것이며, 기병 3,000명을 이끈 낙금이나 이순행도 목장이 유난히 많은 신라 서남 지역에 세력 기반을 가졌을 것이다. 민애왕을 몰아내기 위해 김양은 청해진 군사를 거느리고 무주의 철야현으로 나아갔다. 『삼국사기』 본기와는 달리 열전의 김양전에는 "강한 군사 5,000명으로 무주를 습격하여 성 아래에 이르니, 무주 사람들이 모두 항복하였다"라고 기록하였다. 곧 무주 지역이 청해진의 군사적 거점으로 확보되었음을 시사해 준다. 이 때문에 김양은 경주로 진격하기 위해 무주 지역에 군사를 모았을 것이다.

신라 서남 지역의 요충인 무주의 확보는 중앙정계에까지 영향을 주었다. 무주 외의 지역에도 청해진 세력이 미치고 있었다. 청해진으로 의

---

76 武州 지역은 백제 때부터 서남해안의 요충지로, 『삼국사기』 권26, 백제 동성왕 20년 8월조에 "王以耽羅不修貢賦 親征至武珍州 耽羅聞之 遣使乞罪 乃止"라고 하였다. 즉 백제는 서남해안에서 독자 세력을 형성한 여러 섬을 제어하기 위해 무진주 지역을 활용하였다.

탁해 올 당시의 김양은 모사謀士와 병졸을 모집하여 거느렸다. 청해진에서 김우징을 만나 본 그는 같이 거사할 것을 모의하였다. 김양이 거느린 모사와 군사는 본래 가지고 있던 세력 기반을 통해 마련되었다고 생각한다. 그렇다면 청해진 세력 속에는 강릉 지역을 기반으로 한 김주원계가 다소 흡수되었음이 분명하다.

(4) 충공계의 득세와 장보고의 몰락

충공계의 득세

흥덕왕 때에 충공忠恭이 살아 있었는지는 분명하지 않다. 충공은 헌덕왕 13년(821년)에 죽었다고 기록되었지만, 다음 해에 일어난 김헌창의 난을 토벌하기 위해 출정하여 윤응允膺과 함께 문화관문蚊火關門을 지켰다. 당시에 그는 상대등이 되어 정사를 관장하였다.[77] 충공은 헌덕왕 13년에는 죽지 않았다 하더라도 흥덕왕이 즉위하는 과정에서 거세되지 않았나 생각한다. 다만 상대등이었을 당시에 충공은 흥덕왕이 되는 수종과 불편하게 지냈다.[78]

흥덕왕과는 달리 충공은 헌덕왕과 매우 친밀한 사이를 유지하였다. 충공의 두 딸인 귀승랑貴勝娘과 정교貞嬌는 각각 헌덕왕 비와 태자비가 되었다. 그런데 헌덕왕 14년(822년)에 수종이 부군副君, 곧 태자가 되어 월지궁月池宮에 들었다(『삼국사기』 권10). 같은 사실을 녹진祿眞전에 "국왕(헌덕왕)은 왕위를 이을 아들이 없으므로 동복同腹 동생인 수종을 태자

77 이기백, 「신라 하대의 집사성」, 『신라정치사회사연구』, 일조각, 1974, pp. 183~185.

78 충공을 흥덕왕의 철저한 지지자로 보는 견해도 있다(이기동, 「신라 흥덕왕대의 정치와 사회」, 앞의 책, 1991, pp. 115~116). 흥덕왕이 無子였기 때문에 충공은 형을 이어 왕위에 오를 인물이라고 하였다. 그러나 헌덕왕과 흥덕왕 사이에 왕위 다툼이 있었고, 충공은 헌덕왕과 친밀한 인물이었다는 점에서 흥덕왕과는 대립하였을 것이다.

로 삼아 월지궁에 들게 하였다(『삼국사기』 권45)"라고 하였다.

헌덕왕의 아들이 태자로 책봉되어 있음에도 불구하고 다시 수종을 태자로 삼는 것은 아무래도 이상하다. 헌덕왕에게 왕위를 이을 아들이 없다는 기록도 믿을 수 없다. 그리하여 헌덕왕의 아들이 죽고 난 뒤에 다시 수종이 태자로 봉해졌다고 추측하기도 한다. 그러나 그럴 만한 근거를 발견할 수 없는 것은 마찬가지이다. 이러한 문제에 대하여 다음 기록은 가려진 진실을 이해하는 데 도움을 준다.

이때 충공이 상대등上大等이 되어 정사당政事堂에 앉아 내외의 관원官員을 전형銓衡하여 뽑았는데 일을 마치자 병에 걸렸다. 국의國醫를 불러 진맥하니, "병이 심장에 있으므로 용치탕龍齒湯을 복용해야 한다"라고 하였다. 드디어 그는 21일간의 휴가를 얻어서 두문불출하고 손님을 맞지 않았다. 이에 녹진祿眞이 가서 뵙기를 청하였으나 문지기가 거절하였다. 녹진이 말하기를 "하관下官은 상공相公께서 병환으로 손님을 사절함을 모르지 않으나 직접 한 말씀 드려서 답답한 근심을 꼭 풀어 드려야겠기에 온 것입니다. 뵙지 않고는 물러갈 수 없습니다"라고 하였다.

—『삼국사기』 권45, 녹진전—

여기서 '이때'는 수종이 태자로 봉해진 시기이다. 당시에 충공은 정사당에서 내외 관원을 전형하였는데, 이 일을 마치자 병에 걸렸다. 그런데 그는 마음의 병을 앓고 있었다. 녹진은 근심을 풀어 드리기 위해 그를 찾아뵙고자 하였다. 마음의 병이나 근심은 충공이 관원을 전형한 것과 연관됨 직하다. 그것은 수종이 태자로 봉해진 사실과 관련된다고 생각한다. 수종이 태자로 봉해진 것은 헌덕왕이나 충공의 의사와도 배치되었던 듯하다. 그렇다면 헌덕왕의 태자는 물리적으로 거세되었던 것이 분명하다.

헌덕왕의 아들인 태자가 폐위되거나 죽임을 당하는 과정에서 수종과 충공이 대립하였다. 흥덕왕이 즉위하면서 충공 또한 거세되었을 것이다. 사실 흥덕왕 때에 충공의 활동이 전혀 나타나지 않는다. 충공은 헌덕왕 9년(817년)에 시중이 되었는데, 헌덕왕 11년에는 수종이 상대등에 임명되었다. 수종이 태자로 책봉되면서 다시 충공은 상대등이 되었다. 정치 일선에서 물러나 있던 신라중대와는 달리 신라하대가 되면 상대등은 정치 실권을 쥐고 왕위에 오르는 사례가 흔하게 나타난다.[79] 수종이 태자로 책봉되는 것도 이미 상대등으로 임명되어 있었기 때문에 가능하였던 듯하다.

수종이 상대등에서 물러나고 태자로 책봉 받기까지 시간적 격차가 얼마간 있었는지는 분명하지 않다. 긴 시간이 지났다고 생각하지 않는다. 그동안 충공이 상대등으로 봉해졌으며 그의 사위가 태자였던 것은 분명하다. 그렇다면 왕위를 획득하려는 야심을 가진 수종과는 달리 충공은 상대등에 보임되어 헌덕왕의 아들인 태자의 안전을 지키려고 노력하였을 것이다. 따라서 수종이 태자가 된 사실은 충공이 거세되는 것과 연결을 지어 파악해야 한다.

앞의 인용문은 충공이 녹진과 함께 태자를 찾아뵙는 내용이다. 시기상으로 보면 충공과 녹진이 태자가 된 수종을 만나는 것이 옳다. 그러나 이 경우 태자는 수종을 가리킨다고 생각하지 않는다. 충공과 녹진이 헌덕왕의 아들인 태자와 만나 정사를 논의한 사실이 뒤에 잘못 기록되어 남겨진 것으로 보인다. 녹진은 충공과 친밀한 인물이었다. 충공과 함께 김헌창의 난을 평정하는 데 참가하였다.

---

79 이기백, 「상대등고」, 앞의 책, 1962; 앞의 책, 1974, p. 117.

김헌창의 난을 평정하는 데에는 균정계와 충공이 모두 참가하였다. 실제로 김헌창의 난을 진압함으로써 균정계 세력은 굳건한 기반을 구축하였고, 특히 김우징이 부각되었다. 반면 충공계는 온당한 대우를 받지 못하였던 듯하다. 다음 기록에서 이를 짐작할 수 있다.

> 싸움의 공을 논하여 벼슬과 상을 차등 있게 주었는데, 아찬 녹진에게 대아찬의 관등을 주었으나 사양하고 받지 않았다.
>
> —『삼국사기』 권10, 헌덕왕 14년 3월조—

같은 사실에 대해 녹진전에는 "웅천주도독 헌창이 반란을 일으켰으므로 왕이 군사를 출동하여 토벌하였는데 녹진이 참여하여 공을 세웠다. 왕이 그에게 대아찬의 관등을 주었으나 사양하고 받지 않았다(『삼국사기』 권45)"라고 하였다.

녹진은 김헌창의 난을 토벌하는 데 공을 세웠다. 이 때문에 대아찬의 관등을 내렸으나 그는 사양한 것으로 기록되었다. 아찬인 녹진이 공을 세웠을 경우 대아찬을 받게 되는 것은 비교적 자연스럽다.[80] 그러나 그는 사양하고 받지 않았다. 이 점은 그가 충공과 친밀하였기 때문에 논공 과정에서 배제되지 않았나 의심하게 한다. 물론 충공은 균정계 세력 모두와 대립하지는 않았다. 사실 그의 딸 조명照明부인은 균정의 부인이다.

균정은 두 부인을 두었다. 곧 조명부인과 박씨 진교眞矯부인이다. 균

---

80 祿眞이 육두품 신분이었다면, 아예 대아찬으로 올라갈 수 없다. 이럴 경우 重阿飡에 임명되는 것이 마땅하다. 그가 진골신분이었다면 아찬에서 대아찬으로의 승급은 당연하다. 다만 녹진은 姓과 字를 알 수 없다고 하였기 때문에 육두품 신분이었을 가능성이 있다. 그렇다고 하더라도 그가 김헌창의 난이 평정된 후에 행해진 논공행상 과정에서 소외되었던 것으로 생각될 수 있다.

정은 조명부인과의 사이에서 뒤에 헌안왕이 되는 의정誼靖을 낳았고, 진교부인과의 사이에서 우징을 낳았다. 김우징은 조명부인과 반목하였을 가능성이 있고, 자연히 충공과도 대립하였음이 분명하다. 흥덕왕과 헌덕왕 및 충공은 동모同母 형제라기보다는 이복형제였다고 생각한다.[81] 흥덕왕은 즉위하자 어머니 박씨를 대비大妃로, 아내 박씨를 왕비로 책봉하였다. 흥덕왕은 인겸과 박씨 어머니 사이에서 태어났으며, 그 외 소성왕이나 헌덕왕 및 충공은 인겸과 김씨인 성목태후聖穆太后 사이에서 태어났다.

흥덕왕 즉위에 김우징이 깊이 관여하였다. 그들은 모두 박씨 세력의 뒷받침을 받았다. 반면 충공계 세력은 점차 힘을 잃어 갔다. 흥덕왕대를 지나면서 김우징과 충공계, 곧 김명의 대립은 첨예화하였고 민애왕의 거세와 신무왕의 즉위는 충공계가 더 위축하는 계기가 되었다. 신무왕이 등극하는 과정에서 실제로 민애왕에게 항거한 중심 인물은 장보고라고도 한다.[82] 신무왕의 통치는 6개월을 넘기지 못하고 끝났으며, 그의 아들 경응慶膺이 즉위하여 문성왕이 되었다. 흥덕왕대 이후 위축되었다고 하지만 충공계 세력은 신라 중앙정계에서 온존할 수 있었다.

충공은 민애왕이 되는 김명 외에 네 명의 딸을 두었는데, 그들이 당시 실세였던 왕실 가계와 혼맥婚脈을 이루었다. 귀승랑과 정교가 각각 헌덕왕 및 그의 태자와 혼인하였는가 하면, 조명부인은 균정과 혼인하였고 문목부인은 헌정憲貞의 아들인 희강왕과 혼인하였다. 균정과 제륭이

81 『삼국사기』 권10, 헌덕왕 14년 春 정월조에 "以母弟秀宗爲副君 入月池宮"이라고 하였다. 여기서 흥덕왕인 수종을 '同母弟'라 하지 않고 단순히 '母弟'라고만 하였다.

82 김은숙, 「일본 최후의 견당사 파견과 장보고 세력」, 『한국고대사연구』 42, 2006, pp. 304~305.

대립하면서 왕위를 다툴 때도 충공계는 두 세력과 모두 연결되어 있었다. 원성왕대 이후 격심한 왕위쟁탈전 속에서 승리한 어떤 세력도 충공계와는 일정한 친분을 유지하였다. 그러므로 민애왕의 치세에서도 거세된 희강왕의 아들인 계명啓明이 생명을 유지할 수 있었다.

계명의 아들 응렴膺廉이 등극하여 경문왕이 되면서 충공계 세력이 다시 득세하였다. 경문왕의 부인들은 헌안왕의 두 딸인 영화寧花부인과 그 동생이다. 그런데 경문왕은 물론 두 왕비의 할머니는 모두 충공의 딸인 문목부인과 조명부인이다. 따라서 계명과 아들인 경문왕은 충공계 세력의 비호를 받으면서 성장하였다. 경문왕 이전인 헌안왕 때에 이미 충공계는 다시 세력을 회복하였다. 신무왕과 헌안왕은 균정의 아들이지만 이복형제여서 반목할 수 있었다. 신무왕의 아들인 문성왕으로부터 왕위가 헌안왕에게로 넘어가는 데에는 이미 세력을 회복해 가던 충공계의 입김이 작용하였을 것이다.

문성왕 때에 김우징의 측근이 거세되는 것은 충공계 세력이 점차 성장하고 있음을 짐작하게 한다. 문성왕은 즉위하면서 예징禮徵을 상대등으로, 양순良順을 이찬으로 삼았다. 곧 김우징의 측근 세력이 정치의 실세로 포진하고 있던 셈이다. 이어 문성왕 5년(843년)에 양순은 시중이 되었다. 그런데 문성왕 9년(847년) 이후가 되면 이들이 정치 일선에서 물러나거나 거세되었다. 다음 사실이 이를 알려 준다.

① 이찬 양순良順과 파진찬 흥종興宗 등이 반란을 일으켰다가 목 베여 죽임을 당하였다.

—『삼국사기』 권11, 문성왕 9년 夏 5월조—

② 왕자를 왕태자王太子로 봉하였다.

—『삼국사기』 권11, 문성왕 9년 秋 8월조—

③ 상대등 예징禮徵이 죽었으므로 이찬 의정義正을 상대등으로 삼았다.

—『삼국사기』 권11, 문성왕 11년 春 정월조—

④ 이찬 김식金式과 대흔大昕 등이 반란을 꾀하다가 목 베여 죽임을 당하였고, 대아찬 흔린昕鄰이 연루되어 죄를 받았다.

—『삼국사기』 권11, 문성왕 11년 秋 9월조—

⑤ 왕태자가 죽었다.

—『삼국사기』 권11, 문성왕 14년 冬 11월조—

흥종도 양순과 같은 정치적 기반을 가진 인물로 생각된다. 신무왕을 옹립하는 과정에서 군사를 동원하여 도운 양순이 문성왕 중기에 거세되는 것은 매우 흥미롭다. 비록 자연사였다고 하더라도 예징의 죽음은 예사로워 보이지 않는다. 그런가 하면 김식과 대흔 및 흔린이 반란을 꾀하다가 사형을 당하거나 거세되었다. 대흔은 민애왕의 군대를 거느리고 김양이 이끄는 청해진 군사를 맞아 싸우다가 패배한 김흔金昕과 동일인이다.[83] 그런 와중에 문성왕의 아들이 태자로 봉해졌다가 5년을 넘기지 못하고 죽었다. 태자의 죽음 역시 긴박하게 돌아가는 문성왕 때의 정계와 연관된다고 생각한다.

양순과 김흔은 정치적 처지가 달랐다. 전자가 신무왕의 측근 세력이었다면, 후자는 그와 반대 입장을 견지하였다. 문성왕대 중기에 친신무

83 김두진, 「낭혜와 그의 선사상」, 앞의 책, 1973, pp. 39~40. 金昕은 보령에 있는 金仁問의 수봉지에 聖住山門을 건립하고 無染을 주석하도록 초청하였다. 그런데 『삼국사기』 권44, 김흔조에는 "開成己未閏正月 爲大將軍 領軍十萬 御淸海兵於大丘 敗績 自以敗軍 又不能死綏 不復仕宦 入小白山 葛衣蔬食 與浮圖遊 至大中三年 八月二十七日 感疾 終於山齋"라고 하였다. 그러나 『삼국사기』 권11, 문성왕 11년조에는 大昕 등이 반란을 일으키다가 죽임을 당하였다고 한다. 곧 김흔은 839년 대구에서 김양과의 전투에서 패하자, 선종 사찰에 위탁하여 숨어 지냈고, 849년에 반란을 일으키다가 죽임을 당하였을 것이다.

왕 세력과 반신무왕 세력이 각각 반란을 일으켰다. 이 점은 문성왕대를 통해 정치적으로 김우징과는 반대 입장을 견지한 충공계 세력의 득세와 연관 지어 파악해야 한다. 같은 시기에 김우징과 친밀하였던 청해진 세력이 해체되는 사실도 이러한 추측을 가능하게 한다. 양순과 흥종은 반신무왕 세력, 곧 충공계 세력이 확대되는 것에 대한 불만으로 반란을 일으켰다면, 김흔 등은 정치적 혼란을 틈타 친신무왕 세력을 몰아내고자 하였다.

양순 등의 반란으로 신무왕계의 정치적 장악력이 흐트러지는 가운데 문성왕은 태자를 책봉함으로써 정국의 혼란을 타개하고자 하였다. 그러나 태자의 죽음은 신무왕계 세력의 종말을 고하는 것이었다. 이후 문성왕이 죽기까지 신라 정국의 혼란은 가중되었다. 태자가 죽은 이듬해에는 홍수가 나고 서남 지방의 곡창 지대에는 병충해가 극성을 부렸다. 이어 문성왕 17년(855년)에는 진각성珍閣省에 화재가 발생함으로써 국보는 물론 국고가 텅 비게 되었다. 다음 해에 문성왕이 죽고 헌안왕이 즉위하였다. 그의 등극은 충공계 세력의 비호를 받았다.

장보고의 몰락

장보고의 청해진은 해상을 기반으로 서남해안 지역의 토착호족을 포섭하고 강대한 지방 세력을 형성하여 신라 중앙정계를 무력으로 제압할 수 있었다. 곧 청해진 세력의 도움으로 김우징은 민애왕을 몰아내고 등극하여 신무왕이 되었다. 신무왕은 즉위하자 장보고를 감의군사感義軍使로 봉하고 식읍食邑 2,000호戶를 내렸다. 또한 문성왕은 진해鎭海장군으로 삼은 그에게 장복章服도 함께 하사하였다.

장보고가 받은 감의군사나 진해장군이 신라 관직명에 나오지는 않지만 서남해안 지역을 관장하는 직책이었던 듯하다. 이미 김헌창의 난으로 신라 서남 지역에 대한 중앙정부의 통제력은 급격하게 약화된 상태였다.[84] 식읍 2,000호를 받은 것도 장보고가 이 지역의 관할권을 가졌던 사실을 알려 준다. 장보고가 흥덕왕 및 김우징 세력과 친밀하였음은 다음 기록을 통해 확인된다.

① 장보고가 귀국하여 대왕을 뵙고 아뢰기를 "중국을 두루 돌아보니 우리나라 사람들을 노비로 삼고 있습니다. 청해淸海에 진鎭을 설치하여 해적들이 사람을 붙잡아 중국으로 데려가지 못하도록 하기 바랍니다"라고 하였다. 청해는 신라 해로海路의 요충지로서 지금 완도莞島라 부르는 곳이다. 대왕이 장보고에게 군사 만 명을 주었다. 그 후 해상에서 우리나라 사람을 파는 자가 없었다.

—『삼국사기』 권44, 장보고전—

② 청해진대사淸海鎭大使 궁복弓福은 일찍이 군사로써 돌아가신 나의 아버지를 도와 앞 조정의 큰 적賊을 없앴으니 그 공적을 잊을 수 있겠는가.

—『삼국사기』 권11, 문성왕 원년조—

장보고는 완도에 청해진을 설치하여 신라 사람을 붙잡아 노비로 파는 해적 세력을 소탕하였다. 해적들은 연고지를 떠난 해상세력을 형성하였겠지만 이때 청해진 세력권 속에 포함되었다. 청해진에 소속된 군사들은 장보고가 본래 가진 군진 세력 외에 흡수한 서남해안 지역의 지방민으로 구성되었다.[85] 청해진을 설치한 이후에 "해상에서 우리나라 사람을 파는 자가 없었다"라고 하였다. 이런 사실은 청해진 세력이 순조

84 고경석, 「장보고 세력의 경제적 기반과 신라 서남해 지역」, 앞의 책, 2005, p. 223.
85 서윤희, 「청해진대사 장보고에 관한 연구—신라왕실과의 관계를 중심으로—」, 앞의 책, 2001, p. 18.

롭게 성장하였음을 의미한다.

적어도 흥덕왕대 말까지 장보고 세력은 순조롭게 성장하였다. 『삼국사기』에서는 신라 사람을 노예로 파는 해적이 없는 시기가 '그 후'로만 기록하였으나, 『번천문집樊川文集』에는 '태화太和(당 문종 827~835년) 이후'라고 하였다. 곧 흥덕왕 10년(835년)을 전후로 한 시기에 장보고의 청해진 세력이 안정되었음을 짐작하게 한다. 장보고는 흥덕왕뿐만 아니라 김우징과 특별히 연결되어 있었다.

신무왕과 문성왕은 장보고를 극진히 대접하였다. 문성왕의 즉위 교서는 장보고가 민애왕을 몰아내고 신무왕을 옹립한 사실을 명기하고 장보고의 공적을 잊을 수 없다는 내용을 덧붙였다. 문성왕이 장보고 세력을 의지하고 있었다는 인상을 준다. 그러나 신무왕계의 활동이 제지당하면서 충공계 세력이 확대되는 속에 장보고의 청해진은 위축될 수밖에 없었다. 청해진 세력은 충공계가 득세하면서 몰락해 갔다.

청해진 군사력의 도움으로 왕위를 획득하였지만, 신무왕은 즉위한 지 6개월을 넘기지 못하고 죽었다. 그런데 그의 죽음이 예사롭지 않다. 다음 기록을 참고해 보자.

> 왕이 병으로 누웠는데, 꿈에 이홍利弘이 활로 등을 쏘아 맞혔다. 잠을 깨고 나니 등에 종기가 났다. 이달 23일에 이르러 왕이 죽었다.
>
> —『삼국사기』 권10, 신무왕 원년조—

이홍은 민애왕과 친밀한 인물이다. 처음 그는 김명과 함께 희강왕을 받듦으로써 김우징과는 대립하였고, 다시 민애왕을 옹립하는 데에도 공을 세웠다. 신무왕이 서자 이홍은 두려워서 아내와 자식을 버리고 산속으로 도망하였으나 잡혀 죽임을 당하였다. 그 이홍이 꿈에 나타나 쏜

화살을 맞은 신무왕은 등창이 나서 죽은 것으로 기록되었다.[86]

신무왕의 죽음은 자연스러워 보이지 않는다. 충공계와 밀착한 이홍의 혼이 쏜 화살을 맞고 죽는 사실이 이를 추측하게 한다. 그렇다면 신무왕은 비록 왕위를 획득하였을지라도 충공계 등 신라 중앙귀족들의 반발을 능히 제어할 수 없었다고 생각한다. 이런 사정은 문성왕이 즉위하면서 분명하게 표출되었다. 문성왕대에 충공계 세력이 부상하였음은 이미 지적하였듯이 왕의 삼촌인 의정이 충공계 세력의 비호를 받으면서 신라 정계를 실질적으로 움직여 갔다.

충공계 세력이 커지면서 문성왕의 통치 기반이 흔들리는 것과 장보고 세력이 몰락해 가는 것은 서로 맞물려 있다. 다음 기록은 이런 사정과 연관해 해석된다.

> 일길찬 홍필弘弼이 반란을 도모하다가 일이 발각되자 도망쳐 해도海島로 들어갔는데, 그를 잡으려 하였으나 잡지 못하였다.
>
> —『삼국사기』 권11, 문성왕 3년조—

홍필이 어떤 인물인지는 잘 알 수 없다. 그가 문성왕대 초기에 반란을 일으켰다면 반신무왕계 인물이며 해상의 군진 세력과 깊이 연대한 것이 분명하다. 반란이 실패하자 바다 중의 섬으로 피신하였는데 중앙정부가 그를 잡아내지 못한 사실이 이를 증명한다. 그렇다면 홍필은 청해진 세력과 연결되었으며, 아니라 하더라도 그들의 묵인 아래 섬으로 피신

86 꿈이기는 하지만 죽은 이홍이 쏜 화살을 맞았는데, 이것이 계기가 되어 즉위한 지 6개월 만에 신무왕이 죽었다. 이는 반대 세력의 획책으로 신무왕이 돌아간 것이 아닌가 하는 의심을 품게 한다. 그럴 경우 아들인 문성왕이 신라 정계를 효과적으로 장악할 수는 없었을 것이다.

하였을 것이다.

홍필의 반역은 타의든 자의든 문성왕대 초기 청해진 세력의 불만이 표출된 것으로 보인다. 이후 청해진 세력은 점점 더 빨리 몰락해 갔다. 문성왕 7년(845년)에 장보고의 딸을 둘째 왕비로 삼으려는 조치가 조정 신하들의 반대에 부딪혀 실패로 돌아간 사실이 몰락하는 직접적인 계기가 되었다. 이듬해에 장보고는 왕이 자기 딸을 왕비로 맞지 않는 것을 원망하여 청해진을 근거지로 반란을 일으켰다. 문성왕 8년(846년)에 무주武州 사람 염장閻長이 장보고를 암살하면서 그의 반란을 진압하였다.

장보고를 제거한 후에 염장이 청해진을 관장하였다. 당시 청해진에 속하였던 서남해안 지역의 군진 세력이나 토착호족 세력의 항거가 계속되었다. 이런 사정을 이해하는 데 다음 기록을 참고해 보자.

> 신라사람 이소정李少貞 등 40명이 축자대진筑紫大津에 도착하였다. 대재부大宰府가 사람을 보내어 온 까닭을 물으니, 우두머리인 소정이 말하기를 "장보고張保高가 죽고 그의 부장副將 이창진李昌珍 등이 반란을 일으키려 하자 무진주武珍州 열하列賀 염장閻丈(閻長)이 병사를 일으켜 평정하였으므로 지금은 아무런 염려가 없습니다. 다만 적도賊徒가 망網을 빠져나가 갑자기 당신 나라에 이르러 백성들을 소란스럽게 할까 염려됩니다. 만약에 문부文符를 갖지 않고 그곳에 도착한 선박은 청컨대 관에서 심문하여 체포하고, 또한 작년의 회역사廻易使 이충李忠과 양원揚圓 등이 보낸 화물은 부하 관리 및 죽은 장보고의 자제에게 남겨진 것이어서 속히 돌려보내기 바랍니다.[87]

문성왕 4년(842년)에 염장이 보낸 이소정 등 40여 명이 일본의 축자대

87 『續日本後記』 卷11, 仁明天皇 承和 9년 正月 1일조.

진에 도착하여 대재부에 보고한 내용에는 장보고가 이미 죽었으며, 이로 말미암아 그의 부장 이창진 등이 난을 일으키려다가 무진주의 열하인 염장閻長에 의해 평정된 사실이 나와 있다. 장보고는 842년 이전에 죽었으며, 이충과 양원 등은 그의 생전에 회역사로 파견되었다. 이로 보아 장보고는 841년에 살해된 것으로 추측하기도 한다.[88] 장보고가 죽은 시기에 대해 일본 측 자료가 알려 주는 기사를 함께 참고할 필요가 있겠으나, 『삼국사기』의 기사 또한 중요하게 고려되어야 한다.

846년에 장보고가 거세去勢되고 난 이듬해에 김우징의 추종 세력인 양순 등이 반란을 일으키는 것은 주목된다. 이소정의 보고로 미루어 장보고의 청해진 세력이 분열되었음을 짐작하게 한다. 장보고의 잔여 세력 중에 이소정 등은 염장에게 항부降付하였는가 하면, 이창진 등 골수 추종 세력은 반란을 일으키다가 1년도 안 되어 평정되었다. 그렇다면 841년에 염장이 장악한 청해진을 해체하는 데 10년이 걸린 사실은 쉽게 이해되지 않는다. 851년에 청해진을 폐지하고 사람들을 벽골군碧骨郡으로 옮겼다. 다만 2년 전에 반신무왕 세력이었던 김흔 등의 반란을 진압하는 사실도 시사성을 준다.

더 결정적인 자료가 발견되지 않는 한 장보고가 암살되는 시기는 문

88 김문경, 『장보고연구』, 1997, p. 165. 일찍이 청해진 兵馬使를 지낸 崔暈이 신라로 돌아갔으나 國難을 만나 도망쳐서, 會昌 5년(845년)에는 漣水에 머물고 있었다. 이때의 국난을 김문경은 장보고가 살해된 사건으로 해석하였다(김문경 역주, 『엔닌의 입당구법순례행기』, 중심, 2001, p. 495). 다만 최훈이 귀국하여 국난을 만난 사건이 언제였는지를 분명히 하기는 어렵다. 엔닌은 838년 6월에 구법 여행을 떠나는데, 이듬해인 839년에 신라방 사람들의 도움을 많이 받았다. 그런데 그는 그해 4월에 '신라와 장보고가 서로 싸우고 있다'라고 하였다(『入唐求法巡禮行記』 卷1, 開成 4년 4월 2일조). 물론 이때의 사건은 신무왕의 옹립을 의미하지만, 서로 싸운다고 표현될 정도로 청해진의 위치가 안정된 것은 아니다. 따라서 최훈이 겪은 국난을 반드시 장보고의 암살로만 해석할 수 있는 것은 아니다. 그렇게 되면 장보고가 846년이 아니라 841년에 죽었다는 것인데 그 근거는 『續日本後記』 卷11, 仁明天皇 承和 9년 正月 丙申朔조에만 나타나 있다.

성왕 8년으로 설정하고자 한다. 그렇게 되면 이창진 등의 모반은 문성왕 8년 이후에 바로 일어났다고 생각한다. 장보고가 암살되는 경위에 대해서는 다음에서 살펴보자.

> 궁파弓巴가 이 말을 듣고 청사廳事에 불러들여 이르기를 "경은 무슨 일로 여기까지 왔소"라고 하니, 염장閻長이 말하기를 "왕에게 거슬렀기 때문에 막하幕下에 들어가 해를 면하려고 할 뿐입니다"라고 하였다. 궁파가 말하기를 "다행이다"하고 술자리를 마련하여 매우 환대하였다. 염장이 궁파의 장검長劍을 취해 그를 베니 휘하의 군사들이 놀라고 무서워서 모두 땅에 엎드렸다.
>
> —『삼국유사』 권2, 신무대왕 염장 궁파神武大王 閻長 弓巴조—

장보고를 죽이기 위해 청해진으로 들어온 염장은 문성왕에게 거슬러 행동하였으므로 피신한다고 거짓으로 아뢰었다. 다만 신무왕과 문성왕은 장보고와 실제로 친밀하였으며, 그의 딸이 차비로 정해지는 것은 신무왕의 뜻이었다고 생각한다.[89]

장보고는 염장을 만나 너희 무리가 왕에게 간諫하여 자기의 딸이 왕비가 되지 못하였다고 꾸짖었다. 그러나 염장은 백관百官이 반대하였는데, 자기는 그 모의에 참여하지 않았다고 하였다.[90] 납비納妃가 이루어지지 못한 데에는 신하들의 반대가 결정적으로 작용한 셈이다. 골품제도로 유지된 지배 체제에 안주하려던 중앙귀족의 이해가 일치하는 가운데 장보고와 왕실의 통혼은 이뤄질 수 없었다.[91] 특히 문성왕 4년(842년)에 딸을 왕비로 들여보낸 김양의 반대가 왕의 뜻과는 달리 여러 신하에

89 김문경, 위의 책, 1997, p. 161.
90 『삼국유사』 권2, 신무대왕 염장 궁파조.
91 김문경, 앞의 책, 1997, pp. 160~161.

게 받아들여졌다.

청해진 세력이 붕괴하는 데 염장과 김양의 이탈이 역동적으로 작용하였다. 두 사람 모두 신무왕의 옹립에 이바지하였다. 김양은 원성왕인 김경신과의 왕위 다툼에서 패한 김주원의 증손자曾孫子로 강릉 지역의 낙향호족 세력을 형성하고 있었다. 또 다른 증손자인 김흔은 김양과 사촌 형제이면서도 정치적 입장이 매우 달랐다. 김양은 일찍이 김우징과 연결하여 청해진 세력 속에 포함되었다. 반면 김흔은 반신무왕 세력이었으며, 민애왕을 대신하여 정부군을 이끌고 김양의 청해진 군대를 진압하고자 하였다.[92]

신라 조정에 나아간 김주원계 세력들은 강릉 지역 외에도 지방에 연고지를 비교적 많이 갖고 있었다. 보령 지역의 김인문 후손들이 가진 수봉지도 그 속에 포함되었다. 그들은 도독을 거치면서 지방에 세력을 부식시켰다. 사실 김헌창은 웅천주熊川州를 중심으로 무진주武珍州·완산주完山州·청주菁州·사벌주沙伐州 등의 도독과 국원경國原京·서원경西原京·금관경金官京 등 사신의 도움을 받아 난을 일으켰다. 그런데 그가 웅천주도독이 되기 전에 무진주와 청주(757년 강주로 개칭됨) 도독을 거친 것은 주목된다. 김주원계 세력이 무진주와 강주康州 지역에 거점을 확보하고 있었던 셈이다.

청해진 세력이 일찍부터 강주(청주, 지금의 진주 지역) 지역을 확보하였는지는 분명하지 않다. 김흔이 강주도독으로 상국相國이 되었다. 그러므로 장보고가 진주에서 김해 지역으로 확실하게 세력을 확장하였는지는 분명하지 않다. 흥덕왕 9년(834년) 장보고 세력의 도움으로 일본

92 대구에서 맞붙은 두 세력의 선두에서 이기지 못한 김흔은 지방의 연고지로 내려가 낙향호족이 되었고, 문성왕 11년(849년)에는 반란을 꾀하다가 죽임을 당하였다.

이 견신라사遣新羅使를 파견하였다. 일본의 사신 기삼진紀三津은 희강왕 1년(836년) 청주菁州에 머물면서 신라와 통교하려 하였으나 실패하였다.[93] 흥덕왕과는 달리 집사성 시중 김명金明은 태정관첩太政官牒과 서장書狀의 내용이 다르다는 이유로 기삼진의 요구를 들어주지 않았다.[94] 이로 보면 김명의 영향력 아래에 있던 진주 지역은 청해진 세력의 관할 속에 들어온 것 같지는 않다.

신라말에 등장한 진주나 김해 지역의 토착호족 내지 군진 세력인 윤웅閏雄이나 왕봉규王逢規 등이 청해진 세력의 후예인지는 잘 알 수 없다. 신라 중앙정부는 권위가 많이 상실되기는 하였으나 아직도 정국을 주도하는 중심에 서 있었다. 밀양과 청도는 경주의 진입로여서 진주에서 김해로 이어지는 지역은 바로 경주와 통할 수 있다. 따라서 진주 지역을 거점으로 확보하지 못함으로써 청해진 세력은 중앙정계로 진출하는 데 어려움을 겪었다.[95]

반면 청해진 세력은 무주武州(무진주) 지역을 비교적 확실하게 장악하였다. 김양이 이끈 청해진 군사가 민애왕을 몰아내기 위해 무주 지역으로 진격하고 있음이 바로 이런 사실을 보여 준다. 김양은 무주 도독을 지냈을 뿐만 아니라 염장은 무주 지역의 토착호족 세력이었는데 청해진 세력에 포함되었다. 장보고가 신무왕으로부터 받은 식읍 2,000호도 서남해안 지역의 토착호족이 청해진 세력에 흡수되었음을 생각하게 한다. 지방 세력을 흡수하는 데 교두보가 되었던 무주 지역의 토착호족이나 또는 이 지역과 연결된 중앙귀족 세력이 떨어져 나감으로써 청해진

93 김은숙, 「일본 최후의 견당사 파견과 張保皐 세력」, 앞의 책, 2006, pp. 282~285.

94 김은숙, 위의 논문, 2006, p. 307.

95 이 점은 뒤에 왕건이 해상으로 김해를 확보하고, 다시 육로로 군사를 거느리고 밀양이나 청도 지역을 확보함으로써 신라 수도로 진출할 수 있는 교두보를 확실하게 장악한 것과 대조될 수 있다.

세력은 점차 쇠퇴할 수밖에 없었다.

신무왕은 물론 이전의 흥덕왕은 박씨 세력의 후원을 받았다. 원성왕계의 소혈족집단이 왕위 다툼을 한참 진행하는 와중에 박씨 세력이 끼어들고 있는 것은 흥미롭다. 이후 박씨들이 점차 세력을 확대하여 53대 신덕왕神德王부터 56대 경애왕까지 왕위를 이어갈 정도로 성장하였다. 특히 흥덕왕이나 신무왕과 친밀하였던 박씨들은 청해진 세력과도 가까웠을 것임이 분명하다. 그러나 당시까지만 해도 박씨들은 왕실과 혼인함으로써 세력을 키울 수 있었다.

희강왕이 살해되면서도 아들 계명啓明은 목숨을 부지하였고, 그의 아들인 응렴은 경문왕이 되었다. 경문왕은 헌안왕의 사위로서 왕위에 올랐지만, 실제로 충공계 세력의 뒷받침을 받았다. 그런데 계명의 부인은 신무왕의 딸인 광화光和부인인데 박씨로도 기록되어 흥미롭다.[96] 광화부인에 대해 『삼국유사』 권1 왕력편의 경문왕조는 단순히 신호왕神虎王(신무왕)의 딸이라고만 기록하였으므로, 박씨라고 명기한 『삼국사기』의 기록이 더 신뢰감을 준다.

광화부인은 김씨가 아니라 박씨라고 생각한다. 그렇다면 이후 점점 세력을 키워 가던 박씨들이 충공계의 비호를 받고 있던 계명과 혼인한 셈이다. 흥덕왕은 물론 신무왕과 혼인을 맺었던 박씨들이 계명과도 혼인함으로써 친신무왕계와 일정한 거리를 두었다. 그것은 청해진 세력에 도움이 될 수는 없었다. 청해진 세력은 중앙정계에서 부상하고 있던 박씨 세력으로부터[97] 계속해서 도움을 받는 데에 실패하였다.

신라하대에 장보고의 청해진은 해상무역을 통한 군진 세력을 형성하

96 『삼국사기』 권11, 경문왕 6년 春 정월조에 "母朴氏光和夫人爲光懿王太后"라고 하였다.
97 조범환, 「신라말 박씨왕의 등장과 그 정치적 성격」, 『역사학보』 129, 1991, pp. 20~21.

고는 서남해안 지역의 토착호족뿐만 아니라 중앙귀족 세력과도 연결되어 있었다. 신라말에는 지방의 토착호족과 해상의 군진 세력이 결합하여 후삼국의 혼란을 정리하면서 새로운 사회를 건설하는 주역이 되었다. 그러나 토착호족으로서의 기반이 약하였던 장보고는 군진 세력 속에 흡수된 서남해안 지역의 토착호족 세력과 굳건하게 결속하지 못하였다. 중앙정계에 진출하여 정쟁에 휘말린 것도 그가 토착호족과 연합하는 데에 불리하게 작용하였다.

제2장

신라하대 교선교섭사상의 등장과 가지산문·굴산문

1. 신라하대 선종산문과 그 사상의 변화

(1) 나말여초의 선종산문

나말여초는 지방호족 중심으로 운영되던 사회를 다시 왕실 중심의 중앙집권 체제로 개편하려는 시기이다. 신라하대에 지방호족의 등장으로 선종이 유행하였다. 선종사상은 호족이 지방에서 독자 세력을 구축하는 것과 표리表裏가 되어 성행하였다. 초기 선종은 산문 세력을 성립시키기 위해 조사선祖師禪사상을 추구하였다. 그러나 후삼국이 정립되면서 지방에 대호족 세력이 대두하였고, 종국에는 고려가 주위의 군소 지방호족 세력을 흡수하면서 삼한을 통합하였다.

나말여초에 독자 세력을 유지하려던 지방호족과 연결된 선종산문이 표방한 조사선사상은 변화될 수밖에 없었다. 진성여왕을 고비로 선종사상이 바뀌는 양상이나 고려 왕건의 호족연합책과 연관하여 교선융합사상 경향이 나타나는 과정을 밝히고자 한다. 실제로 왕건과 연결된 선승들의 사상이 교선교섭사상 경향을 지녔다. 교선융합사상의 이해는 고려시대나 이후 전개되는 한국불교사의 양상을 밝히는 데 도움을 줄 것이다.

선종은 '불입문자不立文字'와 '견성오도見性悟道'를 내세운다. 경전에 의하지 않고 자기 내에 존재하는 불성을 깨치고자 하였다. 그러기 위해 '외식제연外息諸緣', 곧 밖으로부터의 모든 인연을 끊고 깊숙한 산간에 파묻혀 수행하는 좌선坐禪을 한다. 절대적인 불타에 귀의하려는 것이 아니라 각자가 가진 불성의 개발을 중시한다. 이러한 선종사상은 개인주의적 경향을 지녀 중앙정부의 거추장스러운 간섭을 배제하면서 지방에 웅거하여 독자 세력을 구축하려는 지방호족의 의식 구조와 부합하였다. 신라하대 선종의 유행은 지방호족이 대두한 사회상과 떼어 생각할 수 없다.

선사들은 중앙의 지배층에서 몰락한 육두품 이하의 하급 귀족 출신이거나 중앙 진출이 불가능한 지방호족 출신이다. 나말여초에 선종 승려 30여 명 정도의 행적을 알 수 있는데, 그중 약 절반이 김씨이다. 김씨가 아닌 나머지 선승들은 육두품 이하의 신분층에 속하였고, 김씨라 하더라도 경주 출신이 아닌 선사들은 육두품 이하의 신분층에 속하였다. 그러나 굴산사崛山寺 범일梵日의 할아버지 술원述元이 명주도독溟州都督을 지냈으며, 실상사實相寺 수철秀澈의 증조부는 소판蘇判을 지낸 진골이었다.

범일이나 수철은 아마도 할아버지 때까지만 하더라도 진골이었으나 낙향하여 육두품으로 떨어졌을 것으로 추측한다. 특히 낭혜朗慧 무염無染의 가계는 본래 진골이었으나 그 아버지 범청範清 때에 육두품으로 떨어졌는데 그 이유에 대해서는 확실하게 단정할 수 없다. 무열왕의 8대손인 무염은 계속해서 친족집단의 방계로 내려왔기 때문에 7세대 동일 친족집단의 범위에서 벗어났다고 한다.[1] 또는 범청이 김헌창金憲昌의 난에 연루되었기 때문에 난이 평정된 후 무염의 집안은 육두품으로 행세하였다고 한다.[2]

처음 개창開創한 선종산문의 건립에는 중앙귀족이나 왕실 세력이 관여하였지만, 대체로 구산선문은 지방호족의 세력 기반을 배경으로 성립되었다. 당시의 왕실이나 중앙귀족들도 왕위쟁탈전에서 패퇴하였을 경우 낙향호족의 처지와 다를 바 없었다.[3] 희양산문曦陽山門은 심충沈忠과 가은현加恩縣 장군 희필熙弼에 의하여 건립되었다. 봉림산문鳳林山門의 건립에는 진례성進禮城 군주軍主 김율희金律熙와 김해부金海府 진례성 군사軍事인 명의明義장군 김인광金仁匡 등 가야계 김씨 세력이 관여하였으며, 수미산문須彌山門의 건립에는 왕건이나 그 외척인 황보씨皇甫氏 세력의 후원이 있었다. 보령은 김인문金仁問의 수봉지受封地로 그 후손인 김흔金昕의 세력 근거지였다. 김흔은 거기에 성주사聖住寺를 건립하고 무염을 주지로 맞이하였다. 김주원계金周元系 세력을 배경으로 강릉 지방을 다스리고 있던 왕순식王順式은 굴산문崛山門을 후원하였다.

선종 사원은 그 규모가 무려 1,000간에 이르는 거대한 사찰을 이루기도 하였으며 막대한 토지를 가지고 있었다. 경문왕 12년(872년)에 세운 동리산桐裏山의 혜철慧徹대사비에 의하면, 당시 태안사泰安寺는 2,930석 4두 2승 5합의 식량을 비축하고 있었으며, 494결 39부의 전답을 가졌고, 3결의 좌지坐地, 4결 72부의 하원대下院代, 143결의 시지柴地, 43

---

1 김철준, 「신라시대의 친족집단」, 『한국사연구』 1, 1968; 『한국고대사회연구』, 지식산업사, 1975, pp. 163~164.

2 김두진, 「낭혜와 그의 선사상」, 『역사학보』 57, 1973, pp. 26~27.

3 고익신, 「신라 하대의 선전래」, 『한국고대 불교사상사』, 동국대학교 출판부, 1989, p. 535.

결의 염분鹽盆을 가졌으며, 그 밖에 10명의 노奴, 13명의 비婢, 40명의 복전福田을 거느렸다. 희양산문의 토지는 동리산문의 그것보다 더 많았다. 경문왕 4년(864년)에 단의장옹주가 자신의 수봉지受封地에 소속된 토지와 노비를 사원에 기증함을 보고, 이에 감격한 도헌은 장원 12구區와 딸린 토지 500결을 희사하여 희양산문을 개창하였다. 성주산문의 토지는 이보다 많았지만 다른 산문의 토지도 이와 비슷하였다.

희양산문에 딸린 막대한 토지는 12개소의 장사莊舍로 나뉘어 있었으므로 사원에 딸린 장원은 여러 개의 장사를 가졌다. 나말여초에 왕건은 운문사雲門寺에 500결의 토지를 내렸다. 거기에 딸린 장생표가 동가서현東嘉西峴·서북매현西北買峴·남아니점南阿尼岾 등 11곳에 설치되었으므로 운문사의 토지는 11개 지역에 분산되어 있었다.[4] 본사가 소속 승려를 지장知莊으로 파견하여 장원에 딸린 장사를 관리하였다. 경기도 풍덕豐德이거나 아니면 영월에 존재하였다고 추측되는 세규사世逵寺의 장사가 강릉 지역에 있었다. 세규사는 승려 조신調信을 지장으로 파견하여 그것을 경영하였다.

선종 사원에는 많은 문도가 거주하였다. 성주산문의 경우 무염의 제자로 유명한 자가 2,000명이나 되었으며, 여엄麗嚴의 제자가 500명, 현휘玄暉의 제자가 300명이나 되었다. 가지산문 체징體澄의 문인으로 영혜英惠 등 800여 명이 있었고, 진공眞空의 제자가 400여 명이 되었다. 실상산문 홍척洪陟의 문도로 1,000여 명이 있었고, 수철秀澈의 문인으로 수백 명이 있었다. 봉림산문 심희審希의 문인에 500명이 있었고, 찬유璨幽의 제자가 500명이었다. 동리산문 혜철의 제자는 수백 명이었다. 사자산문 절중의 제자에 1,000명이 있었고, 굴산문 행적行寂의 문

4 김두진, 「왕건의 승려결합과 그 의도」, 『한국학논총』 4, 1982, pp. 142~143.

인으로 500명이 있었다. 적게는 수백 명에서 많으면 2,000명에 이르는 선종산문에 소속된 문도는 상인이나 유리한 농민은 물론 심지어 군적群賊의 무리까지 포용하였다.

신라하대의 동란기에는 곳곳에 군적이 있었고, 이들이 당시 비교적 부유한 사원을 종종 약탈하였다. 무염·현휘玄暉·도헌·절중·윤다允多의 비문은 산문에 군적이 침입하였음을 알려 준다. 특히 남포藍浦의 군적이 성주산문에 쳐들어왔으나 무염의 설법으로 그중 100명이 출가하여 도를 얻었다. 이렇듯 군적의 무리가 산문 세력으로 흡수되는 이유는 산문 자체가 무력을 갖추었기 때문이다. 밀양 봉성사奉聖寺의 보양寶壤이 제시한 전략으로 왕건은 청도의 견성犬城에 웅거雄據한 후백제 세력을 크게 물리쳤다. 보양은 운문산문雲門山門 계통의 선승이었다. 그가 겸비한 전략은 선종 사원 자체의 무력을 통솔하는 데 필요한 것이었다.

신라하대의 선종이 지방호족의 비호를 받으면서 유행하였고, 그들은 세력권 내에 든 지방에서 독자의 산문을 개창하였다. 산문은 선종 개조자開祖者를 중심으로 독립된 세력권을 이루었다. 신라하대의 선종산문은 구산문으로 대표된다. 그중 가장 먼저 개창된 것은 실상산문이다. 비슷한 시기에 가지산문과 동리산문이 개창되었고, 가장 늦게 성립된 것은 왕건의 도움으로 이루어진 수미산문이다. 구산문 중 희양산문의 개조자 지증 도헌道憲은 중국에 유학하지 않고 독자적으로 산문을 열었다. 그러나 나머지 선종산문의 개조자들은 중국에 유학하여 법인法印을 받아 왔다.

실상산문의 홍척洪陟이나 가지산문의 도의 및 동리산문의 혜철慧徹은 서당西堂 지장智藏의 법인을 받아 왔는가 하면, 성주산문의 무염無染은 마곡麻谷 보철寶徹, 사자산문獅子山門의 도윤道允은 남천南泉 보원

普願, 봉림산문의 현욱玄昱은 장경章敬 회휘懷暉, 굴산문의 범일은 염관鹽官 제안齊安으로부터 법인을 받아 왔다. 그런데 이들이 법인을 받아 온 지장·제안·보철·보원·회휘 등은 모두 마조馬祖 도일道一의 제자이다.

도일의 스승은 육조 혜능慧能의 문하인 남악南嶽 회양懷讓이다. 이에 비해 수미산문의 개산조인 진철眞澈 이엄利嚴은 운거雲居 도응道膺의 법인을 받아 왔는데, 도응은 혜능의 문하인 청원靑原 행사行思의 법맥을 이었다. 나말여초에는 수미산문뿐만 아니라 다른 산문의 선승들도 중국에 유학한 경우 거의 모두 행사 문하의 법맥을 받아 왔다. 곧 선승들은 선종산문을 건립하기까지 조사선사상을 중시하는 남악 회양의 법맥에 관심을 두었지만, 고려초가 되면 교선융합사상 경향을 가진 행사의 법맥을 중시하였다.

구산선문 외에 혜소慧昭는 도의나 홍척과 비슷한 시기에 하동의 쌍계사雙谿寺에서 산문을 이루어 번창하였다. 혜소는 애장왕 5년(804년)에 중국에 들어가 신감神鑒의 법인을 받고, 흥덕왕 5년(830년)에 귀국하였으며 어산魚山의 범패梵唄를 전하였다. 쌍계사에 조성한 육조六祖 혜능慧能의 영당靈堂은 신라 김대비金大妃가 6조상의 머리를 취해 오는 연기설화와 연관하여 주목된다. 고려 왕건의 선대 세력과 연결을 가진 순지順之는 오관산五冠山 서운사瑞雲寺에서 위앙종潙仰宗 선풍을 폈다. 왕건과 결연한 보양은 청도의 운문사雲門寺에서 산문을 이루었는데, 그의 선풍은 운문종雲門宗 계통에 속하였다.

이들 외에도 구산선문 중에 들어가지 않으면서도 산문을 이루었던 자들이 많았다. 신라말의 보요普耀선사는 오월吳越에서 대장경을 싣고 왔는데 해룡왕사海龍王寺를 열어 그 개산조가 되었다. 해룡선문은 무신난 이후 고려후기까지 그 명맥을 유지하였다. 지금껏 논해 온 것과는 달리 나말여초에 구산선문이 형성되어 있지 않고, 모두 조계종曹溪宗으로 불렸다는 주장도 있다.[5] 곧 구산문은 고려후기의 선종계를 반영하여 설정한 것이지 나말여초의 선종계를 망라하지는 않는다고 하였다. 그러나 나말여초에 선종은 사자嗣資 전승하는 독립된 산문을 이루었으며, 구산문 외에 선종산문이 더 있었던 것은 분명하다.

(2) 신라하대 선종사상의 성립

신라하대 조사선사상의 도입

신라하대에 처음 북종선사상을 도입하였고, 이어 전래된 남종선사상도 북종선에 가까운 사상 경향을 포용하였다. 홍척이나 혜소의 사상에서 그런 경향이 나타나 있다. 반면 신라하대에 남종선사상의 본격적인 유입은 도의에 의해 이루어졌다. 도의는 선덕왕 5년(784년)에 입당하여 서당西堂 지장智藏의 법인을 받아 헌덕왕 13년(821년)에 귀국하였다. 그러나 당시 사람들은 경전을 숭상하고 절대 신을 찾는 데에만 익숙하였으므로, 무위임운無爲任運의 종파를 허황하다고 여겨 관심을 두지 않았다. 이는 마치 달마達磨소사가 양梁 무제武帝를 만났음에도 뜻이 통하지 못한 것과 같다. 이로 말미암아 도의는 아직 때가 이르지 아니함을 알고 산림에 은거하였다.

도의가 귀국할 당시만 하더라도 신라 사회에는 교종 세력이 여전히 영향력을 행사하였다. 아직도 화엄종은 물론 법상종 세력이 강하게 유지되었다. 도의의 남종선사상이 이런 풍토에서 환영받았을 리가 없다.

---

5 허흥식, 「선종구산문과 선문례참문의 문제점」, 『역사교육논집』 5, 경북대학교 사범대학 역사교육과, p. 124.

그는 결국 설악산의 진전사陳田寺로 물러났다. 도의가 신라 교종불교계에서 배척받은 이유는 남종선이 '무위임운'의 종이며 허탄虛誕한 것이기 때문이었다. '무위임운'을 표방한 도의의 남종선풍은 북종선풍과는 달리 교종불교와 배치되었다.[6]

원래 남종선사상은 무념무수無念無修를 주장함으로써 현상계의 여러 법상을 인식하려는 유식사상이나 법상종과는 거리가 있다. 경덕왕대 이후 법상종이 대두한 분위기 속에서 도의의 남종선은 환영받지 못하였다. 법상종으로부터 용납되지 않는 만큼 도의의 선종사상이 법상종이나 유식사상에 대해 관용적일 수는 없었다. 도의는 화엄사상에 대해서도 대단히 비판적이었다. 우선 화엄의 4종 법계法界를 부정하였으며, 그에 따른 55선지식의 행포법문行布法門을 수중의 물거품과 같다고 하여 그 가치를 인정하지 않았다.

도의는 승통 지원智遠과의 문답을 통해 교종불교를 신랄하게 비판하였다. 구체적으로 어떤 인물인지는 알 수 없지만 화엄종 승려였을 것으로 추측되는 지원은 도의에게 화엄의 4종 법계 외에 또 다른 법계가 있고 55선지식의 행포법문 외에 다른 법문이 있는가라고 질문하였다. 이러한 물음은 교학불교 외에 별도의 조사선도祖師禪道가 있다는 선종을 부정하려는 것이다. 이에 대해 도의는 조사문인 선종에서 볼 때 4종 법계는 얼음 녹듯 없어져서 법계의 여러 법상을 얻을 수 없으며 수행과 지혜가 없는 선문禪門에서는 보현과 문수의 상을 볼 수 없다고 하였다.

도의의 남종선사상은 교학불교에 대해 비판적이었다. 이런 비판은 우선 불타 권위에 대한 부정으로 나타났다. 동리산문桐裏山門을 연 혜철은 본래 부처가 없는 것이어서 억지로 이름을 붙인 데 불과하고, 본래

6 김두진, 「도의의 남종선 도입과 그 사상」, 『강원불교사연구』, 소화, 1996, pp. 51~60.

내가 없으므로 일찍이 어떤 물건도 있은 적이 없다고 하였다. 혜철은 자성을 깨침이 선禪의 근본임을 분명히 하였다. 그러한 깨침의 경지는 공空이면서 비공非空이고 무엇이라 이름을 붙일 수도 없으며, 문자와 경전을 통해 얻을 수도 없는 것이다.[7]

남종선사상이 권위를 부정하는 이유는 부처를 귀의하여야 할 절대자로 파악하지 않기 때문이다. 보림사寶林寺를 세워 실제로 가지산문을 정립한 체징體澄은 "중생이 비로자나불이 되고 비로자나불이 중생이 되는 것"이라고 하여 중생과 비로자나불을 구별하지 않았다. 중생과 비로자나불이 구별되지 않는 것은 비로자나불의 법계 속에 중생이 포함되어서 비로자나불이 중생을 품고 있기 때문이다.

자기 밖에 특별히 부처가 존재하는 것이 아니어서 부처는 억지로 이름을 붙인 데에 불과하다. 부처는 물론 본래의 내가 없다고 주장하는 것은 바로 교종에서 크게 내세우는 불타 권위의 부정으로 이어졌다. 이러한 것은 참선의 방법으로 무도無道나 무법無法을 내세우면서, 추운 겨울날에 혜림사慧林寺의 목불상木佛像을 태워 몸을 녹인 단하丹霞 천연天然이 보여 준 선종사상과 이어질 수 있다.[8] 신라하대에 전개된 초기 남종선사상은 부처가 외부에 절대적으로 존재하지 않고 자기 속에 있다고 하였다. 중생이 자기에 내재하는 불성을 깨달으면 부처가 되고, 그것을 못 깨달으면 미혹한 중생으로 머문다고 한다. 그럴 때 불타에서 찾으려는 부처를 진불眞佛로 인정하지 않는다.

남종선사상은 '견성오도見性悟道'를 주장하면서 교종에서 내세우는 부

7 최하, 「곡성대안사 적인선사조륜청정탑비」(『조선금석총람』 상, 조선총독부, 1919, p. 117)에 "竊念佛本無佛 强以立名 我本無我 未嘗有物 見性之了是了 喩法之空非空 默默之心是心 寂寂之慧是慧 筌蹄之外理 則必然 頃得司南是也"라고 하였다.

8 김동화, 『선종사상사』, 태극출판사, 1975, p. 194.

처를 인정하지 않는다. 자기에 내재한 불성을 깨침이 바로 선에 이르는 것임을 강조하기 때문에 선종사상은 경전을 부정하고 자성을 깨치기 위한 좌선을 내세운다. 남종선사상이 '불립문자不立文字'를 표방하면서 교종에서 중시하는 경전을 부정한다. 절대적 부처는 이른바 경전의 산물이기 때문에 불타 권위의 부정과 경전을 가벼이 여기려는 것은 서로 연결된다. 진불에 대한 깨침은 경전과 같은 방편을 통해 얻어지는 것이 아니다. 자연스럽게 좌선하여 깨치는 것 외에 부처를 찾으려는 교학의 방편을 따르지 않았다. 그리하여 신라하대의 초기 선종사상은 스승을 부정하였다.

선종사상에서 스승 권위를 부정하려는 경향은 신라말에 공공연하게 표방된 것은 아니라 하더라도 암묵적으로 퍼져 있었다. 나말여초에 풍기豊基의 비로암毘盧庵에 주석한 진공眞空 △운△運은 처음에 보융普融으로부터 화엄사상을 배웠지만, 뒤에 교학 논리의 한계를 깨닫고 선종으로 나아갔다. 그는 당시 산문의 선사로부터 특별히 법인을 전수하지 않고 오직 진전사陳田寺에 나아가 도의의 영탑靈塔에 예배함으로써 그의 법맥을 이었다. 그러면서 그는 "스승 없이 스스로 깨침"을 강조하였다.[9] 이러한 △운의 선종사상은 스승의 권위를 부정하는 것이다.

도헌道憲은 남의 스승 되기를 좋아하는 것이 근심거리라고 하였다. 물론 그는 뒤에 만난 나무꾼 할아버지로부터 후학을 가르쳐야 함을 깨달았다. 이후 도헌은 후학을 이끈 결과, 주석한 수석사水石寺에 대중이 모여들었다.[10] 그는 처음에 분명히 스승의 깨우침을 부정하여 스승

---

9 최언위, 「풍기비로암 진공대사보법탑비」(『조선금석총람』 상, 조선총독부, 1919, p. 136)에 "得到陳田 所喜親踏遺墟 禮其靈塔 追感眞師之影 是則有理 能知無師自悟"라고 하였다.

10 최치원, 「문경봉암사 지증대사적조탑비」(『조선금석총람』 상, 조선총독부, 1919, p. 92)에 "可畏者 競相從承求益 大師拒之曰 人大患好爲師 强欲惠不惠 其如摸不摸邪 況浮芥海鄉 自濟未暇 無影逐爲必笑之態 後山行有樵叟 礙前路曰 先覺覺後覺 何須拾空穀 就之則無

이 지혜를 주려 해도 혜택으로 되지 않고 모범을 보이려 해도 모범으로 되지 않음을 지적하였다. 도헌은 스승을 마치 바다에 떠서 자신을 스스로 구제할 수 없는 신세의 개자芥子로 비유하였다. 경전을 부정하고 자기 안의 불성을 깨치려는 선종사상에서 특별히 스승이 필요한 것은 아니다.

신라하대에 전래한 남종선이 문도를 모아 산문을 정립하려는 필요를 가졌음에도 불구하고, 도헌이 처음에는 스승 권위를 부인하고 스승의 가르침을 거부하였다. 이 점은 역으로 남종선사상에서 스승을 부정하는 자체가 교학불교를 비판하는 일환으로 광범하게 퍼져 있었음을 시사해 준다. 초기 선종, 특히 남종선사상은 교학불교를 비판하면서 성립되었다. 선종산문을 정립하려는 과정은 조사선祖師禪의 수립으로 나타났다. 선종 도입 초기에는 조사선이 신라뿐만 아니라 중국에서도 일반적으로 추구되었다. 신라하대에 전래한 초기 남종선사상이 교학불교를 비판하면서 한편으로 조사선을 수립하려 하였으며, 이러한 경향은 이미 도의의 남종선사상에서부터 나타났다.

도의는 설악산 진전사에 은거하면서 법인을 설산雪山 억성사億聖寺의 염거廉居에게, 염거는 보림사寶林寺의 체징體澄에게 전하여 드디어 가지산문迦智山門이 성립하였다. 도의부터 체징에 이르기까지 가지산문 성립에 중요한 것은 '조사의 마음'을 전해 받는 과정이다. 이른바 현주玄珠를 부촉付囑하고 법인을 전해 주는 것이다. 도의에게서 전해 받은 '조사의 마음'이 조사선도祖師禪道로 나타났다. 승통 지원이 도의에게 행과行果와 불과佛果에 관해 묻자, 도의는 '무념무수無念無修'를 중시하면서 5교 이외에 별도로 조사심인법祖師心印法이 있지만, 여러 해 동안

見焉 爰媿且悟 不阻來未求 森竹葦于鷄藍山水石寺"라고 하였다.

불경을 오로지 읽어도 조사심인법을 증득證得하기 어렵다고 하였다. 그러자 지원은 불심인법佛心印法이 허탄하여 얻을 수 없다고 하면서 도의에게 몸을 맡기고 예의를 갖춰 알현하였다.[11]

도의는 조사선도를 조사심인법으로 설정하였고 이에 대조되는 것을 불심인법이라 하였다. 조사심인법은 조사선이고, 불심인법은 여래선이라고 생각한다. 다만 도의는 '무념무수'라고 하면서도 조사심인법을 교리나 신해信解·수증修証으로 표현하였다. 이런 면은 비록 조사심인법이 5교 외에 별전別傳하는 것이지만 조사선으로 정립하는 데에는 아직도 한계성을 노출한 셈이다.

신라하대에 전래한 남종선사상에서 조사선을 뚜렷하게 내세운 자는 낭혜朗慧 무염無染이다. 무염은 무설토론無舌土論을 주장하고 조사선을 언급하였다. 그는 선의 경지를 무설토無舌土와 유설토有舌土로 나누었다. 유설토는 응기문應機門으로 표현하였으며, 지식을 통해 얻는 경지이다. 그것은 언어와 설명이 필요한 교문의 극치로서 여래선의 경지이다. 이에 비해 무설토는 정전문正傳門이라고 표현하였다. 언어와 설명이 필요 없을 뿐만 아니라 정예淨穢가 일어나지 않고 출입의 흔적이 없으므로 그것은 조사선의 경지이다.

무염이 조사선을 주장한 무설토론은 비슷한 시기에 범일梵日의 진귀조사설眞歸祖師說로 나타났다. 진성여왕이 범일에게 선·교 양종의 뜻을 묻자, 그는 석가가 진귀조사를 만나 깨친 사실로써 대답하였다. 석가가 보리수 아래에서 깨친 것은 여래선의 경지이며, 그 후 수개월을 유행遊行하다가 진귀조사를 만나 다시 깨쳤는데 이것이 교외별전의 조

---

11 천책, 『선문보장록』 권중(정약용 등 편, 『만덕사지』, 아세아문화사, 1977), pp. 261~262.

사선 경지이다.[12] 무염이나 범일이 내세운 무설토론이나 진귀조사설은 여래선보다 조사선을 중시함으로써 교종보다는 선종을 우월한 것으로 설정하여 선종산문을 정립하려는 뜻을 담았다.

불토佛土가 종지宗旨를 밝히고 경전에서 뜻을 찾았음에 대해 무설토는 언어와 설명을 떠나 자기 안에 존재하는 불성을 찾으므로 개인의 수련을 중시하였다. 무설토는 외연이 아닌 내심의 실아實我를 발견하기 때문에 자연스럽게 조사선을 추구하는 신라하대의 남종선사상은 개인주의적 성향을 지녔다. 무염은 대흥성大興城 남산南山의 지상사至相寺에 이르러 『화엄경』을 강설하는 사람을 만났는데, 그로부터 "멀리 있는 여러 물건에서 얻으려 하니 어찌 부처를 알 수 있겠는가"라는 말을 듣고 크게 깨우쳤다.[13]

무염은 스스로 추구한 조사선도에 대해 "이 도는 담담해서 맛이 없으나 모름지기 억지라도 마시고 먹어야 한다. 다른 사람이 마시는 술이 나를 취하게 하지 못하고 다른 사람이 먹는 밥이 내 배를 부르게 할 수 없다"라고[14] 하였다. 도나 부처를 멀리 있는 여러 물건에서 찾을 수 없으며, 다른 사람이 마신 물로 나의 목마름을 해소할 수 없고 다른 사람이 먹은 밥으로 나의 굶주림을 해결할 수 없다고 하였다. 이러한 조사선은 스스로가 추구하여 해결하는 것으로 극히 개인주의적 성향을 지녔다.

조사선을 추구하다 보면 불성을 다른 곳이 아닌 자기 안에서 찾는다. 굴산문을 연 범일梵日은 불계급佛階級을 답습하지 말 것을 주장하면서

12 김두진, 「신라하대 굴산문의 형성과 그 사상」, 『성곡논총』 17, 1986, p. 324.

13 최치원, 「남포성주사 낭혜화상백월보광탑비」(『조선금석총람』 상, 조선총독부, 1919, p. 75)에 "至大與城 南山至相寺 遇說雜花者 猶在浮石時 有一䃜顔耆年 言提之曰 遠欲取諸物 孰與認而佛 大師舌底大悟"라고 하였다.

14 최치원, 위의 비(위의 책, 1919, p. 82)에 "是道澹無味 然須强飮食 他酌不吾醉 他飧不吾飽"라고 하였다.

불성은 다른 사람으로 말미암아 깨칠 수 없다고 하였다.[15] 수미산문을 개창한 이엄利嚴은 도가 먼 곳의 다른 사람에게 있는 것이 아니며 동산東山이 전한 조사심祖師心도 다른 사람에게 있지 않고 법 역시 다른 사람이 아닌 자기로 말미암아 이루어짐을 강조하였다.[16] 도의도 평상심이 바로 도라고 하였다.[17] 평상심에서 도나 불성을 추구함은 먼 곳이 아닌 일상이나 주위에서 도를 구하려는 것이다.

선종사상의 개인주의적 경향은 스스로 노력하게 하였다. 무염은 "불조佛祖께서도 일찍이 진흙을 밟으셨는데 내가 어찌 잠깐이라도 편히 쉴 수 있으랴"라고 하면서, 물을 긷고 땔나무를 나르는 일까지도 때로는 몸소 행하였다고[18] 한다. 스스로 노력할 것을 주장하면서 신라하대 선종사상이 자기 안의 불성을 찾으려는 경향을 강조한 것은 결과적으로 내면 생활의 충실을 가져왔다. 이렇게 되면 선종사상의 개인주의적 경향은 개인에 한한 것이기보다는 주위나 주변의 평상심, 곧 산문을 중심으로 한 개인주의였음을 짐작하게 한다.

신라하대 선종사상이 조사선을 수립하려는 과정에서 개인주의적 경향을 지녔는데, 그것은 현실적으로 선종산문을 중심으로 표방한 개체주의였다. 곧 산문에서 물을 긷고 땔나무를 나르는 것과 같은 현실 생활의 충실이었다. 산문의 현실 생활을 강조하다 보니 하루 노동하지 않

---

15 『祖堂集』 卷17, 梵日전에 "又問如何是 訥僧所務 答曰 莫踏佛階級 切忌隨他悟"라고 하였다.

16 미상, 「해주광조사 진철대사보월승공탑비」(『조선금석총람』 상, 조선총독부, 1919, p. 126)에 "大師謂曰 道不遠人 人能弘道 東山之旨 不在他人"이라 하였고, 또한 같은 비(1919, p. 127~128)에 "對曰夫道在心 不在事 法由己不由人"이라고 하였다.

17 『祖堂集』 卷17, 道義전에 "梵日問曰 如何卽成佛 大師答曰 道不用修 但莫汚染 莫作佛見 普薩見 平常心是道 梵日言下大悟"라고 하였다.

18 최치원, 「남포성주사 낭혜화상백월보광탑비」(앞의 책, 1919, p. 81)에 "每言祖師 嘗踏泥 吾豈蹔安栖 至揵水負薪 或躬親"이라고 하였다.

으면 하루를 굶게 하는 생활을 강요하였다. 선종사상의 개인주의적 경향은 신라하대 지방호족의 기호에 부합하였다. 그들은 중앙왕실의 거추장스러운 간섭에서 벗어나 지방에서 독자 세력을 성립하고자 할 때 선종사상의 개인주의적 경향에 매력을 느꼈다.

진성왕대 이후 선종사상의 추이

나말여초 선종사상은 진성여왕대를 전후하여 크게 변하였다. 진성여왕 이전에는 개인주의적 경향을 지녔고, 왕실과 지방호족 쌍방과 관계를 맺었다. 신라하대의 선종사상은 산문이 정립하기까지는 조사선의 수립에 중점을 두었다. 일단 조사선이 정립되고 나면 선종사상은 교종사상과의 교섭 문제를 해결하려는 방향으로 시야를 넓혔다. 신라하대 선종사상은 지방호족의 대두와 연관하여 조사선을 추구하면서 개인주의적 경향을 나타내었다. 대체로 이러한 성격은 진성여왕 때까지 지속되었다. 진성여왕대를 지나면서부터 선종사상은 조사선의 건립과 함께 교학불교의 교리에 관심을 가졌다. 신라하대 선종사상은 진성여왕대를 지나면서 변하였다.

신라하대 선종사상이 자기 안에 존재하는 불성, 곧 실아實我를 깨달으려고 하는 개인주의 경향을 띠는 것은 지방호족 세력의 대두와 관련되었다. 진성여왕대 이후가 되면 지방호족들은 상호 항쟁을 거듭하면서 주위의 군소 호족을 통합한 큰 세력으로 성장하였다. 대호족 세력이 주위의 군소 호족 세력을 통합해 가는 사회 분위기 속에서 선종사상은 자기 안의 불성을 깨달으려는 내증內証과 함께 수행 과정인 외화外化를 추구하였다. 내증외화 사상은 이러한 시대적 배경 속에서 성립하였다.

내증외화 사상은 신라말에 왕건王建의 선대先代 세력과 결연한 순지順之의 돈증실제론頓證實際論 속에 잘 나타나 있다. 순지는 자기 안의 불성을 깨치는 돈오를 내증으로 파악하였으며, 돈오한 후에 이타利他를 행하는 이른바 중행衆行을 외화로 이해하였다. 그리하여 외화를 출전出纏·입전入纏·과후果後보현의 3등 보현으로 설명하였다. 출전보현은 화엄의 원융사상을 수용하였으며, 입전보현은 화엄의 등각위等覺位와 연결하여 만물을 이롭게 하는 덕을 논하였다.

일체 사물이 모두 자비를 갖춘 면에서 같아지기 때문에 현상계에 존재하는 모든 법상이 하나 속에 융합하므로[19] 과후보현은 혼연일체渾然一體의 단계를 설정하였다. 순지가 돈증실제론을 통해 내증은 물론 외화를 함께 주장한 것은 지방의 대호족이 주위의 군소 지방 세력을 흡수·동화하여 세력 기반을 확대해 나가는 데 도움을 주었다. 순지 외에도 진성여왕대 이후에 활동하면서 뒤에는 왕건과 연결하는 선승들이 주로 내증외화 사상을 포용하였다.

정진靜眞 긍양兢讓은 "일진一眞을 투철히 궁구하고 더욱 삼매를 닦아서 마치 푸른색이 남초藍草보다 더하고 붉은색은 천초茜草보다 더한 것과 같아서 구슬과 불빛이 서로 비추는 듯하다"라고[20] 하였다. 일진을 투철하게 궁구함은 내증으로, 그런 다음 삼매를 닦는 것이 외화라고 생각한다. 선을 수행하는 이러한 태도는 초기에 교학불교를 비판하면서 조사선을 정립하려는 것과는 구별된다. 선승들이 내증은 물론 외화에까지 관심을 확대한 내증외화 사상은 남초와 천초보다 더 진한 청색과 붉은색을 얻는 것으로 비유하였다. 진성여왕대 이후 선승들이 내증외화 사상을 폈지만, 어디까지나 내증을 중시하고 외화는 방편으로 이해하

---

19 김두진, 「요오선사 순지의 선사상—그의 삼편성불론을 중심으로—」, 『역사학보』 65, 1975, pp. 21~33.

20 이몽유, 「문경봉암사 정진대사원오탑비」(『조선금석총람』 상, 조선총독부, 1919, p. 198)에 "洞究一眞 增修三昧 藍茜沮色 珠火耀光 標領袖於禪門"이라고 하였다.

였다.

정토사淨土寺에 주석한 현휘玄暉는 바로 외화를 방편이라 하였고, 이를 통해 마음속에 있는 진종眞宗에 접근하였다. 내증인 정각의 도는 일심을 알아 진여의 청정함을 깨닫는 것이다. 자기 마음속에 있는 진여는 신통神通하여 생기지도 않고 또한 없어지지도 않는다. 그러므로 현휘는 만행萬行이 모두 공空이라 하였다. 그렇지만 만행은 외화를 수반한다. 마음속에 있는 진여를 깨치는 것은 방편을 통해서 가능하며, 증각證覺 이후에 외화를 행하는 까닭은 바로 이런 데에서 찾을 수 있다.

만행이 모두 공인데 굳이 수행해야 하느냐는 질문에 대해 현휘는 "본래 고통도 즐거움도 없으며, 망습妄習으로 인하여 나타난 것이다. 중생의 망습이 없어지면 나의 고통도 사라질 것인데 다시 어느 곳에서 보리를 찾고자 하는가"라고 하였다.[21] 모두 공인 깨달음의 단계에서 다시 수행하는 만행은 곧 내증외화를 가리킨다. 내증 단계에서 수행하는 이유에 대해 현휘는 망습을 제거하는 것임을 분명히 하였다. 외화는 깨달음에 이르기까지 쌓인 망습을 없애는 것이다. 정각한 이후에 남은 습기習氣를 제거하려는 외화는 현실적으로 주위를 교화하는 것으로 나타났다.

선융善融은 진공眞空에게 "노승老僧은 대중을 떠나 고요히 지낼 곳을 찾고 교화하는 일을 그만두었으며, 더는 지도할 힘이 없어서 너희들을 사방으로 팔아넘겨야겠다"라고 하였다.[22] 비로암에 거주한 진공과 인연을 맺었던 선융은 기력이 떨어져 수행을 그만둘 때까지 제자들을 지도하

---

21 최언위, 「충주정토사 법경대사자등탑비」(『조선금석총람』 상, 조선총독부, 1919, p. 154)에 "或問萬行皆空 云何故行 對曰 本無苦樂 妄習爲因 衆生妄除 我苦隨盡 更於何處 猶覓菩提"라고 하였다.

22 최언위, 「풍기비로암 진공대사보법탑비」(이지관 역주, 『교감역주 역대고승비문: 고려편 1』, 가산불교문화연구원, 1994, p. 104)에 "和尙謂曰 老僧離群索居 教所由廢 吾無餘勇 可章汝曹 △△忽聽師言 不勝惆悵"이라고 하였다.

고 교화하는 일에 전념하였다. 선융의 교화는 외화라고 생각한다. 이런 면은 동진洞眞 경보慶甫에게서 더욱 분명히 나타나 있다. 그는 스스로 인행仁行을 실천하고 남에게 덕행德行을 베풀었다.[23] 그것은 외화로 이해되며, 이로 말미암아 선을 수련하는 제자나 법손을 많이 배출시켰다.

자기 마음속의 불성을 깨치는 돈오가 내증이라면, 깨치기까지의 묵은 때를 씻기 위한 수행으로 문도를 교화함이 외화이다. 경보는 심등心燈이 계속 타오르는 내증과 아울러 그로 말미암아 주위를 교화하는 행엽行葉의 아름다운 향기인 외화를 함께 추구하였다. 내증외화 사상은 자신은 물론 산문의 교화에 그치지 않고 당대 사회의 교화를 표방하였다. 도응道膺의 법인을 받아 귀국한 이엄利嚴도 외화를 산문의 교화에 그치지 않고 당대 사회의 교화라고 표현하였다. 사회 교화가 삼한을 교화하고 전화戰禍에 휩싸인 국토를 구제할 방도를 제시하는 것이다. 왕실이 선승들을 대궐로 불러들여 시무를 구하거나 정책을 자문하는 일은 흔히 볼 수 있는데, 그것은 곧 외화의 범주에 든 셈이다. 그런가 하면 선승들이 중국에 유학하여 법인을 구하는 과정도 같이 이해되었다.

이엄이 내세운 외화도 물론 내증에서 출발하였다. 내증이 바탕이 되어 그 위에 외화를 모색하였다. 그는 외화를 일단 자신의 수행에 기초해서 아울러 산문이나 중생의 제도로까지 확대하였다. 중생을 제도하는 외화는 사회 교화를 의미하였고 임금의 덕을 나타내고 왕정의 보필을 가리켰다. 이엄은 "왕이 사해四海를 집으로 삼고, 만민을 자식으로 여겨야 한다"라고 하여 제왕이 닦을 바를 제시하였다.[24] 왕이 정사를 옳

---

23 김정언, 「광양옥룡사 통진대사보운탑비」(『조선금석총람』 상, 조선총독부, 1919, p. 193)에 "大師出世 奇姿△△△△△仁由已 以德分人 使禪子莘莘 法孫濟濟 心燈紹紹 行葉傳芳"이라고 하였다.

24 미상, 「해주광조사 진철대사보월승공탑비」(앞의 책, 1919, pp. 127~128)에 "且帝王興疋夫 所修各異 雖行軍旅 且愍藜元 何則王者 以四海爲家 萬民爲子 不殺無辜之輩焉 論有罪

게 처리하는 자체가 외화이다.

외화는 선승이 왕정에 참여하는 것으로도 나타났다. 현휘가 왕건을 만나 뵙고 염원을 여쭙자, 왕건은 불법과 왕정이 서로 외호外護가 되어 흥하기를 바란다고 하였다. 왕은 수도로써 백성을 보호하고 호법護法으로써 사찰을 크게 일으키려고 하였다. 이처럼 외화는 선승과 왕실이 연결하여 서로 외호가 됨을 뜻한다. 왕건의 부름에 선뜻 응하여 왕실에 이르는 것이 외화를 이루는 길이 된다.

사회 교화 및 불법과 왕법을 서로 보강하려는 뜻의 외화에는 때에 따라 차별을 설정할 수 있다. 현휘와 왕건의 만남도 외화로 이해되었는데, 왕건은 특별히 외화의 차별성에 대해 질문하기를 "수행의 공덕에는 원근의 차이가 있습니까?"라고 하였다. 그렇지만 현휘는 그러한 차이를 한 방울의 물이 바위에 떨어진 것으로 비유하면서, 결국은 바다로 흘러 들어간다고 하였다.[25]

진성여왕대 이후에 활동하였던 선사들은 내증외화 사상을 수용하였다. 이들이 활동한 시기는 후삼국 혼란기로 접어들었고, 지방의 대호족이 주위의 군소 호족들을 흡수·동화하면서 세력권을 넓히고 있었다. 이런 시대 상황과 맞물려 내증외화 사상이 성립하였다. 내증외화 사상은 교와 선의 교섭 문제로 나아갔다. 내증이 조사선의 수립을 의도한다면, 외화는 수행이나 교학에 대한 관심을 나타낸다고 할 수 있다. 선종사상사의 전개 과정에서 처음은 조사선의 수립에 중심을 두었다면, 뒤에는 교선의 대립을 절충하려는 방향이 제시되었다. 진성여왕대 이후에 나타난 내증외화 사상은 바로 교선의 교섭 문제를 관심의 대상으로 삼았다.

之徒 所以諸善奉行 是爲弘濟"라고 하였다.

25 최인위, 「충주정토사 법경대사자등탑비」(앞의 책, 1919, p. 155)에 "又問 修行功用 遠近當殊 答曰 滴水下岩 卽知朝海 又問 了言相信 先會暗同 爭奈童蒙 如何"라고 하였다.

(3) 나말여초 교선교섭사상 경향의 등장

신라하대에 선종이 도입되면서 중국에 유학한 선사들은 대체로 마조馬祖 도일道一의 문하에 나아가지만, 나말여초에는 모두 청원靑原 행사行思의 문하로 나아가 법인을 받아 왔다. 이 점은 시사성을 준다. 마조 법문이 조사선의 건립에 주력하였다면, 청원 법문은 교선의 대립을 절충하려는 데 중점을 두었기 때문이다. 나말여초의 선사들이 교선의 대립 문제를 해결하려는 사상 경향을 보였다.

내증외화 사상은 바로 교선교섭 문제로 눈을 돌리게 하였다. 광자廣慈 윤다允多는 "드디어 일심을 닦는 자가 일음一音의 교리를 믿게 하며 구결九結에 얽힌 사람이 점차로 구업九業을 닦게 하려고 여러 가지 방편으로 인도하였으니 위력으로 사견邪見을 꺾고 교화한 인연이 온 나라에 가득 찼다"라고 하였다.[26] 일심을 닦은 자가 일음의 교리를 믿음은 교선을 함께 닦는 것이다. 윤다는 교선을 함께 닦은 인물이다.

윤다는 선사들이 교학의 교리를 아울러 수학하도록 권하였다. 그것은 방편이지만 업業에서 벗어나게 함으로써 수행하여 사견을 버리게 하고 도를 넓게 구하려는 외화로 연결되었다. 신라하대의 선사들은 처음부터 교학을 무시하고 선수행만을 행한 것은 아니다. 그들은 먼저 화엄교학에 접하였으나 논리의 한계를 깨닫고 선을 수행하는 쪽으로 기울고 있다. 선사들의 이러한 행적은 뒷날 교선의 문제를 더 쉽게 접근하여 풀어 나가게 하였다.

선사들은 처음 대체로 화엄교학에 젖었지만, 조사선을 확고하게 추

26 손소, 「곡성대안사 광자대사비」(이지관 역주, 『교감역주 역대고승비문: 고려편 1』, 가산불교문화연구원, 1994, p. 338, 350)에 "遂使弄一心者 大信一音 纏九結者 漸海九業 多多方便而引導 輕輕威力而折摧 化緣周於鯷岑"라고 하였다.

구한 후에도 교학불교를 외면하지 않았다. 원주原州 흥법사興法寺에 주석하였던 진공眞空 충담忠湛은 일찍이 왕건의 돈독한 귀의를 받았으며, 입적 후 왕건도 그의 비문을 직접 찬술하였다. 그가 왕건의 귀의를 돈독하게 받았던 이유는 분명하지 않다. 풍수지리에 밝았던 점도 왕건의 호감을 샀을 것으로 추측한다. 그 외 충담이 교선 모두에 대해 접근하였던 점은 왕건과의 결합을 공고히 하는 데 일익을 담당하였을 것이다. 그는 선종에 심취한 후에도 법상종이나 율부律部에 관심을 가졌고, 처마에서 떨어진 낙숫물이 바위에 구멍을 내듯이 꾸준한 수행을 강조하였다.[27] 충담은 배우는 사람들과 함께 모여 질문하면서 깨치는 기쁨으로 공부하였는데, 선종을 논하면서 아울러 법문을 묻고 언어의 단서를 헤아렸다.[28]

나말여초의 선사들이 교선을 모두 수행하였기 때문에 교학불교에 대해서도 오히려 관심을 표명하였다. 긍양은 희양산문을 중흥시킨 장본인인데, 중국에 들어가서는 화엄의 성적聖跡으로 알려진 오대산에 참배하였다. 그는 이미 본국에 있을 때 스승 양부楊孚의 법인을 받았으며, 중국에 들어가 석상石霜의 법사法嗣인 곡산谷山 도연道緣으로부터 법인을 전해 받았나. 그 후 긍양은 화엄의 성지를 찾아 문수를 참배하였으며 근방의 관음사觀音寺에 머물렀다. 청량산淸凉山 부근의 관음사 역시 화엄도량이다.

긍양의 행적은 구씨龜氏, 곧 가섭의 종지인 선종을 계승하면서 문수

27 왕건, 「원주흥법사 진공대사탑비」(『조선금석총람』 상, 조선총독부, 1919, p. 146)에 "窺楞伽再闡迺於龍紀元年 受具戒於武州靈神寺 旣而習其相部 精究毗 △△(결락) 論道 謂學人曰 淺溜穿石同心斷金 鑽遂之勤"이라고 하였다.

28 왕건, 위의 비(위의 책, 1919, pp. 146~147)에 "覺俱於問訊 慶并交深 敎月論禪 周年問法 惟彌天發口乃離曰搖脣 量語路之端 酌 △△△"이라고 하였다.

(용존龍尊)의 가호加護를 입은 것으로 묘사하였다.[29] 선승이면서도 긍양은 교학, 특히 화엄사상에 대해 지대한 관심을 가졌다. 그는 귀국 후 왕건과 결연하였다. 왕건의 부름을 받아 수도로 나아갔을 때, 그에게 왕실은 불법과 왕화王化를 돈독하게 하도록 대장경을 사경寫經하여 서경과 개경에 둘 것을 제안하였다. 긍양은 대장경의 사경이 유위有爲한 공덕이기는 하지만 선종에서 내세우는 무상無上의 보리를 이룰 수 있다고 하였다.[30] 곧 경전을 홍포弘布한 인연으로 불심을 깨칠 수 있음을 강조하였다.

긍양은 이후에도 계속해서 경전에 관해 관심을 보였다. 정종 때에 그는 "색과 공이 다르지 않고 어묵語默이 같은 것"이라고 하면서, 불태발타라佛馱跋陀羅가 417년(의희義熙 14년)에 번역한 진역晋譯『화엄경』8질을 사경하여 널리 펴게 하였다.[31] 대장경을 가지고 들어오거나 사경한 사실은 당시 선사들이 불교 경전에 대해 외면할 수 없는 분위기가 형성되었음을 알려 준다. 나말여초에 해룡왕사海龍王寺의 개산조 보요普耀는 오월吳越에서 대장경을 가지고 돌아왔다. 선사들의 교학불교사상에 대한 관심은 나말여초의 사상 경향이 교선의 문제를 해결하려는 방향으로 나아가게 하였다.

선승으로서 특히 화엄사상이나 대장경에 대한 관심을 가진 긍양은 어묵語默을 같은 것이라고 하여 교선의 문제를 해결하려는 사상 경향을

---

29 이몽유, 「문경봉암사 정진대사원오탑비」(앞의 책, 1919, p. 199)에 "辭而出歸 豁如夢覺 皮膚不損 瘕癬亦無者 蓋爲大師 躬踐淸凉 親瞻妙德 由早承於龜氏宗旨 果獲遇於龍種聖尊"이라고 하였다.

30 이몽유, 위의 비(1919, p. 202)에 "今幸兵火已熸 釋風可振 欲令更寫一本 分置兩都 於意如何 大師對日 此寶有爲功德 不妨無上菩提 (雅弘經傳 能詣佛心) 其佛恩與王化 可地久以天高 福利無辺 功名不朽矣"라고 하였다.

31 이몽유, 위의 비(1919, p. 202)에 "及以新寫義熙本華嚴經 八帙送之 蓋爲大師 色空無異語默猶同"이라고 하였다.

지녔다. 무위사無爲寺의 형미逈微는 중국의 운거雲居 도응道膺으로부터 법인을 전해 받았다. 나말여초에 왕건과 연결한 형미는 물론 보리사菩提寺의 대경大鏡 여엄麗嚴, 광조사廣照寺의 진철眞澈 이엄利嚴, 오룡사五龍寺의 법경法鏡 경유慶猷 등 해동 사무외사四無畏士는 모두 중국에 유학하여 도응의 법인을 받아 돌아왔으며, 교선을 함께 닦으려는 사상 경향을 지녔다.[32]

사무외사는 모두 조사선사상을 심화하면서 다음 단계로 교선교섭을 모색하였다. 여엄은 '관공觀空'이나 '진공眞空'의 경지를 추구하였다. 그것은 자기 안의 불성을 깨쳤다고 하더라도 굳이 지켜 가지려 하지 않기 때문에 조사선사상의 수정을 가져왔다. 여엄은 이러한 경지를 진종선眞宗禪이라 불렀다. 진종선은 조사선이 교선융합사상으로 나아가는 데 중요하게 작용하였다. 공관空觀에 기초한 진종선사상은 중도 융합적 성격을 보였다. 사실 도응의 선종사상 안에는 일심 속에 일체의 성상性相이나 만법萬法을 융섭融攝하려는 화엄사상의 논리가 흡수되어 있었다.

사무외사는 일찍부터 선종과 교종을 모두 이해할 수 있는 소양을 지녔고, 도응의 법인을 받아 온 이후 교선융합사상 경향을 보였다. 이엄은 교종과 선종을 아울러 빛낸 인물이다. 형미는 중관中觀의 공사상과 언설을 떠난 선종사상을 함께 이해하였다. 그런데 이러한 교선융합사상은 왕건의 호족연합책에 유용한 융섭적인 통일 사상으로 나타났다. 왕건은 사무외사를 자주 왕실로 불러 교선융합사상에 대해 질문하면서 그들로부터 나라를 다스리는 도가 될 수 있는 정책을 건의받았다.

당시 사무외사는 요순시절이나 삼황오제 때의 유교적 도덕 정치를 권

---

32 김두신, 「현휘(879~941)와 탄문(900~975)의 불교사상—고려초의 교선융합사상과 관련하여—」, 『역사와 인간의 대응—고병익선생회갑기념사학논총—』, 한울, 1984, p. 401.

하면서 형벌을 바르게 사용하는 등의 구체적 정책을 제시하였다. 곧 불교의 교훈뿐만 아니라 유교의 인仁이나 덕치德治를 아울러 강조하였다. 사무외사의 교선융합사상 경향은 엄격히 말해 선종사상을 중심으로 일심 속에 일체의 만법을 포함하려는 화엄사상과의 교섭을 이룬 것이다. 그러면서 유교사상 등 다른 법문의 사상에 대해 관심을 가졌다. 나말여초에 불교사상은 교선을 함께 닦으려는 경향을 보였다. 이러한 사상 경향은 고려 왕건이 주위의 지방호족 세력을 통합하려는 호족연합 정책과 연관되어 성행하였다.

교선을 함께 닦으려는 사상 경향이 선종산문은 물론 교종 교단에까지 수용되어 당시 불교계에 폭넓게 유행하였다. 주로 선승들은 선종을 중심으로 교종사상을 포용하려는 경향을 지녔다. 그러한 사상 경향을 가진 대표자는 현휘玄暉이다. 충주 정토사淨土寺에 주석한 현휘는 왕건과 돈독하게 결연한 인물이며 태조 때에 국사에 추존되었다. 그는 선을 닦으면서 아울러 문수의 지혜에 접할 것을 주장하였으며, 실제로 선종 외에 율부를 강조하고 해解와 행行을 함께 닦았다.[33] 곧 현휘는 교선을 함께 닦으면서 교선융합사상 경향을 지녔다.[34]

현휘는 석교釋敎를 부양함과 동시에 선종을 찬양하였다. 선덕禪德을 존숭하지만 늘 불계佛戒를 수행하였다.[35] 현휘가 선덕을 존숭하는 외에 불계를 닦는 이유에 대해 "정도正道에는 본래 말이 필요 없으나 중생을 제도하는 데에는 언어와 설명이 따르기 때문이다"라고 하였다. 비록 그

33 최언위, 「충주정토사 법경대사자등탑비」(앞의 책, 1919, p. 152)에 "善逝之禪 靈臺不動 契文殊之慧 照境無爲 演三藏之文 解行相應 開四分之律 勤修兩存"이라고 하였다.

34 김두진, 「현휘(879~941)와 탄문(900~975)의 불교사상—고려초의 교선융합사상과 관련하여—」, 앞의 책, 1984, pp. 395~401.

35 최언위, 「충주정토사 법경대사자등탑비」(앞의 책, 1919, p. 156)에 "誰尊禪德 佛戎(戒)恒行"이라고 하였다.

는 교선을 함께 닦았지만 교종 수행이 어디까지나 방편임을 분명히 하였다. 현휘는 선종 입장에서 교종사상을 포용하여 중법衆法이 하나로 돌아가야 한다고 하였다. 모든 인연이 실체가 없기 때문이다. 중법이 하나로 돌아감은 화엄사상을 연상시키지만, 인연에 실체가 없음은 선종사상으로 이해된다.

현휘는 선종사상과 교종, 특히 화엄사상과의 융합을 내세웠다. 현휘뿐만 아니라 나말여초의 선승들은 대체로 교선융합사상 경향을 보였는데 선종의 입장에서 교종사상을 융합하였다. 현휘는 심수心樹의 꽃을 설명하였고, 다른 선승들도 대부분 일심을 강조하였다. 인연과 여러 법상이 일심 안에 포함된다는 그의 사상은 선종을 중심으로 교종사상을 융합하려는 것으로 당시 왕건에게 연합적인 통일 사상을 제공하였다.

광종대 말에 법안종法眼宗이 등장하였는데, 광종은 법안종사상에 관심을 가졌다. 광종 10년(959년)에 지종智宗이 중국 연수延壽 문하로 유학하였다. 진관眞觀 석초釋超도 중국 천태 덕소德韶의 법사요 연수와 동학인 용책龍册 효영曉榮의 법인을 받아 정종 1년(946년)에 귀국하였다. 다만 법안종사상은 교선일치사상이지만 엄밀히 말한다면, 교종 내부의 모순을 해결하려는 성상융회사상과 선종사상을 융합하려는 것이다. 연수의 『만선동귀집萬善同歸集』에는 성상융회사상 경향이 강하게 나타나 있다.

연수는 『종경록宗鏡錄』을 서술하면서 선종의 입장을 뚜렷이 취한 교선일치사상을 성립시켰다. 광종대 중기에 활동한 법안종 승려들은 교선일치사상을 내세웠지만, 오히려 성상융회사상 경향을 포용함으로써 당시 전제정치의 협조자였던 균여의 사상과 크게 배치되지는 않았다. 사실 광종대 지종은 법안종 승려라기보다는 선승으로서 성상융회사상 경향을 지녔기 때문에 주목을 받았다. 그는 긍양의 법손으로 찬유璨幽

와도 결연하였으며, 승과僧科에 합격하여 광종과 인연을 맺는 데에 두 사람의 뒷받침이 작용하였다.

교종의 입장에서 선종사상을 통합하려는 사상 경향도 나타났다. 나말여초에 탄문坦文은 화엄사상을 중심으로 선종사상을 융합하였다.[36] 중국에 들어가 천태종 교본이라 할 수 있는『천태사교의天台四敎儀』를 저술한 체관諦觀은 화엄종을 중시하였고, 고려에 천태종을 개창한 의천은 융섭적 관법觀法을 가져서 화엄종 승려로서의 입장을 뚜렷이 취하였다. 나말여초에 교선융합사상의 두 조류는 이후 고려시대 불교사상사 전개에 그대로 나타났다. 탄문이 계보상으로 의천과 연결되는지는 분명하지 않으나 화엄사상을 중시하는 의천의 원돈圓頓사상 형성에 영향을 주었다. 현휘의 사상은 가깝게는 법안종사상의 성립에 보탬이 되었고, 지눌知訥이나 백련사白蓮社 계통의 천태사상 또는 고려후기 교선일치사상 형성에 영향을 주었다.

2. 가지산문의 선종사상과 불교사적 의의

(1) 신라하대의 가지산문

도의의 진전사 개창

도의는 속성이 왕씨王氏이고 북한군北漢郡 사람이어서 신라의 중앙귀족이 아니지만 그 지역에서 토호세력으로 행세한 가문 출신이었다.[37]

---

36 김두진,「현휘(879~941)와 탄문(900~975)의 불교사상—고려초의 교선융합사상과 관련하여—」, 앞의 책, 1984, pp. 402~405.

37 이계표,「신라 하대의 가지산문」,『전남사학』7, 1993, p. 268.

왕씨가 한산漢山 지역의 토성土姓으로 나와 있지 않거니와 도의의 아버지나 어머니의 이름은 물론 가계를 전혀 알 수 없다. 그렇다면 도의의 집안은 비교적 강력한 지반을 가진 토착호족 세력이지는 않았을 것이다. 도의는 일찍부터 불교와 연관하여 생활하였고, 어린 시절에 출가하여 법호를 명적明寂이라 하였다. 그는 중국으로 들어가기 전에 불교사상을 깊이 이해하고 있었지만, 당시 행적은 거의 알려지지 않았다.

도의는 선덕왕 5년(784년)에 사신으로 가던 한찬韓粲 양공讓恭의 도움으로 입당하였다. 양공은 선덕왕의 책봉을 받아 내려는 막중한 임무를 띠고 파견되었다. 그 때문에 양공은 선덕왕대 초기에 정치적으로 상당한 비중을 지닌 인물이었다. 선덕왕宣德王 비妃 구족具足부인의 부친으로 시중에 임명되는 의공義恭은 양품良品이라고도 불렸는데, 양공과 동일인이라고 생각한다.[38] 양공의 도움을 받아 입당하였지만 도의는 중국에 들어가자마자 바로 오대산으로 가서 문수의 감응을 받았다. 신라에 있을 당시 화엄종에 깊이 관여하였고 중국에 가서도 처음에는 화엄사상을 이해하고자 하였다.[39]

광부廣府의 보단사宝壇寺에 머무르는 동안 도의는 화엄을 위시한 교학불교의 이치를 깨치고자 하였다. 곧 성종性宗인 화엄사상의 습득 외에 상종相宗인 유식에 대해서도 관심을 가졌다. 이 점은 가지산문의 사상을 형성시키는 데 일익을 담당하였다. 보단사에서 구족계를 받은 도의는 당시 중국에서 성행하였던 선종사상에 심취하였다. 조계산曹溪山에 들어가 육조 혜능慧能의 조사당에 참례한 후, 홍주洪州 개원사開元寺의 서당西堂 지장智藏 문하로 나아갔다. 그는 지장 문하에서 '즉심즉불卽心

38 김두진, 「도의의 남종선 도입과 그 사상」, 『신라하대 선종사상사 연구』, 일조각, 2007. p. 173.

39 이계표, 「신라 하대의 가지산문」, 앞의 책, 1993, p. 5.

卽佛'과 '비심비불非心非佛'을 내세우는 홍주종洪州宗의 선풍에 큰 영향을 받았다. 거기서 비로소 의문점을 깨달아 막힌 곳을 해석하자, 지장도 그에게 법인을 전하면서 이름을 '도의道義'로 고치게 하였다.

도의는 지장의 법맥을 전수하는 데 만족하지 않고, 마조馬祖 도일道一의 문하인 백장百丈 회해懷海에게 나아갔다. 그를 본 회해는 강서江西의 법맥이 동국 승려에게 속해질 것이라 하였다.[40] 지장과 회해는 모두 마조 도일의 제자였지만, 뒤에는 회해가 지장을 제치고 도일 문하의 적통으로 등장하였다. 회해가 지은 선종 사원의 규범인 「백장청규百丈淸規」는 독자적 수행 규칙이나 도량을 설치하게 함으로써 선문을 종파로 조직하는 데 도움이 되었다. 도의는 홍주종 선풍을 국내에 전하면서 선종 산문이 독자적으로 성립하는 것을 돕는 「백장청규」에 대해 깊이 이해하였다.

도의는 821년(헌덕왕 13년)경에 귀국하였다. 784년에 입당入唐하였다면 귀국하기까지 약 40년에 이른 긴 기간을 중국에서 보냈다. 귀국할 즈음 신라의 국내외는 매우 소란스러웠다. 819년(헌덕왕 11년)에 당의 운주鄆州 절도사 이사도李師道가 반란을 일으키자, 헌종憲宗은 신라에 구원병을 청하였다. 헌덕왕은 장군 김웅원金雄元에게 3만의 병사를 거느리고 가서 당나라를 돕게 하였다. 헌덕왕 14년에는 김헌창金憲昌의 난이 일어났다. 도의는 왕경王京에서 선법을 펴려는 의도를 가졌는데 교학불교가 성행한 분위기 속에서 그러한 뜻이 좌절되었다.

도의의 선종사상은 마어魔語로 비난을 받았다. 당시 교학불교는 그의 선종을 '무위임운無爲任運'의 종파로서 허황하다고 하였다. 그러한 비판

---

40 『祖堂集』 卷17, 道義전에 "於是 頭陁而詣百丈山 懷海和尙處 一似西堂和尙曰 江西禪脈 摠屬東國之僧"이라고 하였다.

은 처음으로 남종선南宗禪을 도입하였기 때문에 나타난 것이다. 도의 이전에 북종선北宗禪을 비롯하여 이와 비슷한 선풍이 전해졌고, 이들이 특별히 비난받은 것 같지는 않다. 이미 중국 유학에서 돌아온 항수恒秀 선사가 활동하였으며, 신행神行이나 법랑法朗이 북종선의 도입에 큰 역할을 담당하였다. 도의가 남종선을 도입하기 이전에 북종선사상이 상당히 퍼져 있었다.

북종선은 『능가경楞伽經』을 중시함으로써 교종불교와 연결할 수 있는 것이다. 신행이나 그의 제자인 삼륜三輪은 법상종사상에 익숙하여 유식을 깊이 이해하였으며, 그들의 북종선사상은 화엄종이나 밀교사상과도 연관되었다.[41] 신행은 교학불교 전통을 가진 단속사斷俗寺에 주석하였다. 경덕왕이 전제주의 개혁정치를 단행할 때 왕당파의 주도 세력이었던 이순李純과 신충信忠 등이 실각하여 지리산으로 은거하면서 단속사를 창건하였다.[42] 교학불교나 중앙귀족 세력과도 친밀하였던 북종선은 도의의 남종선이 도입되는 데 능동적으로 작용하지는 않았으나, 뒷날 그것이 퍼져 나가도록 일정한 역할을 담당하였다.

도의의 남종선이 도입되는 것과 연관하여 진감眞鑑 혜소慧昭의 사상은 시사성을 준다. 그는 중국에 유학하였을 당시 먼저 들어가 도를 구하던 도의와 만나 친하게 교류하였다. 도의가 귀국한 후에도 혜소는 종남산終南山으로 들어갔으며, 높은 봉우리에 올라 소나무 열매를 먹고 지관止觀을 닦아 적적寂寂하게 수행하였다.[43] 뒤에 귀국한 혜소는 지리

41 여성구, 「신행의 생애와 사상」, 『수촌박영석교수화갑기념 한국사학논총』 권상, 탐구당, pp. 360~365.

42 이기백, 「경덕왕과 단속사·원가」, 『한국사상』 5, 1962; 『신라정치사회사연구』, 일조각, 1974, pp. 220~223.

43 최치원, 「하동쌍계사 진감선사대공영탑비」(이지관 역주, 『교감역주 역대고승비문: 신라편』, 가산불교문화연구원, 1993), p. 130.

산 쌍계사雙谿寺에서 선문禪門을 개창하였다. 그의 선풍은 중앙귀족의 격렬한 반대에 부딪히지는 않았으며, 뒷날 봉암사鳳岩寺의 희양산문을 성립시키는 데 영향을 주었다.

도의는 경주에서 환영받지 못하자 설악산으로 물러나서 진전사陳田寺를 세워 선문을 열었다. 설악산 진전사지는 발굴되어 그 조사보고서가 나와 있다. 강원도 양양군 강현면降峴面 둔전리屯田里에 있는 진전사지에는 3층 석탑과 석조부도石造浮屠, 불좌佛座의 중대석中臺石 및 많은 유물이 전한다. 3층 석탑은 물론 석조부도 등의 유물이 통일신라의 양식을 지녀서 8세기 말에 진전사는 창건되어 있었고, 도의가 귀국할 당시에는 널리 알려진 사찰이었다고 한다.[44]

진전사가 도의 이전에 창건되었다 하더라도 도의의 퇴거로 말미암아 역사적 의미를 갖는 사찰이 되었다. 그러므로 도의가 진전사를 중창하였다고 생각한다. 가지산문迦智山門뿐만 아니라 우리나라 선문의 근본도량으로 인식되었기 때문에 고려시대에 진전사의 규모는 더 확대되었을 것이다. 도의 활동 당시 진전사의 규모에 대해서는 잘 알 수 없다. 도의가 거주한 이후 진전사의 사정을 추측하는 데에 다음 기록은 도움이 된다.

> 주역周易에 숨어 살아도 민망함이 없다는 것은 중용中庸에 후회함이 없다는 것과 같다. 그러나 동령冬嶺에 빼어났으며 정림定林에 꽃을 피우고, … 개미가 모여들듯이 도를 사모하는 자가 산을 메웠다. 교화를 받고 마침 산을 떠나가니, 도는 인력으로 폐할 수 없고 때가 되면 마땅히 행해지는 것이다.[45]

---

44 정영호, 「진전사지 유적 유물 조사—석탑과 부도의 복원을 계기로—」, 『진전사지 발굴보고』, 단국대학교 중앙박물관, 1989, pp. 15~36.

45 최치원, 「문경봉암사 지증대사적조탑비」(앞의 책, 1919, p. 90)에 "豈太易之無悶 中庸之

설악산에 은둔하였으나 도의는 후회 없는 생활을 영위하였는데, 그곳에서 선법을 휘날리면서 선문을 개설한 것이 숲속에 피운 꽃으로 비유되었다. 진전사에는 개미가 모여들듯이 도를 사모한 사람들이 모여들어 산을 메웠다고 한다. 도의의 선문에서 교화받고 마을로 내려가는 사람들도 많아 선법이 절로 퍼졌다. 도의가 설악산에 은둔하여 처음 이룬 산문의 사정에 대한 이러한 표현은 초기의 진전사가 생각보다 번창하였을 것으로 추측하게 한다.

『조당집』「도의전」은 신라말에 도의의 비인「설악진전사 원적선사비雪岳陳田寺 元寂禪師碑」가 세워진 사실을 알려 준다. 신라말에 도의의 탑비가 세워져 있었다면, 진전사는 상당한 기반을 갖춘 선종산문으로 성장하였다고 생각한다. 도의의 남종선은 교학불교나 먼저 들어와 있던 북종선으로부터 환영받지는 못하였다. 그러나 비슷한 시기에 도입한 혜소의 남종선이 수용되었던 사회 분위기는 도의가 설악산 진전사로 물러났을지라도 그곳에서 상당한 세력의 산문을 구축하게 하였다.

가지산문의 성립

도의가 중국에서 신라로 돌아와 남종선南宗禪의 이치를 설하였으나, 당시 사람들은 경전을 숭상하고 절대 신을 믿는 교학에만 익숙하였다. 이는 마치 달마達磨가 양梁 무제武帝를 만났음에도 뜻을 펴지 못한 것과 같았다. 도의는 아직 때가 이르지 아니함을 알고 설악산으로 나아가 진전사를 개창하고 은거하였다. 그는 법을 염거廉居에게 부촉하였으며, 염거가 설산雪山 억성사億聖寺에 머물면서 조사심祖師心을 전하고 스승

不悔者 邪華秀冬嶺 芳定林△△△△ 蟺慕者彌山 雁化者出谷 道不可廢 時然行"이라고 하였다.

의 가르침을 열었다.

염거 문하에 든 체징體澄은 목숨을 목숨이 아닌 것으로, 몸을 몸이 아닌 것으로 여기면서 일심一心을 깨끗하게 닦아 삼계에서 벗어나기를 구하였다. 뜻과 기개에 짝할 만한 자가 없고 타고난 바탕이 범상치 않음을 알아챈 염거는 체징에게 법인法印을 전하였다. 다음 내용은 이를 확인시켜 준다.

> 『예기禮記』에서 "별자別子가 조祖가 된다"라고 하였는데, 강성康成이 주를 달아 "네가 만일 처음으로 이 나라에 왔다면 후세에 조祖라 여길 것이다"라고 하였다. 그러므로 달마는 당나라의 제1조이며, 우리나라에서는 도의대사가 제1조, 염거廉居선사가 제2조, 보조普照 체징體澄선사가 제3조이다.[46]

도의의 선법을 염거에게서 전해 받은 체징은 장흥長興의 보림사寶林寺에서 가지산문을 열었다. 체징 이전까지 가지산문의 근거지는 설악산 일대였다. 현재 억성사가 있었던 지역을 정확하게 알기는 어렵다. 다만 진전사와 억성사는 서로 다른 절이었음은 분명하다. 염거는 도의의 법인을 계승하였으면서도 진전사에 머물지 않고 따로 나와 억성사를 개창하였다. 뒤에 염거의 법문이 더 번창하여 가지산문을 이루었지만 진전사에 주석한 도의의 법맥은 쇠잔하였다. 그러나 고려시대의 진전사는 우리나라 선문의 상징적 조사당祖師堂으로 존재하였다.

억성사에서는 체징이 수학하였고 뒤에 홍각弘覺 이관利觀이 주석하였다. 곧 837년(희강왕 2년) 이전에 체징이 머물렀으며, 이관은 함통咸通

---

46 김원, 「장흥보림사 보조선사창성탑비」(『조선금석총람』 상, 조선총독부, 1919, p. 63)에 "禮云 別子爲祖 康成註云 子若始來在此國者 後世以爲祖 是以達摩 爲唐第一祖 我國則以儀大師爲第一祖 居禪師爲第二祖 我師第三祖矣"라고 하였다.

(860~873년) 말년에 주석하면서 법당과 누각을 조성하였다. 이때 억성사가 번성하였지만,[47] 이미 체징은 보림사를 가지산문의 중심 도량으로 삼고 있었다. 체징과 이관이 동시에 억성사에 머물렀을 가능성은 희박하지만, 또한 완전히 배제할 수도 없다. 당시 가지산문을 이룬 선사들이 억성사를 중심으로 활동하고 있었던 사실은 중요하다.

홍각 이관은 경주 사람으로 김씨였고 815년(헌덕왕 7년)에 태어났으며, 어려서 불교 경전은 물론 사서史書를 두루 탐독하였다. 17세(831년, 흥덕왕 6년)에 출가하였으며, 해인사에 들러 화엄 및 교학을 익혔다. 서울대 도서관에 소장된 이관비의 탁본서첩拓本書帖은 워낙 결락이 심해서 온당한 그의 생애를 복원하기 어렵다. 한때 그는 합천陜川의 영암사靈巖寺에 거주하였고, 60세를 전후한 시기에 억성사를 중흥하여 도풍道風을 널리 알렸다. 그는 왕실에 들러 임금을 위해 설법하기도 하였다. 880년(헌강왕 6년)에 입적하자 문인인 범룡梵龍과 사의使義가 노력하여 886년(정강왕 1년)에 그의 탑비를 건립하였다.

억성사는 이관의 탑비가 세워진 사림사沙林寺(혹은 선림원禪林院)로 추정하기도 하지만 확실하지 않다. 체징이 보림사에서 가지산문을 개창한 이후에도 억성사를 중심으로 도의의 문도들이 활동하고 있었다. 체징은 웅진熊津 사람이지만 신라 종성宗姓인 김씨여서 낙향호족 출신이다.[48] 그는 화산花山 권勸법사의 문하에 들어 경전을 익혔고 827년(흥덕왕 2년)에 가량협산加良峽山 보원사普願寺에서 구족계具足戒를 받으면서 화엄교학의 이해를 넓혔다. 이어 체징은 억성사 염거의 문하로 나아가

47 김원, 「양양사림사 홍각선사비문」(이지관 역주, 『교감역주 역대고승비문: 신라편』, 가산불교문화연구원, 1993, p. 117)에 "咸通末 復住於雪山億聖 成金殿與香樹 參差琪樹 共於松隱"이라 하였다.

48 이계표, 「신라 하대의 가지산문」, 앞의 책, 1993, p. 278.

그의 법인을 받고 837년(희강왕 2년)에 동학同學인 정육貞育·허회虛懷 등과 함께 불법을 구하기 위해 중국으로 들어갔다.

중국에서 체징은 전국의 선지식善知識을 두루 찾아다녔으며, 어느 한 스승의 문하에서만 수학하지 않았다. 그는 "우리 조사께서 말씀한 바에 더할 것이 없는데 어찌 수고롭게 멀리 가겠는가?"라고[49] 하면서, 840년(문성왕 2년)에 평로사平盧使를 따라 신라로 돌아왔다. 이로 보면 억성사의 염거 문하는 정육과 허회 등의 동문이 함께 중국에 유학할 정도로 번성하였으며, 체징은 도의의 선관禪觀을 깨닫고 바로 귀국하는 등 이미 심화한 조사심인법祖師心印法을 이해하고 있었다. 귀국 후 체징은 많은 단월의 도움을 받아 산문을 번성시켰다.

858년(헌안왕 2년)에 체징은 무주武州(지금의 광주)의 황학사黃壑寺에 머물렀다. 헌안왕은 장사현張沙縣 부수副守 김언경金彦卿을 보내 차와 약을 하사하면서 서울로 맞아오게 하였으나 체징이 이를 사양하였다. 그러나 그해 10월에 헌안왕은 도속사道俗使인 영암군靈巖郡 승정僧正 연훈連訓법사와 교지를 받든 풍선馮瑄 등을 보내어 가지산사迦智山寺에 거처할 것을 청하니, 체징은 옛날에 원표元表대덕이 거처하던 보림사로 나아갔다. 이리하여 개창된 가지산문을 이해하는 데 다음 내용이 도움을 준다.

> ① 원표대덕元表大德은 법력으로써 정치에 도움을 주었으므로 건원乾元 2년(759년)에 왕이 특별히 명하여 장생표주長生標柱를 세우도록 하였는데, 그것이 오늘날까지 남아 있다.[50]

---

49 김원, 「장흥보림사 보조선사창성탑비」(『조선금석총람』 상, 조선총독부, 1919, p. 62)에 "乃曰 我祖師所說 無以爲加 何勞遠適 止足意興"이라고 하였다.

50 김원, 위의 비(앞의 책, 1919, p. 63)에 "表德以法力 施于有政 是以乾元二年 特教植長生

② 선제宣帝 14년(860년, 헌안왕 4년) 2월에 부수副守 김언경金彦卿이 일찍이 제자의 예를 표하며 선사의 문하에 들어갔는데, 녹봉을 들고 사재私財를 내어 철鐵 2,500근을 사서 비로자나불 1구를 주조하여, 선사가 거처하는 불전을 장엄하게 장식하였다. 또한 망수댁[望水宅]과 이남댁[里南宅] 등에게 금 160분分과 조租 2,000곡斛을 내게 하여 절을 장식하는 공덕功德의 비용에 충당토록 하고 절을 선교성宣敎省에 예속시켰다.[51]

헌안왕의 요청으로 체징이 주석하여 가지산문을 연 보림사는 이전 원표가 창건한 절이다. 759년(경덕왕 18년)에 왕명으로 보림사의 장생표주를 세웠다. 이는 이미 원표가 창건할 당시에 왕실로부터 경제적 혜택을 받았던 사실을 알려 준다. 왕실은 체징의 비를 건립하는 884년(헌강왕 10년)까지도 지속해서 그러한 혜택을 내렸다.[52] 조선 세조 때(1460년경) 기록한 「보림사사적寶林寺事蹟」에는 원표가 보림사를 창건할 당시의 단월이 천왕天王의 딸인 선아仙娥라고 하였다.

보림사는 구룡九龍이 사는 못을 메워 창건한 절이라는 전설이 전한다. 원표가 법력으로 아홉 용을 쫓아내자, 선아가 못 메우는 일을 도와 절 짓는 것을 완성하였다고 한다. 창건한 보림사의 모습을 다음과 같이 기록하였다.

그 도량을 살펴보면 동서남북이 광활廣闊하여 무리하지 않고 가히 천불千佛을 안치할 만한 땅이다. 드디어 이에 부지를 측량하여 동법당東法堂과 서법당西

標柱 至今存焉"이라고 하였다.

51 김원, 위의 비(앞의 책, 1919, p. 63)에 "宣帝十四年仲春 副守金彦卿 夙陳弟子之禮 嘗爲入室之賓 減淸俸 出私財 市鐵二千五百斤 鑄盧舍那佛一軀 以莊禪師所居梵宇 敎下望水里南宅共出 金一百六十分 租二千斛 助充裝餝功德寺 隸宣敎省"이라고 하였다.

52 이계표, 「신라 하대의 가지산문」, 앞의 책, 1993, p. 281.

法堂을 지어 불좌佛座를 그 상면上面에 두고, 연이어 천자각天子閣·불자각佛子閣·용자각龍子閣·운자각雲子閣을 설치하였다. 너무 크지도 질박하지도 않고 또한 정교하여 화려하며 담과 행랑이 연접하니 규모와 법도가 같았다. 두 법당과 좌우 요사·행랑·누각·문당門堂이 하나 같이 서역과 중국의 (가지산사) 모양과 같았다. 이 때문에 편액을 가지산보림사迦智山寶林寺라고 불렀다. 또한 선아仙娥의 원願을 따라 별도로 한 소당小堂을 세워 화상畵像을 걸어 놓고 가람을 옹호하는 신神으로 삼으니 이를 괴화당魁畵堂이라 불렀다.[53]

사료적 가치가 다소 떨어지기는 하나 원표가 창건할 당시의 보림사에는 동법당과 서법당을 위시하여 천자각·불자각·용자각·운자각이 있었고, 그 외에도 좌우 요사나 누각·문당門堂뿐만 아니라 선아를 가람의 신으로 모신 괴화당 등이 즐비하게 갖추어져 있었다.

동쪽과 서쪽의 두 법당과 이렇듯 많은 요사체나 누각·행랑 등을 갖춘 보림사는 원표가 창건할 때의 모습이었는지 확실하지 않다고 하더라도 적어도 체징 이후의 모습을 알려 주는 것임이 분명하다. 체징은 김언경金彦卿의 도움을 받아 철 2,500근으로 비로자나불을 조상造像하였고, 금입댁[金入宅]인 망수댁[望水宅]과 이남댁[里南宅] 등 중앙귀족의 경제적 도움을 받았다. 중앙정부의 선교성宣敎省에 예속된 사실도 보림사의 사회경제적 기반이 튼튼하였을 것으로 짐작하게 한다. 이는 바로 가지산문이 성립하는 기반이 되었다. 실제로 체징은 861년(경문왕 1년)에 여러 단월이 시주한 재물로써 절을 넓혔다. 낙성할 때 그가 절에 들어오는

53 미상, 「신라국무주가지산보림사사적」에 "觀其道場 東西南北 廣闊妥帖 可安千佛之地 遂乃度尺量 爲東西法堂 各置佛座於其上面 連置天子閣·佛子閣·龍子閣·雲子閣 匪宏匪撲且精且麗 連夢接廡 同規同矩 而兩法堂·左右寮舍·廊廂·樓閣·門堂 一如西域中國之貌樣因揚額曰迦智山寶林寺 從仙娥之願 別搆一小堂 畵像伽藍護之神 稱以魁畵堂"이라고 하였다.

모습에 대해 마치 암수무지개가 법당 안으로 들어와 방안을 밝히는 것 같았고 그 빛이 사람들을 비췄다고 한다.[54]

경문왕 때의 가지산문은 원표가 창건한 보림사를 넓혀 중창함으로써 비로소 선종산문으로 성립하여 상당한 규모를 갖추었다. 그것은 적어도 「보림사사적」에서 보여 준 원표가 창건하였을 당시의 모습을 능가하였다고 생각한다. 이후 체징은 880년(헌강왕 6년)에 입적하였으며, 그의 문인으로 행장을 엮은 의차義車를 비롯한 영혜英惠·청환淸奐 등 800여 명이 있었다. 이들 문인이 상주한 가지산문의 규모는 오히려 거대하였을 것이다. 보림사를 중심으로 체징과 그 문도들이 한창 활동하고 있을 당시에 설악산의 진전사나 억성사에서도 도의의 문도들이 운집하여 있었다. 이들은 각각 보림사에서 분립分立하였으나, 뒷날 모두 가지산문도로 파악되었다.

이미 언급한 이관 외에도 진공眞空 △운△運이나 선각先覺 형미逈微 등이 고려초기까지 가지산문도로 활동하였다. 소백산사小伯山寺에서 선문을 일으킨 △운은 874년(경문왕 14년)에 가야산伽倻山 해인사의 선융善融으로부터 구족계를 받고 일찍이 유학하여 중국 지장의 법인을 받아 귀국하였다. 유학 당시에 △운은 도의의 선풍을 들었으며, 귀국하자 진전사에 들려 그의 영탑靈塔에 예배하고 진영眞影을 참관하였다. 948년(정종 3년)에 입적한 △운의 문인에는 현겸玄讓과 행희行熙 등 400여 명이 있었다. 형미는 일찍이 왕건과 결연한 해동 사무외사四無畏士 중의 한 사람이지만 보림사에서 체징의 문하에 듦으로써 도의의 법손法孫이 되었다.

54 김원, 「장흥보림사 보조선사창성탑비」(앞의 책, 1919, p. 63)에 "咸通辛巳歲 以十方施 資 廣其禪宇 慶畢功日 禪師莅焉 虹之與蜺 貫徹堂內 分輝耀室 渥彩燭人"이라고 하였다.

(2) 법상종과 교섭한 가지산문의 선종사상

조사선사상의 수립

신라하대에 전래한 선종은 산문을 건립하기 위해 교학불교를 비판하면서 조사선祖師禪을 추구하였다. 그러다 보니 교학불교와 마찰을 빚을 수밖에 없다. 신라하대에 수용된 선종은 산문을 개창하여 정착하기까지 조사선사상을 성공적으로 성립시키면서, 한편으로 교학불교와의 마찰을 완화해야 하는 부담을 안고 있었다. 그러므로 초기 선종산문은 조사선을 우선하여 내세우지만, 시대가 내려가면서 교종사상까지도 유념하는 사상 경향을 보였다. 일단 조사선사상을 정립시킨 신라하대의 선종산문은 나말여초를 지나면서 교종사상과의 교섭을 시도하였다.

처음으로 남종선을 전한 도의는 교종불교를 비판하면서 교학 이외에 따로 조사선도祖師禪道가 있다고 하였다. 그러나 도의의 선종사상은 교종불교로부터 무위하여 허황하다는 비판을 받았다. 도의가 교종불교계에서 배척받았던 이유는 그의 선종사상이 조사선을 수립하였기 때문이다. 도의의 조사선사상에 대해서는 다음 기록을 통해 이해할 수 있다.

> 지원智遠이 또 묻기를 "그런즉 교리행과敎理行果와 신해信解·수증修証은 어디에 해당하며, 어느 불과佛果와 같아 성취되는 것인가"라고 하였다. 도의가 대답하기를 "무념무수無念無修가 이성理性이며 신해와 수증이다. 조종祖宗이 법을 보이나 부처와 중생이 얻지 못함으로 도성道性을 바로 나타내는 것이다. 고로 오교五敎 이외에 별도로 조사심인법祖師心印法을 전하였다. 부처가 형상을 나타낸 까닭은 (부처를) 바로 이해하기 어려우므로 조사의 정리기正理機가 방편의 몸으로 나타났기 때문이다. 여러 해 동안 불경을 오로지 읽어 이로써 심인법心印法을 증득証得하려 하였지만 끝내 얻기 어려웠다"라고 하였다. 지원이 일어나 예禮

를 다해 말하기를 "와서 잠깐 부처를 물었는데 장엄한 교훈이 되었다. 불심인법은 공허함을 보는 것 같아 얻을 수 없다"라고 하면서, 이에 대사에게 내투來投하여 예알禮謁한다고 하였다.[55]

도의는 조사선을 조사심인법祖師心印法으로 설명하였고 이에 대조되는 것으로는 불심인법佛心印法을 설정하였다. 조사심인법이 무념무수의 경지로 나타났다. 반면 불심인법은 오교五教로 표현하여 여래선이라고 생각된다. 도의는 조사심인법의 경지인 무념무수를 이성理性이고 신해信解와 수증修証이라 하여 도리나 불성을 증득證得하는 것으로 파악하였다. 이런 면은 도의의 조사심인법이 조사선의 정립으로 나타나는데 한계성을 갖게 한다. 조사심인법은 무념무수여서 논리를 초월한 경지여야 하는데, 그는 오히려 도리道理를 증득하고자 하였다.

도의가 비록 5교 외에 조사심인법이 달리 전함을 내세웠는데, 그 이유는 부처가 형상을 보이는 까닭을 이해하지 못하였기 때문이다. 그리하여 조사는 정리正理를 나타내는 방편으로 존재한다. 도의는 불심인법을 공허함으로 얻을 수 없다고 하였다. 불심인법은 불경을 읽어 심인법을 증득하려는 것이다. 도의는 여러 해 동안 경전을 읽어서 심인법을 얻으려 하였지만 결국 얻지 못하였다. 경전에 대한 부정이 불심인법에 대한 부정으로 나타났으며, 그것은 교학불교에 대한 부정으로 이어졌다.

여래선의 경지를 교학불교와 연관하여 파악한 점에서 도의의 불심인

---

55 천책, 『선문보장록』 권중(정약용 등 편, 『만덕사지』, 아세아문화사, 1977, pp. 261~262)에 "智遠又問 然則教理行(果) 信解修証 於何定堂 何等佛果 得成就乎 義答曰 無念無修理性信解修証耳 祖宗示法 佛衆生不可得 道性直現耳 故五教以外 別傳祖師心印法耳 所以現佛形像者 爲對難解 祖師正理之機 借現方便身耳 縱多年傳讀佛經 以此欲証心印法 終劫難得耳 智遠起禮曰 素來暫聞佛 莊嚴教訓耳 佛心印法 窺覰不得 來及投師禮謁云"이라고 하였다.

법이나 낭혜朗慧 무염無染의 유설토有舌土는 비슷한 것이다. 유설토에서 언설言說이 필요하며 종적을 남긴 점은 교학불교의 경지로 이해된다.[56] 도의의 조사심인법은 무염의 무설토無舌土와 같이 파악될 수 있다. 언설과 논리를 초월하려는 무설토나 조사심인법은 조사선사상을 수립하려는 것으로 가지산문이 개창될 당시의 사상 경향으로 자리하였다. 다음 내용에서 이런 면을 이해할 수 있다.

① 대개 인과因果의 자취를 쓸어버리고 색상色相의 세계를 떠나 대승大乘의 수레를 타고 정각正覺의 경지에 들어갔다. 그리하여 지혜의 빛을 멀리 비추고 혜택惠澤을 널리 입으며, 법우法雨를 미혹의 거리에 뿌리고 자운慈雲을 깨달음의 길에 베풀었다. 공空을 깨달으면 한 번에 사산邪山을 넘지만 유위有爲한즉 영겁永劫의 시간 어두운 업業에 머물게 된다.[57]

② 법法은 본래 참도 아니요 거짓도 아닌 것을 알아야 선禪의 종지宗旨에 이른다. 이러한 까닭에 공空을 이야기하나 실實이 그 안에 있고 실實을 논하나 공空이 그 안에 있어서 수천 가지 경전 바깥을 밝히고 온갖 사물 내에도 나타난다. (결락) 도道의 본체를 어그러뜨려 방편을 이루어도 스스로 멸하지 않고 생기지도 않으며 늘지 않고 줄지도 않는다. 이를 닦으면 정각正覺을 얻으니 증득證得하려면 어찌 근원을 탐구하지 않으리오. (결락) 현적玄寂한 곳에서 종적을 쓸어 없애고 언설을 잊은 곳에서 안정安靜하니, 그가 바로 홍각弘覺선사가 아니겠는가.[58]

---

56 김두진, 「낭혜와 그의 선사상」, 앞의 책, 1973, p. 42.

57 김원, 「장흥보림사 보조선사창성탑비」(앞의 책, 1919, p. 61)에 "盖掃因果之跡 離色相之鄉 登大牛之車 入罔象之域 是以智光遠照 惠澤遐流 灑法雨於昏衢 布慈雲於覺路 見空者一息而越彼邪山 有爲則 永劫而滯于黑業"이라고 하였다.

58 김원, 「양양사림사 홍각선사비문」(앞의 책, 1993, p. 116)에 "知法本不眞不假 迺達禪宗是故 譚空而實在其中 論實而空居其內 迴曉千經之表 恒彰萬象之△ (결락) 壞道體兼作化

보림사에서 가지산문을 성립시킨 체징은 정각正覺에 이르는 조사선사상을 표명하였다. 우선 그는 유위有爲한 경지의 불심인법과는 대조적인, 공空을 깨닫는 도의의 조사심인법을 계승하였다. 이는 어두운 업장業障에서 벗어나 바로 깨달음에 이름으로써 인과를 초월하고 색상色相의 세계를 떠난 것이어서 바로 조사선사상으로 성립되었다. 이관利觀도 비교적 분명하게 조사선사상을 가졌다. 이관은 법이 본래 참도 아니고 거짓도 아니라고 하였다. 이를 깨닫는 것이 그의 선종사상으로 이어졌다. 그리하여 현적玄寂한 곳에서 종적을 없애고 언설言說을 잊게 하는 바의 조사선을 추구하였다.

조사선사상은 독립적 선종산문을 개창하려는 목적에서 더 적극적으로 추구되었다. 이 때문에 도의는 '무념무수無念無修'의 조사선사상을 오히려 강하게 주장하였다. 가지산문을 개창한 이후에 체징은 조사선사상을 여전히 중시하였지만, 서서히 교학에 관해 관심을 나타내었다. 신라하대 선종사상이 대체로 처음에는 조사선에 관심을 가지는 '내증內證'을 내세우다가 진성여왕 이후가 되면 교학에로 눈을 돌리는 '외화外化'를 강조하였다. 그리하여 나말여초를 지나면서 선종사상은 교종사상과 교섭하는 경향을 지녔다.

체징은 인과나 논리를 초월한 조사선사상을 주장하면서도 한편으로 정각의 경지는 지혜의 빛을 멀리 비추고 혜택을 널리 입는 것이라 하였다. 그리하여 미혹을 걷고 깨달음에 이르기 위해 법우法雨나 자운慈雲을 강조하였다. 이관도 역시 조사선사상을 주장하면서도 정각에 이르기 위해 근원을 탐구해야 한다고 하였다. 미혹과 지혜의 강조는 유식에

成 自然非滅非生 不增不減 修之則了乎正覺 得之則豈究其源 斯爲法焉 (결락) 掃跡於玄寂之鄉 安靜於忘言之域 其非弘覺禪師乎"라고 하였다.

관한 표명이다. 이는 모두 교학, 특히 법상종에 대한 관심으로 이어졌다. 그는 공空을 말하면서 그 가운데 실實이 있으며, 또한 실 속에 공이 있다고 하였다. 공과 실을 같이 이해하려는 것은 교선교섭사상 경향을 성립시키는 데 능동적으로 작용하였다. 선종사상이 법상종 등 교학사상으로 눈을 돌리면서 선종과 교종의 교섭사상 경향이 나타났다.

교종불교에 대한 비판과 이해

신라중대에 의상계 화엄종이 유행하였고, 뒤이어 진표眞表계나 태현太賢계 법상종이 대두하였다. 진표는 금산사金山寺에서 간자簡子를 개발하여 점찰법회占察法會를 개최하면서 엄격한 계율을 강조하였다. 진표와 비슷한 시기에 법상종의 또 다른 교단을 성립시켰던[59] 태현은 왕실에 나아가 『금광경金光經』을 강론하면서 기우제를 지냈다. 이리하여 법상종은 진표와 태현으로 대표되는 두 교단으로 나뉠 정도로 왕성하였다. 다만 화엄종 세력은 상당히 위축되었을지라도 아직도 법상종과 비교해 더 번성하였다. 표훈表訓을 비롯하여 신라말에 해인사를 중심으로 많은 화엄종 승려들이 활동하고 있었다.

도의는 물론 체징도 교종불교를 비판하면서 남종선사상을 받아들였다. 체징은 교종불교에 대해 "경전을 숭상하고 절대 신(불타佛陀)을 관조觀照하려는 법에 익숙하였다"라고 다소 비판적으로 언급하였다. 이에 비해 독립 산문을 개창하기 위해 도의의 조사선사상은 교학을 신랄하게 비판하였다. 이런 면을 이해하는 데 다음 기록은 참고된다.

---

59 문명대, 「신라 법상종(유가종)의 성립문제와 그 미술—감산사 미륵보살상 및 아미타불상과 그 명문을 중심으로 (하)—」, 『역사학보』 63, 1974, p. 160.

지원智遠 승통僧統이 도의국사에게 묻기를 화엄의 4종 법계法界 외에 다시 어떤 법계가 있으며, 55선지식善知識의 행포법문行布法門 외에 다시 어떤 법문이 있는가? 즉 교학 이외에 별도로 조사선도祖師禪道라 말하는 것이 있는가라고 하였다. 도의가 대답하여 말하기를 승통이 들은 바 4종 법계는 조사문祖師門에서 바로 이체理體에 해당하는데, 일체의 정리正理가 얼음 녹듯 없어져서 손안에 있는 법계의 상相은 항상 얻어지지 않으며 본래 행지行智가 없는 조사심祖師心의 선문 중에 문수와 보현의 상은 볼 수 없다고 하였다. 또한 55선지식의 행포법문은 바로 수중水中의 물거품과 같으며 사지四智나 보리 등의 도는 역시 쇠가 광석 속에 있는 것과 같아서, 곧 여러 교의 안에 혼잡하게 섞여 있어서 얻을 수 없다. 그러므로 당나라 귀종歸宗화상이 대장경에서 명석한 물음을 얻어 내려 하였으나 단지 손과 머리를 드는 데 그쳤다고 하였다.[60]

지원 승통과 도의의 문답에 관한 내용은 『해동칠대록海東七代錄』에 전한다. 지원은 화엄종 승려였으며, 도의에게 교학의 가장 기본적인 논리 구조나 수행에 관한 법계와 법문을 질문하였다.

조사선 경지에서는 화엄의 일체 법계나 법문이 민멸泯滅하여 없어진다. 교종불교의 법계나 법문의 실체를 부인한 도의는 조사심인법을 내세웠다. 그리하여 우선 교학의 경전을 부정하였다. 당나라 귀종歸宗화상이 대장경을 통해 불성을 깨치지 못하였음을 언급하였다. '불립문자不立文字'를 내세우는 선종사상과 통하는 면이다. 경전의 부정은 바로 교종불교에서 받드는 불타 권위의 부정으로 이어졌다. 진전사에 이르

60 천책, 『선문보장록』 권중(앞의 책, 1977, p. 261)에 "智遠僧統 問道義國師云 華嚴四種法界外 更有何等法界 五十五善知識 行布法門外 更有何等法門 卽此敎以外 謂別有祖師禪道云者乎 道義答曰 如僧統所擧四種法界 則於祖師門下 直擧正當理體 氷消一切之正里 拳中法界之相 尙不可得 於本無行智 祖師心禪中 文殊普賢之相 尙不可見"이라고 하였다.

러 도의의 영탑靈塔에 참배함으로써 그의 법인을 전수한 진공 △운은 스승 없이 스스로 깨쳤음을 내세웠다.[61] 경전은 물론 불타나 스승 권위의 부정은 바로 교종불교를 부정하는 것이다.

도의는 4종 법계를 부정하였다. 의식이 일으킨 일체의 경계가 법계라고 함으로써 이의 부정은 교학의 논리 자체를 뒤흔드는 것이다. 그는 교종불교에서 논하는 4종 법계가 완연하여 차별의 모습을 보여 주지만 조사문에서는 일체의 정리正理가 얼음 녹듯 없어져서 법계의 여러 법상을 얻을 수 없다고 하였다. 조사선 경지는 교학의 논리 체계를 초월하려는 것이지만, 도의는 그들의 논리에 대응하면서 선종을 성립시켜야 할 숙제를 안고 있었다.

도의는 55선지식의 행포법문을 부정하여 그들이 수행해 가는 법문을 수중의 물거품과 같다고 하였다. 조사선은 무아無我인 본원의 경지이기 때문에 수행과 아울러 증지証智를 설정할 수 없다. 그럴 때 문수의 증지나 보현의 수행은 무의미해지므로 행포법문은 인정되지 않는다. 행포법문의 부정은 교종, 특히 『화엄경』의 입법계품에 따른 실천 수행을 인정하지 않는 동시에 당시 성행하였던 의상계 화엄종의 실천 수행 법문을 비판한 것이다. 그러나 도의의 선종사상도 의상계 화엄사상이나 교학을 철저하게 부정하지 못하였다.

조사선 경지에서 볼 때 법계와 법문은 민멸泯滅하여 그 존재를 초월해 버리지만 그렇지 못한 데에 도의가 교학을 비판하는 한계성이 있다. 그는 화엄의 법계와 법문을 모두 부정하면서도 여러 교의 내에 그것이 혼재해 있음을 말하였다. 그리하여 교학 외에 따로 조사심인법을 설정

---

61 최언위, 「풍기비로암 진공대사보법탑비」(『조선금석총람』 상, 1919, p. 136)에 "是則有理能知無師自悟"라고 하였다.

하였으나 조사선의 정리正理는 방편으로 접근할 수밖에 없어서 부처가 형상을 드러낸 것이다. 처음 교학을 신랄하게 비판하면서 조사선사상을 성립시켰지만, 바로 이런 면은 역설적으로 가지산문이 교종사상을 더 폭넓게 이해할 수 있는 여력을 갖게 하였다.

나말여초에 선종사상은 교종사상과 교섭하는 경향을 지녔고 대체로 화엄사상에 대해 강조하였다. 그러나 가지산문의 사상은 화엄사상뿐만 아니라 유식 등 법상종사상에 대한 이해를 심화하였다. 이미 체징은 교학의 성상性相을 같이 이해하려는 선종사상 경향을 지녔다. 다음 내용을 참고해 보자.

> ① 서쪽으로 중국에 들어가 선지식善知識을 찾아 15주州를 편력하면서 법계法界의 선호하는 모습이 모두 같아 성상性相이 다르지 않음을 알았다. 이에 "우리 조사祖師께서 말씀한 바에서 더한 것이 없는데 어찌 수고로이 멀리 가겠는가"라고 하였다.[62]
>
> ② 중생衆生이 노사나불盧舍那佛이 되고 노사나불이 중생이 되는 것인데, 중생은 노사불의 법계法界 가운데 있음을 알지 못하고 종횡으로 업業을 짓고 노사나불 또한 중생을 그 안에 품고 있음을 알지 못하고 항상 고요하게 있으니 어찌 미혹한 일이 아니겠는가. 미혹함을 아는 자는 크게 미혹한 것이 아니니, 이 미혹함을 아는 사람은 오직 우리 선사이다. 혹은 이 이야기를 한갓 헛된 것이라고 함으로 슬프도다!『도덕경道德經』에 "상사上士가 도를 들으면 숭상하여 받들고, 중사中士가 도를 들으면 간직한 듯 잃는 듯하며, 하사下士가 도를 들으면 손바닥을 비비며 웃으니, 웃지도 않으면 족히 도道라고 여길

62 김원, 「장흥보림사 보조선사창성탑비」(앞의 책, 1919, p. 62)에 "西入華夏 叅善知識 歷三五州 知其法界 嗜欲共同 性相無異 乃曰我祖師所說 無以爲加 何勞遠適"이라고 하였다.

수 없다"라고 한 것은 이를 말한다.[63]

가지산문을 개창하기 이전에 체징은 도의의 조사선사상에 보다 관심을 가졌다. 그가 억성사億聖寺의 염거廉居 문하에 머물면서 일심一心을 닦아 삼계三界를 구하고자, 목숨을 자기 목숨으로 여기지 아니하고 몸을 자기 몸으로 여기지 않았다고 하였다.[64] 바로 조사선사상으로 이어지는 면이다. 그는 일심을 닦아 삼계를 구하는 바인 삼계유심三界唯心의 논리를 추구하였다.

이후 중국에 유학한 체징은 성상性相이 다르지 않고 법계가 두루 같음을 알았다. 그런데 이는 이미 도의나 염거의 조사선사상에 나타난 것임을 깨닫자, 체징은 더 선지식을 찾기보다는 바로 귀국하였다. 가지산문은 조사선사상 외에 화엄은 물론 법상종까지를 이해하려는 사상 경향을 지녔다. 이 점은, 도의의 남종선사상이 교학을 비판하면서 등장하였지만, 시대가 내려가면서 교학사상을 더 깊이 이해하게 하였다. 그리하여 체징은 성상이 다르지 않고 아울러 법계가 모두 같음을 특별히 주목하였다.

나말여초의 선종산문이 교선교섭사상을 형성시키면서 대체로 화엄사상을 중시하였지만, 가지산문은 화엄사상과 함께 유식, 곧 법상종사상의 이해로까지 눈을 돌렸다. 체징 사상의 특징을 "공空을 관觀하여 공을 초월하였으므로 색色을 보되 색이 아니며, 억지로 도장을 찍듯이 불렀

63 김원, 위의 비(1919, p. 61)에 "其於衆生爲舍那 舍那爲衆生 衆生不知在舍那法界之中 縱橫造業 舍那亦不知衆生在苞含之內 湛然常寂 豈非迷耶 知此迷者 大不迷矣 知其迷者 惟我禪師乎 或謂此說爲濩落之言吁 道經云 上士聞道 崇而奉之 中士聞道 如存若亡 下士聞道 撫掌而笑 不笑不足以爲道 此之謂矣"라고 하였다.

64 김원, 위의 비(1919, p. 62)에 "居雪山億聖寺 傳祖心 闢師教 我禪師往而事焉 淨修一心 求出三界 以命非命 以軀非軀"라고 하였다.

으므로 얻은 바를 이름 붙이기 어렵다. 유위有爲 세계의 무수한 인연이 밖으로 경계境界에 부딪혀 정신을 일으키고, 바람이 일어 파도를 일렁거리게 한다"라고 한 데에서 찾을 수 있다.[65] 공관空觀과 색상色相을 초월하려는 체징의 조사선사상은 화엄사상과 함께 유식사상에 대한 이해를 바탕으로 성립하였다.

다만 체징의 조사선사상은 유위의 무수한 인연과 경계를 부정하지 않았다. 그 이유는 중생이 노사나불이 되고 노사나불 역시 중생으로 되기 때문이다. 중생은 노사나불의 법계法界 가운데 있으면서 노사나불성을 지니고 있다. 그런즉 중생이 지닌 차별의 근기根機를 인정한 셈이다. 『도덕경』을 인용하여 도를 깨침에 상사上士와 중사中士 및 하사下士의 차이를 설정하였다. 유식의 차별 근기를 인정하면서도 체징은 이를 초월하기 위해 일심一心의 깨침을 강조하였다. 바로 이런 면은 가지산문의 사상적 특성으로 성립되었다.

억성사로 나아가기 이전에 이관은 영암사靈巖寺에서 선정禪定을 닦았는데, 이 절은 뒤에 법안종에 소속되었다. 나말여초에 법안종의 적연寂然 영준英俊이 이곳에 주석하여 입적하였다. 법안종의 사상적 특징은 선적禪的 이사관理事觀으로 표현되며,[66] 선종사상 내에 화엄종은 물론 법상종사상까지 융섭하려는 것이다. 이관도 일심, 곧 마음을 깨칠 것과 함께 법상과 경론을 말함으로써 선종과 교종에 모두 관심을 표명하였다.[67] 나말여초를 거치면서 교선교섭사상이 형성되는 과정에서 가지산문의 사

---

65 김원, 위의 비(1919, p. 64)에 "觀空離空 見色非色 强稱爲印 難名所得 有爲世界 無數因緣 境來神動 風起波翻"이라고 하였다.

66 김두진, 「고려 광종대 법안종의 등장과 그 성격」, 『한국사학』 4, 한국정신문화연구원, 1983, p. 41.

67 김원, 「양양사림사 홍각선사비문」(앞의 책, 1993, p. 117)에 "眞理了悟 至道音覺 心鏡洞開 △霜自鑠 談法言表 廊論發傾 何德尊印 岳頻昇內座 居權毁禪敎"라고 하였다.

상은 마음을 중시하는 유식, 곧 법상종사상에 대한 이해를 넓혀 갔다.

진전사에서 도의의 영탑과 진영眞影을 참관함으로써 가지산문도를 표방한 진공 △운도 처음은 가야산伽倻山의 선융善融으로부터 화엄사상을 전수하였는데, 도의의 조사선사상에 접한 이후에는 법상종사상에 심취하였다. 아울러 만년에 그는 계율을 지니면서 소백산사小伯山寺에 주석하여 본광本光과 본색本色을 탐구하였다. 항상 본분에 맞게 정진하여 시의에 어긋나지 않고 세상을 따라 특별한 궤칙軌則을 갖기보다는 평범한 진리를 따랐다.[68] 이렇듯 △운은 법에 맞게 수행함으로써 조사선을 추구하면서도 유식을 폭넓게 이해하였다.

나말여초에 형미도 조사선을 추구하는 외에 화엄사상에 심취하였고, 일찍이 수행하는 과정에서 미륵불의 출현을 기다렸으며 법상종사상에 대해 관심을 가졌다. 그는 여러 이름으로 불린 삼라만상이 색色이지만 색이 아니고 공空이지만 공이 아니며, 모두가 가명假名이요 방편이어서 중생을 제도한다고 하였다.[69] 이는 바로 화엄사상과 함께 법상종사상의 이해로 연결될 수 있다. 가지산문이 나말여초에 조사선사상을 정립시키고 난 후에 화엄사상은 물론 특별히 법상종사상의 이해로 시야를 확대하면서 교선융합사상 경향을 형성시켰다.

(3) 가지산문의 불교사적 의의

도의의 남종선은 교종불교가 성행하거나 북종선이 전래한 분위기 속

---

68 최언위, 「풍기비로암 진공대사보법탑비」(앞의 책, 1919, p. 140)에 "隨分不少 隨時逐世 別無軌則 應是之理"라고 하였다.

69 최언위, 「강진무위사 선각대사편광탑비」(『조선금석총람』 상, 조선총독부, 1919, p. 174)에 "卽色非色 惟名假名 雖云方便 祗爲衆生"이라고 하였다.

에 조사선을 수립하려는 면에서 의미를 지닌다. 『능가경』을 중시하는 북종선은 교종불교사상과 대척되는 것은 아니다. 조사선은 자기 내에 있는 불성을 찾으려는 것으로 선종사상이 개인주의적 성향을 지니게 하였다. 여래에 귀의하는 것이 아닌 조사의 강조는 선종산문이 개창하여 독자 세력을 성립할 수 있게 하였다. 중앙귀족 중심으로 수용된 화엄종을 위시한 교종불교사상과는 대조적으로 남종선사상은 지방에서 독자 세력을 확보하려던 지방호족에게 호감을 주었다. 교종불교 풍토에 젖어 있던 중앙귀족들은 도의의 조사선을 배척하였다.

도의와는 달리 홍척이나 쌍계사의 진감 혜소는 비슷한 시기에 산문을 수립하였다. 홍척은 도의처럼 서당 지장의 법인을 받아 왔고, 남종선을 표방하면서 실상산문實相山門을 개창하였다. 그는 신라하대에 가장 빨리 산문을 열었으며 왕실의 귀의까지 받았다. 이렇듯 홍척은 도의와 다소 대조적으로 활동하였다. 그 이유는 그들의 선풍이 달랐기 때문이다. 홍척은 "닦되 닦을 것이 없는 것을 닦는다"라고 하거나 "증득證得하되 증득할 것이 없는 것을 증득한다"라고 하였다.[70]

도의는 무념無念과 무수無修를 내세워 무념이 염念이 되고 무수가 수修가 된다고 하였다. 이러한 도의의 조사심인법과는 달리 홍척은 '몰념沒念'을 염念하고 '몰수沒修'를 수修하였다. 염과 무념이 또는 수修와 무수가 구별되지 않는 것이 도의의 조사심인법이다. 이와는 달리 홍척은 '몰념'과 '몰수'를 전제로 하면서도 이를 인식하려는 '염'과 '수'를 부정하지 않았다. 홍척의 선풍은 도의의 그것보다 훨씬 북종선의 사상 경향에 가깝다. 그러나 홍척의 선풍은 무위한 면을 추구한다는 점에서 북종선

70 최치원, 「문경봉암사 지증대사적조탑비」(앞의 책, 1919, p. 90)에 "修乎修設修 証乎証設証"이라고 하였다. 洪陟의 禪風은 "닦고 닦아서 닦음을 세워 가며 証得하고 証得하여 証得함을 세워 간다"는 것이다. 이는 곧 北宗禪사상과 통하는 것이다.

사상과 구별된다.

혜소慧昭도 조사선사상을 펴면서 심법心法이나 인심印心 등을 중시하였다. 곧 남종선사상 내의 마음을 강조한 셈이다. 혜소의 심법은 이름을 붙일 수도 설명할 수도 없는 남종선사상이지만, 유심선唯心禪사상을 성립시키면서 법상종의 유식은 물론 유학사상에 관심을 나타내는 등 북종선사상을 다소 포용한 것이다.[71] 마음을 강조한 점에서 혜소의 조사선사상은 가지산문의 사상 경향과 비슷한 모습을 보여 준다. 그러나 달이나 이를 가리키는 손가락도 잊게 하는 남종선사상을 강하게 포용하면서도 유학사상을 중시하는 면에서 혜소의 조사선사상은 지증智證 도헌道憲이 개창한 희양산문의 사상 경향과도 연결이 가능한 것이다.

다만 조사선의 수립 면에서 도의의 조사심인법과 무염의 무설토론은 비슷한 점도 있으나 약간의 차별성이 있다. 조사심인법이 무념과 무수를 내세운 점은 무설토론에서 '무전이전無傳以傳'이나 '전이부전傳以不傳'을 주장한 것과 비슷하다. 다만 무설토는 무전의 이유로 출입의 종적蹤迹이 없음을 내세웠는데, 이는 출입을 초월한 무아의 경지를 가리킨다. 무설토는 존재와 논리뿐만 아니라 인식을 초월한 것이다.[72] 무념무수가 이성이요, 신해요, 수증이라 한 도의의 조사심인법과 구별되는 면이다. 도의는 비록 조사선도를 수립하였지만 교종불교와의 철저한 구별을 의식한 나머지 교학 논리를 초월하는 데에는 한계를 가졌다.

조사선사상은 무염의 무설토론에서 뚜렷하게 성립되었다. 뒤에 범일이 진귀조사설眞歸祖師說에서 언설로 논해질 수는 없는 조사선을 더 철

71 김두진, 「진감선사탑비와 혜소의 선종사상」(김두진 외, 『금석문을 통한 신라사 연구』, 한국학중앙연구원, 2005), pp. 164~170.

72 김두진, 「낭혜와 그의 선사상」, 앞의 책, 1973, pp. 42~43.

저하게 확립하였다.[73] 도의의 조사심인법은 처음으로 조사선사상을 표명하였으나 교종불교를 비판하는 과정에서 논리의 필요성을 느끼고, 오히려 교학 전반에 대한 이해로 시야를 확대하였다. 교선교섭사상 경향이 등장하는 나말여초에 성주산문聖住山門이나 굴산문崛山門이 화엄사상에 대해 또는 동리산문桐裏山門이 유식사상에 대해 유독 관심을 표방하는 속에서도 가지산문은 화엄사상과 함께 유식, 곧 법상종사상으로까지 이해의 폭을 넓혀 갔다.

중국에서 조사선은 마조馬祖 도일道一 문하의 홍주종에서 추구되었고, 신라하대 선종 승려들은 대체로 그의 문하로 나아가 법인을 받아왔다. 홍주종의 선풍은 '임심자재任心自在'를 내세워 '일체시진一切是眞'을 주장하는 경향을 보였다.[74] 이런 면은 홍척의 선종사상 경향과 부합되는데, 가지산문의 사상에서도 분명하게 나타났다. 체징은 유위한 세계에서 무수한 인연을 찾았고 정각의 경지에 들면서도 지혜와 혜택惠澤을 추구하였다. 또한 △운은 배우는 사람이 와서 가섭迦葉과 석가가 어떤 분이냐고 묻자 가섭이고 석가일 뿐이라고 대답하였다.[75]

도일 이후 중국 선종에는 더 철저한 조사선사상을 성립시키려는 경향이 나타났다. 홍주종과는 달리 무주無住의 보당종保唐宗이나 희천希遷의 우두종牛頭宗에서는 '일체시망一切是妄'이나 '일체개무一切皆無'를 주장하기에 이르면서 조사선이 분명하게 확립되었다.[76] 무염이나 범일의 선풍에서 '조토祖土'나 '무설토'로 이어진, 보다 분명한 의미의 조사선이 수립되었다. 그러나 조사선사상이 성립하고 난 이후 중국의 선종사상

---

73 김두진, 「신라하대 굴산문의 형성과 그 사상」, 앞의 책, 1986, pp. 26~27.

74 關口眞大, 『禪宗思想史』, 東京: 山喜房佛書林, 1966, pp. 200~202.

75 최언위, 「풍기비로암 진공대사보법탑비」(앞의 책, 1919, p. 138)에 "學人問 如何是迦葉師 對云迦葉 如何是釋迦師 酬曰釋迦"라고 하였다.

76 關口眞大, 앞의 책, 1966, p. 204.

도 교종사상과 교섭하는 경향을 지녔고, 이러한 교선교섭사상 경향은 청원靑原 행사行思의 문하에서 강하게 나타났다. 그리하여 교종과 선종 사상의 교섭에 관심을 가진 선승들은 나말여초에 회양懷讓의 법사인 도일의 문하로 유학하기보다는 행사의 문하에서 법인을 받아 왔다.

가지산문의 교선교섭사상 경향은 조사선사상을 견지하면서 화엄은 물론 법상종사상까지 이해하려는 것이어서 고려초에 등장하는 법안종法眼宗사상과 통할 수 있다. 그러나 가지산문과 법안종의 사상 경향은 분명히 다른 모습을 가졌다. 고려 광종대 전제정치가 행해지는 동안에는 균여의 성상융회性相融會사상이 풍미하였고, 이어 광종대 말에는 법안종이 등장하였다. 선적禪的 이사관理事觀인 법안종사상은 강한 조사선사상을 정립한 바탕 위에 교학 내의 대립을 해소한 성상융회사상을 융섭融攝한 것이다.

가지산문의 사상 경향은 조사선사상을 바탕으로 화엄종과 법상종 사상으로까지 이해의 폭을 넓힌 것이지만, 마음을 닦는 면을 더 강조하였다. 광종 22년(971년)에는 법안종이나 이와 가까운 사상 경향을 가진 산문으로 고달원高達院·희양원曦陽院·도봉원道峯院을 세 부동문不動門으로 설정하였다.[77] 그런데 법안종 외에 고달사에 주석한 봉림산문의 찬유璨幽와 봉암사에 주석한 희양산문의 긍양兢讓이 성상융회사상 경향을 가진 것은 주목된다.[78] 그러나 세 부동문 속에 가지산문은 제외되었다.

가지산문은 법안종과 통할 수 있는 면을 가졌을지라도 법안종과는 일정한 선을 유지하였다고 생각한다. 가지산문이 비록 화엄과 유식에 대한 관심을 보였을지라도 그것을 융섭하려는 사상 체계를 성립시키지

---

77 김정언, 「여주고달사 원종대사혜진탑비」, 『조선금석총람』 상, 조선총독부, 1919, p. 214.

78 김두진, 「균여의 "성상융회"사상」, 『역사학보』 90, 1981; 『균여화엄사상연구—성상융회사상—』, 일조각, 1983, pp. 153~157.

는 않았다. 법안종은 광종대를 지나 고려중기 이후에는 쇠퇴하였고, 또한 봉림산문鳳林山門이나 희양산문도 계속 번성하지는 않았다. 다만 희양산문의 점선漸禪사상은 유학사상에 대해서까지 관심을 표방하였는데, 이런 면은 가지산문의 사상 경향에서도 미약하게나마 나타나 있었다.

고려초의 교선교섭사상 경향이 선종 중심으로 나타난 것만은 아니다. 화엄종 승려인 탄문坦文이 교선융합사상 경향을 지녔고, 의천의 천태종天台宗은 화엄종을 중심으로 선종사상을 융섭한 것이다. 고려중기 이후에는 선종 중심으로 교선교섭사상 경향이 전개되면서 화엄사상을 중시하는 굴산문과 화엄 외에 법상종사상까지를 포괄하려는 가지산문이 주목을 받았다. 무신난이 발발한 이후 지눌知訥의 조계종은 굴산문으로 법맥을 이어 가지만, 원복속기에 일연一然은 조계종의 법맥을 이었으면서도 가지산문의 사상 전통을 계승하였다.

일연은 선관禪觀을 닦으면서 아울러 화엄사상을 중시하고 유식사상까지 포용하려는 사상 경향을 지녔는데, 그것을 '심존선관心存禪觀'이라 불렀다.[79] 일연은 기본적으로 선승이며 화엄사상을 중시하였다. 이런 입상은 조계종을 계승하면서 갖추어졌다. 그렇지만 그는 화엄 외에 법상종사상뿐만 아니라 법화나 유학사상에까지 눈을 돌렸다. 이런 면은 신라하대 이래 가지산문의 사상적 전통이 고려말까지 이어지고 있는 모습을 보여 준다. 또한 백련사白蓮社가 법화사상을 내세우는 등 고려후기에 교종불교에 대한 이해의 폭이 넓어지는 것도 가지산문의 사상이 형성되는 데 영향을 주었다. 그리하여 고려말 태고太古는 가지산문의 사상 전통을 바탕으로 구산선문의 통합을 시도하고 있었다.

79 김두진, 「일연의 심존선관사상과 그 불교사적 위치」, 『한국학논총』 25, 2003, p. 17.

3. 굴산문의 성립과 그 사상 전통의 계승

(1) 굴산문 성립의 문화적 기반

신라문화가 이식된 이상향의 설정

강릉에서 학산리鶴山里의 굴산사지를 찾아가는 길은 마치 피안에 드는 듯한 인상을 준다. 대관령 깊숙이 들어가다 보면 언덕으로 막히고, 그 위에 올라서면 다시 탁 트인 넓은 들을 지난다. 이러기를 연거푸 반복하다 보면 광활한 별천지와 같은 굴산사지에 다다른다. 지금은 대부분 정비되었지만 마을에 여염집과 어울려 현재 남아 있는 당간지주를 포함한 유물과 유적은 굴산사의 규모가 거대하였음을 충분히 알려 준다.

굴산문의 선종사상은 우선 단월인 김주원계나 강릉 지역의 불교계와 연결하고, 종국에는 민족문화의 형성에 일익을 담당하는 면으로 이해해야 한다. 신라는 비교적 일찍이 동해안을 따라 강릉 지역으로 진출하였다. 강릉은 신라인들에게 개척해야 할 이상향으로 다가왔으며, 아울러 의상계의 융섭적融攝的 화엄사상이 성공적으로 이식된 지역이었다. 이러한 문화풍토 속에서 형성된 통합을 추구하는 굴산문사상의 성격은 민족문화의 전통을 성립시키는 데 능동적으로 작용하였다. 그러므로 굴산문의 사상 전통 속에 중앙과 지방은 물론 현실과 이상을 아우르는 융합문화를 끌어내고자 한다.

그 외에도 강릉 지역의 문화 속에는 추출할 수 있는 정서가 많이 함축되어 있다. 가령 강릉 지역은 험준한 지형·지세로 말미암아 중앙의 통치 질서가 흐트러지면서 개척이나 개혁을 표방하는 저항을 낳았지만, 갈등과 혼란을 극복하고 질서와 조화를 가져오기 위하여 인고忍苦하는 지혜를 포용하였다. 그리하여 실패와 좌절을 극복하는 자세가 새로운 민족문화를 창달할 수 있게 하였다. 현재 이런 문제가 굴산문의 사상 전통과 어떻게 연결되는지를 제시하기는 어렵지만, 앞으로 관심을 가지고 밝혀야 할 것이다.

신라가 중앙집권적 귀족국가 체제를 갖추면서 이웃 소국이나 읍락을 흡수하고 영역국가로 판도를 넓혀 갔다. 사로국이 중심이 되어 연맹왕국을 이루기까지 경산(압독국押督國)이나 청도(이서국伊西國) 지역을 확보하는 것이 신라국가의 급선무였다. 이와 동시에 신라는 동해안으로 진출하여 해변을 따라 북쪽으로 영역을 확보해 갔다. 남해왕 16년(19년)에 강릉 지역의 사람들이 예왕濊王의 인장을 얻어 나라에 바쳤다는 기사는 믿기 어렵더라도 신라가 일찍이 이 지역으로 진출하였다는 사실을 알려주기에 충분하다. 이미 안강에서 울진 및 삼척 지역까지 세력을 확대하였던 신라는 파사왕 23년(102년)에 음즙벌국音汁伐國(지금의 울진)과 실직곡국悉直谷國(지금의 삼척)을 멸망시키면서 강릉은 물론 안변 지역으로까지 뻗어 나갔다.

신라는 아달라니사금이 즉위한 2세기 후반에 가서야 죽령竹嶺을 넘어 문경이나 충주 지역으로 나아가는 계기를 마련하였다. 그렇지만 동북부 국경 지역은 말갈(읍루)의 잦은 침입을 받았기 때문에 신라가 남한강 유역으로 진출하는 데에는 이로부터 2세기 정도의 기간을 더 소모하였다. 특히 이 지역에 부식하고 있었던 고구려 세력을 몰아내는 과제를 풀어야만 하였다. 신라는 동해안을 따라 북쪽으로 뻗어 나갔고, 강릉 지역으로의 진출은 개척정신에 편승하여 초기 신라국가의 이상을 실천하는 것이었다. 그러나 신라 조정에서 볼 때 강릉 지역은 항상 물 위에 복숭아꽃 흐르는 평온한 이상향으로만 존재하지 않았다.

개척과 이상을 추구하다 보면 그 과정에는 언제든지 위험이 따르기 마련이다. 그런 면에서 일단 확보하였다 하더라도 강릉 지역은 신라 조정에서 벗어날 수 있는 피안의 이상향으로 남아 있었다. 경주에서 강릉으로 이어지는 동해안 지역은 서쪽으로 태백산맥을 따라 길게 조성되었기 때문에 험한 산간을 장악한 세력에 의해 양분되어 신라 조정과 단절되기 마련이었다. 실제로 눌지마립간 34년(450년)에는 고구려 장수가 삼척 지역에까지 진출하여 사냥하였다. 또한 신라 동북부 지역에는 적적狄賊이 횡행하였기 때문에 국선國仙 부례랑夫禮郎이 강릉의 국경 지역을 유오遊娛하는 도중 그들에게 붙잡혔다가 구출되기도 하였다.

지증마립간 6년(505년)에 이사부異斯夫가 실직주 군주軍主에 임명되었고, 512년에는 하슬라주何瑟羅州 군주가 되어 바다 중의 우산국于山國을 정벌하였다. 신라가 안변에 이르기까지 동해안 지역을 확실하게 확보하면서 그 통치의 중심을 강릉에 두었다. 그러면서 강릉은 신라가 이상과 개척을 함께 추구하는 상징적 지역이 되었다. 사료적 가치가 다소 떨어지기는 하지만, 「평창군고기平昌郡古記」에는 진평왕 때에 강릉의 사신仕臣으로 부임한 무월랑無月郎이 그 지역의 연화녀蓮花女와 혼인하는 설화가 실려 있다. 연화녀는 집 근처의 깊은 연못에 사는 신어神魚를 통해 임기가 차서 경주로 가버린 무월랑에게 서신을 전하였다. 물속 깊이 잠수하여 동해를 거쳐서 경주 해변에 이른 신어는 무월랑에게 잡혔다. 편지를 본 그는 연화녀를 부인으로 맞이하였다.[80]

신라사람들이 피안을 추구하는 이상향은 경주에서 강릉까지의 동해안 곳곳에 도사려 있었다. 성덕왕 때의 순정공純貞公은 강릉 태수가 되어 부인 수로水路와 함께 임지로 떠났다. 도중에 수로부인은 용에게 붙

---

80 瀧澤誠, 『臨瀛誌』 권1, 古事조에는 「平昌郡古記」를 인용하여 "新羅眞平王時 有無月郎爲江陵仕臣 其時 有蓮花女 見而兩心相照 卽政滿還京 謂其女王 若有宿緣當作夫婦 女家在大川南宅 北有深淵 女常以飯食其魚 其中神魚 一雙在水上 女之父母 欲定婚嫁 女與神魚曰 願傳吾信書於無月郎 魚如有應聲 遂三日不現 潛通東海 到新羅無月郎之捕魚所 郎得神魚 魚吐信書 郎卽作書與魚 遂仰其女 作爲夫婦"라고 하였다.

잡혀 바닷속으로 끌려갔다가 돌아왔다. 주위에서 바닷속의 일을 묻자, 수로부인은 칠보궁전七寶宮殿이 있는데 그곳의 음식은 맛있고 향기로우며 인간들이 먹는 음식이 아니라고 하였다. 일단 동해 속에서 구한 셈이지만, 이상향은 강릉에 이르기까지 깎아지른 절벽의 어디에도 설정될 수 있었다. 사람이 도저히 다닐 수 없는 절벽에 핀 꽃을 꺾어 수로부인에게 바친 늙은이는 이상향의 전도사였다.

초기 동해안을 따라 이룬 신라의 영토 개척은 이상향을 추구하는 성격을 지녔고, 강릉은 이상향의 상징이 되었다. 신라하대에 조신은 강릉 지역에서 현실의 미륵정토를 추구하였다. 현실사회에 정토를 구현하려는 신앙은 강릉 지역은 물론 대관령을 넘어 철원까지 퍼져 있었다.

경문왕 5년(865년)에 철원의 거사 1,500여 명이 도피안사到彼岸寺에 비로자나불상을 조상하여 모셨다. 1,500여 명의 거사는 향도香徒를 자처하였고 미륵을 받들었다.[81] 그러므로 철원의 도피안사는 미륵을 기다리는 향도들이 중심이 되어 현실 정토를 구현하려는 도량이다.

궁예는 현실사회에 정토를 실현하려는 신앙을 포용하였다. 양길의 부하가 된 궁예는 600명의 군사로 원주에서부터 영월·평창·울진 등을 정복하고 진성여왕 8년(894년)에 강릉까지 진격하였다. 이때의 무리가 3,500명이었고, 그는 이를 14대로 편성하였다. 강릉 지역에서 정치적 기반을 마련한 궁예는 철원을 수도로 국가를 건설하였다. 그의 미륵정토

81 정병삼, 「도피안사 비로자나불조상기」(한국고대사회연구소편, 『역주 한국고대금석문 3—신라2·발해 편—』, 가락국사적개발연구원, 1992, pp. 314~315)에 "香徒佛銘文并序"라고 하였다. 곧 結緣한 1,500명의 거사를 香徒라 한 셈이다. 그러므로 그들은 비로자나불을 안치하면서도 도피안사에서 미륵을 받들고자 하였다. 또한 같은 조상기에는 "夫釋迦佛晦影歸眞 遷儀越世 紀世掩色 不鏡三千光 歸一千八百六載耳"라고 하였다. 석가불이 돌아가고 1806년이 지나서 부처를 맞으려고 하였다. 이는 미륵의 출현을 의도한 것으로 추측된다.

신앙은 도피안사뿐만 아니라 기본적으로는 이상향을 추구하던 강릉 지역의 현실 정토신앙에서 영향을 받아 성립되었다.[82] 초기 신라가 개척과 이상을 함께 추구하면서 진출하였기 때문인지 강릉은 이상향과 현실 정토신앙을 같이 포용하였다. 그리하여 궁예의 미륵정토신앙은 현실사회를 이상향으로 바꾸기 위해 잘못된 제도를 개혁하려는 성격을 지녔다.

태백을 넘어 뿌리내린 화엄종의 영향

신라에 불교는 처음 왕실 중심으로 수용되었고, 공인되면서 귀족들로부터 환영을 받았으며 끝내는 대중화의 방향으로 나아갔다. 신라불교는 대중화하는 것과 함께 논리 체계를 갖추어 갔다. 신라불교의 교리는 화엄종과 법상종으로 나뉘어 발달하였으며, 더 번성한 것은 화엄종이다. 화엄종 승려로서의 원효와 의상은 신라의 이론불교를 정착시키는 한편, 불교신앙을 대중화시키는 데 중요한 역할을 담당하였다. 그런데 화엄종 승려라 할 수 있는 자장은 신라 불국토신앙을 성립시켜 귀족불교를 대변하였다.

자장은 가문으로 따져 재상에 오를 정도의 서열을 가진 진골 신분 출신이었다. 그의 부친 무림茂林은 화백회의의 구성원이었고 집안은 불교와 돈독한 인연을 맺고 있었다. 출가한 자장은 선덕여왕 7년(638년)에 입당하여 선덕여왕 12년(643년)에 귀국하였는데, 대장경과 석가가 쓰던 도구 및 불아佛牙 등을 구해 돌아왔다. 중국에서 자장은 종남산終南山 운제사雲際寺로 나아가 계율을 수학하였으며, 청량산淸凉山에서 문수대성의 감응을 받았다. 귀국 후에 그는 황룡사 구층탑을 건립하였고 통도

---

82 金昕이 활동할 당시에 성행한 조신의 정토신앙은 약 한 세대가 지난 후 철원 到彼岸寺의 정토신앙을 성립시키는 데 영향을 주었고, 이보다 약 한 세대가 지난 때에 궁예의 미륵정토신앙이 나타났다.

사 계단戒壇을 설치하는 등 많은 절과 탑을 조성하였으며, 대국통이 되어 전국 사찰을 통할하였다.

신라 왕실의 석종의식釋宗意識과 표리가 된 석가불신앙을 포용한 자장은 문수신앙을 내세웠다. 신라 왕실은 석가족의 이름을 사용하거나 제석신앙을 표방하였다. 자장은 석가와 같은 날에 태어났으며, 중국에서 석가의 진신 사리를 구해 왔다. 곧 그는 신라의 왕실이나 귀족불교를 대변하고 있었다. 중국에서 접한 문수는 자장에게 귀국한 후 오대산에 거주하는 문수진신을 찾아뵈라고 하였다. 그는 문수보살이 지시한 태백산의 갈반지葛蟠地로 가서 석남원石南院(뒤의 정암사淨岩寺)을 창건하고는 진신을 기다렸다. 거기서 자장은 문수로부터 따돌림을 당한 채 쓸쓸하게 삶을 마감하였다.

자장의 죽음은 장년에 최고 귀족으로서 화려한 승려 생활을 영위하였던 것과 너무나 대조적으로 기록되었다. 그러므로 자장이 어떤 다른 불교 교파로부터 배척을 받았을 것으로 추측하기도 한다. 「정암사사적淨岩寺事跡」은 이런 면을 이해하는 데 도움을 준다. 자장이 문수를 추적하였으나 미치지 못하여 몸을 버리고 가면서 3개월 동안 시신을 태우지 않고 빙 안에 간직하면 돌아올 것이라고 하였다. 1개월이 지나기 전에 외도外道인 이승異僧이 와서 다비식을 거행하지 않는다고 크게 꾸짖으니, 문도는 그의 시신을 태웠다. 3개월 후에 자장의 혼이 돌아왔으나 맡길 만한 몸이 없어서 떠난다고 하였다.[83] 자장은 외도로 표현된 불교계의 반대 세력에 의해 외면당하지 않았나 하는 의심을 하게 한다.

자장계를 대신해서 신라불교계를 이끌어 간 세력은 의상계義湘系 화

83 「江原道旌善郡 太伯山淨岩寺事跡」에 "師追之不及 舍身而去曰 我身在室中三月則還來矣 應有外道來欲燒之 不從留待 未過一月 有異僧大責 燒之 三月後空請曰 無身可托已矣 奈何 吾之遺骨 藏置嵓穴 …"라고 하였다.

엄종이다. 신라중대에 화엄종의 주류는 의상계였고, 원효계는 방계를 이루고 있었다. 진덕여왕 4년(650년)을 전후해서 의상과 원효는 같이 중국으로 불법을 구하러 가던 중 비가 와서 이틀 밤을 무덤 속에서 보냈다. 무덤인 줄 몰랐던 첫날은 달갑게 잤으나, 다음 날 밤에 그들은 귀신을 보고 구토증을 느꼈다. 이에 삼계유심三界唯心의 원리를 깨닫고 원효는 바로 귀국하였으나 불성佛性, 곧 절대적 진리를 찾으려는 의상은 중국으로 들어가 지엄智儼 문하에서 수학하였다. 문무왕 1년(661년)에 귀국한 의상은 바로 낙산사洛山寺를 창건하여 관음을 모셨으며, 문무왕 16년에는 왕명으로 영주에 부석사浮石寺를 창건하고 화엄도량으로 삼았다.

『송고승전』에는 선묘善妙낭자와 얽힌 부석사 창건에 관한 연기설화가 실려 있다. 입당하였을 당시 의상은 양주揚州의 주장州將 유지인劉至仁의 존대를 받아 아문衙門 내에 머물렀는데, 이때 선묘와 사랑에 빠졌다. 뒤에 지엄의 법인을 받은 의상이 바로 귀국길에 오르자, 선묘는 용이 되어 그를 따라다니며 수호하였다. 법륜을 굴릴 만한 곳이지만, 부석사지에는 권종이부權宗異部의 무리 500명이 이미 선점하고 있었다. 이를 애석해 하는 의상의 탄식을 들은 선묘 용龍이 공중에서 큰 바위로 변하여 떨어질 것처럼 보이게 하자, 여러 승려는 놀라 사방으로 흩어져 버렸다. 이리하여 의상은 거기에 부석사를 창건하였다. 현재 부석사에는 선묘 용과 얽힌 석룡石龍·선묘정善妙井·부석浮石 등이 남아 있다.

자장이 문수로부터 따돌림을 받거나 외도로 불리는 승려들에게 배척당하는 사실과 의상이 권종이부를 몰아내고 부석사를 세우는 것은 서로 연관됨 직하다. 신라불교의 주도권은 문수를 받들던 자장계에서 관음을 중시한 의상계로 넘어갔다. 의상계 화엄종은 태백산을 넘어 강릉지역까지 뿌리내렸다. 오대산은 문수의 상주처常住處여서 처음에는 자장과 깊은 연관을 가졌다. 그러다가 오대의 각 봉우리에 진신을 모시는 오대산신앙이 성립하였다. 뒷날 자장이 잠깐 머물렀던 곳에 창건한[84] 월정사月精寺는 오대산신앙의 중심 도량인데 의상계 화엄종에 속한 사찰이다.

월정사의 창건과 연관된 자는 오대산의 오류성중五類聖衆과 인연을 맺은 신효信孝와 범일梵日의 문인 신의信義 및 수다사水多寺의 장로 유연有緣 등이다. 이들은 자장과 연관을 가질지라도 실제로는 의상계 화엄종에 속한 인물이라고 생각한다. 특히 신효는 유동보살幼童菩薩의 화신으로 출가하기 전에는 부모를 극진한 효도로 섬겼다.[85] 이러한 신효의 행적은 효도와 수도의 조화를 언급하는 의상계 화엄종과 연결하여 이해된다. 이와 연관하여 월정사 석탑 앞의 석불좌상과 굴산문에 속한 신복사지神福寺址의 석불좌상은 비슷한 모습을 하고 있는데, 화엄사 경내에 있는 효대孝臺에 꿇어앉은 보살상을 연상시키기 때문에 시사성을 준다.

의상의 화엄사상은 관음신앙을 중시하였다. 직접 관음으로 표현하지는 않았지만 의상계 화엄종에서 선묘가 중요한 역할을 담당하였다. 귀국하여 처음 창선한 낙산사의 수존主尊은 관음이었다. 의상이 관음의 정토로 낙산사를 조성한 셈이다. 또한 부석사의 주존은 아미타불阿彌陀佛로 모셔졌을 뿐만 아니라 무량수전 내부는 녹유전綠釉塼으로 장식

---

84 月精寺가 창건되는 곳에 대해 『삼국유사』 권3, 대산오만진신조에는 "後有頭陁信義 乃梵日之門人也 來尋藏師憩息之地 創庵而居"라고 하였고, 『삼국유사』 권3, 대산월정사오류성중조에는 "入慈藏初結茅處而住"라고 하였다.

85 『삼국유사』 권3, 대산월정사오류성중조. 고기를 좋아하는 어머니를 봉양하고자 信孝는 학으로 변신한 五類聖衆을 활로 쏘았으나 잡지 못하였다. 학이 떨어뜨린 깃으로 사람을 보니 모두 축생의 모습을 하고 있었다. 이 때문에 신효는 사냥하기를 그만두고 자기의 허벅시 살을 베어 어머니에게 느렸다. 이로 말미암아 출가한 그는 강릉 지역에 이르러서 다시 깃으로 보니 사람의 모습을 갖추고 있었다. 이에 그곳에 머물고자 하였다고 한다.

하여 아미타 극락세계를 나타내었다. 그러므로 부석사의 구조나 조성은 미타정토를 이 땅에 구현하려는 것이다.[86] 의상계 화엄종에서 내세운 관음은 서민의 사소한 소원을 모두 들어주면서 중생을 미타정토에 왕생하도록 이끌어 준다. 문수를 내세우는 자장의 귀족불교와 다른 면이다.

불교대중화를 이끌었던 원효가 낙산사의 관음 진신을 맞이하는 데 종국적으로 실패하는 연기설화가 전한다. 낙산사로 가던 도중에 원효는 다리 밑에서 월수백月水帛을 빠는 여인을 만나 마실 물을 청하였다. 여인이 더러운 물을 권하자, 그는 이를 버리고 맑은 물을 떠서 마셨다. 이로 말미암아 그는 낙산사에 이르렀으나 파도가 쳐서 다시 진신을 보지 못하였다고 한다. 성속聖俗을 초월한 수행자였던 그에게서 더러움과 깨끗함은 무의미하기 때문이다. 원효계보다 의상계 화엄종은 중앙에서 강릉 지역으로 이식하여 뿌리내렸다. 그것은 관음신앙을 내세우면서 실천 수행하는 성격을 띠었을 뿐만 아니라 하나 속에 전체를 융섭하려는 강한 융합融合사상을 가졌다.

(2) 화엄종과 교섭한 굴산문의 개창과 사상 경향

지방문화의 산실 굴산문의 개창

일찍이 동해안을 따라 영동 지역을 개척한 신라는 이어 죽령을 넘어 한강 유역으로 진출하면서 강성하였다. 충주와 한강 상류 지역의 확보로 신라는 강릉을 확실하게 장악하였다. 그러나 지정학적으로 강릉 지

---

86 부석사의 주존은 阿彌陀佛이며 西向으로 모셨다. 無量壽殿에 이르기까지 부석사지는 크게 3단으로 구조되었고, 그 각 단은 세 부분으로 나뉜 계단으로 만들어졌다. 이는 중생을 9단계로 나눈 九品往生신앙을 상징적으로 나타낸 것이다.

역은 신라 중앙정부에서 벗어나서 쉽게 독자 세력을 형성할 수 있는 곳이다. 태백산맥으로 가로막혀 동해안 쪽으로 뻗은 영동 지역에는 곳곳에 천연 요새가 형성되어 있었다. 또는 원주에서 대관령에 이르는 영서 지역은 험준하여 쉽게 통합하기도 어렵지만, 언제든지 떨어져 나가 적당賊黨 세력에 의해 점유되기 쉬운 곳이었다.[87]

신라하대가 되면 왕실의 전제주의가 실패하고 진골귀족 사이에 왕권을 획득하기 위한 왕위쟁탈전이 계속해서 일어났다. 지방호족이 이러한 분위기 속에 서서히 대두하였다. 원주에서 대관령에 이르는 영서 지역에는 연고지를 떠난 초적草賊 세력이 활동하고 있었다. 강릉 지역에는 군진 세력이 존재하지 않았을 뿐만 아니라 토착호족 세력이 강하게 뿌리내린 것 같지는 않다. 주위에 험준한 산세로 말미암아 초적 무리가 활동하고 있었지만, 낙향호족 세력이 강릉 지역을 실질적으로 지배하였다.

신라하대에는 중앙왕실의 소혈족집단小血族集團 사이에 왕위쟁탈전이 빈번하게 일어났다. 신라 37대 선덕왕이 왕위를 이을 후사를 두지 못한 채로 죽자, 김주원金周元과 김경신金敬信이 왕위를 다투었다. 그 과정에서 김경신이 승리하여 원성왕으로 등극하였고, 패퇴한 김주원은 강릉 지역으로 물러나 낙향호족이 되었다. 김주원의 기반은 강릉 지역에서 강하게 유지되었다. 그는 원성왕 2년(786년)에 명주군왕溟州郡王에 봉封해졌다. 이후 강릉 및 영동 지역에는 김주원계 후손들이 거의 독립

87 阿達羅尼師今 이전에도 신라의 서북 지역에는 靺鞨이 자주 침입해 왔다. 이 때문에 일성이사금 7년(140년)에는 長嶺(지금의 鐵嶺)에 木柵을 설치하였다. 곧 신라 정부는 영동 지역을 확보하였을지라도 영서 지역에서 침입하는 말갈을 막기 위해 장령을 중시하였다. 아달라니사금 5년(158년)에 竹嶺을 개통하고 나서 충주나 한강 유역으로 진출하였다. 이후 영서 지역은 신라 영토로 확보되었지만, 중앙집권적 통치 질서가 무너져 간 신라하대에는 초적 세력에 의해 장악되었다.

적 지방호족 세력으로 성장하였다.

신라하대 영동 지역의 어떤 세력도 김주원계와 아무런 연고 없이 존재할 수는 없었다. 굴산문 세력의 형성에 이들이 깊이 관여하였다. 굴산문의 단월 세력으로 김주원계 후손을 꼽을 수 있다. 굴산사는 이미 건립되어 있었지만, 범일梵日이 귀국하여 주석하면서부터 거대한 산문으로 성립되었다. 범일 역시 김주원계 인물이며, 그의 조부 술원述元은 명주도독溟州都督을 지냈다. 범일의 외가는 문씨文氏로 강릉 지역의 토착호족이었다. 이렇듯 강릉 지역의 세력가로 등장한 범일의 가계는 굴산문을 개창하는 경제적 기반을 가졌다.

범일은 15세가 되던 헌덕왕 16년(824년)에 출가하였고, 831년에는 다른 9명의 승려와 함께 입조사 김능유金能儒를 따라 당나라로 유학하였다. 그는 먼저 염관鹽官 제안齊安의 문하에 들어 법인을 전수하였으며, 희강왕 2년(837년)에는 다시 약산藥山 유엄惟儼의 문하로 나아가 무려 8년 동안 선리禪理를 수학하였다. 문성왕 6년(844년)에 불사가 훼철되는 법난法難을 만나 피해 다니다가 소주韶州에서 혜능慧能의 조사탑祖師塔을 참배하고 『단경壇經』 등을 접하면서 남종선을 충분히 습득하였다. 문성왕 8년(846년)에 귀국한 범일은 신라 왕실의 부름을 여러 번 받았으나 이에 응하지 않았고, 명주도독인 김공金公의 청으로 굴산문을 열어 거기에서 40여 년간 거주하면서 법을 전하였다. 진성여왕 3년(889년)에 범일은 굴산사 상방上房에서 80세의 나이로 입적하였다.

범일 문하에는 개청開淸과 행적行寂 및 신의信義 등 많은 문도가 있었다. 그중 신의는 오대산 월정사의 주지였다. 개청은 범일과 마찬가지로 김주원계에 속한 지방호족 출신이었다. 그는 출가하여 화엄사상을 익혔고 헌안왕 3년(859년)에 강주康州의 엄천사嚴川寺에서 구족계를 받았으며 경전을 열람하면서 선관禪觀을 닦았다. 개청은 굴산사로 나아가서 범일의 문하에 들었고, 범일이 입적하자 장례를 주관하고 굴산문을 지켰다. 그러나 도적이 횡행하여 개청은 민규閔規 알찬閼粲과 명주군주사溟州軍州事 왕순식王順式의 권유로 강릉의 보현사普賢寺에 주지하면서 굴산문의 종지를 선양하였다. 개청은 고려 태조 13년(930년)에 보현사에서 96세로 입적하였다.

행적은 흥덕왕 7년(832년)에 태어났으며, 최씨이고 그의 가계는 육두품 이하의 신분으로 지방 세력을 형성하였다. 일찍이 출가한 그는 가야산 해인사에서 화엄사상을 배웠고, 문성왕 17년(855년)에 복천사福泉寺에서 구족계를 받았으며 이후 범일에게 나아갔다. 경문왕 10년(870년)에 중국에 유학한 행적은 화엄사상을 익히는 한편, 무상無相의 영당影堂을 배알拜謁하였고 석상石霜 경제慶諸 문하에 들어 심인心印을 전수하였다. 헌강왕 11년(885년)에 귀국한 행적은 바로 범일을 찾아뵈었으며, 진성여왕 3년에는 굴산사로 들어가 병을 간호하면서 범일의 심인을 전수하였다. 범일이 입적하자 행적은 춘천의 건자암建子庵에 주석하였으며, 907년에는 김해부金海府로 가서 소충자蘇忠子·율희律熙 등과 인연을 맺고 왕건과 결연하였다. 916년에 봉화의 석남산사石南山寺에서 84세로 입적하였다.

굴산사와 신복사 및 보현사(지장선원地藏禪院)는 굴산문의 핵심 도량이다. 행적이 주석한 춘천의 건자암이나 봉화의 석남산사는 물론 삼척의 삼화사三和寺도 굴산문에 포함된 사찰이었다. 「석식영암기釋息影菴記」에는 굴산문의 범일조사가 삼화사를 창건한 기록이 전한다. 그 외에 영동 지역에 조성한 교종, 특히 화엄종 사찰이 굴산문으로 흡수되었다. 곧 신의가 주석한 월정사는 물론이거니와 낙산사까지도 굴산문 내에 포함되었다. 낙산사는 의상계 화엄종에 속한 중요 사찰이지만 범일이 정취正趣보살을 모시는 도량이 되었다. 굴산문 세력이 비대해지면서 영동 지역에 창건한 의상계 화엄종 사원이 그 안에 귀속되었다.

굴산문은 강릉을 중심으로 영동 지역 일대까지 세력 기반을 확충하였다. 양양襄陽을 비롯하여 평창平昌·춘천·홍천洪川 일대뿐만 아니라 봉화·삼척에서 울진까지도 그 세력권에 들어갔다. 고려 경종 연간의 비기인 「양주지밀기襄州地密記」는 낙산사의 세력권을 기록하였는데, 그 규모가 앞에 제시한 굴산문의 그것과 거의 일치한다. 「양주지밀기」는 고려초에 굴산문의 기반을 낙산사와 연관 지어 기록하였다고 생각한다. 굴산문에 딸린 토지는 영동 지역 일대에 광범하게 흩어져 있었다. 굴산문은 본사에 딸린 장사를 여러 곳에 설치하고는 지장을 파견하여 이를 관리하였다.

교종과는 달리 선종사상은 경전에 의하지 않고 각자가 가진 불성을 찾음으로써 도를 깨치고자 하였다. 그러므로 밖으로부터의 모든 인연을 끊고 좌선하여 수행한다. 범일은 평상심平常心이 바로 도道라고 주장하였다. 내면생활을 충실하게 영위함으로써 선종사상의 개인주의적 성격을 드러낸 것이다. 이렇듯 개인주의적 경향을 내세우는 굴산문 선종사상은 중앙정부의 거추장스러운 간섭에서 벗어난 김주원계를 중심으로 한 지방호족이 영동 지역에서 독자 세력을 형성하는 데 도움을 주었다.

범일은 진귀조사설眞歸祖師說을 주장하였다. 중국 선종의 제2조인 혜가惠可가 주장한 진귀조사설은 석가로 대표되는 여래선을 부정하고 교외별전敎外別傳의 강한 조사선을 부각하였다. 반드시 범일이 주장하였는지는 의심될지라도 진귀조사설은 굴산문의 사상 전통과 연결해 이해해야 한다. 범일이 불계급佛階級을 답습하지 말라고 함으로써 불타 권위를 부정하면서 조사선을 내세우려는 것은 불성을 자기 마음속에서 구하려는 주장으로 이어진다. 자기 안에 있는 불성은 평상심이어서 멀리서 구하는 것이 아니다. 그러므로 굴산문의 종지는 일심一心을 지켜 잃지 말라는 것이다. 이러한 굴산문의 선종사상은 강릉을 중심으로 형성된 지방문화를 뿌리내리게 하였다.

굴산문의 분화와 융합사상 경향

신라하대 초기의 낙향호족은 중앙귀족의 기반을 가진 채 지방 세력을 형성하였기 때문에 중앙정계와의 연결을 끊임없이 시도하였다. 강릉 지역은 굴산문이 성립하면서 지방문화의 산실로 되었지만 중앙문화, 곧 의상계 화엄종이 농도 짙게 이식된 곳이었다. 낙향호족인 김주원계도 강릉 지역에서 독자 세력을 형성하였지만, 여전히 중앙정계에 영향력을 행사하였다. 김주원은 강릉 지역으로 퇴거할 당시까지만 하더라도 원성왕과는 대립하였으나 그의 아들인 헌창憲昌이나 종기宗基는 모두 신라 조정에 참여하였다. 종기는 원성왕 때에 시중을 지냈으며 헌창도 애장왕 때에 시중을 역임하고 나서 웅천주熊川州와 청주菁州의 도독을 지냈다.

강릉의 김주원계 세력은 신라 조정에 참여하였을지라도 기회가 있으면 언제라도 중앙정부에 대해 반기를 들었다. 김헌창 부자가 거대한 반란 세력을 이루는 데에는 관리로서의 행적은 물론 김주원계의 세력 기반이 크게 작용하였다. 김헌창 부자가 거세去勢되는 속에서도 중앙정계에서 김주원계는 여전히 건재하였다. 종기는 강릉 지역을 기반으로 오래도록 신라 조정에 영향력을 행사하였다. 그의 아들 장여璋如는 시중을 역임하였다. 장여의 아들 김흔金昕이나 조카 김양金陽은 헌덕왕 이후 조정에서 오히려 중용되었다.[88] 이렇듯 굴산문의 단월 세력인 김주

88 金陽과 金昕은 사촌 형제이면서도 정치적 입장을 달리하였다. 김양은 金祐徵(신무왕)을

원계나 이들과 연결된 지방호족 세력은 강릉을 중심으로, 영동 지역에서 독자적 기반을 형성하여 중앙왕실과 대립하면서도 중앙정계로 진출하여 활동하였다.

단월 세력의 성격뿐만 아니라 실제로 거대한 산문 세력을 이루었기 때문에 굴산문은 범일의 입적 이후 개청이 주지하는 보현산普賢山의 지장선원地藏禪院과 행적이 주석한 태자사太子寺로 분립하였다. 굴산문 문도는 점차 두 교단으로 분화되어 갔다. 그리하여 굴산사의 바로 이웃에 있었던 지장선원은 신라 중앙정계의 영향력에서 벗어나 독자 세력을 모색하였다면, 행적의 태자사는 신라 왕실은 물론 뒷날 왕건과 친밀한 관계를 유지하였다. 굴산문의 분립은 두 사원이 위치한 지리적 여건과도 상관 있지만 단월 세력의 정치적 성향과 밀접하게 연관되어 있다.

궁예는 강릉 지역에서 구축한 세력을 기반으로 후고구려(태봉泰封)를 건국하였다. 양길의 부하를 이끌고 강릉을 정복하였지만 궁예는 이 지역에서 김주원계의 협조를 얻어 자기 세력 기반을 마련하였다. 굴산문의 지장선원은 그의 세력권 속에 귀속되었다. 단월인 왕순식은 고려에 귀부한 후 전공을 세움으로써 중앙정계를 움직인 인물이다. 그러나 왕순식은 고려 건국 후 오랫동안 항복하지 않아 왕건은 이를 근심거리로 여겼다. 왕순식뿐만 아니라 고려초 왕건에 대항한 세력은 일단 궁예 세력과 연관시킬 수 있다.

궁예 세력 속에는 신라 중앙왕실을 부정하면서 사회 동란을 부추기는 초적草賊이 대거 흡수되었다. 그는 미륵신앙을 내세워 당대 사회에 미

받들고 청해진 군대를 빌려 경주로 진격하는 反正軍을 이끌었다면, 김흔은 이를 맞아 민애왕을 대신하여 정부군을 지휘하였다. 대구 지역에서 벌어진 전투에서 승리한 김양은 신무왕 때의 정치에 주도적 역할을 담당하였다면, 패퇴한 김흔은 연고지인 보령으로 가 낙향호족이 되었다. 김양과 김흔의 정치 여정도 지방에서 독자 세력을 형성하면서 중앙정계와 연결하는 김주원계 세력의 입장을 이해하게 한다.

륵정토를 구현하려고 하였다. 말하자면 이 땅에 미륵정토를 구축하려는 것이다. 현실사회를 극락으로 바꾸기 위해 궁예는 모순된 체제나 제도를 가감하게 뜯어고치려는 개혁을 추진하였다. 그런 과정에서 사회 동란이 가중되자 혼란을 수습하기 위해 그는 엄격한 계율 통치를 표방하였다. 미륵은 전륜성왕의 치세가 극도의 혼란으로 치닫는 시기에 출현하여 설법으로 모든 사람이 계율을 지니게 함으로써 당대 사회를 정토로 만들기 때문이다.

이상향의 추구라는 개척정신을 표출해 온 강릉 지역에 궁예의 개혁 조치는 참신하게 보일지라도 실제로 혼란을 수습하면서 새로운 사회를 건설할 수는 없었다. 궁예 세력의 핵심을 이룬 초적들은 반신라적 정서를 가져 의도적으로 사회 동란을 조장하고 있었다. 그런데 강릉을 위시한 동해안은 신라의 중앙문화가 비교적 일찍부터 성공적으로 이식된 지역이었다. 강릉 지역에서는 신라사람들의 이상과 현실을 함께 어우를 수 있는 여건이 조성되어 갔다. 이상향의 추구가 개혁을 용납한다고 하더라도 현실을 직시하는 여유가 체제 유지를 가능하게 하였다. 강릉 지역에서 현실을 영위하려는 보수와 이상을 추구하는 개혁은 서로 조화를 이루었다.

궁예를 축출하면서 등장한 왕건은 태봉의 국가체제를 거의 그대로 계승하였지만 오히려 친신라親新羅정책을 표방하면서 사회 안정을 도모하였다. 왕건을 옹립하는 데 주축이 된 홍유洪儒·배현경裵玄慶·신숭겸申崇謙·복지겸卜智謙은 처음 이름이 각각 술術·옥삼玉衫·능산能山·사괴砂瑰였다. 이들의 이름을 세련되게 바꾸는 것 자체는 궁예의 통치 방식에서 선회한 왕건의 정책과 연관하여 파악하기도 한다. 태자사와는 달리 지장선원은 비록 궁예와 연관되었을지라도 왕순식이 고려에 귀부한 이후에 굴산문은 왕건과 밀착하였다.

굴산문은 처음에 조사선을 표방하였다. 조사선은 독자적 산문을 성립시켰을 뿐만 아니라 지방호족이 독립된 세력권을 이루는 데 도움이 되었다. 다만 굴산문은 낙산사를 위시한 월정사 등 영동 지역에 이식한 의상계 화엄종 세력을 흡수한 기반 위에 성립되었다. 그리하여 굴산문의 선종사상은 중앙과 지방문화를 조화시키는 면으로 정립하였다. 그것은 선종사상을 중심으로 교종, 곧 화엄사상을 통합하려는 성향을 지녔다. 유독 굴산문은 다른 산문보다 일찍 선종사상을 근간으로 특히 화엄사상을 아우르는 사상 경향을 표방하였다.

범일은 진귀조사설을 주장하여 강한 조사선사상을 표방하였지만 그의 제자 개청이나 행적 및 신의 등은 모두 교선융합사상 경향을 지녔다. 월정사에 주석한 신의는 물론 범일 자신까지도 의상계 문인이라고 이해하였다. 지장선원의 개청은 비교적 굴산문의 조사선을 정통으로 계승하였지만 유학 경전은 물론 화엄사상에 정통하였다. 특히 행적은 일찍이 화엄사상에 밝았을 뿐만 아니라 중국에 유학하여 경제慶諸의 법인을 받아 돌아왔다. 이는 교선융합사상을 표방하는 청원靑原 행사行思의 문하에서 법인을 받아 오는 효시가 되었다.[89]

신라하대의 선승들은 모두 남악南嶽 회양懷讓의 제자인 마조馬祖 도일道一의 법맥으로부터 법인을 받아 왔다. 남악계, 곧 마조의 선종사상은 '자심시불自心是佛'이라고 하여 조사선을 내세웠다. 조사선의 강조는 선종산문의 독립적 기반을 마련하는 데 유리하였다. 그러나 신라말에 이

89 靑原 行思의 법맥은 石頭 希遷·藥山 惟儼·道悟 圓智·石霜 慶諸로 이어진다. 경제의 문하에 신라인으로 行寂은 물론 淸虛와 欽忠이 있었다. 행적은 경문왕 10년(870년)에 입당하여 청원계의 법인을 받아 온 최초의 신라인이다. 이들보다 늦게 진성왕 6년(892년)에 璨幽가 청원계인 投子 大同의 법인을 받아 태조 4년(921년)에 귀국하였다. 이후 고려초에 귀국하는 선종 승려들은 대부분 경제의 제자인 谷山 藏이나 경제의 동년배라 할 수 있는 曹洞 良价의 제자인 雲居 道膺과 疎山 匡仁의 법인을 받아 왔다.

미 독자적 기반을 마련한 선종산문은 교학에 관해 관심을 가졌다. 나말 여초에는 중국에 유학한 선승들이 대부분 청원계의 법인을 받아 귀국하였다. 청원계의 선종사상은 교학사상을 아우렀기 때문이다. 이러한 현상은 고려초기의 불교사상이 왕건의 호족연합책과 연관하여 교선교섭사상 경향을 보이게 하였다.

신라하대에 다른 선종산문과는 달리 굴산문은 일찍이 청원계의 문하에서 법인을 받아 옴으로써 교학에 대한 관심을 표출하였다. 굴산문의 선종사상은 교학사상 전반이라기보다는 특히 화엄사상을 포용하였다. 그리하여 굴산문 선종사상의 기저에는 의상계 화엄사상이 조사선사상과 조화를 이루면서 자리하였다. 굴산문사상은 융섭적 성격을 가지면서 중앙은 물론 지방문화를 조화시키고자 한 것이다. 이러한 사상 경향은 이상과 현실을 함께 지향하려는 성격을 가져 개혁을 추구하면서도 혼란을 잠재우면서 현실의 삶을 더 충실하게 영위하려는 영동 지역의 정서와 연결되어 나타났다.

(3) 한국문화에서 굴산문의 위치

통합과 조화를 추구한 사상 전통의 계승

굴산문의 선종사상은 일찍부터 교종, 특히 화엄사상을 아우르면서 통합을 추구하는 성격을 가졌다. 의상계 화엄종의 융섭적 사상이 바탕을 이룬 데에서 나타난 것이다. 그러므로 굴산문의 사상 전통을 이해하는 데 의상계 화엄사상의 특성을 먼저 지적할 필요가 있다. 의상의 화엄사상은 매우 융섭적인 성격을 가졌다. 의상은 중국에 들어가 지엄智儼의 문하에서 수학하였고, 중국 화엄사상을 대성한 법장法藏은 그와 동학同學이다. 그런데 의상과 법장의 화엄사상은 매우 대조적인 논리를 가졌다.

화엄사상은 우주 만물을 연기緣起와 성기性起로 설명한다. 원칙적 하나인 진여眞如가 연기에 의해 무수한 법상으로 만들어지는가 하면, 또한 그것은 끊임없이 변하면서 성기에 의해 결국은 다시 하나로 돌아간다고 한다. 그런데 연기에 의해 만들어진 법상法相, 곧 삼라만상의 실체에 대해 의상과 법장은 극명하게 달리 설명한다. 의상은 법상을 진여의 연기된 가상假相에 불과한 것으로 보았기 때문에 그 실체를 전혀 인정하지 않았다. 반면 법장은 비록 연기된 것이라 하더라도 존재 의미를 갖기 때문에 그 실체를 인정하였다.

의상의 화엄사상은 일체의 법상을 융섭하려는 강력한 통합 사상이면서 실천 수행적 성격을 지녔다. 그는 '일즉일체다즉일一卽一切多卽一'이며, '일중일체다중일一中一切多中一'이라 하였다. 이는 '하나 속에 일체가 포함되어 있고, 포함된 일체의 하나하나도 역시 그러하다'라고 해석한다. 의상의 화엄사상은 원칙적 하나 속에 모든 법상을 융섭하였을 뿐만 아니라 포함된 여러 법상도 서로 구별되지 않아 전체적으로 혼연渾然된 하나를 이루게 한다. 그런데 실천 수행적 측면은 의상계 화엄사상보다 굴산문의 선종사상에서 더 강하게 나타났다.

실천적이면서 강력한 통합 사상을 성립시킨 굴산문의 사상 전통은 고려 이후에도 연연히 이어지면서 한국 민족문화의 형성에 영향을 주었다. 지장선원과는 달리 행적계의 굴산문은 왕건과 연결되어 고려초기에도 상당한 세력으로 존속하였다. 호족연합책을 주장한 왕건은 지방호족과 연결된 선종계 사찰과도 연합을 시도하였다. 그리하여 고려초에는 선종이 유행하였지만, 광종 이후 교종을 중시하는 풍조가 전제정치와 맞물려 나타났다. 광종대 이후에 선종이 쇠퇴하였고 굴산문도의 활동도 미약할 수밖에 없었다. 그러나 굴산문 승려 여철如哲은 성종대 초기까지 왕실에서 활동하고 있었다.

물론 여철은 최승로崔承老의 탄핵을 받아 산문으로 돌아갔다. 다른 선종산문과는 달리 그가 대궐에 머물 수 있었던 사정은 굴산문의 통합적 사상 전통에서 찾아야 할 것이다. 고려 불교계는 교종과 선종사상을 융합하려는 것이 당면 문제로 대두하였고, 조사선의 기반 위에 화엄사상을 수용한 굴산문은 이에 적극적으로 대처할 수 있었다. 광종대 이후 화엄종은 물론 법상종이 융성하였던 분위기 속에 교중이 중심이 되어 선종사상을 통합하려는 사상 경향이 주도적 역할을 담당하였다. 의천의 천태종 결사는 이를 계승하여 이루어졌다.

예종대 이후에는 산간에서 명맥만 유지하면서 내려온 선종이 점차 흥기하는 분위기 속에서 선종이 중심이 되어 교종사상을 통합하려는 사상 경향이 성행하였다. 그리하여 지눌知訥이 조계종을 결사結社하였다. 다만 굴산문 법맥이 조계종으로 연결되는 것이 흥미롭다. 굴산문 승려인 탄연坦然은 혜소慧炤의 제자였고, 예종 때에 활동한 혜소와 그 문도가 모두 굴산문에 속해 있었다.[90] 지눌의 스승인 종휘宗暉는 범일의 법맥을 이었지만 혜소의 문인이었다. 그런데 굴산문에서 조계종으로 이어지는 법맥은 다분히 인위적으로 작성한 것이 아닌가 의심이 든다.

지눌은 조계산에서 정혜사定慧社를 결사하였는데, 이웃에 혜소가 세운 정혜사가 따로 있어서 수선사修禪社로 이름을 바꾸었다. 예종 10년(1115년)에 혜소가 세운 정혜사는 수선사인 조계사와 분명히 다른 절이지만, 뒤에 조계종의 법통으로 이어지게 된다. 조계종 제6세 원감圓鑑국사 충지冲止는 굴산문 법맥을 분명하게 표방하고 정혜사의 개창 시조

---

90 慧炤는 굴산문에 속한 승려로 알려졌고, 그의 제자인 坦然과 之印은 물론 英甫와 또한 영보의 法嗣로 뒤에 龍門寺를 중창한 祖應 및 조응의 법사인 資嚴 등은 모두 굴산문에 속한 승려이다.

인 혜소에게 제사를 지냈다. 충지는 굴산문을 조계종 법맥으로 연결한 장본인이지만, 이러한 풍조는 조계종 내에서 대체로 인지되어 왔다. 이후 조계종은 굴산문 법맥을 계승하였다고 공공연하게 표방하였다.

조사선을 내세우고 융섭적인 의상계 화엄사상을 흡수하면서 성립한 굴산문사상은 바로 지눌의 조계종사상으로 이어졌다. 구산선문 중 굴산문사상이 더 뚜렷하게 교선교섭 경향을 지녀 통합적 성격을 가졌는데, 이러한 사상 전통은 뒷날 혜소 및 지눌의 사상에 영향을 주었다. 지눌은 돈오점수頓悟漸修의 방법으로 선수행과 함께 지혜를 갖고자 하였다. 돈오점수는 선오후수先悟後修를 의미한다. 깨달은 후에 미혹함을 제거하기 위해 계속 수행한다. 이는 초지에 깨닫고 그동안의 습기習氣를 제거하기 위해 수행한다는『화엄경』십지론十地論의 주장과 통하는 것이다.

지눌은 선종 입장에서 화엄사상을 매우 중시하여 이통현李通玄의『화엄론절요華嚴論節要』를 간행하여 그 서문을 작성하였다. 이통현은 중국 화엄종의 방계에 속한 인물이며 그의 화엄사상은 의상의 사상에서 영향을 받아 형성되었다. 굴산문의 사상 전통은 바로 조계종사상으로 이어졌으며 그 저변에는 의상계 화엄사상의 통합적 성격이 강하게 표출되어 있다. 무신집권기가 끝나 왕정이 복구되자 가지산문迦智山門의 일연一然이 불교계를 장악하면서 스스로 지눌의 법맥을 계승하였다고 주장하였다. 그리하여 조계종은 고려후기에 굴산문이나 또는 가지산문의 법맥을 잇는 문도로 나뉘었다.

고려말에 임제종臨濟宗 선풍을 표방하면서 불교계를 주도한 태고太古와 나옹懶翁은 조계종을 계승하면서도 각각 가지산문과 굴산문 법맥을 고수하였다. 당시 신진사대부들은 급진개혁파와 온건개혁파로 나뉘어 있었다. 나옹의 제자인 무학無學 자초自超와 함허涵虛 기화己和 등은 급진개혁 세력에 참여하였으며 조선초기에 크게 활동하였다. 태고의 제자는 목암木庵 찬영粲英과 현암幻庵 혼수混修 등이고, 그중 혼수의 문하가 조선중기에 서산대사 휴정休靜(청허淸虛) 등으로 법등을 전하면서 번성하였다. 이들의 문하는 오늘날의 불교계로 법맥이 이어진다. 조선초기에 성행하였던 나옹 문도를 대신해서 태고 문도가 흥기하는 것은 온건개혁 세력이 정도전 등을 거세하면서 태종을 옹립한 사건과 연관된다.

고려말에 각각 굴산문과 가지산문의 법맥을 이은 나옹과 태고의 사상은 모두 선종을 중심으로 교종사상을 통합하려는 융섭적 성격을 강하게 가졌다. 본래 굴산문과 가지산문의 선종사상은 교종사상과의 교섭 경향에서 다소 차이를 보인다. 전자가 주로 화엄사상과의 융합에 관심을 가졌다면, 후자는 화엄종뿐만 아니라 법상종, 곧 유식사상도 융합하려는 성향을 지녔다. 또한 융합사상의 성격에도 차별을 설정할 수 있다. 원칙적 하나 속에 융섭된 여러 법상에 대해, 전자가 혼연일체라고 하였다면 후자는 그 차이를 설정하였다.

나옹과 태고의 교선교섭사상에도 차이를 설정할 수 있다. 우선 두 사람은 조주趙州 종심從諗의 '무無' 자 화두를 각기 달리 이해하였다. 나옹은 '무' 자 화두가 없는 것도 아니요 있는 것도 아니기 때문에, 없지만 저절로 있는 것이라고 하였다. 거기에 차별을 설정할 수는 없다. 반면 태고는 '무' 자 화두로써 깨치는 경지의 차별을 설정하였다. 나옹과 태고는 선종을 중심으로 교종사상을 융섭하려는 강한 통합적인 사상 경향을 지녔다. 곧 원칙을 중시하고 이를 중심으로 다른 사상 경향을 통합하려고 하였다. 다만 차별을 설정한 태고의 융합사상이 나옹의 사상과 비교하여 더 유연성을 가진 것에 불과하다.

조선초기에 나옹의 문도인 기화는 현정론顯正論을 주장하였다. 그것은 불교사상 속에 유교사상을 통합하려는 경향을 보였다. 본래 불교 교파 사이의 통합은 '파사현정破邪顯正'의 논리로 이루어졌다. 조선초기 사회의 지배자인 신진사대부의 유교사상에 대해 '파사' 논리를 적용할 수 없었기 때문에 기화는 불교도 유교사상과 다르지 않다는 '현정'을 내세웠다. 조선중기에 휴정은 『삼교귀감三教龜鑑』을 저술하였다. 곧 유교와 불교 및 도교사상을 각자의 논리로 서술하여 그 결론을 같게 끌어내었다. 통합을 추구하는 굴산문의 사상 전통이 다소 유연성을 가지면서 민족문화의 특성으로 이루어졌다. 오늘날 우리 사회의 통합을 위해 굴산문의 사상 전통은 앞으로도 이어져야 한다.

한국문화 속 굴산문 연구의 문제점

굴산사지에 대한 지표조사와 굴산문에 대한 연구는 간헐적으로 행해졌다. 이러한 성과 위에 중원문화재연구소가 굴산사지에 대한 정밀한 발굴조사를 담당해 왔으며, 그것을 중간에 점검한다는 목적에서 굴산사지 국제학술대회를 기획하였다. 굴산사지 국제학술대회의 주제는 굴산문의 성립과 그 규모를 강릉 지역의 역사와 문화 속에서 살핀 것이다. 그리하여 굴산문의 성립이나 굴산사지에 남아 있는 유물과 유적은 물론 강릉 지역의 설화문학이나 불교문화 전반 등에 대해 밝혔다. 특별히 중국이나 일본의 사례와 비교 연구함으로써 굴산문이 강릉 지역에서 갖는 역사적 의미의 보편성을 추구하였다.

신라는 가장 먼저 동해안을 따라 영동 지역으로 뻗어 나갔고, 강릉 지역은 비교적 일찍부터 신라 영토로 편입되었다. 그러기까지 강릉은 신라사람들에게 개척의 대상이면서 이상향으로 남아 있었다. 태백을 넘어 영동 지역에는 의상계 화엄사상이 뿌리내리면서 중앙문화가 이식되었다. 한편 태백의 험준한 산세는 강릉 지역의 지방호족이 중앙정부의 간섭에서 벗어나 비교적 쉽게 독자 세력을 형성할 수 있게 만들었다.

이리하여 굴산문이 개창되어 지방문화의 산실로 자리하였다.

굴산문은 조사선을 강하게 내세우면서도 융섭적인 의상계 화엄사상을 흡수함으로써 통합적 사상 경향을 보였다. 굴산문의 사상 전통은 이상과 현실은 물론 중앙과 지방문화를 능동적으로 조화시켰다. 통합을 추구하는 굴산문의 사상 전통은 민족문화로 승화시켜 계속해서 이어 가야 할 것이다. 그러기 위해 강릉을 중심으로 형성된 영동 지역의 여러 문화와 굴산문의 사상 전통이 어떻게 연관되는지를 살펴야 한다. 이에 대해 더 연구해야 할 몇 가지 문제점을 제시하고자 한다.

첫째, 진귀조사설 등 조사선의 강조는 선종산문의 분립적分立的 성격을 드러내기 때문에 이런 면이 굴산문의 통합적 사상 전통과 어떻게 연관되는지를 밝혀야 한다. 굴산문은 범일이 입적한 이후에 개청의 지장선원과 행적의 태자사로 나뉘었다. 이는 신라 중앙왕실에 협조하거나 반항하는 바와 같은 단월 세력의 성격 차이로 말미암은 것이지만 초기 굴산문의 분립적 성향을 이해하게 한다. 영동 지역은 물론 태백을 넘은 영서 지역에도 선종산문이 성립되어 있었다. 도의道義는 설악산의 진전사에서 가지산문迦智山門을 개창하였고, 문경의 봉암사에는 지증智證 도헌道憲의 희양산문曦陽山門이 성립되어 있었다. 이들 선종산문은 지방호족과 연결하여 독자적으로 성장하였다.

현욱玄昱은 충주의 혜목산慧目山 고달사高達寺에서 봉림산문鳳林山門을 열었는데, 그의 법사法嗣에 심희審希가 있고 심희의 법손法孫이 찬유이다. 찬유는 중국에 들어가 청원계의 문하인 대동大同 자상子祥의 법인을 받아 귀국하였다. 가지산문이나 희양산문의 선종사상도 나말여초에는 교종사상과의 교섭에 관심을 나타내면서 통합적 성격을 가졌다. 가지산문이 화엄사상은 물론 유식사상에 관심을 보였다면 희양산문은 유교사상까지 폭넓게 이해하려고 하였다. 봉림산문도 비교적 일찍부터 교선교섭사상 경향에 대해 관심을 가졌다. 그런데 고려말에 태고가 구산선문의 통합을 주장한 것은 매우 중요하다. 이 점은 굴산문 내에서도 통합을 위해 분립을 극복하려는 노력이 있었던 사실을 추측하게 한다.

둘째, 굴산문 내에 흡수한 의상계 화엄사상과 연관하여 오대산신앙이 형성되는 면을 이해할 필요가 있다. 오대산의 다섯 봉우리에 여래를 모시는 오대산신앙은 신라하대에 이르러 나타났다. 본래 오대산은 문수의 정토였고, 자장이 문수신앙을 선도하였다. 그런데 자장은 정암사에서 문수로부터 따돌림을 당하고 외롭게 죽었다. 이는 자장계의 귀족불교가 의상계 화엄종으로 대체되는 사실을 시사해 준다. 중앙문화는 순조로웠다기보다는 저항과 도전을 겪으면서 영동 지역에 이식되었다. 곧 의상계 화엄종은 자장의 문수신앙과 갈등을 겪으면서 영동 지역에 정착하였다.

오대산신앙에 바탕을 두면서 행한 다섯 봉우리의 화엄종 결사는 오랜 기간을 거치면서 하나씩 시간을 달리하여 이루어졌다. 오대산신앙의 형성에 의상계 화엄사상은 물론 굴산문의 선종사상이 중요한 역할을 담당하였다. 그러면서 오대산신앙 속에는 자장계 문수신앙의 전통이 강하게 반영되어 있다. 적어도 자장계 문수신앙과 의상계 화엄사상 사이에 내재한 저항과 갈등은 극복된 셈이다. 오만 진신眞身의 설정은 의상계 화엄종 외에도 다른 교학사상에 대한 관심을 읽을 수 있다. 주변 여건의 어려움을 인고忍苦로 극복하면서 상반된 갈등 양상까지도 조화롭게 통합하려는 오대산신앙의 구체적 양상은 굴산문의 사상 전통과 연결해 파악해야 한다.

셋째, 굴산문의 본원本院을 계승한 지장선원地藏禪院을 통해 고려초기 굴산문도의 활동을 구체적으로 끌어내어야 한다. 나말여초에 구산선문과 이에 들지 않는 몇 개의 산문이 존재하였지만, 고려전기에 이들의 문도가 크게 활동한 것 같지는 않다. 화엄종이나 법상종 등 교종 세력이 흥기하면서 선종산문의 활동은 위축되어 갔다. 당시 희양산문이나 봉림산문의 활동이 눈에 띄고 다른 산문의 활동은 미미한 편이었다. 굴산문의 활동도 매우 위축되었다. 다만 고려초에 개청과 행적의 문인은 다소 알려져 있다. 500여 명이나 되는 행적 문도의 활동은 상대적으로 활발하였지만, 개청 문도의 활동은 더 위축된 듯하다.

개청의 문인으로 신경神鏡·청정請靜·월효越皛·환언奐言·명원明惌·홍림弘林 등이 알려져 있는데 이들의 행적은 알 수가 없다. 그런데 고려초에 지장선원 문도가 불교계는 물론 중앙정계에서 어떤 대우를 받았는지에 대한 분석은 대단히 중요하다. 이를 통해 본원인 굴산사의 세력기반을 이해할 수 있기 때문이다. 나말 궁예의 강릉 지역 점거는 고려초기 지장선원 문도의 활동을 위축시키는 직접적인 요인으로 작용하였다. 지장선원의 단월인 왕순식은 고려초 왕위계승에 관계할 정도로 중앙정계에 세력 기반을 구축하였다. 왕순식이 궁예와 어떤 관계를 맺었거나 고려초기에 거세去勢되는 과정을 추구하는 작업은 굴산문도의 활동을 밝히는 첩경이 될 것이다.

넷째, 현재의 굴산사지나 거기에 남겨진 유물과 유적은 매우 축소된 것이어서 굴산문의 세력 규모에 대한 본래 모습을 제시해야 한다. 이를 토대로 굴산사지의 발굴과 복원 작업을 추진하고 미흡한 부분에 대해서는 추후 보강할 필요가 있다. 신라하대의 굴산문은 사실상 매우 방대한 사회경제적 기반을 가졌다. 굴산문의 단월인 김주원은 신라 왕실과 맞먹을 정도의 지방 세력을 형성하였다. 신라하대의 굴산문은 강릉을 중심으로 삼척이나 봉화는 물론 춘천이나 양양 지역에 걸치는 산문 세력을 구축하였다.

굴산문은 뒤에 갈렸을지라도 여러 곳에 장사를 두었고 이를 통할한 본사인 굴산사는 거대한 규모를 갖고 있었다. 고려전기에 굴산문도가 본사를 중심으로 활동한 것 같지는 않다. 개청은 범일 사후에도 본사인 굴산사에 주석하지 않고 분립하여 가까운 보현사에 거주하면서 지장선원을 형성하였다. 이는 분명 신라말에 굴산사가 궁예의 세력권 속에 포함되면서 나타난 결과라고 생각한다. 고려초에 굴산사는 궁예의 세력권과 연결됨으로써 위축되었을 것이다. 우선 이웃한 신복사나, 특히 지장선원은 굴산사의 본래 규모 속에서 파악해야 한다.

강릉 지역의 문화 전반을 총체적으로 지적하기는 어렵다. 다만 굴산문을 강릉 지역의 문화풍토나 민족문화 역량 속에서 살피는 것은 바람직하다. 그러기 위해 굴산문이나 그 사상 전통에 관한 연구는 역사학이나 국문학·불교학·고고학·미술사학 등 인접 학문의 도움을 받아 이루어져야 한다. 개인 연구로 이런 작업을 수행하기는 어렵다. 학제적인 국내 또는 국제 학술대회가 자주 기획되었으면 한다. 특히 굴산사지는 뒤에 축소된 상태로 남았기 때문에 그것의 연구는 문헌 고증을 통해 원래의 모습을 사실적으로 제시하는 작업을 곁들여야 한다. 아울러 앞으로 역사학과 고고·미술사학이 긴밀히 제휴하는 연구가 확대되었으면 한다.

제4부

후삼국 사회의 신이적 융합사상 전개

제1장

궁예의 미륵사상과 토속불교신앙

1. 궁예의 미륵세계와 그 전승

(1) 궁예 이전 미륵신앙의 유행

한국불교사에서 이상세계를 찾는다면 미타정토彌陀淨土와 미륵정토彌勒淨土를 바로 떠올린다. 그중 현실적으로 바로 갈 수 있다고 믿은 서방西方의 미타정토가 선망의 대상이었으나, 이 사회에 더 영향을 준 것은 미륵정토신앙이었다. 우리가 사는 이 세계에 이상사회가 도래할 것을 바라는 미륵정토신앙은 자연스럽게 현실사회를 개혁하려는 사상으로 나타나게 된다. 우리 역사에서 미륵 이상세계를 건립하려는 뚜렷한 의지를 밝힌 자는 궁예弓裔였으며, 그 이전의 미륵신앙은 계율戒律을 강조하거나 전륜성왕轉輪聖王의 치세治世를 돕는 면을 부각하는 경향을 보였다.

궁예를 통해서 우리 사회에 미륵신앙이 이상세계를 제시하는 구체적 모습을 밝힐 수 있다. 이를 위해서는 궁예에 관한 기록이 많이 윤색되어 있으므로 우선 그에 관한 사료를 올바르게 이해하는 방향을 제시할 것이다. 다음으로 궁예의 미륵 이상세계 신앙과 그것이 신라불교사에서 차지하는 위치를 살피고자 한다. 궁예 이후 미륵신앙은 비밀결사와 얽힌 반란 세력과 연결되거나 아니면 민간신앙이나 유사종교類似宗教와 밀착되기도 하였다. 개괄적이나마 궁예 이후 미륵신앙의 흐름을 일별할 필요가 있다.

석가가 현세불現世佛이라면 미륵은 내세불來世佛이다. 석가를 이어 내세에 중생을 제도하는 미륵은 여러 모습으로 나타났으며 많은 경전에 언급되어 있다. 특히 미륵신앙을 집중적으로 언급한『미륵하생경彌勒下生經』·『미륵상생경彌勒上生經』·『미륵성불경彌勒成佛經』은 미륵삼부경彌勒三部經이라 한다. 미륵은 지상에서 죽은 후 도솔천兜率天에 올라 수행하면서 많은 천중天衆을 위해 설법하고, 다시 우리가 사는 염부제閻浮提인 지상에 내려온다. 이윽고 부처가 된 미륵은 용화수龍華樹 아래 세 번에 걸쳐 행한 설법으로 중생을 제도한다.

경전에 보이는 미륵신앙의 특성을 제시하면 다음과 같다. 첫째, 미륵 이상세계의 출현은 전륜성왕의 통치와 깊은 관련이 있다. 미륵은 매우 아름답고 복덕福德한 사람들로 차 있는 혈두말성翅頭末城의 파라문婆羅門 부부에게서 태어나는데, 당시 이 나라는 전륜성왕이 다스린다. 미륵은 전륜성왕의 통치를 돕고 그의 출가를 이끄는 역할을 담당한다.[1]

둘째, 미륵신앙에서는 계율을 강조할 소지가 있다. 미륵의 설법은 크게 시론施論·계론戒論·생천지론生天地論으로 나뉘며,[2] 계론이 대부분

1 김삼룡, 「백제미륵신앙의 특성과 그 역사적 전개」, 『한국미륵신앙의 연구』, 동화출판공사, 1983, p. 131.

2 『彌勒下生經』 참조.

을 차지하고 가장 중요하다. 인간이 도솔천에 왕생하기 위해서는 반드시 계를 지녀야 하는데, 곧 오계五戒와 팔재계八齋戒 및 구족계具足戒를 지니고 몸과 마음으로 정진하여 십선十善을 닦아야 한다.[3] 또한 『유가보살계瑜伽菩薩戒』의 설주說主가 미륵이다. 『유가보살계』는 득도得道한 보살이 지키는 계율을 담고 있어서 재가자在家者들도 지켜야 할 계율이 들어 있는 『범망경梵網經』에 비해 훨씬 엄격한 내용을 가졌다.

셋째, 미륵 이상세계는 먼 훗날에 도래하지만, 지금 우리가 사는 이 사회가 정토淨土로 된다는 것이다. 미륵정토는 물론 미타정토도 현실을 부정하려는 면을 가졌다. 미타정토신앙은 이 사회가 아닌 서방의 극락세계에 왕생하기를 염원하므로 현실사회에 미련이 남을 수 없으나, 미륵정토신앙은 어디까지나 현실사회에 바탕을 두고 있어서 서민에게 실제로 많은 영향을 끼쳤다.

전륜성왕이 출현한 이후의 이 세상은 혼탁하고 혼란한 사회가 된다.[4] 미륵삼부경은 전륜성왕 치세의 혼란을 가볍게 기록하고 있지만, 소승小乘 경전의 전륜성왕 관계 기사는 그것을 상세하게 서술하고 있다.[5] 너무나 자애로운 전륜성왕의 통치에 오히려 백성들은 갈수록 도적질과 불법을 삼행함으로써 사회에는 사기와 배신이 난무하고 결국에는 질병과 전쟁이 만연하게 된다. 이 혼란한 시기에 미륵이 하생下生하여 설법하고 계율을 강조함으로써 이 사회를 이상세계로 만든다는 것이다.

미륵 이상세계에는 평온하여 원수나 절도에서 벗어나야 할 환난과 근심이 없고 전쟁과 굶주림 등으로 인한 재앙이 없으므로 사람들은 언제

---

3 『彌勒上生經』 참조.

4 김삼용, 「백제미륵신앙의 특성과 그 역사적 전개」, 앞의 책, 1983, p. 139.

5 『長阿含經』 권제6, 「轉輪聖王修行經」 등에 자세하게 나와 있다. 貧窮과 劫盜·兵杖·殺害로 인한 혼란과 그에 따라 사람들은 수명이 단축되고, 또한 兩舌·惡口·綺語 등 極惡을 일삼음을 설하고 있다.

나 자애로운 마음으로 서로 공경하고 화합한다. 그 세계에는 수많은 보배가 가득 차 있으나 사람들은 그것을 탐하지 않는다. 옛날의 중생들이 이 보배에 집착하여 서로 해치고 도둑질하여 속임으로써 생사 고뇌의 인연을 거듭해 왔기 때문이다.[6]

불교 공인 과정에서 미륵신앙은 중요한 역할을 담당하였다. 왕실 중심으로 수용된 불교를 홍포弘布하면서 국가불교로 성립시키려 할 때 반대 관점에 서 있던 자들은 귀족이었다. 불교 공인은 왕실과 귀족이 불교사상 면에서 타협하고 조화하는 것이었는데,[7] 그런 과정에서 귀족 입장에서도 유리한 불교신앙을 요구하였다. 미륵신앙은 귀족에게 어울리는 면을 지녔다.[8] 공인 이후 불교가 귀족 중심으로 수용되면서 자연스럽게 미륵신앙이 유행하였다. 국가불교의 상징으로 건립한 흥륜사興輪寺의 주존불主尊佛이 미륵이었을 뿐만 아니라 미륵반가사유상 등 미륵불 조상이 당시 성행하였다.

백제 사회에서 미륵신앙이 크게 유행하였다. 신라 승려 진자眞慈가 미륵선화彌勒仙花를 맞기 위해 공주公州 지역의 수원사水源寺로 나아가고 있다. 이때는 백제의 위덕왕대威德王代여서 신라 승려가 공주 지역으로 가기는 어려웠다. 그렇지만 이 설화는 당시 공주 또는 백제에 미륵신앙이 유행한 사실 때문에 상징적으로 만들어졌을 것이다. 백제 제30대 무왕이 용화산龍華山 아래의 못에서 출현한 미륵삼존을 예경禮敬하고 그곳에 미륵사彌勒寺를 창건하였다. 미륵사의 조성은 용화미륵세계龍華彌勒世界, 곧 이상불국理想佛國을 건립하려는 것이다.[9] 용화산은

6 『佛說彌勒大成佛經』 참조.

7 이기백, 「신라 초기 불교와 귀족세력」, 『진단학보』 40, 1975; 『신라사상사연구』, 일조각, 1986, pp. 79~80.

8 이기백, 위의 논문, 1986, pp. 83~87.

9 김삼용, 「백제미륵신앙의 특성과 그 역사적 전개」, 앞의 책, 1983, p. 129.

미륵이 하생하여 성불하는 용화수龍華樹를 상징하며, 지명知命법사가 주지한 사자사師子寺는 도솔천의 사자상좌師子床座를 나타내려는 것이다.[10]

미륵사는 본래 법왕과 연관하여 창건되었다. 법왕이 왕흥사王興寺를 창건하고자 하였는데, 이 절은 무왕 35년에 낙성되었다. 법왕이 왕흥사의 터만 닦고 돌아간 후 무왕이 이 절을 완성하여 미륵사라고 불렀다. 법왕은 엄격한 계율을 견지한 호불護佛의 군주였다.[11] 그는 즉위한 후 바로 살생을 금함과 동시에 백성들이 기르는 매나 비둘기 등을 방생放生하였으며, 그물이나 사냥도구를 불태우게 하였다. 형식에 흐를 정도로 엄격한 계율을 내세웠다. 법왕의 계율과 미륵사의 창건이 밀접하게 얽히는 데에서 백제 미륵신앙의 내용을 짐작할 수 있다. 엄격한 계율 위에 성립한 미륵신앙은 이 땅에 용화 이상세계를 실현하려는 의도를 지녔다.

이미 삼국시대에 미륵신앙은 수용되어 있었다. 삼국 미륵신앙은 삼국사회에서 각각 독특한 모습을 보이지만, 사실은 서로 연결된 그 속성의 일부를 달리 수용한 것이다. 미륵 이상세계로 제도濟度하기 위해 중생은 정계淨戒를 지녀야 한다. 그리고 전륜성왕轉輪聖王 통치는 미륵 이상세계를 바로 여는 것이다. 삼국시대의 미륵신앙 속에 현실사회를 개혁하려는 사상은 강하게 나타나 있지 않았다. 백제 미륵신앙도 계율을 표면에 내세웠지만 정계의 수행을 통해 미륵 이상세계를 구현하려는 신앙은 은연중 표출되는 데 불과하였다. 그러므로 백제의 용화세계 구현에서 현실사회를 강하게 개혁하려는 사상이 구체적으로 나타났다기보다

10 김영태, 「삼국시대의 미륵신앙」, 불교문화연구원 편, 『한국미륵사상연구』, 동국대학교 출판부, 1987, pp. 42~43.

11 김삼룡, 「백제미륵신앙과 계율사상」, 『한국미륵신앙의 연구』, 동화출판공사, 1983, p. 101.

는 저 밑바닥에 침잠하여 있었을 뿐이다.

통일신라시대에 정토淨土신앙이 유행하였는데 미륵정토彌勒淨土보다는 사후의 극락왕생을 바라는 미타정토彌陀淨土 신앙이 성행하였다. 당시 법상종 승려로서 금산사金山寺에서 미륵신앙을 표용하고 있던 자는 진표眞表이다. 백제 귀족의 후예인[12] 그의 사상은 백제불교의 전통 또는 백제 부흥운동과 연관되어 있었다. 진표는 백제의 옛 영광을 되찾기 위해 지상에 이상국가를 건설할 꿈을 갖고 있었으며,[13] 뒷날 대국의 전륜성왕으로 출세出世하기를 기원하였다. 그렇지만 현실적으로 그는 사람들에게 엄격한 계율을 강조하였을 뿐이다. 진표의 이상세계를 건설하기 위한 사회 개혁 신앙은 내면에서 꿈틀거리는 데 그쳤다. 그것은 궁예에 이르러 비로소 분명하게 표면 위로 부상하였다.

(2) 궁예에 대한 재인식

『삼국사기』나 『삼국유사』는 물론 조선시대에 편찬된 『고려사高麗史』가 한결같이 궁예를 포악한 미치광이로 기록하였다. 그의 불교신앙도 미신적인 것으로 묘사되었다. 사료가 보여 준 이러한 시각은 궁예나 후고구려사를 연구하는 데 크게 영향을 주었다. 그리하여 궁예는 일정한 경륜을 갖추지도 못한 괴팍한 성격의 소유자였고, 적당賊黨의 무리를 규합하여 권력을 장악한 것으로 이해하였다.[14]

한편으로는 한국사에서 가장 왜곡하여 기록한 인물도 궁예라고 한다.

---

12 이기백, 「진표의 미륵신앙」, 『신라사상사연구』, 일조각, 1986, pp. 266~268.

13 이기백, 위의 논문, 1986, pp. 272~273.

14 김철준, 「후삼국시대의 지배세력의 성격에 대하여」, 『이상백박사회갑기념논총』, 을유문화사, 1964; 「후삼국시대의 지배세력의 성격」, 『한국고대사연구』, 지식산업사, 1975, p. 256.

왕건王建의 정변이 정당화되기 위해 궁예는 폭군으로 떨어질 수밖에 없었고, 고려조를 통해 그에 관한 기록은 왜곡되었다. 이미 500년이 흐른 조선조에 와서 궁예는 특별히 신원伸寃될 수도 없었다. 궁예에 대한 평가는 이런 역사 흐름의 소산이라 할 수 있다. 근래에는 궁예를 재평가하는데, 지금까지와는 달리 궁예의 긍정적인 측면을 극도로 부각하려는 경향도 없지 않다.

궁예는 우선 태봉을 건립하기까지 영토를 넓혀 가는 뛰어난 정략征略을 가졌다. 궁예가 주위의 군소 호족 세력을 정복하거나 흡수 통합하여 일국을 이루기까지 대략 4단계로 나눌 수 있다. 이를 간략하게 제시하면 다음과 같다.

① 진성여왕 6년(892년)에 궁예弓裔는 양길梁吉의 군사 600명을 빌어 원주原州 치악산雉岳山의 석남사石南寺에서부터 동정東征하여 주천酒泉(지금의 예천醴泉)·내성奈城(영월寧越)·울오鬱烏(평창平昌)·어진御珍(울진蔚珍) 등을 평정하고, 진성여왕 8년에는 명주溟州(강릉江陵)에 들어갔다.

② 명주에서 군사적 기반을 마련한 궁예는 저족猪足(지금의 인제麟蹄)·성구狌山(양구楊口)·부약夫若(춘천春川)·금성金城·철원鐵圓 등을 점령하였다.

③ 다음으로 패서浿西 지역, 즉 승령僧嶺·임강臨江·인물仁物(지금의 회양淮陽)·송악松岳(개성開城)·공암孔岩(양주陽州)·검포黔浦(김포金浦)·혈구穴口(강화江華) 등을 점령하였다. 이때 양길이 30여 성城의 군사로 쳐들어 왔으나 궁예는 이를 패퇴敗退시켰다.

④ 한강漢江의 북쪽 지역을 동서로 확보한 궁예는 마지막으로 광주廣州·충주忠州·당성唐城(지금의 남양南陽)·괴양槐壤(괴산槐山) 등을 평정하고, 효공왕孝恭王 5년(901년)에 스스로 왕王이라 칭하였다.

—『삼국사기』 권50, 궁예전—

원주에서 강릉까지를 확보한 궁예는 이후 서정西征에서 주도적 임무를 수행하였다. 우선 한강漢江 유역 전반을 장악하려는 그의 포부가 돋보인다. 사실 한강 유역을 완전히 장악한 세력이 항상 한반도의 패권을 쥐고 있었다. 왕건은 한강 유역을 장악함으로써 후삼국을 통합하였는데, 그 기반은 이미 궁예에 의해 마련된 것이었다. 한강 유역 전체를 장악하기 위해 궁예는 우선 호족 세력 기반이 약한 상류 지역을 먼저 확보하였다.

다음으로 궁예는 주로 한강을 따라 서쪽으로 영토를 확대하여 패서浿西 지역까지 장악하였다. 이때 그는 한강 중류 지역에서 기름진 평야 지대를 낀 한강의 남부인 청주淸州나 충주忠州 지역을 상관인 양길에게 할양하였다. 이러한 조처는 어쩌면 그의 원대한 책략에 의한 것일 수도 있다. 뒷날 궁예는 양길과 한강 유역의 패권을 놓고 일전을 겨루게 되었을 경우에 견훤甄萱 세력, 곧 강력한 적을 등에 업고 싸워야 할 충주·청주 지역이 한강 이북의 철원 지역보다 불리할 것으로 판단하였다. 말하자면 궁예의 전략은 양길의 그것과는 비교할 수 없을 정도로 월등하였다.

신라 효공왕 8년(904년)에 국가체제를 완비한 궁예는 광평성廣評省 등의 관부와 정광正匡을 위시한 관계官階를 설정하였다. 광평성은 신라 내성內省에서 독립한 관부로 그 체제는 궁예 때에 완비되어 고려 국가체제의 정비에 영향을 주었다.[15] 정광에서 중윤中尹에 이르는 관계도 고려초에 그대로 수용되었으며,[16] 성종대에 관등 체계를 확립한 이후에는 향직鄕職으로 계속 이어졌다. 궁예가 설정한 관부나 관계 체제가 비록 전제주의 확립을 위한 신라 관제의 모방에서 나온 것이라 하더라도,

15 조인싱, 「궁예정권의 중앙정치조직—이른바 광평성체제에 대하여—」, 『백산학보』 33, 1986, pp. 71~78.

16 弓裔가 설치한 관등은 正匡·元輔·大相·元尹·佐尹·正朝·甫尹·軍尹·中尹 등이다. 고려초의 九等官階인 大匡·大丞·大相·元甫·元尹·佐尹·正朝·正位·甫尹 등은 泰封 관계를 거의 그대로 수용한 것이다.

그것을 개혁하면서 새로운 사회의 건설을 꿈꾸었기 때문에 고려의 관제 정비에 큰 영향을 주었다. 그런 면에서 궁예의 정치이념은 일단 재평가 받을 수 있다.

궁예는 일국을 이루기까지 경략뿐만 아니라 정치이념에서도 긍정적 평가를 충분히 받을 만한 역량을 갖춘 인물이다. 강릉에 입성한 후 궁예는 공公을 앞세우고 사私를 물리침으로써 여러 사람으로부터 공경과 사랑을 받아 장군으로 추대되었다. 궁예의 군대는 위엄과 규율을 갖추어 패서 지역의 적들이 그에게 항복해 왔다고 한다. 고려시대에는 궁예의 성격을 왜곡하거나 그의 능력을 축소 기록하는 분위기가 형성되었으므로, 오히려 이러한 기록이 도리어 궁예의 인물됨을 이해하는 데 도움을 준다. 그러나 그는 국호國號를 자주 바꾸었을 뿐만 아니라 연호를 무태武泰에서 성책聖冊·수덕만세水德萬歲·정개政開 등으로 계속해서 바꾸었다. 그의 정치이념이 빈곤하였거나 일관성이 없었다고 생각한다.

궁예는 신라 조정에서 용납받지 못하고 거세되었기 때문에 혈혈단신으로 일국을 이루었지만, 후삼국의 혼란을 수습하면서 새로운 사회를 건설하는 과정에서 패퇴하였다. 그는 후삼국을 통합하는 데에는 실패하였다. 궁예는 한반도의 3분의 1을 통치한 지도자가 지녀야 할 능력 면에서 긍정적으로 평가할 수 있어도 새로운 사회의 건설이라는 면에서 한계성을 가졌다. 따라서 궁예에 대한 재평가 속에는 그의 한계성에 대한 인식도 포함해야 한다. 성격이 포학하고 미치광이로 표현한 기록은 없었던 사실을 완전히 날조한 것으로 생각하지 않는다. 다만 궁예의 그런 성격을 필요 이상으로 크게 부각하였을 뿐이다.

그러면 후삼국의 혼란을 정리하면서 새로운 사회를 건설하는 데 실패한 궁예의 한계는 무엇인가? 첫째, 그는 신라 조정에 대해 강한 적개심을 갖고 있어서 그의 휘하에는 반신라적 인물들이 모여들었다. 그가 나라를 세운 후 신라를 멸도滅都라 부르게 하거나 부석사浮石寺에 갔을 때 사찰 내에 모신 신라왕의 초상화를 칼로 찢어 버린 사실은 그의 신라 조정에 대한 감정을 읽기에 충분하다. 반신라적 인물은 신라국가를 붕괴시키면서 후삼국의 혼란을 조장하는 세력으로 새로운 사회 규범이나 질서를 수립하는 안목을 갖추기 어려웠다.[17]

둘째, 궁예의 초기 기반이 된 세력은 주로 한강 상류 지역에 포진하였던 적당賊黨 출신이었다. 그들은 족적族的 연대나 부락공동체를 떠난 초적草賊이어서 권력을 잡고 난 이후의 지역적 또는 부족적 연고 관계를 고려하지 않았다. 그러므로 당대 사회를 재편하는 방식이 일방적이고 백성에 대한 수취가 약탈적이어서 신라 전제국가의 통치 방식과 비교하여 오히려 더 가혹하였다.

궁예에 관한 고려나 조선시대 사서의 기록은 왜곡하여 나쁘게 윤색되어 있으므로 그에 대한 재평가 작업은 중요하다고 생각한다. 그러나 궁예를 훌륭하게만 해석한다면 당시의 사실을 객관적으로 조명하는 것은 아니다. 그는 후삼국의 지배자로서 긍정적으로 평가될 수 있으나 삼한을 통합하면서 새로운 사회를 건설하려는 데 뚜렷한 전망을 제시하지 못하였다.

(3) 궁예의 용화 이상세계

궁예는 태봉을 이루기 이전에 세달사世達寺의 승려가 되어 선종善宗이라는 법호法號를 가졌다. 출가하여도 쉽게 법호를 갖는 것은 아니다. 이로 보아 불교사상에 대해서도 상당한 조예를 가졌을 법하나 그의 불

17 정청주, 「弓裔와 호족세력」, 『전북사학』 10, 1986, p. 29.

교관 역시 심하게 왜곡되어 전한다. 세달사에 있을 당시 궁예는 승률僧律에 구속되지 않고 권모와 담기를 가졌다고 한다. 왕이 되고 난 후 그의 불교관은 오히려 미신적으로 묘사되었다.

그러나 그런 기록 속에서도 궁예의 불교사상에 대한 진면목을 찾을 수 있다. 그의 불교관에 대해서는 다음과 같이 기록되어 있다.

① 궁예는 자칭 미륵불彌勒佛이라 하여 머리에 금책金幘을 쓰고 몸에는 방포方袍를 입었으며, 장자長子를 청광보살靑光菩薩이라 하고 차자次子를 신광보살神光菩薩이라 불렀다.

② 자신이 경전經典 20여 권을 저술하였는데 그 말이 요망하여 다 신빙하기 어려웠다. 때로는 단정히 앉아 불설佛說을 강론講論하니 승僧 석총釋聰이 말하기를 "다 사설괴담邪說怪談으로 훈계가 될 수 없다"라고 하였다. 궁예가 듣고 화를 내어 그를 철추鐵椎로 쳐 죽였다.

—『삼국사기』 권50, 궁예전—

궁예는 법상종사상에 매료되었다.[18] 그는 자신을 미륵불로 자처하였다. 그의 차자 신광보살神光菩薩은 미타彌陀로 이해되며 장자 청광보살靑光菩薩은 관음觀音을 이른다.[19] 청경관자재보살靑頸觀自在菩薩은 관음

18 궁예를 화엄종의 사상 전통과 밀착한 인물로 파악한 논고도 있다(조인성, 「궁예의 출생과 성장」, 『동아연구』 17, 1989, pp. 70~71). 다만 그 논거로 궁예가 출가한 世達寺에 義湘의 제자인 神琳이 거주하였음을 들고 있다. 이것은 논리가 정치한 것은 아니다. 설령 世達寺가 화엄종 계통의 사찰이라 하더라도 그곳에 출가한 궁예의 종파적 성격을 화엄종으로 단정할 수 있는 것은 아니기 때문이다. 金大城이 창건한 佛國寺에는 義湘의 제자인 神琳과 表訓이 주석하지만, 瑜伽大德인 降魔가 주석하였다고도 한다(『삼국유사』 권5, 대성효이세부모 신문왕대조).

19 김두진, 「고려초기의 법상종과 그 사상」, 『한우근박사정년기념 사학논총』, 지식산업사, 1981 ; 「'성상융회'사상 성립의 사상적 배경—고려초의 법상종과 그 사상—」, 『균여화엄사상연구—성상융회사상』, 일조각, 1983, p. 117.

의 변상變相 중 하나이기 때문에 관음보살은 청광보살로 불린다.[20]

신라 법상종은 미륵불을 주존으로 옆에 미타를 모시는 태현계太賢系 교단과 지장地藏을 모시는 진표계眞表系 교단으로 나뉘어 있었다.[21] 궁예는 전자, 곧 미륵과 미타의 양존兩尊을 받드는 신라 법상종파에 속해 있었는데, 이 교단은 관음觀音을 중요하게 받들었다.[22] 궁예에게로 이어지는 태현계 법상종은 관음을 중시하면서 정토를 희구하는 경향을 보였다.

태현계 법상종 교단에서 강조한 3존은 정토 3불이기도 하다. 반면 미륵과 지장을 모신 진표계 법상종은 계율을 중시하였다. 신라말의 불교 종파는 그 자체 내에서도 몇 개의 교단으로 나뉘어 있어서 서로 대립하기도 하였다. 궁예가 석총釋聰을 죽이는 사건은 종파나 교단의 대립이라는 관점에서 이해해야 한다. 궁예가 지은 20여 권이나 되는 방대한 경론經論을 요망하고 사설괴담邪說怪談이라고 비판한 석총은 화엄종을 비롯한 다른 종파에 속해 있었거나,[23] 아니면 진표계 법상종 교단의 승려였다고 한다.[24] 그중 후자, 곧 궁예와 대립한 법상종 교단에 소속된 인물이었을 것이다.

---

20 金剛智, 『具名金剛頂瑜伽青頸大悲王 觀自在念誦儀軌』에서 觀音을 瑜伽青頸大悲王이라고 하여 法相宗派에서 중요하게 받든다고 하였다. 또한 신라에서도 青色은 觀音과 특별히 연관되어 있다. 五臺山의 동쪽 봉우리에 觀音 진신이 사는데, 『삼국유사』 권3, 대산오만진신조에는 五臺山의 東臺에 안치된 관음상은 '靑'으로 표현되어 青色 바탕에 그려졌다. 이런 점으로 미루어 보아 신라말에 관음보살은 靑光보살로 관념될 수 있었다.

21 문명대, 「신라 법상종(유가종)의 성립문제와 그 미술—감산사 미륵보살상 및 아미타불상과 그 명문을 중심으로 (하)—」, 『역사학보』 63, 1974, pp. 158~160.

22 김두진, 「'성상융회'사상 성립의 사상적 배경—고려초의 법상종과 그 사상—」, 앞의 책, 1983, p. 117.

23 羅州에서 돌아올 때 王建과 동행한 逈微는 弓裔에게 살해되었다. 형미가 살해당한 이유는 왕건과 결합하였을 뿐만 아니라 궁예와는 다른 불교 교파에 속해 있었기 때문이다.

24 양경숙, 「궁예와 그의 미륵불사상」, 국민대학교 석사학위논문, 1988, p. 54.

신라말 법상종 내 두 교단 사이에 대립과 갈등이 존재하였는지는 정확히 알기 어렵다. 궁예와 관련된 태현계 법상종이 고려초에 위축되어 쇠잔하였으며, 반대로 금산사金山寺를 중심으로 한 진표계 법상종은 크게 번영하였다. 이러한 사정은 신라말 법상종의 두 교단 사이에 존재하였던 대립을 충분히 상정하게 한다.

태현계 법상종 교단은 정토신앙을 중시하였다. 관음의 강조는 정토신앙과 연관된다. 궁예가 장자를 관음보살로 관념한 이유를 바로 이런 데에서 찾을 수 있다. 궁예는 이 땅에 이상세계의 실현을 갈구한 인물이다. 그런데 유가瑜伽에서 받드는 관음은 청경대비왕靑頸大悲王으로 현신現身한다.[25] 궁예의 장자가 청광보살로 관념한 것은 바로 청경대비왕의 관념을 표방하면서 다음 세대의 명왕明王인 전륜성왕으로 등장한다는 의지의 표현이다.[26] 그러므로 미타를 부존으로 받드는 법상종 교단에 속해 있었던 궁예는 차자가 아닌 장자를 특별히 관음으로 관념하였다.

스스로 자신을 미륵불로, 장자를 전륜성왕으로 상정하려는 궁예의 불교신앙은 용화龍華 이상세계를 구현하려는 것이지만, 사실 그 내용은 대단히 미신적인 모습으로 묘사되어 있다. 이에 대해서는 다음 기록을 침고해 보자.

① (궁예는) 외출할 때에는 반드시 백마를 타고 채색 비단으로 말갈기와 꼬리를 장식하였으며, 동남동녀童男童女를 시켜 깃발·양산·향화香花를 받들고 앞에서 인도하게 하였다. 또 비구 200여 명을 시켜 범패梵唄를 부르며 뒤를 따

25 金剛智, 『具名金剛頂瑜伽青頸大悲王 觀自在念誦儀軌』에서 青頸觀自在菩薩은 "觀音菩薩이 變現한 明王"이라고 하였다.
26 김두진, 「'성실융회'사상 성립의 사상적 배경—고려조의 법상종과 그 사상—」, 앞의 책, 1983, p. 118.

르게 하였다.

② 정명貞明 원년(915년)에 부인 강씨康氏는 비법非法을 많이 행하기 때문에 정색하고 간하자, 궁예는 이를 미워하여 "네가 다른 사람과 통간通姦하니 웬 일이냐"고 하였다. 강씨가 말하기를 "어찌 그런 일이 있겠습니까?"라고 하니, 왕王은 "내가 신통술神通術을 써서 보았다"라고 하였다.

—『삼국사기』 권50, 궁예전—

궁예는 스스로 미륵불이라 자처하였고 머리에는 윤보輪寶인 금책金幘을 쓰고 방포方袍를 입었다. 이런 그의 모습은 금륜보金輪寶를 쓴 전륜성왕을 떠올리게 한다. 곧 궁예는 전륜성왕으로서 출가한 셈이다.

전륜성왕의 치세를 돕기 위해 미륵이 출현한다. 전륜성왕 치세와 미륵 교화는 서로 깊이 연관되어 있지만, 그사이에 상당한 시간적 간격이 존재한다. 전륜성왕의 출현과 출가, 빈궁과 겁도劫盜로 인한 극도의 사회 혼란, 미륵의 하생下生과 교화, 정법통치正法統治에 의한 이상세계 도래 등이 계기적繼起的으로 이어진다. 전륜성왕의 출가는 윤보 자리를 옮겨 가게 한다. 이때부터 전륜성왕이 전륜轉輪 상승相承하여 인간의 수명은 줄어들고 도적이 횡행하면서 전쟁과 살인이 그치지 않는 혼란한 사회에 들게 된다.[27] 궁예가 당시 신라 사회를 바라보는 시각은 바로 이런 것이었다.

이미 진성여왕대는 초적이 난무하는 혼란한 시대였다. 진성여왕 때에 편찬된 향가집 『삼대목三代目』은 스스로 삼대의 말세末世를 살아간다는 의미를 포함한 이름이다. 이런 혼란한 세상에 미륵이 출현하고 있다. 미륵정토신앙은 불교 교리와 부처의 설법이 모두 어그러져 지켜지지 않

27 『長阿含經』 권제6, 轉輪聖王修行經 참조.

은 말법末法시대, 곧 혼탁한 세상을 배경으로 퍼져 나갔다. 궁예는 자신을 미륵불이라 칭하였다. 미륵존에 대한 희구가 더 절실한 자칭 미륵불신앙은 이상세계를 지향하기 위해 현실사회에 대한 개혁 의지가 강한 데서 나온 것이다.[28]

궁예는 전륜보를 내세워 출가하는 모습을 보임으로써 신라국가의 무질서와 사회 혼란을 부각하였지만, 궁극적으로는 미륵의 교화로 현실사회를 개혁하면서 이상세계의 건설을 꿈꾸었다. 그가 외출할 때의 모습은 용화수 아래에서 미륵이 행한 3회三會의 설법 장면을 연상시킨다. 3회의 설법으로 미륵불은 이미 법륜을 굴리고 천중天衆을 제도한 다음, 제자들을 이끌고 혈두말성翅頭末城으로 들어간다.

이때 길거리에는 사람들이 가지가지의 번개幡蓋를 세우고 여러 가지 향을 태운다. 석제항인釋提桓因(제석帝釋)은 여러 천왕天王과 더불어 백천百千의 악기로 부처의 덕을 찬양하며, 하늘의 꽃을 비 오듯 뿌려 부처를 공양한다.[29] 궁예가 백마를 채색 비단으로 장식하고 동남동녀로 깃발·양산·향화를 받들게 하였으며, 비구들에게 범패를 부르게 한 모습은 바로 용화 이상세계의 실현을 보여 주려는 것이다.

나난 궁예는 용화 이상세계의 건립을 염원하였으나, 당대에 그것을 세우려 한 것은 아니었다. 그는 용화세계 건설을 위한 현실사회 개혁에 더 치중하였다. 부인 강씨康氏가 비판하자 그는 신통력을 내세워 부인을 살해하였다. 『삼국유사』에는 단순히 신통력이라 하였으나, 『고려사』에는 미륵관심법彌勒觀心法이라고 하였다.[30] 궁예의 미륵관심법은 사서

---

28 김두진, 「'성상융회'사상 성립의 사상적 배경—고려초의 법상종과 그 사상—」, 앞의 책, 1983, p. 116.

29 鳩摩羅什, 『佛說彌勒下生成佛經』.

30 『고려사』 권1, 세가 1, 태조 즉위조.

에 비법非法으로 기록한 것인데, 용화세계를 건설하려는 의도에서 행한 신통력을 가리킨다. 경전에서 국토가 장엄한 정토세계는 미륵의 공덕신력功德神力에 의해 이루어진다고 설하고 있기 때문이다.[31]

용화세계를 구현하기 위한 궁예의 신통력은 더 광범하게 나타났다. 궁예는 미륵관심법으로 왕건에게 두 마음이 있음을 고하라고 다그쳤다. 그러자 왕건은 최응崔凝의 도움을 받아 그 자리를 모면하고는 나주羅州 정벌征伐에 참여하였다. 일종의 피신인 셈이다. 그런가 하면 관심법의 실행은 준엄하여 법의 집행과 같았다.[32] 궁예의 포악한 정치 행적은 관심법 실행과 연관하여 나타났는데, 혼란한 사회를 개혁하기 위한 계행戒行의 강조로 이어지는 것이다.

궁예가 신통력을 행사하는 데에 참위신앙도 도움이 되었다. 풍수지리는 후삼국 통일 이후 고려 정부에 의해 정리될 수밖에 없었고, 그런 과정에서 정치적으로 이용되면서 도참으로 나타났다.[33] 그러나 신라말에 풍수지리설은 지방의 유력 호족豪族 중심으로 수용되었으므로[34] 궁예가 받아들인 풍수지리도 있었을 것이다. 왕창근의 고경古鏡에서 보여 준 시는 궁예가 밀교는 물론 흑금黑金의 용龍과 얽힌 풍수지리설까지 수용하였음을 추측하게 한다. 궁예는 미륵 이상세계인 용화세계의 건설을 의도하고 있었지만, 밀교나 풍수지리설에도 관심을 보였고 현실적으로 신라 조정을 부정하면서 혼탁한 사회를 개혁하고자 하였다.

31 鳩摩羅什,『佛說彌勒下生成佛經』.

32『고려사』권1, 세가 1, 태조 즉위조에 "時裔誣構叛罪 日殺百數 將相遇害者 十有八九 常自云 我得彌勒觀心法 能知婦人陰私 若有干我觀心者 便行峻法"이라고 하였다.

33 김두진,「나말여초 동리산문의 성립과 그 사상—풍수지리사상에 대한 재검토—」,『동방학지』57, 1988, pp. 46~45.

34 김두진, 위의 논문, 1988, pp. 43~45.

(4) 미륵 이상세계의 전승

미륵신앙은 삼국시대에 전해져 궁예 때까지 면면히 계승되었다. 우리나라에 수용된 미륵신앙은 여러 모습을 지닌 복합적 사상이었다. 그것은 불교 공인 당시에는 전륜성왕 관념을 내세웠는데, 특히 백제의 경우 전륜성왕의 통치 계율을 강조하였다. 미륵의 계율을 강조한 백제 불교의 이면에는 사회 모순을 개혁하려는 의지가 물속 깊이 침잠하여 있었고, 단지 율계적律戒的 통치체제에 가려져 표면으로 나타나지 않았다.

통일신라시대에 진표는 미륵신앙을 내세워 계율을 강조하였다. 백제 불교보다는 훨씬 부상하였지만 진표의 미륵신앙에서도 사회 개혁 의지는 단지 지평선 밑에서 비등하고 있을 뿐이었다. 미륵신앙에서 현실사회의 개혁 의지를 표면화함으로써 궁예는 상대적으로 계율의 강조가 정토의 구현에 부수되는 계기를 마련하였다. 그는 우리나라의 미륵신앙이 강한 현실 개혁사상을 표출하게 만든 장본인이다.

궁예의 이상세계가 향도香徒 조직과 밀착하여 전개되었는지는 분명하지 않으나 서로 연관을 가졌다. 향도는 같은 목표 아래 상부상조하는 도중을 가리키는데, 미륵과 관련한 용화향도龍華香徒에서 유래하였으므로 미륵을 받드는 도중을 뜻한다. 궁예보다 시대가 조금 앞선 경문왕 5년(865년)에 철원鐵圓 도피안사到彼岸寺의 비로자나불毗盧遮那佛을 조상造像하는 데 향도가 동원되었다.[35] '도피안'이란 절 이름은 정토를 생각하게 하므로 향도와 연관된 도피안사는 미륵 이상세계를 설정하려는 도량이었다.

---

35 「도피안사비로자나불조상기」, 『조선금석총람』 상, 조선총독부, 1919, pp. 54~55.

경문왕 당시 철원 지방의 향도와 미륵정토신앙이 궁예와 연결된다고는 할 수 없지만, 궁예는 이미 이 지역에 유행하고 있던 미륵정토 또는 향도 조직을 충분히 활용하면서 용화세계의 건설을 꿈꾸었을 것이다. 궁예 이후에 미륵신앙은 향도 조직을 통하여 더욱 민중 속으로 파고들었던 듯하다. 고려초기에 개심사開心寺 석탑의 건립에 미륵향도가 참가하고 있는 것을 보면,[36] 예천 지역뿐만 아니라 지방 군현이 벌인 축성 등 역사役事에 향도 조직이 동원되었다. 지방의 민중 조직인 향도는 사회가 불안한 시기에 오히려 강화되어 비밀결사의 성격을 띠면서 사회체제를 개혁하려는 운동을 전개하기도 하였다.

미륵신앙이 가진 이상세계의 도래를 위한 현실사회 개혁 사상은 향도 조직과 얽혀 비밀결사나 반란 세력과 연결되었다. 다만 고려시대에는 미륵신앙과 연관된 큰 변란이 있었던 것은 아니다. 왕건 이후 궁예의 정책에 대한 강한 반동이 미륵신앙의 유포에 영향을 주었던 듯하다. 고려초에 미륵불을 조상造像하거나[37] 진표계의 법상종이 크게 등장하지만, 이상세계의 도래를 바라는 미륵신앙의 흔적은 오히려 미미하여 거의 찾아볼 수 없다.

고려중기 이후에 귀족사회가 동요하여 무신난이 일어나고, 그로 인한 고려 사회는 하극상과 무수한 농민 반란을 겪는 등 혼란에 휩싸였다. 이러한 시기에 사회를 구제할 미륵하생 신앙이 유행하였으며,[38] 고려말

---

36 이태진, 「예천 개심사 석탑기의 분석—고려전기 향도의 일례—」, 『역사학보』 53·54 합집, 1972, p. 41.

37 「灌燭寺事蹟銘」(『조선사찰사료』 권하, 부록 『충청남도사찰사료집』, 한국문화개발사, 1972, p. 11에는 慧明이 光宗 19년(970년)에 灌燭寺의 石彌勒像을 建造하였다고 하는데, 이 기록의 史料的 가치는 다소 떨어진다.

38 김삼용, 「고려미륵신앙의 전개」, 『한국미륵신앙의 연구』, 동화출판공사, 1983, pp. 155~156.

에 이금伊金 등은 스스로 미륵불이라 칭하였다. 그는 "능히 석가불을 불러올 수도 있고 산천의 신을 파견하여 왜적을 물리칠 수 있다"라고 함으로써 사람들을 미혹시켜 많은 무리를 규합하였다.[39]

조선에서는 임진왜란壬辰倭亂 이후 사회 체제가 동요하는 가운데 기존의 권력 구조나 현실을 부정하는 미륵신앙을 바탕으로 한 비밀결사 운동이 전개되었다. 숙종 때에 승려 여환呂還이 일으킨 변란이나 적당賊黨 장길산張吉山사건 등의 반란 세력에 미륵신앙이 깊이 침투해 있었다. 미륵신앙은 반란 세력과 연결되어 비밀결사 운동을 일으키면서 민중신앙과 혼합하여 새로운 사회를 구축하려는 성향을 지녔다.

사회 혼란을 구제할 당래불로서의 미륵신앙이 민중 속에서 유행하였으나, 당시의 민중은 체제 개혁을 주도적으로 담당할 수 있을 만큼 의식을 갖추거나 사회 기반을 마련하지 못하였다. 따라서 미륵정토신앙은 새로운 사회의 불만을 수용하는 데 그침으로써 미신과 연결되기에 이르렀다. 고려 이후 조선시대를 거치면서 미륵신앙은 득남得男이나 치병治病·기복祈福을 위시해서 동리洞里의 수호에 이르는 민간신앙으로 전개되었고,[40] 특히 구한말 이후 신흥종교가 일어나는 사상적 바탕이 되었다.

---

39 『고려사』 권107, 열전 제20, 권단전.

40 김삼용, 「조선시대의 미륵신앙과 그 전개과정」, 『한국미륵신앙의 연구』, 1983, pp.185~198.

2. 궁예의 미륵사상과 그 의미

(1) 신라하대 철원 지역의 미륵신앙

궁예는 승려로서 후고구려를 세우고, 미륵 이상세계를 이 땅에 구축하려 하였다. 자신을 미륵이라 부름으로써 궁예가 건국한 후고구려는 미륵이 하생下生하여 중생을 제도하고 이룬 정토淨土인 이상세계를 상징하는 것이다. 궁예의 미륵신앙은 후고구려의 통치체제와 연결되었다. 지금껏 궁예의 생애와 후고구려의 통치체제에 관해서는 상당한 연구가 이루어졌다. 이에 상응한 그의 불교사상에 대해서도 심도 있는 연구가 나와야 한다.

『삼국사기三國史記』와 『고려사高麗史』의 궁예에 관한 자료가 윤색되어서 그의 불교사상은 허황한 미치광이와 같은 모습으로 나타나 있다. 현재 궁예 관계 자료를 더 발견하기 어려운 상황 속에서 윤색된 자료의 이면을 복원하여 그의 불교사상이 갖는 참모습에 접근할 수밖에 없다. 궁예는 당대 사회의 모순을 부각하면서 현실사회를 개혁하려는 미륵정토신앙을 가졌는데, 이에 부응한 미륵관심법 사상을 밝히고자 한다. 관심법은 선종의 수행 방도로 수용되었으므로 미륵관심법과는 차이가 있다.

궁예의 미륵사상이 신라불교사에서 갖는 의미를 찾는 것은 중요하다. 곧 궁예의 불교사상을 신라의 법상종 교단이나 화엄사상 및 선종사상과의 관계에서 설명하고자 한다. 고려 이후 미륵정토신앙은 민간전승으로 이어지면서 토속신앙과 섞였는데, 이런 면에서도 심화한 연구가 이루어져야 한다. 불교에서 메시아사상은 미륵신앙 속에 나타나 있다. 미륵은 미래불來世佛로서 혼란한 시기에 출현하여 우리가 사는 현실사회를 정토로 만든다.

메시아니즘 미륵정토신앙이 신라하대에 자연스럽게 부각하였다. 당시 말법末法신앙은 미륵의 사회 개혁 사상이 유행한 분위기에 편승하여 넓게 퍼졌다. 이런 말법의식은 신라하대 선사禪師들의 비문 속에 더욱 뚜렷하게 나타나 있다.[41] 신행神行은 단속사斷俗寺에서 미륵의 출현을 기다렸고 봉암사鳳岩寺의 도헌道憲은 미륵불로 칭송받았다.

해주海州 광조사廣照寺에서 수미산문을 연 이엄利嚴이나 광양光陽 옥룡사玉龍寺의 경보慶甫 등도 스스로 주석할 곳을 계족산鷄足山으로 비유하면서 미륵이 출현하기를 기대하였다. 선사들의 탑비에 나타난 이러한 미륵신앙은 가섭이 계족산에서 석가모니의 법의法衣를 받고 미륵불의 출현을 기다리는 경전의 내용과 연관된다. 마하가섭으로 비유된 선사들은 미륵불의 하생을 기다리며, 과거와 미래를 이어 주는 중개자로서 해야 할 역할을 담당하였다.[42] 말법시대와 관련하여 신라하대의 선사들이 구세주로서의 미륵신앙을 가졌다고 생각한다.[43]

그러나 이상세계의 건설을 내세운 선사들은 신라하대의 사회 혼란을 지적하면서도 사회 개혁 사상을 내세우지는 않았다. 신라하대 세규사世逵寺의 승려 조신調信은 미륵 이상세계를 염원하였다. 세규사에 딸린 장사莊舍가 명주溟洲 내리군㮈李郡에 있었는데, 조신은 그곳의 지장知莊으로 파견되었다. 그는 태수太守 김흔金昕의 딸을 연모하여 낙산사의 관음상 앞에서 낭자와 인연을 맺어 줄 것을 빌었으며, 꿈에서 소원을 이루었다.

조신은 꿈에서 인생의 갖가지 고락을 맛보았는데, 그중 하나가 15세

41 이런 시대 의식은 최치원이 智證大師碑에서 신라불교사를 시대 구분하여 憲德王代 이후 자신이 사는 시기를 제3기로 파악한 것과 연결될 수 있다.

42 김혜완, 「신라하대의 미륵신앙」, 『성대사림』 8, 1992, p. 20.

43 김혜완, 위의 논문, 1992, P. 20.

때 죽은 자식을 해현령蟹縣嶺에 묻은 것이었다. 뒤에 그곳을 파서 얻은 돌미륵을 모시고자 그는 사재를 기울여 정토사淨土寺를 창건하였으며, 그 후에는 간 곳을 모른다고 한다. 죽은 자의 윤회환생輪廻還生을 위해 무덤 앞에 돌미륵을 안치하는 신앙은 이미 신라중대에 유행하였다.[44] 신라중대의 미륵신앙과는 다르게 조신은 미륵을 모신 정토사를 창건하였다. 그는 현실사회에서 이상세계를 추구하는 미륵정토를 추구하였다.

조신이 받든 낙산사 관음불도 정토와 연관되었다. 미륵 이상세계를 현실사회에 구현하려 하였지만 그는 당대 사회의 혼란상이나 사회 개혁 사상을 뚜렷하게 표방하지는 않았다. 그보다 한 세대 늦은 궁예의 미륵신앙이 사회 개혁 경향을 구체적으로 보이는데, 뒷날 태봉의 수도가 된 철원 지역에도 미륵신앙이 유행하였다. 다음 기록을 참고하자.

향도불명문병서香徒佛銘文并序; 무릇 석가불이 자취를 감추면서 진원眞源으로 돌아가 천의遷儀한 지 오래되었다. 세상에 색色이 가려져 삼천광三千光이 비치지 않은 지 1,806년이 되었으니, 이를 개탄하고 이상하게 생각하였다. (이 불상을) 새겨서 이로 인해 뜻을 세우니, 오직 원하건대 비천한 백성이 … 긴 혼돈에서 깨어나 새롭게 되고 뜻을 낮추어 진원을 보게 해 주십시오. 당唐 함통咸通 6년(865년, 경문왕 5년) 을유乙酉 정월일正月日에 신라 한주漢州의 북계北界인 철원군鐵原郡 도피안사到彼岸寺에서 성불成佛한 시사侍士가 깨끗한 뜻을 가졌다. 이때 거사居士 1,500여 사람들이 결연을 맺고 금석金石 같은 뜻으로 정근하면서도 피로함을 깨닫지 못하였다.[45]

44 『삼국유사』 권2, 효소왕대 죽지랑조에 "公曰 殆居士誕於吾家爾 更發卒修葬於嶺上北峯 造石彌勒一軀 安於塚前"이라고 하였다. 竹旨嶺에 居處하였던 居士가 죽어 자신의 아들인 竹旨郞으로 還生할 것이라는 믿음을 가졌기 때문에 述宗公은 거사를 장사 지내고 그 무덤 앞에 돌미륵상을 안치하였다.

45 미상, 「철원도피안사 비로자나불조상기」(『조선금석총람』 상, 조선총독부, 1919, pp,

경문왕 5년에 철원 지역의 향도香徒들이 도피안사到彼岸寺의 불상을 조상하였다. 이때 조성된 불상은 비로자나불이었다. 향도는 미륵과 연관된 용화龍華향도에서 유래하였으므로 미륵을 받드는 도중을 뜻한다. 1,500여 명이나 되는 향도들은 비로자나불을 조성하였으나 실제로 바랐던 것은 극락세계로의 왕생이었다.

언제 창건하였는지는 알 수 없으나 도피안사는 이름으로 보아 정토신앙과 연관되었으므로 이 땅에 극락세계를 조성하려는 염원을 담은 사찰이었다. 그렇다면 그것은 미륵의 하생과 연관되었고, 신라하대에 서민이 이 땅에 미륵정토를 건립하려는 신앙을 배경으로 번창하였던 듯하다. 물론 비로자나불도 연화장세계를 가져서 정토신앙과 연결할 수 있으나, 당시 철원의 향도들은 미륵정토를 건설하려 하였다. 그것은 도피안이라는 정토를 이 땅에 건설하였고 이곳에서 성불하려고 염원한 데에서도 나타났다. 미륵정토는 바로 현실사회에 건설한 극락세계이다.

철원 지역의 1,500여 명이나 되는 향도들은 비로자나불을 조성하였는데, 그 이유는 현세에 탄생한 석가불이 열반에 든 지 오래되었기 때문이다. 곧 석가불이 진원眞源으로 돌아가 천화遷化한 지 3,000년이 지나고 다시 1,806년이 되는 무수한 세월이 흘렀으므로 그들은 이 세상의 '색色'이 가려졌음을 한탄하고 뉘우쳤다고 한다. 그러므로 비로자나불을 조상하였더라도 석가불을 이어 이 땅에 오실 내세불인 미륵을 기다렸음이 분명하다. 정토를 희구한 서민이 향도라는 이름을 가진 점도 미륵정토의 건립을 추측하게 한다.

54~55)에 "香徒佛銘文并序 夫釋迦佛 晦影歸眞 △儀越△ 紀世掩色 不鏡三千光 △一千八百六載耳 慨斯怪斯 彫此全△ △△來哲 因立願之 唯願卑姓 △逢檗椎 自△△△ 覺長昏換 庸鄙志契 眞源恕以色 莫朴△見 唐天子咸通六年 乙酉正月日 新羅國漢州北界 鐵員郡到彼岸寺 成佛之侍士 △龍岳堅 淸于時△覓居士 結緣一千五百餘人 堅金石志 勸不覺勞△"라고 하였다.

향도들은 석가불이 입적한 후 이 세상의 '색'이 가려졌음을 한탄하였다. 이것은 매우 은유적이고 상징적 표현이어서 그 의미를 단정적으로 지적할 수는 없다. 전후의 사정이 풍기는 분위기는 세상이 혼란하였음을 나타내 주는 것으로 보인다. 향도들은 '색'을 가린 혼란한 세상을 한탄하였으며, 그것을 제도하면서 이상사회를 건설하려는 미륵정토를 추구하였다. 그들은 조성한 비로자나불상을 통해 연화장세계를 꿈꾸었기보다는[46] 현실사회에서 산몸으로 극락세계에 들려는 미륵정토를 구현하였다.

조신이 추구한 미륵정토신앙은 신무왕 때인 839년을 전후한 시기에 강릉 지역을 중심으로 유행하였다. 조신과 꿈속에서 인연을 맺었던 낭자의 아버지 김흔金昕은 김우징金祐徵이 거느린 청해진 군대를 맞아 싸웠으나 이기지 못하자, 관직을 버리고 소백산小白山에 들어가 승려와 함께 지냈으며 849년(문성왕 11년)에 돌아갔다.[47] 이후 약 20여 년의 세월이 흐른 다음에 철원의 거사들이 비로자나불을 조상하면서 미륵정토를 추구하였다.

강릉이나 철원 지역의 미륵정토신앙이 연결된 흔적을 찾기는 어렵다. 그러나 왕위쟁탈전에 의해 신라 중앙정계가 혼란으로 치닫는 속에 신라의 동북 변방 지역에서 미륵정토신앙이 흥행하였다. 이때가 되면 다른

---

46 『삼국유사』 권4, 사복불언조에는 사복이 죽은 어머니와 함께 蓮華藏세계로 들어갔다. 이때 죽은 어머니는 문제가 되지 않으나, 사복은 산몸으로 연화장세계에 드는 것으로 되어 있다. 그러나 사복이 들어간 연화장세계가 이 땅에 설치된 것인지는 분명하지 않다. 그것은 미륵정토, 곧 현실사회 정토와는 구별된다.

47 『삼국사기』 권44, 김양전 부록 김흔전에 "自以敗軍 又不能死綏 不復仕宦 入小白山 葛衣蔬食 與浮圖遊 至大中三年八月二十七日 感疾終於山齋 享年四十七歲 以其年九月十日 葬於奈靈郡之南原 無嗣子"라고 하였다. 이후 그의 부인은 비구니가 되었는데, '無嗣子'라고 하였으므로 그에게는 조신이 연모한 딸만 있었던 듯하다. 꿈이기는 하지만 조신과 낭자와의 인연이 인생의 고락을 다 겪은 후 허무하게 끝남은 김흔이 정치적으로 암울하였던 사정을 반영해 준다.

지역에서도 미륵불의 하생을 기원하는 신앙이 퍼져 나갔다. 철원 지역에 유행한 미륵정토신앙은 사회 혼란을 보여 주는 성격을 미미하게 담고 있어서 흥미롭다. 그것은 뒷날 이 지역에 도읍을 정한 궁예의 미륵정토신앙과 어떤 형태로든지 연결되었을 것이다.

901년(효공왕 5년)에 후고구려를 세운 궁예는 904년에 마진摩震으로 국호를 바꾸었으며, 철원을 도읍으로 삼아 청주淸州 지역 사람 1,000호一千戶를 이곳으로 옮겼다. 도피안사의 비로자나불상을 조성한 지 약 30년 정도 지난 시기이다. 이때까지도 철원 지역에는 현실사회의 모순을 직시하였던 미륵정토신앙의 전통이 유지되었으며, 그것은 이상사회의 건설을 위해 현실사회의 모순을 고치려는 개혁 사상으로 발전하였다. 후삼국시대가 되면서 신라 국가체제를 부정하고 뒤흔들려는 기운이 팽배해지면서 미륵신앙은 현실사회를 개혁하려는 경향을 뚜렷하게 나타냈다.

(2) 궁예의 미륵사상

미륵정토사상

석가를 대신하여 중생을 제도하는 미륵이나 그 신앙은 『미륵상생경彌勒上生經』·『미륵하생경彌勒下生經』·『미륵성불경彌勒成佛經』에 집중적으로 나타나 있다. 이 세 가지 경전 외에도 미륵신앙은 소승 경전 속에도 광범하게 흩어져 전한다. 실제로 미륵은 부처나 혹은 실존 인물인 보살로서 그 행적은 긴 기간에 걸쳐 여러 개의 많은 설화로 전한다. 특히 미륵신앙은 전륜성왕轉輪聖王 치세治世와 연관되었다.

전세에 아일다阿逸多와 미륵이 부처 앞에서 수도하고, 후에 아일다가 전륜성왕으로 태어난다. 전륜성왕은 이웃 국가를 정벌하고 불법佛法으로 통치하기 때문에 이 세상은 살기 좋은 이상세계가 된다. 그런 과정에서 미륵이 세상에 내려와 전륜성왕의 불법 통치를 돕는다. 그러나 미륵 출현 직전의 전륜성왕 치세는 극도로 혼란하였다. 이로부터 이상세계가 도래하기까지 사회는 매우 혼탁해진다.

미륵 출현 이전 전륜성왕의 통치가 혼란으로 이어지는 상황에 대해서 『미륵하생경』에 잠깐 언급하였지만, 『장아함경長阿含經』 등 소승 경전에는 비교적 자세하게 기록하였다. 곧 전륜성왕의 윤보輪寶가 바뀌어 간다. 너무 인자하여서 전륜성왕은 가난으로 도적질한 백성들에게 양식을 주어 돌려보낸다. 이를 계기로 도둑질이 만연하고 살인과 전쟁·죄악·배신이 난무하는 시대가 온다.

자연스럽게 전륜성왕의 통치는 인간의 수명까지 단축시키는 극도의 혼란을 낳는다. 혼탁한 사회에 출현한 미륵은 엄격한 계율을 강조하고[48] 이로써 인간을 제도하여 현실사회에 이상세계를 도래시킨다. 미륵신앙은 혼탁한 말법사회를 배경으로 하여 이상세계를 건설하려 하므로 현실사회를 개혁하려는 사상으로 나타난다. 미래에 우리가 사는 이 사회가 바로 이상세계가 되기 위해서 미륵신앙은 사회 모순을 개혁하려는 사상 경향을 지닌다.

미륵신앙 속에는 이렇듯 여러 사건이 잇달아 이어졌다. 이상에서 제시한 내용을 알기 쉽게 중요한 사항별로 정리하면 다음과 같다.

① 전륜성왕轉輪聖王의 출생과 통치

② 윤보輪寶의 유전流轉으로 인한 혼란과 미륵의 하생下生

③ 미륵의 계율로 혼란한 사회의 제도

48 김삼용, 「백제미륵신앙의 성격과 그 역사적 전개」, 앞의 책, 1983, p. 101.

④ 현실사회 정토의 구현

이러한 미륵신앙의 내용이 어느 시대에나 모두 나타나 강조된 것은 아니며, 이 중 특정한 모습을 당시의 사회 상황과 연관하여 중시하였다.

전륜성왕 통치를 도우려고 미륵이 하생하는데, 그 이유는 그의 통치가 혼란으로 흘렀기 때문이다. 하생한 미륵은 혼탁한 사회를 제도한다. 그러나 삼국시대에 중앙집권적 귀족국가 체제를 안정시키려 할 때 등장한 미륵신앙이 당대 사회의 혼란을 강조하지는 않았다. 신라의 경우 불교를 공인하면서 왕실의 전륜성왕 관념과 귀족 자제인 화랑의 미륵선화彌勒仙花 사상은 서로 잘 조화를 이루었다.[49] 신라중고기의 미륵신앙이 사회 개혁을 내세우지는 않았다.

백제 사회에는 미륵신앙이 크게 유행하였다. 용화산龍華山 아래에 무왕의 미륵사彌勒寺 창건은 이 땅에 미륵불의 이상세계를 실현하려는 의도를 나타낸 것이다.[50] 백제 미륵신앙은 현실사회의 혼란을 내세우지 않았지만 혼란을 제도하려는 성격의 계율을 강조하였다.[51] 백제 미륵사상의 전통을 이은 진표의 사상에도 이런 면은 비슷하게 나타나 있었다. 그는 미륵으로부터 직접 계율을 받고자 열망하였다.

이상세계의 건립을 꿈꾸면서 계율을 강조하는 미륵신앙은 비록 혼란한 사회의 개혁을 거론하지 않았다고 하더라도 그런 경향을 직접 드러내지 않았을 뿐이다. 백제나 진표의 미륵신앙에서 사회 개혁 사상은 물밑에서 꿈틀거렸고 수면 위로 부상하지 않았다. 사회 혼란을 전면에 내

---

49 이기백, 「신라 초기 불교와 귀족세력」, 앞의 책, 1975; 앞의 책, 1986, pp. 79~80.

50 김삼용, 「백제미륵신앙의 역사적 위치」, 앞의 책, 1983, p. 101.

51 김두진, 「백제의 미륵신앙과 계율」, 『백제연구총서』 3, 충남대학교 백제연구소, 1993, pp. 72~74.

세우면서 개혁 의지를 앞세워 이상사회를 건설하려는 것은 궁예의 미륵정토 사상에서 특징적으로 나타났다. 궁예는 혼란을 내세워 현실사회를 개혁함으로써 이 땅에 미륵정토를 건설하고자 하였다.

궁예가 쓴 금책金幘은 금륜보金輪寶를 쓴 전륜성왕의 모습을 떠올리게 한다. 궁예는 이상세계의 실현을 위해 현실사회를 개혁하려 하였다. 그가 미륵불로 자칭하였음은 미신적이기보다는 그만큼 현실사회의 개혁사상을 강하게 표출한 것이다.[52] 전륜성왕 치세와 미륵 교화는 깊이 연관되어 있지만 그사이에 상당한 시간적 간격이 존재한다. 전륜성왕의 출생과 출가, 빈궁과 절도로 인한 극도의 사회 혼란, 미륵의 하생과 교화, 정법正法통치에 의한 이상세계의 도래 등이 잇달아 이어진다.

금륜보를 쓴 궁예의 모습은 전륜성왕의 출가와 그의 윤보가 옮겨 감을 보여 주는 것이다. 이때부터 인간의 수명은 줄어들고 거짓과 사기와 도적이 횡행하면서 전쟁과 살인이 그치지 않아 사회는 혼란해진다.[53] 그의 미륵신앙은 전륜성왕의 윤보를 내세워 신라 사회의 혼란을 강조하는 것이었다. 이미 진성여왕 때는 초적草賊이 난무하는 혼란한 시대에 들었으며, 이전 시대와는 달리 궁예의 미륵신앙은 바로 그러한 사회 혼란을 조장함으로써 신라국가를 붕괴시키는 촉매제가 되었다. 그는 신라국가의 무질서와 사회 혼란을 부각하였지만, 궁극적으로 미륵 교화와 사회 개혁을 내세움으로써 이상세계의 건설을 꿈꾸었다.

궁예가 외출할 때의 모습은 용화수龍華樹 아래에서 미륵이 행한 3회의 설법 장면을 연상시킨다. 3회의 설법으로 미륵불은 이미 법륜法輪을 굴리고 천인天人을 제도한 다음, 제자들을 이끌고 혈두말성翅頭末城

---

52 김두진, 「고려초기의 법상종과 그 사상」, 앞의 책, 1981 ; 「'성상융회'사상 성립의 사상적 배경—고려초의 법상종과 그 사상—」, 앞의 책, 1983, p. 116.

53 『長阿含經』 권제6, 轉輪聖王修行經 참조.

으로 들어간다. 이때 길거리에는 갖가지 번개幡蓋를 세우고 여러 가지 향을 태워 연기가 구름과 같이 피어오른다. 제석帝釋은 여러 천왕과 더불어 부처의 덕을 찬양하면서 하늘의 꽃을 비 오듯 뿌려 부처를 공양한다.[54] 용화龍華 이상세계를 실현한 모습이다.[55]

궁예는 미륵 이상세계를 건립하고자 염원하였으나 바로 당대에 세우려 하지는 않았다. 그는 미륵 이상세계의 건설을 위한 현실사회의 개혁에 더 치중하였다. 그는 출생하자마자 신라 조정에서 거세된 인물로 왕실에 대해 강한 반감을 품었다. 궁예는 후고구려를 세운 직후에 변방을 순행하여 영주 부석사浮石寺에 들렀는데, 벽에 그린 신라왕의 초상화를 보고 칼로 내려쳤다. 도읍을 철원으로 옮긴 다음에 그는 사람들이 신라를 멸망할 도읍이라 부르게 하고, 신라에서 내항해 온 자를 모두 죽였다. 궁예가 왕실에 대해 반감을 보이면서 신라를 멸망할 나라라고 부르게 한 것 등은 사회 혼란을 부채질하였다.

궁예 휘하에는 지역적 연고를 떠난 초적이나 반란 세력에 가담하였던 자들이 몰려들었다.[56] 그들은 후삼국의 동란을 조장하였다. 신라 국가 체제를 부정하면서 사회 혼란을 가중하는 것 자체가 궁예의 세력 기반으로 연결되었다. 궁예의 미륵사상은 이러한 혼란을 부채질하면서 현실사회를 개혁하려는 성격을 지녔다. 정토 건설이라는 염원을 담았지만, 궁예가 표방한 미륵신앙은 이상세계의 건설보다는 현실사회의 혼란과 개혁에 더 치중하였다.

---

54 鳩摩羅什譯, 『佛說彌勒下生成佛經』.

55 김두진, 「궁예의 미륵세계」, 『한국사시민강좌』 10, 1992, p. 32.

56 김두진, 위의 논문, 1992, PP. 26~27.

미륵관심법

궁예는 미륵사상으로 혼란을 강조하면서 당대 사회를 개혁하려는 뜻을 가졌다. 혼란한 사회를 개혁하여 이상세계를 건설하기 위해 미륵의 용화수 설법은 계율을 강조한다. 궁예의 미륵신앙 안에는 용화수 아래에서 행한 3회의 설법을 연상시키는 내용이 포함되었을 수 있다. 그러나 그가 실제로 계율을 강조하였는지는 분명하게 나타나 있지 않다. 궁예가 미륵정토신앙을 전개하면서 가졌던 계율을 구체적으로 밝혀야 한다.

궁예의 폭정은 윤색하여 기록한 것이고, 그 진면은 율계적律戒的 통치였다고 생각한다. 그는 다음과 같이 포학한 군주로 묘사되어 있다.

> 이후 그는 의심이 많고 쉽게 격노하니, 모든 관료와 장군부터 아래로 평민에 이르기까지 무고無辜하게 죽임을 당하는 자가 많았다. 부양斧攘과 철원鐵圓 사람들이 그 독소를 견딜 수 없었다.
>
> —『삼국사기』 권50, 궁예전—

궁예의 폭정을 묘사한 이러한 기록은 다소 과장되었던 것이 분명하다. 궁예에게서 포학한 면을 끌어낼 수 있는 요인이 전혀 없지는 않았겠지만, 고려시대에 그런 면을 확대하여 기록하였을 것이다.

윤색하여 기록한 철권정치는 궁예의 율계적 통치 방식을 알려 준다. 그것은 궁예의 미륵사상에서 표방한 계율의 강조와 연결될 수 있다. 다만 궁예 미륵사상에서 율계적 통치는 비정상적인 모습으로 나타났다. 궁예가 신통술神通術로써 부인 강씨의 부정을 보았다고 한다. 이 신통술은 미륵관심법彌勒觀心法으로 분명하게 적혀 있다. 다음 내용을 참고해 보자.

이때 궁예는 무고하게 반역죄를 씌워 하루에도 수백 명을 죽였다. 장수나 정승으로서 해를 당한 자가 10 중 8, 9에 이르렀다. (궁예는) 항상 스스로 말하기를 "나는 미륵관심법彌勒觀心法을 체득體得하여 부녀들의 음행陰行까지도 알아낼 수 있다. 만일 나의 관심법에 걸리는 자가 있다면 바로 엄하게 벌하겠다"라고 하였다.

—『고려사高麗史』 권1, 세가 1, 태조太祖조—

조선시대에 편찬한 『고려사』는 궁예의 미륵관심법을 '엄한 처벌'과 병행하여 언급하였다. 그것은 율계적 통치와 이어질 수 있다. 미륵보살계와 같은 엄격한 계율을 바탕으로 궁예가 국가를 통치한 모습은 무고한 반역죄를 뒤집어쓴 장수나 정승의 처단 등을 기록한 것인데 고려시대에 윤색되었다.

고려시대의 기록인 『삼국사기』는 이 부분을 더 윤색하였다. 곧 미륵관심법에서 미륵이나 계율에 대한 부분이 완전히 빠졌다. 관심법과는 무관하게 의심이 많고 포학한 궁예의 성격을 부각하여 장수와 관료는 물론 아래로는 백성에 이르기까지 무고하게 죽임을 당하였다고 기록하였다.[57] 궁예의 관심법을 미륵사상과 연결한 『고려사』의 기록이 더 진실에 가깝다. 미륵관심법은 엄격한 보살계를 강조하였다. 현실적으로 그것은 율계적 통치체제로 나타났다. 궁예는 미륵정토신앙을 내세워 현실사회의 혼란을 크게 부각하였는데, 그것을 제도하기 위한 계율이 미륵관심법에서도 강조되었다.

57 그 외에도 『고려사』 권1, 세가 1, 태조 즉위조에 "遂鍛造三尺鐵杵 有欲殺者 輒熱之 以撞其陰 烟出口鼻死 由是 士女股慄 怨憤日甚"이라고 하였는데, 『삼국사기』 권50, 궁예전에는 같은 형벌로써 부인 康氏를 죽인 것으로 기록하였다. 이 부분은 윤색된 듯하다. 강씨와 두 아들이 처형된 것은 분명하지만, 그 처단 방법에 대해서는 『삼국사기』의 기록을 그대로 믿을 수는 없다.

궁예는 다른 사람의 마음을 읽어 비행을 들추어내 엄하게 벌하려는 목적에서 미륵관심법을 사용하였다. 다음 기록에서 이런 면을 분명히 알 수 있다.

궁예가 말하기를 "경卿(왕건)은 나를 속이지 말라. 나는 능히 관심법으로 그것을 안다. 나는 지금 곧 입정入定하여 보고 나서 이 일을 다 이야기하겠다"라고 하면서, 이에 눈을 감고 뒷짐을 지더니 한참이나 하늘을 향해 고개를 들고 있었다.

—『고려사』 권1, 세가 1, 태조조—

궁예의 미륵관심법은 '입정入定'하여 마음을 관조觀照하는 것으로 나타났다. 본래 관심법은 신라하대 이래 선종이 유행한 풍토 속에서 조사선祖師禪을 깨치기 위해 자기 안에 있는 불성을 발견하려는 방법으로 사용되었다. 관심법은 남의 마음을 읽는 것이 아니며, 자기 마음을 닦아 그 안에 있는 불성을 깨달으려는 수행 방법이다.

궁예 역시 관심법이 자기의 마음을 닦고, 각자가 지닌 불성을 깨치려는 것임을 간과하였다고 생각하지 않는다. 다만 그는 '관심법'과 구별하여 '미륵관심법'을 내세웠고, 이것은 자기의 마음뿐만 아니라 다른 사람의 마음까지를 읽을 수 있는 참위적讖緯的 성격을 지녔다. 그리하여 궁예는 부인 강씨가 사통하였음을 '신통술로써 보았다'라고 하였다. 관심법이 참위적 신통술로 작용하였음을 알려 준다. 이를 이해하는 데 간접적이지만 다음 기록은 도움이 된다.

① 일찍이 (궁예가) 재齋를 올리려고 가는 도중에 까마귀가 날고 있었는데, 입에 물었던 물건을 쥐고 있는 바리때 속에 떨어뜨렸다. 그것을 보니 아첨牙籤에 '왕王' 자가 쓰여 있었다. 그런즉 감추어 두고 발설하지 않았으며 자못 자

부심을 가졌다.

—『삼국사기』 권50, 궁예전—

② 궁예는 창근昌瑾으로 하여금 거울을 판 사람을 찾게 하였으나 한 달이 되도록 찾지 못하였다. 오직 동주東州(지금의 철원) 발삽사勃颯寺의 치성광여래熾盛光如來 앞에 오래된 전성상塡星像이 있었는데 거울 주인의 모습과 비슷하였으며, 좌우의 두 손에는 제사에 쓰일 도마와 거울을 들고 있었다.

—『고려사』 권1, 세가 1, 태조조—

궁예는 출가하여 세달사에서 생활하던 중 까마귀로부터 '왕王' 자를 새긴 아첨牙籤을 받고는 큰 뜻을 품었다. 이때 얻은 아첨은 참위적 성격을 가졌으며, 미륵관심법의 신통력과 통할 수 있는 것이다. 궁예가 통치하던 때에 철원에는 참위讖緯 신앙과 연결된 발삽사가 있었다. 발삽사의 주존불은 치성광여래이고 그 앞의 진성소상鎭星塑像은[58] 왕창근王昌瑾의 참위적 거울설화와 연결되었다.

진성이 현신하여 왕창근에게 오래된 거울을 팔았는데, 거기에 참위적 고시古詩가 적혀 있었다. 그 내용은 밀교密敎[59]뿐만 아니라 풍수지리나 도참사상까지를 포용하고 있는데 왕건에게 봉사하는 것이다. 왕건이 삼한을 통합한다는 사실을 암시하였으므로[60] 발삽사의 참위신앙은 왕건과 연결되었던 것으로 생각하기 쉽다. 그러나 발삽사의 주존불은 치성광여

58 『삼국사기』 권50, 궁예전에는 塡星古像이 鎭星塑像으로 나와 있다.

59 鎭星塑像은 같은 사건을 기록한 『고려사』 권1, 세가1, 태조 즉위조에는 熾盛光如來像으로 나와 있다. 치성광여래는 密敎에서 받들었다. 『고려사』 卷首의 高麗世系에는 치성광여래가 呪術을 부리는 것으로 나타나 있다.

60 『삼국사기』 권50, 궁예전에 "日映鏡面 有細字書 讀之若古詩 其畧曰 上帝降子於辰馬 先操鷄後搏鴨 於巳年中二龍見 一則藏身青木中 一則顯形黑金東"이라고 하였다. 古詩는, 궁예가 먼저 일어났지만 그 뒤를 이은 왕건이 삼한을 통합한다는 참위적 내용으로 구성되었다.

래이다. 치성광여래 신앙은 왕건의 선대 세력에게 호의적으로 받아들여진 것 같지는 않다. 치성광여래는 왕건의 할아버지인 작제건作帝建이나 용녀龍女와는 적대 관계에 있었고 작제건이 쏜 화살을 맞고 죽는 여우의 변신이었다. 발삽사에 모신 치성광여래는 왕건과 친밀하였다고 볼 수 없으며, 궁예의 미륵관심법과 연관 지어 이해해야 한다.

용왕의 가족을 해치기 위해 치성광여래는 『옹종경臃腫經』을 읽었다. 『옹종경』은 밀교에서 사용한 경전인 듯한데, 이름으로 보아 그 내용은 질병과 연관한 다라니를 포함하고 있었던 듯하다.[61] 치성광여래는 밀교에서 받든 본존불로서 섭일체불정륜왕攝一切佛頂輪王으로 불리며, 해나 달 또는 모든 별 등을 복종시키고 천변지이天變地異나 자연재해 등을 관장하였다. 치성광여래상 앞의 진성을 포함한 구요는 인간의 길흉을 관장하였다.

궁예의 미륵관심법은 자신의 마음을 닦아 자기 안에 있는 불성을 깨치려는 선종의 관심법 사상을 근간으로 하였지만 미륵정토신앙과 연결됨으로써 신통력을 가졌다. 미륵관심법으로 나타난 신통술은 참위적 성격을 지녀 재앙을 물리치기도 하지만 선악과 길흉을 판단하였다. 미륵관심법의 참위적 판단은 율계적 통치체제 확립에 어울렸다. 그것은 미륵정토신앙을 전개하면서 나타난 사회 혼란을 제도하기 위한 계율의 강조와 연결되었다.

61 『삼국유사』 권2, 진성여대왕 거타지조에 나오는 거타지설화는 作帝建설화와 같은 내용을 가졌다. 다만 거타지설화에는 치성광여래가 沙彌로 나타나 있고, 『臃腫經』을 읽는 것은 "誦陀羅尼" 또는 "誦呪如前"으로 표현되었다.

(3) 궁예 미륵사상의 불교사적 의미

궁예의 미륵정토신앙이나 미륵관심법 사상은 대체로 미신적 모습으로 묘사되어 있어서 당시 신라불교사에서 갖는 의미를 찾아내기 어렵다. 우선 궁예가 미륵정토신앙에 매료되었음은 분명하다. 이미 백제 사회에 이상적 미륵정토를 건설하려는 신앙과 노력이 나타나 있었지만, 막상 이상세계를 이루고자 현실사회를 개혁하기 위한 혼란을 조장하거나 강조한 자는 바로 궁예였다. 그의 사회 개혁에 대한 의지는 누구보다도 강하였다.

궁예는 자신을 미륵불로, 장자를 청광보살로, 차자를 신광보살로 불렀다. 신광은 미타를 가리키고[62] 청광은 관음을 가리킨다. 청색은 관음과 특별히 연관되었다. 신라 오대산五臺山신앙의 다섯 봉우리 중 동쪽 봉우리에 관음을 모셨는데, "동대東臺에는 마땅히 관음방觀音房을 두어 원상圓像관음과 청색 바탕에 1만의 관음상을 그려 봉안하고, 복전福田 5명을 두어 낮이면 8권의 금경金經과 인왕반야천수주仁王般若千手呪를 읽게 하고, 밤이면 관음예참觀音禮懺을 염송하게 하여 원통사圓通社라고 이름한다(『삼국유사』 권3, 대산오만진신臺山五萬眞身조)"라고 하였다.

동쪽 봉우리에 봉안한 관음상은 '청靑'으로 표현되어 청색 바탕에 그려졌다. 이를 보면 신라중대 이후에 관음보살을 청광보살로 불렀을 수도 있다.[63] 궁예는 이러한 관음신앙의 전통에서 장자를 청광보살로 불렀는데, 그 이유는 관음의 16변상 중 청색을 띤 청광보살은 다음 대의 명왕

62 「讚阿彌陀偈」에 "神光離相 不可名故佛 又號無稱光"이라 하였고, 『止觀』 권1의 2에 "彌陀佛放神光 現月蓋門"이라 하였다.

63 김두진, 「'성상융회'사상 성립의 사상적 배경—고려초의 법상종과 그 사상—」, 앞의 책, 1983, p. 117.

明王으로 태어날 유가청경대비왕瑜伽青頸大悲王이기 때문이다.[64] 청경대비왕은 '유가'로 표현하였으므로 법상종에서 중요하게 받들었다.

법상종에는 승려가 다음 세상에 대국의 왕으로 태어나는 신앙이 퍼져 있었다.[65] 청경대비왕은 관음보살이 명왕明王으로 바뀌어 나타난 모습이다.[66] 궁예가 보위를 이을 장자를 관음보살로 부른 것 역시 신라 법상종의 신앙 전통에서 이해할 수 있다. 이와 연관하여 법상종 사찰인 백월산白月山 남사南寺의 「양성성도기兩聖成道記」를 참고해 보자.

> ① 노힐부득努肹夫得과 달달박박怛怛朴朴이 백월산白月山에 들어가 수도하면서, 각각 미륵불과 무량수불無量壽佛로 성불하기를 바랐다.
>
> ② 도가 무르익을 무렵에 관음보살이 낭자로 변신하여 이들을 시험하고, 각각 미륵불과 미타불로 성불하게끔 도와주었다.
>
> ③ 관음보살의 화신化身인 낭자가 낳은 아기를 씻긴 목욕물에 먼저 목욕한 노힐부득은 산몸의 미륵불로 변하였고, 뒤에 남은 물에 목욕한 달달박박도 역시 산몸의 무량수불로 변하였다.
>
> —『삼국유사』 권3,
> 남백월이성 노힐부득 달달박박南白月二聖 努肹夫得 怛怛朴朴조—

백월산 남사와 연관된 미륵·미타·관음은 궁예의 세 부자가 표방한 3존과 일치한다. 궁예는 백월산 계통 법상종의 사상 전통을 이었다.[67] 신라 법상종은 태현계와 진표계의 두 교단으로 성립되어 있었다.

---

64 金剛智, 『具名金剛頂瑜伽青頸大悲王 觀自在念誦儀軌』.

65 『삼국유사』 권4, 관동풍악 발연수석기조에 "又九者法爾 八者新熏成佛種子 以此當知果報 汝捨此身 受大國王身"이라고 하였다.

66 金剛智, 앞의 儀軌에서 青輕觀自在보살은 "觀音菩薩 所變現之明王"이라고 하였다.

67 김두진, 「궁예의 미륵세계」, 앞의 책, 1992, p. 29.

태현계 교단은 정토신앙을 강하게 추구하였기 때문에 관음을 중요하게 받들었으나[68] 진표계 교단은 망신참亡身懺을 닦는 것과 같은 엄격한 계율과 함께 점찰법占察法을 행하였다. 우선 궁예의 불교사상과 진표계 법상종과의 관계를 살펴볼 필요가 있다. 20여 권이나 되는 경전을 저술한 궁예는 불교 종파의 어느 한 교리에 밝았음이 분명하다. 그러나 석총釋聰이 궁예가 지은 경전은 요망하고 신빙할 수 없는 사설괴담邪說怪談으로 훈계가 될 수 없다고 비판하였다. 궁예의 불교사상 내에 요망하게 보일 요소가 포함되었는데, 그것은 미륵관심법과 연결하여 이해해야 한다.

궁예가 현실사회를 개혁하면서 궁극적으로 정토신앙을 추구한 점은 태현계 법상종의 신앙 전통과 연결되었다. 다만 그의 미륵관심법에는 참위적 길흉이나 선악관이 깔려 있었다. 그가 까마귀에게서 받았다는 아첨牙籤이나 발삽사의 진성으로부터 구입한 거울 등은 참위신앙을 나타내 준다. 미륵관심법 속에 포함된 참위신앙은 진표계 법상종에서 강조하는 점찰법과 대비해서 파악해야 한다. 그것이 길흉을 판단하는 면에서 점찰법과 비슷한 소지를 가졌다.

다만 참위신앙은 점찰법과는 대조적 성격을 지녔고, 진표계 법상종의 신앙 전통을 배려하면서 성립한 것은 아니다. 우선 궁예의 미륵사상과 진표계 법상종사상이 크게 달라지는 요인이 있었다. 계율의 강조가 그것이다. 진표계 법상종은 유가보살계나 망신참과 같은 엄격한 수행 과정을 통해 계율을 내세웠다.[69] 반면 궁예는 이상세계의 건설을 위해 계율을 내세웠지만, 궁극적으로는 이를 통해 율계적 통치체제를 확립하

68 김두진, 「'성상융회'사상 성립의 사상적 배경—고려초의 법상종과 그 사상—」, 앞의 책, 1983, p. 117.

69 김두진, 「백제의 미륵신앙과 계율」, 앞의 책, 1993, pp. 54~55.

고자 하였다. 수행 과정에서 얻은 계율을 지닌 것이 아니어서 궁예는 선종善宗이라는 법호를 사용하면서도 승률僧律에 구애받지 않고 자유분방하게 행동하였다.

미륵관심법의 참위신앙은 치성광여래 등 밀교나 토착신앙과 연결되었음에 대해 점찰경에 근거한 점찰법 자체는 비록 성종性宗인 화엄종사상에서는 벗어났지만 법상종사상으로서는 우수한 것이라고 하였다.[70] 점찰법은 간자簡子를 통해 나타난 각자의 법상을 제도하려는 것이다. 이에 비해 궁예의 참위신앙은 신통력을 내세워 상대를 선악과 길흉으로 판단하고 처단하려는 성격을 지녔다. 그리하여 궁예는 태현계 법상종에 속하였으면서 참위적 밀교신앙에 관심을 가졌다.[71] 궁예의 미륵관심법은 같은 법상종 교단이었지만 진표계 법상종 교단으로부터 강한 반발을 받았다.[72]

궁예가 지은 경전을 비판한 석총은 진표계 법상종 승려라고 생각한다. 우선 진표의 제자로 석충釋忠이 있다(『삼국유사』 권4, 진표전간조). 또한 김관의金寬毅가 찬술한 『왕대종록王代宗錄』에는 신라말에 석충釋冲이 계간戒簡 189매枚를 얻어서 왕건에게 바쳤는데, 지금 동화사桐華寺

70 『삼국유사』 권4, 진표전간조에서 占察經에 대해 "雖外乎性宗 其相教大乘 殆亦優矣 豈與搭撲二懺 同日而語哉"라고 하였다. 그리고 점찰법에 대해서는 "如舍利佛問經 佛告長者子邠若多羅曰 汝可七日七夜 悔汝先罪 皆使清淨 多羅奉教 日夜懇惻 至第五夕 於其室中雨種種物 若巾若帊若拂箒 若刀錐斧等 墮其目前 多羅歡喜 問於佛 佛言是離塵之相 割拂之物也 據此 則與占察經 擲輪得相之事 奚以異哉"라고 하였다. 곧 簡子를 통해 얻은 法相도 더러움을 씻겨 주기 때문에 성불을 도우는 것이라고 하였다.

71 양경숙, 「궁예와 그의 미륵불사상」, 『북악사론』 3, 1993, pp. 126~127.

72 양경숙, 위의 논문, 1993, p. 130. 태현계 법상종은 토착신앙을 포용하였다. 태현은 남산의 茸長寺에 주석하였는데, 그곳의 미륵석상을 돌면 석상도 또한 태현을 따라 얼굴을 돌렸다 한다(『삼국유사』 권4, 현유가해화엄조). 또한 문무왕 때에 당의 신라 침공을 물리치기 위해 明朗은 유가승 12명과 함께 文豆婁秘法을 행하였다(『삼국유사』 권2, 문호왕 법민조). 유가승 12명은 태현계 교단에 속하였는지 알 수 없으나 밀교신앙을 포용하였다.

에 전하는 간자와 같은 것인지 알 수 없다고 하였다(『삼국유사』 권4, 심지계조心地繼祖조). 석충釋忠은 물론 진표의 간자를 얻어서 왕건에게 바친 석충釋冲도 진표계 법상종 교단에 속한 승려였다. 궁예가 지은 경전을 비판하다가 죽임을 당한 석총은 석충釋冲(또는 釋忠)과 같은 사람인 듯하다.[73] 궁예의 미륵관심법은 진표계 법상종으로부터 강한 비난을 받았던 것이 분명하다.

궁예의 사상이 화엄사상을 포용하였는지는 의문이다. 신라 의상계 화엄종사상은 실천적이면서 다른 사상을 포용하려는 융섭적 성격을 가졌다. 궁예의 불교사상이 실천 수행적 신앙을 가졌는지도 불확실하다. 궁예의 불교사상은 같은 교단이라 할 수 있는 원측圓測에서 도증道證·태현으로 이어진 서명파西明派 법상종의 융섭적 사상을[74] 강조하지 않았다. 의상의 제자인 신림神琳이 주석한 세달사에 출가하였으므로 궁예가 화엄종과 관계를 맺었다고 유추하기도 한다. 그러나 부석사에는 그가 신라왕의 벽화를 내리친 칼자국이 『삼국사기』를 편찬한 인종 때까지 남아 있었다고 한다. 궁예는 부석사 또는 화엄종과 원만한 관계를 유지하지 못하였다.

신라하대에는 선종이 크게 유행하였다. 선종은 화엄사상과는 친밀할 수 있지만 법상종사상과는 어울리기 어려운 면을 지녔다. 궁예의 미륵관심법은 선종에서 호의적으로 받아들이지 않았다. 해동 사무외사四無畏士 중의 한 사람인 형미逈微가 무위사에서 왕건을 따라 왕경王京으로 갔다가 궁예에게 죽임을 당하였다.[75] 이 사건은 왕건을 견제하려는 것이겠지만, 기본적으로 궁예의 불교사상이 선종사상과 맞지 않

73 김두신, 「궁예의 미륵세계」, 잎의 책, 1992, p. 30.
74 조명기, 「원측의 사상」, 『진단학보』 16, 1949, p. 144.
75 최언위, 「강진무위사 선각대사편광탑비」, 『조선금석총람』 상, 조선총독부, 1919, p. 173.

았던 결과로 나타났다. 사실 관심법은 선종에서 추구되었지만, 미륵 관심법은 자기 안에 있는 불성을 찾으려는 선종사상과 대치되는 것이었다.

신라 법상종의 두 교단 중 태현계는 궁예에게로 법맥이 전해졌으며, 이후 고려시대에 그 문도가 활동한 것 같지는 않다. 태현계 법상종에서 특징적으로 내세운 미륵정토신앙은 궁예가 거세된 이후 빛을 잃었으나, 고려 사회가 하극상이나 무수한 농민 반란 등의 혼란으로 치닫던 때에 은밀하게 유포되었다. 그리하여 미륵정토신앙은 기존 권력 구조나 현실 사회를 전복하려는 반란 세력 또는 비밀결사 중심으로 수용되었다.

3. 궁예의 토속불교신앙과 불교계

(1) 궁예의 토속불교신앙

나말여초의 불교계가 사상을 심화하는 발전을 가져오기도 하였지만 혼돈의 미신적 사고를 포용하였다. 궁예의 불교사상도 애초에 이러한 양면적인 모습을 가졌는데, 고려초에는 보다 철저하게 윤색됨으로써 미신적 요소를 더 크게 부각한 기록으로 남겨졌다. 궁예의 미륵사상을 밝히고자 할 때, 우선 그 원모습과 뒤에 윤색한 요소를 정확하게 구별해야 한다. 궁예 불교사상이 아무리 윤색되었다고 하더라도 그 속에 진솔한 모습이 숨어 있기 마련이다. 그의 불교사상에 관한 연구는 참모습에서부터 출발해야 한다.

궁예는 이상을 실현할 미륵 극락세계를 이 땅에 건설하고자 하였다. 극락세계에 왕생하려는 정토신앙은 귀족에게 일부 수용되었을지라도 대체로 일반 서민 중심으로 퍼져 나갔다.[76] 궁예의 미륵정토신앙도 당시 사회를 극락으로 바꿈으로써 서민의 호응을 얻었다. 궁예 세 부자가 표방한 미륵·관음·미타불은 우선 태현계 법상종 교단의 전통과 연관되었지만, 또한 정토 3불인 것이 흥미롭다. 사실 태현계 법상종 교단은 정토신앙을 강하게 내세웠고, 그 과정에서 관음보살이 중요한 역할을 담당하였다.[77]

궁예의 미륵사상도 관음을 중시하였다. 관음보살은 중생을 정토로 이끌었을 뿐만 아니라 서민들의 사소한 소원을 듣고 이루도록 돕는 역할을 담당하였다. 관음신앙은 서민에게 가장 친근하였다. 궁예의 정토신앙이나, 그가 특히 강조한 관음신앙은 서민의 호응을 얻어 낼 수 있는 것이었다. 서민 속에 퍼져 나간 궁예의 정토신앙은 자연스럽게 토착적 민간신앙을 포용하였다. 그런데 궁예의 이러한 토속불교는 더 미신적으로 윤색되었다. 참위신앙으로 연결된 그것은 상당히 조작된 후대의 모습일 수 있다.

궁예의 불교신앙에 흡수된 참위신앙은 태봉 당시에도 이미 유포되었다. 출가하여 세달사에 거주할 때의 궁예는 공중에 나는 까마귀로부터 '왕王' 자가 적힌 아첨牙籤을 얻고는 가만히 자부심을 지녔다고 한다. 믿을 수 없는 사실이다. 궁예는 선종善宗이라는 법호를 가졌다. 스스로 불렀다고 하더라도 법호는 그가 불교사상에 대해 깊이 이해하였음을 생각하게 한다. 아첨을 얻고 왕이 될 자부심을 품었다는 내용은 후고구려, 곧 태봉국을 이룬 이후 불교신앙에 가탁假託하여 만들어졌을 듯하

76 이기백, 「신라 정토신앙의 두 유형」, 『역사학보』 99·100 합집, 1983; 『신라사상사연구』, 일조각, 1986, pp. 149~152.

77 김두진, 「'성상융회'사상 성립의 사상적 배경—고려초의 법상종과 그 사상—」, 앞의 책, 1983, p. 118.

다. 그렇지만 궁예의 불교사상을 참위신앙으로 윤색한 것은 대부분 고려 건국 이후에 나타났다.

고려는 통일 이후에 도참을 크게 수용하였다. 풍수지리는 비보사상으로 발전하기까지 국토의 효율적인 운영을 위한 합리적 인문지리 지식으로 활용되었다. 그러나 그것은 정치 세력에 의해 정략적으로 이용되면서 특정 지역에 절을 짓지 못하거나 그 지역의 인물을 쓰지 못하게 하는 등의 도참으로 흘렀다. 궁예의 토속불교신앙이 참위적 내용으로 윤색되는 모습은 다음 기록에서 잘 나타난다.

① 상인 왕창근王昌瑾이 당唐나라로부터 와서 철원鐵圓의 시전市廛에 우거寓居하였다. 정명貞明 4년(경명왕 2년, 918년) 무인戊寅에 생김새도 괴위魁偉하고 귀밑머리가 모두 흰 한 사람이 오래된 의관을 입고 왼손에 옹완甕椀과 오른손에 오래된 거울을 들고 시중市中에 나타나 창근에게 이르기를 "내 거울을 사겠는가"라고 하였다. 창근은 곧 쌀을 주고 그것과 바꾸었다. 그 사람은 쌀을 시중의 거지 아이들에게 나눠 준 다음에 어디로 갔는지 알 수 없었다.

② 창근은 거울을 벽에 걸어 두었다. 해가 거울에 비치자 작은 글씨가 보였는데, 읽어 보니 오래된 시와 같았다. 그 대략에 "상제上帝가 아들을 진마辰馬에 내려보내 먼저 닭을 잡고 다음에 오리를 쳤다. 사년巳年 중에 두 용龍이 보이니, 하나는 청목靑木 중에 몸을 감추고 하나는 흑금黑金의 동쪽에 형체를 나타내었다"라고 하였다. 창근은 처음에 글이 적혀 있는 줄을 몰랐는데, 그것을 보고 비상하다고 생각하여 드디어 왕(궁예)에게 아뢰었다.

③ 왕은 관리에게 명하여 창근과 함께 거울의 임자를 물색하였으나 찾지 못하였다. 오직 발삽사敎颯寺의 불당에 있는 진성소상鎭星塑像이 그 사람과 같았다.

④ 왕은 기이하게 여기다 못해 문인文人 송함홍宋含弘·백탁白卓·허원許原 등을 시켜 (그 시를) 해석하게 하였다. 함홍 등이 서로 이르기를 "상제가 아들을 진마辰馬에 보냈다는 것은 진한辰韓과 마한馬韓을 이름이다. 두 용이 보이는데 하나는 청목 중에 몸을 숨기고 하나는 흑금에 나타났다고 하였다. 청목은 송松이니 송악군 사람으로 용龍이라는 이름을 가진 자의 후손인 현재의 파진찬波珍湌 시중侍中을 이름이며, 흑금은 철鐵이니 지금의 도읍인 철원(궁예)을 이름이다. 주상이 처음 이곳에서 일어나 마침내 여기서 망한다는 증험이다. 먼저 닭을 잡고 다음에 오리를 친다는 것은 파진찬 시중이 먼저 계림을 얻고 다음에 압록鴨淥을 차지한다는 의미이다"라고 하였다.

—『삼국사기』 권50, 궁예전—

포악한 궁예가 왕창근의 거울에 적힌 내용을 정확하게 알게 되면, 왕건뿐만 아니라 많은 사람이 해를 당할 것이 분명하였다. 그리하여 송함홍 등은 말을 꾸며서 아뢰었다고 하였다. 왕창근의 거울설화는 대부분 참위로 기록되었다. 그 줄거리는 거울에 비친 참위적 시구와 그 해석으로 채워져 있다. 곧 철원에서 궁예가 먼저 일어났으나 거기에서 멸망하고, 뒤에 송악에서 몸을 숨기고 있던 왕건이 신라와 후백제를 차지하여 삼한을 통일한다는 내용이다. 왕창근의 거울설화는 고려 통일 이후에 조작한 것이 분명하다.

발삽사의 불당에 모신 진성소상은 궁예가 가진 토속불교신앙의 진면을 보여 준다. 『고려사』는 왕창근에게 거울을 판 진성소상에 대해 조금 더 자세하게 기록하였다. 궁예가 왕창근으로 하여금 거울을 판 사람을 찾게 하였으나 한 달이 되도록 성과가 없었다. 그런데 동주東州(지금의 철원) 발삽사의 치성광여래 앞에 모신 오래된 전성상塡星像이 거울의 주인 모습과 닮았으며, 양손에 제사에 쓸 도마와 거울을 들고 있었다. 전성상은 곧 진성소상임이 분명하다. 철원 발삽사는 주존불이 치성광여래이며, 불당에는 치성광여래상 외에 진성소상 등 9요九曜를 모셨던 듯하다. 진성은 토착신앙의 구요 중 일곱 번째의 토요土曜이고 토성土星 또는 지정地精·토정土精 등으로 불리며, 파라국波羅國을 통치하는 신계완왕神鷄緩王인데 파라문婆羅門 출신의 노인 모습으로 나타난다고 한다.[78]

제사를 관장하는 노인 모습의 진성은 거울을 판 사람과 흡사하다. 그는 오래된 의관을 입었으며, 양손에 제사에 쓸 물건을 들었다. 토성을 포함한 9요는 일日·월月·화火·수水·목木·금金·나후羅喉·계도計都인데, 인간의 길흉을 관장한다. 치성광여래는 섭일체불정륜왕攝一切佛頂輪王이라고도 불리는데, 석가불의 분노형 모습인 교령륜신敎令輪身으로 나타난 방편불이다. 모공毛孔으로 활활 타는 엄청난 염광焰光을 발사하는 치성광여래는 일월성숙日月星宿 등 빛을 발하는 제천諸天을 거느리고 여러 마귀를 항복시킨다. 치성광여래를 본존으로 삼아 비법인 치성광법熾盛光法을 행하는 법회는 일식이나 월식·홍수·태풍 등 천변지이天變地異의 재난을 물리치는 도량이다.

귀신이 난동을 부리거나 적군이 쳐들어왔을 때도 치성광여래에게 경건히 발심發心하여 가호加護를 빌면 반드시 악한 적은 패퇴하고 재앙이 소멸한다고 한다.[79] 고려시대 사원 내에는 구요당九曜堂이 조성되어 있었는데, 발삽사의 치성광여래와 진성 또는 구요신앙은 토착적 불교신앙을 생각하게 한다. 발삽사의 거울설화는 고려 왕건과 연결되었다는 인상을 주지만, 실제로는 궁예의 불교사상과 연결하여 이해해야 한다. 다음 기록에서 이런 면을 읽을 수 있다.

---

78 김두진, 「궁예의 미륵사상과 그 의미」, 앞의 책, 2001, p. 30.

79 최성은, 「태봉(901~918) 지역의 불교조각 시고」, 『태봉의 역사와 문화』, 2001, p. 96.

나는 서해의 용왕입니다. 매일 해 질 무렵이 되면 늙은 여우가 치성광여래熾盛光如來의 모습으로 공중에서 내려와 일월성진日月星辰을 운무 속에 늘어놓고 소라와 나팔을 불거나 북을 치면서 음악을 연주합니다. 그러고는 이 바위에 앉아 『옹종경臃腫經』을 읽으면 나의 두통이 심하게 됩니다.

—『고려사』, 권1, 고려세계高麗世系—

왕건의 할아버지 작제건作帝建은 치성광여래의 모습으로 나타난 여우를 퇴치함으로써 용왕 가족을 구하였고 용녀龍女를 아내로 맞아 돌아왔다.

작제건의 여우 퇴치 설화는 진성여왕 때의 거타지居陁知설화와 매우 비슷하다. 사신 양패良貝를 따라 당나라에 들어가던 중 궁사弓士인 거타지가 바다 중의 섬에 홀로 남아 늙은 여우를 퇴치하고 용왕을 구함으로써 그의 딸을 아내로 맞아 돌아왔다고 한다(『삼국유사』 권2, 진성여대왕 거타지조). 작제건설화에는 늙은 여우가 치성광여래로 변신하여 『옹종경』을 읽지만, 거타지설화에는 여우가 사미로 변신하여 다라니陁羅尼를 염송하는 것으로 나와 있다.

다만 거타지설화의 전체적 분위기가 밀교, 곧 다라니를 강조하였기 때문에 작제건설화의 토착불교신앙이 더 원초적 모습이었을 것으로 생각한다.[80] 해와 달과 여러 별을 운무 속에 늘어놓으면서 소라와 나팔을 불고 북을 치면서 곡을 연주하는 행위는 치성광여래가 구요를 거느리고 재난을 물리치는 치성광법도량의 모습을 떠올리게 한다. 그것은 토착

80 치성광여래로 변신한 여우가 읽은 『臃腫經』은 밀교와 관련되며, 질병을 치료하는 다라니를 포함한 경전인 듯하다. 그렇지만 현재 그 구체적인 내용은 알려져 있지 않다. 따라서 『옹종경』은 치성광여래의 토착불교신앙을 더욱 미신적으로 이끌어가는 분위기 속에서 등장하였을 법하다.

신앙을 흡수한 불교사상으로 이해된다.

발삽사의 치성광여래와 구요신앙은 궁예의 토속불교신앙을 알려 준다. 여우의 변신이기는 하지만 치성광여래는 작제건이나 용녀와는 적대 관계에 있었다. 작제건은 활을 쏴 치성광여래를 퇴치하였다. 이로 보면 발삽사의 치성광여래신앙은 왕건과 친밀하지 않았을 것이다.[81] 그렇다면 당시 철원의 발삽사에서 행해진 주술적 밀교신앙은 궁예의 불교사상과 연결하여 이해해야 한다. 궁예는 법상종 교단의 사상 전통을 계승하면서, 한편으로 토속불교신앙을 포용하였다. 이러한 불교신앙이 서민 속으로 확산되었을 것임은 분명하다. 사실 미륵과 미타를 모신 법상종 교단에서 중시한 관음신앙은 궁예의 불교사상에서도 강조되었다.

다만 궁예의 토속불교신앙 속에 관음보살의 영험담 사례가 있는지는 발견할 수 없다. 이 점 역시 후대에 삭제하는 방향으로 윤색되었을 것이다. 서민을 위한 궁예의 토속불교신앙에는 관음의 영험설화가 포함되었을 것이다. 이 부분에 대해서는 다음 기록에서 유추하고자 한다.

> 작제건이 그 자리에 앉아 붓을 들고 사경寫經하였는데, 갑자기 한 여자가 와서 앞에 섰다. 작제건은 그가 관음의 현신인가 여기고 놀라 일어나 내려앉으면서 바로 절하려고 하니 없어졌다. 둘러앉아 사경한 지가 오래되자 그 여자가 다시 나타나 말하기를 "나는 용왕龍王의 딸로서 여러 해 동안 사경해 왔는데 지금까지 끝나지 않았습니다. 다행히 낭군郎君이 글씨를 잘 쓰고 활을 잘 쏘니, 여기에 머물면서 나의 공덕을 돕고 우리 집의 재난災難을 제거하여 주십시오"라고 하였다.
>
> —『고려사』 권1, 고려세계—

81 김두진, 「궁예의 미륵사상과 그 의미」, 앞의 책, 2001, p. 31.

작제건은 여우를 퇴치하기 위해 사경하는 공덕을 쌓았는데, 용녀의 환상을 보고 힘을 얻어 그것을 이루었다. 사경의 공덕으로 재난을 제거하는 모습은 법화영험설화 속에 자주 나타나 있고, 그것은 주로 관음보살의 도움을 통해 이루어졌다.

처음 작제건은 용녀의 환상을 관음보살의 현신으로 생각하였다. 관음영험신앙은 당시부터 고려시대에 광범하게 퍼져 있었던 셈이다. 물론 이 기록은 작제건과 연관한 영험설화이겠지만, 본래는 토속불교신앙의 유행과 함께 관음신앙이 광범하게 퍼져 있었음을 알려 준다. 관음영험신앙은 신라중대 이래 상당히 유행하였고, 궁예의 토속불교신앙 형성에 영향을 주었다. 그리고 그것은 고려 통일 이후에도 서민들은 물론 귀족층에까지 유포되었다. 고려중기 이후에 천태종이 개창되면서 관음영험신앙은 보다 확산되었다. 그런 과정에서 궁예의 토속불교 신앙 속에 나타난 관음신앙은 강조되지 않으면서, 암암리에 고려시대의 법화영험신앙으로 이어졌다.

(2) 당대 불교계와의 관계

궁예의 미륵정토사상이나 토속불교신앙은 법상종 교단의 사상 전통과 연결되지만, 한편으로 투박한 민간신앙 요소를 흡수하면서 형성되었다. 이 점은 궁예의 불교사상이 지적으로 세련되면서도 아울러 토착신앙을 다소 흡수하였을 것임을 알려 준다. 뒷날 궁예의 불교사상은 매우 미신적이어서 민심을 현혹하는 모습으로 윤색하여 기록되었다. 비록 궁예 불교사상의 참모습은 서민 속으로 퍼진 토속불교신앙을 내세운 것이지만, 이로 말미암아 윤색되면서 참위신앙으로 기록될 소지가 있었다. 즉 궁예의 미륵사상이나 토속불교신앙은 미신적으로 될 가능성을 지녔던 것이다. 미륵관심법彌勒觀心法을 앞세우거나 법상종 교단에서 강조한 계율을 자의적으로 끌어들이면서 무단적 통치체제를 구축하는 면 등이 바로 그런 것이다.

처음 궁예는 세달사에 출가하였고, 이때 선종이라는 법호를 가졌다. 궁예의 불교사상 형성에 세달사의 교학이 영향을 주었을 것이다. 세달사는 고려시대에 흥교사興教寺라고 불렸는데(『삼국사기』 권50, 궁예전), 그 소속 종파가 정확하게 알려지지 않았다. 고려시대에 흥교사라고 불린 세규사世逵寺는 세달사와 같은 절이라고 생각한다. 흥교사는 경기도 풍덕豐德에 있었다고 추론하지만,[82] 세규사는 강릉에서 멀지 않은 영월 내에 있었을 것이다. 흥령사興寧寺 단월 세력 중의 한 사람인 나생군奈生郡 세달촌주世達村主의 존재는 세달사가 영월 내의 나생군에 있었을 것으로 생각하게 한다.[83] 나생군은 세규사의 장사莊舍가 있었던 내리군㮈李郡과 같은 지역이었을 것이다. 그런데 신라말 강릉을 중심으로 영월 등 관동 지역에는 의상계 화엄종 세력이 뿌리 깊게 잔존殘存하였다.

신라말의 세달사 역시 의상계 화엄종의 세력권 내에 있었으며,[84] 아니라 하더라도 화엄종의 영향을 받았던 절이었다. 다음에서 이를 확인할 수 있다.

① 일본一本에 이르기를 "시라국尸羅國 세달사世達寺 사문沙門인 신림神琳이 주석註釋하였다"라고 하였다.[85]

---

82 이병도 역주, 『원문병역주 삼국유사』, 동국문화사, 1965, p. 356.

83 최언위, 「영월흥녕사 징효대사보인탑비」, 『한국금석전문』 중세 상, 아세아문화사, 1984, p. 345.

84 김상현, 「신라 화엄종의 승려 및 그 사원」, 『신라화엄사상사연구』, 민족사, 1993. pp. 96~98.

85 균여, 『십구장원통기』 권상(김지견 편, 『균여대사화엄학전서』 권상, 대한전통불교연구원,

② 흥교사興教寺에 있는 신림조사神琳祖師의 진영眞影에 예배하다.[86]

의상계 화엄종의 적손인 신림은 세달사에 머물면서 『십구장기十句章記』의 주석註釋을 남겼다. 고려시대의 흥교사에는 신림의 진영眞影이 모셔져 있었고, 의천은 거기에 예배를 드렸다. 이로 보면 신라말에 세달사에는 화엄사상 전통이 전해졌고, 궁예 역시 화엄사상에 대해 눈을 떴음이 분명하다. 다만 세달사에 출가한 기록만으로 궁예를 화엄종 승려로 파악하는 것은 무리가 있다. 궁예는 뒤에 법상종 승려로서 자신의 세계를 구축하였고, 화엄사상에 대해서도 강한 적대감을 나타내지 않았다.

궁예와 화엄종 관계를 알려 주는 기사도 다소 윤색되었다. 다음 기록에서 이런 면을 읽을 수 있다.

① 일찍이 (궁예가) 남쪽으로 순행巡行하여 흥주興州의 부석사浮石寺에 이르렀는데, 신라왕의 벽화 상이 있음을 보고 칼을 빼 그것을 쳤다. 그 칼의 흔적이 지금까지 남아 있다.

—『삼국사기』 권50, 궁예전—

② (궁예는) 이에 방출되어 부도浮圖에 의탁하여 가만히 유행遊行하였으며, 흥교사興教寺(옛날의 선달사善達寺이며 혹은 부석사浮石寺라고 함)에 머물렀다.[87]

1977, p. 415)에 "一本云 尸羅國世達寺沙門 神琳釋"라고 하였다.

86 의천, 「흥교사예신림조사영」, 『대각국사문집』 권18; 『한국불교전서』 권4, 동국대출판부, 1983, p. 560, 중.

87 이승휴, 『제왕운기』 권하(『고려명현집』 권1, 성균관대학교 대동문화연구원, P. 638. 하)에 "乃放逐 托跡浮圖 潛遊行 棲興教寺'古之善達寺也 或云浮石寺'"라고 하였다.

이 기록은 궁예가 화엄종의 부석사와 불편한 관계를 알려 주는 것으로 이해되었다. 물론 신라왕의 초상화를 칼로 친 사건 이후 궁예와 부석사의 관계가 화목해졌다고는 볼 수 없다. 분명 그 이전보다는 어정쩡한 관계를 유지하였을 것이다.

그러나 이 기록의 본질은 궁예의 반신라적 정책이나 정서를 대변하기 위한 것에 있다. 말하자면 순행하였을 당시 신라왕의 벽화에 대한 그의 감정을 드러낸 셈이다. 또 그것은 궁예가 부석사에 들렀던 사실을 알려 준다. 『제왕운기』의 기록은 궁예가 세달사에 투탁投託하여 거주한 사실을 가리킨다고 생각한다. 흥교사는 이전의 세달사로, 여기서는 선달사善達寺라고 조금 달리 기록하였는데 부석사를 가리킨다고 하였다. 이 점은 고려후기에 흥교사와 부석사가 혼동된 사실을 생각하게 한다.[88] 그렇지 않다고 하더라도 이 기록은 궁예가 부석사에 자주 들르지 않았을까를 짐작하게 한다.

신라하대 조신의 미륵정토신앙은 철원의 도피안사를 중심으로 성행한 미륵정토신앙에 영향을 주었다.[89] 그의 미륵정토신앙은 낙산사, 곧 의상계 화엄종에서 강조한 관음신앙과 연관되었다. 다만 궁예의 미륵정토신앙 내에서 강조한 관음신앙은 의상계 화엄종에서 실천 수행을 내세웠던 그것과[90] 달랐다고 생각한다. 궁예는 화엄사상에 대해 반대하지는 않았지만 미륵정토신앙을 주장하기 때문에 의상계 화엄종의 지지를

88 이 기록은 엄밀히 해석하면, 궁예가 신라 조정에서 버림을 받아 내쫓기면서 승려와 교류한 사실과 함께 흥교사, 곧 부석사에 머물렀음을 생각하게 한다. 이는 궁예가 승려와 교류한 사실의 전후 사정을 기록한 인상을 준다. 흥교사에 거주한 사실이 승려와 교류한 것이라면, 그 이후 사실이 부석사와 연관되면서 두 절은 혼동되었을 법하다. 그런데 부석사와 흥교사는 분명히 다른 절이다.

89 김두진, 「궁예의 미륵사상과 그 의미」, 앞의 책, 2001, pp. 21~23.

90 김두진, 「의상의 관음신앙과 정토」, 『진단학보』 71·72 합집, 1991; 『의상—그의 생애와 화엄사상—』, 민음사, 1995, pp. 235~238.

끌어낼 수는 없었다.

궁예는 태현계 법상종 교단의 사상 전통을 이었다. 그는 경전에 대해 주석할 정도로 자신이 소속된 법상종 교단의 불교 교리에 밝았음이 분명하다. 그러나 궁예가 지은 경전이 요망한 괴담이라고 비판을 받은 이유는 일차적으로 그의 불교사상이 참위신앙으로 흐를 수 있는 요소를 지녔기 때문일 것이다. 그의 토속불교신앙, 곧 치성광여래나 구요신앙 등이 참위신앙을 포용하였다. 그리하여 궁예의 정토신앙은 뒷날 미신적인 미륵관심법사상으로 빠질 가능성을 지녔다.

궁예의 불교사상이 심한 비판을 받은 또 다른 이유는 다른 불교교단이나 같은 법상종 내 다른 교단의 반발 때문이라고 생각한다. 그런 의미에서 궁예를 비판하다가 죽임을 당한 석총에 대해 이해할 필요가 있다. 석총은 진표계의 법상종 승려라고 생각한다. 신라하대에 진표의 제자로 석충釋忠이 있다(『삼국유사』 권4, 진표전간조). 또한 김관의金寬毅가 찬술한 『왕대종록王代宗錄』에는 신라말 진표계 법상종 승려로 석충釋冲이 나와 있다.

진표가 전한 189개의 간자簡子는 영심永深을 거쳐 심지心地에게로 전해져 대구의 동화사에 보관되었다. 후삼국의 혼란 속에 석충釋冲이 진표의 가사 한 벌과 함께 간자 189개를 얻어서 왕건에게 바쳤다(『삼국유사』 권4, 심지계조조). 진표계 법상종을 상징하는 189개의 간자가 후삼국의 혼란 속에 유실되었다가 왕건의 수중으로 들어갔다. 이러한 연기설화는 왕건이 삼한의 혼란을 수습하면서 통일 고려국가를 성립시키는 사실을 반영해 준다.[91]

91 김두진, 「'성상융회'사상 성립의 사상적 배경—고려초의 법상종과 그 사상—」, 앞의 책, 1983, p. 121.

석충釋忠이나 석충釋冲이 진표계 법상종 교단에 속한 승려임은 분명하다. 그러나 두 사람이 활동한 시대에는 다소 차이가 있다. 석충釋忠은 진표의 제자였다면, 석충釋冲은 왕건과 연결되었고 후삼국시대에 활동하였다. 그렇지만 두 사람은 같은 인물인데 혼동하여 달리 기록될 가능성도 없지 않다.[92] 설령 두 사람이 다른 인물이라 하더라도 석충釋冲은 궁예의 불교사상을 비판한 석총과 동일인이었던 듯하다.[93] 신라중대 이래 법상종 두 교단의 사상적 특징을 들면 다음과 같다.

① 태현계太賢系: 정토신앙과 관음신앙을 강조하였다.

② 진표계眞表系: 엄격한 계율과 점찰법占察法을 강조하였다.

태현계 법상종 교단은 원측·도증·태현으로 이어졌는데, 백월산白月山 남사南寺의 노힐부득努肹夫得·달달박박怛怛朴朴이나 감산사甘山寺의 김지전金志全 또는 관음의 도움으로 병을 고친 경흥憬興 등이 같은 교단에서 활동하였다. 반면 진표계 법상종 교단은 영심이나 심지로 이어졌고, 석충釋冲이나 관웅寬雄 등을 거쳐 고려초의 해린海麟·소현韶顯·정현鼎賢 등으로 계승되었다.[94]

태현계 법상종 교단에 속한 궁예는 20여 권의 경전을 저술할 정도로 학파적이면서 미륵정토신앙을 내세웠고 관음신앙을 중시하였다. 궁예는 진표계 법상종 교단의 신앙 전통을 나름대로 흡수하여 종합하려고 하였다. 물론 진표계 법상종 교단에서 강조한 계율은 태현계 법상종 교

92 양경숙, 「궁예와 그의 미륵불사상」, 앞의 책, 1993, p. 130.

93 김두진, 「궁예의 미륵세계」, 앞의 책, 1992, p. 30.

94 김두진, 「'성상융회'사상 성립의 사상적 배경—고려초의 법상종과 그 사상—」, 앞의 책, 1983, pp. 111~115.

단에서도 중시되었다. 일반적으로 유식불교, 곧 법상종은 계율을 중시하였다. 미륵이 혼탁한 세상을 제도하여 이상사회를 건설할 때 계율을 내세워 대중을 교화하기 때문이다.

다만 궁예는 세달사에 있을 당시부터 계율에 구애되지 않았으며, 태봉을 건국한 이후에는 의심이 많고 쉽게 격노하였다. 그 결과 관료나 장군부터 평민에 이르기까지 무고하게 죽임을 당하는 자가 많았다고 한다. 궁예의 철권통치를 말해 주는 대목이다. 그것은 궁예의 미륵사상에서 강조한 계율과 연결할 수 있지만, 율계적律戒的 통치 방식으로 윤색하여 기록되었다.[95] 한편으로 궁예 미륵사상의 계율은 비정상적인 모습으로 나타날 소지를 애초에 지니고 있었다. 그것이 이른바 미륵관심법이다.

미륵관심법은 참위적 요소를 지녔다. 왕창근이 구입한 거울의 참위기사는 비록 왕건에게 유용한 것으로 나타났지만, 태봉국 당시에도 참위신앙은 퍼져 있었다. 참위신앙과 진표계 법상종의 점찰법은 서로 연결될 가능성을 가졌다. 그러므로 일연一然은 진표의 간자를 소개하면서 수隋나라 문제文帝 13년(593년)에 박참법撲懺法을 금지한 사실과는 달리 점찰법이 성종性宗에서는 벗어났으나 법상종의 대승교大乘敎로서는 우수함을 지적하였다. 일연이 점찰법을 법상종 교학으로 특별히 지적한 것은 미신적 신앙으로 치부되어 비난받을 수 있음을 경계한 셈이다. 실제로 범일梵日은 점찰법으로써 낙산사의 상방上方에 길지吉地를 점쳐서 거기에 불당을 짓고 정취正趣보살을 모셨다.

궁예는 태현계 법상종 교단에 속하면서 진표계 법상종 교단의 사상 전통을 흡수하려 하였다. 그러나 그의 사상은 진표계 법상종 교단이 강

95 김두진, 「궁예의 미륵사상과 그 의미」, 앞의 책, 2001, p. 28.

조한 계율이나 점찰법 등을 자의적으로 해석함으로써 석총 등 진표계 법상종 교단에 속한 승려로부터 심하게 비판받았다. 또는 나말여초에 성행한 선종사상은 화엄사상과 융화하였지만 법상종사상과는 맞지 않을 수 있다. 그러므로 유심론적唯心論的 선관인 동리산문의 풍수지리설과는[96] 달리 일반적으로 당시 선종사상은 궁예의 불교사상을 선호하지 않았다.

나말여초에는 여러 선종산문이 성립되어 있었고, 각 산문의 선풍도 다소 차이를 가져 일률적으로 궁예 불교사상과의 관계를 규정할 수는 없다. 다만 처음 선종산문은 조사선祖師禪을 추구하였고, 나말여초가 되면서 교종, 곧 화엄사상과의 교섭을 시도하였다. 선종산문은 다른 불교교단이나 산문에 대해 간섭하거나 비판하지 않고 독자 세력을 키워 갔다. 선승들은 처음 화엄사상으로 입문한 경우가 많았으며 법상종사상에 대해서도 관용적인 태도를 보였다. 그러므로 조사선사상이 뒷날 궁예의 불교사상과 배치되지는 않았겠지만, 그렇다고 서로 동조할 수도 없었다.[97]

다만 범일의 굴산문은 개청開淸의 지장선원地藏禪院과 행적行寂의 석남산사石南山寺로 나뉘었는데, 전자의 단월이 왕순식王順式이다.[98] 궁예 역시 강릉을 점령한 후에 거기에 세력 기반을 확보하였을 뿐만 아니라 고려 건국 후에도 왕순식은 왕건에게 오랫동안 항복하지 않았다. 이런 사정은 궁예와 왕순식 및 지장선원과의 연관성을 생각하게 한다. 굴산

---

96 김두진, 「나말여초 동리산문의 성립과 그 사상」, 앞의 책, 1988, pp. 25~28.

97 궁예의 彌勒觀心法은 다른 사람의 마음을 읽는다는 점에서 선종사상의 '見性悟道'와 다르다. 따라서 그의 미륵관심법이 초기 선종산문에서 추구한 조사선사상과 맥을 같이할 수는 없다.

98 김두진, 「신라하대 굴산문의 형성과 그 사상」, 앞의 책, 1986, pp. 308~309.

문의 선풍은 뒤에 화엄사상과 교섭하는 경향을 보였다.[99] 화엄사상 또한 궁예의 불교사상에 대해 적대적이지는 않았다.

나말여초가 되면 선승들은 대체로 왕건과 결연하였고, 선승들은 조사선보다는 교선교섭사상 경향을 지녔다. 그들은 교종사상과 교섭하는 과정에서 자연스럽게 화엄사상에 대해 호감을 보였을지라도 법상종사상에 대해 관심을 두지는 않았다. 해동 사무외사四無畏士 중 한 사람인 형미逈微는 강진康津의 무위사에 거주하였는데, 만년에 왕건을 따라 조정에 나아갔다가 궁예에 의해 처형되었다.[100] 형미가 왕건과의 결연으로 정치적 박해를 받았던 데에서도 한 원인을 들 수 있겠지만, 기본적으로 궁예의 토속불교신앙을 옳게 보지 않았기 때문이다.

궁예의 미륵정토신앙은 원칙적으로 현실사회를 개혁하려는 성격을 지녔으면서도 토속적불교신앙을 흡수하면서 성립되었다. 고려 통일 이후 궁예의 토속불교신앙, 곧 구요신앙 등은 대중불교사상으로 계승되었다. 그러나 그 속에 흡수한 미신적 요소는 참위신앙으로 윤색하여 전하였다. 궁예는 후삼국의 동란을 조장함으로써 신라국가를 부정하고 후고구려를 건설하였다. 이와 비교해 왕건은 고려 건국 이후 친신라적 정책을 추진함으로써 사회 혼란을 종식하고 국가체제의 안정을 도모하였다. 궁예가 현실사회를 개혁하려는 미륵신앙은 더 이상 계승될 수 없었다.

---

99 김두진, 위의 논문, 1986, pp. 327~329.
100 김두진, 위의 논문, 1986, p. 287.

제2장

후백제불교와 운문선종

1. 후백제의 불교와 미륵신앙

(1) 미륵 출현과 신라하대의 말법신앙

석가가 현세불이라면 미륵은 내세불來世佛이다. 아일다阿逸多와 미륵이 전세에 부처 앞에서 수도하고, 각각 전륜성왕과 미륵불로 태어나기를 염원하였다. 그 소원이 이루어져 뒤에 아일다는 전륜성왕轉輪聖王으로 태어난다. 그는 이웃 국가를 정벌하여 불법佛法으로 통치하였기 때문에 결국 이 세상은 살기 좋은 이상세계가 된다. 이상세계의 도래를 위해 미륵이 화생化生하여 전륜성왕의 불법 통치를 돕는다. 곧 미륵의 출현은 전륜성왕의 통치를 돕고 그의 출가出家를 이끌지만, 이상세계가 되기까지 매우 혼탁한 세상이 계속된다.

전륜성왕의 통치가 혼란으로 이어지는 상황에 대해서는 『미륵하생경』에 잠깐 언급되었지만, 『장아함경長阿含經』 등 소승 경전에는 비교적 자세하게 나와 있다. 너무 인자하여 전륜성왕의 윤보輪寶가 바뀌어 감으로써[1] 혼란이 닥친다. 혼란한 사회에 출현한 미륵은 엄격한 계율을 내세운다.[2] 계율을 지니도록 인간을 제도함으로써 현실사회를 이상세계로 바꾼다. 미륵신앙은 혼탁한 말법末法사회를 배경으로 하여 이상세계를 건설하려 하므로 현실사회를 개혁하려는 사상으로 나타난다.

미륵신앙의 여러 내용을 모두 표출하여 동시에 강조한 것이 아니라, 시대에 따라서 특정 모습이 당시 사회 상황과 연관하여 중시되었다. 삼국시대 백제 사회에 미륵신앙이 크게 유행하였다. 용화산龍華山 아래에 무왕의 미륵사彌勒寺 창건은 백제 땅에 미륵 이상세계를 실현하려는 의도를 나타낸 것이다.[3] 현실사회가 이상세계로 되기 위해서는 당대 사회의 혼란과 그것을 개혁하려는 사상이 나타나야 한다. 그런데 백제 미륵신앙은 현실사회의 혼란을 드러내지는 않지만 혼탁한 사회를 제도하려는 계율을 강조하였다.[4]

백제 미륵사상의 전통을 이은 진표眞表 교학에도 이런 면은 비슷하게 나타나 있다. 그는 미륵으로부터 직접 계율을 받고자 열망하였다. 다만 이상세계의 건립을 꿈꾸면서 계율을 강조하는 미륵신앙은 비록 혼란한 사회의 개혁을 직접 거론하지 않았지만 그런 사상 경향을 보였다. 미륵신앙의 사회 개혁 사상은 신라하대에 오면서 점점 드러났다. 당시에 말

1 빈궁하여 도둑질하다가 잡혀 온 백성에게 전륜성왕은 양식을 주어 돌려보낸다. 그것이 계기가 되어 만연된 절도를 처벌하면, 처벌을 피해 가기 위한 거짓이 퍼져 나간다. 그리하여 세상에는 살인과 전쟁·죄악·배신이 난무하면서 인간의 수명까지 단축하는 극도의 혼란이 발생한다.

2 김삼용, 「백제미륵신앙의 성격과 그 역사적 전개」, 『한국미륵신앙의 연구』, 동화출판사, 1983, p. 101.

3 김삼용, 「백제미륵신앙의 역사적 위치」, 『한국미륵신앙의 연구』, 동화출판사, 1983, p. 101.

4 김두진, 「백제의 미륵신앙과 계율」, 『백제연구총서』 3, 충남대학교 백제연구소, 1993, pp. 72~74.

법신앙이 크게 퍼져 있었던 것은 미륵신앙의 사회 개혁 사상과 연관된다. 말법의식은 신라하대 선사禪師들의 비문碑文 속에 나타나 있다.

선사들은 비록 말법시대에 태어났지만 애써 중생을 제도한다는 행적을 부각하였다. 말법시대를 의식하면서 교학敎學불교를 개혁하려던 선승들이 미륵불의 출현을 기다리는 사례는 자주 나타나 있다. 북종선北宗禪을 전한 신행神行은 스스로 은거하여 선수행禪修行을 닦았던 단속사斷俗寺를 마가가섭摩訶迦葉이 미륵을 기다린 곳으로 비유하였다.[5] 가섭이 미륵을 기다리듯 신행은 미륵불의 출현을 바랐다. 또한 봉암사鳳岩寺의 지증智證 도헌道憲은 미륵불로 칭송을 받았다. 경문왕 4년(864년)에 단의장옹주端儀長翁主는 지증대사를 하생한 당래불當來佛로 공경하였다.[6]

말법시대와 관련하여 구세주로서의 미륵이 출현하는 신앙은 신라하대 선사들에게 널리 수용되었다.[7] 그러나 그들이 내세운 말법신앙이나 미륵신앙이 신라하대의 사회 혼란을 지적하면서 사회 개혁 사상을 뚜렷하게 내세웠던 것은 아니다. 신라하대의 미륵신앙이 이상세계의 건설과 연결하여 유행한 사례는 조신調信의 경우에서 찾을 수 있다.

신라중대 이래 죽은 자의 윤회전생輪廻轉生을 위해 무덤 앞에 미륵석상을 안치하는 신앙이 유행하였다.[8] 신라중대의 미륵신앙과는 달리 조

---

5 김헌정, 「단성단속사 신행선사비」(『조선금석총람』 상, 조선총독부, 1919, p. 115)에 "記云 鷄足石室 摩訶迦葉 守法衣待慈氏 豈非是歟"이라고 하였다.

6 최치원, 「문경봉암사 지증대사적조탑비」(『조선금석총람』 상, 조선총독부, 1919, p. 92)에 "咸通五年冬 端儀長翁主 未亡人爲稱 當來佛是歸 敬謂下生 厚資上拱"이라고 하였다.

7 김혜완, 「신라하대의 미륵신앙」, 『성대사림』 8, 1992, p. 20.

8 『삼국유사』 권2, 효소왕대 죽지랑조에 "公曰 殆居士誕於吾家爾 更發卒修葬於嶺上北峯 造石彌勒一軀 安於塚前"이라고 하였다. 竹旨嶺에 거처하였던 居士가 죽어 자신의 아들인 竹旨郎으로 還生할 것이라는 믿음을 가졌기 때문에 述宗公은 거사를 장사 지내고 무덤 앞에 彌勒石像을 안치하였다.

신은 정토사淨土寺를 창건하고 해현령에서 출토한 미륵불상을 모셨다. 정토사의 조성은 이 땅에 미륵정토彌勒淨土를 구현하려는 것이다. 큰아이가 죽는 고통을 넘어서듯이 미륵불상의 출현은 중생이 번뇌나 고통에서 벗어나게 한다. 미륵정토는 세상의 고해苦海로부터 해탈하게 한다. 꿈에서 깬 조신은 하룻밤 사이에 백발이 되어 넋을 잃은 사람처럼 더는 인간 세상에 뜻을 두지 않았다.

낭자와의 한평생 세상살이에 염증을 느낌으로써 마치 100년의 쓰라림을 겪은 것 같았던 조신은 현실사회에서 이상세계를 추구하는 미륵정토를 추구하였다. 그리하여 세상의 탐욕을 촉구하는 마음도 깨끗이 얼음 녹듯 사라져 버렸다. 정토 3불 중 실제로 관음은 중생을 정토로 이끄는 역할을 담당한다. 조신이 받든 낙산사의 관음불도 정토신앙과 연관되며, 미륵 이상세계를 현실사회에 구현시키려는 데 도움을 주었다고 생각한다.

정확한 연대를 알 수는 없지만 신무왕 때를 전후해서 활동한 조신의 이 같은 미륵정토신앙에도 당대 사회의 혼란상이나 사회 개혁 사상이 구체적으로 나타나 있지는 않다. 경문왕 5년(865년)에는 철원의 도피안사에서 비로자나불毗盧遮那佛을 조상造像하는 불사가 행해졌다. 도피안사가 정토신앙을 표방하였던 사찰이었던 것은 분명한데, 아미타불이 아닌 비로자나불을 모신 점이 주목된다.

도피안사는 서방정토를 내세우지는 않았다. 비로자나불을 조상하는 데 미륵신앙이 작용한 느낌을 준다. 비로자나불상을 조성하기 위해 동원한 1,500명 거사는 향도香徒이다. 그 조상기造像記가 향도불명문香徒佛銘文으로 기록되어 있기 때문이다. 그들은 현세불인 석가가 진원眞源에 돌아긴 지 1,806년이나 지나 애통한 마음으로 당래불을 맞고자 하였다. 신라하대의 강릉은 물론 철원 지역에 미륵정토신앙이 퍼져 있었던 것을 짐작하게 한다.

조신보다 한 세대가 내려간 철원 지역의 미륵정토신앙에는 미약하게나마 사회 개혁 의지가 표출되어 있다. 향도들은 비로자나불을 조성하는 서원誓願을 세워 "오직 바라건대 비천한 사람들이 마침내 창과 방망이를 스스로 쳐 긴 어둠에서 깨어날 것이며, 게으르고 추한 뜻을 바꿔 진리의 근원에 부합하기를 바란다"라고 하였다.[9] 그러나 도피안사의 미륵정토신앙 속에도 사회 개혁 의지가 수면 위로 뚜렷하게 등장한 것은 아니었다. 후삼국시대가 되면서 신라 국가체제를 부정하여 뒤흔들려는 기운이 팽배하면서, 미륵신앙은 현실사회에 대한 개혁 경향을 뚜렷하게 지녔다.

(2) 후백제불교의 모습

삼국시대에 불교가 가장 번성하였던 나라는 신라이고, 고구려보다 백제에서 불교가 더 성행하였다. 우리나라 불교는 대륙을 통해 들어왔기 때문에 처음에는 고구려에 전래되었으나, 연개소문淵蓋蘇文의 폐불廢佛 정책으로 고구려불교는 오히려 백제의 전주 지역으로 이식移植되었다. 보덕普德이 방장方丈을 남쪽으로 옮긴 사실이 이를 알려 준다. 중국 남조불교와 연결하여 발달한 백제불교는 법화신앙은 물론 엄격한 계율과 함께 미륵신앙을 강하게 내세웠다.[10] 후백제불교는 일단 이러한 백제불교의 사상적 전통과 연관되어 있다.

---

9 미상, 「철원도피안사 비로자나불조상기」(『조선금석총람』 상, 조선총독부, 1919, pp. 94~95)에 "香徒佛銘文并序 夫釋迦佛 晦影歸眞 遷儀越世 紀世掩色 不鏡三 千光 歸 一千八百六載耳 慨斯怍斯 彫此金容△ △來哲 因立願之 唯願卑姓室 遂棨椎自擊 △△ 覺長昏 換庸鄙志 契眞源 恕以色 莫朴△見"이라고 하였다.

10 김두진, 「백제의 미륵신앙과 계율」, 앞의 책, 1993, pp. 78~79.

후백제불교를 이해하기 위해서는 견훤과 연결된 불교 자료가 대단히 중요하지만 거의 전하지 않는다. 후백제불교 관계 자료는 뒤에 다시 왕건과 연결됨으로써 소략하지만 기록으로 남은 것이 있다. 극히 단편적인 후백제불교 자료를 분석하기 위해서는 후삼국시대 불교사상의 전개 양상을 이해할 필요가 있다. 후백제불교의 모습을 삼국시대, 특히 백제불교의 사상 전통이나 신라중대의 교학 논리 및 신라하대 선종이 대두한 불교사상의 흐름 속에서 살펴야 한다. 그리하여 신라하대의 불교사상과 대비되는 후백제불교의 성격을 지적하고자 한다.

견훤과 직접 결연한 화엄종의 관혜觀惠와 선종구산문 중 하나인 동리산문桐裏山門 경보慶甫의 사상은 후백제불교를 끌어내는 길잡이가 될 수 있다. 우선 「균여전均如傳」에 전하는 관혜와 희랑希朗은 후삼국시대의 화엄사상에 큰 영향을 주었다. 신라말의 해인사에는 화엄의 우두머리로 관혜와 희랑이 있었다. 관혜는 후백제 견훤의 복전福田이 되었고, 희랑은 고려 왕건의 복전이 되어 대립하였다.

관혜와 희랑의 문도들은 법미法味를 달리 전수함으로써 서로 다투는 폐단을 없애기 어려웠는데, 세상 사람들이 관혜의 법문을 남악南岳으로 희랑의 법문을 북악北岳으로 불렀다.[11] 신라말에 의상계 화엄종 사찰인 해인사에는 각각 견훤과 왕건 세력으로 연결된 관혜와 희랑이 주석하였고 그들의 화엄사상이 각기 달라 문도들이 갈라졌다. 북악의 법손인 균여가 이들 사상을 통합하였다. 견훤과 왕건의 복전이 각각 설정될 정도로 후삼국시대의 해인사에는 두 세력이 서로 우이牛耳를 잡고자 다투고 있었다.

이처럼 정치적 입장 차이는 의상계 화엄종 사찰인 해인사 내의 사상

11 赫連挺, 「大華嚴首座圓通兩重大師均如傳」, 『敎分記圓通鈔』 권10, 제4, 立義定宗分者.

경향을 나누어지게 만들었다. 남악파와 북악파의 화엄종은 본래 의상계 화엄종단에 속하였으나 정치적 격동기에 대립하면서 사상적으로도 갈라졌다.[12] 성기론적性起論的 입장의 의상계 화엄사상은 매우 융섭적 사상 경향을 지녔는데, 이와 대조되는 연기건립적緣起建立的인 법장法藏의 화엄사상도 알려져 있었다. 그리하여 의상계 화엄종단 내에서도 법장의 사상 경향을 수용하려는 교파가 나타났다.

원칙적 하나 속에 융섭된 여러 법상法相이 혼연일체를 이룬다거나 혹은 그렇지 않고 미세하게나마 차별을 갖는다는 상반된 논리로 화엄교학이 각각 체계화되었다. 이러한 차이가 북악파와 남악파의 화엄교리를 대조적으로 정립시켰다. 희랑이 의상계 화엄사상의 융섭적 성격을 더 충실하게 계승하였다면, 관혜는 융섭한 여러 법상의 차별성을 부각하였다.[13] 『법계도기총수록法界圖記叢髓錄』에는 관혜의 불교사상을 알려주는 「남악관공기南岳觀公記」의 2개 인용문과 함께 「관사십이인연관觀師十二因緣觀」이 소개되어 있다. 그 내용은 의상의 교학을 계승하면서도 궁극적으로는 연기된 법상의 차별성을 부각한 것이다.

관혜는 여러 법상이 자성을 고수하지 않아 바뀌어 가기 때문에 원융한 성격을 갖지만 스스로의 자리에 머물 때 차별성을 드러낸다고 하였다. 화엄사상의 성기관은 연기한 법상의 취입趣入을 주장하는 것인데, 관혜는 성기를 통해서 오히려 12인연을 내세우고 10번관番觀을 건립하였다.[14] 원칙적인 하나 속에 융섭하면 동질적인 일체를 이루는 신라중대의 의상계 화엄사상과는 달리 차별의 법상을 강조한 관혜의 화엄사상

---

12 김두진, 「화엄종의 분열과 화엄결사」, 『신라화엄사상사연구』, 서울대학교 출판부, 2002, pp. 207~208.

13 김두진, 위의 논문, 2002, p. 228.

14 김두진, 위의 논문, 2002, pp. 217~220.

은 후백제불교와 연관해서 이해해야 한다.

신라하대에 교종을 대신하여 선종이 대두하였다. 시대가 내려가면서 선종산문은 지방호족의 후원을 받아 지방에서 거대한 독자적 세력 기반을 형성하였다. 후삼국 지배자들은 이러한 산문을 관장하는 선종 승려들과의 결합을 시도하였다. 선승들과의 결합은 그들과 연결된 지방호족 세력과의 연합을 가능하게 한다. 그러므로 왕건은 승려들과 애써 결합함으로써 호족연합을 가속하고 후삼국 통합을 이루고자 하였다.[15]

견훤도 혼인을 맺거나 혹은 투항投降을 받고 정복을 통해서 지방호족과 결합하는 호족연합책을 구사하였다.[16] 다만 왕건과는 달리 그는 승려들과 주로 결합하였던 것 같지는 않다. 나말여초에 활동한 승려들의 비문을 보면 견훤과 연결된 흔적을 보이는 승려는 거의 없기 때문이다. 사실 오직 견훤과 결연한 승려는 고려 통일 이후에 탑비가 세워질 수 없었다. 견훤과 결연한 것으로 확인되는 승려는 동리산문의 경보慶甫로, 그는 936년경 왕건에게 귀순하였기 때문에 그의 탑비가 세워질 수 있었다.

경보의 불교사상은 후백제불교를 이해하는 데 대단히 중요하다. 경보는 속성이 김씨로 경주에서 태어났으며, 아버지 익양益良은 아찬이고 어머니는 박씨였다. 그의 집안은 육두품 이상의 귀족가문을 이루었지만, 한 치의 땅도 없을 정도로 가세가 기울었다. 그는 대구 부인사夫人寺(夫仁寺)에 출가하였고, 이어 백계산白鷄山으로 가서 도선道詵(道乘)의 제자가 되었다. 진성여왕 6년(892년)에 중국으로 유학하여 광인匡仁의 법인을

15 김두진, 「왕건의 승려결합과 그 의도」, 『한국학논총』 4, 1982; 『고려전기 교종과 선종의 교섭사상사 연구』, 일조각, 2006, pp. 119~126.

16 신호철, 「견훤정권의 지방지배와 호족연합정책」, 『후백제 견훤정권연구』, 일조각, 1993, pp. 87~104.

받고 경명왕 5년(921년)에 귀국하여 전주 임피현臨陂縣에 도착하였다.

경보가 귀국할 당시에는 왕건이 해상권을 거의 장악하고 있었기 때문에 중국 유학승들은 대부분 그의 도움을 받아 돌아왔다. 반면 경보는 견훤의 도움으로 귀국하였고, 이후 줄곧 그와 연결되어 있었다. 경보비에 전주의 주존州尊인 태부太傅 견훤은 군대를 통솔하여 만민을 보호하고 선행을 쌓아 웅대한 뜻을 가졌다고 하였다. 견훤은 제자의 예로써 경보를 존경하여 전주 남쪽 남복선원南福禪院에 주석하도록 주선하였다. 다시 경보는 견훤의 초청을 받아들여 백계산 옥룡사玉龍寺로 옮겨 거주하였다.

곡성의 태안사泰安寺에서 동리산문을 개창한 혜철慧徹의 문하에는 △여如·도선 등 수백 명의 문도가 있었다. 혜철의 법인을 정통으로 계승한 △여의 제자가 윤다允多이며 방계인 도선의 제자가 경보이다. 도선은 옥룡사에 거주한 지 35년이 지난 효공왕 2년(898년)에 72세로 입적하였는데, 이때는 견훤의 후백제가 건국된 지 7년이 되었다. 대세로 보아 도선의 옥룡사는 견훤의 세력권 안에 있었고,[17] 경보는 도선의 풍수지리를 정통으로 계승하였다. 당시 전주에서 남원 및 구례와 곡성을 거쳐 광양에 이르는 지역은 대체로 견훤의 세력권 내에 속하였기 때문에 태안사의 동리산문도 일찍이 후백제 관내에 있었을 것이다.

도선이나 경보의 풍수지리설이 견훤과 연결되었던 것은 시사성을 준다. 당시 풍수지리설은 경주 중심의 국토관에서 벗어나 명당으로 설정된 지방 중심의 국토재구성안國土再構成案으로 발전하였다. 도선이 처음 명당으로 규정한 국토의 중심부는 견훤과 연관된 지역이었겠지만,

17 김두진, 「동리산문의 성립과 그 사상—풍수지리사상에 대한 재검토—」, 『신라하대 선종사상사 연구』, 일조각, 2007, p. 311.

뒤에 그 중심부만 송악으로 대치하면 풍수지리설은 왕건의 호족연합책과 잘 부합할 수 있었다.[18] 그리하여 후삼국 쟁패기에 지방호족 중심으로 수용된 여러 풍수지리설은 고려 통일 이후 왕건 세력에 의해 재편되었다.

산수의 형세를 살펴서 장풍藏風과 득수得水가 용이한 명당을 찾으려는 풍수지리설은 동리산문의 사상 경향인 유심론적唯心論的 선관禪觀으로 이해된다.[19] 동리산문의 선종사상은 유식사상을 포용하려는 특성을 가졌다. 특히 경보는 유식사상에도 밝았다. 그는 심학자心學者가 거주할 곳이 아니기 때문에 부인사를 떠났으며, 그리하여 찾아간 백계산 도선의 문하는 바로 심학자가 거주하는 곳이 된 셈이다.

도선의 문하에서 경보는 진리를 보는 지혜의 눈을 뜨고 모든 사물의 근원을 아는 마음을 열었다. 그는 지智와 계행戒行을 아울러 닦았다. 광인의 법인을 받고 귀국한 경보는 견훤의 주선으로 옥룡사에 주석하면서, 지혜의 횃불을 높이 들어 군생을 제도하였다. 그리하여 문도가 번창하였는데, 인행仁行을 실천하고 덕행德行을 나누는 경보의 가르침은 심등心燈이 계속 타서 행엽行葉의 향기를 전하는 것으로 비유되었다. 이렇듯 지혜와 심학을 강조한 경보의 사상은 선종산문이 법상종사상을 포용한[20] 후백제불교의 모습을 보여 준다.

다음으로 견훤과 결연하였다고 추측되는 긍양兢讓과 혜거惠居도 후백제불교의 모습을 이해하는 데 도움을 준다. 긍양은 왕씨로 공주 출신이다. 할아버지 숙장淑長과 아버지 양길亮吉이 모두 인의仁義를 실천하고 덕을 쌓아 음덕을 자손에게 끼쳤다. 그의 집안이 지방호족임을 알려 주

18 김두진, 위의 논문, 2007, pp. 349~353.
19 김두진, 위의 논문, 2007, pp. 325~330.
20 김두진, 위의 논문, 2007, pp. 340~341.

는 대목이다. 그는 공주 남혈원南穴院의 여해如解에게 출가하였고, 다시 서혈원西穴院 양부楊孚의 문하에 들어 희양산문曦陽山門의 법맥을 받았다. 효공왕 4년(900년)에 그는 중국으로 유학하여 석상石霜의 적사嫡嗣인 도연道緣의 법인을 받아 경애왕 원년(924년)에 전주의 희안현喜安縣(지금의 부안)으로 귀국하였다.

견훤 세력의 중심부인 전주 지역으로 들어오는 긍양의 귀국은 견훤의 도움으로 이루어졌다.[21] 다른 유학승과 달리 그는 당시 해상권을 장악한 왕건의 도움으로 귀국하지 않았다. 긍양이 귀국한 희안현은 야구野寇와 산적이 서로 힘을 다투어서 산골짜기나 바위굴에 이르기까지 병화兵火로 재난을 당한 곳이라고 기록되어 있다. 이러한 표현은 이 지역이 견훤의 휘하에 들었음을 의도적으로 나타낸 것이다. 견훤은 경보와 마찬가지로 그에게도 난세를 피해 주석할 곳을 주선해 주었다. 거기서 긍양은 산중에 몸을 숨기고 이름을 감추었다고 한다.

견훤과의 인연을 굳이 기록할 수는 없었겠지만, 처음부터 긍양은 왕건과 직접 결연하지 않았다. 양부 문하로 나아가면서 그는 왕건과 가까운 지방호족 세력과 연관되었으며, 봉종奉宗대사라는 법호를 내린 경애왕의 존신尊信을 받았다. 그가 중창한 희양산문은 935년에는 확실하게 왕건의 세력권에 들어갔다. 희양산문을 정립시킨 긍양의 불교사상도 후백제불교의 모습을 떠올리게 한다. 특히 긍양이 이미 신라하대에 교선일치사상 경향을 지닌 청원靑原 계통의 도연 문하에 유학한 점도 생각해야 한다.

희양산문의 사상적 전통으로 이어지는 점선漸禪사상은 남종선의 조

---

21 김두진, 「왕건의 승려결합과 그 의도」, 『신라하대 선종사상사 연구』, 2006, pp. 110~111.

사선사상과 북종선의 능가선楞伽禪사상을 함께 추구한 것이다.[22] 희양산문을 연 도헌道憲은 유학사상에 밝았고, 희양산문의 선종사상은 교학사상뿐만 아니라 유학사상과 교섭하려는 경향을 보였다.[23] 긍양은 항상『능가경』을 독송하면서 일심一心을 공경하였으며, 고려 왕실에 나아가 대장경을 조성하는 데 조언하였다. 그리하여 왕실은 그에게 사경한『화엄경』을 선물로 내렸다. 이렇듯 교선일치사상 경향을 가진 긍양의 선종사상은 고려초의 성상융회性相融會사상이 성립하는 데 영향을 주었다.[24]

혜거惠居는 속성이 명주溟州(지금의 강릉) 박씨이며, 어머니는 명주 김씨이다. 아버지 윤영允榮은 문하시중으로 추증되었으므로 그의 가문은 지방호족을 이루고 있었다. 그는 신덕왕 3년(914년)에 우두산牛頭山 개선사開禪寺의 오심悟心장로에게 출가하였고, 경명왕 1년(917년)에 금산사의 의정義靜율사에게서 구족계를 받았다. 이후 여러 곳을 다니면서 식견을 넓히다가 경명왕 6년(922년)에 미륵사의 개탑開塔법회와 그 선불장選佛場에 참석하였다. 920년대 전후의 전주와 익산은 후백제 영역에 속하였기 때문에 당시의 혜거는 견훤과 연결되어 있었다고 생각한다.[25]

이후 신라 경애왕의 초청을 받은 혜거는 분황사에 주석하였으며, 경순왕 3년(929년)에는 왕의 명령으로 영묘사靈妙寺의 주지로 옮겨 계단戒壇을 열고 불탑을 장식하는 법회를 주관하였다. 금산사나 미륵사와 연

---

22 김두진, 「희양산문의 사상과 종계의 변화」, 『신라하대 선종사상사 연구』, 2007, pp. 368~371.

23 김두진, 위의 논문, 2007, pp. 376~386.

24 김두진, 「균여의 '성상융회'사상」, 『역사학보』 90, 1981; 『균여화엄사상연구: 성상융회사상』, 일조각, 1983, pp. 153~154.

25 허흥식, 「혜거국사의 생애와 행적」, 『한국사연구』 52, 1986; 「갈양사 혜거국사비」, 『고려불교사연구』, 일조각, 1986, p. 592.

관하여 법상종사상에 익숙하였지만, 신라 왕실에서의 행적으로 보아 그는 화엄사상에도 밝았다. 후삼국 통합 이후 혜거는 고려 왕실의 존신을 받았다. 정종 2년(947년)에 왕사로 책봉을 받았고, 이듬해에 홍화사弘化寺의 전장轉藏법석을 주관하였다, 광종 19년(968년)에 그는 국사로 책봉을 받아 경운전慶雲殿에서 백좌회를 열고 『원각경』을 강론하였으며, 광종 25년(974년)에 갈양사葛陽寺에서 입적하였다.

혜거는 선종 승려이지만 법상종은 물론 화엄종 사원에서 활동하였고, 고려초의 신비적 불교신앙에도 친숙하였다.[26] 이러한 혜거의 사상은 광종대에 등장하는 법안종사상과 비슷하다. 법안종사상은 교선일치사상 경향을 보이지만 엄격히 말해 선종사상과 성상융회사상이 융합한 것으로 이해한다.[27] 『고려사』에는 광종 19년에 혜거를 국사로, 화엄종 승려인 탄문坦文을 왕사로 봉하였다고 기록되어 있다. 그런데 『경덕전등록景德傳燈錄』에는 광종이 법안法眼 문익文益의 문하에 유학한 혜거慧炬국사를 맞아들여 왕부王府의 당상堂上에 들게 하였다고 한다. 곧 혜거를 국사로 봉하였다.

'혜거慧炬국사'로 말미암아 광종 19년에 국사로 책봉된 혜거惠居를 법안종 승려로 이해하기도 한다. 혹은 두 혜거국사가 동일인이 아니라 하더라도 혜거惠居의 사상은 광종대에 법안종사상이 등장하였음을 충분히 이해하게 한다.[28] 다만 경보나 긍양 및 혜거의 사상을 모두 후백제불교

---

26 허홍식, 위의 논문, 『고려불교사연구』, 일조각, 1986, pp. 593~595.

27 김두진, 「고려 광종대 법안종의 등장과 그 성격」, 『고려전기 교종과 선종의 교섭사상사 연구』, 일조각, 2006, pp. 252~253.

28 허홍식, 「고려초 불교계의 동향—적연국사비문의 분석을 중심으로—」(『문학과 지성』 29(1977년 가을호), 1977, p. 902)에서 慧炬국사와 惠居국사를 동일인으로 파악하였다. 그러나 이 논문을 수정한 「영암사 적연국사비」(『고려불교사연구』, 일조각, 1986, p. 624)에서는 慧炬와 惠居는 다른 인물이라고 하였다. 惠居는 박씨이고 중국에 유학하지 않았지만, 文益의 문하로 유학한 慧炬는 盧氏여서 두 사람이 다른 인물일 가능성이 더 설득력

와 선불리 연결해서는 안 된다. 그러나 이들 불교사상의 공통적 성격이나 관혜의 불교사상은 바로 후백제불교의 면모를 알려 준다. 신라중대의 화엄사상과는 달리 관혜의 화엄교학은 융섭적 성격을 갖지만, 그 안에 차별의 법상을 내세웠다.

(3) 후백제의 미륵신앙과 그 성격

백제 미륵신앙의 계승

후백제불교는 선종을 위시하여 화엄종이나 법상종 등 당시 불교 종파의 사상을 모두 이해하는 수준에 있었다. 신라하대에 교학 논리를 비판하면서 등장한 선종이 크게 유행하면서 교종은 점점 쇠퇴하였는데, 특히 화엄종과 비교해 법상종사상이 더 위축되었다. 신라하대의 선승들도 처음에는 화엄사상을 습득하였으나 유식사상에 대해 크게 관심을 두지 않았다. 신라하대 불교계의 일반적인 분위기와는 달리 후백제불교에서는 법상종이 중요한 위치를 차지하였다.

후백제불교는 차별의 법상을 내세우려는 경향을 지녔다. 희랑과는 달리 관혜는 하나 속에 융섭한 여러 법상의 차별을 표방하였는가 하면, 풍수지리설을 수용한 경보의 선종사상은 유식사상을 포용하려는 교선교섭사상이다. 그런가 하면 후백제불교는 고려초의 법안종사상에 근접할 정도로 교종 내부의 회통會通은 물론 선종까지를 융합하려는 성격을 가졌다. 이러한 후백제불교의 모습은 일단 미륵신앙과 계율을 함께 강조한 백제불교의 사상 전통과도 연결해 이해해야 한다.

이 있나. 그러나 광종내에 모두 국사로 책봉되있을 뿐만 아니라 마멸로 말미암아 慧炬국사의 활동을 자세하게 밝힐 수 없는 실정이다. 다만 惠居국사의 사상이 법안종사상과 비슷한 것은 유념해야 한다.

법상종에서는 미륵을 주존불로 모신다. 법상종을 중시한 후백제불교가 미륵신앙을 내세웠다. 후백제불교에도 현실사회에 미륵이 출현하는 신앙이 강하게 나타나 있었다. 미륵 출현 신앙은 백제 미륵신앙을 더 계승한 것이다. 소수이기는 하지만 신라하대에 선종 승려가 미륵의 출현을 기다렸는데, 경보와 긍양은 그러한 미륵신앙을 가져 주목된다. 특히 견훤의 주선으로 백계산 옥룡사에 주석한 경보가 입적하자 거기에 그의 탑비가 건립되었다. 탑비를 세운 지세와 입적한 경보에 대해 다음과 같이 기록하였다.

> 노을이 덮인 산봉우리가 병풍처럼 둘러 있고 구름을 자욱이 머금은 시냇물은 거울처럼 맑다. 진실로 경사스러움을 길러 내는 신구神區이며 진리로 돌아가게 하는 비택秘宅이 될 만하다. 그가 계족산鷄足山에 들어가 미륵불[慈氏]의 출세를 기다림과 같다.[29]

백계산 옥룡사에 주석한 경보는 마치 가섭처럼 계족산에서 미륵의 출세를 기다렸다. 평소 경보는 미륵신앙을 표방하였다. 도선이 개창한 옥룡사에 주석하여서인지 경보의 미륵신앙은 풍수지리와 연결된 것이 흥미롭다. 백계산의 산수 형세는 장풍藏風과 득수得水가 쉬운 명당에 해당한다. 산봉우리는 청룡靑龍과 백호白虎가 되어 병풍처럼 둘러서 있고 그 사이로 안개 자욱한 시냇물이 거울처럼 맑게 흘러내린다. 그 안의 경사스러움을 길러 내고 진리에 들게 하는 신구神區나 비택脾宅이 곧 명당이다.

---

29 김정언, 「광양옥룡사 통진대사보운탑비」(『조선금석총람』 상, 조선총독부, 1919, p. 193)에 "尒其霞岑屛擁 雲澗鏡淸 誠毓慶之神區 乃歸眞之秘宅 彼入鷄足山 待慈氏者"라고 하였다.

유독 경보 입적 후 탑비의 건립과 연관하여 백계산에서의 미륵 출현을 언급하였다. 경보가 미륵정토신앙을 가졌지 않나 추측하게 한다. 다만 탑비와 연결된 정토신앙이 현실정토를 표방한 것인지는 분명하지 않다. 평소 경보의 미륵신앙이 현실정토를 강하게 추구하였는지는 잘 알 수 없다. 이와 연관하여 다음과 같은 긍양의 불교신앙은 시사성을 준다.

> ① 장차 오대산五臺山의 성적聖跡을 참배하고자 멀리서 만리萬里의 험로를 마다하지 않고 관음사觀音寺에 이르러 며칠을 머물렀다. 어느 날 밤 갑자기 얼굴에 붉은빛 종기가 생겨났으나, 구법 수행하는 도중에 비술秘術을 만날 수 없어 치료할 공덕을 얻지 못하였다. 오랫동안 (종기를) 제거하지 못하고 점점 더 위독해졌다. 이에 드디어 홀로 열반당상涅槃堂上에 앉아 지극한 마음으로 가만히 관세음보살의 명호를 불렀다.[30]
>
> ② 계족산의 현풍玄風이 구림鳩林의 먼 곳에까지 전파되기를 바랐으니, 어찌 한 나라에서만 의지하고 바라는 바가 될 뿐이겠습니까. 이는 천재千載에 한 번 만나기 어려운 일입니다.[31]

긍양은 927년(경순왕 1년)에 스승 양부가 입적하였던 강주康州의 백엄사伯嚴寺에 머물렀다. 이때 경애왕은 봉종奉宗이라는 법호를 올리면서 긍양을 계족산에서 미륵의 출현을 기다리는 가섭으로 비유하였다.

긍양은 신라 사회에 미륵 출현을 실현하려는 신앙을 가졌고, 그것은

---

30 이몽유, 「문경봉암사 정진대사원오탑비」(『조선금석총람』 상, 조선총독부, 1919, p. 199)에 "將禮五臺聖跡 遠履萬里險途 届於觀音寺 憇歇之際 晝夜俄經 忽患面上赤瘡 致阻叅尋之便 未逢肘後秘術 莫資療理之功 久不蠲除 漸至危篤 遂乃獨坐涅槃堂上 暗持菩薩願心"이라고 하였다.

31 이몽유, 위의 비, 1919, p. 200에 "冀令鷄嶺之玄風 播在鳩林之遠地 則豈一邦之倚賴 寔千載之遭逢"이라고 하였다.

미륵정토신앙으로 연결될 수 있다. 이러한 그의 신앙은 백제 미륵신앙의 전통을 이은 것이다. 궁양이 바란 미륵 출현이 현실정토를 바로 추구한 것인지는 단언할 수 없다. 가섭의 입적과 연관하여 미륵 출현을 기다렸기 때문이다. 그러나 궁양의 정토신앙은 관음과 연결되어 있음이 흥미롭다. 도연의 법인을 받고 중국의 여러 지역을 순행하다가 오대산을 참배하려고 가던 중에 그는 관음사에 이르러 며칠을 머물렀다. 어느 날 밤 갑자기 얼굴에 붉은빛 종기가 생겨나 오래도록 치유되지 않고 위독한 상태에 이르렀다. 이에 궁양은 홀로 열반당에 앉아 관음보살에게 기도하였다.

열반당에서 올리는 기도는 정토신앙을 떠올리게 한다. 그런데 기도의 결실은 관음보살의 도움에 의한 현실 구제로 나타나고 있다. 곧 산신山神이 노승老僧으로 나타나 '독창毒瘡은 숙원宿怨으로 말미암은 것'이라고 하면서 물로 부스럼을 씻게 하니 깨끗하게 낳았다고 한다. 열반당에서 관음보살에게 빌어 종기를 치유한 것이다. 궁양의 이러한 신앙은 명당을 찾는 경보의 풍수지리설과 연관하여 미륵 출현을 바라는 후백제불교의 현실정토신앙을 떠올리게 한다. 궁양의 미륵정토신앙은 후백제불교와 바로 연결되는지는 잘 알 수 없다.

후백제불교는 백제불교의 사상 전통 및 금산사의 불교신앙과 연관되었다. 견훤은 922년(경명왕 6년)에 미륵사에 탑을 개설하면서 기념으로 선운사禪雲寺에 선불장選佛場을 열었다. 미륵사 개탑開塔 불사는 견훤이 백제 미륵신앙의 전통을 중시하였던 사실을 알려 준다. 백제 미륵신앙은 엄격한 계율을 강조하는 특성이 있다. 미륵사는 무왕 때에 완공되었다. 법왕이 왕흥사王興寺를 창건하려고 터만 닦고 돌아가니, 무왕이 즉위하여 아버지의 뜻을 이어 절을 낙성하고 미륵사로 불렀다. 이때의 미륵사가 익산에 있었는지는 분명하지 않다. 그렇지 않다고 해도 법왕과 무왕 부자가 미륵사의 창건을 주도한 것만은 분명하다.

법왕은 즉위하면서부터 계율을 강조하였다. 곧 살생을 금하였으며 민가에서 기르는 매를 놓아주고, 고기잡이나 수렵 도구를 불사르도록 명령하였다. 이렇듯 형식에 흐를 정도로 엄격한 계율의 강조는 미륵신앙과 연관된 것이다. 그리하여 그는 적극적으로 미륵사를 창건하였다. 겸익謙益의 계율을 소개한 「미륵불광사사적彌勒佛光寺事蹟」은 비록 자료적 가치가 떨어진다고 하더라도 백제불교의 엄격한 계율이 미륵신앙과 연관되는 것임을 보여 준다.[32]

미륵사의 원래 이름인 흥왕사興王寺나 왕명인 성왕聖王은 백제 왕실이 전륜성왕轉輪聖王 관념을 수용한 것으로 추측하게 한다. 특히 백제 미륵신앙은 웅진시대 이후 성행하였다. 피난 수도의 혼란을 극복하면서 중앙집권적 귀족국가 체제를 조속히 재정립하기 위해 백제 미륵신앙은 엄격한 계율을 내세웠고 모순된 현실사회의 개혁 의지를 감춘 채 이상세계의 건설을 표방하였다. 그러므로 백제 미륵신앙은 유가보살계와 같은 엄격한 계율을 내세웠는데, 바로 이런 면이 진표眞表의 교학으로 이어져서 후백제불교의 미륵신앙으로 흡수되었다.[33]

견훤이 수용한 후백제의 미륵신앙은 백제 미륵신앙의 전통을 계승한 것이다. 백제 미륵신앙은 엄격한 계율을 강조하면서 정토, 곧 이상세계를 구축하려는 경향을 지녔지만, 현실사회의 모순을 개혁하려는 의지를 직접 표방하지는 않았다. 백제 미륵신앙에서는 현실사회의 혼란은 애써 드러낼 수 없는 것이다. 금산사를 중심으로 펼친 후백제 미륵신앙도 참회법과 같은 강한 계율을 내세우면서 현실정토를 희구하였다. 다

32 김두진, 「백제의 미륵신앙과 계율」, 『백제연구총서』 3, 1993, p. 72.
33 김두진, 위의 논문, 1993, p. 73.

만 백제 미륵신앙과는 달리 금산사의 미륵신앙은 후삼국 사회의 혼란을 염두에 둔 말법시대를 제도하려는 성격을 가졌지만, 실제로 현실사회의 개혁 의지를 드러내지는 않았다.

금산사의 미륵신앙과 현실정토

진표가 중창한 금산사金山寺는 본래 백제 법왕이 창건한 자복사資福寺라고 하나 정확한 것은 아니며 후삼국 정립기에 후백제 견훤의 수중에 들어갔다. 진표는 금산사 숭제崇濟(순제順濟)법사의 문하로 출가하였지만, 변산邊山의 불사의방不思議房에서 미륵으로부터 간자簡子를 전수하였다. 소규모로 내려오던 금산사는 진표가 중창하면서 커졌고, 후백제 세력권 내에 들자 견훤의 후원을 받아 번성하였다. 고려 문종 33년(1079년)에 혜덕慧德왕사 소현韶顯이 왕명으로 주지가 되어 절의 남쪽에 광교원廣教院을 증축하였다.[34]

후백제 견훤도 많은 사원 세력과 연결되었겠지만, 특별히 금산사는 후백제 왕실과 깊이 연결되어 있었다. 견훤이 거기에 유폐되었던 사실이 이런 추측을 가능하게 한다. 견훤은 옛 백제 지역 백성들의 인심을 얻고자 진표 미륵신앙의 상징인 금산사를 중시하였고 실제로 자주 왕래하였다.[35] 그리하여 조선시대에는 금산사가 견훤이 창건한 사찰로 알려졌다.[36] 금산사는 후백제의 불교 정책과 깊이 연관되었으며, 견훤 당시

34 김영수, 「김제군금산면금산사지」, 한국학문헌연구소, 『금산사지』, 아세아문화사, 1982, pp. 103~104.

35 김수태, 「견훤정권과 불교」, 충남대학교 백제연구소, 『후백제와 견훤』, 서경문화사, 2000, p. 59.

36 『신증동국여지승람』 권34, 전라도 금구현, 불우, 금산사조에 "在母岳在山 後百濟甄萱所創"이라고 하였다.

에 거대한 사원 세력으로 성장하였다.[37] 후백제 왕실 소속이었기 때문에 후삼국 통일 후 고려 왕실이 금산사를 관장하였다. 그리하여 문종의 조칙을 받은 소현이 바로 금산사의 주지가 되었다.

견훤은 금산사의 미륵신앙을 중시하였을 뿐 아니라, 금산사는 신라 중대 진표 교학은 물론 고려초기의 법상종 교단과 깊이 연결되어 있었다. 특별히 견훤이 주목한 금산사 미륵신앙의 면모를 지적하고자 한다. 우선 진표 교학은『삼국유사』진표전간眞表傳簡조에 잘 전하는데, 엄격한 계율을 강조하면서 점찰참회법占察懺悔法을 개설하려는 성격을 지녔다. 진표가 미륵으로부터 전해 받은 제8과 제9의 두 간자를 '새로 얻은 묘계[新得妙戒]'와 '더 얻을 구계[增得具戒]'로 표시하였다. 이는 진표의 미륵신앙이 엄격한 계율을 강조함을 보여 준다. 이러한 진표 교학의 특징은 원광으로부터 이어지는 것이다.

일연一然은 점찰법이 화엄종 등 성종性宗에서는 다소 벗어났지만 상

---

37 김영수,「김제군금산면금산사지」(앞의 책, 1982, pp. 139~151)에는 선조 31년(1598) 丁酉兵亂으로 소실되기 직전의 금산사 불전이 소개되어 있다. 開山 당시의 금당인 龍華殿을 중심으로 수천 명의 僧侶가 머물 수 있는 불선이나 僧寮가 大寺區와 奉天院區 및 廣敎院區로 나뉘어 배열되어 있었다고 한다. 소현이 주석하면서 광교원을 세웠기 때문에 고려 때에 조성되었을 광교원구를 제외하면, 봉천원구와 특히 대사구는 견훤 당시 금산사의 모습을 추정하는 데 도움이 된다. 숙종 1년(1096년)에 소현은 봉천원에서 경전을 읽었다고 한다. 봉천원은 소현이 주석한 곳이지만 언제 창건되었는지는 분명하지 않다. 참고로 대사구의 堂宇는 三層丈六殿 5間·大雄大光明殿 20간·靈山殿 15간·海藏殿 50간·大藏殿 3간·無說殿 3간·極樂殿 7간·能仁殿 7간·文殊殿 5간·普賢殿 5간·圓通殿 5간·羅漢殿 7간·十王殿 9간·彌勒授戒殿 5간·地藏授戒殿 5간·藥師殿 5간·香積殿 15간·禪燈殿 5간·無影堂 3간·放光門 3간·三層梵鐘樓 3간·萬歲樓 12간·捿雲樓 5간·太陽門 7간·天王門 5간·解脫門 3간·曹溪門 3간·東上室 7간·西上室 7간·僧堂 10간·禪堂 10간·東方丈 7간·西方丈 7간·梵音寮 5간·侍子寮 3간·東雲集 7간·西雲集 7간·滌煩堂 3간·觀靜寮 5간·東板頭 5간·西板頭 5간·淸心堂 5간·碧眼堂 5간·翫月堂 5간·海會堂 15간·迎賓寮 9간·知賓寮 7간·蓮花堂 5간·滿月堂 7간·淸風樓 9간·影山堂 5간·仰山堂 5간·東隅房 5간·西隅房 5간·東湢堂 5간·西湢堂 5간·東養老房 3간·西養老房 3간·省行堂及涅槃堂 12간·東行廊 20간·西行廊 20간·外行廊 70간 등이다.

교대승相教大乘으로서는 우수한 것이라고 하여 법상종 교학으로 파악하였다. 그가 진표 교학을 법상종과 연결하였다. 견훤과 연결됨으로써 진표 교학을 강조할 수는 없었으나, 금산사는 고려초기에 법상종 교단으로 이어졌기 때문에 중시되었다. 우선 후백제불교가 유식을 강조하는 경향과 연관을 지어 진표 교학을 이해해야 한다. 진표는 미륵을 주존으로, 지장을 부존으로 모시는 법상종 교단에 속하였다. 그의 법상종 교학은 법상의 차별을 설정하는 데 비중을 두었다. 영잠瑩岑이 찬술한 「관동풍악발연수석기關東楓岳鉢淵藪石記」에는 진표의 법상종 교학을 알려주는 내용이 나온다.

「관동풍악발연수석기」에는 제9와 제8 간자가 본각本覺과 시각始覺을 비유하는데, 각각 법이法爾와 신훈성불종자新熏成佛種子라고 하였다. 법이와 신훈성불종자는 유식 논리를 체계화하는 데 중요한 역할을 한다. 본래 청정한 본심本心이 아뢰야식阿賴耶識에 접해 만유의 심식心識 현상을 일으키게 한다. 후천적이든 또는 선천적이든 종자는 법상의 차별을 전제로 설정되었다. 진표의 법상종 교학은 법상의 차별을 설정하면서 한편으로 참회법, 곧 엄격한 계율을 강조하였으며 이런 면은 금산사 미륵신앙의 특성으로 성립되었다. 견훤은 금산사의 미륵신앙을 통해 고골관枯骨觀을 수행하는 진표의 엄격한 계율에 관심을 가졌다. 그러면서 후백제불교에는 차별의 법상을 인식하려는 유식사상이 중시되었다.

후백제불교는 융섭적 성격을 가져 화엄사상, 특히 남악계 화엄사상을 수용하였는가 하면, 선종은 물론 유식사상을 포용하면서 풍수지리나 법안종사상을 성립시키는 데 능동적으로 작용하였다. 긍양이나 풍수지리에 의해 명당을 설정하려는 경보의 미륵신앙은 정토를 추구하는 성격을 보여 준다. 금산사 미륵신앙에서 이런 면을 찾을 수 있다. 다음 내용은 미륵이 하생下生하는 모습이다.

> 이때 자씨보살慈氏菩薩이 구름을 타고 도솔천兜率天으로부터 강림하여 진표眞表에게 계법戒法을 내리는 위의威儀한 모습이 금당金堂의 남벽南壁에 그려졌다. 진표는 도솔천중兜率天衆이 금당으로 내려오는 신화神畵를 보고 크게 감동하여 신도들을 권선勸善하여 미륵장륙彌勒丈六 금상金像을 주성鑄成하였다.[38]

「발연수진표율사장골탑비문鉢淵藪眞表律師藏骨塔碑文」에 실린 이 내용은 진표전간조에 아예 나오지 않고 『삼국유사』 관동풍악발연수석기조에 나오지만, 양자 사이에 미세한 차이가 있다.[39]

관동풍악발연수석기조에 비해 「발연수진표율사장골탑비문」의 미륵장륙상 주조 내용이 더 신비스러운 느낌을 준다. 진표는 미륵으로부터 수계受戒하는 모습을 그린 금당 남쪽 벽화에 감동하여 미륵장륙상을 주성鑄成하였다. 신화神畵라고 표현할 정도의 이 벽화가 실제로 감동을 주었던 것은 진표의 수계가 아니라 미륵이 도솔천중을 거느리고 하강하는 모습이다. 그것은 엄격한 계율을 강조하면서 미륵정토를 염원하는 의도를 담고 있다. 진표의 미륵신앙 속에 정토신앙이 구체적으로 나타나 있지는 않다. 그러나 후삼국이 정립되는 혼란한 세상에 말세를 구제하려는 현실정토신앙이 서서히 등장하였다.

---

38 미상, 「고성 발연수 진표율사 장골탑비문」(이지관 역주, 『교감역주 역대고승비문: 고려편 4』, 가산불교문화연구원, 1997, p. 39)에 "慈氏世尊 駕雲從兜率降來 與眞表授戒法 持威儀之象 圖書於金堂南壁 所以和尙驚感 兜率天衆來堂新畵 於是乎 勸衆丹那 鑄成金彌勒丈六像"이라고 하였다.

39 『한국금석전문』에 실린 「고성발연수 진표율사장골탑비문」은 『삼국유사』 권4, 관동풍악발연수석기(瑩岑 撰)조와 내용이 거의 같다. 아마 두 저술은 같은 것으로 생각한다. 그러나 엄밀히 대조하면 양자 사이에 미세한 차이가 있다.

후백제가 포용한 금산사의 미륵신앙 속에도 현실정토신앙이 수용되어 있다. 금산사에 주석한 소현이 미륵정토신앙을 표방한 다음 기록이 참고된다.

> 밤이 장차 깊어 가자 (스님은) 버들가지를 씹어 양치질한 다음, 미륵여래彌勒如來의 명호名號를 염念하면서 사홍원계四弘願戒를 행하였다. 문하 제자들에게 탕탕蕩蕩하게 부촉한 연후에는 얼굴에 조금도 근심하는 빛이 없었다. 중야中夜에 다시 … (입적하였다) … 하루 전날 밤에 흰 무지개가 나타난 것을 본 자들은 스님이 임종할 조짐으로 알았다.[40]

소현이 입적하면서 미륵여래의 이름을 염원하였다. 미륵정토에 왕생하기를 바란 셈이다. 평소 소현은 도솔천의 내원內院 정토에 상생上生하기를 바라고 내원수행을 닦았다. 그는 매년 미륵불의 탱화를 그려 봉안하였고 무리를 모아 법석을 열고 예참禮懺하면서 귀의하였다. 소현비의 명문에는 버들가지로 양치질한 다음에 도솔천의 정역淨域에 상생하였다고 한다.[41] 그리하여 제자인 도생승통導生僧統 규규가 1,000여 명의 문인들과 함께 소현의 행장을 갖추고 나서 그의 탑비를 세우는 것을 도솔천 미륵의 애모 불사로 비유하였다.[42]

입적하면서 왕생한 미륵정토가 꼭 현실정토일 수는 없다. 그러나 그

---

40 정황선, 「금구금산사 혜덕왕사진응탑비」(『조선금석총람』 상, 조선총독부, 1919, p. 301)에 "夜將深 嚼楊枝漱訖 念彌勒如來名號 洎△弘願戒 與門弟子 囑累蕩蕩 然無憂色 中夜更△ △△△△△△△先一日 白虹夜見識者 以爲師終之讖也"라고 하였다.

41 정황선, 「금구금산사 혜덕왕사진응탑비문」(이지관 역주, 『교감역주 역대고승비문: 고려편 3』, 가산불교문화연구원, 1996, p. 33)에 "白虹吉祥 雙林變色 奄促淨域"이라고 하였다.

42 정황선, 앞의 탑비(앞의 책, 1919, p. 302)에 "有門弟上首 導生僧統而下 凡一千餘人等狀先師行 酒涕伏闕而奏 △△△△△△△於珊兜 空知哀慕"라고 하였다.

는 평소 내원수행을 행하였고 내원정토를 염원하였다. 특히 소현은 부처와 상거相去한 말법사회를 제도하고자 하였다.[43] 말법사회의 구제와 연관한 미륵정토는 현실정토로 이어질 수 있는 것이다. 미륵여래를 염원하면서 입적한 소현은 열반당의 관음에게 치병을 염원한 궁양이 미륵의 출현을 바라던 모습을 떠올리게 한다. 소현이 매년 행한 미륵불 탱화 불사는 금산사의 미륵신앙 전통과 이어질 수 있다. 금당 남벽의 벽화를 봉숭奉崇하는 도량은 미륵으로부터 계를 받는 신앙을 내세우는 것이다.

후백제의 미륵신앙은 궁예의 미륵신앙과 차이를 보인다. 궁예는 신라 국가를 부정하는 사회 개혁을 통해 현실정토를 이루고자 하였다. 이와 달리 금산사의 미륵신앙은 동시대에 이루려는 현실정토이기는 하지만 도솔천에 왕생하는 내원정토신앙을 표방하였다. 아울러 그것은 진표계 법상종에서 수용되어 고려초기까지 영향을 주었으며, 법상의 차별을 인식하려는 교학을 성립시켰다. 금산사의 미륵신앙은 용섭적이지만 회통한 법상의 차별을 인식하려는 후백제불교 교학과 연결될 수 있다. 후삼국의 혼란을 극도로 조장하기보다는 후백제 건국 이후 기존의 중앙집권적 귀족국가를 재건하려는 견훤은 금산사를 국가적 도량으로 삼아 거기에 포용된 미륵신앙에 대해 지대한 관심을 가졌다.

43 정황선, 앞의 탑비(앞의 책, 1919, p. 300)에 "然而去聖寖遙 遺文訛舛者多矣"라고 하였다.

2. 보양의 운문선종사상과 왕건

(1) 후삼국시대 사상계의 변화

불교와 유교사상의 교섭

유교는 비교적 일찍 전래되었을지라도 주로 신라중대에 육두품 지식인을 중심으로 수용되었다. 신라중대의 전제 왕실이 한화정책漢化政策을 추진하면서 유교적 정치이념을 모색하였다. 당시 신라 왕실은 왕권을 강화하기 위해 정통 진골귀족을 억압하는 대신 그들과 이해를 달리한 육두품귀족을 측근 세력으로 키워 나갔다. 육두품귀족들은 진골귀족뿐만 아니라 불교에 대해서도 비판적 태도를 보였다.

신라중대에 유교적 정치이념이 도입되면서 불교와 유교의 논리는 각각 독자의 영역을 가지면서 서로를 비판하기에 이르렀다. 신라 정통 진골귀족의 입장을 대변하는 김대문金大問은 유교 논리를 비판적으로 보았으나[44] 설총薛聰은 유교적 교훈인 화왕계花王戒로써 신문왕을 깨우쳤다. 원효元曉의 아들인 설총은 유학자가 되는 과정에서 정신적 고민을 느꼈고, 그 결과 불교 논리를 비판하는 처지에 섰을 것으로 생각한다.[45] 불교에 대한 비판은 강수强首에게서 더욱 분명하게 나타났다. 그는 불교를 '세외교世外敎'라 배척하고 유교를 배우려 하였다(『삼국사기』 권46, 강수전).

불교와 유교 논리의 차이를 가장 대조적으로 제시한 것은 '세상 밖의

---

44 이기백, 「김대문과 그의 사학」, 『역사학보』 77, 1978; 『한국사학의 방향』, 일조각, 1978, p. 14.

45 이기백, 「신라 골품체제하의 유교적 정치이념」, 『대동문화연구』 6·7 합집, 1970; 『신라사상사연구』, 일조각, 1986, p. 226.

교'와 '세상 안의 교'이다. 물론 유교를 '세상 안의 교'라고 언급한 것은 아니지만, 불교를 '세외교世外敎'라 한 것을 보면 아마 그렇게 생각하지 않았을까 한다. 강수가 불교를 '세외교'라 한 것은 출가하여 입산入山 수도하는 면을 이름이다. 속세를 떠나 출가하면 천륜과 인륜을 저버린 것이 된다. 이런 불교와는 달리 유교를 '세내교世內敎'라고 생각하였으므로 불교의 출가는 효도와 부합할 수 없었다.

신라중대 이래 유학자들의 불교에 대한 비판은 효도에 집중되었다. 곧 출가하면 누가 어버이를 모시느냐는 것이다. 이러한 비판은 귀족들과는 달리 홀어머니를 모시고 날품으로 그날그날의 생계를 이어 가는 서민들에게는 심각한 사회 문제로 등장하였다. 유학자들의 비판에 대한 불교계의 대응이 효선쌍미孝善雙美 신앙으로 나타났다. 출가로 인해 불가佛家의 수도와 유가의 효도가 배치되는 문제를 해결함으로써 양자 사이의 조화를 모색하였다.[46] 대체로 귀족인 재가신자들은 불사佛事를 일으킨 공덕으로 말미암아 부모를 정토淨土에 이르게 하였다면, 진정眞定과 같이 서민 출신의 승려는 자신의 출가로 인해 부모의 극락왕생을 염원하였다.

신라하대에 효도와 수도는 결코 배치될 수 없었다. 신효信孝거사는 효도와 출가 후의 수도를 함께 닦았다. 신효는 집이 공주公州에 있었는데 효성을 다해 어머니를 봉양하였다. 그의 어머니는 고기가 아니면 먹지 않았다. 고기를 구하려고 돌아다니던 중 신효는 절에서 노는 학 다섯 마리를 보고 활을 쏘았다. 학 한 마리가 날개의 깃을 떨어뜨리고 날아가 버렸는데, 신효가 그 깃으로 눈을 가리고 사람을 보니 모두 짐승

46 이기백, 「신라 불교에서의 효관념: 삼국유사 효선편을 중심으로」, 『동아연구』 2, 서강대학교 동아연구소, 1983; 『신라사상사연구』, 일조각, 1986, p. 278.

으로 보였다. 이에 고기를 구하지 못하고 자기의 넓적다리 살을 베어서 어머니를 봉양하였다.

사람이 업보業報에 의해 축생畜生으로 태어날 수 있으므로 신효는 결국 고기를 좋아하는 어머니께 자기 허벅지 살을 드리고 말았다. 그런 후 그는 출가하여 뒤에 월정사月精寺를 크게 일으켰다. 신효는 자기 집을 희사喜捨하여 경영한 절을 효가원孝家院이라고 하였다(『삼국유사』 권3, 대산월정사오류성중臺山月精寺五類聖衆조). 또한 그는 유동보살幼童菩薩, 곧 공자孔子의 화신이라 불렸다. 이로 보면 신효는 신라하대에 불교의 수도와 유교의 효도를 조화시키려는 신앙을 가졌다.

신효는 신라중대의 대표적인 효행 신앙을 편 향득向得이나 성각聖覺과 비슷한 행적을 가졌다.[47] 물론 향득이나 성각의 고사故事는 불교와 유교 윤리를 함께 지니면서도 미세한 차이가 있다. 이름으로 보아 향득은 유교 윤리를 강조한 반면, 성각은 불교의 수행을 강조한다고 볼 수 있다.[48] 신라하대에는 효도를 숭앙하던 사원이 산재하였다. 신효가 세웠다는 효가원은 물론이거니와 흥덕왕대에 손순孫順이 자기 집을 내놓아 창건한 홍효사弘孝寺도 그런 절이었다.[49]

신라중대 이래 유교의 비판에 대한 불교계의 대응이 효도와 수도를

---

47 聖覺은 신라 菁州 사람인데 史에 氏族이 전하지 않는다. 그는 세상의 명예나 벼슬을 즐겨 하지 않고 스스로 居士라고 하여 一利縣의 法定寺에 의탁하여 살았는데, 뒤에 집에 돌아가 어머니를 봉양하였다. 어머니가 늙고 병들어 나물밥을 먹기 싫어하므로 자기의 다리 살을 베어 먹였고, 돌아가시자 정성껏 佛事를 행하여 祭를 올렸다(『삼국사기』 권48, 성각전). 向德도 허벅지 살을 어버이에게 공양하였다는 것은 信孝의 孝行과 비슷하다.

48 김두진, 「신라 의상계 화엄종의 '효선쌍업'신앙」, 『한국학논총』 15, 1993. p. 23.

49 『삼국유사』 권5, 손순매아 흥덕왕대조에는 품을 팔아 살아가는 孫順이 늙은 어머니의 반찬을 빼앗아 먹는 자기 아들을 땅에 묻으려 하였다. 땅을 파자 마침 石鐘이 나오므로 이상히 여겨 묻는 일을 중단하고 집으로 돌아왔다. 그 종을 매달고 두드리니 종소리가 대궐까지 울려 퍼졌다. 마침 종소리를 듣고 孫順의 孝行을 안 興德王이 그를 포상하였으며, 뒤에 그는 집을 내놓아 弘孝寺라 이름하였다.

조화하려는 경향을 성립시켰지만, 신라하대에 그러한 분위기는 사회 전반으로 넓게 확산하였다. 최치원은 상을 당한 헌강왕에 대해 "등문공勝文公은 예禮를 다하여 복상服喪함으로써 끝내 자기를 극복할 수 있었고, 초나라 장왕莊王은 때를 기다려 정사政事를 닦음으로써 실로 사람을 놀라게 하였습니다. 하물며 성정性情이 중국의 풍습을 답습하고 몸소 불교의 교리에 젖으시니, 조상을 높이 받드는 의리를 행하였고 부처님께 귀의하는 정성을 다하였습니다"라고 하였다.[50] 헌강왕의 복상이 효행과 불도佛道를 함께 실천하였음을 보여 준다. 유교의 효도와 불교의 수도를 국왕이 몸소 실천하고 있다. 신라하대에 바로 이런 점을 높이 칭송한 효선쌍미孝善雙美신앙이 사회 윤리로 확산하였다.

당시 승려들도 유교에 대한 소양을 가졌다. 봉암사鳳岩寺의 지증智證 도헌道憲은 유교에 매우 밝았다. 그의 행적은 크게 '육이六異'와 '육시六是'로 나누어 기술되었다. '육이'가 도헌의 생애 중에 있었던 이적을 적은 것이라면, '육시'는 주로 그의 옳은 행동을 기록한 것이다. 도헌의 '육시'는 나아가고 물러나는 옳음과 은혜를 알아 갚는 옳음, 광기狂氣를 억제하고 개발하는 옳음, 쓰거나 버리는 바의 옳음 등으로 불교 수행이면서도 유교의 가르침을 생각하게 한다. '육이'는 불교신앙의 이적을 지적하려는 것이지만, 그중 효도와 감읍感泣의 이적이나 마음을 격려하는 이적, 아홉 번 생각하여 훈계를 내리는 이적 등은 유교적 교훈을 떠올리게 한다.[51]

신라하대에 불교와 유교를 함께 이해하려는 경향은 최치원의 사상에

---

50 최치원, 「경주숭복사비」(이지관 역주, 『교감역주 역대고승비문: 신라편』, 가산불교문화연구원, 1993, p. 237)에 "勝文公 盡禮居憂 終能克己 楚莊王 俟時修政 其實驚人 矧復性襲猝風 躬滋惠露 抗尊祖之義 激歸佛之誠"이라고 하였다.

51 최치원, 「문경봉암사 지증대사적조탑비」, 앞의 책, 1919, pp. 91~94 참조.

서 더 강조되었다. 나말여초에 활동한 많은 선사의 비문이 현존하는데, 그것을 작성한 자들은 대부분 유교 지식인이다. 그들 또한 불교를 깊이 이해하였다. 특히 자적慈寂 홍준洪俊은 일찍부터 불경을 열람하면서 유교에도 정통하였다.[52] 유교와 불교를 함께 이해하려는 경향은 비단 도헌이나 홍준에게 한정되었다기보다는 신라말의 선사들에게도 광범하게 나타나 있었다.

삼교융합사상 경향의 등장

우리나라에 도교 혹은 선교仙敎의 신선神仙사상은 일찍부터 들어와 있었다. 우선 단군고기檀君古記에는 환인桓因의 서자 환웅桓雄이 태백산정太伯山頂에 신시神市를 건설하여 신정神政을 폈다고 한다. 신선사상이 유행하는 선교사회에서 신정이 시행되었다. 신라 개국신화에는 신선사상이 뚜렷하게 나타나 있다. 경주의 서쪽 선도산仙桃山에 성모사聖母祠가 있는데, 그 신모神母는 중국 제실帝室의 딸인 사소娑蘇였다. 일찍이 신선술을 터득한 사소는 해동으로 와서 오래 머물렀는데, 끝내는 선도산신모仙桃山神母가 되었다. 세상에는 박혁거세朴赫居世와 알영閼英이 선도산신모의 소생이라고 전한다.

선도산신모신앙은 고려시대까지 퍼져 있었다. 이자량李資諒의 수행원으로 송宋나라에 간 김부식金富軾은 우신관佑神館에 모신 여선상女仙像을 보았는데, 그것이 선도산신모라는 말을 들었다고 한다(『삼국유사』 권5, 선도성모수희불사仙桃聖母隨喜佛事조). 신선사상은 일찍부터 나타나 삼국시대는 물론 통일신라나 고려시대까지 유행하면서 전승되었다. 통

52 미상, 「영풍경청선원 자적선사능운탑비」(허흥식 편저, 『한국금석전문』 중세 상, 아세아문화사, 1984, p. 314)에 "里閭嘗覽釋經 △於儒敎△△△"라고 하였다.

일신라시대에 신선사상의 유행과 함께 주목되는 것은 노자老子의 『도덕경道德經』 유입이다. 효성왕 2년(738년)에 당唐나라 사신 형숙邢璹은 『도덕경』 등 서적을 가져와 왕에게 바쳤다.

신라하대에 신선사상은 『도덕경』의 유입과 밀접한 관련이 있다 하더라도 반드시 도교와 연관하여 유행하였던 것은 아니다. 신선사상은 신라 고유의 토착신앙에 근거하였고, 유교나 불교 신앙과 융합하여 성행하였다. 유불선儒佛仙 삼교가 융합하여 신라 토착의 고유한 정신을 만들었는데 그것이 풍류도風流道이다. 이에 대해서는 최치원이 지은 「난랑비鸞郎碑」 서문에 다음과 같이 나와 있다.

> 나라에 현묘玄妙한 도道가 있으니 이름은 풍류風流이다. 그 가르침의 근원은 선사仙史에 자세히 실려 있거니와 핵심은 유불선儒佛仙의 삼교三敎를 포함하고 중생을 교화하려는 것이다. 말하자면 집에 들어서 부모에게 효도하고 벼슬하여 나라에 충성하는 것은 노魯나라 사관司冠(공자孔子)의 가르침이요, 무위無爲한 일에 처하고 불신不信의 가르침을 행하는 것은 주周나라 주사柱史(노자老子)가 으뜸으로 세운 바이며, 모든 악한 일을 행하지 않고 착한 일만 수행하는 것은 축건태자竺乾太子(석가釋迦)의 교화이다.
>
> —『삼국사기』 권4, 진흥왕 37년조—

최치원은 화랑도花郎徒 정신을 본래 신라 고유의 현묘한 도道인 풍류도에서 구하였다. 풍류도가 선교仙敎에 근원을 두었지만,[53] 그 추구하는 바는 유교와 불교 및 도교를 포함하는 삼교의 가르침이라고 하였다. 도의道義를 연마하고 가락歌樂으로써 즐기며 산수山水를 유람하여 먼 지방

53 차주환, 『한국도교사상연구』, 서울대학교 한국문화연구소, 1978, p. 113.

까지도 안 가는 곳이 없다는 화랑도의 수련 방식은 선교의 수양에서 근원根源하였지만, 그 정신은 유교와 불교 및 도교의 교의에 투철한 것이다. 최치원은 화랑도가 비록 삼교 융합으로 이루어진 점을 강조하면서도, 그 근원인 신라의 고유한 풍류도가 오래전부터 있었다고 하였다.

풍류도의 전승은 신라 사회에 유교와 불교가 유입되어 정착한 후에 그것을 쉽게 융합하려는 경향을 보였다. 신라불교신앙 내에는 많은 토착신앙이 융합되어 있다. 무불巫佛교섭 경향은 일찍부터 나타났다. 월수백月水帛을 빠는 여인으로 등장한 낙산사洛山寺의 관음은 물론, 성덕왕 당시에 낭자로 화생化生하여 노힐부득努肹夫得과 달달박박怛怛朴朴을 각각 미륵과 미타의 양존兩尊으로 성불시킨 관음도 모두 토착의 지모신地母神신앙과 연관되어 있다. 그 설화 속에 등장한 월수백이나 해산 후 아기를 목욕시킨 금액金液은 여성의 생리와 관련된 선교의 현수玄水라고 생각한다.[54]

신라불교 내에 융합된 토착신앙은 대체로 선교仙敎(도가)신앙이 대부분이다. 그것은 도교와 불교를 더 쉽게 융섭할 수 있게 하였다. 신라하대에는 선교와 불교, 곧 도교와 불교를 같이 이해하려는 경향이 퍼져나갔다. 성덕왕 때에 중아찬重阿飡 김지성金志誠은 산수를 즐겨 은사隱士로서 선교적仙家的 삶을 살았는데,[55] 돌아가신 부모와 가족들을 위해 미륵존상과 미타불상을 조성하였다. 신라중대에 이미 김지성은 선교와 불교를 조화하려는 신앙 경향을 지녔다.

장흥長興 보림사寶林寺에서 가지산문迦智山門을 성립시킨 체징體澄은 도교의 '도道'를 선교의 깨달음과 연결해 같이 파악하였다. 체징비에는

54 정경희, 「삼국시대 사회와 선도의 연구」, 『사학연구』 40, 1989, p. 81.

55 「경주감산사 미륵보살조상기」(『조선금석총람』 상, 조선총독부, 1919, p. 35)에 "生於聖世 歷任榮班 無智略 以匡時 僅免羅於刑憲 性諧山水 慕莊老之逍遙 志重眞宗"이라고 하였다.

『도덕경』을 인용하여 “상사上士가 도를 들으면 숭상하여 받들고, 중사中士가 도를 들으면 보존하는 듯 잃은 듯하며, 하사下士가 도를 들으면 손바닥을 문지르며 웃으니, 웃지도 아니하면 족히 도라 여길 수 없다”라고 하였다.[56] 도교와 불교를 같이 이해하려는 것이다.

신라하대에 선사들이 사원을 개창開創할 때 풍수지리風水地理를 살피고 있는데, 그 이해의 밑바닥에는 선가적仙家的 사고가 깊이 배어 있다. 왕건은 원랑圓朗 대통大通을 월광사月光寺에 주석하도록 요청하면서 다음과 같이 말하였다.

> (이 산山은) 일찍이 금강金剛에 기록되었으며 선기仙記에도 이름이 전하는데, 맑고 시원한 샘물이 있고 뭉게뭉게 안개가 피어오르며 널리 빼어난 정기를 품은 것이 … 전傳에 갖추어 실려 있다. 선사는 거기에 머물도록 하라.[57]

월악산月嶽山의 월광사지는 금강金剛에 기록되었고 선교에도 이름이 전하였다. 맑고 시원한 샘물이 있고 뭉게뭉게 안개가 피어오르는 월악산은 널리 빼어난 정기를 품어서 풍수지리에 적합한 산수 형세를 갖추었다. 그러므로 옛날에 신라가 삼국통일을 완수하는 데 이 산으로써 모든 재앙을 없앨 수 있었다고 한다.[58] 월악산이 선사仙史에 기록되는 내용은 바로 이런 면이다. 나말여초에 선교신앙은 대통을 월광사에 주석

---

56 김영, 「장흥보림사 보조선사창성탑비」(『조선금석총람』 상, 조선총독부, 1919, p. 61)에 “道經云 上士聞道 崇而奉之 中士聞道 如存若亡 下士聞道 撫掌而笑 不笑不足 以爲道也”라고 하였다.

57 김영, 「충주월광사 원랑선사대보선광탑비문」(이지관 역주, 『교감역주 역대고승비문: 신라편』, 가산불교문화연구원, 1993, p. 214)에 “曾授錄於金剛 又傳名於仙記 淸冷泉澗 霎䨴煙霞 廣孕殊靈 備存△傳 師其居焉”이라고 하였다.

58 김영, 위의 비, 1993, p. 214에 “昔我太宗大王 痛黔黎之塗 △△△海之△△△ 戈三輯之年 垂衣一統之日 被△△△之△ 永除△△之災 別封此山 表元勳也”라고 하였다.

하게 하고, 사원을 건립하는 데 영향을 끼쳤다.[59]

최치원은 진성여왕의 왕위계승에 대해 "엎드려 생각건대 형제자매의 덕이 아름다울 뿐만 아니라 왕가의 계보가 심히 밝고 좋아, 대왕 전하는 빼어난 곤덕坤德을 본받아 천륜을 계승하였습니다. 진실로 이른바 신기한 구슬을 품어 돌을 다듬고 이지러진 부분을 메웠으며, 착한 일을 닦지 않음이 없었습니다. 그러므로『보우경寶雨經』에서 부처가 말씀으로 뚜렷하게 수기授記함과『대운경大雲經』에서 옥게玉偈를 내림이 완연하게 부합한 것입니다"라고[60] 하였다. 곧『보우경』과『대운경』의 내용을 들어 진성여왕의 등극을 칭송하였다. 그 두 경전은 순수한 불경이라기보다는 일종의 선기仙記에 가까운 위경僞經인데, 부처로부터 미리 수기를 받은 당나라 측천무후則天武后가 왕위에 오르는 내용을 담고 있다.

신라중대 이래 불교와 유교사상을 아우르는 경향이 지속되었고, 이와 함께 불교와 도교 내지 선교사상을 조화하려는 신앙이 퍼져 나갔다. 신라 사회에 유불도 삼교를 융합하려는 사상은 이러한 분위기 속에 무르익었다. 이미 제시한 화랑도는 선교에 근원을 두었고, 그 정신은 유불도 삼교를 융합한 것이다. 그렇지만 삼교 융합은 불교나 유교 또는 불교나 도교, 곧 두 종교의 교류와 융합 과정을 먼저 거치면서 더 분명하게 나타났다. 최치원은 풍류도의 삼교 융합을 특별히 강조하였다.

공자孔子는 인仁에 의거하여 덕德을 의지하였고 노자老子는 백白을 알면서 흑黑을 (버리지 않고) 지켰다. 이는 이교도二教徒의 천하天下 격식格式이라 칭할

59 예를 들면 崇福寺가 건립되는 데 風水地理的인 사고가 영향을 주었다. 그런데 그곳을 元聖王陵으로 조성한 사실은 王室의 福山과 佛門의 德海를 조화하려는 신앙을 생각하게 한다.

60 최치원, 「경주숭복사비문」(이지관 역주, 『교감역주 역대고승비문: 新羅篇』, 가산불교문화연구원, 1993, p. 239)에 "伏惟大王殿下 瓊萼聯芳 璇源激爽 體英坤德 纘懿天倫 諒所謂懷神珠 鍊彩石 有虧皆補 無善無修故 得寶雨金言 卓然授記 大雲玉偈 宛若合符"라고 하였다.

수 있지만, 부처(불교)와 실력을 겨루기 어렵다. (부처는) 천만리千萬里 밖 서역을 비추었고, 일천년一千年 후에 동국東國을 밝혔다. 계림鷄林의 땅은 금오산 곁에 있고, (거기에는) 예부터 선仙과 유儒의 기록이 기이하고 많았다.[61]

아울러 그는 다음과 같이 적고 있다.

오상五常을 방위로 나누어 동방東方에 배당한 것은 인仁이요, 유불선儒佛仙 삼교三敎에서 각각 이름을 내세웠는데 청정淸淨한 경지를 나타낸 이가 부처이다. 인仁의 마음이 곧 부처요, 부처를 지목해서 능인能仁이라 함은 이를 본받은 것이다. 동이東夷의 유순한 성품의 바탕이 가비라국迦毘羅國의 자비하신 부처의 교해敎海를 (이 땅에) 이르게 하니, 이는 돌을 물에 던지고 비가 모래를 모으는 것과 같이 자연스러운 것이다. 하물며 동방 제후의 외수자外守者로 우리보다 더 크고 신령스러운 나라가 없음이라. 국민성은 이미 살리기를 근본으로 삼고, 풍속도 또한 서로 양보하는 것을 으뜸으로 한다. 화락和樂한 태평의 봄이요, 은은隱隱한 상고上古의 교화敎化로다.[62]

최치원은 도헌비道憲碑에서 유불선 삼교의 융합 논리를 제시하였다. 우선 도헌비의 서序에서 유불 이교二敎가 융합될 수 있음을 '인仁'의 논리로 설명하였다. 유교의 '인'을 매개로 불교의 자비를 아우르고자 하여

61 최치원, 「문경봉암사 지증대사적조탑비」(앞의 책, 1919, p. 95)에 "麟聖依仁仍擄德 鹿仙知白能守黑 二敎徒稱天下式 螺髻眞人難确力 十萬里外鏡西域 一千年後燭東國 雞林地在鼇山側 仙儒自古多奇特"이라고 하였다.

62 최치원, 위의 탑비, 1919, pp. 88~89에 "五常分位 配東方者曰仁 心三敎立名 顯淨域者曰佛 仁心卽佛 佛目能仁 則也道郁夷 柔順性源 達迦衛慈悲敎海 寔猶石投水 雨聚沙然 矧東諸候之外守者 莫我大而地靈 旣好生爲本 風俗亦交讓爲主 △△大地之春 △隱上古之化"라고 하였다.

부처를 '능인能仁'으로 표현하였다. 그는 유불儒佛융합 논리를 오상五常으로 설명하였다. 동방東方이 인仁에 해당하기 때문에 동이東夷의 유순한 성품은 상고로부터 내려오는 은은한 교화여서 부처의 교해敎海를 가져오게 한다는 것이다. 이로 보면 유불선 삼교의 융합 논리는 선교의 바탕 위에서 유불의 2교를 아우르는 것이다.

최치원은 도헌비의 찬讚에서 이미 신라에는 유선儒仙의 2교가 융합하여 있다고 하였다. 그런 기반 위에 불교가 전래하여 삼교 융합이 이루어짐을 넌지시 제시하였다. 유선 2교의 융합은 연원이 오래되었으며, 선교가 바탕이 되어 이루어졌다. 그러므로 도헌비의 찬에 나타난 유불선 삼교의 융합도 선교가 중심이 되어 이루어졌던 것은 분명하다. 삼교융합사상 경향에서 선교가 바탕을 이루고 있음은 화랑도 정신을 풍류도로 파악하여 그 근원을 선교에서 구한 것과 통한다.

다만 도헌비의 찬에는 유교와 선교보다도 불교의 덕이 더 높다고 하였다. 최치원은 공자와 노자가 부처와 더불어 실력을 겨룰 수 없으므로 불교가 천축에서 일어났지만 서역을 통해 우리나라에까지 전해진 사실을 칭송하였다. 이 점은 물론 도헌을 예찬하려는 목적에서 기록되었지만, 한편으로 유불선 삼교융합의 주체를 설정한 것으로 생각한다. 신라하대의 삼교융합사상은 근원을 선교에 두었지만 점차 불교의 융합 논리를 중시함으로써 통합된 체계를 갖추어 갔다.

신라하대에 삼교융합사상 경향은 유불이나 유선儒仙 또는 선불仙佛 등의 교의敎義가 서로 교섭하면서 조화를 이루는 과정에서 성립되었다. 비록 그것이 성립되었을 당시에는 지방호족이 할거하여 신라국가의 혼란을 가중하였을지라도 지방을 중심으로 새로운 질서를 모색하고 있었다. 삼교융합사상 경향은 이러한 사회 분위기와 연관하여 전개되었다. 유불선 삼교융합사상 경향은 전적으로 신비적 선교를 근간으로 삼았는데, 혼란스럽다기보다는 오히려 세련된 융합 논리를 갖춘 것이었다.

(2) 보양의 운문사 결사와 왕건

운문사雲門寺는 작갑사鵲岬寺 터에 보양寶壤이 창건한 사찰이다. 신라 시대 이래 청도군淸道郡에 있던 대작갑사大鵲岬寺·소작갑사小鵲岬寺·소보갑사所寶岬寺·천문갑사天門岬寺·가서갑사嘉栖岬寺의 다섯 갑사가 모두 파괴되어 없어졌는데, 그 기둥을 대작갑사에 모아 두었다고 한다. 신라말에 보양이 다섯 갑사를 다시 일으키고자 하여 운문사를 창건하였다. 그리하여 운문사는 대작갑사에 모아 둔 다섯 갑사의 기둥으로 이루어졌다는 연기설화가 생겼다. 운문사의 전신이라 할 수 있는 다섯 갑사가 언제 창건되었는지는 분명하지 않다.

「운문사사적雲門寺事蹟」에는 운문사가 원광圓光과 보양 및 원응圓應국사 학일學一이 계속해서 창건한 도량道場이라고 하였다.[63] 실제로 운문사는 보양이 창건한 이후 고려 인종 때에 학일이 중창함으로써 번성하였다. 원광은 오갑사의 창건에 관여하였다고 생각한다. 「운문사사적」은 원광이 운문사의 개창주이고, 향리鄕里나 성씨를 알 수 없는 도승道僧이 진흥왕 21년(560년)에 오갑사를 창건하였다고 기록하였다. 그는 운문사로부터 5리 정도 떨어진 금수동金水洞에 작은 암자를 짓고 3년 동안 선정禪定을 닦다가 10여 도우道友와 더불어 7년에 걸쳐 오갑사를 창건하였다고 한다.[64]

금수동에 암자를 결성할 때가 진흥왕 11년이라든가, 오갑사를 창건한

63 「경상도청도군동호거산 운문사사적」(『운문사지』, 아세아문화사, 1983, p. 7)에 "雲門寺者唐時圓光 晋朝寶壤 宋庭圓應 三祖師 繼以刱建之道場也"라고 하였다.

64 위의 사적, 1983, pp. 7~8 참조.

도승과 그의 도우道友들에 대한 기록은 믿을 만한 것이 아니다. 「운문사 사적」에는 이때 창건한 오갑사의 위치를 구체적으로 언급하였다.[65] 다만 오갑사가 동시에 창건되지 않은 것은 분명하다. 운문사는 대작갑사 터에 창건되었지만, 그 이전에 5개의 갑사가 모두 존재하였는지를 확인할 수 없다. 원광이 운문사의 초창주初創主였다는 기록은 오갑사 중의 하나인 가슬갑사嘉瑟岬寺에 주석한 것과 관련하여 시사성을 준다.

원광은 수나라에서 돌아와 가슬갑사(혹은 가서갑사嘉栖岬寺)에 머물고 있던 때에 귀산貴山과 추항箒項에게 세속 5계를 내렸다. 이후 진평왕 24년(602년)에 두 사람은 백제와의 전투에 참여하여 전사하였다. 그러므로 원광은 진평왕 22년(600년)에 귀국하여 가슬갑사에 주석하였다. 그는 가서갑사에 점찰보占察寶를 두었는데, 당시 단월니檀越尼가 거기에 동평군東平郡의 밭 100결을 헌납하였다. 원광이 가슬갑사를 창건한 것인지는 알 수 없다. 오갑사 중 가슬갑사 이외의 절에 대해서도 잘 알려지지 않았다.

보양이 운문사를 창건하는 데 원광이 관련된 연기설화가 전한다. 보양은 중국에서 법을 받고 돌아와 폐사지인 골짜기(아마 금수동金水洞)에 이르렀다. 갑자기 노승이 스스로 원광이라고 칭하면서 인궤印櫃를 안고 나와 전해 주고 사라졌다. 다음 내용이 이런 사실을 알려 준다.

> 원광圓光은 진陳나라말 중국에 들어가 개황開皇 연간에 돌아왔으며, 가서갑嘉西岬에 머물다가 황륭사皇隆寺에서 죽었다. 계산해 보면 청태淸泰(934~936년) 초에 이르기까지 무려 300년이 된다. 지금 여러 갑사岬寺가 모두 폐廢하였음을

65 위의 사적, 1983, p. 8에 "五刹者 一今寺之東南 九千步許 有嘉瑟岬寺 南七百里許 有天門岬寺 西十里許 有大悲岬寺 北八里許 有所寶岬寺 中有大鵲岬寺 今雲門寺耶"라고 하였다. 『삼국유사』 권4, 보양이목조에 나오는 오갑사의 명칭과 조금 다르게 기록되었다.

슬피 탄식하였는데, 보양寶壤이 와서 장차 일으킬 것을 알고 기뻐하여 이를 보인 셈이다.

—『삼국유사』 권4, 보양이목寶壤梨木조—

원광으로부터 인궤를 전해 받은 것은 보양이 폐허가 된 오갑사를 일으킬 징조라고 생각한다. 이미 보양은 작갑사를 일으키도록 용왕의 부촉付囑을 받았다. 중국에서 귀국할 때 보양은 서해 용궁에 들러 불경을 강론하였으며, 금색 비단가사 한 벌을 시주받아 용왕의 아들 이목璃目과 함께 돌아왔다.

용왕은 보양에게 부탁하기를 "지금 삼국이 어지러워 불법에 귀의하는 임금이 없으므로 만약 그대가 내 아들과 더불어 본국에 돌아가서, 작갑鵲岬에 절을 짓고 거주하면 가히 도적을 피할 수 있을 것입니다. 아마 몇 년이 되지 않아 반드시 불법을 지키는 어진 임금이 나와 삼국을 평정할 것입니다"라고 하였다(『삼국유사』 권4, 보양이목조). 용왕의 부탁과 원광의 인궤는 서로 연결해 기록하였다. 이를 계기로 보양이 폐사를 일으키고자 하여 북쪽 고개에 올랐다. 황금색 오층탑이 보였던 장소를 파니 거기서 얻은 벽돌로 탑을 이루었다. 보양은 그곳이 전대의 절터임을 알아 작갑사를 세우고 거주하였다.

후에 삼한을 통합한 왕건은 보양이 작갑사를 창건하여 주지한다는 말을 듣고 오갑사의 밭 500결을 이 절에 바쳤다. 937년(태조 20년)에 왕건은 작갑사를 운문선사雲門禪寺라고 사액하였다. 보양이 창건한 작갑사가 왕건의 귀의로 커졌고 사액을 받음으로써 운문사로 발전하였다. 보양의 작갑사 창건은 왕건의 도움으로 이루어졌음이 분명하다. 서해 용왕이 작갑사의 창건을 부촉付囑한 연기설화는 어진 임금이 출현하여 삼한을 통합하는 사실에 초점을 맞추어 기록한 것이다. 작갑사 창건이 왕건의 출현이나 후삼국 통일과 연결되었다는 것이다. 다음 내용은 이런 면을 알려 준다.

처음에 대사(보양)가 당나라에 갔다가 돌아와서 먼저 추화군推火郡(지금의 밀양密陽)의 봉성사奉聖寺에 머물렀다. 마침 태조太祖가 동쪽으로 정벌하여 청도淸道 지경地境에 이르렀는데, 견성犬城에 의거한 산적山賊이 교만하고 방자하여 항복하지 않았다. 태조가 산 밑에 이르러서 쉽게 (도적을) 제어할 방술方術을 물으니 대사가 대답하기를 "무릇 개라는 짐승은 밤을 맡고 낮을 맡지 않으며, 앞을 지키되 뒤를 잊고 있으므로 마땅히 낮에 그 북쪽을 쳐야 할 것입니다"라고 하였다. 태조가 그 말을 따랐더니 과연 산적이 패하여 항복하였다. 태조가 그 신통한 묘책妙策을 가상히 여겨 해마다 가까운 군현의 조租 50석碩을 주어 향화香火를 받들게 하였다. 이 때문에 절에는 두 성인聖人(왕건과 보양)의 진용眞容을 안치하였고, 이로 인해 봉성사奉聖寺라고 불렀다. (대사는) 뒤에 작갑사鵲岬寺로 옮겨 절을 크게 짓고 나서 세상을 마쳤다.

—『삼국유사』 권4, 보양이목조—

보양은 중국에서 귀국한 직후에 밀양의 봉성사奉聖寺에 머물렀다. 당시에 왕건의 견성犬城 공략이 성공하였다. 견성에는 산적이 웅거하고 있었다고 하지만 실제로 그들은 후백제 세력임이 분명하다.

고려 왕건과 후백제 견훤이 후삼국 사회의 주도권을 장악하기 위해 안동과 합천 지역에서 치열하게 다투었다. 그곳은 각각 고려와 후백제가 신라 왕실과의 연결을 가능하게 하는 지정학적 요충지이다. 당시 신라 왕실은 경주를 중심으로 경상도 일대를 다스렸을 정도로 쇠약하였지만 정통 왕조로서의 명분을 가졌다. 그러므로 고려와 후백제는 신라왕조와 연결함으로써 지방호족의 호응을 얻는 데 유리한 고지를 확보하였다. 후삼국시대 초기 이 지역의 싸움에서 대체로 고려보다는 후백제가 우세한 전세를 유지하였다.

후삼국시대 말에 왕건의 해상권 장악은 후백제 세력을 제압하면서 삼한 통합을 이루는 계기를 마련하였다. 왕건은 905년(효공왕 9년)에 수군을 이끌고 나주 지역을 공략하여 서남해안 지역에 거점을 마련하였고, 920년(태조 3년) 이후가 되면 점차로 동남해안 지역까지 세력을 확대하였다. 920년에는 강주康州 장군 윤웅閏雄이 항복하였으며, 922년에는 명주溟州 장군 순식順式이 투항하였고, 924년에는 김해 지역에 웅거한 천주절도사泉州節度使 왕봉규王逢規가 귀순하였다. 왕건은 서남해안에서 동남해안에 이르는 해상권을 확보하면서 후삼국의 전세를 유리하게 이끌었다.

그러나 내륙에서는 왕건과 견훤이 혼전을 거듭하고 있었다. 특히 합천에서 대구에 이르는 지역의 전투가 치열하게 전개되었다. 927년(태조 10년)에 신라 경주까지 침입한 견훤의 군대를 공격한 왕건은 공산公山 전투에서 오히려 신숭겸申崇謙과 김락金樂이 전사하는 등 처참한 패배를 맛보았다. 이렇듯 어려운 전세를 만회한 것이 견성 전투이다. 왕건은 남쪽에서 군대를 이끌고 북진하여 견성을 공략하였다. 해상권을 장악한 왕건은 진주와, 특히 김해 지역의 군사를 거느리고 밀양을 거쳐 북동쪽으로 정벌하여 청도를 확보하였다.

청도 지역의 확보는 후백제와 신라 왕실의 연결을 불가능하게 만들었다. 그리하여 여론이 견훤에게 호의적으로 돌아갈 수 없었다. 이후 지방호족의 향배는 왕건 쪽으로 기우는 형세가 되었다. 견성 전투가 끝난지 얼마 되지 않는 930년(태조 13년)에 고창군古昌郡 전투에서 승리함으로써 왕건은 후삼국을 통일하는 기반을 마련하였다. 후삼국 전세를 바꾸는 데 실질적으로 이바지한 견성 전투가 운문사 결사와 연관하여 진행되었다. 보양이 운문사를 창건하였지만, 그 결사를 후원한 실질적인 단월은 왕건이었다.

작갑사를 창건하기 전에 보양은 밀양의 봉성사에 주석하였다. 견성 전투가 행해지던 당시에 보양은 밀양을 거쳐 진격하는 왕건 군대의 전술을 담당하는 책사였다.[66] 보양의 술책으로 견성 전투를 승리로 이끈 왕건은 그가 거주한 봉성사에 인근 고을의 조 50석을 내렸으며, 거기에는 보양과 왕건 두 성인의 진용이 안치되었다. 이로 보면 봉성사는 이미 왕건의 후원으로 번창하고 있었다.

운문사 결사는 왕건의 청도 지역 확보와 밀접하게 연관하여 이루어졌다. 청도 지역의 확보는 그 지역의 민심을 얻으려는 의도를 가졌다. 청도 지역에 폐사로 방치되던 오갑사를 복원하려는 작갑사의 창건은 이 지역 민심의 향배에 영향을 줄 수 있다. 왕건이 내세운 삼한 통합정책의 일환으로 작갑사를 창건하려는 것이다. 그리하여 어진 임금, 곧 왕건이 나와 삼한을 평정할 것이라는 이목 연기설화가 만들어졌다.

김해 지역을 확보하면서 보양과 왕건의 만남이 가능하였다. 실제로 일찍부터 보양은 왕건과 연결되었거나 혹은 왕건의 도움으로 귀국하였을 수도 있다. 견성 전투는 왕건이 공산 전투에서 패하는 927년에서 고창군 전투에서 승리하는 930년에 이르는 어느 시기에 행해졌다.[67] 견성 전투에서 승리하면서 보양은 왕건의 후원으로 곧바로 작갑사를 창건하였다. 현재 사액을 받은 운문사의 규모를 정확하게 지적할 수는 없다. 적어도 운문산문은 500명 이상의 인원이 상주할 수 있는 규모를 갖추었다.

---

66 왕건이 산 밑에 이르러 보양에게 쉽게 견성을 공략한 방책을 물었다. 이로 보면 보양은 밀양에서 청도까지 왕건의 군대에 종군하였으며, 그 임무는 전략적 방책을 담당하였다고 생각된다.

67 강인구 등, 『역주 삼국유사』 4, 보양이목조, 이회문화사, 2003, pp. 66~67.

운문산문은 폐허가 된 오갑사를 중창한 작갑사를 바탕으로 결사結社되었지만, 보양이 먼저 주석하였던 봉성사나 비허備虛의 석굴사石崛寺 등을 포함하고 있었다. 보양과 비허는 형제였고, 봉성사와 석굴사 및 운문사가 나란히 서 있어서 서로 왕래하였다고 한다(『삼국유사』 권4, 보양이목조). 정종 원년(946년)에 작성한 운문산선원의 「장생표탑공문長生標塔公文」에는 장생이 아니점阿尼岾·가서현嘉西峴·무현畝峴·서북매현西北買峴·북저족문北猪足門 등에 11개가 설치되어 있었다고 한다.

가서현은 가슬현嘉瑟峴이라고도 하는데 운문사의 동쪽 9,000보쯤 되는 곳에 있었다(『삼국유사』 권4, 원광서학조). 서북매현은 면지촌面知村이다. 그렇다면 운문사의 경내를 표시하는 장생은 11개 촌락에 광범하게 흩어져 있었다. 운문사가 청도군은 물론 멀리는 밀양에 이르는 이웃 군현에까지 토지를 소유할 정도로 경제적 기반을 가지고 영향력을 행사하였다. 그리하여 사원을 관리하기 위해 운문사에 삼강전三綱典을 두었으며 그 안에 원주院主·전좌典座·직세直歲·유나維那 등을 두었다.

(3) 운문산문의 신이적 선종사상

풍수지리의 신비신앙 포용

견성 전투를 승리로 이끄는 데 풍수지리의 술책術策이 사용되었다. 왕건이 견성에 웅거해 있던 후백제 세력을 치고자 보양에게 그 방도를 물었다. 이에 보양은 낮에 견성의 후방을 공략할 것을 건의하였다. 개는 낮이 아닌 밤을 맡고, 뒤가 아닌 앞을 지키기 때문이다. 그리하여 왕건은 낮에 북방을 공격하여 견성을 무너뜨리고 승리하였다. 개 모양으로 형성된 산성의 형세를 살펴서 얻은 지리적 식견을 이용하여 전쟁에서 승리하는 방책을 수립하였다.

보양은 풍수지리적 식견을 가졌고 술사로서 왕건의 군대에 종군하였다. 그가 개창한 운문산문의 선종사상에는 풍수지리의 신비신앙이 상당히 포함되어 있었다. 우선 견성은 산봉우리가 물에 다다라 깎은 듯이 섰는데, 지금 풍속이 그것을 미워하여 고친 이름이라고 한다(『삼국유사』 권4, 보양이목조). 풍수지리와 연관하여 견성이라 불리는 이유를 설명하였다. 작갑사의 창건에도 풍수지리의 신비신앙이 연관되어 있다. 다음 내용이 이를 알려 준다.

> ① 보양寶壤대사가 폐사廢寺를 일으키려고 북쪽 고개에 올라가서 바라보니 뜰에 오층五層의 황탑黃塔이 있었다. 내려와서 그것을 찾아보니 자취가 없어졌다. 다시 올라가 그것을 바라보니 까치 떼가 땅을 쪼고 있었다. 이에 해룡海龍이 작갑鵲岬을 말한 것이 생각나서 찾아가 그곳을 파 보니, 과연 남겨진 벽돌이 무수히 나왔다. 이를 모아 쌓아 올리니 탑이 이루어졌는데, 남는 벽돌이 없으므로 이곳이 전대前代의 절터임을 알았다. 절 짓기를 마치고 (거기에) 거주하였다. 이로 인하여 작갑사鵲岬寺라고 불렀다.
>
> —『삼국유사』 권4, 보양이목조—
>
> ② 작갑鵲岬이라는 이름은 어찌하여 얻었는가? 절의 서록西麓이 호랑이가 웅크리고 앉아서 뒤돌아보는 형상을 하고 있으므로 누런 벽돌로 탑을 쌓아 흉맥凶脉을 진압鎭壓하고자 하였다. 그런고로 이로써 절의 칭호稱號를 삼았다. 사우四隅의 갑사岬寺도 역시 사방四方의 흉맥을 진압하려는 것이다. 이 절이 운문사雲門寺이다.[68]

68 「경상도청도군동호거산 운문사사적」(앞의 책, 1983, pp. 8~9)에 "鵲岬之得名何也 寺之西麓 有虎踞而顧眄之形 故以黃甓成塔 鎭壓凶脉故也 寺之稱號 亦以此也 四隅之岬 亦鎭四方凶脈故也 是雲門寺"라고 하였다.

신라말의 선사들은 흔히 후삼국의 전란 속에서 무너진 폐사를 다시 일으키는 도량을 열었다. 절을 창건하는 연기설화는 대개 유연국토有緣國土로 연결되는 신비신앙을 포용하고 있다. 보양도 작갑사를 중창하고 그 이름을 짓는 과정이 신비하게 기록되었다.

보양이 오갑사 터에 세운 오층 황탑黃塔은 마치 고구려 성왕이 건립한 요동성遼東城 육왕탑育王塔을 떠올리게 한다.[69] 보양은 오층 황탑의 출현으로 인해 작갑사를 창건하였다. 이것은 보덕普德이 땅속을 파서 8면의 칠층 석탑을 얻음으로써 영탑사靈塔寺를 건립하는 연기설화의 내용과 비슷하다. 까치 떼가 땅을 쫌으로써 전대의 절터임을 알았다는 데에서 작갑사라고 이름 붙였다. 다소 사료적 가치가 떨어지지만, 「운문사사적」에서 작갑사라는 사명을 풍수지리와 연관하여 붙이고 있음은 흥미롭다.

보양이 세운 오층 황탑은 「운문사사적」에 나오는 누런 벽돌로 쌓은 탑을 가리킨다. 작갑사의 서록西麓이 호랑이가 웅크리고 앉아 뒤를 돌아보는 형상을 하고 있었기 때문에 흉맥凶脈으로 알려졌다. 서쪽 언덕의 흉맥을 진압하려는 목적에서 오층 황탑을 건립하였다. 작갑사의 오층 황탑뿐만 아니라 나머지 사우四隅의 갑사岬寺도 사방의 흉맥을 진압하려는 목적에서 세워졌다고 한다. 「운문사사적」은 오갑사 자체가 풍수지리에 따라 건립되었다는 인상을 강하게 나타내고 있다.

『삼국유사』의 보양이목조나 「운문사사적」은 모두 운문사가 다섯 갑사와 연관하여 창건된 것으로 기록하였지만, 후자가 풍수지리설을 비교적 강하게 노출하였다. 믿을 수 있는 기록은 아니지만 처음에 다섯 갑

---

69 고구려 聖王이 국경을 순시하다가 遼東城에 이르러, 오색구름이 땅을 덮은 곳에 스님이 지팡이를 짚고 서 있는 것을 보았나. 그러나 (스님은) 가까이 가면 없어지고 멀리서 보면 다시 나타나는 것이었다. 그곳을 파서 불탑이 있었던 터임을 안 성왕은 칠층 木塔인 육왕탑을 세웠다(『삼국유사』 권3, 요동성육왕탑조).

사를 창건하는 연기설화는 풍수지리와 연관되어 있다. 다섯 갑사를 창건하는 도승道僧은 금수동金水洞에 작은 암자를 짓고 거주하였다. 금수동은 산세가 기이하고 수려水麗한 삼한의 승지勝地라고 한다. 그는 거기서 홀로 선정禪定을 닦고 법석을 열어 깨침으로써 지안智眼을 얻었다. 그리하여 산천을 숭배하고 살펴서 지맥의 장부藏否를 일일이 점을 찍듯 기록하여 명산名山과 승구勝區를 작성하였다.[70]

도승이 산수의 지맥을 살펴서 일일이 지정한 명산과 승지에 해당하는 구역에 다섯 갑사를 창건하였다. 다섯 갑사의 형세에 맞게끔 운문사는 바로 풍수지리에 합당하게 창건되었다. 이렇듯 「운문사사적」은 운문사를 풍수지리와 애써 연결한 듯한 인상을 풍긴다. 그러나 진흥왕대에 활동하였다는 도승이 도선의 비보사상을 상기시키는 풍수지리설을 가졌을 것 같지 않다.

진흥왕 때의 도승이 산수의 지맥을 살펴 명산과 승지를 일일이 기록한 내용은 믿을 수 있는 것이 아니다. 혹은 승지, 곧 명당이 아닌 흉맥을 진압하기 위한 사찰의 창건은 도선의 비보사상에서 더 나아가 도참으로 흐를 가능성을 가졌다. 도선의 풍수지리설은 고려 통일 이후의 정치 세력에 의해 정략적으로 이용되면서 도참으로 흐르게 되었다.

운문산문의 선종사상에는 도선의 비보사상은 물론 풍수지리의 핵심을 이루는 장풍藏風과 득수得水 관념이 뚜렷하게 나오지는 않는다. 산수의 형세를 살피는 것이 명당의 설정과 무관하게 이루어졌다. 다만 「운문사사적」에 실린 풍수지리설은 그대로 받아들일 수는 없지만, 분

70 「경상도청도군동호거산 운문사사적」(앞의 책, 1983, pp. 7~8)에 "今雲門寺之五里許 有金水洞 岩奇水麗 三韓幽勝之地也 有一道僧 自無何而來 構成小庵於此 獨修禪定 住至三年 忽然開釋 快得智眼 仍拜山川 血脈之藏否 一一點落 枝枝△△ 名山勝區 昭現心目 而伽藍大器 無與此地"라고 하였다.

명히 일정한 의미가 있다고 생각한다. 이 점은 운문산문의 사상 경향이 풍수지리에 부수하여 나타난 신비신앙을 흡수하였던 것과 연결하여 이해해야 한다.

견성은 본래 달리 불렸으나 지세地勢나 형상이 미움을 받아 고친 이름이다. 또한 보양이 견성의 지세를 관찰하여 공략할 방도를 왕건에게 제시하였다. 모두 풍수지리의 신비신앙을 드러낸 것이다. 보양의 신이한 행적을 이해하기 위해 이목璃目과 연관된 『삼국유사』 보양이목조의 다음 내용은 도움이 된다.

이목璃目이 항상 절 옆의 작은 연못에 있으면서 몰래 불법의 교화를 도왔는데, 갑자기 1년 동안 가물어 밭의 채소가 마르고 탔다. 보양이 이목을 시켜 비를 내리게 하자 온 경내에 (비가) 흡족하게 내렸다. 천제天帝는 (이목이) 직분을 남용했다고 하여 죽이고자 하였다. 이목이 대사에게 위급함을 고하니, 보양이 마루 밑에 숨겼다. 조금 있으니 천사天使가 뜰에 이르러 이목을 내어놓으라고 청하였다. 보양이 뜰 앞의 이목梨木(배나무)을 가리키자, (천사는) 이에 배나무에 벼락을 친 후 하늘로 올라갔다. 배나무가 꺾여 시들자 용龍(이목)이 어루만지니 곧 살아났다(혹은 보양이 주문을 외우자 살아났다고도 한다).

이목에게 부탁하여 비를 내리게 하는 것은 기우제祈雨祭를 주관하면서 행한 보양의 신비한 행적이라 할 수 있다. 하늘의 뜻을 어기고 비를 내림으로써 처단될 이목을 구제하거나 대신 벼락을 맞아 시든 배나무를 살리는 과정이 모두 신비한 내용으로 구성되었다.

배나무는 이목이 어루만짐으로써 소생하였다고 하기도 하고, 보양이 주문을 외움으로써 살아났다고도 한다. 보양이 주술을 사용하였던 사실은 중요하다. 이와 연관하여 원광을 운문사의 창건주로 모시는 것은 시사성을 준다. 그는 가서갑사嘉栖岬寺(가슬갑사嘉瑟岬寺)에 주석하였는데, 거기에는 점찰보占察寶가 설치되어 있었다. 점찰법회는 원광에서 진표眞表로 이어진 법상종 교단에 개설되어 있었지만, 간자簡子를 사용하여 운세를 점치려 하므로 신비신앙을 수용하였다. 원광의 부도는 삼기산三岐山 금곡사金谷寺에 세워졌는데, 그곳은 뒤에 밀본密本이 주석하는 밀교 도량이 되었다.

원광은 밀교라기보다는 인명론因明論에서 이어지는 주술신앙을 가졌다. 원광의 주술신앙은 바로 보양에게로 전해졌다. 그러한 주술신앙은 신비한 토착신앙을 포용한 것으로 생각한다. 원광 교학의 신비신앙은 주술을 부리는 불교 승려를 배격하였지만, 토착적 신비신앙을 가진 삼기산신(비장산신臂長山神)과는 친밀한 느낌을 준다. 보양이 추구한 신비신앙은 운문산문의 사상을 형성시키는 데 독특하게 작용하였다. 또한 고려시대 운문산문의 사상 경향이 신비신앙을 표방하고 있었다. 원응국사 학일學一의 사상에 이런 면이 구체적으로 나타나 있다.

이목 연기설화의 전통이 전해져서인지 운문사의 학일도 기우제를 주관하는 것으로 저명하였다. 학일비의 명문銘文에 "가뭄 때나 장마가 질 때 기도하면 비가 내리고 장마가 그침이 원하는 대로 되었다"라고 한다.[71] 인종 1년(1123년) 봄부터 여름까지 크게 가물자 조정은 학일에게 기우제를 주관하도록 부탁하였다. 학일이 옥촉정玉燭亭에서 대선사 득선得善 등과 더불어 선지禪旨를 내세우며 기우제를 드렸다. 그러자 다음 날 큰비가 내려 전야田野를 축축하게 적심으로써 가뭄이 완전히 해갈解渴되었다. 이후부터 홍수나 가뭄 등의 재해가 있을 때마다 학일이

---

71 윤언이, 「청도운문사 원응국사비문」(이지관 역주, 『교감역주 역대고승비문: 고려편 3』, 가산불교문화연구원, 1996, p. 267)에 "善禳水旱 雨暘如期"라고 하였다.

기도하면 반드시 효험이 있었다고 한다.[72]

기우뿐만 아니라 보양이 포용한 신비신앙은 고려시대에 운문산문의 사상 경향을 형성하는 데 도움을 주었다. 학일의 사상에서 그런 면을 찾을 수 있다. 다음 내용을 참고해 보자.

국사國師가 말하기를 "산문山門에서 수도함에 세歲도 없고 일日도 없거늘 … 어찌 기일忌日이 따로 있겠는가? 오늘이 만약 기일이라면, 내가 『담자경賧子經』의 설법에 따라 제석帝釋에게 연명延命을 청하리라"고 하였다. 그리하여 『담자경』의 미륵상품彌勒相品을 염송하다가 수각數刻이 지난 후, 문인門人에게 이르기를 "내가 미륵품彌勒品을 염송하면서 한 글자도 착오錯誤함이 없었으니, 드디어 맥박과 호흡이 평정平正하여 금일今日 죽지 아니함으로 너희들의 청請에 부합하도록 하리라"고 하였다.[73]

『담자경』은 『섬자경睒子經』이라고도 하나,[74] 확실한 것은 아니다. 석가의 본생담本生談에 관한 신이한 연기설화를 기록한 『담자경』에는 죽은 자를 살리거나 신약神藥을 처방하는 등의 신비신앙이 담겨 있다. 미륵신앙과 연관하여 『담자경』의 효용을 설법하는 학일은 분명 병을 고치거나 생명을 연장하는 법석을 개설하였다. 그는 신비신앙을 강하게 표방하였다.

학일은 자신의 임종을 늦추기 위한 법석을 열었다. 그러기 위해 『담자경』의 미륵품을 한 자도 틀리지 않게 염송하였다. 그것은 일종의 주술

---

72 윤언이, 위의 비문(1996, p. 263)에 "五年癸卯春夏 大旱 △△△以△△△ 師於玉燭亭 與大禪師得善等 擧揚禪旨 翌日大雨 田野告足 後有水旱災異 祈禳無不效應"이라고 하였다.

73 윤언이, 위의 비문(1996, p. 264)에 "師曰 山門無歲無日 △忌△△△△ 若以爲忌 吾依賧子經中△ 請命帝釋 於是 密念彌勒相品 移數刻 謂門人曰 吾念彌勒品 無一字錯誤 遂得脈息平正 今日不死 可副汝等請"이라고 하였다.

74 윤언이, 위의 비문, 1996, p. 264.

행위이며, 바로 연명을 가능하게 하는 비법이다. 실제로 학일은 병을 고치는 법석을 주관하였다. 숙종의 아들인 원명圓明국사 징엄澄儼은 9살 때에 의천義天이 주간하는 원각회圓覺會에 참석하였는데, 갑자기 체온이 떨어져 싸늘한 시체처럼 되었다. 모두 구명할 방도를 몰랐으나 학일이 대반야大般若를 염송하였더니 왕자가 소생하였다.[75]

대반야의 염송은 왕자를 살리기 위해 행한 주술 행위이다. 『담자경』 미륵품의 염송뿐만 아니라 홍수나 가뭄에 대처하기 위해 행한 기도는 모두 주술 행위로 이해된다. 인종 20년(1142년)에 운문산문은 매우 융성하였는데, 끄기 어려울 정도의 큰 산불이 일어나 소실될 처지에 놓였다. 당시 학일은 자리에서 일어나지 않은 채로 산을 향하여 축원祝願하니 갑자기 비가 내림으로써 산불이 꺼졌다. 그 후에도 재난을 물리치는 학일의 능력은 계속해서 나타났다고 한다.[76]

학일은 주술을 사용하였다. 원광의 주술 행위는 보양을 거쳐 학일에게로 이어졌다. 운문산문이 포용한 신비신앙은 풍수지리의 비기적秘記的 성격을 갖기도 하지만 토착의 선교仙敎신앙에 연원을 둔 것이다. 운문산문의 신비신앙이 풍수지리설과 연관된 면은 뒤에 더 윤색되었다. 그것은 산수의 형세를 관찰하여 명당을 설정하려 하기보다는 오히려 비보에 근접하여 도참으로 흐를 가능성을 가졌다. 한편 이러한 신비신앙과는 독자적으로 고려시대에 운문산문의 선종사상은 조사선 중심의 통합 논리를 체계화하였다.

---

75 윤언이, 위의 비문(1996, pp. 262~263)에 "有王子年九歲 卽今所謂圓明國師也 忽一日暴死 暖氣都絕 △會人 愴惶顚倒 不知所以救之方 大覺請師救之 師密念大般若 良久 王子乃甦"라고 하였다.

76 윤언이, 위의 비문(1996, p. 264)에 "山火大作 衆撲滅不勝 師不起于座 向山祝之 雨降而火滅 復亦如之△△△△△ 非 若如是乎"라고 하였다.

선종 중심의 통합 불교사상 형성

운문산문을 개창한 보양의 선종사상을 밝히기는 쉽지 않다. 『삼국유사』 보양이목조에는 보양의 행적에 관한 신이신앙이 주로 기록되었고, 그의 선종사상을 알려 주는 내용은 거의 나와 있지 않다. 보양이목조 이외에 그의 행적을 자세하게 알려 줄 기록이 따로 전하지도 않는다. 『신라수이전新羅殊異傳』이나 『해동고승전海東高僧傳』에는 작갑사와 이목의 사적이 원광의 사적으로 혼동하여 잘못 기록되었다. 일연은 그것을 고쳐 『삼국유사』의 원광서학圓光西學조 외에 보양이목조를 따로 설정하였다.[77]

원광전기 속에서 떼어 내 따로 작성한 보양이목조에는 작갑사나 이목의 사적에 관한 신이한 연기설화를 주로 기록하였다면, 보양의 불교사상을 알려 줄 내용은 누락漏落되었다. 그것은 원광의 교학과 비슷한 면을 지녀 원광서학조 속에 잔류殘留할 가능성이 있다. 보양은 선승이지만 원광의 유식사상, 곧 법상종 교학의 전통에 밝았다. 중국에서 법을 전수하고 돌아온 보양이 지식知識조사로 알려졌던 사실은 시사성을 준다. 지식은 선승이지만 이름으로 보아 유식에 밝았다고 생각하기 때문이다.

보양의 불교사상을 쉽게 끌어낼 수는 없지만, 원광이나 특히 후대 학일의 교학은 운문산문의 선종사상을 이해하는 데 시사성을 준다. 원광은 유식학승으로 신라 진표眞表계 법상종을 성립시키는 데 영향을 주었다. 그는 『성실론成實論』이나 『열반경涅槃經』에 접하고 섭론종攝論宗을 받아들이는 등 유식 교학에 밝았지만, 계참회戒懺悔나 점찰법占察法 신

77 『삼국유사』 권4, 원광서학조에는 鄕人 金陟明이 鄕閭의 俗說을 윤색하여 원광법사전을 싣고, 그 속에 雲門寺의 개산조 보양법사의 사적을 한부로 합쳐 기록하였다고 하였다. 그리고 『海東高僧傳』에 그 잘못이 답습되었다. 또한 『삼국유사』 권4, 보양이목조에도 비슷한 내용이 나와 있다.

앙을 가졌다.[78] 원광의 교학에는 신비신앙이 강하게 나타나 있다. 한편 참회법을 닦은 원광은 선정禪定을 추구하는 모습을 보여 준다. 그는 중국 오吳나라의 호구산虎丘山에 들어가 염정念定과 각관覺觀을 수행하였다. 평소 원광의 성품은 허정虛靜을 좋아한다고 하였다.

원광 교학과 연결되는 보양의 선종사상은 풍수지리의 신비신앙을 포용할 정도로 통합적 불교사상을 형성하였다. 신라말의 신비사상을 혼입한 통합불교사상의 전통이 운문산문 내에 이어졌지만 통합의 중심은 선종사상에 두었다. 학일은 당시 의천의 천태도량에 참가하지 않을 정도로 선지를 천명한 선승이지만 유식은 물론 신비신앙을 폭넓게 수용하였다. 신라말 운문산문의 선종사상에 대해서는 직접적인 자료를 찾기는 어렵지만, 학일의 통합불교사상 경향을 알려 주는 다음 내용을 통해 이해할 수 있다.

> … 계속 정진하여 선지禪旨를 통달하였다. 또 경經·율律·논論 삼장三藏을 깊이 연구하지 않은 것이 없으며, 더욱이 대반약경大般若經에 정통하여 삼매력三昧力을 얻었다. 무릇 인간人間의 질병疾病에 대해 귀천貴賤을 불문不問하고 일체一切를 구제救濟하였는데, 진찰만 하면 문득 효험効驗이 있었다. 그리하여 종도宗徒들이 (학일을) 추앙推仰하기를 마치 태산泰山과 북두北斗를 대하듯 하였다.[79]

학일은 진장眞藏에게 출가하여 13살 때에 구족계를 받은 후, 향수사

78 김두진, 「원광의 계참회신앙과 그 의미」, 『신라사학보』 2, 2004, pp. 62~73.

79 윤언이, 「청도운문사 원응국사비문」(앞의 책, 1996, p. 262)에 "△△ 洞明禪旨 又閑經律論 無所不究 尤長於大般若 得三昧力 凡人間疾病 無問貴賤 一切救之 動輒有驗 宗徒推仰如泰山北斗"라고 하였다.

香水寺의 혜함惠含 밑에서 수학하였다. 그의 교학은 이미 이때 갖추어졌다. 혜함에서 깨달음을 얻은 학일은 선종 1년(1084년)에 광명사廣明寺의 선불장選佛場으로 나아가 승과에 우수한 성적으로 합격하였다. 향수사의 혜함은 잘 알려진 인물이 아니다. 향수사는 경기도 용인군에 있었던 절로 추정되지만[80] 정확하지 않다.

혜함은 장경長慶선사가 제시한 '학인學人이 나아갈 길'로써 학일을 깨치게 하였다. 장경은 배우는 사람의 나아갈 길이 따로 있기보다는 바로 나 자신에게 있다고 하였다.[81] 장경의 말로 깨달은 학일은 계속 정진하여 선지禪旨에 통달하였다. 학일은 향수사에서의 수행을 통해 선종 승려로서 통합적 불교사상을 갖추었다. 선지를 통달한 학일은 경·율·논 삼장三藏을 깊이 연구하였고 특히 『반야경』에 정통하였으며, 그로 인해 삼매三昧에 들게 하는 힘을 얻었다고 한다.

학일은 선승이지만 교학 경전에 정통하였다. 그중에서도 『반야경』, 곧 유식사상을 깊이 이해하였고 반야삼매를 습득하였다. 삼매에 들 수 있는 능력을 지녔다고 함으로써 학일은 다소 신비신앙을 표출하였다. 실제로 그는 질병을 치유하였고, 그로 인해 종도宗徒로부터 마치 태산이나 북두칠성을 대하듯이 추앙을 받았다. 선승이지만 유식을 포함한 교학사상은 물론 신비신앙까지 포용한 학일의 선종사상은 원광에서 보양에 이르러 개창한 운문산문의 통합 불교사상 전통을 계승한 것이다.

향수사에서 수학하여 갖춘 교학으로 말미암아 학일은 선과에 합격하였을 뿐만 아니라 뒷날 운문사의 주지로 나아갔다. 학일에게 장경의 선지를 제시하여 깨치게 한 향수사의 혜함은 보양 이후 운문산문의 사상

80 윤언이, 「청노운문사 원응국사비문」, 앞의 책, 1996, p. 276의 註34.

81 윤언이, 「청도운문사 원응국사비문」(앞의 책, 1996, p. 262)에 "一日惠含 擧僧問長慶 如何是學人出身路 慶之 是你出身路 師於此有省 旣而△△"라고 하였다.

전통을 물려받은 승려였다. 그가 장경의 선종사상을 권하고 있음은 이런 추측을 더 가능하게 한다. 장경 혜능慧稜은 설봉雪峰 의존義存의 문하로 운문종을 개창한 문언文偃과는 동문이다.

나말여초의 선승들이 문언 문하에서 운문종의 법인을 받아 왔는지는 분명하지 않다. 직접 문언의 문하로 유학한 선승들을 잘 찾을 수 없다. 신라 승려로 장경의 문하에는 구산龜山이 있었고, 문언의 스승인 설봉의 문하에는 대무부大無浮·제운齊雲 영조靈照·복청福淸 현눌玄訥 등이 활동하고 있었다. 대무부나 영조 또는 현눌은 신라로 귀국하였는지 알 수 없으나 운문 문언과는 동문이다. 직접 법인을 받아 오지는 않았지만, 중국 운문종은 나말여초의 승려들 사이에 잘 알려져 있었던 것이 분명하다.

신라말에 보양은 중국에 유학하였고 귀국하면서 용궁에 들렀다. 거기서 그는 불경을 강연하였으며, 비단 가사 한 벌을 시주받고 이목과 함께 돌아와 작갑사를 창건하였다. 보양이 중국의 어느 법문에서 법인을 받아 왔는지가 분명하게 나와 있지 않다. 그가 운문산문을 개창하였으나 문언의 문하로 유학하였는지도 잘 알 수 없다. 혹은 보양이 운문종의 법맥으로 이어졌을 듯하지만,[82] 설령 그렇지 않다고 해도 이미 신라 사회에 알려졌던 운문종의 사상 경향을 이해하고 있었을 것이다. 보양의 운문산문은 중국 운문종의 선종사상을 흡수하면서 성립되었다.

중국 남종선을 연 육조 혜능慧能의 제자로 남악南嶽 회양懷讓과 청원靑原 행사行思의 문하가 가장 번창하였다. 회양의 법사는 마조馬祖 도일

82 道原,『景德傳燈錄』卷19, 韶州雲門山 文偃禪師傳에 “師問新羅僧 將什麽物過海 曰草賊敗也 師引手曰 汝爲什麽在我手裏 曰恰是”라고 하였다. 문언의 문하에 유학한 신라 승려가 있었던 것은 분명하다. 다만 신라 승려가 寶壤인지, 뒤에 신라로 돌아갔는지 분명히 알 수 없다.

道一로 계승되면서 조사선을 내세웠다면, 행사의 법사는 석두石頭 희천希遷으로 계승되었으며 교선융합사상 경향을 표방하였다. 왕건과 연결된 고려초의 선승들은 대부분 교선융합사상에 관심을 가지면서 행사 계통의 법맥을 받아 왔다. 한편 뒷날 행사계의 법맥을 이으면서 조동종曹洞宗과 법안종法眼宗 및 운문종이 성립되었다.[83]

신라말에 희양산문曦陽山門의 긍양兢讓과 봉림산문鳳林山門의 찬유璨幽 등이 교선융합사상 경향을 보이면서 청원계의 문하로 유학하였다. 운문종사상은 조동종이나 법안종보다도 더 통합사상 경향을 보였다.[84] 보양이 개창한 운문산문의 통합 사상을 이해하는 데 학일비의 다음 내용은 도움이 된다.

① 일찍이 듣건대 정법안장正法眼藏은 제불諸佛이 비장秘藏하여 아끼는 바이다. 십방十方의 허공虛空과 산하山河의 대지大地 및 정情과 무정無情, 또는 색色과 무색無色 등이 모두 이 여래장如來藏 중의 묘명妙明한 존재[物]이므로, 여래如來의 삼신三身이 여기에 나타나며 보살菩薩의 만행萬行이 이로써 성취된다.[85]

② 문하門下 제자弟子들에게 교훈敎訓하기를 "너희들은 도력道力을 기르는 데 전력하고 명리名利를 탐구貪求하지 말라"하고 이에 "(△△ 진성眞性은 본래

83 曹洞宗을 開創한 曹洞 良价는 雲岩 曇晟의 法嗣이다. 希遷의 법사는 藥山 惟儼이며 유엄의 제자가 담성이다. 또한 희천의 법맥은 天皇 道悟·龍潭 崇信·德山 宣鑑·雪峰 義存으로 이어졌고, 의존의 법맥에서 雲門宗과 法眼宗이 성립되었다. 곧 文偃은 의존의 법사이다. 한편 의존의 법맥은 玄沙 師備·羅漢 桂琛·法眼 文益으로 이어졌다. 문익이 법안종을 開創하였다.

84 關口眞大, 『禪宗思想史』, 東京: 山喜房佛書林, 1966, p. 230.

85 윤인이, 「청도운문사 원응국사비문」(앞의 책, 1996, p. 260)에 "嘗聞 正法眼藏 諸佛之所秘惜也 十方虛空 山河大地 情與無情 色與無色 咸是藏中妙明之物 如來三身 於此現焉 菩薩萬行 於此△△"이라고 하였다.

△△) 확연히 십방十方에 두루 미치며, 십방은 혼연일체渾然一體여서 출몰出沒이 본래 동광同光이다"라고 설하였다. 말을 마치자 바로 입적入寂하였다.[86]

학일비의 서문에서 언급한 정법안장正法眼藏은 운문산문의 사상 경향을 총체적으로 알려 주는데, 제불諸佛이 비장秘藏하여 아끼는 것이라고 하였다. 시방세계의 허공과 산하나 대지는 물론 정情과 무정無情 또는 색과 무색無色이 모두 여래장如來藏 중에 존재하는데, 거기에 여래의 삼신三身이 나타나 보살의 만행萬行을 성취한다고 한다.

운문산문은 정법안장의 깨달음을 중시하였는데, 그 속에는 시방세계의 자연이 그대로 들어 있다. 학일은 입적하기 전에 문도에게 도력道力을 기르도록 부촉하였다. 도력은 도가사상을 떠올리게 한다. 문언이 개창한 운문종은 유학이나 특히 도가와도 융합하려는 사상 경향을 보였다. 문언은 하나의 조그만 티끌 속에 대지와 시방세계를 포함하고, 하나의 가는 터럭 속에 전신은 물론 번복翻覆하는 무한한 사량思量을 포함한다고 하였다. 인간이 그러한 사량을 번다하게 만들 뿐이지 실제로 시방세계의 본체는 교체交替하여 나뉘지 않는다.[87]

도력을 기름으로써 시방세계에 편만한 진성眞性을 깨치게 하는데, 그 방도가 도교의 무위자연을 추구하는 것이다. 그러므로 자연에 따라 행하게 한다. 시방세계를 포함하면서도 유무를 초월한 여래장은 시방세

86 윤언이, 「청도운문사 원응국사비문」(앞의 책, 1996, p. 264)에 "敎門弟子 汝等 專資道力 不可貪求名利 仍說△△△△△△ △然編十方 十方渾一體 出沒本同光 言訖 幾於入寂"이라고 하였다.

87 道原, 『景德傳燈錄』 卷19, 韶州雲門山 文偃禪師傳에 "一塵纔擧大地全收 一毛頭師子全身總 是汝把取翻覆思量 日久歲深 自然有箇入路 此事無你替代處 莫非各在當人分上"이라고 하였다.

계에 편만한 진성을 생각하게 한다. 본체인 진성에서 볼 때 시방세계는 혼연일체여서 그 속에 산하의 대지는 물론 유무를 모두 포함한다. 학일은 선종 5가의 사상 경향을 모두 총지總持하면서도 운문종의 주장柱杖을 답습하여 신통神通한 주술을 사용하였다.[88]

보양의 운문산문은 중국 운문종사상은 물론 신라말 유불선 삼교융합사상 경향의 영향을 받아 성립되었다. 중국 선종의 5가 중 운문종은 교선융합사상에서 더 나아가 유불도 삼교를 교섭하려는 사상 경향을 보였다. 다만 통합 사상을 형성하였지만 보양이 개창한 운문산문은 선종 중심으로 유식사상을 융섭하는 데에 초점을 두었다. 이리하여 운문산문은 동리산문처럼 풍수지리로 눈을 돌리면서 한편으로 다른 교학이나 신비신앙까지를 포용하였다.

운문산문의 통합 사상은 신라말까지의 모든 사상 경향을 융섭하려는 논리를 가졌다. 그것은 원대한 민족문화를 구조하려는 의도를 드러내었으나 원숙한 융합사상을 형성하지 못하는 한계성을 지녔다. 보양이 포용한 도참에 가까운 신비신앙이나 주술이 고려시대까지 계승되었고, 종국에는 운문사가 독립 산문으로 성립하지 못한 채 고려후기에는 가지산문으로 흡수되었다. 학일은 신라말 운문산문의 사상을 더 논리적으로 체계화하면서 가지산문의 사상 전통을 능동적으로 흡수하였다.

학일은 운문산문의 통합 사상을 계승하였지만 신비신앙과 분리하여 선종, 곧 조사선祖師禪의 입장을 강하게 견지하였다. 그는 문도들을 훈도하여 자기自己를 밝히는 것을 급무로 삼게 하였다. 이리하여 조사선

88 윤언이, 「청도운문사 원응국사비문」(앞의 책, 1996, p. 266)에 "分派如川 大潙畵相 長短方員 臨濟一句 須具三玄 洞山五位 或正或偏 雲門柱杖 妙用現前 △△△△ 三界皆然 方便雖異 同趣妙圓 偉我大士 出于東國 歷訪叢林 飽參本色 五家之擧 了然胸臆"이라고 하였다.

을 추구하지만 학일은 선열禪悅 외에 보시하는 등 수행을 강조하였다.[89] 문언은 조사선을 밝히려는 자기에 대해 학인學人자기와 화상和尙자기의 이종자기설二種自己說을 주장하였다.[90] 그러나 학일은 이종자기설을 부정하여 "자기는 본래 하나뿐인데 어찌 둘이 있겠는가? 앞으로는 이러한 논리는 마땅히 금지해야 한다"라고 하였다.[91] 학일은 문언보다도 더 강한 조사선을 견지하였다.

신라말 보양의 운문산문이 통합 사상을 형성시키는 데 유불선 삼교융합사상 경향이 영향을 주었다. 본래 운문산문은 선종과 유식사상의 교섭에 주된 관심을 가졌다. 그러면서 시야를 넓혀 화엄 등 여러 교학이나 유교 또는 토착의 신비신앙까지 융섭하고자 하였다. 그런 과정에서 합리적 논리 체계를 넘어서면서 운문산문의 통합 사상은 후대에 도참으로 흐를 정도로 혼동되기에 이르렀다. 학일은 선종 입장에서 신라말 다소 허황된 신비신앙을 포용한 운문산문의 통합 사상을 체계화하였다. 고려후기 운문사는 독자의 신비신앙을 따로 설정하면서도 조사선 중심으로 여러 교학을 융섭하려는 논리체계를 세웠다.

---

89 윤언이, 「청도운문사 원응국사비문」(앞의 책, 1996, p. 264)에 "師訓其徒 以明自己爲急 鍛鍊鉗鎚 可謂密妙 其禪悅之外 務行布施 於一切物 無所悋惜 盖慈悲根于天性故也"라고 하였다.

90 道原, 『景德傳燈錄』 卷19, 韶州雲門山 文偃禪師傳에 "問如何是學人自己 師曰 遊山翫水 曰如何是和尙自己 師曰 賴遇維那不在 問一口呑盡時如何 師曰 我在汝肚裏 曰和尙爲什麽 在學人肚裏 師曰 還我話頭來"라고 하였다.

91 윤언이, 「청도운문사 원응국사비문」(앞의 책, 1996, p. 263)에 "是年 主盟選席時 學者盛談 二種自己 師曰 自己一而 安有二哉 從今已往 宜禁止之"라고 하였다.

제3장

나말여초 풍수지리설의 유행

1. 나말여초의 풍수지리설, 신비주의 속의 합리적 사고

(1) 풍수지리의 개념과 용어

풍수지리의 개념

풍수지리風水地理는 우리민족의 서민 생활에 지대한 영향을 끼쳤다. 지금도 묏자리를 구하는 데 풍수지리 원리나 풍수가의 조언을 고려하지 않는 경우는 거의 없다. 명당明堂을 찾아 거기에 조상의 무덤이나 거주할 집을 조성하면 후손이 크게 번성한다는 신앙이 널리 퍼져 있는 셈이다. 실제로 풍수지리는 신라말에 크게 유행한 이후 지금까지 계속해서 생명력을 가지면서 민간전승으로 이어져 내려왔다. 풍수지리에 대한 이해는 민족의 투박한 서민 정서를 밝히는 결과가 될 것이다.

산수山水나 지리를 관찰하여 얻은 풍수지리적 사고는 이미 원시시대부터 인간의 삶을 영위하려는 수단으로 활용되었다. 고대사회의 무덤이나 주거지는 물론 사찰이나 궁궐이 모두 풍수지리의 안목에서 벗어나 조성되지 않았다. 의식적이든 무의식적이든 인간의 주거住居나 삶의 현장이 모두 풍수지리 원리가 반영되어 이루어졌다. 그러다가 풍수지리설이 각광을 받으면서 당대 사회를 능동적으로 이끌어 갔던 시기는 나말여초羅末麗初이다. 그러므로 신라말에 풍수지리설을 도입하는 과정과 고려초기에 그 유행하는 양상을 천착해서 밝혀야 한다.

풍수지리는 원래 '풍수風水' 또는 '지리地理'로 불렸고, 혹은 '감여堪輿'라고도 한다. 복합어인 '풍수지리風水地理'는 도읍都邑·궁택宮宅·능묘陵墓로 사용할 땅을 복상卜相하는 데 쓰이는 일종의 관상학이기 때문에 지상학地相學 또는 상지학相地學에 속하는 것이다. 마치 사람의 경우 형모와 골격을 관상하여 심성이나 일생의 길흉을 판단하는 골상학骨相學이나 인상학人相學과 같다. 산수의 형세나 국면局面을 관찰하여 그 지리가 도읍지나 궁택 또는 능묘의 터로 적합한가를 따져서 그곳에 사는 사람의 길흉화복 관계를 설명하려는 것이므로 풍수지리는 지리관상학地理觀相學이라 할 수 있다.[1]

인체를 대상으로 관찰하는 골상학은 산수를 관찰하는 풍수지리와 통하는 면을 가졌다. 인체 내에 혈맥이 있듯이 땅속에도 기맥氣脈이 있다고 한다. 골상학과 마찬가지로 풍수지리도 기맥에 관해 단순히 형태 이상의 형이상학적形而上學的 이론과 근거를 부여한다. 일종의 지리철학地理哲學이라 할 수 있다. 풍수가는 토지에 대하여 신비하고 영묘한 형이상학적 실재實在를 인정하여 그것이 인간에 미치는 길흉화복吉凶禍福을 논한다. 그러한 실재를 음양의 기氣라고 하는데, 풍수가는

---

1 이병도, 「풍수지리의 본질과 그 전래」, 『고려시대의 연구—특히 도참사상의 발전을 중심으로—』, 을유문화사, 1947; 아세아문화사, 1980, p. 21.

이를 오행五行은 물론 유가나 도가사상의 이론을 가미하여 철학적으로 설명한다.

풍수서의 대종이라 할 수 있는 『탁옥부琢玉斧』나 『청양경靑襄經』·『금양경錦襄經』 등은 풍수지리의 의미를 음양陰陽에서 추구하였다. 『탁옥부』는 여러 지리서의 공통된 의미를 음양의 두 개념 사이에서 구할 수 있다고 하였다. 『청양경』은 사람이 음양의 현묘한 이치를 이해하면 지리의 쇠왕衰旺과 인간의 생사를 안다고 하였다. 또한 『금양경』(일명 장경葬經) 기감편氣感篇에서 "음양의 기氣는 불면 바람이요, 오르면 구름이 되고, 내리면 비가 되며 땅속에서 다닌, 즉 생기生氣가 된다"라고 하였다. 풍수지리는 음양의 기, 특히 생기를 중시한다.

음양의 기는 천지 만물을 생성한다. 기감편에는 "음양오행의 기는 땅속에 다니면서 발發하여 만물을 만든다"라고 하였다. 음양의 기는 땅속뿐만 아니라 천지 간에 널리 편재偏在하여 여러 모습으로 변화를 일으키지만, 유독 생기는 땅속에 유행하면서 토지를 체體로 삼고 또는 택宅으로 삼는다. 따라서 생기가 땅속에서 행하는 역할은 마치 인간의 체내에서 흐르는 혈액이 담당하는 역할과 같다. 혈액이 순환하는 혈맥처럼 생기가 통하는 길이 기맥氣脈(支脈)이다. 혈맥을 손상하면 안 되듯이 기맥을 손상해서는 안 된다.[2]

생기는 땅의 혈맥을 이루기 때문에 토지에 거주하거나 생장하는 모든 생명체에 활력과 번영을 가져다 준다. 지상의 모든 생물은 이러한 생기 없이 잠시라도 삶을 유지할 수 없다고 한다. 다만 풍수지리에서 주목하는 음양의 기, 곧 생기는 일반적인 음양사상에서 논하는 기와는 구별된다. 음양사상은 양기와 음기로 나누어 천기天氣와 지기地氣의 이원적

2 이병도, 위의 논문, 1980, p. 22.

二元的 원리로 사물을 분석한다. 그리하여 인간에게서 혼魂과 백魄으로 나뉘는 양기와 음기는 각각 시공상으로 상반되는 성격을 나타낸다. 전자는 빛·더위·여름·남성 등 외향성外向性을 지녔다면, 후자는 그늘·추위·겨울·여성 등 내향성內面性을 지향한다.

『역경易經』은 만물을 분류하는 원리로써 음과 양을 사용한다. 양자 중 한 원리가 지배하면 나머지 하나는 피지배 격이 된다. 그러나 풍수가는 음양의 2기氣를 천기나 지기 등 이원적으로 보지 않는다. 곧 음양에 오행사상을 가미하여 천지음양 오행의 기를 일원적一元的·혼일적混一的인 혼융무간渾融無間한 하나의 기氣로 본다. 천기의 하강한 것이 지기가 되고, 지기의 상승한 것이 천기가 된다. 음양의 기가 땅속에 있을 때를 생기 또는 내기內氣라 하는데, 만물은 발로發露한 생기를 받아 생장하고 번영한다. 물론 사람은 생기를 충분히 받음으로써 활력을 얻고 안강安康하여 복록을 누릴 수 있다고 한다.[3]

만물을 분류하는 원리로 음양을 설정하지만, 만물은 음양의 조화로 이루어진다. 음양은 서로 한 요소를 보강하기도 하고 약화하기도 한다. 이렇듯 음양의 변화와 상호 보완 작용으로 세상은 변하기도 하고 새로운 질서를 성립하기도 한다. 음양사상 특유의 주기적 변화와 상호 보완하는 유기적 흐름에 대한 인식이 풍수가의 일원적 생기로 나타났다. 음양의 기는 땅속에 유행하여 생기生氣(내기內氣)가 되고 지상에 나와서 외기外氣가 되며, 내기와 외기가 만물을 자양滋養하고 번식시킨다.

토지가 있으면 기는 존재하고, 토지에 따라 기의 밀도가 달리 나타난다. 생기가 어떤 곳에는 농후하거나 왕성하지만 어떤 곳에는 희박하고 미약하게 나타나므로 일률적으로 생생한 가기佳氣, 곧 길기吉氣에 접하

---

3 이병도, 위의 논문, 1980, pp. 22~23.

기는 어렵다. 일원적 생기의 흐름이나 길기를 찾으려는 것이 풍수지리 원리로 나타났다. 『청오경靑烏經』에는 토지에 가기가 있으며 산에는 길기가 있는데, 가기가 일어나는 토지에 거주하며 길기가 있는 산의 방향에 따라 주거해야 한다고 하였다. 토지의 방위에 의해 길기와 가기가 있거나 혹은 없기도 하기 때문이다.

가기와 길기는 생기의 밀집에 따라 나타나므로 한 가정은 물론 국가의 번영을 도모하기 위해 풍수지리는 가능한 생기가 충만한 곳을 가리어 궁택宮宅으로 삼게 한다. 곧 어떠한 형국의 토지나 산에 생기가 충만한가를 찾는 것이 풍수지리의 목적이다.[4] 땅속의 생기가 충만한 곳이 진혈眞穴인데, 풍수지리는 진혈을 찾으려는 것이다. 생기가 머무는 곳을 찾는 택지擇地가 중요하고, 그러기 위해 풍수지리는 독특한 관찰법을 갖는다. 땅속에 흘러 다니는 생기에 감응함으로써 피흉발복避凶發福할 수 있는 진혈을 찾아내려는 과정과 방법이 풍수지리로 정착되었다.

피흉추길避凶追吉을 목적으로 삼는 상지기술학相地技術學인 풍수지리의 구성은 산山·수水·방위方位·사람 등 4개의 조합으로 이루어진다.[5] 그중 사람이 택지의 주체이기 때문에 실제로 땅을 관찰하는 데 중요한 3대 구성 요소는 산과 수 및 그것의 방위가 된다.[6] 산과 수의 방위를 살피려는 땅의 형국은 용龍·혈穴·사砂·수水로 나뉘는데, 이를 풍수지리의 4법法이라 한다. 풍수서風水書의 대부분은 공통으로 용·혈·사·수를 다루었다. 그중 가장 먼저 용을 살펴 혈을 정하며, 그다음으로 여러 산의 형세인 사와 그 사이를 흐르는 수를 관찰한다.

산수의 형국에서 혈과 명당을 정하는 것이 풍수지리 체계의 핵심이

---

4 이병도, 위의 논문, 1980, p. 23~24.

5 최창조, 「풍수설의 개요 및 역사」, 『한국의 풍수사상』, 민음사, 1984, p. 32.

6 이희덕, 「풍수지리」, 『한국사상의 원천』, 박영사, 1976 참조.

다. 진혈을 정하는 데에는 방위를 중요하게 고려한다. 그러므로 방위는 풍수의 골격이라고 생각한다. 명당을 정하고 방위를 살피는 방법은 오행을 가미하고 역법을 도입함으로써 매우 복잡하고 신비한 영역에 속하게 되었다. 그러나 기본적으로 풍수지리설은 간룡법看龍法·장풍법藏風法·득수법得水法·정혈법定穴法·좌향법坐向法·형국론形局論 등의 논리를 갖추었다. 풍수지리는 이를 통해 장풍과 득수를 목적으로 삼는 것이다. 바람[風]을 가두고 물[水]을 얻는 곳을 찾으려 하므로 풍수라는 명칭이 생겨났다.

풍수지리설 용어

용龍과 맥脈

풍수지리에서의 산과 용 및 맥은 같은 것이면서도 엄밀한 의미에서 서로 차이가 있다. 산은 평탄한 부분에 비해 두드러지게 솟아오른 지형이지만, 지형학에서와는 달리 풍수지리에서는 평지에서 1척만 높아도 산이 되고 반대로 1척만 낮아도 수(물)가 된다. 산의 정상으로부터 사방으로 뻗어 간 줄기를 용이라 한다. 그 모습이 잠겼다가 보였다 하거나 낮았다가는 뛰었다 하여 변화무쌍하다. 마치 용이 꿈틀거리는 것과 비슷하여 붙인 이름이다. 맥이란 용 속에 감추어진 산의 정기를 뜻한다. 사람으로 비유하면 용은 수족 등을 형성한 골육이요 맥은 혈관과 같다.

풍수지리를 구성하는 데 산은 반드시 있어야 하는 절대 요소이다. 산과 연결하지 않으면 아무리 좋은 지형이라도 사나 수 등의 자연환경이 혈穴이나 명당을 가질 수 없다. 혹시 평지에 혈이 있는 경우에는 땅속으로 산의 기맥氣脈이 통하고 있는 것으로 간주해야 한다. 이런 혈은 명당이 될 수는 없다. 산의 모양을 오성五星과 구요九曜(성星)로 분류하여 나타낸다. 오성은 화성火星·수성水星·목성木星·금성金星·토성土星이고,

구요는 탐랑성貪狼星·거문성巨文星·무곡성武曲星·좌보성左輔星·우필성右弼星·녹존성祿存星·문곡성文曲星·염정성廉貞星·파군성破軍星이다.[7] 하늘의 별자리(오성)와 오행사상이 길흉화복의 변화를 초래하므로 별자리의 모양에 따라 산의 형세를 식별하여 사람의 길흉화복을 판단할 수 있다.

산의 형국이 용이고 맥은 용 속에 감추어진 산의 정기이다. 용은 형체가 현저하게 나타나지만, 맥은 기가 용 속에 숨어 은미隱微하게 흐르는데 불과한 것이다. 풍수지리에서 산을 살피는 것은 용을 관찰하여 맥을 찾는 작업이다. 용의 생기가 땅속에서 유행하여 지표면 부근에 형국을 나타낸다. 이러한 용맥의 흐름이 좋고 나쁜 것을 이해해야 한다. 용과 맥을 외면상 한가지로 같이 살피지만, 엄밀히 말하면 용을 살펴야 맥의 선악을 알 수 있으며 맥을 보아서는 용의 길흉을 알기 어렵다. 그러나 용이 있어야만 맥이 존재하고 맥이 없으면 용은 시체와 같다.[8] 용맥龍脈이 꿈틀거리면서 좌우로 흐를 때 생기는 대나무 마디와 같은 지세가 절節이다.

용맥은 인체의 경락經絡과 같아 조산祖山부터 혈장穴場까지 이어진다.

---

7 五星 중 화성은 銳(뾰족뾰족한 날카로움), 수성은 曲(꾸불꾸불함), 목성은 直(높이 솟음), 금성은 圓(둥금), 토성은 方(편편함)으로 표현된다. 오성의 變格이 九曜이다. 貪狼星은 죽순이 돋아나듯 뾰족하고 가지런하며, 巨門星은 雙腦가 모두 凹平한 巨門土이다. 武曲星은 三腦가 金箱과 같고, 左輔星은 高圓하여 鐘과 釜를 합친 모습을 하고 있다. 右弼星은 低圓하여 扁形을 이루고, 祿存星은 金頭에 水脚한 모습을 하고 있다. 文曲星은 비단 한 폭을 비스듬히 펼친 듯하고, 廉貞星은 불꽃이 솟아오른 듯하며, 破軍星은 金頭에 火脚한 모습을 하고 있다. 구요의 형국으로 보아 貪狼星·巨文星·武曲星이 가장 吉하며, 左輔星·右弼星이 다음으로 길하다. 祿存星·文曲星·廉貞星·破軍星은 凶하다고 한다. 그러나 구요는 術法的 성격이 지나치게 강하므로 풍수지리 원리의 추구는 오성을 관찰하는 것만으로도 충분하다. 또한 오성과 구요는 山의 龍脈보다는 穴의 형세를 살피기 위해 중요하다.

8 최창조, 「풍수설의 개요 및 역사」, 앞의 책, 1984, p. 56.

우선 용은 정룡正龍과 방룡傍龍으로 구별된다. 정룡은 간룡幹龍 또는 원룡元龍이라고도 하는데, 중앙에서 곧고 바르게 뻗은 줄기이다. 그 곁으로 여러 산이 조알朝謁하듯 포위하고 있어서 골짜기로 흘러드는 풍風(바람)과 수의 공격을 막아 준다. 정룡의 산세는 전반적으로 활동적이고 생기에 차 있으며 봉우리는 단엄하고 수려하다. 방룡은 정룡에 종속적인 자세를 취하는데 지룡支龍이라고도 한다. 그 외 용맥의 세勢를 살펴서 진룡眞龍과 가룡假龍, 귀룡貴龍과 천룡賤龍으로 분간하기도 한다.[9] 혈을 맺는 용이 주룡主龍이고 그 외의 용은 빈룡賓龍 또는 객룡客龍이다. 객룡이 주룡을 보호하고 시위하는 것을 용의 노종奴從이라 한다.

혈穴과 명당明堂

혈은 용맥龍脈 중 요소에 존재하는데, 음양이 합쳐져서 산수의 진기眞氣가 응결한 곳이다. 옹위하는 산세를 거느려서 조산祖山과 안산案山을 갖추고 있다고 할지라도 혈은 텅 비거나 유음幽陰하지 않아야 한다. 산의 혈도 기혈氣血의 문인 사람의 경혈經穴과 같다. 생기가 흘러들어 혈을 이루는 것을 결혈結穴이라 한다. 용맥을 살펴서 진룡眞龍을 찾기는 쉬워도 진혈眞穴을 찾기는 쉽지 않다. 풍수지리의 술법이 어려운 이유는 바로 혈을 찾아야 하기 때문이다. 진혈로 정해지기 위해서는 용맥이 진룡, 곧 생룡生龍이어야 하고 주위 산수의 장풍藏風과 득수得水가 모두 풍수지리 원리에 맞아야 한다. 그러나 정혈定穴은 화룡점정畵龍點睛과 같아서 1척尺만 틀리게 잡혀도 생기를 받을 수 없어 길국吉局이 아

9 眞龍은 祖宗山이 수려 장엄하고 龍身이 생동하며 뻗어 내려서 入首目에 穴場과 명당을 뚜렷하게 나타낸다. 案山이 朝貢하듯 둘러서 水가 유화하게 흐른다. 또한 조종산과 부모가 되는 산이 특출하고 그에서 나온 맥이 중앙에서 벗어나지 않고 변화무쌍하면서도 本身을 잃지 않은 것을 貴龍이라 한다.

니라 흉국凶局이 될 수 있다.[10]

명당은 청룡靑龍과 백호白虎를 포함해서 주위의 산, 곧 사砂에 둘러싸인 혈 앞의 평탄한 땅이다. 산소나 주거지의 경우 묘판墓板이나 주건물主建物의 앞뜰을 내명당內明堂, 이보다 더 앞쪽으로 비교적 넓은 평지를 외명당이라 부른다. 또는 양쪽에서 스며든, 곧 금어수金魚水가 합치는 혈 바로 앞의 소명당小明堂, 용호龍虎 내의 내명당(내양內陽), 안산 안쪽의 중명당中明堂(중양中陽), 안산 바깥쪽의 외명당(외양外陽)으로 나뉘기도 한다. 명당은 평탄하여 넓고 원만해야 하며, 좁고 경사져 비뚤어져서는 안 된다. 소명당이나 내명당은 청룡과 백호 내에 있지만 중명당이나 외명당 등 규모가 큰 명당은 여러 물줄기를 취합함으로 그 안에 강을 끼거나 평야와 산을 포함하기도 한다.

풍수지리 체계에서 혈과 명당은 가장 중심이 되는 요소이다. 그러므로 그것을 정하는 데 산수 형국을 관찰하는 목적이 있다. 우선 명당과 주변의 산수를 관찰하여 혈을 정한다. 혈의 모양도 와형窩形·겸형鉗形·유형乳形·돌형突形으로 나뉜다. 와형과 겸형은 요형凹形이어서 양혈陽穴이 되고 유형과 돌형은 철형凸形이어서 음혈陰穴이 된다. 진혈眞穴은 조산祖山과 안산案山을 갖추어서 그 바로 앞에 명당이 자리하고 있다. 수국水局이 모여들듯 흐르고 뒤에는 낙산樂山이 솟아 좌우로 청룡과 백호가 포근하게 감싸야 한다. 또는 풍수지리에서는 산수 외에 인간이 중요하며, 사람이 나쁘면 진혈을 얻을 수가 없으므로 적덕積德, 곧 덕을 쌓는 것이 중요하다.

다만 풍수지리에서 사람의 심성은 정혈定穴 이후에 고려의 대상이 되며, 구체적으로 언급할 수 있는 성격을 갖지 않는다. 자연스럽게 주위

10 최창조, 「풍수설의 원리」, 『한국의 풍수사상』, 민음사, 1984, pp. 126~127.

산수의 관계를 살피는 것이 정혈 방법이다. 우선 조산과 안산의 위치에 따라 혈을 정하는 것이 가장 중요하다. 조산이 가까우면 높은 곳에 혈을 정하고, 멀어서 기운이 흩어지기 쉬우면 낮은 곳에 혈을 정하는 것이 원칙이다. 조산과 안산은 가까이 있으면 좋고, 조응朝應하는 산은 수려하고 아름다워야 한다. 다음으로 뒤편의 낙산樂山이나 귀산鬼山의 형세도 중요하다.[11] 물이 흐르는 모양이나 수세水勢도 고려의 대상이 된다.

사砂와 수水

혈장을 둘러싼 주위의 산이나 암석·수목·강·호수·바다·평야·도로·건물 등 주위의 형세가 사砂이다. 애초에 상지술相地術인 풍수지리를 전수할 때 모래와 흙으로써 지세의 모형을 만들어 가르친 것에서 사가 유래하였다고 한다. 다만 혈장을 둘러싸고 생기를 끌어모아 순화시키는 장풍藏風에 비중을 두기 때문에 득수得水와는 일단 구별하여 사砂는 좁은 의미로 산이나 구릉을 총칭하는 용어이다. 먼저 혈이나 명당으로 이어진 용맥龍脈은 사람의 계보와 같이 분류하여 조산祖山과 주산主山으로 나뉜다. 혈장부터의 거리와 산의 규모에 따라 조산을 태조산太祖山과 중조산中祖山 및 소조산小祖山으로 분류한다.

가장 멀리 있는 태조산은 크고 웅장하여 위용을 갖는데, 용맥이 큰 것은 몇백 리를 뻗어 나가 지방이나 고을의 으뜸이 되는 산을 이룬다. 주산은 혈장을 갖춘 명당 뒤에 있어서 후산後山이라 하고, 그것을 진호鎭

---

11 樂山은 祖山이 아니지만, 穴 뒤편에 솟아 있는 산이다. 혈이나 명당 가운데에서 뒷부분으로 솟아 바라보이는 낙산은 가능한 혈 가까이에 와서 병풍이나 장막 모양을 이룬 것이 좋다. 뒤편에 있으나 낙산과는 달리 鬼山은 혈 뒤에 엉겨 붙은 산이다. 穴場에 鬼氣를 거두어 돌이키게 함으로 혈 뒤에는 귀산이 있어야 한다.

護하기 때문에 진산鎭山이라고도 한다. 태조산과 주산의 연맥連脈 사이에 솟은 산을 중조산 등 종산宗山이라 부른다. 주산이 나타나지 않는 경우라도 평평한 등성이로 구불구불 용맥이 내려와 혈장으로 이어지는 평강룡平岡龍과 용맥이 내려오는 중간에 기가 모임으로써 약간 솟구쳐 분수分水하는 평지룡平地龍이 있다. 반면 혈장 뒤에 있는 고대高大한 산이라 하더라도 용맥의 갈라진 줄기가 많고 혈장과의 거리가 너무 떨어져 있으면 주산이 될 수 없다.

주산으로부터 내려온 용맥이 혈장 부근에서 우뚝 솟은 곳을 현무정玄武頂이라 한다. 현무정부터 혈로 들어가기까지의 능선이 입수入首이고 입수와 혈과의 접합 지점이 두뇌頭腦이다. 주산과 현무정을 사방 수호신의 현무에 배정한다. 청룡과 백호는 혈과 명당을 감싸면서 주산主山에서 안산案山을 향해 각각 왼쪽과 오른쪽으로 뻗은 용맥이다. 그것이 이중으로 뻗었을 경우 안을 내청룡과 내백호, 밖을 외청룡과 외백호로 나눈다. 혈장 앞쪽이 주작朱雀에 해당하는데, 안산과 객산客山(조산朝山)이 이에 속한다.[12] 안산은 주산과 객산이 마주 앉은 책상이라는 의미의 조그마한 산이다. 혈 앞의 고대한 산은 주산에 대한 손님이란 의미로 객산이라 부른다.

현무는 북쪽에서 수(물) 기운을 맡은 태음신太陰神이다. 4신四神이나 또는 혈과 명당의 양쪽으로부터 흘러내리는 물줄기의 발원처가 득得이고, 청룡과 백호가 감싸는 명당의 바깥쪽으로 빠져나가는 곳이 파破 또는 수구水口이다. 혈에서 바라볼 때 득으로부터 완만하게 흘러들어 오는 물줄기는 보이지만 수구 이후의 물줄기는 볼 수 없다. 용맥에서 분수分水되었다가 아래에서 물줄기가 합쳐지면서 그 안에 혈이 존재한다.

---

12 최창조, 「풍수설의 개요 및 역사」, 앞의 책, 1984, pp. 58~62.

분수만 하고 합쳐지지 않으면 혈은 이뤄지지 않는다. 반면 분수 되지 않은 물줄기라도 혈의 좌우를 감싸듯이 흘러 합쳐지기도 한다. 그러므로 여러 물줄기가 모인 곳에 명당이 있다. 풍수지리에서 수가 중요하지만, 수세水勢에 따라 길흉이 나뉜다. 물줄기가 경사져서 세차게 흐르면 좋지 않다.

산의 형세와 수의 흐름 방향, 곧 좌향坐向과 형국을 살피는 것은 풍수지리의 필수 문제이다. 좌향은 풍수지리의 4대 구성 요소인 산·수·방위·사람 중 방위에 해당한다. 좌향은 혈의 위치에서 본 방향인데 혈의 뒤쪽 방위를 좌坐, 혈의 정면을 향向이라 한다. 토지의 방위에 의하여 길기吉氣, 곧 생기가 있기도 또는 없기도 한다.[13] 형국은 지세地勢의 외관에 의해 기의 감응 여부를 판단하는 술법이다. 삼라만상은 형상에 따른 일정한 기를 가졌기 때문에 산수의 형세나 형체에 감응하는 일정한 정기를 가졌다고 한다. 좌향과 형국은 조화와 균형의 자연관을 배경으로 성립하였더라도 심성은 물론 오행 및 역술易術과 결부하여 풍수지리 원리를 복잡하고 신비하게 만드는 요인으로 작용하였다.

(2) 나말여초 산수의 관찰과 이용

장풍藏風과 득수得水

한 가정 또는 국가의 행복과 번영을 도모하기 위해서는 가능한 생기가 충만한 곳을 선택하여 궁택宮宅으로 삼아야 한다. 궁택 앞으로 명당을 설정하는데 생기 충만한 곳이 혈穴이다. 풍수지리의 중요 요소인 산수나 주변 지세의 좌향坐向 및 형국을 살펴서 혈을 정한다. 어떤 형국의 토

---

13 이병도, 「풍수지리의 본질과 그 전래」, 앞의 책, 1980, p. 23.

지에 혈이 존재하는가를 알아내는 데 풍수지리의 독특한 관찰법을 사용한다. 풍수지리의 관찰법은 음양과 역술 등과 결부하여 복잡한 이론으로 전개되었다. 결과적으로 풍수지리 이론은 신비하고 다소 허황한 모습을 보이지만 산수 형세를 관찰하려는 시각은 비교적 합리적이다.

풍수지리설은 혈장과 명당을 설정하기 위한 주위의 지세를 관찰하는 이론이다. 주산이나 후산이 수려·장엄하면서 좌우의 청룡과 백호가 혈장이나 명당을 감싸 안을 듯이 뻗어 있고 그 사이로 완만하게 유입해 들어온 물줄기가 수구水口에서 빠르게 흘러 사라져 버린다. 명당 앞의 안산이나 조산이 조알朝謁하듯 둘러 있고, 외수外水 또한 배알拜謁하듯 바깥으로 흘러간다. 주위의 산맥이 명당을 향하여 집중하고 호위하는 듯한 상태를 이루고 있다. 이렇듯 이상적으로 제시한 토지가 풍수지리에서 길하다는 '산하금대山河襟帶'나 '산수회포山水回抱' 및 '풍기밀집風氣密集'의 형국을 이루고 있다. 생기生氣가 충만한 이러한 형국의 토지를 택하는 관건이 '장풍득수藏風得水'의 원리, 곧 바람을 가두고 물을 얻는 것이다.

바람을 가능한 밖으로 산출하지 않도록 안아 간직하면서 토지 중에 생기가 유랑하여 흩이지지 않게 하여야 한다. 풍수지리에서 수(물)는 땅속의 기와 같이 지상에 유출되어 유동하지만, 지세나 산맥을 따라 일정한 방향으로 흐르고 토지 중의 기를 모아 머물게 하는 능력을 갖추었다. 기가 바람을 타면 흩어져 버리지만 수에 닿으면 머문다. 곧 바람을 가두어 내기內氣를 밖으로 새지 않게 하고, 수를 얻어서 생기의 흐트러짐을 방지하려는 것이다.[14] 지형이 '장풍득수'의 풍수지리 이론과 조건에 맞느냐를 살펴서 명당을 정한다.

---

14 이병도, 「풍수지리의 본질과 그 전래」, 앞의 책, 1980, pp. 24~25.

다만 풍수지리에서 득수가 으뜸이고 장풍은 그다음이라 하여, 실제로 장풍보다는 득수를 더 중시한다. 그러나 명당을 이루는 혈장을 선택하는 데에 요체가 되는 것은 장풍법이다. 명당 주변의 지세에 관한 풍수지리 이론을 통칭하여 장풍법이라 한다. 땅속에서 발생하는 생기를 흩어지지 않게 하려면 바람을 잘 끌어들여 지키는 것이 장풍이다. 혈장 주위를 산(용맥龍脈)이 둘러싼 그 중앙의 요지凹地에는 음양 두 기의 결합, 곧 음래양수陰來陽受로 인한 생기의 활동이 활발하게 된다.[15] 철형凸形 음래陰來의 내룡來龍과 요형凹形 양수陽受의 중앙분지가 마주치는 곳에 생기가 넘쳐흐른다.

현무·주작·청룡·백호의 형세는 바로 장풍과 연결된다. 우선 현무와 주작 관계는 주인과 손님, 남편과 아내, 임금과 신하의 사이처럼 인식된다. 그것은 음래양수의 원리에 따른다. 곧 현무가 머리를 들이밀고 음래로 다가오면 양수의 주작이 새가 날개를 펴고 날아가는 것처럼 받아들인 형세이다. 그런데 주작이 산이 아니라 물줄기인 경우에도 장풍이 가능하다. 기가 수에 의해 머물게 되는 수주작水朱雀은 현무가 양이 되고 주작이 음이 되어 양래음수陽來陰受의 득수법得水法 원리를 갖는다. 생기를 활발하게 응집시키는 데 직접 연관한 것이 현무와 주작이라면, 간접적으로 관여하여 생기를 보호하는 역할은 청룡과 백호가 맡는다.

장풍에 가장 중요한 것은 주체가 되는 현무의 형세이다. 높이 솟아 위압감을 주는 산세보다는 수그러들듯 온화한 기품이 있는 산세가 길吉하다. 꼿꼿이 화염처럼 솟아 무정하기보다는 둥근 머리 모양의 유정한 형세가 좋다. 웅장하고 큰 것도 중요하다. 역량이 큰 용맥龍脈이 커다란 혈장을 이룰 수 있기 때문이다. 혈장 뒤의 모든 산이 현무이므로 그 내

15 이희덕, 「풍수지리」, 앞의 책, 1976, p. 201.

룡來龍이 꾸불꾸불하고 용맥은 갈라져 내려오는 것이 좋으며, 외롭게 곧바로 홀로 내려오는 형세는 좋지 않다.

현무의 주산에 대응하는 앞쪽의 주작이 객산客山이라고도 부르는 조산朝山과 그 안쪽에 있는 안산案山이다. 조산은 주산에 대한 손님이나 혹은 신하여서 공손히 절하는 형태를 취해야 한다. 단정·청수淸秀해야 좋다는 조산은 주산과 비교하여 월등하게 크고 높거나 혹은 지나치게 얕거나 작아서는 좋지 않으며, 가능한 한 가까이 있는 것이 바람직하다. 명당 앞으로 조산보다 작은 또 하나의 주작이 안산이다.

혈장으로부터 안산이 가까이 있고 조산은 멀리 떨어져 있다. 안산은 주산이 손님을 맞을 때의 책상과 같은 역할을 하므로 단정하고 원교圓巧하여 포근하며 정다운 형상을 가져야 길하다. 풍수지리에서는 멀리 떨어진 조산보다는 가까이 있는 안산이 더 중요하다. 조산은 없어도 결국結局이 가능하지만 안산은 반드시 있어야 한다. 위엄이나 격식을 갖추는 국도國都·성읍城邑·왕릉王陵 등에는 조산이 있어야 하지만 보통의 음택陰宅이나 주거 등의 양기陽基에는 조산보다 안산이 절대적으로 필요한 것이다.

청룡과 백호는 혈을 감싸 보호하고 바람을 가두는 역할을 담당하므로 풍수지리의 국면에서 필수 불가결한 요소로 형국에 따라 나뉜다. 내룡來龍과 연결된 주산으로부터 출발한 본신本身 용호가 좋은 것이지만, 타산他山에서 내려온 외산外山 용호나 하나만 주산으로 이어져 여럿이 합해진 진합溱合 용호도 반드시 흉하지는 않다. 용호가 이중 삼중으로 호위하면 좋다. 그 가운데 가장 안쪽인 내청룡과 내백호나 그 바깥쪽인 외청룡과 외백호는 길한 것이다.

주산에 대해 청룡과 백호는 부복俯伏하거나 항복하는 형세를 취하는 것이 좋다. 청룡과 백호는 서로 화합하는 형세로 유정有情하게 감싸야 길하다. 조화와 균형을 이룬 온화한 산세는 길하며, 흩어지고 부러지거나 흉기처럼 생긴 산세는 흉한 것이다. 후산을 질투하듯이 돌아앉거나 용호가 서로 물어뜯을 듯이 대치하거나 뾰족하게 솟아 배역背逆한 모습을 하고 있으면 흉하다. 용호는 호위하면서 장풍을 조성하는 것을 주요 임무로 삼기 때문에 주산의 내룡보다 형세가 장엄하지 않고 다양한 변화 없이 가지런해야 한다.[16] 풍수지리에서 용호는 주인 격인 현무에 비해 종속적 성격을 갖지만, 실제로는 더 많은 고려의 대상이 된다.

풍수지리에서 수의 역할은 중요하다. 기본이 되는 사砂는 4신, 곧 현무·주작·청룡·백호이다. 그러나 혈을 둘러싸고 있는 산수가 모두 사가 될 뿐만 아니라 주작이 산이 아닌 물줄기로 대치하기도 한다. 산수관계의 조화가 중요하다. 장풍은 음양론적 조화를 끌어내야 하는데, 득수는 음양의 화합에 불가결한 요소이다. 형국만을 따져 산은 음이요 수는 양이지만, 산과 수는 모두 정靜하면 음이고 동動하면 양이 되기 때문에 각각 음양을 가지고 있다. 음래陰來하면 양수陽受하며 양래하면 음수함으로써 산과 수가 상보相補하고 음양이 화합하여 생기가 충만하게 된다.

혈장과 명당을 생명체로 가정하였을 경우 수가 혈장으로 들어오는 득得은 입에 해당하며 흘러 나가는 파破는 항문肛門에 해당한다. 득에서 얻은 수와 생기는 명당에서 흡수되고 파를 통해 찌꺼기를 배설한다.[17] 득에는 내득수內得水와 외득수外得水가 있다. 내득수는 청룡과 백호 사이의 내명당에서 나타나거나 혹은 주산과 혈장 사이의 용맥이 굴곡屈曲 변화하면서 생기는 자생적으로 흘러나오는 물줄기를 말한다. 외득수는

16 최창조, 「풍수설의 원리」, 앞의 책, 1984, pp. 106~108.
17 최창조, 위의 논문, 1984, pp. 115~119.

용호 밖에서 혈장을 향해 유입하는 물줄기이다. 파에도 내파구內破口와 외파구外破口가 있는데 내파구는 내수內水가 중명당에서, 외파구는 외수가 외명당에서 흘러내려서 보이지 않게 되는 곳을 지칭한다. 파는 명당 내의 물줄기가 합쳐져 밖으로 흘러나가는 곳이 되기 때문에 수구水口라고도 한다.

풍수지리에서 산은 높은 것이 좋으며 물줄기는 긴 것이 좋다. 물줄기가 만곡彎曲하면 기가 머물기 때문에 길하다. 그렇지 않고 세차게 흘러가면 아무리 길한 산세에 이르렀다고 하더라도 생기를 모을 수 없고 씻어 날려 버린다. 명당을 감싸 흐르는 물줄기는 궁형弓形으로 완만하게 흘러야 한다. 물줄기는 혈장과 명당을 부드럽게 감싸 곡절曲折하게 흐르면 길하고 가운데로 가파르게 직류直流하면 흉하다. 완만하게 흘러 합친 물줄기는 수구에서는 세차게 흘러가는 것이 길하다.

산수의 형국과 활용

명당을 정하려는 풍수지리 이론은 대단히 복잡하고 신비하게 전개되었다. 산수의 형국을 음양은 물론 역법과 연결하거나 그 방위나 좌향坐向을 천문과 결부하여 해석함으로써 다소 허황한 논리를 만들었다. 그러나 풍수지리에서 산수를 관찰하는 가장 기본적인 방법은 인간이 자연 속에서 삶을 영위하기 위한 지혜로서 출발한 것이다. 이병도李丙燾는 풍수지리의 관찰법을 다음과 같이 요약하여 제시하였는데, 이는 비교적 합리적인 것으로 이해할 수 있다.

① 국면局面을 이루는 주산主山은 수려秀麗·단엄端嚴함을 요함.

② 주산에서 이어진 후산後山의 내맥來脈은 장원長遠하고 웅박雄博함을 요함.

③ 국면을 이루는 좌우의 산맥山脈(청룡靑龍, 백호白虎)은 국내局內를 환포環

抱함을 요함.

국외수局外水의 유향流向이 좌측으로부터 올 때는 오른편의 회포回抱는 한층 충실함을 요구하고, 그 반대로 우측에서 흘러올 때는 좌산맥左山脈의 회포回抱가 역시 충실함을 요함.

④ 전산前山(명당에서 가까이 있는 것을 안산案山, 좀 멀리 있는 것을 조산朝山이라 함)의 내향來向은 조대朝對를 요함.

⑤ 수구水口의 관쇄關鎖.

국내수局內水와 그것을 향역向逆하는 내산맥內山脈과의 교차점交叉點을 내수구內水口라 하고, 그 밖에 산맥山脈과의 교차 또는 외수外水와의 교차점을 외수구外水口라 함.

⑥ 외수外水의 향조向朝.[18]

이 관찰법 내용은 형이상학적으로 전개해 잘 이해하기 어려운 풍수지리의 술법을 요약하여 명당으로서의 가장 이상적인 형국을 비교적 간단명료하게 제시해 준 것이다. 현무에 속하는 태조산에서 이어지는 용맥은 웅장하고 길며 주산은 수려하고 단엄해야 한다. 그 앞으로 혈장을 선택하여 정한 명당을 청룡과 백호가 포근하게 감싼다. 명당 앞의 안산과 조산뿐만 아니라 주작을 대신할 외수外水는 모두 조알朝謁하듯이 배열한다. 명당을 끼고 흐르는 내수內水는 완만하게 꾸불꾸불 흐르고 합쳐져서 바깥으로 빠지는 수구水口부터는 급히 흘러 시야에서 사라진다.

명당의 산수 형국은 취락聚落의 입지 조건에 가장 어울릴 뿐만 아니라 사람이 거주할 최적의 장소가 된다. 명당은 흔히 풍수지리에서 '산하

18 이병도, 「태조와 도참」, 『고려시대의 연구—특히 도참사상의 발전을 중심으로—』, 아세아문화사, 1980, pp. 89~90.

금대山河襟帶'의 형국에 부합하는 토지이다. 그곳은 '남면산록南面山麓' 이나 '배산임하背山臨河'의 지세를 이루고 있다. 명당을 설정하는 데에는 자연 질서를 조화와 균형으로 파악하려는 선인들의 자연관이 작용하였다. 마을이나 취락지는 유순하여 부드럽고 온화하며, 일그러지거나 휑하게 비어 있지 않아야 결함이 없다. 그러한 환경은 사람의 마음을 안정시키고 편안함을 준다.[19]

명당으로 설정된 지세는 배후에 유장한 산의 흐름을 끼고 모가 나지 않아 조알하듯이 배열된 산맥이 둘렀을 뿐만 아니라 그 사이를 완만한 물길이 감싸 흐르는 모습을 하고 있다. 그러면서도 단조롭지 않도록 산수가 배열되어 변화를 주기도 한다. 풍수지리설은 복잡 미묘하고 변화무쌍한 술법으로 구성되어 있어서 산수의 형국에 관한 설명이 이해하기 어려운 용어로 되어 있지만, 그 실제 내용은 사람이 편히 거주할 수 있는 장소를 제시하려는 것이다.[20] 명당을 설정하려는 풍수지리설은 국토를 관찰하는 인문지리적 안목을 반영하여 성립되었다.

명당은 거주 지역의 크기에 따라 소명당小明堂·중명당中明堂·대명당大明堂으로 나뉜다. 국도 건립 등 국가를 대상으로 하는 대명당과는 달리 소명당이나 중명당 등은 국내에 여러 개가 있다. 사원에서 대웅전을 혈穴로 볼 때 탑塔이 서 있는 중정中庭은 명당에 해당한다. 서원이나 관청 등 주요 조형물에서 건물을 혈로 보면 그 앞뜰은 명당이 된다. 궁전

---

19 최창조, 「풍수설의 원리」, 앞의 책, 1984, pp. 177~178.

20 주산이나 청룡과 백호가 불꽃처럼 치솟아 背逆形으로 나열된 경우, 갈라진 형국으로 세차게 부는 강풍은 피할 수 없는 것이다. 찌를 듯이 곧바로 내려오는 물줄기가 있는 지형이 가파른 산비탈이라면, 꾸불꾸불 완만한 강줄기는 평야 지대를 흐른다. 물줄기가 弓字形으로 흐르는 지역이라도 陰來陽受나 陽來陰受가 아니어서 음양의 조화가 결한 거주 지역은 홍수에 취약하다. 전면 물줄기 밖의 안산이나 조산의 산세가 朝謁하지 않고 지대가 높은 경우에도 마찬가지로 이해된다. 왜냐하면 홍수 때에 거주지로 물길이 차오를 수 있기 때문이다. 이렇듯 합리적 인문지리 지식이 산수 형국의 길흉을 판단하는 기본이 되었다.

에서 왕이 정사를 보는 근정전勤政殿 등을 혈로 보면 그 앞의 품계석品階石이 늘어서 있는 앞뜰이 명당이다. 또는 각 마을이나 촌락 혹은 주현州縣 등에서 청룡과 백호가 감싸는 득수得水 지역에 혈을 설정하면 안산을 전후한 광범한 들판이 명당이 된다.

원래 명당은 황제가 신하의 배하拜賀를 받는 땅을 일컫는 용어로 혈에서 천지를 참배參拜하는 의미를 지녔다.[21] 이러한 의미는 대명당에 해당하는 것이다. 대명당은 풍수지리 원리에서 볼 때 전국 국토 중 하나만 설정된다. 소명당이나 중명당 경우에도 독립된 지역에서 그 각각의 명당자리는 하나밖에 설정될 수 없다. 그렇게 되면 사실상 산수의 형국에 맞는 명당은 하나여야 한다. 그런데 여러 국가가 흥망을 거듭하면서 각기 다른 곳에 천제단天祭檀을 설정하였다. 두 개 이상의 대명당이 있었던 셈인데, 이 경우 엄밀히 말해 명당을 잘못 설정하였을 뿐이다.

산수 형국을 조밀하게 관찰함으로써 명당을 설정한다. 그런 과정에서 명당을 중심으로 산수의 형세도形勢圖를 작성할 수 있는 인문지리적 지식이 활용되었다. 소명당이 주거지나 마을 주위의 산수 형국을 관찰함으로써 설정되었다면, 중명당은 군현이나 도道 단위 행정구역의 산수 형국을 관찰한 지식으로 설정되었다. 이렇듯 명당의 설정은 국토의 산수 형국을 관찰하여 지도를 작성할 수 있는 인문지리적 지식을 축적할 수 있게 하였다. 그렇다면 대명당의 설정은 전국의 산수 형국을 총체적으로 관찰하여 전체 국토의 지도를 작성할 수 있어야 가능한 것이다. 그런 의미에서 신라말 도선이 「삼국도三國圖」를 작성한 것은 중요하다.

「삼국도」 작성은 풍수지리가 신라말에 경주 중심의 국토관에서 벗어나 지방을 중심으로 한 국토재구성안國土再構成案을 설정할 수 있게 하

21 村山智順, 『朝鮮の風水』, 朝鮮總督府, 1931, pp. 14~17.

였다. 국토의 중심인 명당은 오직 하나일 수밖에 없다.[22] 그런데 대명당을 중심으로 한 국토재구성안인 풍수지리설은 많이 성립되어 있지는 않았다. 소명당이나 중명당을 중심으로 국토를 관찰한 것과는 달리 「삼국도」를 작성한 국토재구성안은 전체 국토를 관찰한 인문지리적 식견을 가진 것이다. 이 경우 전체 국토를 합리적으로 경영하려는 운영 원리를 제시할 수 있다. 그것이 곧 비보裨補이다.

비보는 전체 국토의 산수 형국을 살펴서 그 특성에 따른 활용 방도를 제시한 것이다. 실제로 당나라 일행一行이 성립시킨 풍수지리설은 자연환경을 관찰하여 전국을 지세地勢에 따라 화식貨殖이나 용문用文 및 용무用武의 땅으로 나누는 극히 과학적인 성격을 지녔다. 일행의 풍수지리설은 국토를 용도별로 편제하는 방법을 제시한 것이다.[23] 국토 운영 원리로서의 비보사상은 모든 풍수지리설에 나타나 있었던 것은 아니다. 적어도 전국 규모의 「삼국도」를 작성하였던 도선의 풍수지리설에는 나타나 있었다.[24]

고려초에는 전국을 점정占定한 도선의 비보사찰설裨補寺刹說이 작성되어 유포되었다. 태조 왕건은 도선이 정한 사찰 외에 함부로 절을 짓지 못하게 하였다. 권근權近은 비보 사찰에 대해 "고려 왕씨王氏가 삼국을 통일한 초기에 모두 거느려 교체하지 않으면서 가만히 돕는 자본으로 삼고자 중외中外에 사찰을 많이 설치하였다. 이른바 비보가 바로 이것이다"라고 하였다(「연복사탑중창기演福寺塔重創記」, 『동문선』 권78). 비보는 교체하지 않고 거느리면서 가만히 돕기 위한 국토 운영 원리를 제시

22 김두진, 「나말여초 동리산문의 성립과 그 사상—풍수지리사상에 대한 재검토—」, 『동방학지』 57, 1988; 「동리산문의 성립과 그 사상—풍수지리사상에 대한 재검토—」, 『신라하대 선종사상사 연구』, 일조각, 2007, pp. 349~350.

23 김두진, 위의 논문, 2007, p. 336.

24 김두진, 위의 논문, 2007, pp. 351~352.

한 것이다. 일단 양기 풍수지리로 결정하여 구조된 토지는 다른 용도로 바꾸기 어려운 성격을 지닌다. 그러므로 사전에 그 활용 방안이 비보로 나타났다.

비보사찰을 명시한 것으로 생각되는 도선의 『송악명당기松岳明堂記』는 후대에 윤색한 저술이다. 도선의 「삼국도」에서 국토의 중앙인 명당은 송악이 아니라 광양 등 견훤에게 유리한 호남 지역에 설정되어 있었던 것이 분명하다. 실제로 광양 지역은 뒤에 견훤 세력권 속에 포함되었고, 도선의 제자인 경보慶甫는 견훤甄萱과 연결되었다. 다만 국토 전체를 관찰하여 「삼국도」를 작성할 수 있었던 풍수지리 이론가는 많이 나올 수 없다. 도선이 거의 유일한 인물이었을 것이다. 그러나 명당을 송악으로 대체하기만 하면 도선의 「삼국도」는 왕건이 삼한을 통합한 이후의 고려 사회에 유용한 것이다.

(3) 참위설의 유행과 신비적 풍수지리신앙

도참신앙의 등장과 동기감응론同氣感應論

국토 전체의 산수를 관찰하여 그 운영 원리인 비보를 제시하기까지 세련된 인문지리적 지성이 풍수지리를 이끌어 갔다. 그러다가 비보裨補가 정치적으로 이용되면서 도참으로 운용된 풍수지리는 합리적 이론을 더 발전시킬 수 없었다. 풍수지리와는 달리 도참은 인간 생활의 길흉화복이나 성쇠득실盛衰得失에 관한 장차 일어날 일에 대한 예언이나 징조를 나타내는 것이다. 도참의 내용은 진위眞僞를 초월할 뿐만 아니라 그 드러내는 방식이 신비한 성격을 가진다.[25] 도참은 비기秘記와 같은 신비

25 이병도, 「도참의 의의」, 『고려시대의 연구—특히 도참사상의 발전을 중심으로—』, 아세

적 언설言說을 사용해 인심을 자극하거나 호도함으로써 여러 형태의 권능을 나타내고 국가나 사회는 물론 서민들의 실생활에 크게 영향을 끼쳤다.

때로는 당대의 정치 세력이나 지배 세력과 밀접하게 교섭함으로써 고려시대의 도참은 점점 더 크게 유행하였다. 비보는 도참으로 전용될 수 있는 요소를 가졌다. 왕건의 「십훈요十訓要」에서 이런 면을 발견할 수 있다. 「십훈요」 중 제5조와 제8조 내용은 대략 다음과 같다.

> ① 제5조: 나는 삼한 내 산천 신령의 도움을 받아 왕업을 이루었다. 서경西京은 수덕水德이 순조로워 우리나라 지맥地脈의 근본根本이어서 대업大業을 만대萬代로 전할 땅이다. 마땅히 사계절의 중간 달에 왕은 거기로 가서 백일百日 이상 체류함으로써 왕실의 안녕을 도모할 것이다.
>
> ② 제8조: 차현車峴 이남 공주강公州江 바깥은 산형과 지세가 모두 배역背逆으로 뻗었고 따라서 인심人心 또한 그러하다. 그런즉 그 아래 주군州郡의 사람들이 조정朝廷에 참여하거나 왕후王侯나 국척國戚들과 혼인하여 국정國政을 잡게 되면 국가에 반란을 일으킬 것이요 혹은 통합당한 원한을 품고 반드시 (왕실을) 침범하여 변란을 일으킬 것이다. … 그러므로 이 지방 사람들은 비록 양민良民이라 하더라도 관직에 나아가 일하지 않게 하라.
>
> —『고려사』 권2, 태조 26년 4월조—

도선의 비보설에 근거하여 왕건은 평양이 만대로 왕업을 이어갈 땅이라고 강조하였는가 하면, 차령산맥과 금강錦江 이남 지역의 사람들을 등용하지 못하게끔 차별하였다.

아문화사, 1980, pp. 15~16.

왕건이 평양을 중시하면서 차령 이남 지역을 차별한 이러한 정책은 오히려 정치적 의도에서 수립된 것이다.[26] 후삼국 통일 이후 도참은 고려시대를 통하여 정치 세력에 의해 이용당하였다. 보다 신비적이고 다소 허황한 모습으로 부회한 도참은 위정자나 민중 지도자를 자극함으로써 격변기의 고려 사회에 수많은 굴곡屈曲을 일으켰다. 그러면서 정작 도참신앙은 관념의 유희에 지나지 않아 사회적 활력소를 메마르게 만들고, 후기로 가면서 고려 조정을 쇠망의 길로 유도하였다.[27]

신라말의 풍수지리 속에는 국토 전체를 관할管轄하여 총괄적으로 운영할 수 있는 세련된 지성이 성립되어 있었다. 이렇듯 원대한 풍수지리가 고려시대를 통해 도참으로 변질하면서 더 합리적 논리를 끌어내거나 발전시키지 못하였다. 국토 전체를 경영하면서 성립된 대명당인 송악 이외의 풍수지리설은 고려시대에 정리될 수밖에 없었다. 중명당 이하의 풍수지리설이 다소 존재하더라도 모두 왕건에게 봉사할 수 있는 성격으로 변질되었다. 송악 이외의 대명당이 정리되는 과정에서 풍수지리는 인문지리로서의 합리적 논리를 더 발전시키기 어려웠다.

국토 전체를 관할하려던 신라말의 풍수지리가 이상 더 논리적으로 발전하기 어려워지자, 그 세련되고 폭넓은 관념체계 속에 비합리적인 사고가 파고들었다.[28] 이러한 현상은 고려 이후 계속해서 강화되었다. 양기陽基 풍수지리는 물론, 음택陰宅 풍수지리는 형식적이면서 형이상학

---

26 후삼국 통일 과정에서 왕건은 끝까지 쟁패를 겨룬 후백제 세력을 견제하기 위해 車嶺과 公州江 이남 지역에 대한 차별 정책을 시행하였다. 반면 한강 이남의 三南 지방이 모두 지방호족 세력에 의해 장악되어 있었던 정세 속에서 왕건은 왕실 직속의 세력 기반을 마련하기 위해 서북 지역, 특히 평양 지역을 만대에 기업을 경영할 땅으로 중시하였다.

27 이병도, 「공양왕의 즉위와 한양천도문제」, 『고려시대의 연구—특히 도참사상의 발전을 중심으로—』, 아세아문화사, 1980, pp. 343~344.

28 김두진, 「동리산문의 성립과 그 사상—풍수지리사상에 대한 재검토—」, 앞의 책, 2007, p. 353.

적인 논리를 복잡하게 전개하였다. 풍수지리 원리에서 볼 때 양기와 음택 논리가 반드시 다른 것은 아니라고 한다. 양기 풍수지리가 명당을 넓게 설정한다면 음택 풍수지리는 명당을 좁게 지정하는 차이만 있을 뿐이다.[29]

양기와 음택 풍수지리를 크게 구별하지 않고 같이 보려고 한 데에서 신비적 사고는 더 확산되었다. 풍수지리 논리를 추상적 관념론으로 전락시키는 데 절대적으로 기여寄與한 것은 동기감응론同氣感應論이다. 서촉의 동산銅山이 무너지자 거기서 캔 구리로 만든 종이 한漢나라 궁궐에 걸려 있었는데 저절로 울었다고 한다.[30] 곧 어머니와 자식 격인 동산과 동종 사이에 동기가 감응하여 울림이 있었다는 것이다. 하물며 만물의 영장인 사람의 조상과 후손은 같은 기를 가졌기 때문에 그들 사이에 동기감응이 일어나 그 결과에 따라 생기生氣를 더해 복을 받거나 그렇지 못한 경우 화를 입는다고 한다.

동기감응론은 풍수지리 논리를 허황하게 만드는 요인으로 작용하였으며, 음택 풍수지리에 더욱더 영향을 주었다. 음택과 양기 풍수지리를 같은 원리에서 파악함으로써 동기감응론에 의거한 풍수지리는 집터뿐만 아니라 묏자리를 정하는 등의 술법으로 치부되었다. 음택보다는 양기 풍수지리에서 합리적인 면을 찾으려는 노력은 중요하다. 엄밀히 말

29 최창조, 「양기풍수와 양택풍수」, 『한국의 풍수사상』, 민음사, 1984, pp. 253~254.

30 同氣感應說은 중국 진나라 郭璞(277~324년)이 『葬經』 또는 『錦囊經』 氣感篇에 "銅山西崩 靈鐘東應"이라 한 데에서 유래한다. 漢의 未央宮에 西蜀의 거대한 銅山에서 캐온 동으로 만든 종이 있었는데, 어느 날 바람도 없고 건드린 사람도 없었으나 저절로 울었다. 이를 이상하게 여긴 황제가 賢人 東方朔에게 "대체 종이 저절로 우는 것이 무슨 까닭인가?"라고 묻자, "서촉에 있는 동산이 무너졌기 때문입니다"라고 대답하였다. 얼마 후에 서촉의 동산이 무너졌다는 보고를 받았다. 놀란 황제가 "대체 동산이 무너진 것을 어떻게 알았는가?"라고 물으니, 동방삭이 "이 종은 서촉의 동산에서 캔 동으로 만든 것입니다. 母山이 죽자 자식인 종이 슬퍼하여 운 것입니다"라고 대답하였다.

해 음택과 양기 풍수지리는 구별될 수 있다. 음택과 양기 풍수지리에서 명당의 규모가 다르다고 하는 차이는 유념된다. 양기 풍수지리는 거주할 취락을 중시하므로 양택陽宅은 반드시 그 지세가 평평하고 온화한 분위기를 지녔다. 그리하여 혈장 앞의 명당은 넓어야 한다.

풍수지리의 필수 요건으로 장풍과 득수를 중시하는데, 이에 대한 관찰법은 인문지리적 지식의 영역에 포함될 수 있다. 다만 음택에서는 반드시 득수가 필요한 것 같지는 않다. 오히려 풍수 작용으로 허물어지지 않는 좁은 형국을 중시하였다. 반면 양기 풍수지리는 장풍보다 득수를 더 중시한다. 인간이 거주하는 취락에서 인구를 부양하기 위한 식수食水 및 생활용수生活用水의 확보 등 득수는 필요 불가결한 것이다.[31] 득수 위주로 펼쳐진 주거에 관한 양기 풍수지리의 관찰법은 대단히 합리적이다. 지리地理나 생리生利, 인심 등 주거의 입지 조건을 살피는 데에서부터 풍수지리의 합리적 논리를 발전시켜야 할 것이다.

연기설延基說과 정도론定都論

풍수지리에서 양기陽基로 결정되어 거기에 인위적으로 건립한 구조물은 쉽게 다른 형국으로 옮기기 매우 어렵거나 불가능한 속성을 가졌다. 그러므로 이러한 형국을 미리 효과적으로 경영하려는 과정에서 비보가 등장하였다. 소명당이나 중명당을 넘어서서 대명당을 설정하기 위해 국가 전체의 산수를 관찰한 경험은 국토를 합리적으로 이용하고 관리하려는 능력을 갖추기 마련이다. 전체 국토를 관리할 능력이 비보로 나타났다. 비보로 갖추어지기까지의 풍수지리설은 원대하고 세련된 지성을 겸비하고 있다. 그러다가 비보가 위정자나 정치 세력에 의해 도

---

31 최창조, 「양기풍수와 양택풍수」, 앞의 책, 1984, pp. 254~256.

참으로 전락하면서 합리적 지성이 빠져나가는 것과 비례하여 풍수지리 속에는 허황한 미신적 사고가 대신해서 들어갔다.

풍수지리의 사상 전통을 민족문화 속에서 바르게 창달시키는 계기는 비보사상에서부터 끌어낼 수 있는 것이다. 비보사상이 성립하기까지의 국토 운영 원리는 계속해서 인문지리적 지식으로 발전시켜 가야 한다. 도참신앙으로 변질하여 민심을 현혹하는 무망誣妄한 모습을 제거하면 형이상학적 신비주의를 깃들인 풍수지리 원리 속에서도 국토를 관찰하는 합리적 사고가 드러나기 마련이다. 풍수지리가 왕건 이후 도참으로 변질하면서 지리쇠왕설地理衰旺說이 성행하였다. 고려 왕조는 쇠퇴해진 송도松都의 지리를 보강하여 국가 기업을 연장하려는 연기설을 믿었다.[32]

왕은 지력地力이 왕성한 땅을 복상卜相하여 곳곳에 새로운 이궁離宮을 지어 경영하면서 자주 그곳으로 나아가 순주巡住하였다. 고려초기에는 개경 외에 서경이나 동경(또는 남경)의 3경三京을 두었는가 하면, 명종 때에는 좌소左蘇(지금의 백악산白岳山 지역)와 우소右蘇(지금의 백마산白馬山 지역) 및 북소北蘇(지금의 기달산箕達山 지역)의 3소三蘇를 설치하였다. 유수관留守官과 속관屬官을 두어 국가 행정구역으로 설정한 3경과 그렇지 않은 3소는 다소 차이를 가졌을지라도 국왕 순주지로서의 성격에는 차이가 없다.[33] 고려초기에는 건국과 통일 사업을 마무리하려는 의도의 도참이 나타났으나 고려중기에는 송도쇠기설松都衰氣說을 극복하기 위한 연기延基 중심의 도참이 유행하였다. 그러다가 고려말에는 순주에서

32 이병도, 「문종과 제리궁의 경영」, 『고려시대의 연구—특히 도참사상의 발전을 중심으로—』, 아세아문화사, 1980, p. 139.

33 이병도, 「무신발호시대의 국정과 음양도참」, 위의 책, 1980, p. 262.

벗어나 이도移都나 천도설遷都說이 나타났다.[34]

고려말의 이도나 천도에 관한 도참은 이후 조선 등 새로운 왕조의 등장과 연관하여 나타난 것이지만, 그 이전의 순주나 이궁에 관한 도참도 정치 세력과 연결되어 성행하였다. 왕식렴王式廉 등이 중앙정계에 정치적 기반을 확보하면서 서경 이도를 추진하였으며, 이자겸李資謙 등 인주仁州 이씨李氏들이 강한 외척 세력으로 등장한 분위기 속에서 남경을 중시하였다. 특히 묘청妙淸으로 대표된 서경 세력이 발호하면서 대화궁大花宮을 건립하여 서경천도운동을 일으켰고 그 결말이 묘청의 난으로 이어졌다. 이렇듯 고려시대를 풍미하였던 도참이 정치 세력과 보다 밀착하여 유행하였을지라도 그 밑바닥에는 산수를 살펴 도읍을 정하려는 정도론定都論이 깔려 있다.

조선 건국 초기에도 송도를 벗어나기 위한 이도移都와 정도定都에 관한 도참은 계속해서 나타났다. 그리하여 계룡산鷄龍山이나 무악毋岳 또는 한양 등에 신도新都를 건립하려는 것을 비롯해 세종 때에는 국도의 주산主山을 정하려는 논의가 일어났다. 주산 논의는 현실적으로 혈장인 경복궁景福宮과 창덕궁昌德宮 앞의 명당 중 어느 곳을 국도의 대명당으로 설정하느냐의 문제로 귀결되었다. 실제로 안산인 남산과 조산인 관악산에 대해 주산을 설정하려는 것은 국도의 산수 형국을 살피는 매우 합리적인 성향을 지녔다. 그러면서 세종대 이후 조선중기에는 비기秘記나 도참 계통 서적의 유행을 금지하였다.[35]

고려시대부터 조선시대에 이르기까지 성행한 도참은 비록 무망誣妄한 면을 보였을지라도, 크게 보아 일관되게 정도론을 거론한 것이라고 할

34 이병도, 「우왕조의 천도문제」, 위의 책, 1980, pp. 328~339.
35 이병도, 「세종조의 국도주산문제」, 위의 책, 1980, pp. 363~427.

수 있다. 신궁이나 이궁을 경영하기까지의 과정은 궁궐이 들어설 혈장과 명당 주위의 지세 형국을 살피는 것으로 나타났다. 정도론은 전형적인 양기 풍수지리 이론이며 합리적 사고의 범주로 이해될 수 있다. 그런데 우리나라의 대표적 수도였거나 그 물망에 올랐던 개성·평양·경주·한양·계룡산 등의 산수 형국을 살피는 방향에서 정도론을 이해하였다. 곧 그곳이 국도인 대명당으로서 타당한 것인가를 밝히려고 하였다. 이렇듯 어느 곳을 대명당으로 특수하게 설정하여 크게 의미를 부여하려는 노력은 정곡을 잃은 것이다.

정도론은 인간의 삶을 영위하는 취락, 곧 도읍 풍수지리 이론이다. 원시시대부터 현금까지 취락의 입지立地 형국을 정하는 데에 풍수지리 원리가 작용하였다. 그것은 산수 형국이나 기후 및 토양과 함께 인심과 문화전통을 곁들인 인문적 조건이 어우러져 형성되었다. 일정 지역의 자연과 인문 문화가 상호작용하는 과정에서 성립한 도읍 풍수지리는 한반도의 지표 형국을 이해하려는 우리 민족의 가장 오래되고 근원적 토지관으로 형성된 민족문화 요소이다. 정도론의 기본을 이루는 양기 풍수지리는 취락의 기초 단위라 할 수 있는 주거住居 풍수지리에서부터 시작하여 점차 광역화하면서 도읍都邑·국도國都·국역國域 풍수지리로 나뉘었다.

국역 풍수지리는 용맥龍脈이 이어져 온 큰 구도를 제시하는 것이다. 대체로 조산祖山을 중국의 곤륜산崑崙山으로, 종산宗山을 백두산白頭山으로 삼아 태백산맥太白山脈과 소백산맥小白山脈을 근간으로 하고 차령산맥車嶺山脈 등이 갈라져 나간다는 형국을 설정하였다. 양기 풍수지리의 근간이지만 실제로 국역 풍수지리가 큰 영향을 주지는 않는다. 그러나 도참으로 흐르기도 하면서 민심을 자극하는 것은 송도나 한양 등 수도를 정하는 국도 풍수지리이다. 도읍 풍수지리도 다소 그런 면을 지녔지만 크게 문제가 된 것은 아니다. 국도 풍수지리의 가장 기초가 된 것은 주거 풍수지리이다. 주거 풍수지리의 관찰법으로 도출한 산수 형국은 인간의 삶을 영위하는 데 매우 적합한 것이다.[36]

도읍 풍수지리나 주거 풍수지리는 실제로 서민 생활에 대단한 영향을 끼치면서 실생활에 많이 응용되었다. 우리나라의 주현이 모두 뒤의 진산鎭山과 전면의 물줄기를 가진 지역에 설정되었다. 그리하여 지세와 유기체가 되도록 도로와 주택을 배치하였다. 이렇듯 합리적인 도읍이나 주거 풍수지리라 하더라도 이론 자체는 매우 복잡하고 형이상학적이어서 다소 허황한 도참으로 흐를 요소를 지녔다. 조선시대에도 비기류인 『정감록鄭鑑錄』이 편찬되었을 뿐만 아니라 난세를 만나면 피란避亂과 보신保身 위주의 도참이라 할 수 있는 십승지十勝地신앙이 등장하였다.

십승지신앙은 도교의 신선사상과 연관하여 유행하였다. 왜란倭亂과 호란胡亂을 겪은 서민이 전화戰火가 없고 흉년도 들지 않는 이상향을 찾으려는 염원을 가졌다. 조선후기에 양반이나 토호들의 가렴주구苛斂誅求에 지친 서민이 새 나라의 이상사회를 갈망한 것도 십승지신앙을 불러일으켰다. 풍기豊基나 안동安東·공주公州·봉화奉化·운봉雲峰 지역 등 주로 깊은 산악 지대에 설정된 십승지는 국면이 협소하여 풍수지리 원리인 생리生利에도 어긋나는 면을 많이 지녔고, 취락의 입지로도 매우 불리한 곳이다.[37] 고려시대부터 이어져 온 왕조王朝나 왕도王都 회귀回歸신앙도 예언과 도참 위주의 풍수지리설을 성립시켰으며, 유사종교類

36 陽宅과 陽基 풍수지리의 개념은 엄격하게 논하면 구별될 수 있으나, 후자로 통일하여 사용하고자 한다. 양기 풍수지리가 더 포괄적인 개념이기 때문이다. 양기 풍수지리에서 명당의 형국을 살피는 데 가장 중요시한 세 요소를 지적하면 住·門·食이다. 곧 거처에 편리한 生氣가 충만한 곳을 우선시하지만, 막히지 않아 바깥으로 통하는 길[路]과 삶을 영위하는 물산[食]이 중시된다. 이러한 목적을 가진 관찰법은 극히 합리적인 성격을 가졌다.

37 최창조, 「도참류상의 풍수사상」, 『한국의 풍수사상』, 민음사, 1984, pp. 325~326.

似宗敎도 유행하였다.

조선초기에 도읍지로 유력하게 고려되었던 계룡산 지역에 유사종교가 창출하였으며, 경주 지역에서도 동학이 일어났다. 국도나 도읍 풍수지리 이론이 제시한 합리적 인문지리의 형국을 갖추고 있던 지역에서도 민심을 현혹하는 비기류의 허황한 신앙이 형성되어 유행하였다. 비합리적 사고로 이어질 수 있는 요소를 배제하고 삶의 터전을 이루는 합리적 영역을 넓혀 가야 한다. 그런데 국도 풍수지리의 경우 대명당은 국토의 중심이라는 상징성으로 말미암아 여타와 구별되는 신앙적 권위를 가졌다. 이런 점은 명당 개념을 배타적으로 성립시킴으로써 풍수지리설의 논리를 합리적으로 발전시키는 데 장애 요인이 되었다.

풍수지리에 의해 선택한 어느 한 곳의 자연적 지형, 곧 명당은 단순한 의미의 세속적인 평범한 곳이라기보다는 성스러운 공간으로 변신하였다. 그리하여 외부의 힘을 받아들이는 용기로 나타나 이상향의 원형으로 회귀할 수 있는 조건을 갖추었다.[38] 이렇듯 명당의 중심지 개념은 다른 지역과는 타협할 수 없는 배타적 성격을 가졌다. 중심지로서의 명당 개념은 본래 국도 풍수지리에 나타난 것이지만 규모가 작은 중명당 이하의 도읍 풍수지리에서도 암암리에 표출되고 있었다. 조선의 중앙집권적 통치체제는 대명당이 되지 못한 도읍까지도 중앙의 관심에서 벗어나지 못하게 하였다. 그러면서도 독자의 독립적 특성을 가졌던 점은 중심지 개념을 갖게 하는 결과를 초래하였다.

풍수지리의 관찰법은 매우 합리적 근거를 가져서 적어도 비보에 이르기까지는 인문지리의 지식을 활용한 과학적인 것이었다. 민족문화의 새로운 창달과 전통의 계승이라는 측면에서 풍수지리의 합리적 사고는

---

38 최창조, 「양기풍수와 양택풍수」, 앞의 책, 1984, p. 286~287.

논리적으로 발전시켜야 한다. 비보의 국토 운영 원리를 보다 풍부하게 끌어내면서 도참이나 비기류와 같은 허황한 사고를 제거하는 것이 중요하다. 대명당은 물론 중명당 이하의 토지관이 상호 배타적인 중심지론을 지양하면서 공존이 가능한 각각의 독자적 가치관을 가져야 한다.

비보는 국토를 관찰하여 특수한 산수의 형국에 합당한 국토 운영 원리를 제시하려는 의도를 지녀서 오늘날 인문지리학의 연구 목적에 부응할 수 있는 자료를 제공해 줄 것이다. 그리하여 풍수지리는 국토의 균형 발전에 이바지할 것으로 기대한다. 산수 지세의 상이한 형국으로 말미암아 서로 다른 모습으로 설정된 명당은 그 안에 독자의 독특한 서민의 삶을 영위하게 하고 산업을 조성하게 하는 조건을 갖추고 있다. 풍수지리에서 추구한 이러한 특성은 상대적 가치를 초월하여 내적 발전을 도모하면서 외적 공존을 추구하는 길을 모색할 수 있을 것이다.

2. 나말여초 풍수지리설의 새로운 이해

(1) 풍수지리설의 도입

민족문화는 사회 환경, 곧 풍토風土와 그 안에서 생활하는 인간 및 문화적 전통이 어우러져 새롭게 창조되는 것이다. 그러므로 민족문화를 논하고자 할 때 사회 환경이나 풍토에 대한 이해는 중요하다. 선인先人들은 산수山水의 맥脈과 흐름을 살펴 생활 속에 이용해 왔다. 처음에 경이로운 숭배 대상이었던 자연에 대한 이해는 민족문화를 창달하는 과정에서 축적되어 경험 과학에 의한 인문지리적 지식을 체계화하였다. 풍수지리설은 이렇게 하여 성립되어 갔다.

선사시대나 삼국시대에도 자연환경에 대한 지식은 많이 알려져 있었겠지만, 풍수지리설은 신라말에 크게 유행하였으며 도선道詵에 의해 집대성되었다. 그 후에도 서민들의 생활 속에 깊이 스며들어 민족문화 속에 연연히 전해졌으나, 오늘날 풍수지리는 너무나 신비적 면을 강조하여 묏자리나 정하는 미신적 성격을 갖는 것으로 전락하였다. 따라서 도선이 체계화한 풍수지리설의 진면목을 살펴봄으로써 그 합리적인 면을 끌어내는 한편, 오늘날 서민들의 속신俗信으로서의 그것을 발전시켜 가야 할 방향을 제시하고자 한다.

풍수지리는 도읍이나 궁택宮宅 및 무덤 등의 터를 잡기 위해 점을 치는 일종의 관상학觀相學인 상지학相地學으로 규정되며, 본래는 지모신地母神신앙에서 나온 것이다.[39] 뒤에 그것은 도읍이나 집터의 형태적인 지리에 음양오행의 형이상학적 이론을 부여하고, 천문·방위 등의 사상을 첨가하였을 뿐만 아니라 유가의 윤리사상과 결합하여 상당히 발달한 모습을 갖추었다.[40] 그렇지만 풍수지리의 밑바탕을 이루고 있는 것은 산수의 형세를 살펴서 인간 생활에 이용하려는 인문지리적 지식이며, 그러한 사고는 이미 상고시대에서부터 활용되어 왔다.

삼국시대 이전에도 풍수지리는 존재하였다. 탈해脫解가 반월성半月城 지역으로 정착하는 설화 속에 풍수지리적 식견이 나타나 있다. 동해안으로 들어와 한지부漢祇部에 머무른 탈해가 하루는 토함산吐含山에 올라 가히 거주할 만한 땅을 선정하려 하였다. 그는 학문에 정박精博하였고 겸하여 지리地理를 알았는데, 양산陽山 아래 호공瓠公의 집터가 길한 땅임을 알고 위계를 써서 그곳을 빼앗아 거주하였다. 탈해가 길한 땅으

39 이병도, 앞의 책, 1980, pp. 21~22.
40 이병도, 앞의 책, 1980, pp. 23~26.

로 내세운 "한 봉우리가 3일日의 달과 같다(『삼국유사』 권1, 제4탈해왕第四脫解王조)"라는 표현은 반월성을 가리킨 것이지만, 그곳은 풍수지리에 근거해도 길한 땅이다.

탈해 관련 기사만으로 삼국시대 초기에 풍수지리설이 유행하였다는 주장은 무리하게 보인다. 그러나 당대에 풍수지리적 지식이 공공연하게 사용되었음을 생각할 수는 있다. 성읍국가에서 출발한 고구려·백제·신라가 삼국시대 초기에 국도를 선정하는 과정에서 이런 모습을 충분히 찾을 수 있다. 고구려의 유리왕은 제의祭儀에 쓸 돼지가 달아나자 추격하였다. 그런 중에 졸본卒本보다 더 좋은 지세地勢를 발견하고 마침내 그곳으로 도읍을 옮겼다. 거기가 바로 국내성國內城이다. 국도 건설의 필요조건으로 땅이 기름지다든가, 산하山河가 험하고 높아 적의 침입을 방비하기에 편리하다는 것과 같은 기준이 있었다. 그러한 기준에 맞는 도읍지를 구하려는 과정에서 이른바 풍수지리적 지식을 활용하였다.

풍수지리적 지식은 국도의 설정에만 작용한 것이 아니라 궁궐이나 왕릉·사찰 등의 터를 선정하는 데에도 중요하게 사용되었다. 원성왕릉元聖王陵이 풍수지리에 따라 조성되었으며, 오늘날 전해지는 대부분 왕릉이나 사지寺址가 모두 풍수지리의 조건을 갖춘 곳에 있다. 또 귀족들이 별장을 희사喜捨하여 개인의 원찰願刹로 만들었는데 빼어난 산수를 배경으로 건립하였다. 그들은 별장이나 사저까지도 풍수지리적 지식을 고려하여 터를 잡았다고 볼 수 있다.

김유신의 증손인 김암金巖은 당나라에 숙위宿衛로 머물 때 스승을 만나 음양가陰陽家의 법을 배워 통달하였고, 스스로 둔갑법을 저술하였다고 할 정도로 풍수지리에 대해 깊이 이해하고 있었다. 신라중대에는 당나라 문화와의 교류가 잦았고 역서曆書의 제작이나 산학算學·율학律學·

의학 등의 수준이 높았으며, 음양오행에 기초한 천문학 담당자들의 풍수지리 이해가 심화하였다. 김암도 역시 이 방면에 종사한 사천司天박사였다. 이후 신라말에 이르기까지 풍수지리는 사상적 발전을 거듭하였다.

(2) 유식론적 선종사상의 성립

풍수지리설이 한창 퍼져 나가던 신라하대 사회에서는 선종사상이 지방호족 중심으로 수용되어 번창하고 있었다. 도선道詵 역시 선종 승려였다. 그런 면에서 풍수지리설은 신라말 선승들의 일반적인 사상 경향으로 나타났다고 주장한다. 스승을 찾아 여러 사원을 두루 찾아다닌 수행 경험이 풍수지리 사상을 갖게 한다고 생각하였다. 그러나 이러한 주장은 설득력이 약하다. 여러 선지식善知識을 찾아 고행과 수련을 쌓는 과정은 승려 모두에게 해당되는 것으로 선승들에게 한정된 문제는 아니다. 오히려 선종의 수행 방법은 좌선에 있으며 '외식제연外息諸緣', 곧 세속과 인연을 끊으면서 각자가 가진 불성을 깨우치려는 것이다.

한편 풍수지리설은 밀교密敎의 영향으로 형성되었다고 파악하기도 한다. 서윤길徐潤吉은 도선의 풍수지리설이 비보裨補사상에 역점을 두었으며 도참圖讖이 아닌 밀교적 방법에 근거하였다고 한다.[41] 그리하여 도선이나 그의 스승인 혜철慧徹은 물론 혜철의 스승인 중국의 지장智藏까지도 밀교에 조예가 깊은 밀교 승려라고 규정하였으며, 도선이 백운산白雲山에 절을 짓고 약사여래를 모신 것은 이를 보여 준다고 하였다.[42]

41 서윤길, 「도선과 그의 비보사상」, 『한국불교학』 1, 1975, pp. 66~67.
42 서윤길, 위의 논문, 1975, pp. 67~69.

도선이나 혜철·지장 등이 밀교 승려인 것 같지는 않지만, 풍수지리설의 상지법이나 점지법占地法이 밀교와 관련된 것은 분명하다. 그러나 상지나 점지와 같은 점찰교占察教는 넓은 의미에서의 상종相宗, 곧 법상종에 속한 것이다. 그것은 산수의 형상을 드러내어 법상法相을 보여 주기 때문이다. 그러므로 풍수지리설은 밀교라기보다는 더 광범한 사상을 내포하는 것이라고 해석할 수 있다.

동리산문桐裏山門의 사상 풍토와 연관 지어 풍수지리를 이해해야 한다. 동리산문의 사상 경향으로 유식, 곧 법상종사상을 중시하는 것은 주목된다. 동리산문의 개창자 혜철에게 법인法印을 전한 중국의 지장은 심식心識을 강조하였다. 또 지장의 스승인 도일道一은 자기의 마음이 바로 불심이며, 모든 법은 마음에 따라 생긴다고 하여 삼계유심三界唯心 사상에 기인한 선종사상을 주장하였다. 이러한 유심론적唯心論的 선관이 동리산문의 사상적 특징으로 정립되었다.[43] 혜철은 선수행을 하면서 계율을 함께 닦았고 일식一識에 관한 깨침을 강조하였다. 이러한 사상 경향은 도선의 제자인 경보慶甫에게도 나타나는데, 그는 지식과 계율을 함께 닦도록 요구하였다.[44]

사실 선종사상은 좌선坐禪하면서 묵수默守를 중시하기 때문에 화엄종 등 성종性宗 사상과는 친해질 수 있으나 법상종인 유식사상과는 맞지 않는다. 반면 풍수지리설은 산천의 형세를 살피는 것이기 때문에 색계色界의 인식을 강조하는 법상종사상과는 친밀할 수 있다. 풍수지리설이 동리산문의 도선에 의해 체계화되는 이유를 바로 이러한 데서 찾을 수 있다.

---

43 김두진, 「나말여초 동리산문의 성립과 그 사상—풍수지리사상에 대한 재검토—」, 앞의 책, 1988, pp. 26~28.

44 김두진, 위의 논문, 1988, pp. 28~29.

동리산문 외에 청도 운문사雲門寺의 보양寶壤은 풍수지리설을 포용하였다. 왕건이 견성犬城을 공격할 때 어려움을 겪자, 보양은 "개가 밤에는 지키나 낮에는 지키지 않으며, 앞은 수비하나 뒤는 수비하지 않는다(『삼국유사』 권4, 보양이목조)"라고 하면서, 왕건에게 밤에 견성의 뒤를 공격하라고 일렀다. 따라서 보양은 선종 승려이지만 유식사상과 깊이 연관된 인물이라고 생각한다. 그가 원광圓光이나 또는 대작갑사大鵲岬寺를 세운 지식知識조사와 혼동되고 있는 점이 이를 알려 준다.[45] 원광이나 지식은 법상종 승려이다. 넓은 의미에서 유식사상과 관련이 있는 선종 승려들이 도선, 특히 동리산문의 사상 경향과 부합하는 풍수지리설을 수용하였다.

(3) 지방호족 중심의 국토재구성안

도선은 중국에 들어가 일행一行으로부터 풍수지리설을 전수하였다고 하나 이것은 사실이 아니다.[46] 그는 중국에 유학한 적이 없다. 다만 일행과 연결된 연기설화는 도선의 풍수지리설이 일행의 사상과 무언가 연관되었기 때문에 생겨났을 것이다.[47] 우선 일행은 혜철의 사상에 영향을 준 양균송楊筠松의 문도이다. 양균송의 문하에 증문천曾文遷이 있으며 증문천의 제자가 일행인데, 그들은 실증법을 사용함으로써 풍수지

45 원광의 교학이 법상종과 연결될 수 있는 것임은 분명하다. 다만 知識祖師는 명칭으로 보아 唯識系에 속한 승려였다고 생각한다.

46 今西龍, 「新羅僧道詵に就きて」『高麗史研究』, 東京: 國書刊行會, 1970, pp. 82~83)에서 도선은 스승인 혜철과 혼동되어, 혜철의 入唐이 그에 대한 기록으로 나타났을 것이라고 추론하였다.

47 최창조, 앞의 책, 1984, p. 47.

리설의 획기적인 전환점을 마련하였다.[48]

일행은 724년에 칙명으로 남쪽의 교주交州부터 북쪽의 철륵鐵勒까지 각 지역의 위도를 측량하여『구당서』율력지律曆志에 편입된 대연력大衍曆을 저술하였으며, 당나라를 지세에 따라 화식貨殖·용문用文·용무用武의 땅으로 크게 세 부분으로 나누어 국토를 관장하였던 대단히 과학적인 인물이었다. 일행의 풍수지리설은 전국의 국토를 용도별로 편제하는 방법을 제시한 것인데, 도선의 풍수지리설도 역시 이런 면을 강조하였다. 풍수지리는 산수의 순역順逆을 살피는 과정에서 합리적인 인문지리학人文地理學으로 성립하였다.

풍수지리의 기본요소는 산山(곧 용龍)·수水로 이루어져 있다. 산수의 정기가 응결凝結된 곳인 혈穴과 그곳 주위의 형세인 사砂로써 일단 명당明堂을 결정한다. 풍수지리는 전국 지세의 순역順逆을 살펴서 명당을 설정하려는 것이다. 전국 산수의 순역을 살피는 과정은 경험과학에 근거하여 전국의 국토를 정확하게 이해하게 한다. 그리하여 구체적인 인문지리적 지식이 쌓이면서 지방의 어떤 곳을 명당으로 설정하였다.

풍수지리는 이미 설정한 명당인 어느 지방을 국가의 중심부에 두면서 그곳을 중심으로 전국의 국토를 재편성하려는 것으로 발전하였다. 말하자면 풍수지리는 명당을 설정하기 위해 전국 지세의 순역을 지정함으로써 명당으로 지목된 지방의 어느 한 곳 중심의 국토재구성안國土再構成案이 되었다.[49] 풍수지리설에 근거해 성립된 지방 중심의 이러한 국토관은 신라의 전통적 국가관을 크게 뒤바꾸는 것이다. 영토의 중심을 경주에 두었던 신라인들의 국토관은 풍수지리설의 영향으로 지방 중심적

48 최창조, 앞의 책, 1984, pp. 45~47.

49 김두진, 「나말여초 동리산문의 성립과 그 사상—풍수지리사상에 대한 재검토—」, 앞의 책, 1988, p. 43.

국토관으로 변화되었다. 이러한 국토관의 변화는 결코 간단하게 이루어진 것이 아니며, 그렇게 되기까지 경험과학에 기초한 세련된 지성이 작용하였다.

신라말에 지방호족이 대두한 분위기 속에서 풍수지리설이 유행하는 이유를 바로 이런 데서 찾을 수 있다. 그것은 한 지방을 명당으로 혹은 국토의 중심부로 설정함으로써 그곳에 웅거한 지방호족 세력을 옹호하는 성격을 가졌다.[50] 그러나 현재 전하는 풍수지리설은 도선 계통의 것이고, 지방호족 중심이라기보다는 왕건王建에게 봉사하는 것으로 나타나 있다. 그 결과 신라말의 풍수지리설은 왕건에게 후삼국 통일의 이념적 당위성을 제공한 것이라고 보았다. 이러한 주장은 정곡을 잃은 것이다.

도선은 왕건과 직접 결연해 있지는 않았다. 그러나 의종 때 최유청崔惟清이 찬술한 도선비(「옥룡사선각국사증성혜등탑비玉龍寺先覺國師證聖慧燈塔碑」)에는 그가 융건隆建과 만났다고 기록하였다. 곧 도선이 송악군松岳郡을 지나면서 왕건의 아버지 융건에게 비기秘記 한 권을 전하면서, 2년 후에 귀한 아들을 낳을 것이니 장성하면 그에게 이 책을 주라고 하였다. 장년이 된 왕건은 도선이 건네준 책을 받아 보고 천명天命이 자기에게 있음을 알아 도둑과 포악한 무리를 없앤 다음 국가를 이룩하였다고 한다.[51] 사실 도선의 비문 중 가장 믿을 수 없는 부분이 이 기록일 것이다. 그 뒤 고려시대에는 왕건이 도선과 직접 만났다고 윤색한 저술이 나오기까지 하였다.[52]

---

50 김두진, 위의 논문, 1988, pp. 43~46.

51 최유청, 「광양옥룡사 선각국사증성혜등탑비」, 『조선금석총람』 상, 조선총독부, 1919, p. 561.

52 도선과 왕건과의 관계는 高麗世系에 인용된 金寬毅의 『編年通錄』에 보다 상세하게 附會되었고, 閔漬의 『編年綱目』에서는 도선이 왕건을 찾아간 사실이 기록되어 있다. 곧 도선

도선이 융건과 만났다는 사실은 믿을 수 없다. 도선이 만약 왕건의 선대先代와 결연하고 있었다면 그의 제자인 경보가 견훤甄萱과 결합하였을 까닭이 없다. 경보는 중국에 유학하고 돌아올 때 견훤의 도움을 받아 전주 지역으로 들어와서 남복선원南福禪院에 머물렀다. 또한 그는 견훤의 배려로 광양光陽 옥룡사玉龍寺의 주지가 되었다.[53] 아마 도선이 개창한 옥룡사를 비롯한 동리산문은 견훤의 세력권 속에 들어와 있었을 법하다. 그러면 도선의 풍수지리설은 애초부터 왕건과 연결되었다기보다는 오히려 견훤과 관련되었다고 생각하는 것이 자연스럽다.[54]

사실 후삼국 혼란기의 지방에 웅거한 강력한 대호족들은 대체로 그들의 세력 기반에 봉사하는 풍수지리설을 가졌을 가능성이 있다. 그렇지만 풍수지리설은 삼한을 통일한 고려 국가에 의해 정리될 수밖에 없었고, 그 결과 송악松岳 중심지설中心地說 이외의 것은 남겨지기 어려웠다.[55] 말하자면 고려 통일 이전에는 전국적인 것은 아니었어도 각 지방을 명당으로 설정한 상당수의 풍수지리설이 존재하였다. 따라서 왕건과 직접적으로 연결되지 않거나 혹은 다른 지방호족과 연결된 풍수지리설의 사례를 구체적으로 지적하는 작업이 이 방면의 연구를 일보 진전시킬 것이다.

송악 이외에는 천안天安과 사천泗川 등에 풍수지리설이 전하고 있다.[56] 이들 지역이 왕건과 전혀 관계없는 것은 아니다. 그렇지만 천안

은 松岳으로 17세가 된 왕건을 찾아가, 出師置陣 및 땅을 이롭게 하고 하늘의 때를 맞추는 법과 望秩山川과 感通하여 保佑하는 이치를 말해 주었다고 한다. 이 부분은 고려시대 내내 계속해서 윤색되어 갔음을 알려 준다.

53 김두진, 「왕건의 승려결합과 그 의도」, 『한국학논총』 4, 1982, pp. 133~134.

54 김두진, 「나말여초 동리산문의 성립과 그 사상—풍수지리사상에 대한 재검토—」, 앞의 책, 1988, pp. 22~23.

55 김두진, 위의 논문, 1988, pp. 43~46.

56 김두진, 위의 논문, 1988, p. 44.

의 왕자성王字城에는 "오룡五龍이 여의주를 다투는 지역"이라는[57] 풍수지리설이 왕건의 진주進駐 이전에 널리 퍼져 있었다. 또 사천 지역에도 욱郁의 아들 순詢이 현종으로 등극하는 풍수지리설이 전해져 있었다. 다만 욱이 유배되기 이전 이 지역 풍수지리설의 본래 모습은 상당히 달랐을 법하다.

후삼국시대에 천안이나 사천 등의 지역에 강력한 호족 세력이 웅거하고 있었던 것은 주목된다. 후당後唐에 사신을 파견할 정도의 독자 세력을 구축한 김해의 왕봉규王逢規는 사천 지역까지 관장하였다. 또 한때 왕봉규의 부하로 후당과의 교섭에 주역을 담당하였던 임언林彦이 천안 지역에서 강력한 호족 세력을 형성하였다. 이러한 사례는 천안과 사천 이외에도 강력한 호족이 웅거했던 지역일 경우 그곳 중심의 풍수지리설이 존재하였을 것으로 추측하게 한다.

(4)「삼국도」의 작성과 비보사상

도선은 풍수지리설의 중심 이론으로 비보裨補를 내세웠다. 그런 만큼 풍수지리설에서 비보는 중요하다. 왕건은 자손에게 내린 훈요訓要 10조에서 "도선이 점쳐서 추정한 산수의 역순順逆에 따라 모든 사원을 개창하라"고 하였다. 도선이 말하기를 "내가 점쳐서 정한 곳 외에 망령되이 (사원을) 창건한, 즉 지덕地德을 손실시키고 박薄하게 하여 조업祖業이 길지 못한다"라고 하였으므로, 왕건은 후세의 국왕·공작公爵이나 후작侯爵·후비后妃·조신朝臣들이 각각 원당이라 칭하면서 사원을 더욱 창건하여 간다면 크게 우려할 바라고 생각하였다(『고려사』 권2, 태조 26년조).

57 『신증동국여지승람』 권15, 충청도 천안군, 고적, 회고정조.

도선이 전국에 비보사찰을 점쳐서 정해 둔 것만은 확실하다. 곧 산수의 순역에 따라 어디 어디 산수는 순하고 어디 어디 산수는 역하니까 사찰은 어느 곳에 세우라고 추정해 두었다. 이미 산수의 순역에 의해 전국 국토의 형세를 정해 두었던 것이 분명하다.

산천의 순역 형태를 토대로 비보를 끌어내는 과정에서 도선이 「삼국도三國圖」를 그리고 있음은 중요하다고 생각한다. 이러한 「삼국도」의 작성이 바로 국토재구성안을 만들 수 있게 하였다. 그것은 산수의 형세에 따라 삼한의 명당을 설정하여 그곳을 중심으로 작성한 삼한 지도이다. 그런데 신라말의 풍수지리설이 모두 「삼국도」를 작성할 수 있을 정도의 국토재구성안으로 성립한 것 같지는 않다. 개중에는 어느 한 지역의 산수를 살피는 데 그친 것도 있었고, 또는 상당한 규모의 지역을 합쳐서 재편하는 성격을 가진 것도 있었다.[58]

다만 전국 규모의 「삼국도」를 작성할 정도인, 곧 국토재구성안의 성격을 띤 풍수지리설은 실제로 흔하지 않았다. 이런 종류의 풍수지리설을 수용할 수 있는 지방호족 세력은 지금의 군郡 단위 정도의 지역을 지배한 것이 아니라 적어도 후삼국의 세력 판도에 영향을 준 대호족이었음이 분명하다. 전국 규모로 거의 완전할 정도로 작성한 국토재구성안이 바로 도선의 풍수지리설이었다. 그래서 그것은 국토 운영 원리라는 다음 단계의 비보裨補로 나아갈 수 있었다.

풍수지리설에서 일단 양기陽基로 도읍이나 궁실 등의 터를 결정하면 그것은 옮기기가 매우 어렵거나 불가능한 속성을 지녔다. 그러므로 풍수지리설은 결국 비보로 이어질 소지를 가졌다. 비보는 「삼국도」로 작성

58 김두진, 「나말여초 동리산문의 성립과 그 사상—풍수지리사상에 대한 재검토—」, 앞의 책, 1988, pp. 46~47.

한 전국 국토의 운영 원리를 모색하는 과정에서 나타났지만 과감한 변혁을 바라는 것은 아니다. 비보에 대해서는 "고려가 삼한을 통합한 초기에 바꾸지 않고 이끌면서 가만히 도움을 받는 자본으로 삼고자 이에 안팎으로 사원을 많이 설치한 것이다"라고 기록하였다.[59] '바꾸지 않고 이끈다'라고 함은 일단 양기로 정해지면 바꾸기 어려운 국토를 효율적으로 운영하는 면을 나타내 보이는 것이겠지만, 한편으로 후삼국을 정리하면서 새로운 사회를 건설해 가는 고려의 통일정책과도 연관되어 있었다.

갑작스레 바꾸지 않고 가만히 도움을 받는 자본으로서의 비보는 멀리는 고려의 친신라적 정책과 연관된다. 후삼국의 동란을 조장하는 세력은 궁예弓裔의 정치 성향과 같은 반신라적 인물들로 구축되어 있었기 때문에 왕건은 친신라적 정책을 표명함으로써 통일 이후 국가 질서를 회복하고자 노력하였다. 한편 그것은 현실적으로 왕건의 호족연합책과 표리를 이루면서 갖추어졌다. 기존의 지방호족 세력을 해체하지 않고 통일된 고려국가를 이룩하였을 경우, 왕건은 이들로부터 도움을 받을 수도 있지만 아울러 이미 귀족으로 인정된 호족들을 통어할 필요를 느꼈다. 여기에 도선의 비보가 왕건의 호족연합책과 제휴할 가능성을 가졌다.[60]

물론 도선은 비보를 내세우면서 「삼국도」에서 명당으로 규정한 국토의 중심부를 송악으로 설정하지 않았을 것이다. 다만 전국 규모의 「삼국도」를 작성한 도선의 풍수지리설은 반드시 대호족이거나 아니면 후삼국 지배자의 후원을 받았을 법하다. 그런 면에서 도선의 풍수지리설은 애초에 왕건보다는 견훤과 연결되어 그에게 통일이념을 제공하였다고

59 권근, 「연복사탑중창기」, 『동문선』 권78.

60 김두진, 「나말여초 동리산문의 성립과 그 사상—풍수지리사상에 대한 재검토—」, 앞의 책, 1988, pp. 45~47.

생각하는 것이 오히려 무리가 없다. 사실 도선이 활동한 지역은 후백제 영역 내에 있었다. 그렇다 하더라도 국토의 중심인 명당을 송악으로 대치하기만 하면, 국토재구성안은 왕건이 삼한을 통합하는 데 충분히 이념을 제공할 수 있었을 것이다. 그리하여 도선의 풍수지리설이 통일 고려왕조와 밀착하게 되었다.

(5) 고려의 통일과 도참사상의 전개

도선이나 신라말 풍수지리설의 참모습은 산수의 순역을 살펴서 「삼국도」를 작성하고, 국토 운영 원리로 비보를 내세우는 것이다. 비보는 왕건의 호족연합책과 연결되면서 고려초 호족 세력을 편제하고 일방으로 그들을 제어하려는 왕실의 통치정책과 연관하여 정략적으로 이용되는 면이 없지 않았다. 왕건과 대항할 수 있는 호족이 존재하는 지역은 역지逆地로 떨어질 수 있으며, 역한 땅을 비보하려는 조치는 바로 호족 세력을 통어하면서 왕권을 강화하려는 왕건의 의도와 밀착되었다. 그리하여 풍수지리설은 도참적圖讖的 성격을 띠어 지리쇠왕설地理衰旺說로 변질되어 갔다.

사실 풍수지리와 도참은 분명히 다른 것이다. 도참은 장래의 일, 특히 인간 생활의 길흉화복과 성쇠·득실에 대한 예언을 징조로 보이는 것이지만, 대체로 정치와 결부하여 권능을 행사하였고 내용 자체가 믿기 어려운 허무맹랑한 비기祕記로 전해졌다. 신비한 측면에서 풍수지리와 도참은 통하는 것이다. 고려초기에 도참은 풍수지리와 결합하면서 흔히 정치적 목적으로 주장되었다. 그리하여 고려시대에 지리도참 사상이 풍미하였는데, 이런 면은 역시 부정적으로 생각해야 할 부분이다.

삼국시대에 도참이 나타나지 않은 것은 아니다. 백제가 멸망할 때

“백제는 보름달[圓月輪]이요 신라는 초승달[新月]이다(『삼국유사』 권1, 태종 춘추공조)”라고 한 것이나 신라말의 왕창근王昌瑾설화 등은 도참적 성격을 갖지만, 그 속에 지리적 요소가 들어가 있지는 않았다. 지리도참 사상으로 문제가 되는 것은 고려초기이며, 왕건의 「십훈요十訓要」에 나타나 있다. 왕건은 「십훈요」의 제8조에서 차현車峴 이남 공주강 밖은 산형과 지세가 모두 배역背逆으로 뻗었고 인심도 또한 그러하니, 이 지방 사람들을 관리로 뽑아 쓰지 말라고 하였다. 또 제5조에서 서경西京은 수덕水德이 순조로워 우리나라 지맥의 근본이어서 대업大業을 만대에 전할 땅이므로 순주巡駐하라고 하였다.

물론 「십훈요」는 왕건이 자손들에게 은밀하게 내린 유훈이기 때문에 그 속에 충분히 참위적讖緯的인 내용이 들어갈 소지가 있다. 이 점은 도선의 풍수지리설과 확실히 구별된다. 도선의 풍수지리설이 비보로 흘렀지만, 곧바로 참위적 성격을 강하게 띠었는지는 분명하지 않다. 왕건은 참위적 성격의 풍수지리를 자손들에게 은밀히 전달하였다. 평양을 중시하고 금강 이남 지역을 차별하려는 도참사상이 당시의 정치적 현실과 연관되어 있었음을 알 수 있다. 왕건은 한반도의 남쪽 지역보다는 기존의 호족 세력에 의해 점거되지 않았던 평양 지역을 왕실의 세력 기반으로 확보하고자 하였다.[61] 반면 고려에 가장 적대적이었던 금강 이남의 후백제 지역이 역한 땅으로 규정될 수밖에 없었을 것이다.

그러면 왜 고려초에 풍수지리설을 도참과 연결하여 정치적으로 이용하였을지 궁금해진다. 풍수지리설은 한 지방을 국토의 중심인 명당으로 설정하여 그곳을 중심으로 하는 국토재구성안으로 성립되면서 그 모순이 나타나기 시작하였다. 말하자면 명당으로 설정한 A 지역을 중심

61 하현강, 「고려 서경고」, 『역사학보』 35·36 합집, 1967, pp. 141~146.

으로 한 국토재구성안인 풍수지리설은 B 지역을 중심으로 설정한 국토 재구성안인 풍수지리설과 배치하게 된다. A 지역이 명당으로 국토의 중심이 되면 B 지역은 국토의 중심이 될 수 없기 때문이다. 풍수지리설의 이런 면이 지방에 웅거한 호족 세력 사이의 정치 싸움을 조장하는 일익을 담당하였다.

신라말에 선종과 풍수지리설은 지방호족과 연결되어 유행하였다. 그러나 고려초기에 선종은 풍수지리설과는 달리 계속해서 사상적으로 발전할 수 있었다. 선종산문은 서로 공존이 가능하기 때문이다. 선종사상에서는 외적인 인연을 끊으면서 각자가 자기 안에 있는 불성을 깨치고자 하므로 각각의 산문이 다른 산문을 특별히 의식하지 않는다. 그리하여 고려시대에도 선종의 구산문파가 그대로 법맥을 전할 수 있었다. 이에 비해 풍수지리설은 서로 배타적이라서 공존할 수 없었다. 말하자면 풍수지리는 고려초기 삼한을 통일한 세력, 곧 왕건에 의해 정리될 수밖에 없었다.

(6) 고려 이후의 변화된 모습

풍수지리설은 후삼국의 통일 과정에서 정리되고, 정치 세력에 의해 이용되면서 더 이상의 사상적 발전을 이루지 못하였다. 고려시대에 풍수지리가 비보사상을 거쳐 도참사상으로 흐르면서 미신적 요소를 짙게 띠었다. 그리하여 그것은 주로 도읍을 옮기거나 새로 세우려는 정도定都사상으로 성립하였다. 삼경제三京制를 정하려는 것과 같은 지리도참의 모습이 그 전과는 달리 고려시대의 특징으로 나타났다. 태조 이후 그와 같은 사례로 우선 정종의 서경천도 계획을 들 수 있다. 성종과 현종 때에도 역시 지리도참설에 연유하여 동경東京(경주)을 설치하였다.

문종 때에는 고려문화의 황금기를 이루면서도 오히려 지리도참이 성행하였다. 도선의 『송악명당기松岳明堂記』에 태조가 통일한 해인 936년으로부터 2회갑回甲, 즉 120년이 되는 해에 이궁을 서강西江(예성강禮成江)에 지으면 국가 터전이 굳어진다고 하였다. 이 연기설延基說에 맞추어 문종 10년(1056년)에는 왕실이 예성강변에 장원정長源亭을 지었다. 비기인 『송악명당기』가 도선의 저술인지도 분명하지 않다. 그 후 왕은 자주 이곳으로 순주하였다. 문종 21년(1067년)에 남경南京(양주, 지금의 서울)을 설치하는 것도 같은 맥락에서 이해된다.

개경 외에 서경·남경을 한데 묶은 삼경제가 행정적으로 중요한 의미를 지녔다. 숙종과 예종 때에도 지리도참은 두드러지게 나타났다. 숙종 원년(1096년)에 김위제金謂磾가 『도선기道詵記』에 따라 남경 천도를 주장하였고, 숙종 6년(1101년)에 남경이 건설되기 시작하였다. 예종 때에는 지리도참에 관한 관찬官撰 도서인 『해동비록海東秘錄』을 간행하였으며, 태사관太史官의 송도지쇠설松都地衰說 및 연기 관념에 따라 서경에 용언궁龍堰宮을 창건하였다.

고려시대에 지리도참과 관련하여 발생한 가장 충격적인 사건은 인종 때에 일어난 묘청妙淸 일파의 서경천도운동이다. 묘청·정지상鄭知常 등이 상소하여 "서경의 임원역林原驛 땅은 음양가들이 말하는 대화세大華勢의 곳이니, 만약 여기에 궁궐을 세우고 이도移都하시면 가히 천하를 합병할 수 있고 금나라가 폐백을 가져와 스스로 항복할 것이며 36국이 모두 신하로 칭하게 될 것입니다"라고 하였다.

이렇게 추진한 서경천도운동은 김부식金富軾 일파의 반대에 부닥쳐 실패로 끝나면서 묘청 등이 반란을 일으켰고 결국 진압되었다. 묘청의 서경천도운동은 지리도참으로 주장된 것이지만, 사실은 정치적 목적을 더 짙게 깔고 있음을 유의해야 한다. 그것은 낭불郎佛사상을 주장하는 자주적인 서경파와 이에 대립한 사대적 유가인 개경파의 정치적 싸움으로 이해되었다.[62] 고려시대의 지리도참설 자체는 이러한 정치 상황과 관련지어 이해할 필요가 있다.

정종 때의 서경천도설은 정종의 측근인 왕식렴王式廉을 중심으로 한 서경 세력의 득세와 연관될 수 있으며, 그 후 남경이나 동경 등의 건립 역시 인주仁州 이씨李氏나 과거 신라 육두품계 귀족의 등장과 관련하여 분석해야 한다. 지리도참은 고려시대에 정치 세력의 등장과 함께 그들에 의해 이용되는 측면을 보여 주었다. 이 점은 풍수지리설의 사상적 발전을 저해하면서 더욱 미신적으로 변하게 만들었고, 시대가 내려가면서 음기적陰基的 성향을 강하게 지니게끔 하였다. 말하자면 풍수지리설은 집터나 묏자리 등을 점쳐서 정하는 가장 초보적 방법만 남겼고, 신라말에 전국의 국토를 관리하던 원대한 능력 내에 미신적 요소가 대신하여 자리하였다. 그러므로 앞으로 민족문화의 창달을 위해 풍수지리의 합리적 요소를 정확하게 추출하여 인문지리학으로 발전시키는 작업을 계속 이어 가야 한다.

---

62 신채호, 「조선역사상 일천년래 제일대사건」, 『조선사연구초』, 조선도서주식회사, 1930, pp. 104~105.

제 5 부

결론

1. 신라중대 전제주의 정치 개혁과 원융적 이론불교

사회사상사 시각에서 한국사상을 조명하려면 사상을 당시의 정치사회 체제와 연관 지어 고찰해야 한다. 한국사상을 역사 전개의 맥락 속에서 이해하려는 것이다. 사회사상사를 정립시키기 위해 사회 상황에 대한 이해 위에서 사상을 파악할 수도 있으며, 거꾸로 사상 자체를 분석한 결과로써 그것을 배태시킨 사회에 대한 이해에 접근할 수도 있다. 사회사에 관한 기본 자료가 부족한 한국고대사의 경우 후자의 방법을 시도해 볼 만하지만, 전자의 방법이 사상사 연구를 편파 없이 진행할 수 있다. 이 책에서는 통일신라사에 대해 먼저 개략적으로 이해한 다음, 당대의 사상사가 이와 연관하여 어떻게 전개되어 나갔느냐를 살피면서 후자의 방법도 고려하였다.

민족문화가 처음으로 정립되는 시기라는 점에서 통일신라사의 바른 인식은 중요한데, 신라중대에서 하대로의 이행이 격변한 것으로 다루려는 경향이 있다. 곧 신라중대와 하대의 사회 구조를 너무 다르게 파악하려 하였다. 물론 그 차이가 심한 것도 사실이지만, 신라중대 사회 속에 하대 사회의 요인이 태동하고 있었다. 신라중대에는 전제주의만 행해졌던 것이 아니라 이에 대항하는 진골귀족 세력이 온존溫存하였고, 전제주의에 유리하면서도 서로 대립할 수 있는 사상들이 함께 유행하였다.

전제정치가 행해지는 신라중대에 교종불교가 성행하였다. 교종은 화엄종華嚴宗과 법상종法相宗으로 대표된다. 화엄사상을 진작시킨 의상義湘과 원효元曉는 한국 불교사상의 철학 체계를 수립하였다. 화엄사상의 근본은 연기緣起와 성기性起에 의한 무진無盡한 조화와 균형을 실현하는 것이겠지만, 화엄사상가에 따라 그 강조점을 달리하였다. 횡진법계관横盡法界觀을 가진 의상의 화엄사상은 원칙적 하나 속에 삼라만상의 여러 법상을 통합하려는 것이다. 다만 원효의 화엄사상에서도 이런 면이 부정되지는 않았다. 성기취입적性起趣入的인 화엄사상은 전제왕권을 중심으로 한 중앙집권적 지배 체제를 구축하는 데 유용하였다.

신라중대 말이 되면 법상종이 대두하였다. 태현太賢이나 진표眞表의 교학이 이에 속한다. 신라 법상종은 주로 육두품 이하의 중간 계층에게 수용되었고, 엄격한 계율을 강조하는 특성을 보였다. 이런 점이 법상종 사상을 신라중대 사회에 유행하게 하였다. 전제 왕실은 법상종사상을 포용함으로써 엄격한 계율적 통치에 도움을 받았을 뿐만 아니라 그 신앙층인 중간 귀족의 협조를 얻음으로써 왕실에 제약을 가할 수 있는 정통 진골귀족 세력을 견제하였다.

유교는 신라중대 전제주의가 성립되어 가는 분위기 속에서 왕권과 결탁한 관료층 중심으로 수용되어 성행하였다. 유교를 전문적으로 전수한 계층은 주로 육두품귀족이었다. 그들은 유학을 통한 학문과 문장으로써 출세의 길을 모색하였다. 처음에 유교와 불교는 크게 구별되지 않고 오히려 서로 조화를 이루고 있었다. 신라하대가 되면서 육두품 출신 유학자들은 유교를 통하여 그들의 신분적 한계를 극복하려고 하였다. 유교와 불교는 각각 세상 안과 세상 밖의 가르침이라고 구별되면서, 유학자들은 불교(특히 교종敎宗) 및 그것과 친밀한 진골귀족 세력을 비판하였다. 신라하대의 유교는 반진골적反眞骨的 성향을 지니지만 신라국가 또는 왕권을 부정하지는 않았다.

신라하대 지방호족 세력의 등장과 함께 선종이 유행하였다. 교종과 달리 선종사상은 불립문자不立文字·견성오도見性悟道를 주장하여 누구나 자기에게 내재한 불성을 깨닫게끔 한다. 그러기 위해 외식제연外息諸緣, 곧 좌선坐禪한다. 이러한 선종사상은 중앙정부의 거추장스러운 간섭을 뿌리치고 독자 세력을 구축하려는 지방호족의 구미에 맞았다. 선종사상은 진성여왕대를 전후하여 변하였다.

진성여왕 이전의 선승들은 지방호족뿐만 아니라 중앙 왕실과도 어느 정도 연결되어 있었으며, 그들의 사상은 수행으로 증득證得하는 면을 부정하지 않았다. 진성여왕 이후가 되면 그들은 개인주의적 사상 경향을 강하게 지니면서 대부분 왕실과 결별하고 지방호족과 연결하는 쪽으로 기울었다. 후삼국이 쟁패를 겨루는 시기에 그들의 사상은 또 한 번 변하여 교종사상을 융합하려는 경향을 보였다. 아울러 유불선儒佛仙 삼교융합사상 경향의 유행과 함께 신비신앙이나 풍수지리설이 등장하였다.

신라중고기의 진종眞種설화는 왕실의 지배 이념으로 이어졌지만 시기에 따라 다소 변하고 있었다. 진흥왕은 전륜성왕轉輪聖王 관념을 표방하였고, 진평왕대 왕실은 석종의식釋宗意識을 포용하였는가 하면, 선덕여왕은 제석신앙帝釋信仰을 내세웠다. 이러한 불교신앙의 변화는 신라중고기 정치사회의 전개와 연관되었다. 석종의식을 수용하였다고 하더라도 진평왕대 초기에는 석가불신앙이 유행하였는데, 진평왕대 후기에는 세석신앙이 부각되었다. 계속해서 선덕여왕대에도 제석신앙을 크게 중시하였다. 이렇듯 진평왕대 초기와 후기에는 각각 강조하는 불교신앙이나 사상의 변화가 있었고, 이와 연관하여 진평왕대 초기와 후기의 사회 체제도 어느 정도 차이가 있었다.

진지왕이 폐위되고 진평왕이 즉위하는 과정에서 상당한 정치적 변화가 있었지만 그러한 사회 상황을 알려 줄 만한 자료는 거의 없는 실정이다. 진평왕은 마지막으로 즉위한 성골 신분의 남자 왕이며 여러 개혁정치를 시행하였다. 진흥왕 사후에 태자인 동륜계銅輪系와 차자인 사륜계舍輪系는 계속 대립하였고, 진평왕이 즉위한 후에도 이러한 대립은 미묘하게 전개되었다. 진평왕대 초기의 정치 상황을 알려 주는 주목할 만한 자료는 설화이기는 하지만 『삼국유사三國遺事』의 도화녀비형랑桃花女鼻荊郎조이다.

진지왕의 혼魂과 사량부沙梁部 서녀庶女 도화녀 사이에 태어난 비형랑은 진평왕대 초기에 주로 활동하였는데, 진지왕의 실제 아들인 용춘龍春과 상당히 비슷한 정치 성향을 지녔다. 곧 비형랑은 후대에 용춘의 행적을 상징적 설화로 꾸미면서 가공적으로 만든 설화 속 인물이다. 비형랑은 초기 용춘의 정치 행적을 살피는 데 도움이 된다. 비형랑과 진평왕의 관계나 용춘이 진평왕의 사위였다는 사실에서 진평왕대 초기에 왕위를 장악한 동륜계는 사륜계와의 협조로 왕권의 안정을 꾀하였다.

진평왕은 즉위 초에 왕권을 강화하려 하였지만 뜻대로 이루지 못하였다. 진평왕의 즉위에 직접 관여한 동륜계를 비롯한 김후직金后稷 등 정통 진골귀족 세력은 왕권 강화를 위한 정책을 과감하게 밀고 나가지 못하였다. 왕실도 전제주의 개혁정치를 적극적으로 펼칠 수 없었다. 근시직近侍職이나 시위직侍衛職에 보임補任된 인물들은 진평왕의 지지 세력이었지만, 수적 증가와 더불어 서로 분열하면서 진평왕대 후기까지 계속해서 왕권을 뒷받침하지 못하였다. 다만 진골귀족 중에서도 임종林宗과 같은 왕실에 협조한 인물이 다소 있었다. 그러나 그들 역시 확고한 신념으로 왕실을 지지하였다기보다는 시세에 따라 처신을 달리하였다. 그리하여 진평왕대 왕권 강화를 위한 개혁정치는 한계성을 가졌다.

진평왕대에 설치한 관제는 전제주의를 지향하지만 실제로 전제왕권을 성립시키는 정치 개혁을 이룬 것은 진덕여왕 5년의 관제 정비이다. 그것은 진평왕대 말기의 관제 정비와 맥락을 같이한다. 진덕여왕 때의 개혁 조치는 사륜계의 주도로 이루어졌다. 다만 진평왕대 초기와 후기의 관제 정비는 그 성격을 달리한다. 진평왕은 비교적 긴 기간을 왕위에 있었지만, 처음 행한 왕권 강화를 위한 개혁 조치는 실패로 기울었다. 진평왕대 후기의 개혁 조치는 전제주의를 강화하려는 성격을 더 뚜렷하게 보이지만 오히려 용춘이 주도한 것이다. 이후 세력 기반을 확대한 사륜계는 진덕여왕대의 전제주의 개혁을 단행하면서 왕위를 획득하고는 신라중대를 열어 갔다.

신문왕대의 정공鄭恭은 실존하였다기보다는 설화 속의 가공인물이다. 『삼국유사』에 실린 그에 대한 기록은 믿기지 않은 설화로 구성되어 있다. 정공설화를 통해 신라중대 전제정치의 한 면모를 알 수 있다. 정공의 활동은 밀교密敎 승려인 혜통惠通의 행적과 함께 언급되었다. 혜통이 중국에서 문두루비법文豆婁秘法으로 독룡毒龍을 물리치고는 황실 공주의 병을 낫게 하였다. 이때 쫓긴 교룡蛟龍이 신라 문잉림文仍林으로 들어와 해독을 더 심하게 끼치자, 정공이 사신으로 중국에 들어가 혜통에게 이 사실을 알렸다. 정공과 같이 귀국한 혜통이 다시 교룡을 쫓아버렸다.

교룡은 복수하기 위해 정공의 집 앞 버드나무로 가탁假託하여 자랐다. 이를 모른 정공은 버드나무의 무성한 것을 무척 사랑하였다. 마침 죽은 신문왕의 상로葬路에 방해가 되므로 조정이 버드나무를 베고자 하였다. 정공은 자기의 목을 벨지언정 버드나무를 베지 못하게 하니, 조정이 그의 목을 베고 집을 적몰籍沒하였다. 신문왕의 장례를 치른 효소왕은 아울러 혜통까지 죽이려 하였으나 그의 신술神術로 말미암아 뜻을 이루지 못하였다. 이후 혜통이 공주의 병을 치료해 줌으로써 정공은 신원伸冤되고 그의 처자도 속량되었다고 한다.

무열왕 이후 신라중대의 전제 개혁정치는 왕실에 대항할 수 있는 정통 진골귀족 세력을 억압하면서 왕권을 강화하려는 것이다. 신문왕대를 거치면서 왕실은 정통 진골귀족 세력을 과감하게 숙청하였는데, 정공의 처형은 바로 이런 모습을 상징적으로 나타낸다. 그러나 혜통을 제거하지 못하였을 뿐만 아니라 뒤에 정공을 신원한 사실은 신라중대 전제 개혁정치의 한계성을 보여 준다.

정공의 처형은 개인이라기보다는 신라중대 전제정치에 항거한 진골귀족 세력 일반으로 넓혀 이해해야 할 문제이다. 문무왕대를 지나 신문왕대는 신라중대의 전제정치가 가장 강화된 시기이다. 신문왕 원년(681년)에 소판蘇判 김흠돌金欽突과 파진찬波珍飡 흥원興元 및 대아찬大阿飡 진공眞功 등이 반란을 꾀하다가 죽임을 당하였다. 김흠돌은 신문왕의 장인으로 이 사건에 연루되어 왕비는 궁중에서 쫓겨났다. 이 모반 사건을 사전에 알고 있으면서도 고발하지 않았다는 죄목으로 김군관金軍官이 처형되었다.

재능이 아니라 은전恩典으로 벼슬이나 관직에 오른 김흠돌이나 군관 등은 신라 정통 진골귀족 세력이었다. 그들은 골품제 신분 질서에 의존해서 고위 관직을 역임하였고 군사적으로 크게 활동하였다. 반면 정통 진골귀족 세력을 제거하는 데 앞장선 자들은 김춘추와 김유신계의 신진 진골귀족 세력이었다. 그들은 전제주의 개혁정치를 주도하면서 정통 진골귀족 세력의 군사적 기반을 박탈함으로써 관료적 질서를 확립시키려고 하였다.

정통 진골귀족 세력은 골품제 사회를 유지하려는 등 신라 고유 전통을 표방함으로써 그들의 사회적 지위를 확고하게 유지하였다. 반면 신진 진골귀족 세력은 오히려 신라적 전통을 개혁함으로써 전제왕권을 강화하려고 하였다. 신라적 전통은 신라의 고유한 토착문화로 이어지는 것이다. 신라중대의 전제정치는 보편적 당의 문화나 제도를 도입하여 신라의 고유한 토착문화를 억제함으로써 왕권을 강화하려는 것이어서 그 기저에는 한화漢化정책이 깔려 있다. 한화정책 시행과 동시에 신라중대 전제정치로의 제도 개혁이 이루어졌다.

왕권을 강화하려는 체제 정비는 진덕여왕대의 집사부 설치를 통해 본격적으로 추진되었다. 궁극적으로 당의 육전 체제를 참고하여 그 기능을 가지면서 신라의 현실에 맞는 관부 개편을 서둘렀다. 신문왕 2년(682년)에는 국학國學을 설치하여 중국식 유교 교육을 강화하였다. 유교적 통치 질서를 확립하려고 노력한 신문왕대에 9주九州를 완비하였다. 9주의 완비는 군사권軍事權을 분리하여 중앙으로 흡수함으로써 지방관의 행정적 성격을 강화하려는 것이다. 이러한 지방 통치체제는 중앙집권적 관료 질서와 맞물려 정비되었다.

경덕왕은 한화정책을 표방하면서 강한 전제주의 개혁정치를 추진하였다. 경덕왕 16년(757년)에는 9주를 비롯한 지방 군현의 명칭을, 경덕왕 18년에는 중앙 관부의 명칭을 모두 한식漢式으로 고쳤다. 한화정책은 신라가 삼국을 통일한 후 경덕왕에 이르기까지 신라중대의 일관된 정책이었다. 그것은 과거의 귀족연합 정책을 부정하고 왕권을 전제화하기 위해 정통 진골귀족 세력을 억압하려는 성격을 지녔다. 그러므로 경덕왕의 관호 개혁은 무열왕 이후 전제주의 개혁을 더 강하게 표출한 것에 지나지 않는다.

경덕왕의 한화정책으로 개편한 지방 군현이나 중앙 관부의 이름은 혜공왕 12년(776년)에 모두 이전 이름으로 복구되었다. 경덕왕이 개혁하기 이전의 체제로 완전히 돌아감으로써 신라중대의 전제주의 개혁정치는 실패로 끝났다. 경덕왕의 옹립에는 김순원金順元 등 정통 진골귀족 세력이 깊이 간여하였다. 경덕왕의 전제주의 개혁정치가 한창 진행되고 있는 시기에 신충信忠이나 이순李純 등 왕당파가 물러났다. 전제주의 개혁정치를 단행할 당시에 정통 진골귀족들은 오히려 왕당파인 신진 진골귀족 세력을 충분히 견제할 정도로 굳건한 세력 기반을 가졌다.

전제주의 개혁정치가 한창 진행되고 있던 신라중대에도 정통 진골귀족 세력이 오히려 온존溫存하였다. 경덕왕 16년에는 왕권을 강화하려는 개혁정치가 실시되는 동시에 정통 진골귀족의 경제적 기반을 이루는 녹읍祿邑이 부활하였다. 신라 정통 진골귀족은 삼국 통일 과정에서 공훈의 대가로 지방의 일정한 지역이나 바다 중의 섬 전체를 녹읍으로 받아 그곳의 토지는 물론 인민까지 관장하고 있었다. 녹읍은 신라 정통 진골귀족의 실질적인 세력 기반이 되었다.

반면 신라중대 전제정치를 열어 가는 핵심 세력인 신진 진골귀족, 특히 김유신계가 신라 조정에서 점차 배제되고 있었다. 그리하여 혜공왕 때에는 김유신의 자손이 김융金融의 반란에 연루되어 죽임을 당하기에 이르렀다. 신라중대 전제정치의 한 중심축을 이룬 김유신계 세력이 위축된 것과 정통 진골귀족 세력이 신장하는 것은 서로 맞물려 이루어졌다. 성덕왕대를 거치면서 정통 진골귀족 세력이 외척으로 등장하거나 고위 관직에 임명됨으로써 오히려 전제왕권을 압도하였다.

경덕왕은 문무왕이나 신문왕 때와는 달리 충분한 지지 세력을 확보하지 못한 채 오히려 왕권을 압도하려는 정통 진골귀족 세력을 거세시키기 위한 전제주의 개혁정치를 단행하였다. 경덕왕은 석양에 기우는 것과 같은 전제주의를 부둥켜안고 안간힘으로 한화정책을 강하게 펴려는 개혁을 시도하였다. 당연히 그의 개혁정치는 성공을 거둘 수 없었다. 신라중대의 전제정치가 실패로 끝나면서, 진골귀족 사이에 왕위를 둘러싼 정권쟁탈전이 전개되는 하대 사회가 도래하였다.

경덕왕의 개혁정치가 실패하면서 사실상 신라중대의 전제정치는 막을 내렸다. 혜공왕대는 96각간角干이 서로 다투는 것으로 표현된 수많은 반란이 일어났다. 혜공왕 4년(768년)에 일어난 대공大恭의 반란을 계기로, 혜공왕 6년(770년)에는 대아찬大阿飡 김융金融이 반란을 일으키다가 죽임을 당하였다. 혜공왕 11년에 이찬 김은거金隱居가 반란을 일으켜 살해되었고, 두 달 후에는 이찬 염상廉相이 시중侍中 정문正門과 함께 모반하다가 처형되었다. 그러나 정작 김경신金敬信은 혜공왕 16년(780년)에 일어난 지정志貞의 반란을 진압하면서 중앙의 정치 무대에 등장하였다. 지정 등이 궁궐을 포위하여 범하자, 상대등 김양상金良相과 이찬 김경신이 병사를 일으켜 지정 등을 죽였다. 지정의 반란이 진압되는 과정에서 혜공왕과 왕비가 살해되었다.

지정의 반란을 진압한 김양상과 김경신은 분명 반혜공파였다. 혜공왕 12년 이후 비교적 확실하게 친혜공파를 제압하였지만, 정통 진골귀족들의 기반을 공고하게 유지하기 위해서는 그들이 스스로 왕위에 오르는 것이었다. 이리하여 중앙의 정통 진골귀족 사이에 왕위쟁탈전의 서막이 시작된 셈이다. 이런 분위기에 편승하여 김양상이 선덕왕으로 등극하였다. 선덕왕을 옹립한 김경신은 당시 정치권력의 실권자였지만, 왕위계승 서열이 앞섰던 자는 김주원이다. 이재二宰였던 김경신과 비교해 상재上宰인 김주원이 중앙정계에서 갖는 정치적 비중이 높았던 것은 분명하다.

『삼국유사』 원성내왕소의 해몽 기사에는 중앙정계의 진골귀족 세력이 무력에 기초한 정치적 실권을 장악함으로써 왕위를 획득해 가는 양상이 분명하게 나타나 있다. 곧 원성왕의 해몽 설화는 선덕왕 사후의 왕위쟁탈전을 상정하게 한다. 혜공왕대에는 김경신과 비교해 김주원이 더 유력한 세력 기반을 가졌을 뿐만 아니라 왕위계승 서열에서도 앞섰던 것이 분명하다. 그런데 실제로 선덕왕을 등극시키는 데에는 김경신의 무력 기반이 작용하였다. 그는 육두품인 여삼餘三 등 하급 귀족 외에도 왕비족이었던 박씨 세력은 물론 가야계의 신김씨新金氏 세력의 협조를 얻어 정계의 주도권을 장악하였다. 김경신은 김주원보다 선덕왕과 가까운 혈연관계였으나, 무열왕계라는 왕위계승 원칙을 완전히 무시하면서 왕위에 올랐다. 원성왕은 왕위쟁탈전에서 승리하여 왕위를 획득하였다.

왕위에 오르지 못한 김주원은 명주로 퇴거하여 낙향호족이 되었다. 김주원계는 왕실에 협조하여 중앙정계에 참여하면서도, 한편으로는 반발하는 이중적 면모를 가졌다. 김주원에게는 두 아들 종기宗基와 헌창憲昌이 있다. 종기와 헌창은 처음에 모두 중앙정계에 중용되었지만, 화합하기보다는 다소 서로를 견제하였기 때문에 정치적 입장을 달리하였다. 종기계가 중앙정계에 더 깊이 관여하였다면, 헌창계는 반기를 들 수밖에 없을 정도로 중앙에서의 세력 기반을 상실해 갔다. 김헌창은 아버지 김주원이 왕이 되지 못한 것을 이유로 반란을 일으켰으며, 그의 아들 범문梵文도 고달산高達山의 도적 수신壽神 등과 함께 반란을 일으켰다.

중앙 조정에 깊이 관여한 종기는 정여貞茹와 장여璋如라는 두 아들을 두었는데, 정여의 아들이 양陽이고 장여의 아들이 흔昕이다. 사촌이지만 김양과 김흔은 정치적 입장이 매우 달랐다. 김양은 김우징金祐徵을 도와 민애왕을 몰아내기 위해 청해진 군대를 이끌고 수도로 진격하였다. 김흔은 민애왕을 대신하여 대구에서 김양의 청해진 군대를 맞아 싸웠으나 이기지 못하였다. 이 싸움에서 이긴 김우징이 신무왕으로 등극하였고 김양은 중앙정계에서 중요한 위치를 차지하였지만, 패배한 김흔은 은거하여 낙향호족이 되었다.

김주원계는 중앙정계에서 영향력을 행사하였는가 하면, 일부는 왕위쟁탈전에서 패하여 낙향호족으로 돌아가기도 하였다. 원성왕계도 비록 왕위를 획득하였지만, 소혈족집단小血族集團으로 나뉘어 서로 왕위쟁탈전을 감행하였다. 원성왕계의 소혈족집단도 김주원계와 마찬가지로 낙향호족과 같은 기반을 가졌기 때문에 신라하대의 왕위쟁탈전을 더 복잡하게 전개하였다. 이러한 왕위쟁탈전의 혼란으로 신라말에 박씨 왕실이 등장하였고 후삼국을 정립시키는 결과를 가져왔다.

장보고의 청해진 세력에 관한 연구는 한韓·중中·일日 삼국의 고대 해양교류사뿐만 아니라 신라하대의 사회 정세를 밝힐 수 있다. 장보고는 당나라에 들어가 신라원을 건설하고 신라와 일본에 이르는 해상 무역권을 장악하였다. 이미 해외에서 경제적 또는 무력적 기반을 갖추었지만, 그가 신라 사회에 등장하는 것은 흥덕왕 3년(828년)에 청해진을 설치하면서부터이다. 이후 장보고는 민애왕을 몰아내고 신무왕을 옹립하는데 이바지하였으나, 문성왕 때에 딸을 왕비로 삼는 문제가 실패로 끝나면서 거세되었다. 그러고 나서 청해진이 해체되었다.

신라하대에 중앙왕실의 권위가 실추하면서 지방호족이 등장하여 실질적으로 사회를 움직였다. 당시의 지방호족으로는 낙향호족과 토착호족 및 해상의 군진 세력이 있었다. 신라말이 되면서 낙향호족 세력은 미미해졌고, 새로운 실력자로 부상한 토착호족과 군진 세력은 세력 기반을 확대하면서 서로 제휴하기도 하였다. 청해진 세력은 해상 무역을 기반으로 서남해안 지역의 토착 세력을 흡수하면서 중앙정계로 나아갈 수 있는 계기를 마련하였다. 이후 토착호족과 군진 세력이 확실하게 결합하면서 후삼국 사회의 혼란을 수습하고 새로운 사회를 건설하는 주역으로 성장하였다. 왕건이 바로 그런 세력이다.

일연은 선종 승려지만 교학불교 중심으로 『삼국유사』를 편찬하였다. 『삼국유사』 의해편에는 교학불교사상을 선양하였던 원광圓光을 비롯한 신라 고승들의 전기가 실렸는데, 현유가해화엄賢瑜珈海華嚴조는 그 말미를 장식하였다. 그것은 실질적으로 유가 승려인 태현太賢과 화엄종 승려인 법해法海의 전기에 해당하는데, 의해편을 마무리하는 의도로 작성되었다. 의해편의 결론 부분이라 할 수 있는 현유가해화엄조는 신라중대 교학불교의 양상을 제시한 것이다.

현유가해화엄조의 내용은 법상종의 태현을 위주로 서술하고 있지만, 결론적으로 태현보다 화엄종 법해의 신행信行이 더 수승殊勝하다는 것이다. 경덕왕 12년(753년)에 가뭄이 심하였다. 왕은 태현을 내전으로 불러 『금광경金光經』을 강하여 기우제를 주관하게 하였다. 다음 해에 또 가뭄이 들자 경덕왕의 초청을 받은 법해는 황룡사에서 『화엄경』을 강하면서 기우제를 드렸다. 태현은 궁중 금광정金光井의 우물이 7길 정도 솟아오르게 하였으나, 법해는 궁중 동쪽의 못이 넘치고 감은사感恩寺 계단 밑에까지 바닷물이 차게 하였다.

현유가해화엄조를 통해 경덕왕 때의 화엄종과 법상종 교단의 상관관계를 짐작할 수 있다. 신라중대 초기에는 의상의 화엄종 교단이 불교계를 장악하였다. 그러나 신라중대 말인 경덕왕 때에는 화엄종 승려의 활동은 상대적으로 위축되었지만, 법상종 승려들의 활동이 왕성하였다. 신라중대 법상종 교단은 진표계와 태현계로 나뉠 정도로 번성하였는데, 특히 태현계 법상종 승려들이 융섭적 유식사상을 형성시키면서 많은 논소를 저술하였다.

원측은 중국 법상종의 정통인 자은파慈恩派와 대조되는 서명파西明派 유식학을 성립시켰다. 원측에서 이어지는 서명파 유식학은 도증道證을 거쳐 태현에게로 전해져 신라 법상종 성립에 지대한 영향을 끼쳤다. 태현계 법상종사상은 원측의 사상뿐만 아니라 신라중대의 교학 풍토 속에서 형성되었다. 신라 법상종 교단 중 진표계와는 달리 태현계가 화엄종 사상을 상당히 수용하였던 것은 주목된다. 불법이 일미一味임을 강조한 원측은 중관과 유식의 대립뿐만 아니라 소승까지를 포용하려는 융섭적 사상 경향을 보였다. 그가 청변淸辯의 공종空宗을 포용하였던 것은 주목된다.

태현은 처음에 『화엄경』을 공부하였지만, 뒤에 유식을 전공하였다. 그는 무위無爲와 유위有爲, 곧 성性과 상相은 서로 분리될 수 없다고 함으로써 오히려 성상융회를 주장하는 화엄사상에 접근하였다. 아울러 태현은 정토신앙, 특히 미타정토신앙을 표방하였다. 신라중대에 성립한 법상종의 사상 경향은 화엄종사상에 관심을 가지면서 미타정토신앙을 내세우는 특성을 가졌다. 신라중대에 태현계 법상종파에 속하였던 승려로 순경順憬·경흥憬興 등이 있고, 김지성金志誠·노힐부득努肹夫得·달달박박怛怛朴朴 등도 태현계 법상종 교단에서 활동하였다.

태현은 국내뿐만 아니라 중국과 일본에까지 명성을 떨친 학승이지만, 법해는 잘 알려지지 않았던 인물이다. 태현과 비교해 법해의 법력이 우수하였다는 것은 상징적 의미가 있다. 현유가해화엄조는 신라중대 초기에 불교계를 주도하였던 의상계를 비롯한 화엄종 교단이 경덕왕 때에 비록 위축되었을지라도 한창 번성한 법상종 교단을 상대적으로 능가하였던 사실을 알려 준다. 곧 신라중대에 화엄종의 위상이 높았던 것이 분명하다. 신라중대 화엄종단의 주류는 의상계였지만, 자장계나 혹은 원효계 등 비의상계 승려들도 활동하고 있었다.

의상은 횡진법계관橫盡法界觀을 가졌다. 그것은 법장法藏의 수진법계관竪盡法界觀과는 대조적인 논리로 화엄사상을 구축하였다. 곧 전자가 성기취입性起趣入을 내세웠지만, 후자는 연기건립緣起建立을 주장한다. 이러한 두 법계관은 현상계의 여러 법상을 인식하는 차이로 말미암아 성립한 것이다. 의상이 여러 법상을 가상假相으로 보았기 때문에 성기론적 입장을 천명하였다면, 법장은 그 실체를 인정하기 때문에 의상과는 대척적인 극도의 연기론적 입장을 가졌다. 그리하여 이후의 화엄사상가들은 의상과 법장의 법계관을 절충하는 방향에서 자신의 화엄교학 논리를 설정하였다. 화엄교학의 논리를 구축하는 면에서 법장과 쌍벽을 이룬 의상은 신라중대에 전제왕실의 비호를 받으면서 튼튼한 화엄종 교단을 정립시켰다.

비의상계인 명효明皛나 견등지見登之 및 표원表員 등은 원효의 교학에 가까운 화엄사상을 가졌다. 그 외에도 신라중대에 화엄종 승려로 승전勝詮이나 범수梵修 등이 활동하였다. 신라중대의 화엄교단이 번성한 데에는 자장이나 원효의 교학도 능동적으로 작용하였다. 선덕여왕 때에 주로 활동한 자장은 문수신앙을 강조하면서 화엄의 오대산신앙을 성립시키는 계기를 마련하였다. 원효는 특히 『금강삼매경론金剛三昧經論』을 저술하면서 공관과 유식은 물론 관법觀法까지를 회통會通하려는 화쟁和諍사상을 성립하였을 뿐만 아니라 불교의 모든 경전을 이해할 수 있는 신라불교의 기반을 마련하였다.

선종이 등장한 신라하대에는 법상종 교학이 더 위축되지만, 화엄종 교학은 다소 성행하였다. 선사禪師들도 처음 화엄사상에 심취하였다가 선종 수행으로 나아갔다. 신라하대에 화엄종 승려로 지해智海나 연회緣會·묘정妙正 등이 알려져 있고, 신라말에는 해인사를 중심으로 많은 승려가 활동하였다. 법상종 승려들도 일부 보이며, 태현계보다는 진표계 문도들이 번성하였다. 이들이 고려초에 법상종을 크게 번창시켰다. 반면 태현계는 궁예의 교학과 연결되면서 더 발전하는 것이 어려웠다.

중국 법상종의 정통인 자은파慈恩派는 현장의 제자인 규기窺基로부터 혜소惠沼와 지주智周에게로 계승되었다. 한편 규기와 동학인 원측圓測은 자은파와 대조적인 서명파西明派 유식사상을 형성시켰다. 서명파 유식사상은 도증을 통해 태현太賢에게로 이어져 신라 법상종을 성립하는 데 영향을 주었다. '오성각별五性各別'을 주장하는 자은파와는 달리 원측의 서명파 유식사상은 융섭적 성격을 지녔다.

서명파 유식사상이 들어오기 이전에 이미 신라 사회에는 섭론종攝論

宗이나 성실론成實論 계통의 유식사상이 알려져 있었다. 신라중대에는 교파를 달리할 정도로 법상종이 성행하였다. 원광은 계참회법戒懺悔法과 함께 점찰법占察法을 내세웠다. 그의 교학은 진표로 이어졌다. 신라중대에 법상종은 태현계와 진표계 두 교파로 나뉠 정도로 성행하였다. 태현계가 교리적이면서 정토신앙을 포용하였다면, 진표계는 전수적이면서 엄격한 계율을 강조하였다.

진표는 완산주完山州 만경현萬頃縣 사람으로, 아버지는 진내말眞乃末이고 어머니는 길보랑吉寶郎이며 성은 정씨井氏이다. 그의 집안은 백제 유민으로 지방 토호세력을 이루고 있었다. 그는 주로 경덕왕 때에 활동하였는데 정확한 생몰 연대를 알기 어렵다. 진표는 성덕왕 17년(718년)을 전후하여 출생하였고, 성덕왕 28년(729년)경에 금산사의 숭제崇濟법사 문하로 출가하였다. 금산사에서 1년 가까이 수학한 진표는 선계산仙溪山 불사의암不思議庵으로 나아가 망신참회계亡身懺悔戒를 얻었다. 이때가 경덕왕 3년(744년)경이다.

강릉 지역으로 간 진표는 용궁에 들러 물고기와 자라에게까지 계를 내렸다. 이러한 명성으로 말미암아 진표는 경덕왕 15년경에는 왕실의 초청을 받아 궁중으로 들어갔다. 다시 진표는 고성군高城郡으로 가 발연사[鉢淵藪]를 창건하고 7년 동안 거주하면서 점찰법회를 열었다. 이후 불사의방에 이른 진표는 고향으로 가서 아버지를 뵙고 효도에 힘썼으며, 문도인 영심永深이 속리산俗離山의 길상사吉祥寺를 창건하는 데 도움을 주었다. 그러고는 아버지를 모시고 발연사로 가서 도업道業을 닦고 효도를 다 하다가 입적하였다.

진표의 법상종사상은 엄격한 계율을 중시하면서 법상은 물론 근기의 차별을 내세우려는 특성을 가졌다. 그는 미륵으로부터 망신참회계법亡身懺悔戒法을 전수하였다. 미륵이 전한 189간자簡子 중 제9와 제8 간자는 189종의 선악과보상善惡果報相 중 계율을 묶은 것이다. 이렇듯 미륵과 연관된 엄격한 계율은 백제 미륵신앙의 전통을 이은 것이다. 한편 제9와 제8 간자는 '법이法爾(본유本有)'와 '신훈新熏' 종자를 가리키기도 한다. 종자에 의해 설정된 법상의 차별에 대한 인식은 간자를 던져 법상을 얻는 것으로 비유되었다.

진표의 법상종사상은 신라중대 경덕왕대의 전제 개혁정치와도 친밀한 성격을 가졌다. 그것은 엄격한 계율을 내세우면서 중류층 이하의 신분층에 환영받았다. 신라중대의 화엄종사상이 사상 면에서 전제정치에 유용하였다면, 법상종사상은 다소 외형적으로 전제주의와 연결되는 요인을 가졌다. 신라하대에 선종이 유행하면서 화엄종과는 달리 법상종은 상당히 위축되었다. 나말여초에 태현계 법상종의 법맥이 전해지지 않지만, 진표계 법상종은 고려 현종대 이후 다시 유행하였고 인주 이씨의 후원을 받아 번창하였다.

인도의 초기밀교는 관정灌頂과 호마護摩 및 만다라曼荼羅를 구현하였다. 7세기 중엽에 선무외善無畏와 금강지金剛智에 의해 번역된 『대일경大日經』과 『금강정경金剛頂經』을 근본 경전으로 삼으면서 밀교密敎는 정식 교파로 성립하였다. 이들 경전에 의한 정통 교파로 성립한 밀교뿐만 아니라 초기의 주술적 불교까지도 모두 밀교의 범주 속에 포함하여 이해하지만, 엄격히 구별하여 전자를 순밀純密(순수밀교) 또는 중기밀교로, 후자를 잡밀雜密(잡부雜部밀교) 혹은 초기밀교로 나누기도 한다.

중기밀교는 사상적으로 중관과 유식의 대립적인 대승사상을 하나로 종합하여 진언문眞言門과 금강승金剛乘이라는 새로운 성불의 철학 체계를 수립하고 그것을 다시 만다라인 구체적 도상圖像에 구현하였다. 그에 따라 다라니를 염송하는 체계적 주술 의례가 조직되었으며, 그 목적 또한 단순한 제액除厄이나 초복招福 등에서 벗어나 심오한 성불이나 이타적인 제중濟衆을 추구하는 것으로 바뀌었다.

다라니인 총지總持는 만다라를 구현하므로 그 속에 모든 법계의 법상을 갖추고 있다. 다라니의 수행 방법은 신밀身密(진언眞言 또는 명주明呪)·구밀口密(인계印契)·의밀意密(법계관법法界觀法)의 삼밀三密로 체계화되었다. 삼밀의 겸수兼修를 통해 즉신성불卽身成佛을 추구하는 것이 밀교신앙의 요체라 할 수 있다. 대일여래의 묘력妙力이 중생에게 가피加被되어 중생의 마음에 대일여래의 진상眞相이 그대로 드러나는 것을 삼밀이 상응相應한 즉신성불의 교의라고 한다.

당나라 때에 성행한 밀교는 즉신성불 사상과 함께 일문즉보문一門卽普門의 논리를 내세워 일문 속에 보문총덕普門總德을 갖추었다. 만다라의 법계 법상은 밀교의 교파는 물론 유식이나 공관의 교리를 모두 포함하고 있다. 이리하여 성립한 밀교는 인도 토착적 신앙의 성격을 초월하여 여러 부처의 세계, 곧 만다라에 이르기 위한 보편성을 강조하였다.

초기밀교라 할 수 있는 주술불교에 대한 접근은 토착신앙과의 교섭 문제로 귀결된다. 전래되는 과정에서 불교는 자연스럽게 토착신앙과 교섭하면서 수용되었다. 초기밀교가 신라 사회에 확실히 전래된 것 같지는 않지만, 신라상대 말에 불교는 정착하면서 고유의 토착신앙을 대치하거나 혹은 그것과 융섭하였다. 신라상대 말의 주술불교는 초기밀교의 영역이라기보다는 넓게 보아 무불교섭사 관점에서 밝혀야 할 것이다.

왕실 중심으로 수용된 불교는 공인 과정을 거치면서 국가불교로 성립되었다. 국가 체제를 정비하는 과정에서 국가불교는 귀족 중심으로 수용되었고, 『인왕경』을 강조하고 팔관회를 개최하는 등 호국신앙을 표방하였다. 이후 귀족불교는 대중화의 길로 나아가면서 독자의 이론 체계를 갖추는 한편, 호국신앙을 표방하고 토착신앙과 융섭하면서 주술적 성격을 가졌다. 초기 이론불교가 성립하면서도 불교신앙은 여전히 신이神異한 주술적 성격을 지녔다.

신이한 행적을 많이 행하였던 원광의 전교 활동 속에는 주술적 불교신앙이 나타나 있다. 원광의 주술적 불교신앙은 뒤에 유행하는 밀교와 연결할 수 있는 것은 아니다. 원광은 비록 주술적 신앙을 지녔을지라도 정법正法의 교리를 정립시킨 장본인으로 추앙받았다. 유식사상을 받아들여 정법 교리를 펴면서 주술적 신앙을 수용한 원광의 교학은 인도의 인명론因明論이 성립할 당시에 신이신앙을 흡수하면서 초기밀교의 형성에 영향을 주는 모습을 떠올리게 한다.

『삼국유사』는 굳이 신주神呪편을 따로 설정하여 밀교 승려로 밀본密本과 혜통惠通 및 명랑明朗을 다루었다. 일연은 치병治病이나 제액적除厄的 주술불교의 범위를 넘어서 정통 밀교 교학의 성립에 초점을 맞추어 『삼국유사』 신주편을 설정하였다. 밀본은 치병 주술을 통해 『약사경』의 대원大願을 이루려는 밀교신앙을 피력하였다. 선덕여왕의 치병에 흥륜사 승려 법척法惕이 효험을 주지 못하였는데, 밀본은 『약사경』을 낭독함으로써 병을 고쳤다. 아울러 밀본은 김양도金良圖의 병을 고치고 있다. 대력신大力神과 천신天神의 도움으로 귀신을 쫓는 밀본의 주술은 관정법灌頂法으로 이해된다.

치병 주술에서 신인(문두루文豆婁)비법을 도입한 자는 혜통인데, 당에 유학하여 무외無畏 삼장三藏으로부터 인결印訣을 전수하여 돌아왔다. 혜통이 전수한 신인비법은 아지구다阿地瞿多가 번역한 『다라니집경陀羅尼集經』에 근간을 둔 것이다. 『다라니집경』은 반야般若사상에 입각한 보살도菩薩道(삼승三乘)를 금강승金剛乘(일승一乘)으로 지양하여, 즉신성불卽身成佛과 인천제도人天濟度를 이룸으로써 대승 밀교를 전개하려는 것이다. 신인의 밀단법은 명랑이 개설한 것이다. 명랑은 당나라에 유학하고 돌아올 때 용궁으로부터 비법을 전수하였다고 한다. 그의 밀단법은 치병에 그치지 않고 적군을 물리치려는 호국적 밀교법회로 발전하였다.

문무왕 8년(668년)에 당나라 장수 이적李勣은 신라와 합세하여 고구려를 멸망시킨 뒤에 오히려 신라를 침공하려고 하였다. 문무왕은 명랑을 청하여 비법으로써 이를 물리쳤다. 다만 신라 오대산신앙 속에는 밀교의 만다라曼荼羅가 나타나 있다. 진언眞言이나 다라니는 총지라고 표현함으로써 만다라를 상정한다. 밀교의 교리가 사람은 물론 물건의 구제와 교화에 초점을 맞추고 나아가 원한을 풀어 주는 것까지 범위를 넓혀 갔다. 병마나 재앙의 근원을 치유하려는 해원解冤 주술은 중생과 대일여래가 다르지 않다는 즉신성불 사상에 접근하고 있다. 즉신성불은 삼밀三密의 추구로 이루어지겠지만, 정화된 중생은 바로 여래이기도 하다.

오대산신앙 외에 만불산萬佛山의 조성은 신라밀교에서 만다라를 끌어낼 수 있는 것이다. 만불산은 애초에 밀교와 연관하여 제작되었다. 밀교사상은 원래 유식 논리를 성립시킨 인명론에서 출발하여 공관과 유식의 대립을 극복하려는 당대 불교계의 현안을 해결하려는 의도에서 성립하였다. 밀교의 일문즉보문의 논리는 우선 화엄사상의 법계연기法界緣起 논리와 상통한 면을 지녔다. 다라니 일문을 통해 설정한 많은 불계佛界는 물론 수없이 존재하는 법상도 유식사상과 연관을 갖는다.

교리 체계를 갖춘 중기밀교가 공관과 유식의 대립을 절충하면서, 한편으로 선정禪定 속에 무수한 불계와 법상을 통섭統攝하려고 하였다. 당대까지 불교계의 여러 교리를 융섭하려는 중기밀교사상은 신라중대 불교계와 통할 수 있는 면을 지녔다. 이미 원효의 교학은 일심一心 속에 공관과 유식을 묶으려는 의도를 지녀서 당시 불교계의 현안인 성상의 문제를 선정禪定 속에 통합하려는 경향을 지녔다. 밀교는 선정 속의 통합 논리를 내세우고 있어서 선종과도 서로 양해되는 성격을 가졌다.

신라중대에 성립된 밀교는 유식이나 화엄은 물론 선종까지 교섭한 통합 사상이었을지라도 체계적인 융합 논리를 제시한 것은 아니다. 신라중대의 교학불교가 논리 체계를 수립하였지만, 밀교는 신앙 의례를 담당하면서 상호 보완하는 방향으로 나아갔다. 다라니문 속에 수많은 불계佛界는 물론 여러 법상이 각각의 존재 의미를 가지고 통합되어 있지만 그것들이 전체적으로 혼연일체를 이루지는 않는다. 일문 속에 보문이나 총덕總德을 갖춘 밀교는 성기취입적性起趣入的 성격을 가짐으로써 혼연일체를 이루려는 의상의 화엄사상과 구별된다. 일문 속에 통섭한 보문은 법장의 연기건립적緣起建立的 화엄 교리와 가까워 유식과 더 밀접한 것이다.

화엄종을 위시한 이론불교가 신라중대의 전제주의와 연결되었는데, 밀교도 역시 국가 통일이나 중앙집권 체제의 유지 발전에 기여하였다. 신라중대에 유행한 밀교는 당대의 전제주의를 추진시킨 한화정책漢化政策과는 어떤 형태로든지 연관을 가졌다. 한화정책과 관련해서 신라중대에 귀족불교를 대신한 보편적인 이론불교가 정립하였는가 하면, 불교의 대중화가 이루어져 갔다. 그러므로 당시 신인종 등의 밀교는 중기밀교로 이어지는 보편적 교리로 정립되어서 대승불교의 체계 내에 들 수 있는 것이다.

반면 밀교는 비슷한 성격을 가졌을지라도 주술불교와는 대척적인 관계에 있었다. 공인되면서 귀족 중심으로 수용된 불교는 신라 토착적 전통을 견지하려는 정통 진골귀족의 기호에 합당한 주술적 성격을 띠었다. 그러나 신라중대 왕실이 한화정책을 펴면서 전제주의를 강행하려는 과정에서 주술불교를 배척하였다. 다만 토착신앙은 신라적 전통과 연결되는 것이어서 정통 진골귀족들에게 호감을 주더라도 신라중대의 서민 속으로 광범하게 수용되었다. 이 점은 토착신앙이 한화정책에 꼭 유용하지 않더라도 신라중대의 전제주의에 어울릴 수 있었다.

토착신앙은 한화정책을 강행하는 신라중대에는 환영받지 못하였다. 신술이 뛰어나 3,000년을 산 삼기산신三岐山神이 세월에는 어쩔 수 없어 늙은 여우의 모습으로 생을 마감하는 이야기는 한화정책이 진척되는 속에서 마치 토착신앙의 운명을 보여 준다. 정통 교리를 갖춘 교학불교나 밀교와 달리 보편적 신앙 체계를 수립하지 못하였을 경우 신라 토착신앙의 입지는 좁아질 수밖에 없었다.

2. 신이적 융섭사상 전개와 신라하대 지방호족

나말여초는 지방호족 중심으로 운영되던 사회를 다시 왕실 중심의 중앙집권 체제로 개편하려는 시기이다. 신라하대에 지방호족의 등장으로 선종이 유행하였다. 선종사상은 호족이 지방에서 독자 세력을 구축하는 데 유용하였다. 지방호족의 후원을 받으면서 성립한 선종산문은 거대한 경제적 기반을 가졌다. 선종산문에는 무려 2,000명에서 적게는 500명의 문도가 머물렀으며, 대체로 500결 이상의 토지를 가졌다. 선종산문에 딸린 토지는 여러 개의 장사莊舍로 나누어져 있었고, 거기에 파견된 지장知莊이 토지를 경영하였다. 이렇듯 선종산문은 거대한 경제력을 보유하였고, 초적草賊으로부터 보호하기 위해 무장을 갖추고 있었다.

초기 선종은 산문 세력을 성립시키면서 조사선祖師禪사상을 추구하였다. 후삼국이 정립되면서 지방에 대호족 세력이 대두하였고, 종국에는 고려가 주위의 군소 지방호족 세력을 통합하면서 삼한을 통일하였다.

그런 과정에서 지방에서 독자 세력을 유지하려던 호족과 연결된 선종산문이 표방한 조사선사상은 변화될 수밖에 없었다. 신라하대에 처음으로 수용된 조사선사상은 자신에게 내재한 불성을 찾으려 하므로 개인주의적 성향을 보였다. 아울러 조사선사상의 수용은 선종산문의 독자 기반을 마련하려는 의도를 지녔다.

진성여왕대를 지나면서 군소 지방 세력을 통합한 대호족 세력의 등장은 선종사상이 '내증외화內證外化' 사상을 추구하게 하였다. 그러다가 고려초에 왕건이 호족연합책을 수립하여 삼한을 통합하는 과정에서 교선융합사상 경향이 등장하였다. 신라하대에까지 선종과 교종이 각각 심화한 논리 체계를 수립함으로써 고려시대에는 교선교섭사상이 성립하였다. 나말여초의 선종사상 특성에 대한 추적은 이후 한국불교사의 전개 과정을 이해하는 데 도움이 된다. 특히 구산선문 중 가지산문과 굴산문의 선종사상이 한국불교의 융섭적 사상 전통 형성에 영향을 주었다.

도의는 어린 시절에 출가하여 법호를 명적明寂이라고 하였다. 선덕왕 5년(784년)에 사신으로 가던 한찬韓粲 양공讓恭의 도움으로 입당한 그는 바로 오대산으로 가서 문수의 감응을 받았다. 광부廣府의 보단사宝壇寺에서 구족계를 받은 다음, 조계산曹溪山에 들어가 육조 혜능慧能의 조사당에 참례한 후에 홍주洪州 개원사開元寺의 지장 문하로 나아갔다. 도의는 마조 도일의 문하로서 선종 사원의 규범인 「백장청규百丈淸規」를 지은 회해懷海의 법인을 전수하였다. 821년(헌덕왕 13년)경에 귀국하였으나, 당시의 교학불교는 그의 선종을 '무위임운無爲任運'의 종파로 허황하다고 비판하였다. 이에 도의는 설악산의 진전사陳田寺로 은둔하였다.

진전사는 8세기 말에 이미 창건되어 있었다고 하더라도 도의의 은둔으로 말미암아 역사적 의미를 갖게 되었다. 진전사에는 개미가 모여들듯 도를 사모한 사람들이 모여들었다고 한다. 초기의 진전사가 생각보다는 번창하였을 것이라는 추측이 가능하다. 신라말에 도의의 탑비가 진전사에 세워져 있었다. 홍척洪陟이나 혜소慧昭의 남종선을 수용하였던 사회 분위기는 설악산 진전사가 상당한 세력의 선문을 구축하게 하였다. 도의는 법을 염거廉居에게 부촉咐囑하였고, 염거가 설산雪山 억성사億聖寺에 머물면서 조사의 가르침을 체징體澄에게 전하였다.

염거는 진전사에 머물지 않고 따로 나와 억성사를 개창하였다. 고려시대의 진전사는 우리나라 선문의 상징적 조사당으로 존재하였다. 체징 이후에 홍각弘覺 이관利觀이 주석하여 법당과 누각을 조성하면서 억성사는 번창하였다. 이미 이때에는 체징이 보림사寶林寺를 가지산문의 중심 도량으로 성립시키고 있었다. 억성사는 이관의 탑비가 세워진 사림사沙林寺(혹은 선림원禪林院)로 추정한다.

827년(흥덕왕 2년)에 보원사普願寺에서 구족계具足戒를 받은 체징은 염거의 법인을 전수한 후 837년(희강왕 2년)에 동학同學인 정육貞育·허회虛懷 등과 중국에 유학하였으며, 840년(문성왕 2년)에 평로사平盧使를 따라 신라로 돌아왔다. 858년(헌안왕 2년)에 체징은 무주武州(지금의 광주)의 황학사黃壑寺에 머물렀는데, 헌안왕의 요청으로 보림사에 주석하면서 가지산문迦智山門을 개창하였다.

보림사는 원래 원표元表가 창건한 절인데, 거기에는 759년(경덕왕 18년)에 왕의 명으로 세운 장생표주가 신라말까지 존재하였다. 조선 세조때(1460년경)에 찬술하여 사료적 가치가 다소 떨어지지만 「보림사사적寶林寺事蹟」에는 원표가 천왕天王의 딸인 선아仙娥의 도움으로 보림사를 창건하였다고 한다. 창건할 당시의 보림사에는 동법당과 서법당을 위시하여 천자각·불자각·용자각·운자각이 있었고, 그 외에도 좌우 요사나 누각·문당뿐만 아니라 가람의 옹호신을 모신 괴화당 등이 즐비하게 갖추어져 있었다.

남종선사상을 전한 도의는 교학불교를 비판하면서 화엄의 법계와 수행할 법문을 부정하고, 교학 이외에 따로 조사선도祖師禪道가 있다고 하였다. 조사선의 경지에 들어가면 화엄의 일체 법계나 법문이 민멸泯滅하여 없어진다. 가지산문을 개창할 목적에서 조사선을 내세운 도의의 선종사상은 교학불교로부터 무위하여 허황하다는 비판을 받았다. 도의는 조사선을 조사심인법祖師心印法으로 설명하였는데, 이에 대조되는 것이 불심인법佛心印法이다. 조사심인법이 무념무수의 경지를 나타낸다면 불심인법은 여래선이라고 생각한다.

도의는 조사심인법의 경지인 무념무수無念無修를 이성理性이나 신해信解·수증修証이라 하여 도리나 불성을 증득하는 것으로 파악하였다. 도의가 비록 5교(교법) 외에 조사심인법이 달리 전함을 내세웠지만, 그 이유는 부처가 형상을 나타내는 까닭을 이해하지 못하였기 때문이다. 조사의 존재는 정리正理를 나타내는 방편으로써 의미를 갖지만, 불심인법은 공허함으로 얻을 수 없다고 하였다. 보림사에서 가지산문을 성립시킨 체징은 유위한 경지의 불심인법과는 대조적인 도의의 조사심인법을 계승하였다. 홍각 이관도 법法이 본래 참도 아니고 거짓도 아니라고 하면서 현적玄寂한 곳에서 종적을 없애고 언설言說을 잊게 하는 조사선사상을 추구하였다.

체징이 가지산문을 개창한 이후에도 조사선을 여전히 중시하였지만 교학에 대한 관심을 서서히 나타내었다. 그는 인과나 논리를 초월한 조사선사상을 주장하는 한편, 정각의 경지에서 지혜를 언급하였다. 이관 또한 조사선사상을 주장하면서 정각에 이르기 위해 근원을 탐구해야 한다고 하였다. 이는 모두 교학에 대한 관심으로 이어져 교선교섭사상 경향으로 나타났다. 그리하여 형미는 나말여초에 왕건과 결연하면서 교선교섭사상을 표방하였다.

도의는 의식이 일으킨 일체의 경계가 법계라고 하여 4종 법계를 부정함으로써 교학불교의 논리 자체를 뒤흔들었다. 55선지식의 행포법문을 부정하여 그들이 수행하는 법문을 수중의 물거품과 같다고 하였다. 조사문에서는 일체의 정리正理가 얼음 녹듯 없어져서 법계의 여러 법상이 나타나지 않는다. 조사선은 무아無我인 본원의 경지여서 수행과 아울러 증지証智를 설정할 수 없다. 도의는 대장경을 통해 불성을 깨칠 수 없다고 함으로써 우선 교학의 경전을 부정하였다. 경전의 부정은 바로 교학불교에서 받드는 불타의 권위를 부정하는 것으로 이어졌다. 교학불교를 비판하면서도 방편으로 접근할 수밖에 없는 조사선의 정리正理에 대해 도의는 부처가 형상을 드러낸 것이라고 설명하였다.

처음 교학불교를 신랄하게 비판하면서 조사선사상을 성립시켰지만, 바로 이런 면은 역설적으로 가지산문이 교학사상을 보다 폭넓게 이해하게 하였다. 가지산문은 조사선 외에 화엄은 물론 유식사상까지를 이해하려는 사상 경향을 보였다. 체징은 교학의 성상性相이 다르지 않다고 하였는데, 이는 이미 도의나 염거의 조사선사상에 나타나 있었다. 체징은 억성사億聖寺의 염거廉居 문하에 머물면서 일심一心을 닦아 삼계를 구하고자 하여 목숨을 자기 목숨으로 여기지 아니하고 몸을 자기 몸으로 여기지 않았다. 곧 조사선사상을 내세우지만 일심을 닦아 삼계를 구하는 삼계유심三界唯心의 논리를 추구하였다.

공관空觀과 색상色相을 초월하려는 체징의 조사선사상은 유위의 무수한 인연과 경계를 부정하지 않았다. 홍각弘覺 이관利觀도 일심一心, 곧 마음을 깨칠 것과 함께 법상法相과 경론을 말함으로써 선종과 교종에 모두 관심을 표명하였다. 진공眞空 △운△運도 진전사에서 도의의 영탑靈塔과 진영眞影을 참관함으로써 그의 조사선사상을 접한 이후 유식사상에 심취하였다. 만년에 그는 계율을 지니면서 소백산사小伯山寺에 주석하여 본광本光과 본색本色을 탐구하였다. 나말여초에 형미는 조사선의 추구 외에 화엄사상은 물론 일찍이 수행하면서 미륵불의 출현을 기다리는 등 유식사상에 관심을 가졌다. 그는 교선융합사상을 지녔는데 삼라만상을 색色이지만 색이 아니고 공空이지만 공이 아니라고 설명하였다.

도의와 무염의 조사선사상에는 약간 차이가 있다. 조사심인법이 무념과 무수를 내세운 점은 무설토無舌土에서 '무전이전無傳以傳'이나 '전이부전傳以不傳'을 주장한 것과 비슷하다. 다만 무설토는 무전의 이유로 출입의 종적이 없음을 내세웠는데, 이는 출입을 초월한 무아의 경지를 가리킨다. 조사선사상은 무염의 무설토론에서 보다 뚜렷하게 정립되었고, 범일의 진귀조사설眞歸祖師說에서 더 분명하게 확립되었다.

교선교섭사상 경향이 등장하는 나말여초에 성주산문이나 굴산문이 화엄사상을 주목하고 또한 동리산문이 유식에 대해서 유독 관심을 표방하는 속에서도 가지산문은 화엄사상과 함께 유식사상으로까지 이해의 폭을 넓혀 갔다. 가지산문과 고려초에 등장하는 법안종法眼宗의 사상 경향은 서로 비슷하면서도 분명히 다른 모습을 간직하였다. 법안종사상은 강한 조사선사상을 정립한 바탕 위에 교학 내의 대립을 해소한 성상융회사상을 융섭融攝한 것이다. 이에 비해 가지산문은 조사선사상을 바탕으로 화엄과 유식사상으로까지 이해의 폭을 넓혔기 때문에 마음을 닦는 면을 더 강조하였다.

고려중기 이후에는 선종 중심으로 교선교섭사상 경향이 전개되면서, 화엄사상을 중시하는 굴산문과 화엄 외에 유식사상까지 포괄하려는 가지산문이 각광을 받았다. 무신난 발발 이후 지눌의 조계선종은 굴산문으로부터 법맥을 이어 가지만, 몽골 복속기에 조계종의 법맥을 계승하면서도 일연은 가지산문의 사상을 '심존선관心存禪觀'으로 성립시켰다. 고려말 태고는 가지산문의 사상적 전통을 바탕으로 구산선문의 통합을 시도하였고, 조선 중기 이후에는 휴정 등 태고의 문도가 불교계를 주도하였다.

굴산사는 일찍 건립되어 있었지만 범일梵日이 귀국해 주석하면서부터 거대한 산문으로 성립하였다. 범일의 조부 술원述元은 명주도독溟州都督을 지냈고, 외가는 문씨文氏로 강릉의 토착호족이었다. 강릉 지역의 세력가로 등장한 범일의 집안은 굴산문을 개창하는 경제적 기반을 제공하였다. 범일은 헌덕왕 16년(824년)에 출가하였고, 831년에는 9명의 승려와 함께 입조사入朝使 김능유金能儒를 따라 당나라로 유학하였다.

범일은 염관鹽官 제안齊安의 법인을 전수하였으며, 다시 약산藥山 유엄惟儼의 문하에서 선리禪理를 수학하였다. 884년에 법난法難을 만나 피해 다니다가 소주韶州에서 혜능慧能의 조사탑祖師塔을 참배하고 『단경壇經』 등을 접하면서 남종선을 습득하였다. 문성왕 8년(846년)에 귀국한 범일은 신라 왕실의 부름에 응하지 않았으며, 명주도독인 김공金公의 청으로 굴산문을 개창하고 거기에서 40여 년간 법을 전하였다. 진성여왕 3년(889년)에 범일은 굴산사 상방上房에서 80세의 나이로 입적하였다. 범일의 문하에는 개청開淸과 행적行寂 및 신의信義 등 많은 문도가 있었다.

범일은 평상심平常心이 바로 도道라고 주장하였다. 내면생활을 충실하게 영위함으로써 굴산문 선종사상의 개인주의적 경향을 드러낸 것이다. 그가 주장한 진귀조사설眞歸祖師說은 여래선을 부정하고 교외별전敎外別傳의 강한 조사선을 부각하였다. 진귀조사설은 굴산문의 사상적 전통과 연결된다. 자기 안에 있는 불성은 평상심이어서 멀리서 구하는 것이 아니다. 그러므로 굴산문의 종지는 일심一心을 지켜 잃지 말라는 것이다. 이러한 굴산문의 선종사상은 강릉을 중심으로 형성된 지방문화가 뿌리내리게 하였다.

처음 조사선을 내세웠으나 유독 굴산문은 다른 산문보다 일찍 선종사상을 근간으로 하여 특히 화엄사상을 아우르는 사상 경향을 표방하였다. 범일의 제자들은 모두 교선융합사상 경향을 보였다. 지장선원의 개청은 굴산문의 조사선을 정통으로 계승한 인상을 주지만, 유학 경전은 물론 화엄사상에 정통하였다. 특히 중국에 유학하여 경제慶諸의 법인을 받아 온 행적은 교선융합사상을 표방하는 청원青原 행사行思의 문하에서 법인을 받아 오는 효시가 되었다. 조사선을 내세우고 융섭적인 의상계 화엄사상을 흡수하면서 성립한 굴산문의 사상은 바로 지눌의 조계종사상으로 이어졌다.

조계종은 고려후기에 굴산문이나 또는 가지산문의 법맥을 잇는 문도로 나뉘었다. 고려말의 불교계를 주도한 태고太古와 나옹懶翁은 조계종을 계승하면서도 각각 가지산문과 굴산문 법맥을 고수하였다. 나옹의 제자인 무학無學 자초自超와 함허涵虛 기화己和 등은 급진개혁 세력에 참여하였으며 조선 초기에 활발히 활동하였다. 태고의 제자는 목암木庵 찬영粲英과 현암幻庵 혼수混修 등이고, 그중 혼수의 문하가 조선 중기에 서산대사 휴정休靜(청허淸虛) 등으로 이어지면서 번성하였다.

구산선문 중 굴산문사상이 더 뚜렷하게 교선교섭 경향을 지녀 통합적 성격을 가졌다. 그런데 고려말에 굴산문과 가지산문의 선종사상은 교종사상과의 교섭 경향에서 다소 차이를 보였다. 전자가 주로 화엄사상과의 융합에 관심을 가졌다면, 후자는 화엄종뿐만 아니라 법상종, 곧 유식사상에 대해서도 융합하려는 성향을 지녔다. 융합사상의 성격에 대해서도 차별을 설정할 수 있다. 굴산문의 경우 원칙적인 하나 속에 융섭된 여러 법상은 혼연일체를 이룬다면, 가지산문의 경우 융섭된 법상은 차별을 지닌다고 한다.

조선 초기에 기화가 주장한 현정론顯正論은 불교사상 속에 유교사상을 통합하려는 의도를 가졌다. 본래 불교 교리의 통합은 '파사현정破邪顯正'의 논리로 이루어졌다. 조선 초기 신진 사대부가 받드는 유교에 대해 '파사' 논리를 적용할 수 없었기 때문에 기화는 불교도 유교사상과 다르지 않다는 '현정'을 내세웠다. 그리하여 조선 중기에 휴정은 유교와 불교 및 도교사상을 통합하려는 『삼교귀감三教龜鑑』을 저술하였다. 오늘날 우리 사회의 통합을 위해 굴산문의 이러한 사상 전통은 앞으로도 이어져야 한다.

신라하대의 사람들이 스스로 말법末法시대에 살고 있음을 인식하였으며, 신라사를 삼대로 구분하여 마지막인 하대에 살고 있다고 표방하였다. 미륵하생신앙은 말법시대를 배경으로 유행하였다. 이 시대에는 선종이 유행하였는데 선사들은 자기들이 주석할 곳을 계족산鷄足山으로 비유하면서 미륵의 출현을 바라거나 혹은 스스로를 미륵불의 화신이라고 칭송하였다. 신라말의 강릉 지역에는 조신調信이 미륵상을 모시고 정토사를 창건하였다. 경문왕 때 철원의 도피안사到彼岸寺에는 1,500여 향도香徒가 모여 비로자나불상을 조성하면서 미륵정토를 희구하였다.

강릉이나 철원 등 신라 동북 지역의 미륵정토신앙은 뒷날 궁예의 불교사상을 성립시키는 데 영향을 주었다. 궁예는 선종善宗이라는 법호를 가졌고, 경전 20여 권을 지을 정도로 불교사상을 깊이 이해하였다. 그러나 그의 불교사상은 당시 불교계로부터 심한 배척을 받았고 매우 신비적인 모습으로 전해졌다. 윤색하여 전하지만 그의 불교사상의 진면을 미륵사상에서 찾을 수 있다.

궁예는 미륵정토 사상을 가졌다. 현실사회가 미륵정토인 이상세계로 바뀌기 위해서는 혼란해야 하며, 이때 미륵이 출현하여 엄격한 계율로써 사람들을 제도한다는 것이다. 미륵정토신앙은 혼란한 사회의 강조와 그것을 제도하는 사회 개혁을 수반한다. 궁예는 미륵 이상세계의 건설을 꿈꾸었지만 당대에 그것을 건설하기보다는 신라하대의 혼란을 강조하면서 사회 개혁에 치중하였다. 사회 혼란을 가중하는 자체는 바로 궁예의 세력 기반을 확대하는 것으로 연결되었다.

궁예의 미륵정토신앙은 계율을 분명하게 강조하지 않았지만, 그것은 율계적律戒的 통치 방식이나 미륵관심법 속에 변칙變則된 모습으로 나타났다. 관심법은 본래 선종에서 수행 방법으로 제시되었고, 자기 안의 불성을 발견하려는 것이었다. 이와 달리 궁예는 다른 사람의 마음을 읽어 비행을 들추어냄으로써 그들을 엄하게 벌할 목적에서 미륵관심법을 사용하였다. 남의 마음을 읽는다는 점에서 미륵관심법은 참위적 성격을 지녔고, 밀교나 토착신앙과 융합하였다.

궁예는 자신을 미륵불로 칭하면서 장자를 관음, 차자를 미타로 불렀다. 이러한 3존은 정토 3불로서 신라중대 이래 태현계太賢係 법상종 교단에서 중시되었다. 신라 법상종은 주존을 미륵불로 모셨지만, 부존으로 미타를 모시는 태현계와 지장을 모시는 진표계眞表係로 나뉘었다. 궁예가 속한 태현계 법상종 교단은 미륵정토와 관음신앙을 크게 내세웠고, 진표계 법상종 교단은 엄격한 계율과 점찰법占察法을 중시하였다. 궁예의 미륵관심법은 진표계 법상종 교단에서 배척받았을 뿐만 아니라 화엄종이나 선종으로부터도 외면당하였다.

태현계 법상종사상은 융섭적 성격을 지녔는데, 궁예의 미륵사상 속에 이런 면이 포함되었는지는 알 수 없다. 궁예의 미륵관심법이 융섭적 성격을 갖지는 않았다. 미륵관심법은 물론 태현계 법상종 교단은 고려 건국 이후에 온당하게 계승되지 못하였다. 미륵정토신앙 역시 비밀결사와 연결하여 반란 세력에게 수용되었고, 신비한 성격을 지님으로써 후대에 신흥종교로 재현되었다.

궁예는 사회 혼란을 강조하여 후삼국 동란을 불러일으켰다. 후고구려는 이러한 와중 속에 건국되었다. 궁예의 미륵정토사상이 현실적으로는 당대 사회의 혼란을 가중하였고, 서민에게 이상사회의 건설을 제시하는 과정에서 토착적 사상 경향을 띠었다. 그의 토착적 불교사상은 나말여초의 불교사상이 논리 체계를 완성하면서 세련된 방향으로 발전하고, 한편으로 사회 혼란에 편승하여 미신적 혼돈으로 나아갈 소지를 함께 지녔다.

궁예의 불교사상은 애초에 양면적인 모습을 가졌지만, 고려초에 미신적 요소를 철저하게 부각하여 윤색한 모습으로 기록되었다. 그러나 궁예의 불교사상은 태현계 법상종 교단의 사상 전통을 이었고 미륵정토사상을 포용한 것이었다. 죽은 후 공덕에 의해 미타정토에 왕생하려는 귀족 중심의 정토신앙도 일부 있었지만, 대개는 산몸으로 정토에 나아가려는 고통 받는 일반 서민들의 정토신앙이 주종을 이루고 있었다. 태현계 법상종 교단은 관음신앙을 중시하였는데, 서민은 관음에 대해 친근감을 지녔다. 따라서 서민 속에 퍼져 나간 궁예의 정토신앙은 자연스럽게 토착적 신앙을 포용하였다. 그런데 궁예의 토속적 불교사상이 더 미신적인 것으로 윤색하여 참위신앙으로 기록되었다.

궁예의 불교사상에 나타난 참위 기사는 후대에 윤색한 것이다. 참위적 불교신앙을 알려 주는 대표적인 기사가 왕창근王昌瑾이 산 오래된 거울에 적힌 연기설화이다. 그 내용은 철원에서 궁예가 먼저 일어나지만 왕건이 그를 축출하고 신라와 후백제를 통합하여 통일 고려국가를 건설한다는 것이다. 고려시대에 부회附會한 것이 분명하다. 그러나 그 속에 나타난 치성광여래熾盛光如來나 구요九曜 및 진성鎭星은 궁예의 토착적 불교사상을 알려 준다. 치성광여래신앙은 본래 관음신앙까지를 포용한 듯하다. 그러나 이 부분은 용녀와 연결하여 작제건, 곧 고려 왕건과 이어지게끔 윤색되었다. 궁예의 토속적 불교사상은 뒤에 다라니를 강조하는 등 윤색되었을지라도 본래는 서민에게 친근한 토착신앙을 포용하였다.

궁예는 처음 세달사에 출가하여 선종이라는 법호를 가졌다. 궁예의 불교사상 형성에 세달사의 교학이 영향을 주었다. 세달사는 세규사世逵寺와 같은 절로 영월군 내에 있었고 고려시대에 흥교사興教寺로 불렸다. 의상계 화엄종의 적손인 신림神琳이 세달사에 거주하였고, 흥교사에는 신림의 진영眞影을 모셨다. 강릉 등 관동 지역에는 의상계 화엄종이 강한 영향력을 끼쳤고, 신라말 세달사에는 화엄종의 사상 전통이 전해져 있었다.

궁예도 처음에는 화엄사상에 대해 눈을 떴다. 그렇지만 그를 화엄종 승려로 파악할 수는 없다. 궁예는 뒷날 법상종 승려로서 자기 세계를 구축하였지만 화엄사상에 대해 적대감을 나타내지는 않았다. 오히려 그는 부석사에 자주 들렀다. 다만 화엄사상을 반대하지는 않았을지라도, 그의 사상은 미륵정토신앙과 연결되었기 때문에 관음의 실천신앙을 내세우는 의상계 화엄종의 지지를 끌어내지는 못하였다.

궁예는 태현계 법상종의 사상적 전통을 이었고, 스스로 경전을 저술할 정도로 불교사상에 관한 식견을 가졌다. 다만 그는 석총釋聰 등 진표계 법상종 승려로부터 심한 비판을 받았다. 그가 비판받는 이유 중 하나는 그의 불교사상 속에 뒷날 참위신앙으로 흐를 수 있는 요소를 지녔기 때문이다. 미륵관심법이 바로 그런 것이다. 궁예는 진표계 법상종의 사상 전통을 오도하였다. 그는 진표계 법상종에서 강조한 계율을 자의적으로 해석하여 율계적律戒的 통치체제를 확립하거나 점찰법을 참위신앙 형태로 수용하였다.

견훤과 직접 연결된 화엄종의 관혜觀惠와 동리산문桐裏山門 경보慶甫의 사상은 후백제불교를 밝히는 길잡이가 될 수 있다. 신라말의 해인사에는 화엄의 우두머리로 후백제 견훤의 복전福田이 된 관혜와 왕건의 복전이 된 희랑希朗이 있었다. 북악파北岳派인 희랑은 의상계 화엄사상의 융섭적 성격을 충실히 계승하였다면, 남악파南岳派인 관혜는 융섭한 여러 법상의 차별상을 부각하였다. 관혜는 법상이 자성을 고수하지 않기 때문에 바뀌어 가면서 원융한 성격을 갖지만, 스스로의 자리에 머물 때 차별성을 드러낸다고 하였다. 원칙적 하나 속에 융섭하면 혼연일체를 이루는 신라중대의 의상계 화엄사상과는 달리 차별의 법상을 강조한 관혜의 화엄사상은 바로 후백제불교와 연관해서 이해해야 한다.

나말여초에 활동한 승려 중 견훤과 뚜렷하게 연결된 동리산문桐裏山門의 경보慶甫는 도선道詵의 풍수지리설을 정통으로 계승하였다. 그는 대구 부인사夫人寺에 출가한 후 백계산白鷄山으로 가서 도선의 제자가 되었다. 진성여왕 6년(892년)에 중국으로 유학하여 광인匡仁의 법인을 받고 나서 경명왕 5년(921년)에 전주 임피현臨陂縣으로 귀국하면서 견훤의 도움을 받았다. 견훤은 제자의 예로써 경보를 존경하고 전주 남쪽 남복선원南福禪院에 주석하도록 주선하였다. 그 후 다시 견훤의 초청으로 경보는 백계산 옥룡사玉龍寺로 옮겨 거주하였다.

긍양兢讓과 혜거惠居도 견훤과 결연하였다. 희양산문曦陽山門의 법맥을 이은 긍양은 효공왕 4년(900년)에 중국으로 유학하여 도연道緣의 법인을 받고, 경애왕 원년(924년)에 전주의 희안현喜安縣으로 귀국하면서 견훤의 도움을 받았다. 희양산문의 사상적 전통으로 이어지는 점선漸禪사상은 남종선의 조사선사상과 북종선의 능가선楞伽禪사상을 함께 추구한 것이다. 이후 그는 고려 왕실에 나아가 대장경을 조성하는 데 조언하였다. 고려초 성상융회性相融會사상의 성립에 영향을 준 긍양의 선종사상은 후백제불교의 사상 전통과 이어질 수 있다.

혜거는 경명왕 1년(917년)에 금산사 의정義靜율사에게 구족계를 받은 후, 여러 곳을 다니다가 경명왕 6년 미륵사彌勒寺의 개탑開塔법회와 그 선불장選佛場에 참석하였다. 당시 혜거는 견훤과 결연하였다. 이후 혜거는 신라 경애왕의 초청을 받았으며, 후삼국을 통합한 고려 왕실의 존신尊信을 받아 정종 2년(947년)에 왕사로, 광종 19년(968년)에 국사로 책봉을 받았다. 혜거는 선승이지만 법상종은 물론 화엄종 사원에서 활동하였다. 이런 혜거의 사상 경향은 광종대에 등장하는 법안종사상과 비슷하며 후백제불교와 연결할 수 있는 것이다.

후백제불교는 선종을 위시하여 화엄종이나 법상종 등 당시 불교 종파의 사상을 모두 이해하는 수준에 있었지만, 차별의 법상을 내세우려는 경향을 지녔다. 이러한 후백제불교의 모습은 미륵신앙과 계율을 함께 강조한 백제불교의 사상 전통과도 연결될 수 있다. 견훤은 922년(경명왕 6년)에 미륵사에 탑을 개설하면서 그 기념으로 선운사禪雲寺에 선불장選佛場을 열었다. 미륵사 개탑開塔 불사는 견훤이 백제 미륵신앙의 전통을 중시하였던 사실을 알려 준다. 후백제불교에도 미륵신앙이 강하게 나타나 있으며, 그런 뜻에서 경보와 긍양의 미륵신앙은 주목된다.

백계산白鷄山 옥룡사玉龍寺에 주석한 경보는 마치 가섭처럼 계족산鷄足山에서 미륵의 출세를 기다렸다. 긍양은 신라 사회에 미륵 출현을 실현하려는 신앙을 가졌다. 특히 긍양의 미륵정토신앙은 관음과 연결되어 있었다. 오대산을 참배하러 가던 중에 그는 관음사觀音寺에 이르러 며칠을 머물렀는데, 얼굴에 종기가 생겨 위독한 상태에 이르자 홀로 열반당涅槃堂에 앉아 관음보살에게 기도하여 나았다. 열반당에서의 기도는 정토신앙을 떠올리게 하며 그 결실은 관음보살의 도움에 의한 현실구제로 나타나고 있다.

금산사는 후백제의 불교 정책과 깊이 연관되어 있었다. 진표가 중창한 금산사는 후백제 세력권 속에 들면서 견훤의 후원을 받아 번성하였으며 후백제 왕실과 깊이 연결되었다. 견훤이 거기에 유폐되었던 사실이 이를 증명해 준다. 조선시대에는 금산사가 견훤이 창건한 사찰로 알려졌다. 진표는 차별의 법상을 인식하는 교학사상을 가졌고, 엄격한 계율을 강조하면서 점찰참회법占察懺悔法을 개설하였다. 견훤은 금산사의 미륵신앙을 통해 고골관枯骨觀을 수행하는 진표의 엄격한 계율에 관심을 가졌고, 후백제불교는 차별의 법상을 인식하려는 유식사상을 중시하였다.

후백제 당시 금산사 미륵신앙 내에는 현실정토신앙이 수용되어 있었다. 금산사에 주석한 소현은 입적하면서 미륵여래의 이름을 염원함으로써 미륵정토에 왕생하였다. 입적하면서 왕생한 미륵정토가 꼭 현실정토일 수는 없다. 그러나 평소 그는 도솔천의 내원內院정토에 상생上生하기를 바랐고, 그러기 위한 내원 수행을 닦았다. 특히 소현은 부처와 상거相去한 말법사회를 제도하고자 하였다. 말법사회의 구제와 연관된 미륵정토는 현실정토로 이어질 수 있는 것이다.

후백제 미륵신앙은 후삼국 사회의 혼란을 염두에 둔 말법시대를 제도하려는 성격을 가졌지만, 실제로 현실사회 개혁 의지를 드러내지는 않았다. 이 점은 궁예의 미륵신앙과 차이를 보인다. 후백제의 미륵신앙은 동시대에 이루려는 현실정토이지만 현실사회가 정토로 되는 것은 아니다. 후삼국의 혼란을 극도로 조장하기보다는 후백제 건국 이후 기존의 중앙집권적 귀족국가를 재건하려 한 견훤은 금산사를 국가적 도량으로 삼아 거기에 포용된 미륵신앙에 대해 지대한 관심을 가졌다.

우리나라에 도교 내지 신선神仙사상은 일찍부터 나타나 삼국시대는 물론 통일신라나 고려시대까지 유행하면서 전승하였다. 신선사상은 우리나라 고유의 토착신앙에 근거하였으며, 유교나 불교신앙과 융합하여 성행하였다. 신라하대에 유불선儒佛仙 삼교가 융합하여 신라 토착의 고유한 정신을 만들었는데, 그것이 풍류도風流道이다. 유불선 삼교융합 사상 경향은 유불이나 유선儒仙 또는 선불仙佛 등의 교의敎義가 서로 교섭을 가지면서 조화를 이루어 가는 과정에서 성립되었다. 신라하대의 삼교융합사상 경향은 신비신앙을 표출하였지만, 혼돈된 것이라기보다는 그 안에 더 세련된 융합 논리를 갖추면서 유행하였다.

운문사雲門寺는 작갑사鵲岬寺 터에 보양寶壤이 창건한 사찰이다. 신라 말에 보양이 다섯 갑사를 다시 일으키고자 하여 작갑사를 창건하였다. 다섯 갑사는 진흥왕 21년(560년)에 향리鄕里나 성씨를 알 수 없는 도승道僧이 창건하였다고 하는데 믿기 어렵다. 작갑사의 창건은 견성犬城 공략으로 인한 왕건의 청도 지역 확보와 밀접하게 연관하여 이루어졌다.

왕건이 공산 전투에서 패하는 927년에서 고창군 전투에서 승리하는 930년에 이르는 어느 시기에 견성犬城 전투가 행해졌다. 견성 전투가 왕건의 승리로 끝나자, 곧바로 작갑사가 창건되었다. 보양이 운문사를 창건하였지만, 그 결사를 후원한 실질적 단월은 왕건이다. 왕건은 작갑사에 토지 500결을 내리는 한편, 그 절을 운문선사雲門禪寺라고 사액하였다. 운문사는 이후 고려 인종 연간에 학일이 중창하면서 번성하였다.

사액을 받은 운문사는 적어도 500명 이상의 인원이 상주할 수 있는 규모를 갖추었다. 운문산문 내에 봉성사나 비허備虛의 석굴사石崛寺 등이 포함되었다. 운문산문의 경내를 표시하는 장생이 아니점阿尼岾·가서현嘉西峴·무현畝峴·서북매현西北買峴·북저족문北猪足門 등 11개 촌락에 설치되어 있었다. 운문산문은 청도뿐만 아니라 멀리는 밀양에 이르는 이웃 군현의 토지를 소유하거나 혹은 영향력을 행사할 정도로 광범한 경제적 기반을 가졌다. 그리하여 사원을 관리하기 위해 운문사는 삼강전三綱典을 설치하였으며, 그 내에 원주院主·전좌典座·직세直歲·유나維那 등을 두었다.

견성 전투를 승리로 이끄는 데 풍수지리의 술책術策이 사용되었다. 보양은 풍수지리적 식견을 다소 가졌고, 술사로서 왕건의 군대에 종군하였다. 그가 개창한 운문산문의 선종사상은 풍수지리의 신비신앙을 상당히 흡수하였다. 다섯 갑사는 비보사상에 의해 창건되었다. 오층 황탑과 작갑사가 웅크리고 앉아 뒤를 돌아보는 호랑이 형세의 흉맥凶脈을 진압하기 위해 건립되었다면 나머지 4개 갑사는 사방의 흉맥을 진압하려는 목적으로 창건되었다.

보양은 이목에게 부탁하여 비를 내리게 하였다. 천제가 하늘의 뜻을 어기면서 비를 내린 이목을 처단하기 위해 천사를 내려보냈다. 그러자 보양은 천사가 이목 대신에 배나무(이목梨木)를 처단하게 하였다. 이목을 구제하거나 대신 벼락을 맞아 시든 이목(배나무)을 살리는 과정이 모두 신비한 내용으로 구성되었다. 배나무는 이목이 어루만져 소생하였다고 하지만, 보양이 주문을 외움으로써 살아났다고도 한다. 보양은 신비신앙을 가졌고 주술을 사용하였다. 고려시대 운문산문의 사상 경향이 신비신앙을 수용하였다. 고려 인종 연간에 운문사에 주석하였던 원응圓應국사 학일學一도 기우제를 주관하는가 하면 주술을 사용하였다.

학일은 죽은 자를 살리거나 신약神藥을 처방하는 등의 신비신앙이 담긴 『담자경睒子經』의 효용을 설법하면서 병을 고치거나 생명을 연장하는 법석을 개설하였다. 운문산문이 포용한 신비신앙은 풍수지리의 비기적秘記的 성격을 갖기도 하지만 토착의 선교仙教신앙에서 연원淵源하는 것이다. 운문산문의 신비신앙이 풍수지리설과 연관되는 면은 뒤에 더 윤색되었다. 그것은 산수의 형세를 관찰하여 명당을 설정하려 하기보다는 오히려 비보에 근접하여 도참으로 흐를 가능성을 가졌다.

한편 고려시대 운문산문의 선종사상은 신비신앙과는 독자적으로 조사선 중심의 통합 논리를 체계화하였다. 보양은 선승이지만 원광의 유식사상, 곧 법상종 교학의 전통에 밝았다. 원광의 교학에서 이어지는 보양의 선종사상은 풍수지리의 신비신앙을 포용할 정도로 통합적인 불교사상을 형성하였다. 보양은 통합 불교사상의 중심을 선종에 두었다. 신라말의 신비신앙이 혼입한 통합 불교사상의 전통은 운문산문 내에서 이어졌다. 나말여초에 성립한 운문산문의 통합 사상 전통은 고려중기 학일에게로 전해졌다.

학일은 선승이지만 교학의 경전에 정통하였는데, 그중에서도 『반야경』, 곧 유식사상을 깊이 이해하였다. 삼매에 들 수 있는 능력을 갖췄다고 함으로써 그는 다소 신비신앙을 표출하였다. 입적하기 직전 학일은 문도에게 도력道力을 기르도록 부촉咐囑하였다. 도력은 도가사상을 떠올리게 한다. 도력을 기름은 시방세계에 편만한 진성眞性을 깨치는 것인데 그 방도가 도교의 무위자연을 추구하게 한다.

운문산문은 정법안장正法眼藏을 중시하였다. 시방세계를 포함하면서도 유무를 초월한 여래장은 시방세계에 편만한 진성眞性을 생각하게 한다. 본체인 진성이 편만해 있는 시방세계는 혼연일체여서 그 속에 산하의 대지는 물론 유정有情과 무정無情을 아울러 포함한다. 그래서인지 학일은 선종 5가의 사상 경향을 모두 총지總持하면서도 운문종의 주장柱杖을 답습하여 신통神通한 주술을 사용하였다.

운문산문의 통합 사상은 신라말까지의 모든 사상 경향을 융섭하려는 논리를 가졌다. 그것은 원대한 민족문화를 구조하려는 의도를 드러내었으나 원숙한 융합사상을 형성하지 못하는 한계성을 지녔다. 학일은 운문산문의 통합 사상을 계승하였지만 신비신앙과 분리하여 선종, 곧 조사선祖師禪의 입장을 강하게 견지하였다. 그는 문도들을 훈도하여 자기自己를 밝히는 것으로 급무를 삼게 하였는데, 문언文偃의 이종자기설二種自己說을 부정하여 자기는 하나뿐이라고 하였다. 곧 문언보다도 더 강한 조사선을 견지하였다.

신라말 보양의 운문산문이 통합 사상을 형성하는 데 유불선 삼교융합사상 경향이 영향을 주었다. 운문산문은 선종 입장에서 유식사상과의 교섭에 주된 관심을 두면서 시야를 넓혀 화엄종 등 여러 교학이나 유교 또는 토착의 신비신앙까지 융섭하고자 하였다. 학일은 선종의 입장에서 신라말 다소 허황한 신비신앙을 포용한 운문사의 통합 사상을 체계화하였다. 고려후기 운문사는 독자의 신비신앙을 따로 설정하면서도 조사선 중심으로 여러 교학을 융섭하려는 논리 체계를 세웠다.

풍수지리적 사고는 이미 원시시대부터 인간의 삶을 영위하려는 수단으로 활용되었다. 고대사회의 무덤이나 주거지는 물론 사찰이나 궁궐이 모두 풍수지리의 안목에서 벗어나 조성되지 않았다. 그러다가 풍수지리설風水地理說이 역사적으로 주목받으면서 당대 사회를 능동적으로 이끌어 간 시기는 나말여초이다. 이후 풍수지리는 우리 민족의 서민 생활에 지대한 영양을 주었고, 지금까지 계속해서 생명력을 가지면서 민간전승으로 이어져 내려왔다. 풍수지리에 관한 연구는 민족의 투박한 서민 정서를 밝히는 결과가 될 것이다.

산수山水의 형세나 국면局面을 관찰하여 도읍이나 궁택宮宅 또는 능묘의 터를 정하고 그곳과 사람의 길흉화복 관계를 설명하려 하므로 풍수지리는 지리관상학地理觀相學이라 할 수 있다. 산수 형국은 용龍·혈穴·사砂·수水로 나누는데, 이를 풍수지리의 4법法이라 한다. 그중 용을 살펴 혈을 정하는 것이 가장 주가 되며, 주변 지세인 사와 수를 관찰하는 것이 다음이다. 풍수지리의 목적은 산수 형국에서 혈과 명당을 정하려는 데 두었다. 다만 그 관찰법이 오행을 가미하고 역법을 도입함으로써 매우 복잡하고 신비한 성격을 띠었다.

명당을 정하려는 풍수지리의 관찰법 자체는 인문지리적 지식을 활용함으로써 대단히 합리적이다. 현무에 해당하는 태조산太祖山에서 이어지는 용맥龍脈은 웅장하고 길어야 하며 주산은 수려하고 단엄해야 한다. 그 앞으로 혈장血場을 선택하여 정한 명당을 청룡과 백호가 포근하게 감싼다. 명당 앞의 안산案山과 조산뿐만 아니라 주작을 대신할 외수外水는 모두 조알朝謁하듯이 배열되어 있다. 명당을 끼고 흐르는 내수內水는 완만하게 꾸불꾸불 흐르고 합쳐져서 바깥으로 빠지는 수구水口부터 급히 흘러 시야에서 사라진다. 이러한 형국의 토지를 택하는 관건이 '장풍득수藏風得水'의 원리, 곧 바람을 가두고 물을 얻는 것이다.

명당으로 선정된 지역은 취락聚落의 입지 조건에 가장 어울릴 뿐만 아니라 사람이 거주할 최적의 장소가 된다. 명당은 흔히 풍수지리에서 '산하금대山河襟帶'의 형국에 부합하는 토지이다. 명당을 설정하는 데 중요한 것은 자연 질서를 조화와 균형으로 파악하려는 선인들의 세계관이다. 국토의 산수 형국을 관찰하여 지도를 작성하는 인문지리적 지식이 쌓여 명당을 설정할 수 있게 하였다. 그리하여 대명당의 설정은 전국의 산수 형국을 총체적으로 관찰하여 전국 지도를 작성할 수 있어야 가능한 것이다. 그런 의미에서 신라말의 도선道詵이 「삼국도三國圖」를 작성한 것은 중요하다.

「삼국도」의 작성은 풍수지리가 신라말에 경주 중심의 국토관에서 벗어나 지방을 중심으로 한 국토재구성안國土再構成案을 설정할 수 있게 하였다. 이 경우 국토의 중심인 명당은 오직 하나일 수밖에 없다. 대명당을 중심으로 한 국토재구성안인 풍수지리설은 많이 성립되어 있지 않았다. 소명당이나 중명당을 중심으로 국토를 관찰한 것과는 달리 「삼국도」를 작성한 국토재구성안은 국토 전체를 관찰한 인문지리적 식견을 가진 것이다. 이 경우 전체 국토를 합리적으로 경영하려는 운영 원리를 제시할 수 있다. 그것이 곧 비보裨補이다.

고려시대에 비보가 정치적으로 이용되면서 도참으로 운용된 풍수지리는 합리적 이론을 더 이상 발전시킬 수 없었다. 동기감응론同氣感應論은 풍수지리 이론을 신비한 미신적 사고로 만드는 동력을 제공하였다. 조선시대의 풍수지리는 『정감록鄭鑑錄』과 같은 비기류를 유포하면서 피란이나 보신保身 위주의 십승지十勝地신앙을 성립시키기도 하였다. 그러나 도참으로 변질하였다고 하더라도 그 바탕을 이룬 정도론定都論은 합리적인 주거住居 풍수지리를 기초로 성립된 것이다.

민족문화의 새로운 창달과 전통의 계승이라는 측면에서 풍수지리의 합리적 사고를 논리적으로 발전시켜 가야 한다. 비보의 국토 운영 원리를 더 풍부하게 끌어내면서 도참이나 비기류와 같은 허황한 사고를 제거하는 것이 중요하다. 비보는 관찰한 국토의 특수한 산수 형국에 합당한 국토 운영 원리를 제시하려는 의도를 지녀서, 오늘날 인문지리학의 연구 목적에 부응할 수 있는 자료를 제공해 줄 것이다. 그리하여 풍수지리는 국토의 균형 발전에 이바지할 것으로 기대한다.

국도 풍수지리의 경우 대명당은 국토의 중심이라는 상징성과 권위를 가졌다. 중심지로서의 명당 개념은 중명당 이하의 도읍 풍수지리에서도 암암리에 표출되었다. 풍수지리의 토지관이 상호 배타적인 중심지론을 지양하면서 공존이 가능한 독자적 가치관을 가져야 한다. 산수 지세의 다른 형국으로 말미암아 서로 다른 모습으로 설정된 명당은 그 안에 독자의 독특한 서민의 삶을 영위하고 산업을 조성하게 하는 조건을 갖추고 있다. 풍수지리에서 추구한 이러한 특성은 상대적 가치를 초월하여 내적 발전을 도모하면서 바깥으로 공존을 추구하는 길을 모색할 수도 있다.

나말여초의 풍수지리설은 산수를 관찰하여 이용하려는 인문지리적 지식인데, 전국의 국토를 살펴서 지방 중심의 국토재구성안으로 발전하였다. 한 지방을 명당으로 설정함으로써 그 지역을 중심으로 한 국토관을 제시하였고, 그것은 거기에 웅거한 지방호족 세력을 돕는 결과를 초래하였다. 경주를 수도로 생각하면서 살아가던 신라 사람들이 비로소 지방의 어느 지역을 중심으로 하여 국토를 재구성하려는 풍수지리설은 세련된 지성에 의하지 않고는 성립될 수 없는 것이다.

전국 규모의 「삼국도」를 작성하기까지 풍수지리설은 경험과학에 따른 국토의 합리적 이용을 전제로 성립되었다. 그렇지만 신라말에 전국 규모의 「삼국도」를 작성할 수 있었던 것은 도선의 풍수지리설이 거의 유일하였다. 「삼국도」를 작성하고 보면, 그것에 기초한 국토의 운영 원리인 비보裨補의 설정이 가능해진다. 도선의 풍수지리설은 비보로 나아갔고 거기까지는 분명히 합리적인 성격을 가졌다. 다만 비보는 정치적으로 이용당할 소지를 지녔다.

고려 왕건이 수용한 비보는 반대 세력이 웅거한 지역의 인재를 등용하지 못하게 하거나 자기 세력 기반을 확충하는 방법으로 전락하면서 도참으로 흘렀고, 그 결과 풍수지리는 더 이상의 사상적 발전을 이루지 못하였다. 신라말에 대호족이 거주하던 지역에는 대체로 그곳을 국토의 중심으로 생각하는 풍수지리설이 존재하였는데, 그것은 선종사상과는 달리 서로 배타적이어서 후삼국을 통일한 세력에 의해 정리될 수밖에 없었다. 현재 왕건 중심의 풍수지리설만이 전하는 이유를 이러한 데에서 찾을 수 있다. 신라말에 여러 갈래로 존재한 풍수지리설이 왕건에 의해 정리되면서 다양한 사상적 발전을 저해한 셈이다.

신라말 국토의 전국적 운영을 생각하던 방대한 영역의 풍수지리설이 사상적으로 발전하지 못하고 위축하면서 그 안에는 미신적 요소가 대신

자리하게 되었다. 앞으로 풍수지리를 새롭게 조명하려는 연구는 합리적인 면과 미신으로 흐른 면을 분명히 구분하면서 선인先人들이 국토를 관찰하여 이용하였던 방법을 이해해야 한다. 그리하면 풍수지리를 인문지리학으로 접목, 발전시킬 수 있을 것이다. 어느 지방의 산수가 풍수지리에 적합하냐를 신비적으로 추구하려는 연구 경향이 없지 않다. 그런 연구는 풍수지리설이 민족문화의 창조를 위한 활력소로 작용할 수 없게 만드는 것이다.

참고문헌

1. 기본 사료

(1) 한국 사료

姜仁求 등, 『譯註 三國遺事』 5책, 以會文化社, 2003.
權近, 「演福寺塔重創記」, 『東文選』 권70.
金富軾 등, 『三國史記』, 景仁文化社, 1969.
金時習, 『梅月堂集』, 亞細亞文化社, 1973.
金映遂, 「金堤郡金山面金山寺誌」, 『金山寺誌』, 韓國學文獻硏究所, 1982.
瀧澤誠, 『臨瀛誌』.
省僜, 『祖堂集』, 『曉城趙明基博士華甲紀念 佛教史學論叢』, 中央圖書出版社, 1965.
義湘, 『華嚴一乘法界圖記』.
義天, 『大覺國師文集』.
李智冠, 『校勘譯註 歷代高僧碑文』 5책, 伽山佛教文化硏究院, 1993~1997.
李丙燾, 『原文并譯註 三國遺事』, 東國文化社, 1965.
李丙燾, 『國譯 三國史記』, 乙酉文化社, 1983.
李能和, 『朝鮮佛教通史』 3책, 新文館, 1918.
李荇 등, 『新增東國輿地勝覽』, 民族文化推進委員會, 1972.

一然,『三國遺事』, 民衆書館, 1946.
鄭麟趾 등,『高麗史』, 亞細亞文化社, 1972.
鄭求福 등,『譯註 三國史記』5책, 韓國精神文化研究院, 1997.
朝鮮總督府,『朝鮮寺刹史料』2책, 京城印刷所, 1911.
朝鮮總督府,『朝鮮金石總覽』2책, 日韓印刷所, 1919.
天頙,『禪門寶藏錄』(丁若鏞 等編,『萬德寺志』, 亞細亞文化社, 1977).
崔致遠,『孤雲先生續集』,『崔文昌侯全集』, 大東文化研究院, 1972.
韓國學文獻研究所,『雲門寺誌』, 亞細亞文化社, 1983.
「江原道旌善郡 太伯山淨岩寺事跡」.
「崇岩山聖住寺事蹟,『文化財』4, 文化財管理局, 1969.
「新羅國武州迦智山寶林寺事蹟」.

(2) 외국 사료

高楠順次郎 等,『大正新修大藏經』, 大正一切經刊行会, 1924~1934.
道原,『景德傳燈錄』.
宋復,「大唐西明寺故大德圓測法師佛舍利塔銘并序」.
圓仁,『入唐求法巡禮行記』.
宗覺正直,「太賢法師義記序」,『菩薩戒本宗要纂註』卷上;『日本大藏經』卷21.
贊寧,『宋高僧傳』.

2. 단행본

(1) 국내 편

高翊晉,『韓國古代 佛教思想史』, 동국대학교 출판부, 1989.
權悳永,『재당 신라인사회 연구』, 일조각, 2005.
權相老,『朝鮮佛教史藁』, 中央佛教專門學校, 등사본, 1940.
金東旭,『韓國歌謠의 研究』, 乙酉文化社, 1961.
金東華,『禪宗思想史』, 太極出版社, 1975.
金杜珍,『均如華嚴思想研究—性相融會思想—』, 一潮閣, 1983.
——,『義湘—그의 생애와 화엄사상—』, 민음사, 1995.
——,『신라 화엄사상사 연구』, 서울대학교 출판부, 2002.

——, 『고려전기 교종과 선종의 교섭사상사 연구』, 일조각, 2006.
——, 『신라하대 선종사상사 연구』, 일조각, 2007.
——, 『삼국유사의 사학사적 연구』, 일조각, 2014.
金文經, 『張保皐硏究』, 淵鏡文化社, 1997.
金三龍, 『韓國彌勒信仰의 硏究』, 同和出版公社, 1983.
金庠基, 『東方文化交流史論攷』, 乙酉文化社, 1948.
金相鉉, 『新羅華嚴思想史硏究』, 민족사, 1993.
金壽泰, 『新羅中代 政治史硏究』, 일조각, 1996.
金芿石, 『華嚴學槪論』, 東國大學校出版社, 1960.
金哲埈, 『韓國古代社會硏究』, 知識産業社, 1975.
南武熙, 『신라 원측의 유식사상 연구』, 민족사. 2009.
박해현, 『新羅中代 政治史硏究』, 국학자료원, 2003.
申瀅植, 『韓國古代史의 新硏究』, 일조각, 1984.
申虎澈, 『後百濟 甄萱政權硏究』, 일조각, 1993.
李基東, 『新羅骨品制社會와 花郎徒』, 韓國硏究院, 1980.
李基白, 『高麗兵制史硏究』, 일조각, 1968.
——, 『新羅政治社會史硏究』, 일조각, 1974.
——, 『新羅思想史硏究』, 일조각, 1994.
——, 『韓國史學의 方向』, 일조각, 1978.
——, 『韓國史像의 再構成』, 일조각, 1991.
李丙燾, 『高麗時代의 硏究—特히 地理圖讖思想의 發展을 中心으로—』, 乙酉文化社, 1947.
李鐘益 등, 『(韓國佛敎) 瑜伽密敎』, 天華佛敎布敎院, 1968.
鄭永鎬, 『新羅 石造浮屠 硏究』, 신흥사, 1974.
趙明基, 『新羅佛敎의 理念과 歷史』, 新太陽社, 1962.
車柱環, 『韓國道敎思想硏究』, 서울대학교 韓國文化硏究所, 1978.
蔡澤洙, 『韓國華嚴思想史硏究』, 民族史, 1988.
崔昌祚, 『韓國의 風水思想』, 民音社, 1984.
한준수, 『신라중대 율령정치사 연구』, 서경문화사, 2012.
許興植, 『高麗佛敎史硏究』, 一潮閣, 1986.
——, 『韓國中世佛敎史硏究』, 一潮閣, 1994.

(2) 국외 편
鎌田茂雄,『中國華嚴思想史の研究』, 東京: 東京大學 東洋文化研究所, 1965.
關口眞大,『禪宗思想史』, 東京: 山喜房佛書林, 1966.
今西龍,『新羅史研究』, 東京: 國書刊行會, 1970.
——,『高麗史研究』, 東京: 國書刊行會, 1970.
三品彰英,『新羅花郎の研究』, 東京: 三省堂, 1943.
村山修一,『神佛習合思潮』, 京都: 平樂寺書店, 1957.
村山智順,『朝鮮の風水』, 朝鮮總督府, 1931.
蔡印幻,『新羅佛教戒律思想研究』, 東京: 國書刊行會, 1977.

3. 연구논문

(1) 국내 편
姜晋哲,「新羅의 祿邑에 對하여」,『李弘稙博士回甲紀念 韓國史學論叢』, 新丘文化社, 1969.
高慶錫,「장보고 세력의 경제적 기반과 신라 서남해 지역」,『韓國古代史研究』39, 2005.
高翊晋,「新羅密教의 思想內容과 展開樣相」,『韓國密教思想研究』, 동국대학교 출판부, 1986.
金光洙,「張保皐의 政治史的 位置」,『張保皐의 新研究—淸海鎭 活動을 중심으로—』, 완도문화원, 1985.
金南允,「新羅中代 法相宗의 成立과 信仰」,『韓國史論』11, 1984.
金杜珍,「新羅 眞平王代의 釋迦佛信仰」,『한국학논총』10, 1988.
——,「慈藏의 文殊信仰과 戒律」,『韓國學論叢』12, 1990.
——,「弓裔의 彌勒世界」,『韓國史市民講座』10, 1992.
——,「百濟의 彌勒信仰과 戒律」,『百濟研究叢書』3, 1993.
——,「圓光의 戒懺悔신앙과 그 의미」,『新羅史學報』2, 2004.
金文經,「赤山法華院의 佛教儀式」,『史學志』1, 1967.
——,「在唐新羅人의 集落과 그 構造」,『李弘稙博士回甲紀念 韓國史學論叢)』, 新丘文化社, 1969.
——,「儀式을 통한 佛教의 大衆化 운동—당·신라 관계를 중심으로—」,『史

學志』, 4, 1970.
金庠基, 「新羅末에 있어서의 地方群雄의 對中通交 ―特히 王逢規를 主로―」, 『黃義敦先生古稀紀念 史學論叢』, 1960.
金相鉉, 「新羅 華嚴學僧의 系譜와 그 活動」, 『新羅文化』 1, 東國大 新羅文化研究所, 1984.
김연민, 「新羅 文武王代 明朗의 密敎思想과 그 의미」, 『韓國學論叢』 30, 2008.
――, 「密本의 『藥師經』 신앙과 그 의미」, 『韓國古代史研究』 65, 2012.
金映遂, 「五教兩宗에 대하여」, 『震檀學報』 8, 1937.
金煐泰, 「신라불교에 있어서의 龍神思想―삼국유사를 중심으로―」, 『佛教學報』 11, 1974.
――, 「新羅 占察法會와 眞表의 教法 研究」, 『佛教學報』 9, 1972.
金龍善, 「新羅 法興王代의 律令頒布를 둘러싼 몇 가지 問題」, 『加羅文化』 1, 1982.
金恩淑, 「일본 최후의 遣唐使 파견과 張保皐 勢力」, 『한국고대사연구』 42, 2006.
金貞淑, 「金周元 世系의 成立과 그 變遷」, 『白山學報』 28, 1984.
金知見, 「新羅 華嚴의 系譜와 思想」, 『學術院論文集―人文·社會科學篇―』 12, 1973.
金哲埈, 「三國時代의 禮俗과 儒教思想」, 『大東文化研究』 6·7 합집, 1970.
金惠婉, 「新羅下代의 彌勒信仰」, 『成大史林』 8, 1992.
文明大, 「新羅 法相宗(瑜伽宗)의 成立問題와 그 美術―甘山寺 彌勒菩薩像 및 阿彌陀佛像과 그 銘文을 中心으로 (上)·(下)―」, 『歷史學報』 62·63, 1974.
――, 「新羅 神印宗의 연구―新羅密教와 統一新羅社會―」, 『震檀學報』 41, 1976.
――, 「新羅 華嚴經寫經과 그 變相圖의 研究―사경변상도의 연구(1)―」, 『韓國學報』 14, 1979 봄.
朴魯俊, 「唐代 五臺山信仰과 不空三藏」, 『嶺東文化』 3, 關東大 嶺東文化研究所, 1988.
徐大錫, 「處容歌의 巫俗的 考察」, 『韓國學論集』 2, 1974.
徐榮教, 「張保皐의 騎兵과 서남해안의 牧場」, 『진단학보』 94, 2002.
徐閏吉, 「新羅의 彌勒思想」, 『崇山朴吉眞博士華甲紀念 韓國佛教思想史』, 圓光大學校 出版局, 1975.

――, 「道詵과 그의 裨補思想」, 『韓國佛教學』 1, 1975.
――, 「新羅의 密敎思想」, 『韓國哲學研究』 9, 1977.
徐侖希, 「淸海鎭大使 張保皐에 관한 연구—新羅 王室과의 관계를 중심으로—」, 『진단학보』 92, 2001.
申采浩, 「朝鮮歷史上 一千年來 第一大事件」, 『朝鮮史研究草』, 朝鮮圖書株式會社, 1929.
申瀅植, 「武烈王權의 成立과 活動」, 『韓國史論叢』 2, 1977.
安啓賢, 「元曉의 彌勒淨土 往生思想」, 『역사학보』 17·18 합집, 1962.
――, 「元曉의 彌陀淨土 往生思想 (上)·(下)」, 『역사학보』 16·21, 1961·1963.
梁敬淑, 「弓裔와 그의 彌勒佛思想」, 『北岳史論』 3, 1993.
呂聖九, 「神行의 生涯와 思想」, 『水邨朴永錫教授華甲紀念 韓國史學論叢』 권상, 探求堂, 1992.
吳亨根, 「신라 圓測法師의 唯識思想 연구」, 『佛教學報』 25, 1988.
李啓杓, 「新羅 下待의 迦智山門」, 『전남사학』 7, 1993.
李基東, 「新羅 興德王代의 政治와 社會」, 『국사관논총』 21, 국사편찬위원회, 1991.
――, 「張保皐와 그의 海上王國」, 『張保皐의 新研究』, 완도문화원, 1985.
李基白, 「新羅 佛教에서의 孝觀念—三國遺事 孝善篇을 中心으로—」, 『東亞研究』 2, 西江大學校 東亞研究所, 1983.
李箕永, 「明晶의 海印三昧論에 대하여」, 『民族文化論叢—鷺山李殷相博士古稀記念論文集—』, 三中堂, 1973.
李萬, 「日本 法相關係 諸疏에 인용된 太賢法師의 唯識思想」, 『불교학보』 23, 1986.
李文基, 「新羅 中古의 國王近侍集團」, 『歷史教育論集』 5, 慶北大學校 師範大學 歷史教育科, 1983.
李龍範, 「處容說話의 一考察—唐代 이슬람商人과 新羅—」, 『진단학보』 32, 1969.
李佑成, 「三國遺事 所載 處容說話의 一分析—高麗 其人制度의 起源과의 關聯에서—」, 『金載元博士回甲紀念論叢』, 乙酉文化社, 1969.
李晶淑, 「新羅 眞平王代의 政治的 性格—所謂 專制王權의 成立과 關聯하여—」, 『韓國史研究』 52, 1986.
李鍾旭, 「南山新城碑를 통하여 본 新羅의 地方統治體制」, 『역사학보』 64, 1974.

──, 「三國遺事 竹旨郞條에 대한 一考察」, 『韓國傳統文化硏究』 2, 曉星女子大學校 韓國傳統文化硏究所, 1986.
李熙德, 「風水地理」, 『韓國思想의 原泉』, 博英社, 1976.
張元圭, 「華嚴敎學 完成期의 思想硏究—傍依의 三師를 中心으로—」, 『佛敎學報』 11, 1974.
鄭璟喜, 「三國時代 社會와 仙道의 硏究」, 『史學硏究』 40, 1989.
鄭炳朝, 「義湘의 觀音信仰」, 『東國思想』 10·11 합집, 1978.
鄭永鎬, 「陳田寺址 遺跡 遺物 調査—石塔과 浮屠의 復原을 契機로—」, 『陳田寺址 發掘報告』, 檀國大學校 中央博物館, 1989.
鄭淸柱, 「弓裔와 豪族勢力」, 『全北史學』 10, 1986.
趙明基, 「圓測의 思想」, 『震檀學報』 16, 1949.
曺凡煥, 「新羅末 朴氏王의 登場과 그 政治的 性格」, 『역사학보』 129, 1991.
趙仁成, 「弓裔政權의 中央政治組織—이른바 廣評省體制에 對하여—」, 『白山學報』 33, 1986.
崔柄憲, 「新羅下代 禪宗九山派의 成立」, 『韓國史硏究』 7, 1972.
崔聖銀, 「泰封(901~918) 지역의 불교彫刻 試考」, 『태봉의 역사와 문화』, 경기대학교 소성학술연구원 편, 2001.
河炫綱, 「高麗 西京考」, 『歷史學報』 35·36 합집, 1967.
許興植, 「禪宗九山門과 禪門禮懺文의 問題點」, 『歷史敎育論集』 5, 慶北大學校 師範大學 歷史敎育科, 1983.
黃晟起, 「圓測의 唯識學觀에 관한 硏究」, 『佛敎學報』 9, 1972.
黃浿江, 「「處容歌」考」, 『국어국문학』 26, 1963.

(2) 국외 편

江原正昭, 「新羅末高麗初期の豪族」, 『歷史學硏究』 287, 1964.
木村誠, 「6世紀新羅における骨品制の成立」, 『歷史學硏究』 428, 1976.
──, 「新羅の宰相制度」, 『人文學報』 118, 東京都立大學, 1977.
三池賢一, 「新羅官制と社會身分」, 『日本史硏究』 150·151 合輯, 1975.
井上秀雄, 「新羅政治體制の變遷過程」, 『古代史講座 4—古代国家の構造(上)—』, 東京: 學生社, 1962.
──, 「三國史記にあらわれに新羅の中央行政官制について」, 『朝鮮學報』 51, 1969.

찾아보기

ㄴ

ㄷ

ㅁ

ㅂ

ㅅ

ㅇ

ㅊ

ㅌ

ㅍ

ㅎ

김두진金杜珍

서울대학교 문리과대학 사학과를 졸업하고 동 대학원의 석사과정을 수료했다. 전남대학교 사범대학 국사교육과 조교수를 거쳐 국민대학교 문과대학 국사학과 교수를 지냈다. 역사학회 및 진단학회 회장을 역임했으며, 현재 국민대학교 명예교수이다.

저서로는『均如華嚴思想研究』(일조각, 1983),『義湘: 그의 생애와 화엄사상』(민음사, 1995),『韓國古代의 建國神話와 祭儀』(일조각, 1999),『신라화엄사상사연구』(서울대학교 출판부, 2002),『고려전기 교종과 선종의 교섭사상사 연구』(일조각, 2006),『백제의 정신세계』(주류성, 2006),『신라하대 선종사상사 연구』(일조각, 2007),『고려시대 사상사 산책』(국민대학교 출판부, 2009),『한국역사학연구의 성찰』(서경문화사, 2010),『한국고대사의 창을 통해 민족문화 보기』(서경문화사, 2010),『삼국유사의 사학사적 연구』(일조각, 2014),『삼국시대 불교신앙사 연구』(일조각, 2016) 등이 있으며, 역서로는『원시종교론』(탐구당, 1976),『譯註 三國遺事』1~5(共譯, 이회문화사, 2003) 등이 있다.

통일신라의 사회변동과 종교사상

1판 1쇄 펴낸날 2024년 4월 19일

지은이 | 김두진
펴낸이 | 김시연

편집 | 강영혜
디자인 | 본문 이미애, 표지 최정희

펴낸곳 | (주)일조각
등록 | 1953년 9월 3일 제300-1953-1호(구 : 제1-298호)
주소 | 03176 서울시 종로구 경희궁길 39
전화 | 02-734-3545 / 02-733-8811(편집부)
02-733-5430 / 02-733-5431(영업부)
팩스 | 02-735-9994(편집부) / 02-738-5857(영업부)
이메일 | ilchokak@hanmail.net
홈페이지 | www.ilchokak.co.kr

ISBN 978-89-337-0834-7 93910
값 50,000원

* 지은이와 협의하여 인지를 생략합니다.